Wirtschaft Niedersachsen

herausgegeben von

Dietmar Krafft

Renate Harter-Meyer

Heinrich Meyer

erarbeitet von

Renate Harter-Meyer

Heinrich Meyer

in Zusammenarbeit mit

der Verlagsredaktion

Cornelsen

Redaktion: Elisabeth Berten
Bildredaktion: Peter Hartmann
Layout: hawemannundmosch, Berlin
Technische Umsetzung: Christoph Berten, Berlin
Collagen, Grafik, Illustrationen: Anette Schamuhn, Berlin
Infografiken: Christoph Berten, Berlin
Fotos: Peter Wirtz, Dormagen
Karikaturen: Detlev Schüler, Berlin
Umschlaggestaltung: Bonnie Siebke
Titelfoto: Fanoy/Keer/Corbis; pro corbis.com

www.cornelsen.de

1. Auflage, 1. Druck 2009

Druck: CS-Druck CornelsenStürtz, Berlin

ISBN 978-3-06-450002-0

Inhalt gedruckt auf säurefreiem Papier aus nachhaltiger Forstwirtschaft.

Inhalt

Lernfeld: Verbraucher und Erwerbstätige im Wirtschaftsgeschehen

Lernfeld: Die Aufgaben des Staates im Wirtschaftsprozess

Lernfeld: ökonomische Handeln regional, national und international

Konsumieren – Lust und Last

1 Was will – was muss ich kaufen?

Das Angebot an Waren und Dienstleistungen (Gütern) in unserer Gesellschaft ist riesengroß. Ständig werden neue Produkte angeboten.

Wer klug kaufen möchte, muss Preise und Qualitäten kennen und vergleichen können. Die Werbung der Hersteller und Informationen der Händler genügen nicht.

▸ **Leitauftrag** Welche der abgebildeten Güter würdest du kaufen, wenn du 50 Euro ausgeben darfst? Begründe deine Entscheidung.

Viele Fragen tauchen auf:
Welche Güter sind für mich lebensnotwendig, welche Luxus?
Wem nutzen sie, wem schaden sie?
Was kann ich mir jetzt leisten, was hoffe ich später zu besitzen und zu nutzen?
Was würde ich mir kaufen, wenn ich viel Geld hätte?
Wie ist wirtschaftliches Handeln, ein Abwägen von Kosten und Nutzen, möglich?

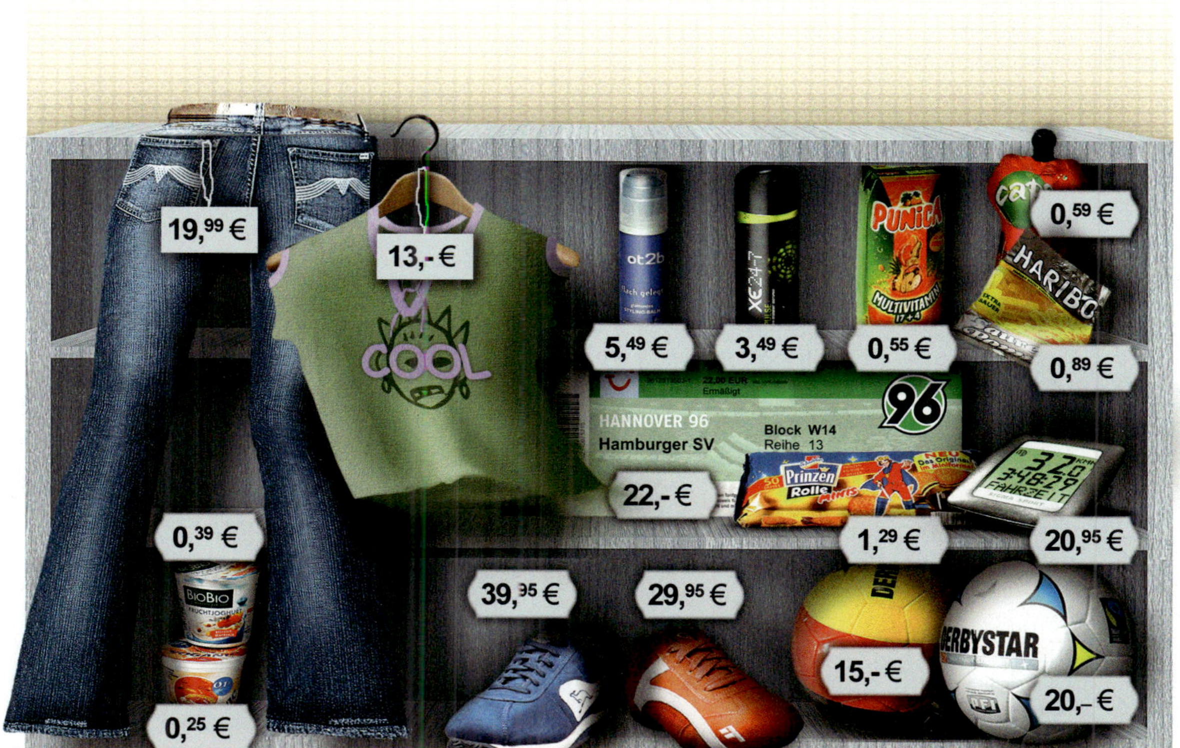

B Auf einen Blick

Ihr begründet, welche Güter für euch lebensnotwendig sind und welche nicht.

Ihr erklärt, wovon eure Bedürfnisse beeinflusst sind.

Ihr erklärt an Beispielen, wie man wirtschaftlich handelt.

Ihr löst Konflikte in Rollenspielen.

Ihr nennt Beispiele für den Kauf von Gütern, die einem einzelnen Menschen nutzen, vielen anderen jedoch schaden können.

Ihr beurteilt Konflikte zwischen wirtschaftlichem, sozialem und ökologischem Handeln.

2 Viele verschiedene Bedürfnisse

Es gibt Bedürfnisse, die nicht mit Geld oder Gütern zu befriedigen sind, z.B. das Bedürfnis nach Frieden, Sicherheit, Liebe und Freundschaft. Andere Bedürfnisse sind mit Geld zu befriedigen.

Beispiel Gregor hat ein großes Bedürfnis danach, selbst Musik zu machen. Am liebsten möchte er Saxofon spielen. Hat Gregor genug Geld, kann er ein Saxofon kaufen.

Es gibt Waren und Dienstleistungen, die zum Leben in unserer Gesellschaft unbedingt notwendig sind, und solche, die darüber hinaus ein gutes Leben ermöglichen.
Da fast alle Menschen nur einen begrenzten Geldbetrag zur Verfügung haben, ist es sinnvoll, eine Rangfolge aufzustellen.

Welche Bedürfnisse sind am wichtigsten?

Ein Gespräch zwischen Maike, 13 Jahre, und Jonas, 14 Jahre:

MAIKE: „Essen und trinken sind am wichtigsten."

JONAS: „Na ja, meinst du, dass du hier in Deutschland ohne Kleidung leben kannst?"

MAIKE: „Stimmt, eine Wohnung braucht auch jeder."

JONAS: „Wenn ich an die einjährige Ruth in unserer Nachbarschaft denke, dann ist ihr das Kuscheln auf dem Schoß genauso wichtig wie das Essen."

MAIKE: „Mit meinen Freundinnen zusammen zu sein ist mir auch sehr wichtig."

JONAS: „Mein Vater sagt oft zu mir: ‚Jonas, wenn dein Bedürfnis nach Lernen so groß wäre wie dein Bedürfnis nach Computer-Technik, das wäre kaum auszuhalten!' Ist Lernen ein Bedürfnis?"

MAIKE: „Denk nicht nur an die Schule. Alle Jugendlichen wollen etwas lernen, z.B. über Autos, Fahrräder, Musik, Sport oder Sex."

JONAS: „Ist das nicht etwas anderes?"

MAIKE: „Warum?"

A Aufgaben

1 Nennt die Bedürfnisse auf den Fotos. Worin unterscheiden sie sich?

2 Schreibt auf, welche Bedürfnisse für Maike und Jonas wichtig sind.

3 Nennt Beispiele für weitere Bedürfnisse.

4 Welche Bedürfnisse können durch den Kauf von Gütern befriedigt werden, welche nicht?

5 Notiert acht bis zehn eurer wichtigsten Bedürfnisse. Prüft, ob ihr eine Rangfolge aufstellen könnt.

3 Was beeinflusst unsere Bedürfnisse?

A Aufgaben

1 Je zwei Abbildungen gehören zusammen. Findet sie und beschreibt die Situation.

2 Was beeinflusst euer Konsumverhalten? Nennt weitere Beispiele.

4 Bedürfnisse klären, Konflikte aushandeln

Die Durchsetzung verschiedener Bedürfnisse und Interessen führt oft zu Konflikten. Diese sollten gewaltfrei und am besten einvernehmlich geregelt werden.

Gesetze, Verordnungen und Erlasse (z.B. das Mietrecht, die Schulordnung), die der Staat beschlossen hat, können solche Regelungen erleichtern.

A Auftrag

1 Schreibt auf, was die verschiedenen Hausbewohner denken und fühlen. Notiert ihre Bedürfnisse.

2 Welche Regeln könnten sie vereinbaren, um besser miteinander zu leben? Notiert Stichworte.

3 Setzt euch mit einem weiteren Konflikt auseinander. Anregungen dazu findet ihr in **M3** auf S. 16. Nutzt die Methode Rollenspiel für die Konfliktlösung.

Staatliche Regelungen

Für Mieter und Hausbesitzer gibt es das Mietrecht. Dazu gehören z.B.

- der Mietvertrag
- die Hausordnung

Für Schüler, Lehrer und Eltern gibt es das Schulrecht. Dazu gehören z.B.

- das Schulgesetz
- der Erlass zur Betreuung in Ganztagsschulen

5 Damit der Laden läuft: Wirtschaftlich handeln

Einige Beispiele aus dem Alltag

(1) Alevs Eltern kaufen zu Beginn des Schuljahres für ihre Kinder eine Großpackung mit 20 Schulheften. Diese ist billiger als der Kauf von 20 einzelnen Heften.

(2) Seit die Preise für Strom erneut gestiegen sind, vermeidet Lydias Familie unnötige Beleuchtungen und Stand-by-Schaltungen.

(3)

▲ JUDITH (überlegt): „Die Jeans mit Markenzeichen kostet 68 Euro. Wenn ich die kaufe, findet das Jones bestimmt gut. Es gibt auch welche ohne Markenzeichen für 39 Euro. Dann bleibt mir noch Geld für gute Strümpfe. Die letzten billigen waren ganz schnell kaputt. Die preiswerte Jeans ist gut. Anne trägt sie schon länger."

(4) Frau Weise entschied sich für ein *Prepaidhandy*. Sie dachte an die Folgekosten. Weil sie wenig telefoniert, ist das billiger.

(5) Tim putzt und wartet sein Fahrrad regelmäßig.

Wirtschaftlich handeln heißt:
Kosten und Nutzen abwägen (wirtschaftliches Prinzip)
Man kann das so ausdrücken:
- mit vorhandenem Geld einen möglichst hohen Nutzen (z.B. beim Kauf von Sportschuhen) erzielen

oder
- einen bestimmten Nutzen (z.B. CD-Player PRX) mit möglichst wenig Geld erreichen.

Kann das, was mir nutzt, anderen schaden?

Der massenhafte Kauf bestimmter Güter (z.B. Autos) kann den Käufern nutzen, anderen Menschen schaden – auch künftigen Generationen.

A **Aufgaben**

1 Begründet, warum Alevs und Lydias Familie, Frau Weise und Tim wirtschaftlich handeln.

2 Judith überlegt, was sie kaufen soll. Was würdet ihr tun?

3 Janna fährt gerne viel mit dem Auto. Kann sie damit anderen Menschen schaden?

4 Erklärt das wirtschaftliche Prinzip am Beispiel des Kaufs von Alevs Eltern.

6 Immer diese Konflikte beim wirtschaftlichen Handeln

Wirtschaftliches Handeln ist wichtig. Das gilt besonders für Menschen, die wenig Geld haben. Sie müssen gut rechnen können.
Menschen handeln aber nicht nur nach wirtschaftlichen Gesichtspunkten.

Ökologisches Handeln

Wer ökologisch handelt, beachtet die Beziehungen von Natur und Mensch. Er möchte die natürliche Umwelt (z.B. Tiere, Pflanzen, Luft und Wasser) bei seiner Güternutzung schonen. Ökologisches Handeln kann in Konflikt zu wirtschaftlichem Handeln stehen.

Beispiel Einkauf von Lebensmitteln

Das Bio-Siegel garantiert

- artgerechte Tierhaltung
- den Verzicht auf chemische Pflanzenschutzmittel und Mineraldünger
- den Schutz von Wasser, Luft und Boden bei der Produktion

Die Vergabe des Bio-Siegels für Lebensmittel wird vom Staat kontrolliert. Mehr dazu auf S.188 und im Internet unter www.bio-siegel.de.

Soziales Handeln

Wer sein Handeln nicht nur nach den eigenen Bedürfnissen ausrichtet, sondern auch die Interessen anderer Gruppen – national und weltweit – berücksichtigt, handelt sozial. Auch daraus können sich Konflikte mit wirtschaftlichem Handeln ergeben.

Was machen wir mit den Einnahmen vom Projekttag?

LENA: „Ich schlage vor, die 200 Euro vom Projekttag unserer Partnerschule in Ruanda zu geben."

ANNA: „Ich schlage vor, das Geld in die Klassenkasse zu legen. Die Klassenreise wird teuer und es gibt Eltern, die nicht so viel Geld haben."

JENS: „Unser Klassenraum braucht dringend einen Anstrich und neue Pinnwände. Wir sollten das Geld dafür ausgeben."

Nachhaltiges Handeln

Menschen, die gleichermaßen wirtschaftliche, ökologische und soziale Gesichtspunkte im Umgang mit Gütern berücksichtigen, handeln nachhaltig. Das gilt für Güter aus Deutschland und aller Welt. Wer nachhaltig handelt, berücksichtigt ebenfalls die Bedürfnisse der nachfolgenden Generationen.

A Aufgaben

1 Welcher Konflikt entsteht beim Kauf der Tomaten auf dem Foto?

2 Beschreibt den Konflikt, der bei der Verwendung der Einnahmen vom Projekttag entsteht. Findet eine Lösung im Rollenspiel. Die Rollenkarten (siehe M1, S.16) helfen dabei.

3 Frau Schulte lebt allein. Sie hat eine gute Rente und kauft nur Bio-Produkte. Welche Gründe könnte sie haben?

4 Nennt weitere Konflikte zwischen ökologischem, sozialem und wirtschaftlichem Handeln.

Methode Rollenspiel

1 Darum geht es

Im Rollenspiel könnt ihr den Umgang mit Konflikten trainieren und Lösungen suchen.

Das Rollenspiel ist eine Methode

- eigene Bedürfnisse, Vorstellungen und Meinungen wahrzunehmen und angemessen zu äußern
- Bedürfnisse und Vorstellungen anderer anzuerkennen
- Lösungen für einen Ausgleich verschiedener Bedürfnisse und Meinungen zu finden
- eigene Vorstellungen und das eigene Verhalten zu überprüfen und eventuell zu ändern

2 So läuft es ab

Vorbereitung

- den Konflikt benennen und ggf. Rollenkarten erstellen
- Rollenspieler auswählen
- den Rollenspielern 5 – 10 Minuten Zeit geben zum Lesen der Rollenkarten und einfühlen in die Rolle
- den Beobachtern (restliche Schüler) die Informationskarte geben. Zum Lesen der Karte 5 – 10 Minuten Zeit einplanen

Informationskarte für die Beobachter

- Sind die einzelnen Aussagen sachgerecht?
- Kommen die Spieler gleichermaßen zu Wort?
- Welche Gefühle äußern die Spieler?
- Welche Gefühle lösen die Spieler bei den Beobachtern aus?
- Wie sprechen die Rollenspieler miteinander?
- Gibt es persönliche Abwertungen?
- Welche Konfliktlösungen finden die Spieler?

Durchführung

Die Rollenspieler suchen sich die notwendigen Kulissen zum Spiel. Sie spielen an einem Ort, wo alle sie gut beobachten können.
Die Beobachter machen sich Notizen.

Auswertung

Die Beobachter teilen die Notizen auf ihrer Informationskarte mit. Sie sprechen in der Ich-Form und vermeiden Bewertungen wie z.B. gut, schlecht, unmöglich, wunderbar.
Die Spieler hören zunächst den Beobachtern zu und nehmen dann Stellung.

Spieler und Beobachter tauschen sich über das Spielergebnis aus.
Sie überlegen, ob ein anderes Verhalten und möglicherweise eine andere Konfliktlösung denkbar und wünschenswert sind.

7 Weiterführendes Material

M1 Rollenkarten „Verteilung der Einnahmen vom Projekttag“

Rollenkarte Lena
Lena engagiert sich seit einigen Monaten in der AG „Unsere Partnerschule in Ruanda“. Sie weiß über Ruanda gut Bescheid. Sie hat sich viel Informationsmaterial aus dem Internet geholt. Sie will dazu beitragen, dass dort mehr Kinder und Jugendliche die Schule besuchen können.

Rollenkarte Anna
Anna ist Klassensprecherin und engagiert sich bei den Vorbereitungen für die Klassenfahrt. Sie will, dass die Fahrt die Klassengemeinschaft festigt. Sie kennt einige Mitschüler, deren Eltern es schwer fällt, die Kosten aufzubringen.

Rollenkarte Jens
Jens engagiert sich in der AG „Unsere Schule soll schöner werden“. Er weiß, dass es viele Schüler ärgert, in verschmutzten Räumen zu lernen. Es fehlen Pinnwände, an die Arbeitsergebnisse angeheftet werden können.

M2 Folgekosten beim Zigarettenkonsum

LARS: „Herr Schenk, Sie rauchen viel und gern. Finden Sie nicht, dass Sie durch Ihr Rauchen sich und anderen Menschen schaden? Immer mehr Menschen sterben an Lungenkrebs.“

HERR SCHENK: „Ich kenne genug Menschen, die rauchen und schon über 80 Jahre alt sind. Wem mein Rauchen nicht passt, der muss ja nicht mit mir zusammen sein.“

SANDRA: „Es wird darüber diskutiert, die Steuer auf Zigaretten weiter zu erhöhen. Die Menschen sollen dann weniger rauchen. Was halten Sie davon?“

HERR SCHENK: „Nichts. Die Steuer treibt die Preise für Zigaretten in die Höhe. Keiner raucht deshalb weniger.“

LARS: „Herr Schenk, vielen Dank für das Gespräch.“

M3 Der Disco-Konflikt

SCHÜLER: „Wir möchten alle 14 Tage im Klassenraum eine Disco machen. Nur von 17–21 Uhr. Das macht so viel Spaß.“

LEHRERIN: „Schön, dass ihr etwas gemeinsam organisiert, aber wir Lehrer müssen Aufsicht führen. Alle vier Wochen eine Disco wäre mir lieber.“

HAUSMEISTER: „So eine Disco bringt zusätzlich Dreck. Das ist für die Putzhilfen nicht zumutbar.“

M4 Meine wichtigsten Bedürfnisse

Zwei Frauen aus Tansania

Bildung ist wichtig, eine gesunde Umwelt, Liebe, Sicherheit und die Freiheit, meinen eigenen Glauben zu leben. Dass ich glauben darf, was ich möchte. Außerdem brauche ich ein gutes Haus und etwas Geld für meine nötigsten Bedürfnisse.

Unser Problem ist das Wasser. Die Brunnen sind zu weit entfernt, also bekommen wir nicht genug Wasser. Auch haben wir nicht die medizinische Versorgung, die wir benötigen. Und für die Entwicklung brauchen wir Elektrizität.

Zwei Frauen aus Deutschland

Wichtig ist für mich, dass ich viel von der Welt sehe und das Leben genießen kann. Ich möchte so leben können, wie ich das will, und nicht so, wie es mir vorgeschrieben wird.

Das Wichtigste im Leben ist für mich, dass ich Menschen habe, auf die ich mich verlassen kann – wie meine Familie und meine Freunde – und dass ich immer einen Ort habe, wohin ich zurückkehren kann, wenn es mir schlecht geht.

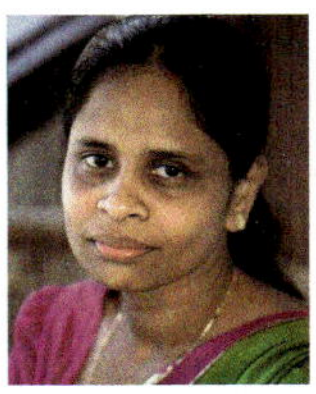

Junge Frau aus Sri Lanka

Unser Leben basiert auf Liebe. Für uns Kinder ist die Liebe der Mutter und des Vaters wichtig. Sie zahlen und sorgen für uns.

Junger Mann aus Sri Lanka

Zum Leben braucht man nur Luft, Wasser und etwas zu essen. Diese Dinge sind lebenswichtig. Schön wäre es, für ein gutes Leben auch ein Auto, ein Haus und ein gutes Ansehen im Dorf zu haben.

M5 Was heißt wirtschaftlich handeln?

▲ INGO: „Willy ist clever. Wer Großeinkäufe macht, handelt immer wirtschaftlich.“

Arbeiten mit den Materialien

Zu **M2** Nehmt Stellung zur Meinung von Herrn Schenk. Wie könnte das Interview weitergehen?

Zu **M3** Löst den Disco-Konflikt im Rollenspiel. Erstellt dazu Rollenkarten.

Zu **M4**

1 Überlegt, wie die Menschen leben und vergleicht, was ihnen wichtig ist. Notiert Stichworte.

2 Überlegt für euch selbst: Was ist das Wichtigste in meinem Leben? Was sind meine Grundbedürfnisse?
Was fehlt mir zu einem guten Leben?
Was würde ich mir wünschen, wenn ich einen Wunsch frei hätte?
Tauscht euch mit Schülern aus, denen ihr vertraut.

Zu **M5**

1 Beurteilt Ingos Meinung. Notiert Stichworte.

2 Notiert Beispiele für lohnende Großeinkäufe und nennt Gründe.

Kauft neue Fahrräder!

1 Was Verbraucher wünschen

Die meisten Verbraucher wollen wissen, wofür sie ihr Geld ausgeben. Wer ein Fahrrad kaufen will, möchte z. B. wissen, wie haltbar der Rahmen, wie sicher die Bremsen und die Lenkung sind oder wie leicht der Sattel verrutscht.

Informationen von Händlern und Herstellern sind oft einseitig. Manchmal fehlen sie vollständig.

Die Werbung zielt in erster Linie darauf ab, Verbraucher gefühlsmäßig zu erreichen. Wichtige Informationen zur Produktqualität fehlen oft.

Wie können Verbraucher beim Kauf von Waren ihre Interessen besser wahrnehmen?

▸ **Leitauftrag** Du darfst dir eines der Räder als Geschenk aussuchen – als Herren- oder Damenrad. Notiere die Gründe für deine Entscheidung.

B Auf einen Blick

Ihr lernt Marketingstrategien der Hersteller und Händler und ihre Ziele kennen.

Ihr beurteilt Werbemaßnahmen für Fahrräder aus der Sicht junger Verbraucher.

Ihr überprüft eure Einstellung zur Bedeutung des Fahrrades unter ökologischen Gesichtspunkten.

Ihr lernt die Bedeutung eines „Fahrrad-Geschäftes“ für Menschen in anderen Ländern kennen.

Ihr überprüft, ob ihr eine „Aktion rund um's Fahrrad“ in eurer Schule durchführen wollt.

Ihr führt eine Pro-Kontra-Debatte zu einem umstrittenen Vorschlag der Verkaufsförderung.

2 SCHMITZ-BIKE setzt auf Jugendliche

SCHMITZ-BIKE ist ein bekannter Fachhandel für Fahrräder. In der Stadtmitte liegt die Zentrale. In weiteren Stadtteilen gibt es vier Filialen.
Seit dem letzten Jahr ist der → Gewinn des Unternehmens leicht gesunken. Außerdem hat in der Stadt vor einigen Monaten ein weiteres Fachgeschäft eröffnet – ein neuer Mitbewerber.

Krisengespräch bei SCHMITZ-BIKE

Die Inhaber, Herr Schmitz und seine Tochter Sandy, ein Filialleiter und der Marketing-Chef, Herr Miller, beraten die Lage.

HERR SCHMITZ: „Wir müssen überlegen, wie wir den Gewinn steigern können. Das neue Fachgeschäft hat Kunden abgezogen."

SANDY: „Ich schlage vor, dass wir uns durch → Werbung verstärkt um junge Kunden bemühen. Die Jugendlichen ab 14 Jahren sind für uns wichtig. Immer mehr haben viel Geld und alle sind sportbegeistert."

HERR MILLER: „Einverstanden. Wir müssen bei dieser Zielgruppe noch weiter unterscheiden:

- Jugendliche die über viel Geld verfügen, können hochwertige und teure Produkte kaufen.
- Jugendliche mit wenig Geld brauchen Produkte, die wenig kosten."

HERR SCHMITZ: „Stimmt. Die müssen anders umworben werden. Bedenkt aber, dass auch für diese Gruppe das richtige Erscheinungsbild wichtig ist."

SANDY: „Ich habe eine Idee. Wir stellen zwei Modelle mit unterschiedlichen Preisen in den Mittelpunkt unserer Kampagne. Beide sportlich – das liegt im Trend. Diesen Nutzen müssen wir unbedingt mitverkaufen."

Sandys Idee findet bei allen Zustimmung.

Vier Wochen später

Das Team berät Aktivitäten des Marketing unter dem Motto: „*Sportliche Fahrräder für Jugendliche*".

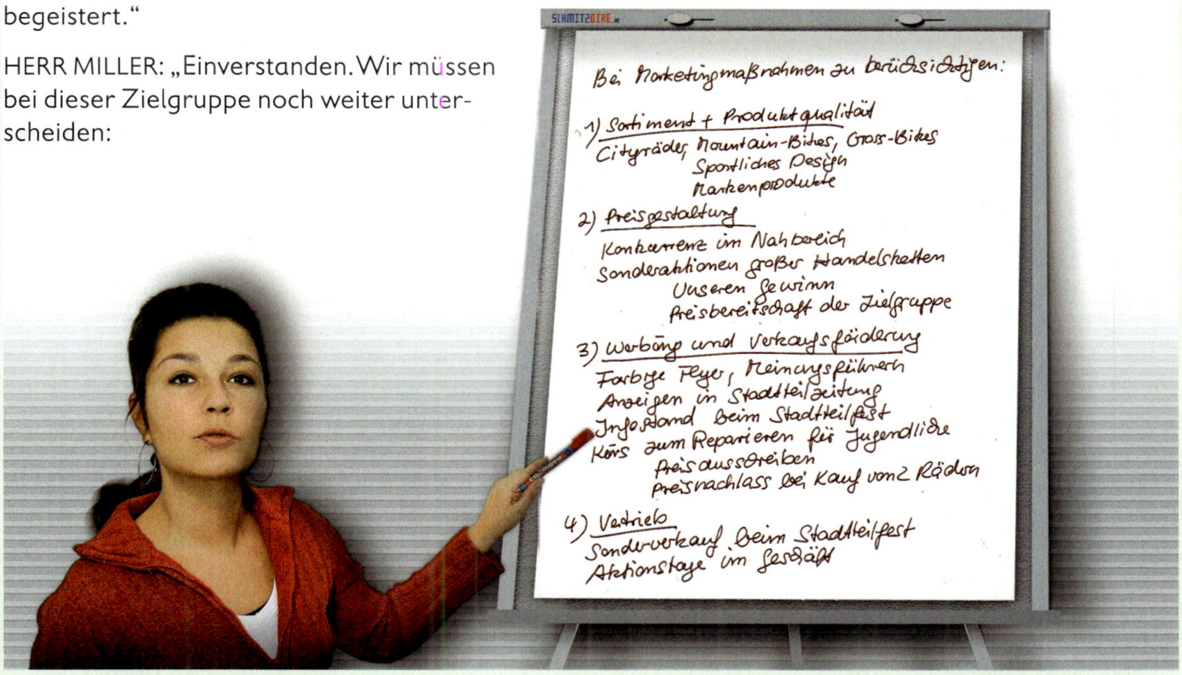

A Aufgaben

1 Sprecht über die Stichworte an der Tafel. Was haltet ihr für besonders wichtig? Nennt Gründe und notiert weitere Punkte.

2 Beurteilt die Meinung von Sandy, dass ein großer Teil der Jugendlichen viel Geld hat und alle sportbegeistert sind.

3 Erfolgreiche Präsentation

Qualitätsmerkmale

Für die nächste Besprechung hat Sandy Schmitz eine Übersicht mit wichtigen Punkten für die Qualität eines Fahrrads ausgearbeitet. Bei den Marketingmaßnahmen sollen diese Schwerpunkte herausgestellt werden.

HERR SCHMITZ: „Ihr wisst ja, dass Merkmale wie z.B. Modefarbe, Styling, sehr viele Gänge und sonstiger Schnick-Schnack für viele junge Kunden wichtiger sind als ein zuverlässiges Verkehrsmittel mit guten Bremsen und haltbarem Rahmen."

HERR MILLER: „Ja, dann stellen wir eben sportbetonte Räder mit auffälligem Styling und der Modefarbe besonders heraus. Für die Technikfreaks bilden wir Besonderheiten im Großformat ab."

SANDY: „Meinst du nicht, dass sich immer mehr Jugendliche gut informieren und sich nicht durch Styling und Modefarbe blenden lassen?"

HERR MILLER: „Ich bin da eher skeptisch. Durch ihr Fahrrad drücken die Jugendlichen auch ein Lebensgefühl aus. Das soll sportbetont und risikofreudig sein."

Preisgestaltung

„Das wichtigste Ziel ist die Steigerung unseres Gewinns", so die Forderung von Herrn Schmitz. Doch können deshalb die Preise nicht beliebig hoch gesetzt werden.
Viele Kunden sind nicht bereit, jeden Preis zu zahlen. Sie vergleichen sehr genau mit der →Konkurrenz. Es wird vereinbart, die Preisangebote für vergleichbare Fahrräder zu beobachten und auf Sonderaktionen – z.B. von Verbrauchermärkten – spontan zu reagieren. Jeden Monat soll bei einem besonderen Rad mit einem Preisnachlass geworben werden um Kunden ins Geschäft zu locken.

A Aufgaben

1 Stellt Qualitätsmerkmale für Fahrräder zusammen. Mehr findet ihr dazu auf S. 24 in **M2**.

2 Notiert, wie die Abbildung auf euch wirkt. Berücksichtigt sie die Interessen junger Verbraucher?

3 Was ist für SCHMITZ-BIKE bei der Preisgestaltung wichtig?

4 Warum kann SCHMITZ-BIKE nicht einfach mit höheren Preisen den Gewinn steigern?

5 Beurteilt Sandys Meinung über junge Verbraucher. Wie schätzt ihr euch selbst ein?

4 Werbung und Verkaufsförderung

Flyer als gedruckte Werbung

In Kürze findet die „Lange Nacht des Shopping" statt. Viele Geschäfte öffnen bis Mitternacht. Auch SCHMITZ-BIKE ist dabei. Flyer, die in der Fußgängerzone verteilt werden, sollen Kunden in die Filialen locken. Eine Werbefirma erhält den Auftrag, einen solchen Flyer zu gestalten.

Das soll den Verkauf fördern

Sandy schlägt vor, jeden Samstag einen „Self-Service" mit fachlicher Unterstützung für fünf Euro vor dem Geschäft einzurichten. Der Service soll nur für Jugendliche gelten, um sie ins Geschäft zu locken. Sandy ist sicher, dass damit der Gewinn gesteigert werden kann.

Herr Miller widerspricht: „In jedem Fall haben wir zusätzliche Arbeitskosten, denn dafür muss unser Zweiradmechaniker zur Verfügung stehen. Vielleicht verlieren wir sogar Kunden, die sonst ihr Fahrrad bei uns reparieren ließen."

A Aufgaben

1. Begründet die Werbemaßnahme mit dem Flyer.
2. Untersucht den Flyer (s. Abb. oben). Vergleicht ihn mit der geplanten Präsentation auf der Vorseite. Wurde sie vollständig umgesetzt?
3. Wie würdet ihr selbst einen Flyer für SCHMITZ-BIKE gestalten? Entwickelt Vorschläge.
4. Wie werden junge Verbraucher durch gedruckte Werbeträger zum Kauf angeregt? Mehr dazu findet ihr auf S. 26 im Material M4.
5. Sandys Vorschlag des „Self-Service" war im Unternehmen sehr umstritten. Diskutiert selbst die Vor- und Nachteile dieser Idee in einer Pro-Kontra-Debatte (siehe S. 22).

Methode Pro-Kontra-Debatte

1 Darum geht es

Die Pro-Kontra-Debatte verfolgt das Ziel, gegensätzliche Meinungen klarer herauszuarbeiten. Wenn man die gegensätzlichen Argumente besser versteht, gelingt die Einigung auf einen tragfähigen Kompromiss eher.

Ihr lernt
- die eigene Meinung klar zu vertreten
- gegensätzliche Meinungen offen zur Kenntnis zu nehmen und anzuerkennen
- die eigene Meinung ggf. zu verändern.

2 So läuft es ab

Vorbereitung

Formulierung einer strittigen Aussage. Sie muss mit „Ja“ oder „Nein“ zu beantworten sein.

Auswahl der Spieler

Die Zuordnung zur Pro -, Kontra- oder Beobachtergruppe sollte möglichst freiwillig sein.

Abstimmung über den formalen Ablauf
- Ort und Dauer der Gruppenarbeit festlegen
- Die Pro- und Kontra-Gruppen erarbeiten ihre Standpunkte.
- Wahl von jeweils drei Spielern, die die Debatte durchführen (Pro- und Kontra-Gruppe)
- Verteilung von Beobachtungsaufgaben (Beobachtergruppe) vornehmen
- Szenenaufbau für die Debatte und Zeitrahmen (ungefähr 15 Minuten) bestimmen

Beobachtungsaufgaben
- Sprechen die Gruppen alle wichtigen Argumente an? Welche fehlen?
- Welche der Gruppen erscheint stärker?
- Welche Argumente sind schwer zu widerlegen?
- Sind die Spieler innerhalb einer Gruppe kooperativ?
- Gibt es abwertende oder verletzende Argumente?

Durchführung

↗ Die Klasse während der Debatte zur Streitaussage: „Ein Self-Service hilft, den Gewinn bei SCHMITZ-BIKE zu steigern.“

Auswertung

Zuerst äußern sich die Pro- und Kontra-Spieler darüber, wie sie sich gefühlt haben und ob sie mit sich zufrieden sind.
Danach sprechen die Beobachter in der Ich-Form und ohne Bewertung über ihre Beobachtungen.
Alle beteiligen sich daran, ein Ergebnis zu formulieren und die Streitfrage zu beantworten.
Danach kann ein Kompromiss erarbeitet werden.

5 Weiterführendes Material

M1 „Fahrrad-Geschäfte“ global – ein Blick in die weite Welt

Für viele Menschen dient das Fahrrad der Sicherung ihrer Existenz.

Ein Kleinsthändler in China

Ein Fahrradkurier in Deutschland

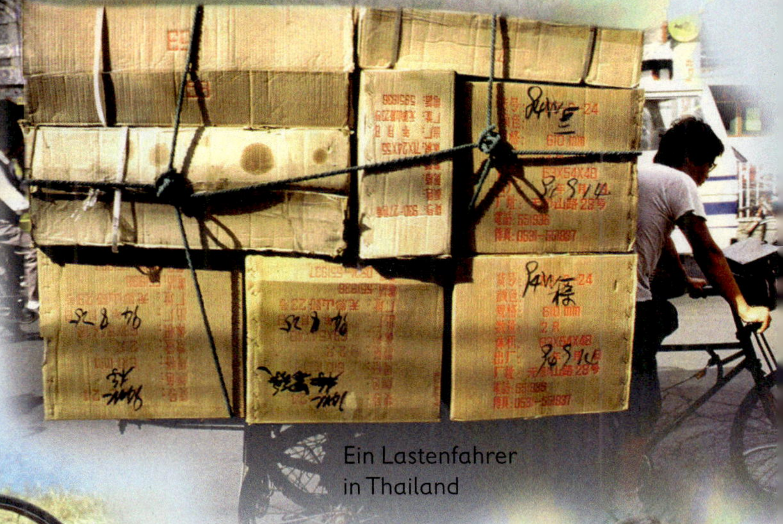

Ein Lastenfahrer in Thailand

Ein Kokosnussverkäufer in Tansania

Ein Transportunternehmer in Indien

M2 Fahrräder für Verbraucher getestet

Die STIFTUNG WARENTEST untersucht regelmäßig die →Qualität von Waren und Dienstleistungen, die zum Kauf angeboten werden. Die Testergebnisse werden in der Zeitschrift „test“ veröffentlicht. Die STIFTUNG WARENTEST ist eine Einrichtung, die nicht vom Geld privater Unternehmen abhängig ist. Deshalb kann ihr niemand vorschreiben, was und wie sie testet. In ihrer Zeitschrift „test“ darf nicht geworben werden. „test“ gibt es im Zeitschriftenhandel zu kaufen. Außerdem ist „test“ in öffentlichen Bibliotheken einzusehen oder auszuleihen.

Im „test“-Heft 5/2004 wurde der Test von 19 Trekkingrädern veröffentlicht. Hier ein Auszug:

test Trekkingräder

	Stevens Jazz	Diamant Ubari	Göricke Boulevard	Kalkhoff Agattu 21G
Mittlerer Preis in Euro ca.	500	530	500	500
test-**QUALITÄTSURTEIL** 100 %	**GUT (2,1)**	**BEFRIEDIGEND (2,9)**	**AUSREICHEND (4,0)**	**MANGELHAFT (5,0)**
FAHREN 55 %	**gut** (1,8)	**befried.** (3,1)	**befried.** (3,3)	**befried.** (2,7)
Bergauf	++	○	○	+
Bergab	++	○	⊖	○
Befestigte Wege (ca. 5 kg, hinten)	+	○	○	+
Mit Gepäck (ca. 5 kg, hinten)	+	⊖	⊖	⊖
Wendigkeit	+	○	○	+
Komfort	+	○	○	+
Schaltung	+	○	○	+
Abstellen	+	○	○	+
SICHERHEIT UND HALTBARKEIT 30 %	**gut** (2,5) *)	**befried.** (2,8)	**ausreich.** (4,0) *)	**mangelh.** (5,0) *)
Bruchsicherheit	++	++	⊖ *)	– *)
Gabel: Bruch nach ca. km ...[1]	++	++	++	++
Lenkung: Bruch nach ca. km ...[1]	++	++	++	++
Sattelstütze: Bruch nach ca. km ...[1]	++	++	⊖ *) / 18900	– *) / 32000
Rahmen: Bruch nach ca. km ...[1]	++	++	++	++
Bremsen	○	○	+	○
Verarbeitung	+	○	○	○
Licht	○	○	○	+
EINSTELLEN U. REPARIEREN 15%	**befried.** (2,6)	**befried.** (2,8)	**befried.** (3,2)	**befried.** (3,4)
Bedienungs-, Montageanleitung	○	○	⊖	○
Einstellen	○	○	○	○
Reparieren	+	+	○	⊖
Ausstattung / Technische Merkmale (nicht bewertet)				
Gewicht in kg	15,9	17,4	17,9	17,7
Lieferbare Rahmengrößen (Herrenrad)	55, 58, 61	48, 52, 56, 60	48, 53, 58	50, 55, 60
Schaltung: Anzahl der Gänge / Hersteller und Typ vorn; hinten	**24** / Shimano Acera; Nexave	**24** / Shimano Deore	**24** / Shimano Acera; Top Swing SIS	**21** / Shimano LX Deore; Top Swing SIS
Bremsen	V-Brake	V-Brake	V-Brake	V-Brake
Standlicht vorn / hinten	□/□	□/□	□/■	□/□
Nabendynamo	□	■	■	■
Sattelstütze	k. A.	Zoom, HL Corp./SP-12 N, Silber	Post Moderne PM 790	Post Moderne PM 780
Federgabel / gefederte Sattelstütze	■/□	■/■	■/■	■/■

Bewertungsschlüssel der Prüfergebnisse:
++ = Sehr gut (0,5 - 1,5)
+ = Gut (1,6 - 2,5)
○ = Befriedigend (2,6 - 3,5)
⊖ = Ausreichend (3,6 - 4,5)
– = Mangelhaft (4,6 - 5,5)
k. A. = keine Angaben
■ = Vorhanden,
□ = Nicht vorhanden.

***) Führt zur Abwertung**
Das Qualitätsurteil konnte nicht besser sein als das Gruppenurteil Sicherheit und das Gruppenurteil Sicherheit/Haltbarkeit seinerseits nicht besser als die Bruchsicherheit. Wurden die Normvorgaben bei den Nassbremsversuchen nicht erreicht, hieß das Urteil Bremsen „mangelhaft (5,0)“ und das Gruppenurteil Sicherheit konnte nur eine halbe Note besser sein. „Mangelhaft“ beim Einstellen führte zum gleichen Urteil für die Gruppe.

1) Maßgeblich war der früheste Bruch

M3 Aktionen rund um's Rad

Radwege im Umfeld der Schule – Schüler überprüfen , welche es gibt und wie gut sie sind

- Gibt es genug Radwege?
- Sind die Radwege breit genug? (Informiert euch bei der Polizei über die Standards.)
- Wie sicher sind die Straßenübergänge für Radfahrer (Ampel, Zebrastreifen)?
- Welche Radwege müssen ausgebessert werden?
- Wo schlagt ihr neue Radwege vor?

Gemeinsamer Rad- und Fußweg

Fahrradstraße: Hier dürfen nur Radfahrer fahren.

Radweg für beide Richtungen

Getrennter Rad- und Fußweg

Diese Einbahnstraße darf in beiden Richtungen befahren werden.

Fahrräder dürfen durchfahren

Fahrräder verboten

Mit dem Fahrrad das Klima schützen!

Bei der Verbrennung von Kohle, Gas und Erdöl entsteht →Kohlenstoffdioxid (CO_2). Dieses Gas trägt zur Erwärmung des Klimas auf der Erde bei. Die Verringerung des CO_2-Ausstoßes dient dem Klimaschutz. Deshalb haben sich Politiker vieler Staaten bei einer Klimakonferenz in Kyoto (Japan) 1997 verpflichtet, den Ausstoß von CO_2 zu verringern.
Bis 2012 will Deutschland den Ausstoß um 12 %, die EU insgesamt um 8 % verringern.

Hier die Zahlen

Bei der Verbrennung von

- 1 l Benzin (Normal und Super) entstehen 2,36 kg CO_2
- 1 l Diesel entstehen 2,64 kg CO_2

Der durchschnittliche Treibstoffverbrauch auf 100 km innerorts liegt

- für Pkw bei 8,52 l Benzin bzw. 6,37 l Diesel
- für einen beladenen Linienbus bei 47,36 l bzw. leeren Bus bei 35,18 l

Nach **ADAC**: Verkehrspolitik und Verbraucherschutz, München 2006; **Umweltbundesamt**: Handbuch für Emissionsfaktoren, Dessau 2004

Das eigene Fahrtenbuch

Notiert 14 Tage lang alle Wege und Kilometer, die ihr mit Fahrrad, Pkw oder Bus zurückgelegt habt. Legt euch dazu eine Tabelle dieser Form an.

Wertet eure Fahrten unter dem Gesichtspunkt „Klimaschutz“ aus.

	Montag	Dienstag	...
Rad Start/ Ziel km			
Pkw Start/ Ziel km			
Bus Start/ Ziel km			

M4 Hilfen zur Werbeanalyse

Werbung soll Menschen dazu bringen, bestimmte Waren und Dienstleistungen zu kaufen. Sie soll Aufmerksamkeit erregen und bestimmte Gefühle, Gedanken und Meinungen mit den entsprechenden *Gütern* verbinden.

Die Zielgruppe

In der Regel ist die Werbung für eine bestimmte Zielgruppe gemacht, z.B. für Jugendliche, für junge Familien, für Rentner. Häufig werden Menschen abgebildet, die eine bestimmte Ausstrahlung haben. In der Fahrradwerbung findet man je nach Fahrradtyp waghalsige und starke Menschen.

Die Gefühle

Mit dem Kauf von Gütern werden gleichzeitig angenehme Gefühle versprochen:
- Glück, Spaß und Anerkennung
- Sicherheit
- Wohlsein, Gesundheit
- Fantasien von Größe und Ruhm
- Lust, z.B. Geschwindigkeit, Abenteuer

Prominente als Meinungsführer

Oft werden bekannte Persönlichkeiten (bei Fahrrädern: Radsportler) als Meinungsführer genannt oder abgebildet. Sie bekommen dafür eine hohe Gage.

Die Sprache

Werbetexter arbeiten mit
- Übertreibungen (ultraleichte Felgen, ultimative Einstellungsmöglichkeiten)
- Betonungen (aggressiv und unwiderstehlich, das Chamäleon der Straße)
- Begriffen aus dem englischen Sprachraum
- Steigerungsformen (Die Genius RC Bikes sind die leichtesten Suspension Race Bikes der Welt)

Die Sachinformation

Informationen zur Qualität des Produkts, wie Material und Verarbeitung, die auch einen Preis- und Qualitätsvergleich erleichtern, sind oft dürftig. Technische Angaben, Gebrauchsanleitungen usw. sind ungeeignet als Werbebotschaft.

Arbeiten mit den Materialien

Zu **M1**

1 Erklärt den Begriff Fahrrad-Geschäft.

2 Sucht im Atlas, wo die Staaten der Verkäufer und Transportunternehmer liegen. Was wisst ihr über das Klima und die Arbeitsbedingungen dort?
Nutzt dazu Lexika oder das Internet.

3 Erkundigt euch beim örtlichen Gewerbeamt, welche Anforderungen zu erfüllen sind, um hier ein Gewerbe zu betreiben.

Zu **M2**

1 Auf welche Eigenschaften haben die Fahrrad-Tester besonderen Wert gelegt?

2 Wie errechnet sich die Gesamtwertung?

3 Überprüft in der „test“, ob ein neuer Fahrrad-Test durchgeführt wurde. Seht dazu in den „test“-Heften der vergangenen Monate nach oder im Internet unter www.test.de

Zu **M3**

Überprüfung der Radwege im Schulumfeld.
Legt das Gebiet und die Straßen fest.
Entwickelt Gesichtspunkte zur Beurteilung.
Informiert euch bei der Verkehrspolizei und der Verkehrswacht.
Prüft, wen und wie ihr über eure Ergebnisse informieren wollt (u. a. andere Schulklassen, Abgeordnete des Gemeinde- oder Stadtparlaments).
Tipp: www.adfc.de (Allgemeiner Deutscher Fahrradclub, Informationsblatt „Radwege“)

Zu **M4**

Sammelt Werbematerial für Sportartikel. Analysiert die Werbebotschaft. Nutzt dieses Schema:

Sportartikel	Zielgruppe	Gefühle	Art und Inhalt der Information über das Produkt
?	?	?	?

Alles klar?

Konsumieren – Lust und Last

1 Schreibe mindestens zwei Beispiele für wirtschaftliches Handeln auf.

2 Schreibe in einer Tabelle Bedürfnisse auf, die mit oder ohne Geld zu befriedigen sind.
Erkläre den Unterschied zwischen den beiden Gruppen.

3 Wem stimmst du eher zu? Begründe deine Meinung.

INA: „Bei diesen Preisen fliege ich jetzt viel öfter als früher, lerne neue Länder und andere Menschen kennen."

SVEN: „Verantwortungslos, diese Billigflüge. Die Abgase der Flugzeuge sind giftig. Sie schaden uns und unseren Kindern. Ich fliege nie."

4 Ronald fährt in seiner Freizeit gerne viel und schnell Mofa. Schadet er damit anderen Menschen?

5 Worüber informiert das Bio-Siegel?

6 Schreibe auf, wie Edda und Uli ihre Kaufentscheidung begründen würden.

EDDA: „Ich kaufe auf jeden Fall die billigere Milch."

ULI: „Ich kaufe nur Milch mit dem Bio-Siegel."

Nutze dazu auch die Abbildung oben rechts.

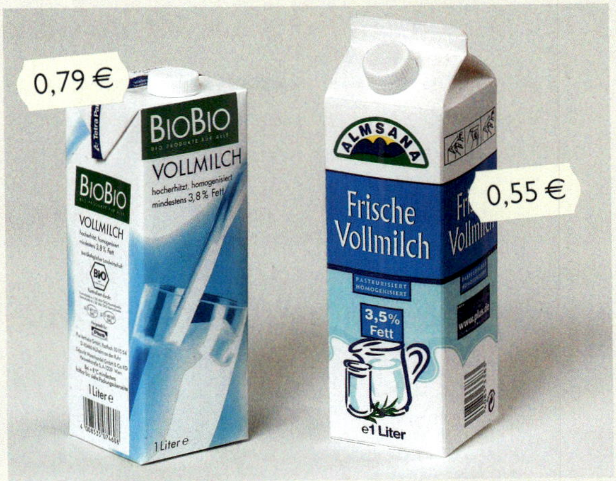

Kauft neue Fahrräder!

7 In der Nähe von SCHMITZ BIKE eröffnet ein neues Fahrrad-Geschäft. Nenne Folgen für Herrn Schmitz.

8 Nenne mindestens vier verschiedene Marketingaktivitäten, die den Verkauf von Fahrrädern fördern können.

9 Auf welche Qualitätsmerkmale sollte man beim Kauf eines Fahrrades besonders achten?

10 Nimm Stellung zu folgender Meinung:
„Wenn ich teure Technik kaufe, lese ich die Prospekte der Händler genau. Das reicht."

11 Nimm Stellung zu folgender Meinung:
„Ich finde diese MP3-Werbung super. Farbe, Design, Styling – den kauf ich mir."

12 Begründe folgende Meinung:
„Rad fahren schützt die Umwelt und die Gesundheit."

Lebensmittelkauf zur ökologischen und gesunden Ernährung

1 Schau in den Kühlschrank und du weißt Bescheid

Gesunde Ernährung ist wichtig für ein gesundes und gutes Leben. In Zeitungen liest man oft, dass Kinder und Jugendliche krank werden, weil sie sich falsch ernähren. Sie essen z. B. zu viele Süßigkeiten.

Lust zum Lernen, Konzentration und Spaß an der Bewegung werden von einer abwechslungsreichen Ernährung beeinflusst.

Es lohnt sich, darauf zu achten, was ihr esst. Nicht nur die Auswahl der Lebensmittel, sondern auch ihre Qualität ist wichtig für eine gesunde Ernährung. Qualität hängt davon ab, unter welchen Bedingungen produziert und gelagert wird.

▸ **Leitauftrag** Was fällt euch beim Blick in den Kühlschrank auf?

B **Auf einen Blick**

Ihr nennt Gründe für den Kauf von Bio-Obst und -Gemüse.

Ihr nennt Konflikte, die bei beim Kauf von ökologischen Produkten entstehen.

Ihr wägt Vor- und Nachteile ab.

Ihr nennt Kennzeichnungen, die bei der Auswahl ökologischer Lebensmittel hilfreich sind.

Ihr führt mit euren Eltern oder im Hauswirtschaftsunterricht Gespräche darüber, inwieweit eine ökologische Ernährung machbar ist.

2 Zwei Haushalte – unterschiedliche Ernährungsgewohnheiten

Beispiel: Ein Familienhaushalt

Wie sich Menschen ernähren, hängt von den Einstellungen und finanziellen Möglichkeiten ab. Die Klasse 7 möchte mehr darüber erfahren. Lars hat eine Idee: „Meine Mutter hat eine Freundin, die ist Ernährungsberaterin und hat eine große Familie. Sie wäre bestimmt einverstanden, wenn wir sie näher befragen. Maren, kommst du mit zum Interview?“

Interview mit Frau Brauer, Lars und Maren

MAREN: „Frau Brauer, wir behandeln in der Schule das Thema ‚Ernährung‘. Es wäre schön, wenn Sie uns als Expertin darüber berichten.“

FRAU BRAUER: „Das mach ich gerne. Schauen wir dazu mal kurz in den Kühlschrank. Nicht zu lange, denn dann verschwenden wir Energie.“

LARS: „Da sind viele Gläser und Flaschen drin. Da haben Sie schwer zu tragen.“

FRAU BRAUER: „Das stimmt schon. Aber ich halte Mehrwegflaschen für umweltschonend. Und die Gläser: sie stammen von gekauften Konserven. Ich nutze sie oft zur Aufbewahrung von Lebensmittelresten.“

MAREN: „Und warum sind im Tiefkühlfach viele Kunststoffgefäße?“

FRAU BRAUER: „Da sind Reste von Mahlzeiten drin, die ich einfriere. Dahinter seht ihr noch Tiefkühlgemüse. So habe ich immer einen Vorrat an Gemüse im Haus. Wenn man frisches Gemüse zu lange im Kühlschrank lagert, verliert es an Nährwert. Tiefkühlgemüse wird frisch vom Feld verarbeitet und nährwertschonend eingefroren. Manchmal kaufe ich selbst Gemüse in großen Mengen und friere es ein. In der Nähe gibt es Bauern, die mir ihre frischen Erzeugnisse preiswert verkaufen.“

LARS: „Sie haben aber auch frisches Gemüse und Obst im Gemüsefach.“

FRAU BRAUER: „Das ist für den täglichen Verzehr. Obst und Gemüse sollen nicht bei den üblichen Kühlschranktemperaturen gelagert werden. Das Gemüsefach mit der abschließenden Glasplatte

schirmt vor Kälte ab. Frisches Obst und Gemüse, richtig gelagert, erhält weitgehend seinen Nährwert. Ich empfehle Bio-Produkte, kaufe sie aber auch nur ab und zu, wegen des Preises.“

MAREN: „Auf den Bananen dort im Korb klebt ein Schild. Was bedeutet das?“

FRAU BRAUER: „Das ist das *Transfair-Siegel*. Solche Produkte sind etwas teurer, aber dafür erhalten die Bauern in den Entwicklungsländern einen höheren Lohn und zusätzlich Geld für Bildungsprojekte. Dafür fühle ich mich mitverantwortlich.“

LARS: „Ich finde es ganz gut, solche Produkte mit dem Transfair-Siegel zu kaufen. Aber das ist teuer und ich hätte gern mehr Taschengeld.“

MAREN: „Wir bedanken uns für das Gespräch. Es wird uns im Unterricht weiterhelfen.“

Beispiel: Ein junger Wohngemeinschafts-Haushalt

Julias Bruder Carlo ist 18 Jahre, macht eine Ausbildung und lebt mit zwei Freunden in einer Wohngemeinschaft. „Ich bin mir sicher, dass wir bei denen ganz andere Ernährungsgewohnheiten vorfinden. Wer kommt mit zum Interview?“, fragt Julia in der Klasse. Anja entscheidet sich für die Begleitung.

Interview mit Carlo, Pascal und Marian

JULIA: „Carlo, in der Schule nehmen wir das Thema Ernährung durch. Wir möchten deshalb verschiedene Haushalte zu ihren Ernährungsgewohnheiten befragen. Wie sieht das bei euch aus? Dürfen wir dazu mal in den Kühlschrank sehen?“

CARLO: „Kein Problem. Lasst euch Zeit. Es sind keine Geheimnisse drin.“

ANJA: „Im Eisfach sehe ich nur Fertiggerichte.“

PASCAL: „Klar, wir haben alle nicht viel Lust zu kochen. Das geht schnell und schmeckt gut.“

JULIA: „Ich sehe nichts mit einem Bio-Siegel.“

MARIAN: „Das ist uns zu teuer. Außerdem kann man am Bio-Laden schlecht parken.“

ANJA: „Die Eier im obersten Fach sind noch verpackt. Lass mal sehen, wie die Hühner gehalten wurden.“

PASCAL: „Keine Ahnung. Ist mir auch egal. Ich achte nur auf die Größe ‚L‘. Da gibt's mehr fürs Geld.“

JULIA: „Mutter kauft manchmal fair gehandelte Produkte. Bei euch sehe ich keine.“

CARLO: „Darauf haben wir bisher nicht geachtet. Machen wir beim nächsten Einkauf. Sie dürfen aber nicht viel teurer sein.“

ANJA: „Das frische Gemüse im Gemüsefach ist gut verpackt. So trocknet es nicht aus und behält den Geschmack.“

MARIAN: „Was du nicht alles weißt. Ich hab's jedenfalls vor einer Woche gekauft und so in das Gemüsefach gelegt. Wir haben eben Vorratshaltung.“

JULIA: „Macht jetzt den Kühlschrank zu. Das kostet Energie – trotz des neuen Energiespar-Kühlschranks.“

ANJA: „Vielen Dank für das Gespräch. Bin gespannt, wie euer Einkaufsverhalten ankommt.“

CARLO: „Erzählt mal davon. Vielleicht können wir noch dazulernen.“

A Aufgaben

1 Notiert die Gründe, die Frau Brauer für Kauf und Lagerung der Lebensmittel im Kühlschrank nennt. Lest auch **M1**, S. 32 und **M3**, S. 33.

2 Vergleicht mit den Gründen, die der Wohngemeinschaft für Kauf und Lagerung der Lebensmittel wichtig sind.

3 Nehmt Stellung zu Lars Meinung. Führt evtl. ein *Rollenspiel* durch.

4 Überprüft die Lebensmittel im Kühlschrank zu Hause. Sprecht darüber mit euren Eltern und schlagt evtl. Veränderungen vor.

3 Wo gibt es Bio-Lebensmittel zu kaufen?

Bio-Markt in Bewegung

Bio-Lebensmittel erobern die Supermärkte und Discounter. Rund 50 Produkte tragen das Bio-Siegel (mehr dazu und zur ökologischen Produktion auf S.288). Während die Umsätze bei herkömmlichen Lebensmitteln nicht steigen, rechnen Experten bei Bio-Produkten mit einem starken Wachstum. Weil die Menschen immer öfter auf eine gesunde Ernährung achten, werden Bio-Produkte immer beliebter.

Die Käuferschicht verändert sich. Bisher kauften vor allem Eltern mit kleinen Kindern und Verbraucher mit hohem Einkommen und einem Wissen über gesunde Ernährung Bio-Produkte. Angeboten wurden diese vor allem in Bio- oder Reformläden.

Nun werden andere Käufer angesprochen. Immer mehr junge Leute bevorzugen Bio-Produkte. Marketing-Experten nennen sie „Lebensstil-Käufer“.

Jeder fünfte Liter Bio-Milch stammt bereits von einem *Discounter*.

Nachdem auch Discounter ihre Bio-Produkte auf den Markt gebracht haben, rechnen Experten insgesamt mit sinkenden Preisen auch für Bio-Milch.

A

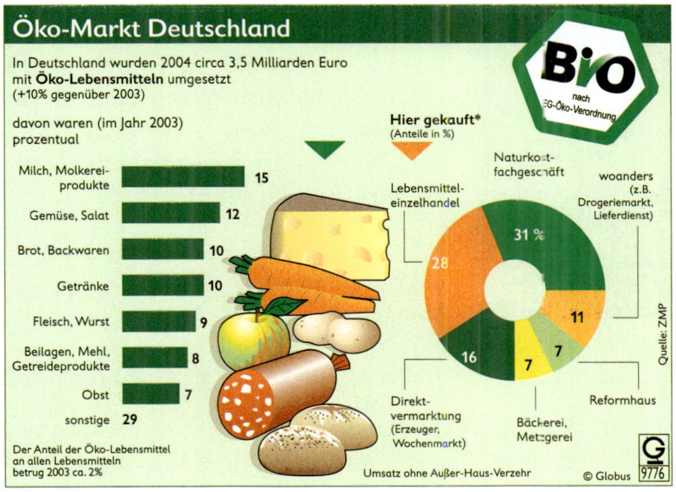

Öko-Dschungel!

Auf der Suche nach Bio-Produkten muss man einen Siegel-Dschungel durchforsten: Da gibt es die Zeichen der Anbauverbände (z.B. Demeter, Bioland oder Naturland) oder Öko-Handelsmarken ... Um Transparenz zu schaffen, hat das Bundesverbraucherministerium 2001 das einheitliche, staatliche Bio-Siegel eingeführt – nicht als Ersatz, sondern als Ergänzung. Alles, was das Bio-Siegel trägt, entspricht mindestens der EU-Ökoverordnung – laufende Kontrollen inbegriffen.

Aber Achtung: Manche Firma versucht, mit ökologisch klingenden Versprechungen Käuferinnen und Käufer zu locken. Doch hinter den Ausdrücken „alternativ“, „kontrollierter Anbau“, „umweltverträglich“, „unbehandelt“, „naturgedüngt“ u.ä. verbergen sich in der Regel keine Öko-Lebensmittel. Einzig und allein die Bezeichnungen „biologisch“ und „ökologisch“ dürfen nur dann verwendet werden, wenn die Produkte der EU-Ökoverordnung entsprechen.

Nach **Verbraucherzentrale Nordrhein-Westfalen:**
www.checked4you.de ▶ Sport und Körper ▶ Ernährung ▶ Mit Bio und Siegel ▶ Öko-Dschungel

A Aufgaben

1 Warum wollen immer mehr Käufer Bio-Produkte kaufen. Nennt mindestens drei Gründe.

2 Begründet, warum Discounter in den Bio-Markt einsteigen.

3 Was ist unter „Lebensstil-Käufern“ zu verstehen und wie ordnet ihr euch selbst ein?

4 Wer hat Recht?
SASCHA: „Ich hätte nicht gedacht, dass 10 Prozent aller gekauften Getränke ‚Bio‘ sind.“
AYLA: „10 Prozent ist nicht so viel. Gemeint ist doch nur der Anteil für Getränke an allen Öko-Lebensmitteln.“

5 Stellt fest, wer in eurer Umgebung Bio-Produkte anbietet. Nennt einige Produkte.

4 Weiterführendes Material

M1 Fairer Handel

Faire Handelsgeschäfte achten auf soziale Gerechtigkeit. Fairer Handel betrifft den Handel mit Entwicklungsländern und berücksichtigt diese Grundsätze:

- Für die Produkte werden Preise bezahlt, die über dem des Weltmarktes liegen.
- Es wird direkt beim Produzenten ohne Zwischenhändler eingekauft.
- Es werden langfristige Abnahmeverträge mit den Produzenten geschlossen.
- Es werden Vorfinanzierungen auf Ernten oder Produkte gewährt.
- International geltende Arbeitsschutz-Richtlinien müssen eingehalten werden.
- Mehreinnahmen aus dem Fairen Handel sollen in Bildungseinrichtungen, medizinische Versorgung oder in den ökologischen Anbau investiert werden. Die Produzenten bestimmen über die Verwendung selbst.

TRANSFAIR
FAIRTRADE

◀ Dieses Siegel kennzeichnet Produkte aus Fairem Handel.
Mehr dazu unter www.transfair.org

M2 Kennzeichnung von Eiern

Seit 2004 gilt eine Verordnung zur Kennzeichnung verpackter Eier.
Vorgeschrieben ist darin die Angabe von

- Güte- und Gewichtsklasse
- Anzahl verpackter Eier
- Name, Anschrift und Kenn-Nummer des Verpackungsbetriebs
- Erzeugercode
- → Mindesthaltbarkeitsdatum (MHD)

Vier Gewichtsklassen

- XL : sehr groß (73 g und mehr)
- L : groß (63 – 72 g)
- M : Mittel (53 – 62 g)
- S : Klein (unter 53 g)

Der Erzeugercode

- Die erste Ziffer benennt die **Tierhaltung**:
  0 = Eier aus Ökoanbau
  1 = Eier aus Freilandhaltung
  2 = Eier aus Bodenhaltung
  3 = Eier aus Käfighaltung
- Es folgt die Angabe des **Herkunftslandes**. Es steht mit einem Kürzel hinter der Ziffer, z. B. DE für Deutschland oder NL für Niederlande.
- Es folgt eine 6-stellige **Betriebsnummer** und zuletzt die einstellige **Stallnummer**.

Werden Eier lose verkauft, muss der Erzeugercode auf jedes Ei gestempelt werden. Die übrigen Pflichtangaben müssen für den Käufer deutlich sichtbar auf einem Schild stehen.

Das → Mindesthaltbarkeitsdatum (MHD) darf die Frist von 28 Tagen nach Legedatum nicht überschreiten. Nach Ablauf des MHD müssen Eier aus dem Verkauf genommen werden.
Die Angabe des Legedatums ist freiwillig.

Mehr dazu im Internet unter www.bmelv.de
▶ Verbraucherschutz ▶ Lebensmittelsicherheit
▶ Lebensmittelkennzeichnung

M3 Lagerung von Obst und Gemüse

Gemüse/Obst	Lagerbedingungen	Lagerdauer
Blattgemüse (Salat, Spinat)	Kühlschrank, Obst- und Gemüsefach	wenige Tage
Paprika, Tomate, Aubergine, Gurke, Erbsen, Bohnen	Kühlschrank, Obst- und Gemüsefach	wenige Tage
Sellerie, Möhren, Kohlrabi	Kühlschrank, Obst- und Gemüsefach	8 Tage
Beerenobst	Kühlschrank, Obst- und Gemüsefach	2–3 Tage
Südfrüchte	Kühl, aber nicht im Kühlschrank	
Äpfel und Birnen	Möglichst nicht über 5°C, dunkel, luftig	Äpfel: 3–5 Monate Birnen: 1–3 Monate

Obst und Gemüse sollte möglichst bald nach dem Kauf verzehrt werden. Bei längerer Lagerung verringert sich der Nährwert, z.B. der Vitamingehalt.

Nach **aid** (Hrsg.): Lebensmittelvorrat, Bonn o.J., S.6

M4 Das Energielabel

Das Energielabel ist Vorschrift für alle elektrischen Großgeräte im Haushalt. Es informiert über den durchschnittlichen Energiebedarf des Geräts und macht durch die Klasseneinteilung einen schnellen Vergleich möglich. Aufgrund verbesserter Effizienzklassen bei Kühlgeräten gibt es eine weitere Einteilung der Klasse A in A+ und A++.

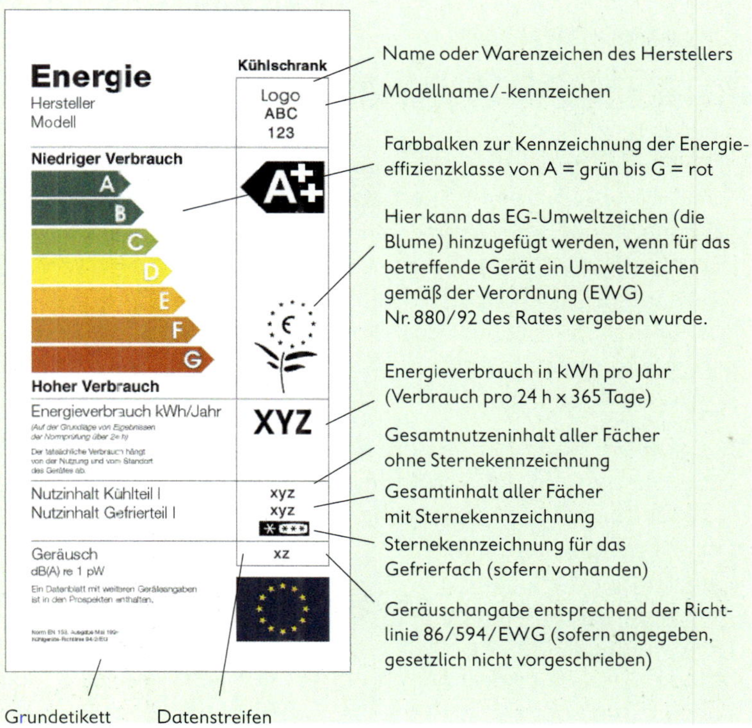

M5 Was muss auf der Verpackung stehen?

Nach der Verpackungsverordnung ist vorgeschrieben:

1 Verkehrsbezeichnung
Name des Lebensmittels

2 Herstellerangabe
Name oder Firma und Anschrift des Herstellers, Verpackers oder Verkäufers

3 Füllmenge
Gewicht, Volumen oder Stückzahl der Ware; die Ware darf keine größere Füllmenge vortäuschen, als sie enthält.

4 Zutatenverzeichnis
Zutaten und Zusatzstoffe, die bei der Herstellung verwendet wurden, sind auf dem Etikett so angeordnet, dass die Zutat mit dem größten Anteil zuerst aufgeführt ist.
Bei den Zusatzstoffen muss der Klassenname (z.B. Geschmacksverstärker, Konservierungsstoffe, Farbstoffe) genannt werden.

5 Mindesthaltbarkeitsdatum (MHD)
Zeitpunkt, bis zu dem das ungeöffnete Lebensmittel bei richtiger Lagerung z.B. Nährstoffe, Geruch und Geschmack behält. Das MHD muss gut sichtbar sein.

Darüber hinaus muss eine **Preisangabe** erfolgen. Bei Mengen unterhalb eines Kilogramms oder Liters muss der Grundpreis pro Kilogramm oder Liter genannt werden.

Arbeiten mit den Materialien

Zu **M1**

1 Informiert euch über Produkte aus dem Fairen Handel. Notiert die verschiedenen Produkte. Es gibt EINE-WELT-LÄDEN, die Transfair-Produkte verkaufen. Schreibt auf, wo solch ein Geschäft in eurer Nähe ist. Sucht auch im Internet:
www.wirhandelnfair.de
www.weltladen.de

2 Informiert euch über weitere Produktkennzeichen (Label), z.B. das staatliche Umweltzeichen „Blauer Engel“, Ökolabel in der Textilindustrie oder im Teppichhandel.
www.label-online.de
www.umweltzeichen.de
www.blauer-engel.de
Notiert drei Beispiele und schreibt in Stichworten die Bedingungen für die Label auf.

Zu **M2**

Überprüft beim nächsten Kauf von Eiern die Kennzeichnung. Macht eine *Preiserkundung* bei Eiern unterschiedlicher Tierhaltung.

Zu **M3**

Sprecht mit euren Eltern oder im Hauswirtschaftsunterricht darüber, wie lange Obst und Gemüse aufbewahrt wird. Schlagt evtl. Veränderungen vor.

Zu **M4**

Überprüft, ob euer Kühlschrank energiesparend ist.

Zu **M5**

Untersucht die abgebildete Verpackung.
Welche notwendige Kennzeichnung fehlt bzw. was kann man nicht sehen?

Alles klar?

Lebensmittelkauf zur ökologischen und gesunden Ernährung

1 Familie Müller legt Wert auf eine gesunde und ökologisch wertvolle Ernährung.
Kannst du das bestätigen? Schau dazu in ihren Kühlschrank (Foto auf S.28) und notiere, was du da siehst.

2 Worüber will das Bio-Siegel Verbraucher informieren?

3 Worüber will das Transfair-Siegel Verbraucher informieren?

4 Frau Müller berichtet.
„Ich finde es sehr wichtig, ökologische Gesichtspunkte beim Kauf von Lebensmitteln zu beachten. Leider habe ich ein geringes Einkommen und muss sehr auf den Preis achten. Da kaufe ich öfter so ein, wie ich es eigentlich nicht möchte.“
Notiere, was du antworten würdet.

5 Notiere, welche der Lebensmittel auf dem Foto eine gesunde und ökologische Ernährung fördern. Schreibe auch eine Begründung dazu auf.

6 Notiere, welche Informationen nach der Verpackungsverordnung notwendig sind?
Was ist nicht erkennbar?

Strategien kluger Verbraucher

1 Kaufstrategien gesucht

Verbraucher brauchen gute Strategien, um sich am Markt zu behaupten. Sie können ihr Wissen und ihre Interessen nicht so machtvoll vertreten wie Händler und Hersteller.

Ein Fahrradhändler kann sich z.B. auf den Konsumbereich Fahrräder spezialisieren. Ein besonderer Verband unterstützt ihn regelmäßig durch neueste Informationen. Außerdem versuchen die Verbände der Hersteller und Händler, Parlamentarier und Ministerien für ihre Interessen zu gewinnen.

Verbraucher können nicht für jedes Konsumgut einen eigenen Verband gründen. Es ist schwer, ihre Interessen zu bündeln. Strategien sind deshalb für jeden einzelnen Verbraucher wichtig. Gemeinsame (kollektive) Strategien vieler Verbraucher bieten noch mehr Vorteile am Markt.

Die größte Verbraucherorganisation **Verbraucherzentrale Bundesverband**, dem die Verbraucherzentralen aller Bundesländer angehören, unterstützt kollektive Strategien. Sehr hilfreich für Verbraucher ist auch die **Stiftung Warentest** mit ihrer Zeitschrift „test".

▸ **Leitauftrag** Familie BARTH und SPORT-BLITZ planen ihren Einkauf. Nennt Unterschiede.

B Auf einen Blick

Ihr nennt wichtige Strategien eines guten Kaufs von Waren und Dienstleistungen.

Ihr nennt Informationsquellen, die Verbraucherinteressen berücksichtigen.

Ihr erprobt erfolgreiche Preisverhandlungen im Rollenspiel.

Ihr nennt wichtige Bestimmungen des Gesetzes gegen den unlauteren Wettbewerbs.

Ihr informiert euch im Online-Jugendmagazin der Verbraucherzentrale und beurteilt es.

2 Hier werden Einkäufe gut vorbereitet

Gute Einkaufstrategien sind eine Voraussetzung für erfolgreiche Käufe. Was ist wichtig?

Sich informieren

ALEV: „Ich informiere mich bei Händlern, der Zeitschrift „test", Fachzeitschriften und der Verbraucherberatungsstelle über die Qualität der Güter. Hab' ich jetzt die wichtigsten Infos berücksichtigt?"

Preise vergleichen

JONAS: „Wenn ich weiß, was ich kaufen will, vergleiche ich die Preise bei verschiedenen Anbietern. Ich nutze Anzeigen aus der Zeitung und frage in Fachgeschäften nach. So bin ich umfassend informiert, oder habe ich noch etwas vergessen?"

Um Preise handeln

SERGIY: „Ich bezahle nicht jeden Preis. Wenn ich im Internet gesehen habe, dass die Ware weniger kostet als beim Händler hier, versuche ich zu handeln. Meist kommt meine Freundin mit. Dann fühle ich mich stärker."

Sich engagieren

SOPHIA: „In unserer Klasse engagieren sich viele Schüler beim Kauf von Waren, die **umweltverträglich** hergestellt sind oder **fair** gehandelt werden. Ob wir mit dieser Meldung auch die Lehrer an unserer Schule umstimmen können?"

NRW TRINKT FAIR

Ab sofort wird im Düsseldorfer Landtag wieder fair gehandelter Kaffee getrunken. Erfahrungsgemäß verbrauchen die Abgeordneten rund eine Tonne Kaffee in einem Jahr.

Transfair e.V. / Rugmark (Hrsg.): Extra-Blatt, Ausgabe Juni 2005, S. 36, www.transfair.org

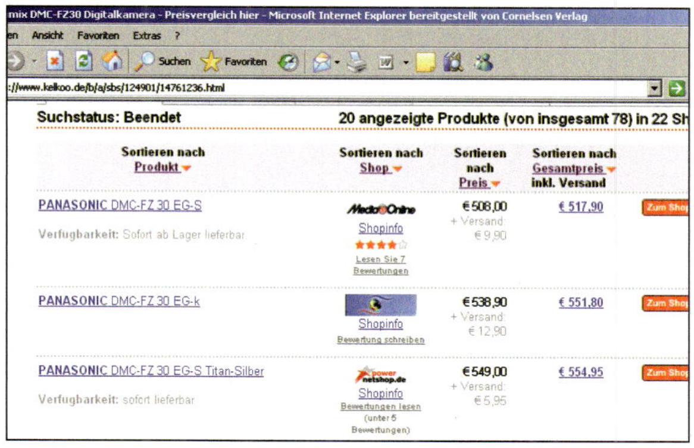

▲ Der schnelle Überblick im Internet, z. B. www.preisvergleich.de

A Aufgaben

1 Was antwortet ihr Alev, Jonas, Sergiy und Sophia?

2 Erprobt im *Rollenspiel*, wie man geschickt und erfolgreich um den Preis verhandelt.

Rollenspieler: Verkäufer, Käuferin

Einigt euch auf ein Produkt. Der Verkäufer hat den Spielraum für eine Preissenkung um 10 Prozent. Er sollte dies aber möglichst vermeiden.

3 Damit keiner über's Ohr gehauen wird …

▲ „Unser Wahnsinnsangebot! Die Super-Crash-Sound-Kompaktanlage für 99 Euro. Doch leider ausverkauft … Überhaupt: empfehle ich diesen Komfort-Musik-Center-Block für nur 1 375 Euro."

▲ „Bio ist im Trend: Der Kunde soll bekommen, was er möchte. Selbst die Ladenhüter lassen sich so gut verkaufen."

Gesetz gegen den unlauteren Wettbewerb

Am Markt sind Anbieter mächtiger als Verbraucher. Der Staat schützt durch Gesetze die Interessen der Verbraucher gegen die Übermacht der Anbieter.

Ein Beispiel ist das Gesetz gegen den unlauteren Wettbewerb (UWG). Es schützt die Verbraucher, aber auch die Mitbewerber.

Wichtige Bestimmungen des UWG

Unlauterer (unehrlicher) Wettbewerb ist verboten. Es geht u.a. um Folgendes:

- Irreführende Werbung
- Unzumutbare Belästigungen
- Teilnahmebedingungen bei Gewinnspielen
- Bedingungen für Verkaufsfördermaßnahmen
- Schädigende, falsche und herabsetzende Mitteilungen über Mitbewerber

Bei Verstößen gegen das Gesetz kann das Gericht

- eine Unterlassung aussprechen (§ 8)
- zu Schadensersatz verpflichten (§ 9)
- oder die Herausgabe des Gewinns, der mit der unlauteren Wettbewerbshandlung erzielt wurde, verlangen (§10).

Mehr dazu im Internet unter http://bundesrecht.juris.de

Verstöße gegen das UWG

Bei Verstößen gegen das UWG kann der **Verbraucherzentrale Bundesverband** (vzbv) vor Gericht klagen. Als Dachverband aller Verbraucherzentralen der Bundesländer vertritt er die Interessen der Verbraucher. Er macht Öffentlichkeitsarbeit bei Parlamentariern und Ministerien.

Verbraucherzentrale Bundesverband klagt erfolgreich wegen der Verkaufsförderungsaktion „Tony Taler"

Der Bundesgerichtshof hat die an Schüler gerichtete Werbeaktion „Tony Taler" untersagt. (Urteil des BGH vom 15.07.2007, I ZR 82/05)

Danach ist diese Art der Schulwerbung wettbewerbswidrig, weil sie den Gruppenzwang in einer Schulklasse ausnutzt und Kinder und Jugendliche gezielt als so genannte Kaufmotivatoren einsetzt … In einer Werbeaktion hatte ein Hersteller Schüler dazu aufgerufen, als „Tony Taler" bezeichnete Wertpunkte zu sammeln und über ihre Schule gegen Sportgeräte zu tauschen. Für beispielsweise 50 Taler erhielt die Schule ein Badminton-Set, für 300 Punkte eine Beach-Volleyball-Anlage …

Nach **vzbv**: Urteile zum Verbraucherrecht, www.vzbv.de/start/index.php?page=themen&bereichs_id=5&themen_id=24&klag_id=500&subthemen_id=4&task=klagen, v. 12.07.2007

Werbung mit teurem Klingelton in Jugendzeitschriften verboten

In einer Jugendzeitschrift wurde das Herunterladen von Logos und Klingeltönen beworben. In der Anzeige hieß es:

„In 1 Minute auf dem gewünschten Handy".

Der tatsächliche Download für einen Klingelton betrug aber durchschnittlich drei Minuten, was Kosten von 5,58 Euro entsprach. Die im Inland geltenden 0190-Nummern waren fett und groß, die kleinen Buchstaben am Ende der Rufnummer dagegen klein gedruckt.

Ein Berliner Gericht bewertete die Werbung als unlauter im Sinne des Gesetzes gegen den unlauteren Wettbewerb. Es kritisierte vor allem die falsche Angabe der Download-Zeit. Der junge Verbraucher werde über die Dauer des Abrufs und die damit verbundenen Kosten getäuscht.

Nach: **Zentrale zur Bekämpfung unlauteren Wettbewerbs**: www.wettbewerbszentrale.de
► Pressemitteilungen 23.8.2005

▲ Mit Klingeltönen wird oft abgezockt. Eine Kurzmitteilung „Klingelton" mit einer Telefonnummer, die in einer Jugendzeitschrift gezeigt wurde, kann schnell drei Euro und mehr kosten.

Aufdecken von Preiserhöhungen durch Mogelpackungen – eine Aktion der Verbraucherzentrale Hamburg

Die Aktion der Verbraucherzentrale „weniger drin – Preis gleich" im Herbst 2005 verfolgte das Ziel, Mogelpackungen aufzudecken. Verbraucher beteiligten sich an der Aktion. Sie nannten Produkte, die plötzlich eine geringere Füllmenge bei gleichem Preis enthielten.

Was sagt das Gesetz?

Eine Veränderung der Füllmenge ist nicht rechtswidrig. Ein Verstoß gegen das Gesetz liegt aber dann vor, wenn das Produkt in **gleicher** Verpackungsgröße aber mit einer **geringeren** Füllmenge angeboten wird.

Erfolg der Aktion

Eine Reihe von Unternehmen reagierten auf die Aktion der VZ Hamburg. Bei der Babykost „Milasan Pre Säuglingsnahrung" wurde z.B. die Preiserhöhung zurückgenommen. UNILEVER (Langnese Eis, Iglo Tiefkühlware) versprach eine verbesserte Information.

▲ **Fünf weniger**

Unser Leser, Manfred C. ist empört: Er kaufte zwei Packungen Ein-Liter-Toppits-Gefrierbeutel. Größe, Aufmachung und Preis waren gleich. Doch in der alten Packung befanden sich 40, in der neuen nur noch 35 Beutel. Ein klarer Fall von Mogelei und eine versteckte Preiserhöhung von fast 13 Prozent.

Stiftung Warentest: test 2/2006, S. 7

Das Gesetz gegen den unlauteren Wettbewerb (UWG) – ausgewählte Paragrafen

§ 3 Verbot unlauteren Wettbewerbs
Unlautere Wettbewerbshandlungen, die geeignet sind, den Wettbewerb zum Nachteil der Mitbewerber, der Verbraucher oder der sonstigen Marktteilnehmer nicht nur unerheblich zu beeinträchtigen, sind unzulässig.

§ 5 Irreführende Werbung
(5) Es ist irreführend, für eine Ware zu werben, die ... nicht in angemessener Menge zur Befriedigung der zu erwartenden Nachfrage vorgehalten ist. Angemessen ist im Regelfall ein Vorrat für zwei Tage, es sei denn, der Unternehmer weist Gründe nach, die eine geringere Bevorratung rechtfertigen ...

§ 4 Nr. 2 Beispiele unlauteren Wettbewerbs
Unlauter im Sinne des § 3 handelt insbesondere, wer ... 2. Wettbewerbshandlungen vornimmt, die geeignet sind, die geschäftliche Unerfahrenheit insbesondere von Kindern und Jugendlichen, die Leichtgläubigkeit, die Angst oder die Zwangslage von Verbrauchern auszunutzen.

§ 7 Unzumutbare Belästigungen
(1) Unlauter handelt, wer nach § 3 Marktteilnehmer in unzumutbarer Weise belästigt.
(2) Solch eine Belästigung ist anzunehmen ... 2. bei einer Werbung mit Telefonanrufen gegenüber Verbrauchern ohne deren Einwilligung ...

A Aufgaben

1 Notiert wichtige Bestimmungen des Gesetzes gegen den unlauteren Wettbewerb.

2 Angenommen bei dem Discounter sei die Digitalkamera einen ganzen Tag lang vorrätig gewesen. Wie hätte das Gericht dann entschieden? Nennt Gründe.

3 Schreibt auf, was ihr beim Herunterladen von Logos und Klingeltönen beachten müsst.

4 Wann handelt es sich bei einer Verpackung um eine sogenannte Mogelpackung?

5 Nennt Gründe dafür, dass Unternehmen Mogelpackungen auf den Markt bringen.

6 Gegen welche Paragraphen des UWG wird in den Illustrationen oben verstoßen?

7 Du kaufst im Drogeriemarkt HAARSCHARF deine gewohnte Haarkur für 3,95 Euro.
In deiner alten Flasche ist noch ein Rest und du stellst beide zu Hause ins Regal.

Weil du deine Rechte kennst, willst du dich beschweren. Formuliere ein Schreiben an die Verbraucherzentrale deines Bundeslandes.

4 Weiterführendes Material

M1 Kritik an Mogelpackungen – Verbraucher zahlen Millionen zuviel

Beispiel Erdbeeren:
7,72 Mio. Euro zu viel bezahlt
Laut Füllmengenstatistik 2003 hätten 35,7 Prozent der untersuchten offenen Verpackungen von Obst, Kartoffeln, Gemüse und Nüssen – und auch für Erdbeeren - nicht in den Verkehr gebracht werden dürfen.
Erdbeeren werden meistens in 500 Gramm-Schälchen verkauft. Zulässig sind bei offenen Verpackungen mit einer Füllmenge von 500 Gramm Abweichungen von 3 Prozent, das heißt 15 Gramm.
Im Zeitraum 2002/03 wurden pro Kopf in Deutschland 2,3 Kilogramm Erdbeeren gekauft. Bei 82,5 Mio. Bundesbürgern und einem Preis pro Kilogramm von 3,80 Euro gilt Folgendes:

$2{,}3\,\text{kg} \cdot 82{,}5\,\text{Mio.} \cdot 3\,\% \cdot 35{,}7\,\% \cdot 3{,}8\,€ = 7{,}72\,\text{Mio.}\,€$

Aus einer Statistik zur Füllmengenkontrolle für das Jahr 2003 geht hervor, dass bei unverpackten Produkten insgesamt die Abweichungen von der zulässigen Füllmenge bei 7 bis 8 Prozent der Produkte größer als erlaubt waren.
Der Verbraucherzentrale Bundesverband fordert stärkere Kontrollen und höhere Bußgelder.

Nach **vzbv** (Hrsg.): Verbraucherpolitische Korrespondenz Nr. 7 vom 30. Mai 2005

In der Fertigpackungsverordnung aus dem Jahr 1981 (Fassung 2008) sind eine Menge von Vorschriften und Ausnahmen für verschiedenartige Produkte zu finden. Im § 22 sind die zulässigen Minusabweichungen bei Fertigpackungen – auch bei offenen Produkten, die nach Gewicht oder Volumen zu kennzeichnen sind, aufgeführt. Mehr dazu unter http://bundesrecht.juris.de ▸ Gesetze und Verordnungen ▸ FertigPackV 1981

▲ Wer die Kontrollwaage nutzt, kann Abweichungen vom Verkaufsgewicht gleich feststellen.

M2 Wegen Schleichwerbung verklagt

Der Verbraucherzentrale Bundesverband (vzbv) hat das Internet-Portal einer weit verbreiteten Boulevardzeitung wegen Schleichwerbung verklagt. Die Zeitung hatte auf seiner Website für Autos geworben, ohne dies eindeutig als Werbung zu bezeichnen.
Nach dem Gesetz gegen den unlauteren Wettbewerb (UWG) müssen Medien Werbung und redaktionelle Texte deutlich voneinander trennen.

Der konkrete Fall
Im Januar 2005 war ein Artikel auf der Homepage unter der Überschrift „Flitzer für 11.900 Euro: Volks-SEAT – und der Asphalt wird glühen“ erschienen. Der Beitrag war wie ein redaktioneller Text gestaltet. Beim Anklicken landete der User auf einer Folgeseite mit verschiedenen Beiträgen rund um das beworbene Auto. Nur ein Teil der Beiträge war mit dem Hinweis „Anzeige“ versehen. Der User musste annehmen, dass die übrigen Texte von Journalisten überprüfte Informationen enthielten. Tatsächlich entpuppten sich diese Artikel als Werbung. Sie waren zum Teil mit Finanzierungsangeboten zum Autokauf verbunden.

Nach **vzbv (Hrsg.)**: Verbraucherpolitische Korrespondenz Nr. 7 vom 30. Mai 2005

M3 Surfen im Jugendmagazin der Verbraucherzentrale NRW

Dilara und Sarah sehen sich regelmäßig die News im Online-Jugendmagazin der Verbraucherzentrale Nordrhein-Westfalen an. Sie finden immer wieder spannende Informationen. Mehr dazu erfahrt ihr, wenn ihr Sarah und Dilara beim Surfen begleitet.

1. Schritt

Sie wählen die Internetadresse www.checked4you.de.
Es erscheint die Homepage mit acht Themenbereichen.

2. Schritt

Sie klicken zunächst den Bereich „Sport und Körper" und danach „Trends und Shopping" an.
Es erscheinen verschiedene Problembereiche mit Kurzbeschreibung

3. Schritt

Den Artikel „Verpackungen, Verschlüsse, Katastrophen" klicken sie an.

4. Schritt

Sie entdecken am Schluss des Artikels das Angebot, im Forum eigene Beiträge zu schreiben. Sie überlegen noch.

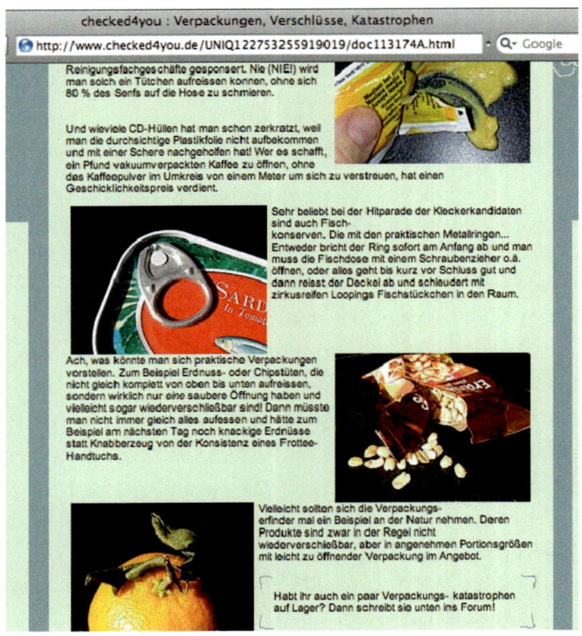

M4 Schutz von Kindern und Jugendlichen vor der Kostenfalle Handy

Ein Gericht in Hannover hat 2004 der Klage vom Bundesverband Verbraucherzentrale gegen einen Anbieter von SMS-Diensten stattgegeben. Es stellte fest, dass Anbieter von Premium-SMS-Diensten in jeder einzelnen SMS die Kosten gut sichtbar aufführen müssen.

Der konkrete Fall

Eine 12-jährige Verbraucherin sollte für ihren dreitägigen Chat 102,60 Euro zahlen. Das hohe Entgelt von 1,99 Euro pro SMS war nur in einer ersten Kontakt-SMS genannt worden. Es erschien erst nach mehrmaligem Scrollen auf dem Display. Es fehlten weiterhin Preisangaben in den unaufgefordert zugesandten Folge-SMS.

Nach **vzbv (Hrsg.)**: Verbraucherpolitische Korrespondenz Nr. 15 vom 20.7.2005

Arbeiten mit den Materialien

Zu **M1**

1 Wie kann man sich beim Einkauf von offen verpackter Ware vor zu geringen Mengen schützen?

2 Schreibe auf, was du Julia antworten würdest. JULIA: „Abweichungen von 7 Prozent bei einer Schale von 500 Gramm Kirschen sind nicht viel. Verbraucher sollten nicht so kleinlich sein."

Zu **M2**

1 Schreibt auf, warum in Medien Werbung und redaktionelle Texte deutlich voneinander zu trennen sind.

2 Schreibe einen Text für das Wochenblatt DER MARKT. Du hast die Aufgabe, etwas zu der Werbung von SCHMITZ-BIKE (S. 18, 20, 21) zu sagen und zum 10-jährigen Firmenjubiläum. Neben deinem Text ist die Abbildung von S. 20 mit dem folgenden Hinweis abgedruckt: „Wir sind die Besten in der Stadt."

Zu **M3**

1 Beurteilt die Website des Jugendmagazins der Verbraucherzentrale NRW.

Mögliche Gesichtspunkte dabei:
- Ist die Site übersichtlich und ansprechend gestaltet?
- Ist die Sprache verständlich?
- Sind die Abbildungen klar und anregend?
- Treffen die Beispiele eure Interessen?

2 Untersucht den Beitrag zu „Verpackungen, Verschlüsse, Katastrophen".
- Kennt ihr Tricks, um die abgebildeten „Katastrophen" zu vermeiden?
- Nennt „Katastrophen" mit Verschlüssen und Verpackungen aus eigener Erfahrung.
- Entwickelt Verbesserungsvorschläge. .

3 Untersucht einen weiteren aktuellen Beitrag in der Website checked4you.de. Präsentiert das Ergebnis in der Klasse.

Zu **M4**

1 Erklärt, was eine Premium-SMS ist. Ihr könnt eine Suchmaschine im Internet zu Hilfe nehmen.

2 Was müsst ihr beachten, wenn euch eine Premium-SMS angeboten wird?

Methode Preis- und Qualitätserkundung

1 Darum geht es

Eine Preis- und Qualitätserkundung ist die Voraussetzung für einen klugen, verbraucherorientierten Kauf. Er kann über eine Erkundung in verschiedenen Geschäften, Recherchen im Internet, in Fachzeitschriften und verbraucherorientierten Zeitschriften (z.B. „test" oder „ökotest") oder durch die Analyse von Prospekten und Erfahrungen von Freunden, Eltern und Nachbarn erfolgen. Eine Preis- und Qualitätserkundung führt oft zu Konflikten zwischen Anforderungen an die Qualität und den vorhandenen Geldmitteln.

Die Zeit kann ebenfalls eine wichtige Rolle spielen. Falls die Qualitätsanforderungen mit dem vorhandenen Geld noch nicht übereinstimmen, kann es sinnvoll sein, den Kauf zu verschieben.

Es kann also wichtig sein, zunächst zu überprüfen, ob der Kauf sofort erfolgen muss oder ob er verschoben werden kann.

Bei einem späteren Kauf sollte man darauf achten, ob evtl. neue Produkte auf den Markt gekommen sind.

2 So läuft es ab

Vorbereitung

Ihr einigt euch auf ein Produkt, das in wenigstens zwei oder drei Geschäften in eurer Umgebung zu kaufen ist – evtl. auch über das Internet, z.B. eine Digitalkamera oder DVD-Rohlinge.
Ihr entscheidet, ob der Kauf sofort erfolgen soll. Ihr entscheidet weiterhin, ob ihr nur einen bestimmten Geldbetrag ausgeben oder ob ihr von einer bestimmten Spanne ausgehen könnt.

Informationssuche

Ihr informiert euch
- über Erfahrungen von Eltern und Freunden
- in der Zeitschrift „test", ob es einen Test zu dem gewählten Produkt gab
- bei Fachhändlern
- in Fachzeitschriften

Durchführung

Entwicklung eines Erkundungsbogens

Ihr entwickelt einen Erkundungsbogen, der die Produkte enthält, die ihr erkunden wollt.
Berücksichtigt dann Preis und Kriterien für die Bewertung der Qualität.
Nehmt euch hierzu die Stiftung Warentest zum Vorbild (siehe S. 24).

Auswertung

Ermittelt, wo die ausgewählten Produkte am billigsten sind, und überlegt, wem, wie und wann ihr die Ergebnisse präsentieren wollt.

Entscheidung über den Qualitätsstandard

Ihr entscheidet darüber, welche Qualitätsanforderungen wichtig sind, listet die Kriterien auf und gewichtet sie.

Ihr trefft eine Auswahl von Produkten, deren Preis ihr in verschiedenen Geschäften und im Internet erkundet.

Verbraucherrecht

1 Alles, was recht ist

In unserer Gesellschaft werden täglich riesige Mengen an Käufen und Verkäufen direkt im Geschäft oder online getätigt. Bezahlt wird in bar, mit Bank- oder Kreditkarte.

Die Menschen kennen sich meistens nicht, und trotzdem funktionieren die Käufe in der Regel problemlos.

Eine wichtige Grundlage für dieses reibungslose Funktionieren ist unsere Rechtsordnung. Ohne die erforderlichen Gesetze des Staates könnte eine Marktwirtschaft nicht erfolgreich sein.

Das Vertragsrecht im Bürgerlichen Gesetzbuch sichert z.B. ab, dass Anbieter ihre Ware ordnungsgemäß herstellen und liefern und Verbraucher sie erhalten und bezahlen.

Gesetzliche Bestimmungen zur Rückgabe fehlerhafter Waren schützen Verbraucher. Das ist besonders wichtig bei technischen Geräten, deren Funktionsfähigkeit man nicht sofort beim Kauf überprüfen kann.

▸ **Leitauftrag** Beurteilt die Aktionen der Personen auf den Fotos. Notiert Stichworte.

▲ NORA: „Das will ich kaufen. Hier mein Geld."

◂ VERKÄUFERIN: „Dafür möchte ich 2,50 € von dir haben."

▸ MARTIN: „Die tausch ich um. Das ist mein gutes Recht."

B Auf einen Blick

Ihr kennt wichtige Bestimmungen zur Rechts- und Geschäftsfähigkeit.

Ihr begründet den Schutz von Kindern und Jugendlichen beim Kauf von Waren und Dienstleistungen.

Ihr erklärt an Beispielen, was unter einem Kaufvertrag zu verstehen ist.

Ihr erklärt an Beispielen wichtige Rechte von Käufern bei der Lieferung fehlerhafter Waren.

2 Rechts- und Geschäftsfähigkeit

Gesetze bilden die Grundlage unserer Rechtsordnung. Rechtspersonen können natürliche Personen (Bürger) und juristische Personen (Organisationen, Unternehmen) sein.

Jeder Mensch hat von Geburt an Rechte. Die **Rechtsfähigkeit** gehört zu seiner Menschenwürde. Sie ist festgelegt in Artikel 1 des Grundgesetzes.

Die dreijährige Selma kann z.B. Eigentümerin eines Hauses sein.

Zu unterscheiden ist davon die **Geschäftsfähigkeit**. Hier geht es um die Fähigkeit, Rechte und Pflichten durch Rechtsgeschäfte zu erwerben.

Die Geschäftsfähigkeit hängt vom Alter ab.

Die dreijährige Selma ist nicht geschäftsfähig und kann z.B. keinen Kaufvertrag schließen.

Wer ist geschäftsfähig?

Jugendliche, die das 18. Lebensjahr vollendet haben, sind geschäftsfähig. Jüngere sind nicht oder nur beschränkt geschäftsfähig.

Schließen Minderjährige mit vorheriger Zustimmung der gesetzlichen Vertreter (in der Regel der Eltern) einen Kaufvertrag, so ist er rechtswirksam.

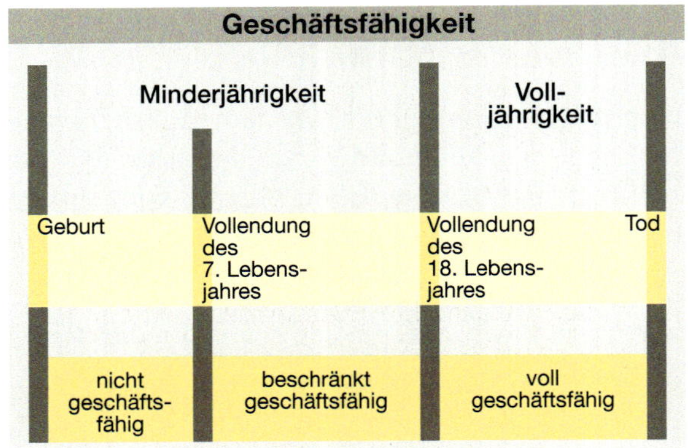

Ohne Einwilligung der Eltern ist ein Kaufvertrag Minderjähriger rechtsunwirksam. Stimmen die Eltern dem Kauf nachträglich zu, ist er wirksam.

Der Kaufvertrag Minderjähriger ist ohne Zustimmung der Eltern wirksam, wenn der Kaufpreis im Rahmen des zur Verfügung stehenden Taschengeldes liegt.

VATER:
„Dieses Rad hat mein Sohn gestern hier für 750 Euro gekauft. Ich stimme dem Kauf nicht zu. Nehmen Sie das Rad zurück und geben Sie das Geld heraus."

JENS:
„Ich kann das zahlen. Ich habe mir von Nicolas 300 Euro geliehen. Die zahle ich ihm in den nächsten Jahren bestimmt zurück."

HÄNDLER:
„Der Kauf gilt. Ihr Sohn ist 16 Jahre und weiß, was er will."

A

Aufgaben

1 Nennt Gründe für die Notwendigkeit einer Rechtsordnung.

2 Kann Jens Vater die Rücknahme des Fahrradkaufs verlangen? Begründet eure Entscheidung.

3 Die 10-jährige Julia ist Eigentümerin eines Hauses im Wert von 1,2 Mio Euro. Kann sie sich ohne Zustimmung der Eltern ein Fahrrad für 600 Euro kaufen?
Nennt Gründe.

3 Ein Kaufvertrag kommt zu Stande

Der Kaufvertrag ist ein zweiseitiges Rechtsgeschäft. Zwei Personen müssen eine Willenserklärung abgeben – mündlich oder schriftlich. Die eine Person macht einen Antrag, die andere erklärt die Annahme.

Ein Kaufvertrag kann mündlich oder schriftlich geschlossen werden, z.B. durch eine Geste oder durch Schriftform. Der Kassenzettel ist ein Beleg für einen Kaufvertrag.

Der Kaufantrag muss so eindeutig sein, dass die Annahme durch ja, nein oder einverstanden bestätigt werden kann.

Aus dem Kaufvertrag ergeben sich Rechte und Pflichten.
Der Käufer hat u.a. die Pflicht, den Kaufpreis zu zahlen. Der Verkäufer hat die Pflicht, die Ware in ordnungsgemäßem Zustand abzugeben.

Nicht gültige Kaufverträge:

- Verbotene und sittenwidrige Verträge, z.B. der Verkauf von Alkohol an den 8-jährigen Jens
- Verträge mit nichtgeschäftsfähigen Personen, z.B. der Verkauf eines Buches an die 4-jährige Lena

Kauf im Internet

Ein Kauf über das Internet wird als Fernabsatzvertrag bezeichnet. Der Verkäufer muss den Käufer u.a auf sein Recht auf Widerruf und Rückgabe hinweisen. Den Widerruf kann der Verbraucher durch Rückgabe der Sache oder in Textform innerhalb von zwei Wochen erklären. Zur Wahrung der Frist genügt die rechtzeitige Absendung.

Beispiel 1
Der Verkäufer macht einen Antrag

Händler Schreiber:
„Dieses Fahrrad Senta XP kostet 375 Euro."

1. Willenserklärung (Antrag)

Jörg:
„Alles klar, das nehme ich."

2. Willenserklärung (Annahme)

Beispiel 2
Der Käufer macht einen Antrag

Judith: „Ich möchte diesen CD-Player zu 99 Euro kaufen."

1. Willenserklärung (Antrag)

Händlerin Schmitz:
„Gerne, ich lasse ihn einpacken."

2. Willenserklärung (Annahme)

A Aufgaben

Begründet, ob in folgenden Fällen ein Kaufvertrag zu Stande gekommen ist.

A: MELANIE zu ihrer Freundin im Rock-Center: „Ich kaufe diesen Rock zu 25 Euro."

B: ROBBIE, 20 Jahre: „Ich biete dir diesen Sattel zu 120 Euro." ANJA, 18 Jahre: „Den nehme ich."

C: CLAUS: „Ich möchte sofort das Radio LS 18. Hier sind die 50 Euro." Händler Santer: „Ist vielleicht in drei Tagen da."

D: WIEBKE: „Ich möchte den Haarschnitt ohne Waschen für 10 Euro."
Friseurin: „Geht klar."

4 Rückgabe und Umtausch

Die Rechte der Käufer

1 Verkäufer müssen ordnungsgemäße Waren und Dienstleistungen verkaufen. Sie sind verpflichtet, für einen Mangel (Fehler) zu haften. Man nennt das Gewährleistung.
Einen Fehler (Mangel) hat z. B. eine verkratzte CD oder ein Buch, bei dem Seiten fehlen.

2 Käufer können fehlerhafte Waren zurückgeben, eine Nachbesserung oder eine Verringerung des Kaufpreises verlangen.

3 Käufer können Schadensersatz für entstandene Aufwendungen verlangen.

4 Die Gewährleistungsfrist beträgt zwei Jahre, für gebrauchte Waren mindestens ein Jahr.

5 Verkäufer müssen fehlerhafte Waren nicht zurückgeben, wenn der Käufer den Fehler beim Kauf kannte.

6 Verkäufer dürfen die Rückgabe einer fehlerhaften Ware nicht ausschließen, z. B. durch ein Schild: „Wir nehmen keine Waren zurück."

7 Verkäufer bieten oft die Rücknahme fehlerfreier Ware (Umtausch) gegen einen Kassenzettel freiwillig an.

Der Fußball platzt aus allen Nähten!

Dirk hat seit langem Geld für einen Fußball gespart. Endlich ist es soweit. Er geht zu „Sport-Winter".

Der Händler empfiehlt den Ball „Rondo 3" zu 25 Euro und betont, dass der Ball oft gekauft wird und die Qualität gut ist. Dirk ist froh und lädt sofort ein paar Freunde zum Spielen ein.

Nach zwei Spielen platzen die Nähte. Dirk geht sofort zu „Sport-Winter" und verlangt einen neuen Ball. Der Händler will den Ball nicht zurücknehmen, weil er Kratzer hat. Dirk ist ärgerlich.

Die Hose will ich nicht mehr!

Ronny hat sich eine blaue Jeans gekauft. Die Hose sitzt exakt und kostet wenig. Der Verkäufer weist ihn auf einen kleinen Farbfleck hin. Das ist der Grund für den günstigen Preis.

Ronny ist zufrieden mit dem Kauf. Der Fleck ist kaum zu sehen.

In der Schule findet sein Freund Burak, dass die Hose langweilig ist. Ronny geht am nächsten Tag zu dem Laden und verlangt die Rücknahme der Hose. „Sie hat einen Farbfleck", betont er. Der Verkäufer lehnt die Rücknahme ab.

Regine kauft einen Bikini

Regine geht zum Textilhaus Grote, um sich einen Bikini zu kaufen. Von ihrer Freundin Uta weiß sie, dass es da preiswerte Waren gibt. Sie findet einen schicken Bikini, probiert ihn an und kauft ihn.

Zu Hause zeigt sie ihrer Freundin den Bikini. Uta ist entsetzt. „Wie konntest du nur so ein Teil kaufen? Die Farbe ist nicht mehr modern. Tausch den Bikini schnell um. Meine Mutter hat in der letzten Woche auch einen Bademantel bei Grote umgetauscht. Bei denen steht an der Kasse extra ein Schild, dass Umtausch möglich ist."

Regine geht am nächsten Tag mit dem Kassenzettel zu Grote, um den Bikini umzutauschen. Die Verkäuferin weigert sich.

Rechte beim Umtausch

Viele Geschäfte bieten freiwillig einen Umtausch von Waren an, die keinen Mangel haben. Der Umtausch muss innerhalb einer bestimmten Frist, z.B. einer Woche, erfolgen. Außerdem muss man den Kassenzettel vorlegen. Man bekommt entweder einen Gutschein für den bezahlten Geldbetrag oder den gezahlten Geldbetrag zurück. Wird das Recht zum Umtausch freiwillig zugesichert, z.B. durch ein Schild an der Kasse, besteht ein Rechtsanspruch.

Nicht umgetauscht werden in der Regel

- Badekleidung
- Unterwäsche
- Ware zu einem herabgesetzten Preis
- Einzelbestellungen

◄

RICHARD: „Bei uns wird viel umgetauscht. Es gibt Kunden, die kaufen ohne jeden Verstand und tauschen dann am nächsten Tag die Ware um. Mich nervt das enorm."

GABI: „Aber das ist doch für uns super. Durch die Möglichkeit zum Umtausch werden die Kunden leichtsinnig und kaufen, was das Zeug hält. Mit dem Gutschein, den sie bekommen, bleibt das Geld in der Kasse."

RICHARD: „Ich kenne Händler, die beim Umtausch das Geld zurückgeben. Ob sich das lohnt?"

A

Aufgaben

1. Löst die beiden Harry Potter-Fälle. Nennt Gründe.
2. Kann Dirk einen neuen Fußball verlangen? Begründet.
3. Kann Ronny die Rücknahme der Hose verlangen? Begründet.
4. Kann Regine den Umtausch des Bikinis verlangen? Begründet.
5. Bei vielen Händlern ist ein Umtausch möglich. Nennt Gründe.
6. Informiert euch über aktuelle Fragen zum Verbraucherrecht unter www.checked4you.de ► Trends und Shopping ► Verbraucherrecht und www.verbraucherzentrale-niedersachsen.de ► Markt + Recht

5 Weiterführendes Material

M1 Rechtsgeschäfte

Mehrseitige Rechtsgeschäfte = Verträge		
Willenserklärung von mind. zwei Personen		
Beispiele:	Kaufvertrag	Mietvertrag
	Dienstvertrag	Sparvertrag

Einseitige Rechtsgeschäfte		
Willenserklärung von einer Person		
Beispiele:	Kündigung	Mahnung
	Schenkung	Testament

M2 Dürfen Jugendliche alles kaufen?

Auszug aus dem Jugendschutzgesetz

§ 9 Alkoholische Getränke

(1) In Gaststätten, Verkaufsstellen oder sonst in der Öffentlichkeit dürfen
1. Branntwein, branntweinhaltige Getränke oder Lebensmittel, die Branntwein in nicht nur geringfügiger Menge enthalten, an Kinder und Jugendliche,
2. andere alkoholische Getränke an Kinder und Jugendliche unter sechzehn Jahren
weder abgegeben noch darf ihnen der Verzehr gestattet werden.

§ 10 Rauchen in der Öffentlichkeit, Tabakwaren

(1) In Gaststätten, Verkaufsstellen oder sonst in der Öffentlichkeit dürfen Tabakwaren an Kinder oder Jugendliche unter 16 Jahren weder abgegeben noch darf ihnen das Rauchen gestattet werden.
(2) In der Öffentlichkeit dürfen Tabakwaren nicht in Automaten angeboten werden. Dies gilt nicht, wenn ein Automat …
2. durch technische Vorrichtungen oder durch ständige Aufsicht sichergestellt ist, dass Kinder und Jugendliche unter 16 Jahren Tabakwaren nicht entnehmen können.

§ 12 Bildträger mit Filmen oder Spielen

(3) Bildträger, die nicht oder mit „Keine Jugendfreigabe“… gekennzeichnet sind, dürfen
1. einem Kind oder einer jugendlichen Person nicht angeboten, überlassen oder sonst zugänglich gemacht werden …

www.bmfsfj.de ▶ Gesetze ▶ Jugendschutzgesetz

M3 Das Bürgerliche Gesetzbuch (BGB)

Das **Bürgerliche Gesetzbuch** trat im Jahr 1900 in Kraft und wurde bis heute vielfach verändert.

Das BGB regelt die Beziehungen von Rechtspersonen.

Das können natürliche Personen (Bürger) oder juristische Personen (Organisationen, Unternehmen) sein. Es handelt sich hier um das private Recht.

Im BGB sind z. B. geregelt:
Voraussetzungen und Bedingungen von Kaufverträgen, Rechte und Pflichten beim Kauf und der Nutzung von Eigentum, notwendige Bestimmungen bei Mietverträgen, Rechte und Pflichten bei der Schließung und Scheidung einer Ehe

Ein stärkerer Schutz der Verbraucher erfolgte durch die Veränderungen im Jahr 2002.

Arbeiten mit den Materialien

Zu M1

Verschiedene Meinungen über Rechtsgeschäfte

ANNALENA: „Ich verstehe nicht, dass eine Kündigung ein einseitiges Rechtsgeschäft ist. Das betrifft doch immer 2 Personen."

MATS: „Das stimmt. Ein Mietvertrag ist ja auch ein Vertrag."

AIDIN: „Warum ist das Sparen bei der Bank ein Vertrag? Über die Sparsumme entscheidet doch nur der Sparer."

DORA: „Ich fände es besser, wenn ein Testament nicht nur von den Eltern allein gemacht würde, sondern die Kinder vorher ihre Zustimmung geben müssten. Das würde Ärger zwischen den Erben verhindern."

Beurteilt die Meinungen und schreibt Stichworte auf.

Zu M2

1 Richard hatte die Aufgabe, den Großeinkauf für die Familie zu erledigen. Er hat alles im Supermarkt bekommen und ist froh, endlich an der Kasse zu stehen.
Richard denkt: „Da werden die zu Hause zufrieden sein. Der Einkaufszettel ist komplett abgearbeitet."
Kassiererin: „Du …"

Was könnte die Kassiererin einwänden?

2 Lara möchte ihrem Vater zum Geburtstag eine DVD schenken. Sie weiß, dass er Krimis schätzt.
Als der Kassierer ihr die DVD nicht verkaufen will, ist sie ärgerlich. „Ich darf die DVD kaufen, denn sie ist ein Geschenk für meinen Vater. Ich mag Krimis gar nicht. Außerdem bin ich 16 Jahre alt."
Hat Lara Recht?

Zu M3

1 Nehmt Stellung zu folgender Meinung:
„Das BGB ist für die Entwicklung unserer Wirtschaft sehr wichtig gewesen. Außerdem trägt es zur Lösung von Konflikten in der Familie bei."
Zieht dazu die Paragrafen im Buch 4 – Familienrecht heran.
http://bundesrecht.juris.de

2 Das öffentliche Recht regelt die Beziehungen des Bürgers zum Staat, z.B. das Strafgesetzbuch, das Jugendschutzgesetz, das Schulgesetz des Landes oder das Straßenverkehrsgesetz.
Sucht Beispiele für gesetzliche Regelungen.
Informiert euch bei

www.wikipedia.org

und schreibt Stichworte auf.

Alles klar?

Strategien kluger Verbraucher

1 Verbraucher haben verschiedenen Möglichkeiten, sich vor dem Kauf über Qualität und Preis einer Ware zu informieren.
Schreibe wenigstens drei Möglichkeiten auf.

2 Schreibe wenigstens drei Bestimmungen des Gesetzes gegen den unlauteren Wettbewerb auf.

3 Nimm Stellung zu folgenden Meinungen:

TIM: „Das Parlament sollte nicht so viele Gesetze zum Schutz der Verbraucher erlassen. Da blickt ja keiner durch. Anbieter und Verbraucher können ihre Interessen am Markt selbst regeln."
KATJA: „Anbieter sind viel mächtiger als Verbraucher. Der Staat muss die Verbraucher durch Gesetze schützen und die Einhaltung der Gesetze stärker kontrollieren."

4 Was fehlt in der Werbeanzeige? Schreibe auf.

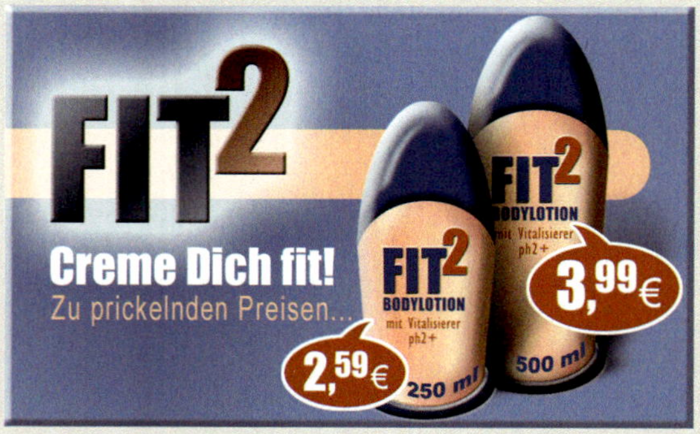

5 Andi sieht in einem Werbeprospekt diese Anzeige und kauft den MP-3-Player. Nimm Stellung zu seinem Verhalten.

Verbraucherrecht

6 Menschen sind von Geburt an rechtsfähig. Begründe.

7 Der 15-jährige Miro kauft ein Rad für 450 Euro. Der Vater ist mit dem Kauf nicht einverstanden und fordert vom Händler die Rücknahme des Rades und die Herausgabe des Kaufpreises. Der Händler protestiert und entgegnet, dass Miro bar gezahlt hat.
Wer hat Recht? Begründe.

8 Annalena hat am 15. Juni 2006 eine Kamera gekauft. Da die Belichtung nicht mehr funktioniert, will sie ihre Kamera kostenlos reparieren lassen. Der Verkäufer weigert sich und stellt fest, die Gewährleistungsfrist sei abgelaufen. Nimm Stellung.

9 Umtausch ist immer möglich.
Ist die Aussage richtig? Begründe.

10 Der 15-jährige Richy kauft für die Familie ein. Für den Vater soll er 2 Packungen Zigaretten mitbringen. Die Kassiererin weigert sich, sie ihm zu verkaufen. Darf sie das? Begründe.

Der Markt: Zusammenspiel von Nachfragern und Anbietern

1 Wer kennt sich aus am Markt?

So viele Güter wie noch nie können die Verbraucher kaufen: in Supermärkten, Fachgeschäften, Warenhäusern, bei Discountern, im Versandhandel und bei Versicherungen. Die Waren und Dienstleistungen kommen aus aller Welt, die Vielfalt ist riesig. Die rasche technologische Entwicklung, der Wandel der Bedürfnisse und Werbestrategien bringen immer schneller neue Waren auf den Markt.

Viele Güter verschwinden nach kurzer Zeit vom Markt. Es finden sich nicht genug Käufer. Händler kommen und gehen, neue Fachgeschäfte und Vertriebsformen entstehen. Die Anbieter müssen sich den veränderten Bedingungen anpassen um zu überleben.

Verbraucher müssen eine Fülle von Informationen verarbeiten, wenn sie preiswerte Waren und Dienstleistungen in guter Qualität kaufen wollen.

Wer am Markt durchschaut, ist besser dran.

▸ **Leitauftrag** Du sollst 2 kg Tomaten und 10 Jogurt mitbringen. Wo würdest du einkaufen? Begründe.

B **Auf einen Blick**

Ihr erklärt das Zusammenspiel von Anbietern und Nachfragern am Markt.

Ihr erklärt an Beispielen, wie Verbraucher die Preisbildung am Markt beeinflussen können.

Ihr erklärt das Marktmodell und kennt den Unterschied von Modell und Wirklichkeit.

Ihr erklärt, warum die Interessen als Verbraucher oder als Arbeitnehmer unterschiedlich sind.

Ihr nennt die Unterschiede der Preisbildung am Lebensmittelmarkt und am Flohmarkt.

Ihr erkundet die Lage des Lebensmitteleinzelhandels in eurem Umfeld.

Ihr führt eine Pro-Kontra-Debatte über einen umstrittenen Vorschlag zur Verkaufsförderung.

2 Supermarkt SANDERS behauptet sich am Markt

Supermarkt SANDERS liegt am Stadtrand einer Großstadt. Ein Journalist des Wochenblattes MARKT interviewt Herrn Sanders.

MARKT: „Herr Sanders, Sie haben Höhen und Tiefen erlebt. Wie war der Anfang?“

HERR SANDERS: „Hier gab es vor 25 Jahren zwei kleine Lebensmittelgeschäfte. Als ein Neubaugebiet entstand, gab es plötzlich viel mehr Käufer und ich beschloss mit meiner Frau die Gründung eines weiteren Supermarktes. Unsere Ersparnisse und ein Kredit reichten dafür aus. Wir kannten uns aus im Verkauf und mieteten Räume in günstiger Lage. Wir ließen die Ladeneinrichtung bauen, kauften moderne Tiefkühlschränke und eine große Kühltheke für Fleisch, Käse und Milchprodukte. Das Geschäft lief nach kurzer Zeit bestens. Eines der bisherigen Geschäfte schloss bald.
Unser *Gewinn* erhöhte sich von Jahr zu Jahr. Bald beschlossen wir, das Geschäftshaus für unsere Alterssicherung zu kaufen. Aber dann gerieten wir in eine Krise.“

MARKT: „Ich erinnere mich, das war vor ungefähr acht Jahren. Wie kam es dazu?“

HERR SANDERS: „Ja, da kam viel zusammen. Ein weiterer Supermarkt in der Nebenstraße und ein *Verbrauchermarkt*, fünf Kilometer entfernt, eröffneten. Die kauften ihre Waren in großen Mengen ein und boten den Kunden bessere Preise.
Wir haben uns nicht schnell genug auf die neue Lage eingestellt. Das war ein Fehler. Der neue Supermarkt lockte Kunden mit einer Bio-Abteilung, tüchtigen Verkäuferinnen und einer gut sortierten Frische-Abteilung. Die Preise waren knapp kalkuliert und zu einem Teil niedriger als bei uns. Dadurch verloren wir viele Kunden.
Wir machten zwei Jahre lang Verluste. Zum Glück war unser Haus schuldenfrei, sodass uns die Bank sofort einen Kredit gab. Das ermöglichte unser Überleben am Markt.“

MARKT: „Herr Sanders, was hat Sie wieder auf Erfolgskurs gebracht?“

HERR SANDERS: „Ein neues Verkaufskonzept brachte den Erfolg. Wir sind jetzt Partner einer großen Handelskette. Unser Sortiment haben wir neu zugeschnitten. Zusätzlich haben wir eine Hausbelieferung eingeführt – für unsere älteren Kunden.
Bei Obst und Gemüse setzen wir auf beste Qualität. Den höheren Preis bezahlen viele.
Die bisherige Back-Abteilung wurde um drei kleine Tische mit Stühlen erweitert. Vor allem die älteren Kunden treffen sich hier gerne. Sehr wichtig war eine gute Schulung unserer Verkäuferinnen und eine bessere Bezahlung. Das hat die Arbeitszufriedenheit und die Leistung verbessert. Unsere Verkäuferinnen werden heute gelobt. Wir sind wieder in der Gewinnzone, Tendenz steigend.“

A Aufgaben

1 Lest das Interview und notiert wichtige Stichworte dazu.

2 Beschreibt die Entwicklung des Supermarkts SANDERS bis zur Krise.

3 Nennt Gründe für die ungünstige Entwicklung. Wie kam SANDERS aus der Krise heraus?

4 Welche Käufergruppen werden von SANDERS Konzept besonders angesprochen?

3 Frau Rode hat den Durchblick

Frau Rode wohnt in der Nähe des Supermarktes SANDERS. Auch sie wird vom Wochenblatt als Verbraucherin interviewt.

MARKT: „Frau Rode, Sie haben den Auf- und Abstieg von Sanders erlebt. Sie gehörten zu den Kundinnen, die damals von Sanders abwanderten. Warum?“

FRAU RODE: „Ja, in den ersten Jahren fand ich die Qualität und den Preis der meisten Waren bestens. Sanders waren sehr zuvorkommend, die Verkäuferinnen freundlich und gut informiert. Mit der Zeit ließ das nach. Zwei Verkäuferinnen gingen, zwei neue wurden eingestellt. Deren Beratung war nicht gut. Vielleicht hat Sanders sie schlecht bezahlt. Die Qualität von Obst und Gemüse ließ nach. Bio-Produkte fand man bei Sanders auch nicht. Die Auswahl bei Käse und anderen Milchprodukten war gering.
Dann öffnete der neue Supermarkt RÜTHER.
Die Preise waren im Durchschnitt niedriger und die regelmäßigen Sonderangebote lohnend.
Die Verkäuferinnen wussten gut Bescheid. RÜTHER hatte ein viel besseres Sortiment – hochwertige Bio-Produkte. Mein Mann und ich achten sehr auf gesunde Ernährung. Unsere Kinder sind aus dem Haus, da können wir es uns leisten, mehr Geld für Lebensmittel auszugeben. Ich kaufte nur bei RÜTHER. SANDERS wird gemerkt haben, dass wir Kunden flexibel sind.
Heute kaufe ich bei beiden Supermärkten. Die liegen ja dicht beieinander. Ich kann bequem die Preise vergleichen.
Zum Verbrauchermarkt fahren wir nur einmal im Monat. Bestimmte Produkte sind da billiger, z.B. bei Sonderangeboten. Ansonsten ist es mir dort zu unübersichtlich. Haushalte mit Kindern sehen das sicher anders.“

MARKT: „Verbraucher möchten sich über die Qualität der Produkte informieren. Gelingt Ihnen das?“

FRAU RODE: „Nur sehr begrenzt. Die *Warenkennzeichnung* ist oft schwer verständlich. Das betrifft vor allem die Angabe der Inhaltsstoffe bei Lebensmitteln. Wer blickt bei der großen Auswahl der Produkte da noch durch? Hilfreich finde ich die Kennzeichnung mit *Gütesiegeln*, denen ich vertrauen kann.
Bei größeren Anschaffungen gehe ich zur Stadtbibliothek und nutze „test“ oder „ökotest“.

Die Interessen von...

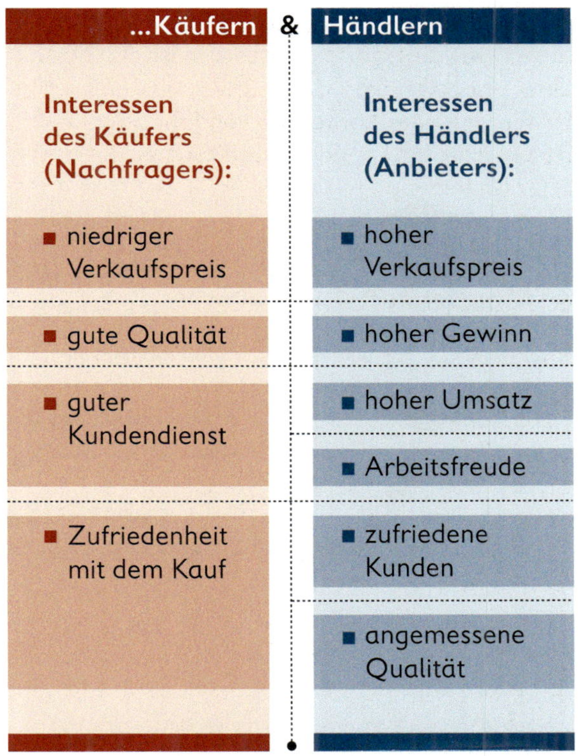

A Aufgaben

1 Frau Rode kaufte nach der Eröffnung des neuen Supermarktes RÜTHER nicht mehr bei SANDERS. Nennt die Gründe.

2 Frau Rode fällt der Qualitätsvergleich schwer. Nennt Gründe.

3 Nennt Hilfen für eine bessere Information der Verbraucher.

4 Bezieht das Schaubild oben auf die Interessen von Frau Rode und SANDERS. Sucht die Angaben dafür aus den beiden Interviews.

Das Marktverhalten von SANDERS: zwei Möglichkeiten

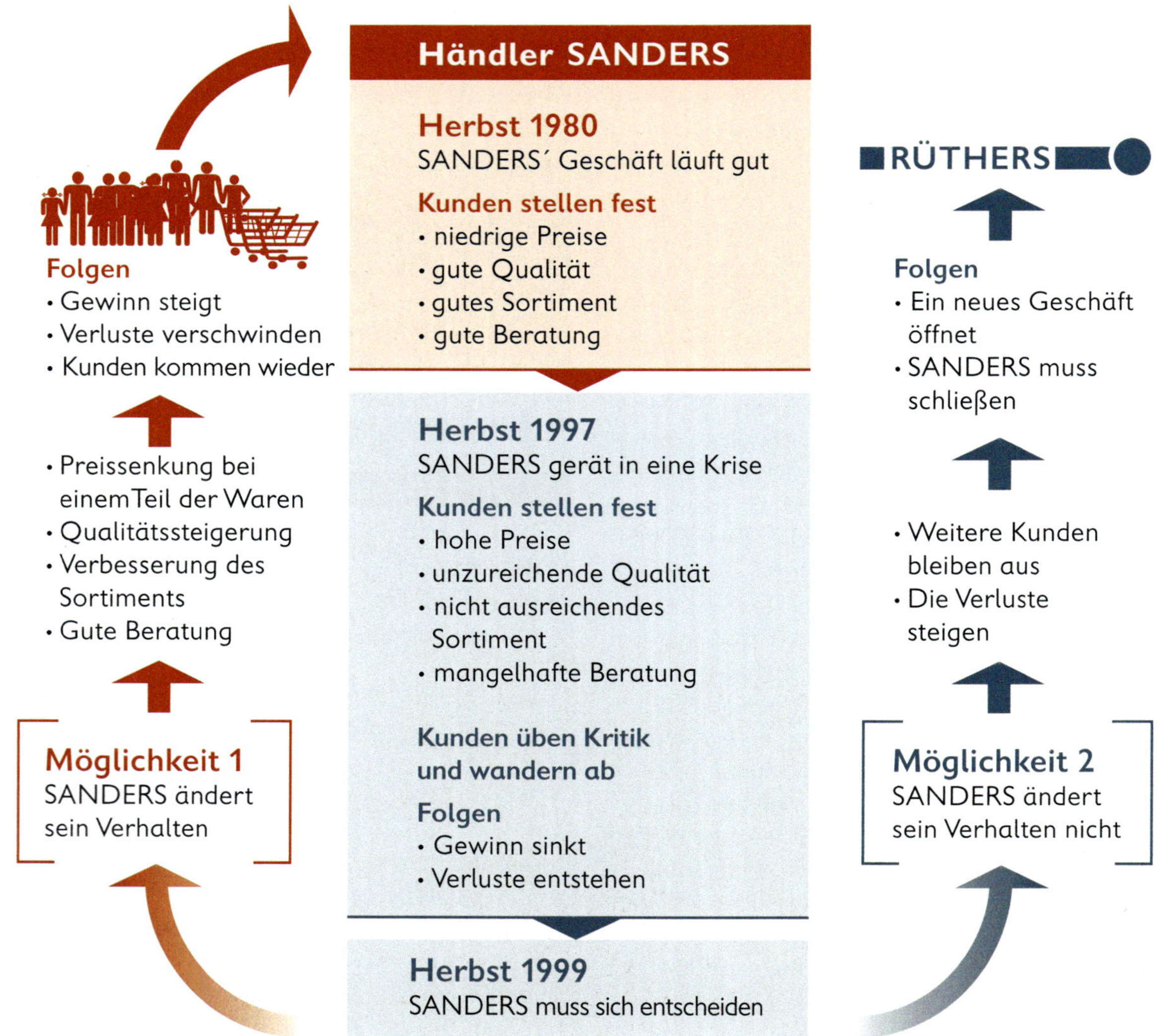

A Aufgaben

1 Erklärt das Schaubild mithilfe des Interviews auf S. 54.

2 Befragt Eltern, Nachbarn oder Bekannte zu Veränderungen im Lebensmittelhandel in ihrer Nähe. Gesichtspunkte der Veränderung können sein: Anzahl und Größe der Geschäfte, Sortiment, Beratung, erlebte Krisen, Wechsel des Inhabers.

3 Befragt Kunden vor Lebensmittelgeschäften, wie sie die Lage auf dem Lebensmittelmarkt sehen.
Zur Entwicklung im Lebensmittelhandel siehe M1, S. 61.
Zur Methode Befragung (Interview) siehe S. 321.

5 Spielregeln am Markt

Das Marktmodell

Zwischen den Anbietern (Händlern und Herstellern) herrscht Wettbewerb. Er soll bewirken, dass Art, Menge, Qualität und Preis der Güter so weit wie möglich den Wünschen der Nachfrager entsprechen. Wer keine gute Leistung erbringt, soll neuen Anbietern Platz machen.

Der Wettbewerb erfordert eine befriedigende Anzahl von Anbietern.

Nachfrager sollen bei den Anbietern mit den niedrigsten Preisen bei angemessener Qualität kaufen. Die Preise sollen die Verbraucher über das günstigste Angebot informieren.

Solch ein Verhalten setzt voraus, dass Nachfrager die Qualität aller Güter genau beurteilen, deren Preise vergleichen können und dann ihre Güter entsprechend kaufen.

Dieses Marktmodell beschreibt nicht das tatsächliche Verhalten der Marktteilnehmer, sondern das ideale.

Rahmenbedingungen der Marktwirtschaft

Für das Handeln am Markt hat der Staat Rahmenbedingungen festgelegt.
Wichtig sind u.a.

- funktionierender Wettbewerb:
  Mehrere Anbieter sollen um die Nachfrager werben, z.B. durch gute Qualität, niedrige Preise, guten Service.
- freier Marktzutritt:
- Es muss z.B. möglich sein, dass immer wieder neue Wettbewerber Unternehmen gründen können.
- freier Kapitalmarkt:
- Jedes Unternehmen muss die Chance haben, Kredite bei Banken (auf dem Kapitalmarkt) zu erhalten.
- Privateigentum an Waren und Einrichtungen:
- Jeder kann Privateigentum erwerben.

BENNO: „Der Laden war einfach zu teuer."
AYSE: „Die Bedienung war schlecht."
SENTA: „Das Sortiment stimmte nicht mehr."
LISA: „Die sind irgendwie stehen geblieben."

A Aufgaben

1 Das Marktmodell kennzeichnet ein Ideal, das die gewünschte Richtung anzeigt. Warum wird dies Ideal in Wirklichkeit nicht erreicht? Nennt Gründe. Stichpunkte dazu: Informationsfülle, Werbung, Zeit, Fahrtkosten, schwer einschätzbare Qualität, ständig neue Produkte

2 Erklärt die Rahmenbedingungen am Beispiel von Händler Sanders.

3 Was könnten Benno, Ayse, Senta und Lisa gemeint haben?

4 Beobachtet Geschäftsschließungen in eurer Umgebung und berichtet darüber.

6 Wie Preise entstehen können

Was hat bei Robers Preisbildung nicht geklappt?

Rober hat die Preissenkung so kalkuliert, dass er keinen Gewinn mehr macht, aber auch keinen Verlust. Er will Platz für die neue Herbstware schaffen. Im nächsten Jahr gibt es einen neuen Modetrend, sodass es sich nicht lohnt, die Ware zu lagern. Außerdem ist wegen der hohen Mietkosten sein Lagerraum sehr klein.
Die Preissenkung bei den Röcken hat dazu geführt, dass die Nachfrage gestiegen ist und alle Röcke verkauft wurden. Die Aktion lief nach dem Preisbildungsmodell.
Bei den Hosen war die Senkung des Preises nicht erfolgreich. Die Verbraucher wollten trotzdem keine Kordhosen kaufen.
Hier zog die Idee des Modells der Preisbildung nicht. Bei den Hosen hat Rober Verluste gemacht.
Er hat die falsche Ware geordert und muss in Zukunft genauer prüfen, welche Kleidung bei seinen Kunden ankommt. Außerdem muss er die Preise seiner Mitbewerber beachten.

Das Modell der Preisbildung

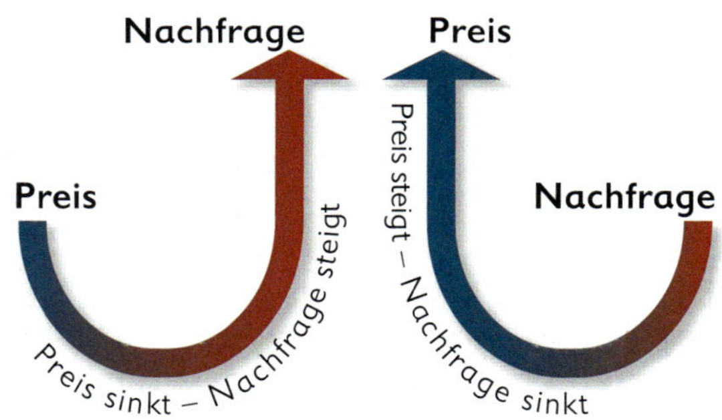

A Aufgaben

1 Rober senkte die Preise für Röcke und Hosen. Begründet, warum die Röcke gekauft wurden, die Hosen aber nicht.

2 „Modell und Wirklichkeit stimmen nicht überein!" Nehmt Stellung.

3 Nennt weitere Gründe dafür, dass Nachfrager sich nicht immer nach dem Prinzip des Modells der Preisbildung verhalten.

4 Was sollte Rober in Zukunft beim Einkauf und der Preisgestaltung beachten?

7 Billiger Einkauf, aber auf wessen Kosten?

Den größten Umsatz im Lebensmitteleinzelhandel machen die Discountmärkte (siehe **M1**, Folgeseite).

Sie werben u.a. in Zeitungen und Postwurfsendungen mit ganzseitigen Anzeigen für Produkte zu Niedrigpreisen. Das zieht Verbraucher an.

Niedrige Preise: Das ist die eine Seite der Medaille.

Schlechte Arbeitsbedingungen: Das ist die andere Seite.

Die Vereinte Dienstleistungsgewerkschaft (ver.di) hat einige Arbeitnehmer eines Discounters zu ihren Arbeitsbedingungen befragt und in dem Buch „Billig auf Kosten der Beschäftigten“ veröffentlicht.

In Einzelfällen wurde berichtet:

Bezahlt wird immer erst ab 7 Uhr morgens, doch wir fangen um 6 Uhr an, um die Arbeit zu schaffen. Genauso ist es am Abend: Bis 20 Uhr wird bezahlt, doch oft genug arbeiten wir bis 20:45 Uhr, ja manchmal bis 21:30 Uhr …
Eine Pause dauert maximal 15 Minuten, aber oft genug fällt sie aus oder wird mehrfach unterbrochen … An freien Tagen besteht ständig die Möglichkeit, in die Filiale beordert zu werden, weil die eingeteilten Kolleginnen die Arbeit nicht schaffen können …
Die Einsatzpläne gibt es mal zwei Wochen im Voraus, dann wieder mit nur drei Tagen Vorlauf. Und oft werden die Pläne kurzfristig geändert.
Pro Minute muss jede Verkäuferin vierzig Produkte über den Kassenscanner ziehen. Wer diese Vorgabe vier Monate nach der Einstellung nicht schafft, fliegt …

Weiterer Stress entsteht durch die ständigen Tests. Manchmal sind es Mitarbeiter von Sicherheitsfirmen, aber auch Kollegen oder Freunde von Vertriebsleitern, die uns auf die Probe stellen.

Im Lauf der Zeit lernt man die Tricks: Mitarbeiter von Sicherheitsfirmen etwa legen oftmals vier Artikel auf's Band, drei weitere sind im Wagen versteckt. Etwa im „toten Winkel“, den wir Kassiererinnen schwer einsehen können, oder unter einem Prospekt, einem Karton, oder …

Die Leitung hat ständig Angst, dass die Verkäufer/innen klauen. Einmal wöchentlich soll der Filialleiter deshalb einige Spinde des Personals untersuchen …

Nach **ver.di** (Hrsg):
„Billig auf Kosten der Beschäftigten“, …,
Berlin, 2. Aufl 2004, S. 21, 30, 31

A
Aufgaben

1 Notiert Stichworte zu den Arbeitsbedingungen in den oben genannten Fällen.

2 Nennt Gründe für das Verhalten der Vorgesetzten gegenüber ihren Mitarbeitern.

3 Beschreibt den Konflikt, der aus Sicht des Verbrauchers und Arbeitnehmers entstehen kann.

4 Befragt Verkäuferinnen, die ihr kennt, nach ihren Arbeitsbedingungen.

8 Die Wirtschaft dient dem Verbraucher

Supermarkt Sanders ist ein Beispiel dafür, wie Unternehmen und Verbraucher im Wirtschaftsgeschehen handeln.

Alles was in der Wirtschaft geschieht, ist letztlich für die Verbraucher bestimmt. Sie wollen Güter haben, um ihre Bedürfnisse zu befriedigen. Diese Güter werden von Unternehmen, dem Staat und aus dem Ausland bereitgestellt.

Das folgende Schema stellt wichtige Akteure im Wirtschaftsgeschehen dar.

Eine klassische Aussage

Der Verbrauch allein ist Ziel und Zweck jeder Produktion. Daher soll man die Interessen des Produzenten nur beachten wenn dadurch das Wohl des Konsumenten gefördert wird. In unserer Wirtschaftsordnung wird aber das Wohl des Verbrauchers beinahe ständig dem Interesse des Produzenten geopfert. Man betrachtet offenbar die Produktion und nicht den Konsum als letztes Ziel des Wirtschaftens und Handelns.

Nach: **Adam Smith:** Der Wohlstand der Nationen (Original: An Inquiry into the Nature and Causes of the Wealth of Nations, 1776), dtsch. Übersetzung, München 1974

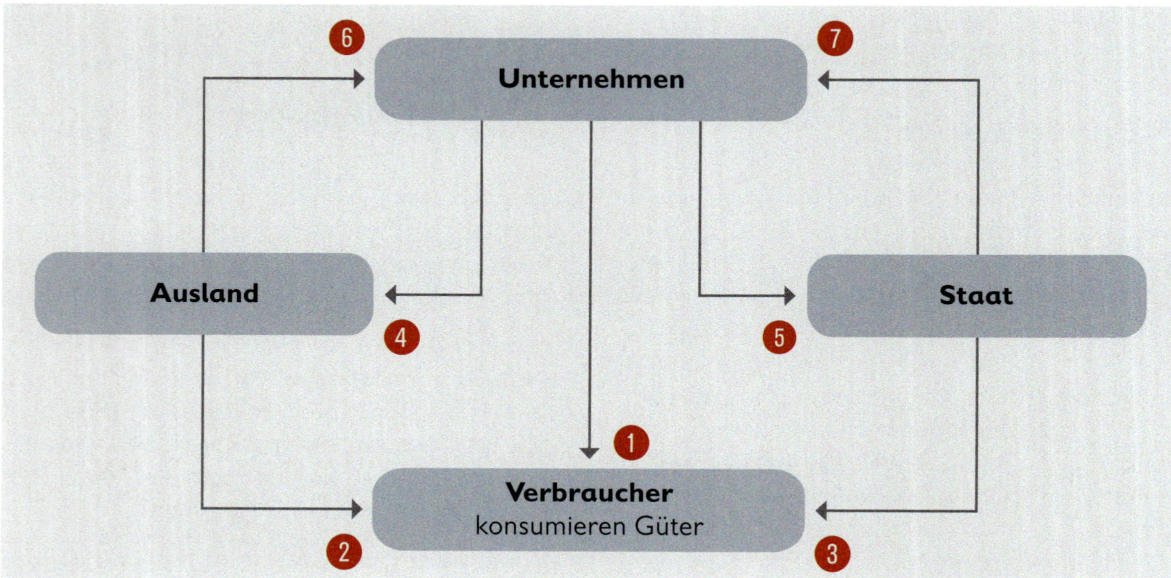

A Aufgaben

1 Nennt Beispiele für Güter, die zu den Pfeilspitzen ①, ② und ③ passen.

2 Was passiert auf den Wegen zu den Pfeilspitzen ⑥ und ⑦?

3 Die Aussagen von Adam Smith über die Bevorzugung der Produzenten durch den Staat sind über 200 Jahre alt. Was hat sich inzwischen geändert?

4 Über welche Wege konsumieren die folgenden Verbraucher? Benennt die zugehörigen Pfeilspitzen.
   a) Timo kauft im Kaufhaus einen MP3-Player.
   b) Inga leiht Bücher in der Stadtbibliothek.
   c) Frau Wiese kauft Apfelsinen beim Supermarkt SANDERS.
   d) Familie Wohlfahrt bucht im Reisebüro eine Reise nach Tunesien.
   e) Arne geht zum Friseur.

9 Weiterführendes Material

M1 Strukturwandel im Lebensmitteleinzelhandel

Nicht nur für Händler Sanders hat sich die Situation verändert. In ganz Deutschland verlagert sich der Umsatz im Lebensmitteleinzelhandel von kleinen Supermärkten hin zu Discount- und Verbrauchermärkten. Zum Marktanteil der Lebensmittelhändler siehe S. 73.

Struktur und Leistungszahlen des Lebensmitteleinzelhandels in Deutschland 2007

Geschäfte			Umsatz	
Einzelhandelstyp	**Anzahl**	**in Prozent**	**insgesamt in Mio. €**	**in Prozent**
Discounter **Aldi**	10963 4191	21,5 7,6	29975 21930	28,7 17,4
SB-Warenhäuser über 5000 m²	706	1,4	16715	16,0
Große Verbrauchermärkte 1500 m² – 5000 m²	2526	5,0	20230	19,4
Kleine Verbrauchermärkte 800 m² – 1500 m²	4476	8,8	17200	16,5
Supermärkte 400 m² – 800 m²	3580	7,0	10100	9,7
Große Geschäfte 200 m² – 400 m²	3180	6,2	3775	3,6
Mittlere Geschäfte 100 m² – 200 m²	6825	13,4	3750	3,6
Kleine Geschäfte unter 100 m²	18744	36,8	2655	2,5
Insgesamt	55191	100,0	126330	100,0

A.C. Nielsen GmbH: Universen 2007, Handel und Verbraucher in Deutschland, S. 13; www.acnielsen.de ▶ Trends&Insights: Gratispublikationen

Branchenstruktur im Lebensmitteleinzelhandel

Die auch europaweit zu beobachtende Zunahme der Vertriebstypen Discounter, Verbrauchermärkte und Warenhäuser schreitet unbeirrt voran.

Im Jahre 2006 erhöhte sich der Anteil der Discountmärkte an den Einzelhandelstypen um beachtliche 1,9 Prozent, die der großflächigen Verbrauchermärkte und Warenhäuser ab 1.500 m² Verkaufsfläche um immerhin noch 0,6 Prozent. ... Dieser Zunahme steht eine Abnahme um 2,5 Prozent bei den kleineren Geschäften gegenüber. Im vergangenen Jahr waren 3 884 Geschäfte (minus 6,6 Prozent) von der Abschmelzung betroffen. Einzig die Supermärkte konnten ihre Geschäftsanteile um 0,6 Prozent ausbauen. Dabei behaupten sich insbesondere die Supermärkte zwischen 1000 und 1500 m² Verkaufsfläche zunehmend erfolgreich im Markt. Dies gilt insbesondere dann, wenn die Märkte von selbstständigen Unternehmern betrieben werden.

Nach: **Bundesverband des Deutschen Lebensmittelhandels:** www.lebensmittelhandel-bvl.de ▶ Zahlen und Fakten ▶ Situation ▶ Konzentrationsentwicklung, Branchenstruktur

M2 Tests im Interesse von Herstellern oder Verbrauchern?

Testmarkt Hassloch

In Hassloch, einem Dorf in Rheinland-Pfalz, testen Unternehmen neue Produkte. Die Nürnberger Gesellschaft führ Konsumforschung (GfK) führt die Tests durch.

Einmal im Jahr müssen die Verbraucher einen Bogen mit 30 Fragen ausfüllen. Es geht z.B. um Daten wie Familiengröße, Einkommen, Halten von Haustieren, Internetanschluss, Ausstattung mit Autos, Neuanschaffungen.

Der tägliche Einkauf wird mittels Chip-Karte festgehalten. Eine Tageszeitung berichtete darüber:

3 000 Haushalte lassen sich täglich in ihren Einkaufswagen schauen. Eine Karte, die an der Kasse vorgelegt wird, registriert elektronisch, wer was kauft. Das hat Folgen für ganz Deutschland.

Wenn die Hasslocher den neuen Quark mit Aloe Vera und Kaktusfeigengeschmack nicht oft genug in den Einkaufswagen packen, wird er nie in den Regalen der Supermärkte landen ...

Die Haushalte bekommen einen Warengutschein über 15 Euro, einen Zuschuss von 3,85 Euro zur Kabelgebühr, sind bei Verlosungen dabei...

Ob REAL und PENNY, LIDL oder SCHLECKER, IDEA oder NEUKAUF – jeder Super-, Verbraucher- und Drogeriemarkt ist angeschlossen... Nicht aber ALDI. Der Discounter lässt sich nicht in die Karten schauen...

Getestet wird alles, was man täglich in den Einkaufswagen legt: Lebensmittel, Wasch-, Putz- und Hygieneartikel, also keine Kleidung, kein hochwertiges Parfüm, keine Bücher...

Warum ist Hassloch der Testmarkt für Deutschland?

Die 3 000 Hasslocher sind repräsentativ für die Bundesrepublik. Der Anteil der Rentner, jungen Familien, gut Betuchter und armer Schlucker, allein Stehender entspricht exakt der Gesamtbevölkerung. Auch die Kaufkraft stimmt mit dem Bundesdurchschnitt überein...

Nach **Frankfurter Rundschau**/Michael Böhm vom 14.08.2003

Warum so teure Tests?

Ein Testlauf kann die Unternehmen bis zu 300 000 Euro kosten. Beantwortet werden u.a. folgende Fragen für ein bestimmtes Produkt:

- Wer kauft das Produkt – Männer, Frauen, Kinder, Jugendliche, Rentner?
- Kauft der Kunde das Produkt zum ersten Mal?
- Sind das markentreue Konsumenten?
- Was hat er benutzt, bevor er das neue Produkt kaufte?
- Wie oft kauft er das Produkt – einmal, dreimal, fünfmal und mehr?
- Kauft der Kunde parallel auch Konkurrenzprodukte?

Die neuen Produkte werden in der Regel über ein halbes Jahr getestet. Erst dann kann man feststellen, ob das neue Produkt anerkannt ist.

M3 Der Flohmarkt: ein Ort zum Handeln und Feilschen

KUNDIN: „Was wollt ihr für dies Spiel haben?"

JUDITH: „Kostet zehn Euro, ist noch wie neu. Als ich klein war, habe ich damit auch gern gespielt."

KUNDIN: „Für sieben Euro kauf ich es bei euch. Ist ja schließlich gebraucht."

M4 Das Wirtschaftsgeschehen innerhalb eines Staates

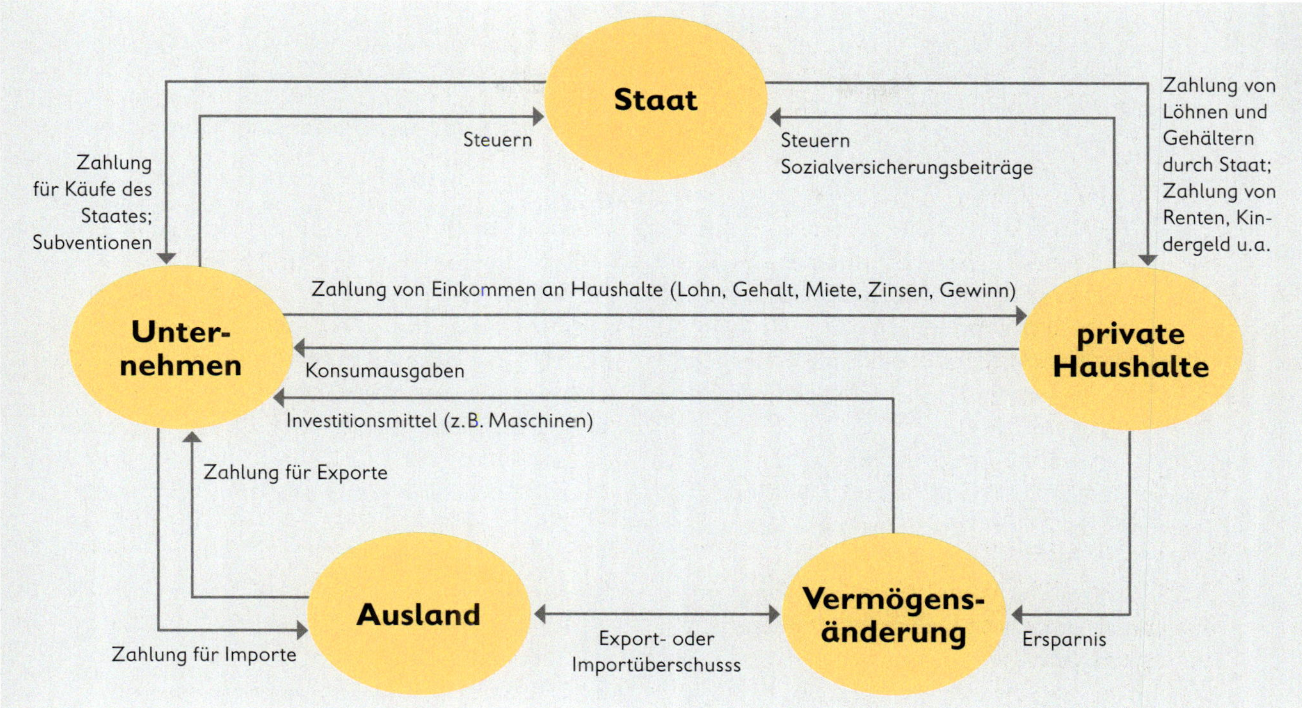

In dem Schaubild oben werden die Menschen in den privaten Haushalten nicht nur in der Rolle der Verbraucher (siehe Schaubild S. 60) gesehen. Jetzt sind sie auch Arbeitskräfte in Unternehmen und erhalten hierfür Einkommen. Mit diesem kaufen sie dann die produzierten Güter. Sie stellen aber den **Unternehmen** auch das Kapital, z.B. für die Anschaffung von Maschinen oder den Einkauf von Rohstoffen zur Verfügung, und erhalten auch dafür ein Entgelt. Die **privaten Haushalte** sind die wichtigste Gruppe im Wirtschaftsgeschehen.

Auch der **Staat** mit allen seinen Einrichtungen, wie Ämtern, Schulen usw. benötigt von den privaten Haushalten die Arbeitskräfte, das Geld für Büroeinrichtungen oder Verwaltungsgebäude.

Sogar mit dem **Ausland** haben die privaten Haushalte Wirtschaftsbeziehungen. Es stellt ihnen – mit oder ohne Hilfe der Unternehmen – Güter, z.B. Ferienreisen oder exotische Nahrungsmittel, zur Verfügung und kann für das erhaltene Geld deutsche Exportgüter, z.B. Maschinen oder Autos, kaufen.

Der Wirtschaftskreislauf zeigt, welche Verbindungen zwischen diesen vier Stationen bestehen. Immer geht es dabei um Tausch von Sachgütern und Dienstleistungen, der mit Geld bezahlt wird.

Läuft die Wirtschaft „rund", ist im Kreislauf die Summe des eingehenden Geldes in jede Station genau so groß wie die ausfließende Summe. Veränderungen dieser Ströme zeigen die Veränderungen im Wirtschaftskreislauf an.

Außerdem wird auf der fünften Station „**Vermögensänderung**" festgestellt, um wie viel Euro das gesamte Vermögen in der deutschen Volkswirtschaft gestiegen oder gesunken ist.

Ersparnis ist im Kreislauf nicht nur das Geld, das man auf sein Sparbuch bringt. Ersparnis ist jeder Euro, den man als Einkommen bekommen hat und den man **nicht** für den Einkauf von irgendwelchen Waren oder Dienstlestungen ausgibt. Man kann die Summe zur Bank bringen, aber ebenso unter dem Bett verstecken oder verbrennen. In allen Fällen hat man auf Konsum verzichtet, d.h. gespart. Dieser Verzicht macht es möglich, z.B. in mehr Maschinen zu investieren oder z.B. Arzneimittel in das Ausland zu exportieren.

Arbeiten mit den Materialien

Zu M1

1 Lest aus der Tabelle ab:
- In welchen Einzelhandelstypen wurde der größte/geringste Umsatz gemacht?
- Wer machte je Geschäft den höchsten Umsatz?
- Welcher Einzelhandelstyp ist am meisten verbreitet?

2 Nehmt Stellung zu den Überlegungen zur Entwicklung im Einzelhandel:
LISA: „Die Großen bieten niedrige Preise. Das schaffen die nur, weil sie bei den Herstellern Druck machen."
RON: „Ich wohne am Stadtrand und bin froh über unsere kleinen Geschäfte. Ich will mit Leuten reden. Ein begrenztes Sortiment reicht mir. Dafür bezahle ich gerne mehr."
ALINA: „Wer mit wenig Geld im Monat auskommen muss, ist froh über jeden Billiganbieter in der Nähe."

3 Informiert euch über Preise bei Discountmärkten und vergleicht sie mit Preisen von Lebensmittelgeschäften in der Nähe. Nutzt die Methode Preiserkundung.

4 Informiert euch im Internet über die neuste Entwicklung im Lebensmittelhandel.

Zu M2

1 Schreibt auf, warum Unternehmen in Hassloch Tests durchführen lassen.

2 Warum hat die GfK Hassloch als Testmarkt ausgewählt?

3 Nehmt Stellung zu folgenden Meinungen:
MICHAEL: „Die Tests kosten zwar viel Geld, aber wenn ein Produkt neu auf den Markt kommt und ein Flop wird, ist das viel teurer."
ANKE: „Ich würde niemals so viele persönliche Daten weitergeben."

4 Notiert Unterschiede zu den Tests der Stiftung Warentest, Schulbuch S. 19.

Zu M3

1 Wie könnte das Gespräch zwischen den Schülern und der Kundin weitergehen?

2 Schreibt Regeln für erfolgreiches Handeln auf.

3 Schreibt auf, was bei der Preisbildung auf dem Flohmarkt anders ist als bei Händler Sanders.

Zu M4

1 Verfolgt den Verlauf der einzelnen Geldströme im Schaubild zum Wirtschaftskreislauf. Beschreibt, welche Veränderungen im Kreislauf erfolgen können, wenn Folgendes passiert:
a) Ein Beschäftigter in der Fabrik erhält eine Lohnerhöhung
b) Die Bevölkerung spart mehr als im Vorjahr
c) Das Kindergeld wird für alle Familien mit Kindern erhöht
d) Familien mit eigenem Garten pflanzen mehr Obst und Gemüse an, um bei Einkäufen im Supermarkt zu sparen.
e) Der Staat erhöht die Einkommensteuer
f) Der Staat erhöht die Tabaksteuer
g) Die Importe steigen an

2 Wie lassen sich die Ausgaben der Haushalte verringern? Geht von Eurer Familie aus!

3 Tragt die folgenden Zahlen des Stat. Bundesamtes für das Jahr 2007 an den richtigen Stellen im Kreislauf ein:

Zahlung von Einkommen der Unternehmen an private Haushalte	1824 Mrd. €
Zahlung des Auslands für Exporte der Unternehmen	1132 Mrd. €
Zahlung der Unternehmen an das Ausland für Importe	963 Mrd. €
Konsumausgaben der privaten Haushalte an die Unternehmen	1374 Mrd. €
Ersparnis der privaten Haushalte	264 Mrd. €
Investitionsmittel für Unternehmen	95 Mrd. €

a) Ermittelt, wofür die Ersparnisse eingesetzt wurden;
b) Die priv. Haushalte zahlten 186 Mrd. Euro mehr an den Staat als sie vom Staat erhielten. Um welche Zahlungen handelt es sich, die hin- und her gingen?

Methode Preiserkundung im Einzelhandel

1 Darum geht es

Eine Preiserkundung gehört zu einem klugen, verbraucherorientierten Kauf. Sie kann über eine Erkundung in verschiedenen Geschäften, Recherchen im Internet, in Fachzeitschriften und verbraucherorientierten Zeitschriften (z.B. „test" oder „ökotest") erfolgen. Auch das Auswerten von Werbeprospekten kann weiterhelfen.
Manchmal sind Erfahrungen von Freunden, Eltern und Nachbarn hilfreich.

Bei einer Preiserkundung hat der Verbraucher sich bereits für eine bestimmte Ware entschieden. Er hat die Qualität geprüft und will nun die Ware dort kaufen, wo sie am wenigsten kostet.
Im Folgenden geht es um eine Preiserkundung im Lebensmitteleinzelhandel.

2 So läuft es ab

Vorbereitung

Ihr legt ein Produkt fest, das in wenigstens zwei oder drei Geschäften in eurer Umgebung zu kaufen ist.
Bei leicht verderblichen Waren ist es wichtig, das Mindesthaltbarkeitsdatum (MHD) zu beachten. Manche Geschäfte senken den Preis für Produkte, deren MHD bald abläuft ist. Für eine Kaufentscheidung ist es wichtig zu entscheiden, ob die Ware kurzfristig verzehrt werden soll.
Erstellt für jede ausgewählte Ware einen Erkundungsbogen. Legt Einzelheiten für das Produkt genau fest, z.B. ein bestimmter Jogurt, Tiefkühlspinat, Orangensaft, H-Milch (3,5 % Fettgehalt), Olivenöl usw.

Preiserkundung für .... (Bezeichnung des Lebensmittels)

Geschäft/ Name	Markenname	Gewicht/ Volumen	MHD überschritten	Grundpreis pro kg/l	Sonderpreis ja/nein
Händler A					
Händler B					
Händler C					

Durchführung

Bildet Gruppen zu zweit oder dritt. Jede Gruppe wählt bestimmte Lebensmittel für die Preiserkundung. Bei der Auswahl der Geschäfte könnt ihr unterschiedliche Einzelhandelstypen wählen. Ihr könnt aber auch danach wählen, welche Geschäfte in der Nähe liegen.

Auswertung

Tragt die Ergebnisse in der Klasse zusammen. Überlegt, ob ihr eure Erfahrungen beim Einkauf für den Hauswirtschaftsunterricht oder eure Familie verwenden könnt.

Alles klar?

Der Markt: Zusammenspiel von Nachfragern und Anbietern

1 Händler Sanders machte zunächst Gewinne und dann Verluste. Schreibe mindestens vier Gründe auf.

2 Frau Rode kaufte zunächst bei SANDERS, dann bei einem anderen Supermarkt und einmal pro Monat beim Verbrauchermarkt.
Schreibe mindestens vier Gründe auf.

3 Nenne vier wichtige Rahmenbedingungen der Marktwirtschaft.

4 Nenne Unterschiede der Preisbildung in einem Supermarkt und auf dem Flohmarkt.
Begründe die gefundenen Unterschiede.

5 Discounter und auch andere große Handelsketten locken Verbraucher vielfach mit sehr niedrigen Preisen. Welche Folgen kann das für die dort Beschäftigten haben?

6 Nimm Stellung zu den Meinungen von Ingo, Selma und Iris.

IRIS: „Ich bedaure es, dass Lebensmittel MÖLLERS dicht gemacht hat. Ich ging gerne täglich einkaufen. Bei MÖLLERS traf man immer nette Leute. Dafür bezahlte ich gerne mehr."

SELMA: „Gut, dass es jetzt den MOBILKAUF gibt. Er kommt zweimal die Woche mit Backwaren und Lebensmitteln. Das hilft, wenn ich mal etwas vergessen habe. Ansonsten kaufen wir im Nachbarort. Da ist das Sortiment größer."

INGO: „MÖLLERS waren teuer, hatten ein kleines Sortiment und nur von 9–12 und 15–17 Uhr geöffnet. So ein Laden musste vom Markt verschwinden."

7 Das Sportgeschäft ist die Sportschuhe trotz Preissenkung nicht losgeworden. Nenne mögliche Gründe.

8 Warum haben die privaten Haushalte eine besondere Bedeutung im Wirtschaftskreislauf? Beziehe dich auf die Erklärungen auf den Seiten 60, 63.

Markt und Wettbewerb

1 Warum Wettbewerb?

Unternehmen sollen im Wettbewerb ihren Kunden preiswerte Waren und Dienstleistungen in guter Qualität anbieten. Das ist die Idee einer funktionierenden Marktwirtschaft.

Wettbewerbe gibt es in vielen Lebensbereichen, z.B. in der Schule, im Breitensport, in der Fussballbundesliga, zwischen Musikgruppen.

Bei Wettbewerben ist es wichtig, eindeutige Teilnahmebedingungen und klare Spielregeln zu vereinbaren, die für alle Teilnehmer gelten.

Da es einigen Menschen schwer fällt, die Spielregeln einzuhalten und sich den Mitbewerbern (Konkurrenten) gegenüber fair zu verhalten, ist eine Kontrolle wichtig, z.B. durch Schiedsrichter oder eine Jury.

Beim Wettbewerb auf dem Markt wacht das →Bundeskartellamt darüber, dass sich die Anbieter fair verhalten und die Spielregeln einhalten. Es kann Verhaltenweisen, die den Wettbewerb einschränken, verbieten und Bußgelder verordnen.

▸ **Leitauftrag** Was ist den Wettbewerbern auf dem Foto gemeinsam, was ist unterschiedlich? Notiert Stichworte.

1

© ERDGASPOKAL der Schülerköche®
www.erdgaspokal.de

2

Anbieter A (Anzeige vom 21.11.2008, Berlin)
Anbieter B (Anzeige vom 21.11.2008, Berlin)

3

B Auf einen Blick

Ihr begründet die Notwendigkeit eines funktionierenden Wettbewerbs auf dem Markt.

Ihr kennt Verhaltensweisen von Anbietern, die einen funktionierenden Wettbewerb beeinträchtigen.

Ihr erklärt an Beispielen, wer wie geschädigt wird.

Ihr kennt die Grenzen der Leistungsfähigkeit des Marktes und begründet die Notwendigkeit eines Angebots öffentlicher Güter.

Ihr erklärt Unterschiede bei der Preisbildung von privaten und öffentlichen Gütern.

Ihr führt eine Erkundung zum Wettbewerb im Lebensmitteleinzelhandel durch.

2 Wenn es keinen Wettbewerb gäbe …

Folgen für Supermarkt SANDERS

Wenn es keinen →Wettbewerb gäbe, hätte sich Lebensmittelhändler SANDERS viel Mühe ersparen können. Die Verbraucher hätten jedoch den Schaden gehabt. Erst durch neue Wettbewerber (Konkurrenten) von SANDERS fiel den Kunden auf, dass Preis und Qualität der Waren bei SANDERS nicht mehr befriedigend waren. Ein Teil der Verbraucher wechselte zu den neuen Konkurrenten, SANDERS verkaufte weniger und geriet schließlich in die Verlustzone. Jetzt musste er reagieren: Entweder er verbesserte Preis und Qualität oder er lief Gefahr, sein Geschäft schließen zu müssen.

SANDERS schaffte Verbesserungen, seine Kunden kamen zum Teil wieder zurück und das erwünschte Ziel wurde erreicht: verbesserte Leistungen für die Verbraucher, befriedigender Gewinn für SANDERS.

Folgen für die Verbraucher

Für eine funktionierende Marktwirtschaft ist es notwendig, dass ausreichend viele Anbieter um die Kunden konkurrieren. Ist nur ein Anbieter am Markt (ein Monopolist), dann besteht die Gefahr, dass der Anreiz zu dauerhaft guten Leistungen fehlt – zu Lasten der Verbraucher. Ohne Konkurrenz ist ein einzelner Anbieter zu mächtig.

Er kann z.B. seine Waren zu überhöhten Preisen oder unbefriedigender Qualität anbieten. Es kann auch sein, dass er nicht neue oder verbesserte Produkte in sein Sortiment aufnimmt.

Da der Wettbewerb für die Anbieter mühevoll ist, sind sie oft geneigt, ihn zu beschränken oder gar auszuschalten. Es gibt dazu viele Möglichkeiten, z.B. Absprache über Preise, Lieferbedingungen oder Zusammenschlüsse.

Wer sichert den Wettbewerb?

Bereits im Jahre 1957 wurde das **Gesetz gegen Wettbewerbsbeschränkungen** vom Bundestag verabschiedet. Es soll die Funktionsfähigkeit des Wettbewerbs sichern, um zu große Marktmacht zu verhindern. Im §1 steht, dass Vereinbarungen oder Verhaltensweisen, die den Wettbewerb einschränken oder verhindern, verboten sind, z.B. Preisabsprachen (Preiskartelle). Deshalb wird das Gesetz auch oft „Kartellgesetz" genannt.

Das **Bundeskartellamt** wacht darüber, dass der Wettbewerb funktionsfähig bleibt. Es kann
- bestimmte Verhaltensweisen von Anbietern verbieten, z.B. Preisabsprachen
- Zusammenschlüsse (Fusionen von Unternehmen) verbieten, aber auch zulassen
- Bußgelder verhängen

Unternehmen können Widerspruch einlegen.
In der *Europäischen Union* (EU) arbeiten die nationalen Kartellbehörden zusammen.

A Aufgaben

1 Was heißt funktionierender Wettbewerb? Beschreibt es am Beispiel von Lebensmittelhändler SANDERS (siehe S. 54).

2 Findet verschiedene Beispiele für die Fortsetzung der Überschrift auf dieser Seite oben.

3 Warum geht es Andi so gut? Berichtet über ähnliche Marktsituationen aus eurem Umfeld.

4 Nennt Aufgaben des Bundeskartellamtes.

3 Unfaire Tricks: Bauunternehmer sprechen sich ab

Ein Bauauftrag ist in Aussicht

Der Stadtrat von FITTIG hat die Erweiterung der Turnhalle beschlossen. Es gibt eine öffentliche Ausschreibung, die Unternehmer zur Abgabe eines Angebots auffordert. Die Ausschreibung legt den Umfang der Erweiterung fest, wie zu bauen ist und wann sie fertig sein soll.
Die Ausschreibung soll in der Website der Stadt FITTIG erscheinen.

http://www.stadtfittig.de/ausschreibung.php

Auftraggeber	Stadt FITTIG 12345 Fittig Fax 0123 11-456 E-mail: f.turner@fittig.de
Vergabeverfahren	Öffentliche Ausschreibung
Ort der Ausführung	Am Sportpark 7 12345 Fittig

Art und Umfang der Leistung: Das Bauvorhaben ist durch einen Generalunternehmer schlüsselfertig zu errichten. Die Kosten sind genau zu kalkulieren. Die Erweiterung ist nach einer vorliegenden Baugenehmigung zu errichten.

Die Leistungen im Einzelnen ...

Ausführungsfrist	Baubeginn: März 2009 Bauende: Oktober 2009
Ablauf der Einreichfrist	November 2009

Die Stadt hofft, dass sich viele Unternehmer an der Ausschreibung beteiligen und um das beste Angebot konkurrieren. Die Wahl wird dann auf das Angebot fallen, das den Bedingungen entspricht und gleichzeitig das preiswerteste ist.

Die Stadt hat für das Jahr 2009 im Haushaltsplan rund 700 000 Euro bereitgestellt.

Ist das eigentlich erlaubt?

Die drei Bauunternehmer Rudi, Erich und Kalle sitzen in der Kneipe „Zur Post“. Alle haben die Ausschreibung gelesen und ihre Angebote kalkuliert. Erich hat 680 000 Euro, Rudi: 690 000 Euro und Kalle 698 000 Euro errechnet.

ERICH: „Ich brauche unbedingt den Auftrag. Sonst droht mir die Pleite.“

RUDI: „Die Gewinnspanne ist bei uns allen zu niedrig. Wir sollten uns nicht gegenseitig unterbieten. Das schadet uns allen.“

KALLE: „Ich habe einen Vorschlag. Wir sind wahrscheinlich die einzigen Unternehmer, die ein Angebot machen. Wir sollten in Zukunft unsere Angebote vor der Abgabe immer absprechen. Jeder kommt abwechselnd dran. Wer dran ist, macht ein Angebot mit einem guten Gewinn. Die anderen kalkulieren so, dass sie höher liegen.“

RUDI: „Das ist super. Ich weiß, dass die Stadt noch in diesem Jahr die Bürgerhalle umbauen will und für das nächste Jahr einen neuen Kindergarten plant. Das passt genau für uns drei.“

ERICH: „Alles klar! Einverstanden, dass ich zuerst drankomme? Ich mache ein Angebot über 720 000 Euro und ihr über 740 000 und 750 000.“

RUDI: „Ist das eigentlich erlaubt?“

A Aufgaben

1 Beurteilt das Verhalten der Bauunternehmer. Wen schädigen sie?

2 Was müssen sie befürchten? Lest dazu auch auf S. 70 oben aus dem Tätigkeitsbericht des Bundeskartellamtes.

4 Kartelle und Preisbindung

Verstöße beim Wettbewerb

Im Mai 2004 hat das Bundeskartellamt gegen zwölf Unternehmen des Papiergroßhandels und 46 verantwortliche Personen wegen verbotener →Preisabsprachen zwischen den Jahren 1995 und 2000 Geldbußen in Höhe von insgesamt 57,6 Mio. Euro verhängt.

Verbot eines Verkaufs unter Einstandspreis

Das Bundeskartellamt hat 2003 gegen eine Drogeriemarktkette wegen des Angebots von Fotoarbeiten unter →Einstandspreis ein Bußgeld verhängt. Diese hatte in mehreren regional abgegrenzten Märkten Fotoarbeiten unterhalb des Preises angeboten, den das Unternehmen selbst an die beauftragten Fotolabore zahlen musste. Das Angebot lief über mehrere Wochen.

Die Drogeriekette verfügt über eine überlegene Marktstellung gegenüber kleinen und mittleren Unternehmen des Fotohandels.

Der Bußgeldbescheid ist rechtskräftig.

Nach **Bundeskartellamt**: Tätigkeitsbericht 2003/2004, Berlin 2005, S. 34, 36, 144, 230

Kartellamt geißelt „räuberisches" Verhalten

Das Bundeskartellamt hat in den Jahren 2003 und 2004 die Rekordsumme von 775 Mio. Euro an Bußgeldern verhängt. Der Präsident des Bundeskartellamtes kritisierte Wirtschaft und Staat scharf:

„Unternehmen bis hinauf auf die Vorstandsetage verstoßen in gravierender [schwerer] Weise gegen das Kartellverbot", sagte er.

Die Behörde leitete in den beiden Jahren 81 Verfahren gegen Kartellsünder ein. Einsamer Spitzenreiter bei den Kartellstrafen ist die Zementindustrie mit einem Bußgeld von 770 Mio. Euro. Auch die Transportbranche hat sich zum Dauerkunden entwickelt. Bußgeldbescheide gingen auch an Hersteller von Feuerwerkskörpern und den Papiergroßhandel ...

„Kartellabsprachen sind nicht mit einer Geschwindigkeitsübertretung zu vergleichen. Sie sind eher mit „räuberischen" Verhalten gleichzusetzen", so der Präsident.

Nach **Frankfurter Rundschau**/Jan Hildebrand vom 20. Juli 2005

Erlaubt: Preisbindung im Buchhandel

JONAS: „Das Buch ist hier aber teuer. Vielleicht ist es in der großen Buchhandlung billiger."

MUTTER: „Bücher und Zeitungen kosten überall das Gleiche. Diese Preisbindung ist gesetzlich festgelegt. Sie verhindert, dass große Buchhandlungen mit Filialen die Preise drücken und sich kleine Läden auf dem Land nicht halten können. Alle Bürger sollen sich gut informieren können. Das ist wichtig für eine funktionierende Demokratie."

A Aufgaben

1 Nehmt Stellung:
ANKE: „Verbot unter Einstandspreis – warum? Je billiger, desto besser. Was kümmern mich die Konkurrenten der Drogeriekette."

2 Begründet die Aussage des Präsidenten des Bundeskartellamtes.

3 Was versteht man unter Preisbindung im Buchhandel? Schreibt auf, warum es sie gibt.

5 Grenzen des Marktes: Öffentliche Güter

Sollen die Eintrittspreise für das Hallenbad erhöht werden? – Stadträte diskutieren

FRAU REIS: „Die Erhöhung der Eintrittspreise ist notwendig. Bei Kosten in Höhe 100 Euro trägt die Stadt 60 Euro. Das ist zu viel."

HERR ROLEF: „Ein öffentliches Hallenbad muss nicht alle Kosten durch die Einnahmen decken. Eine Erhöhung der Eintrittspreise trifft vor allem die Bürger mit geringem Einkommen. Das ist ungerecht."

FRAU RUNDE: „Schwimmen ist gesund und muss für Erwerbslose und Familien bezahlbar bleiben."

HERR RINKEL: „Die Preise für Energie sind mächtig gestiegen, aber die Steuereinnahmen sind gesunken. Wie sollen wir das finanzieren?"

FRAU REDER: „Wir reden hier über öffentliche Güter. Da ist die Preisbildung anders als bei privaten. Wir streben keinen Gewinn an."

Es kommt zu folgender Preiserhöhung

	die alten Preise €	die neuen Preise €
Einzelbesucher		
Erwachsene	2,00	2,50
Kinder	1,30	1,40
Familienkarte	5,50	5,50
Jugendgruppen/Vereine		
Erwachsene	2,00	2,50
Kinder und Jugendliche	1,10	1,10
Mehrfachkarten		
6er Karten		
Erwachsene	11,00	12,00
Kinder	6,00	6,00
25er Karten		
Erwachsene	42,00	45,00
Kinder	23,00	23,00

Kinder unter 6 Jahren haben freien Eintritt

Öffentliche Güter

Es gibt Güter, die nicht von privaten Anbietern am Markt angeboten werden. Das sind die →öffentlichen Güter. Sie werden vom Staat (Städte, Gemeinden, Bundesländer, Bund) angeboten. Er legt die Bedingungen für die Nutzung fest, z.B. bei Schwimmbädern, Stadtbüchereien, Theatern, Museen oder Volkshochschulen. Zum Teil ist die Nutzung kostenlos, z.B. bei Parks, Spielplätzen oder Schulen. Bei der Nutzung anderer öffentlicher Güter müssen Gebühren bezahlt werden, z.B. für die Ausleihe von Büchern in Stadtbüchereien, beim Besuch von Museen oder Schwimmbädern. Kinder, Schulklassen, Rentner und Erwerbslose müssen oft weniger zahlen. Wichtige Ziele der Preisfestsetzung sind Chancengerechtigkeit und Teilhabe aller Bürger an der Nutzung wichtiger Güter.

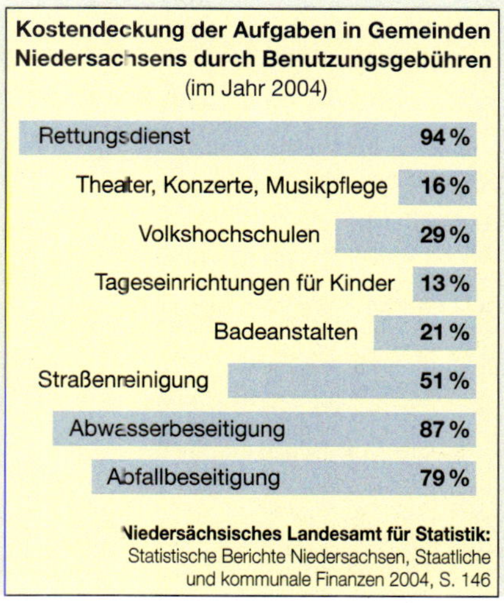

A Aufgaben

1 Stellt die Gesichtspunkte zusammen, die bei der Entscheidung des Stadtrates wichtig sind.

2 Wie haben sich die neuen Eintrittspreise für das Schwimmbad verändert? Was würdet ihr ggf. anders entscheiden?

3 Was ist bei der Preisbildung bei privaten Gütern anders? Beispiel: Händler Rober, S.58.

4 Betrachtet die Grafik: „Kostendeckung der Aufgaben in Gemeinden ...". Nennt Gründe für die unterschiedliche Höhe der Zuschüsse.

6 Weiterführendes Material

M1 Wichtige Kartellarten

Preiskartell
Absprache der Kartellmitglieder über die Höhe der Verkaufs- bzw. Angebotspreise. Die Absprache ist verboten.

Gebietskartell
Absprache der Kartellmitglieder über die Zuteilung fester Bereiche, in denen sie anbieten. Die Absprache ist verboten.

Quotenkartell (Mengenkartell)
Absprache darüber, dass jedes Kartellmitglied nur eine bestimmte Menge anbieten darf. Die Absprache ist verboten.

Konditionenkartell
Absprachen über Liefer- und Zahlungsbedingungen. Das Kartell ist genehmigungspflichtig.

M2 Bußgelder wegen Verstößen gegen Kartellgesetz

Im Kartellverfahren sind gegen 35 Unternehmen der Transportbetonherstellerbranche wegen Quotenabsprachen Bußgelder in Höhe von 8,68 Mio. Euro rechtskräftig verhängt worden.

Nach **Bundeskartellamt**: Tätigkeitsbericht 2005/2006, Berlin 2007, S.34

Persönliche Bußgelder für Manager gefordert
Das Bundeskartellamt hat gegen zehn Versicherer ein Bußgeld von 130 Mio. Euro verhängt. Durch die Absprache, auf Konkurrenzangebote zu verzichten, wurde der Wettbewerb unterbunden. Die Kunden der Versicherer – große Industrieunternehmen – mussten Beitragerhöhungen und schlechtere Bedingungen als im Fall eines funktionsfähigen Wettbewerbs annehmen. Die höheren Versicherungspreise wurden an die Kunden der Industrieunternehmen weitergegeben. Deshalb wurden diese ebenfalls geschädigt.

Es handelt sich um die Versicherer Allianz, Axa, Gerling Konzern, HDI, Aachener und Münchener Versicherung, die R+V, die Viktoria und die Württembergische Versicherung.

Nach **Frankfurter Rundschau**/Uwe Schmidt-Kasparek vom 24. März 2005

Bußgelder zwischen 1993 und 2006 (Gesamtsumme in Mio. Euro pro Jahr)

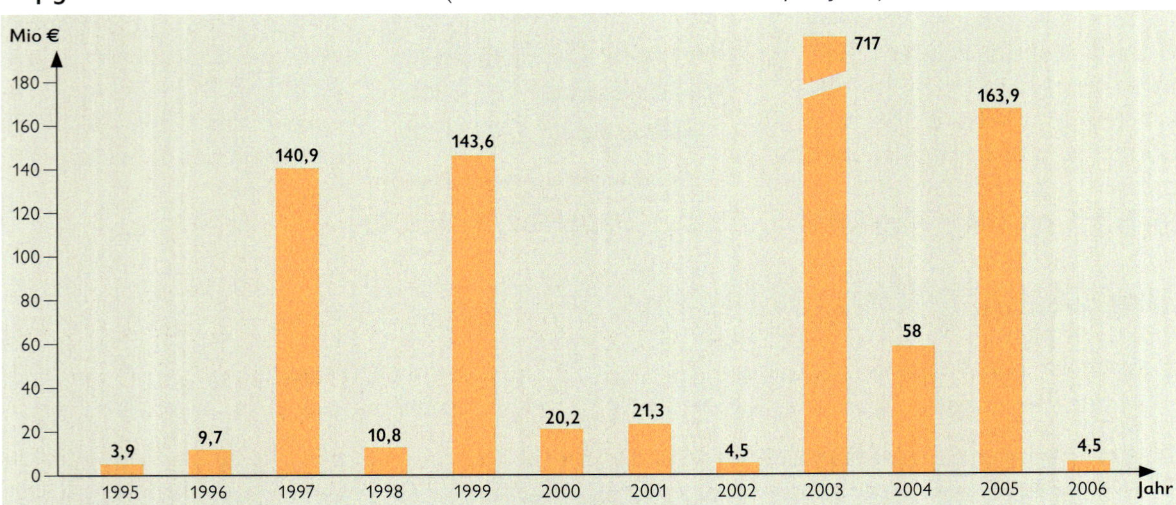

Quelle **Bundeskartellamt**: Tätigkeitsbericht 2005/2006, Berlin 2007, S.34

M3 Zusammenschlüsse von Unternehmen

Zusammenschlüsse von Unternehmen (Fusionen) müssen vorab genehmigt werden. Sie werden untersagt, wenn durch eine Fusion eine marktbeherrschende Stellung entsteht, die den Wettbewerb behindert bzw. ausschaltet. Sinnvoll ist ein Zusammenschluss, wenn dadurch ein Unternehmen am Markt bestehen bleiben kann und der Wettbewerb auf dem Markt noch befriedigend funktioniert.
In den Jahren 2001/02 hat das Bundeskartellamt acht und in den Jahren 2005/06 14 Zusammenschlüsse verboten.

Nach **Bundeskartellamt**: Tätigkeitsbericht 2005/2006, Berlin 2007, S.14

Fusion genehmigt

Der größte deutsche Lebensmittelhändler EDEKA darf die Handelskette SPAR und die Discountkette NETTO SÜD übernehmen. Das Bundeskartellamt hat die Fusion genehmigt, da dies weder auf der Beschaffungsseite noch auf der Absatzseite zu einer marktbeherrschenden Stelle führe.
Mit SPAR kommen rund 2000 selbstständige Händler zu Edeka. Der SPAR-Vorstandschef stellte fest, dass die Übername der langfristigen Sicherung der selbstständigen Händler und ihrer 15 000 Stellen diene.

Nach **Frankfurter Rundschau** vom 30.08.2005/RTR/Edeka darf Spar kaufen

M4 Marktmacht großer Handelsketten

Lieferanten im Würgegriff

Um ihren Kunden immer billigere Waren bieten zu können, pressen große Supermarktketten das Letzte aus den Herstellern heraus. Gefeilscht wird um Konditionen – um Preisnachlässe und direkte Zahlungen. Das „Listengeld" – eine Einmalzahlung bei Vertragsabschluss – entscheidet darüber, welche Produkte in die Regale kommen.
Das Risiko, das mit der Einführung neuer Produkte verbunden ist, trägt der Hersteller. Bleibt das Produkt im Regal liegen, muss es der Hersteller wieder abholen.
Die Verbraucherzentrale beklagt diese Praktiken. Die Listengelder sind eine hohe Barriere für den Markteintritt kleinerer Anbieter – zum Schaden der Verbraucher.

Nach **Die Zeit**/Andrea Exler vom 4. Mai 2005

Quelle und Copyright: **ZMP GmbH**, Bonn, www.zmp.de (19.11. 2008)

Arbeiten mit den Materialien

Zu M1
Sucht Beispiele für die Kartellarten. Berücksichtigt auch die Fälle auf S.69 und 70.

Zu M2
Warum wurde der Wettbewerb beeinträchtigt? Welcher mögliche Schaden entstand für die Verbraucher?

Zu M3
Begründet das Verbot von Fusionen. Warum genehmigte das Bundeskartellamt die Fusion von EDEKA und SPAR?

Zu M4
Lieferanten im Würgegriff – was heißt das für Hersteller und Verbraucher?

Arbeitsplätze: Ein Blick hinter die Kulissen

1 Arbeiten heißt nicht nur „Geld verdienen“

▼ SASKIA BLUM: „Als Designerin verdiene ich ordentlich. Ich trainiere ehrenamtlich die C-Jugend im Sportverein. Das macht meistens Freude. Bis zu einer Verletzung spielte ich selbst Handball. Ich verfolge die Entwicklung der Jugendlichen. Wir haben sportlich Erfolg. Manchmal gibt es Stress. Die Mädchen sind in der Pubertät, Eltern mischen sich ein. Im Trainerlehrgang lernte ich, typische Konflikte zu bearbeiten. Mein Freund findet manchmal, dass das zu viel Zeit kostet.“

▼ PAUL ANTES: „Bis vor kurzem hat meine Frau vorwiegend Kinder und Haushalt versorgt. Ich arbeite als Elektroniker. Jetzt habe ich für zwei Jahre Elternzeit genommen. Ich möchte die Entwicklung meiner Kinder auch miterleben. Diese Arbeit in der Familie ist uns wichtig und macht teilweise Spaß. Beide wollen wir im Beruf Anschluss behalten, um auch in Zukunft ein gutes Einkommen zu erzielen. Wer weiß, ob unsere Partnerschaft ein Leben lang hält.“

▲ GABY GERDES: „Mein Frisörsalon läuft gut. Meine beiden Kinder und ich können davon leben. Die Arbeit ist vielseitig. Es gelingt mir, auch meine Mitarbeiter für die Arbeit zu begeistern. Bei Konflikten, auch mit Kunden, vermittle ich. Diese Fähigkeit nützt mir auch bei meinen Kindern.“

► **Leitauftrag** Sprecht über die unterschiedlichen Arbeitsplätze. Berücksichtigt dabei: Art der Arbeit, Möglichkeit sich einzubringen, Arbeitszufriedenheit, Arbeitsgrund, private Interessen.

▲ OLAF DECKER: „Meine Arbeit in der Tischlerei HOLZWURM ist interessant und anspruchsvoll. Bei der Beratung von Kunden kann ich Ideen einbringen. Der Chef wollte, dass ich mich nach der Meisterprüfung bei der Leitung beteilige. Ich fürchte, dann wenig Zeit für meine Hobbys zu haben.“

B **Auf einen Blick**

Ihr begründet, warum Menschen arbeiten.

Ihr unterscheidet entlohnte und nicht entlohnte Arbeit.

Ihr erkundet einen Arbeitsplatz im Betrieb.

Ihr benennt Bedingungen, unter denen Arbeit Freude macht.

Ihr erprobt Möglichkeiten zur Konfliktlösung.

Ihr erklärt, warum eine gute Berufsausbildung wichtig ist.

2 Möbel ausliefern und Umzüge durchführen

Herr Bulvac arbeitet im Möbel-, Küchen- und Umzugsservice (BKU). Von 2006–2008 wurde dafür die Ausbildung in einem → Ausbildungsberuf erprobt und der Beruf dann eingeführt. Er berichtet über seine *Erwerbsarbeit*:

„Eine Ausbildung zum Metzger brach ich ab. Dann war ich arbeitslos und später angelernter Arbeiter in einer Schreinerei. Seit vier Jahren bin ich bei BKU. Wir liefern auch für mehrere Möbel- und Küchenhändler aus. Wir sind vier Teams, je zwei fest beschäftigte Arbeiter und nach Auftragslage Aushilfen. Ich bin mit Gregor im Team; prima Kumpel. Er hilft mir oft, wenn es Probleme mit der deutschen Sprache gibt. Deutsch ist nicht mein Ding. Seit neuestem haben wir einen Auszubildenden. Der stellt sich ganz gut an. Mein Teamleiter ist Schreiner. Von dem konnte ich viel abschauen. Mit der Arbeit bin ich zufrieden. Sie ist abwechslungsreich. Ich habe mit verschiedenen Kunden zu tun. Manche sind sehr nett und höflich – das sind wir meist auch. Andere meckern bei Kleinigkeiten. Nicht immer ist die Schramme nach einem Umzug von uns.

Die Arbeit ist nicht einfach. Es gibt so viel verschiedene Modelle, die wir zerlegen und zusammen montieren. Bei Neuware haben wir Montageanleitungen – manchmal ist die Arbeit trotzdem kompliziert, auch weil die Anleitungen unverständlich sind. Ich freue mich, wenn Kunden zufrieden sind – manche geben Trinkgeld. Ärger gibt es, wenn die Arbeit länger dauert als geplant. Der Kunde ist sauer, wir haben später Feierabend und auch der Chef meckert schon mal."

▲ GREGOR: „In der Stückliste vom Werk fehlt ein Seitenteil. Wir können die Arbeit leider nicht fertig stellen."

KUNDIN: „Und wie lange soll ich die Baustelle noch ertragen?"

BULVAC: „Wir werden uns erkundigen."

▲ BULVAC : „Chef, wir können die Arbeit nicht fertig stellen, weil ein Teil fehlt."

CHEF: „Sagen Sie, dass das Teil in 10 Tagen da ist. Kassieren Sie aber dreiviertel der Kaufsumme als Abschlag."

A Aufgaben

1 Nennt Arbeiten, die bei Herrn Bulvac anfallen.

2 Wie ist die Arbeit bei BKU organisiert?

3 Wovon hängt die Arbeitszufriedenheit ab?

4 Wie ist die Arbeitszeit geregelt?

5 Warum kann die Schrankwand nicht komplett montiert werden?

6 Vergleicht das Verhalten der Monteure gegenüber dem Kunden mit dem Text im Kasten.

Fachkraft für Möbel-, Küchen- und Umzugsservice

Sie bauen Küchen und Möbel auf und ab, installieren elektrische Einrichtungen und Geräte, stellen Anschlüsse an Wasserleitungen her, holen Küchen, Möbel und Geräte oder Umzugsgut ab und liefern aus, führen Verpackungs- und Transportarbeiten durch, prüfen Lieferunterlagen und nehmen Zahlungen an. Sie führen ihre Arbeiten selbstständig, kunden- und betriebswirtschaftlich orientiert durch und behandeln Reklamationen.

Nach **BIBB** (2006): www.bibb.de
▸ Berufe ▸ Neue und neu geordnete Berufe
▸ Neue und neu geordnete Ausbildungsberufe 2006

3 Autos reparieren und Reifenservice leisten

Kfz-Mechaniker Jens berichtet

Mitte November: bei AUTOSERVICE HESSE (ASH) ist Hochkonjunktur. Die Kunden lassen ihre Winterreifen montieren oder kaufen neue. Die Beleuchtung ist zu kontrollieren. Oft werden in Verbindung damit noch Reparaturen erledigt. ASH repariert fast alle Automarken.

Jens arbeitet seit zwei Jahren hier. Er ist gelernter Kraftfahrzeugmechaniker. Seit 2003 heißt der Ausbildungsberuf Kraftfahrzeugmechatroniker. Die neue Ausbildung berücksichtigt, dass viele Systeme im Auto elektronisch geregelt sind.

Jens schätzt die vielseitige Arbeit: Reifenservice für Pkw, Lkw und andere Nutzfahrzeuge und gängige Reparaturen bei Pkw. Letztere sind sein Schwerpunkt. Wichtig ist ihm die Arbeit im Team. Sonst käme auch er mit den unterschiedlichen Autotypen nicht zurecht.

Jens unterstützt den Meister bei der Auftragsannahme. Der Kundenkontakt gefällt ihm. Auch die Auszubildenden betreut er gern. Er hat sich für die Meisterausbildung entschieden. Er will damit auch seinen Arbeitsplatz sichern.

Das Team bei ASH

Hier arbeiten ein Meister, der die Arbeit organisiert, eine Bürokauffrau für die Bestellung und Abrechnung, drei Kfz-Mechaniker, zwei angelernte Kräfte, z.B. für Reifen- und Schalldämpferwechsel und zwei Auszubildende. Eine lernt Kfz-Mechatronikerin und einer Mechaniker für Reifen- und Vulkanisationstechnik. Für die Ausbildung ist der Meister verantwortlich. Die Arbeit lernen sie von den Fachkräften.

In den Berufen geht es auch um Beraten und Informieren von Kunden, Planen und Kontrollieren von Arbeitsabläufen.

Kraftfahrzeugmechatroniker/innen

- stellen Störungen sowie Ursachen dafür fest
- warten und stellen Fahrzeuge und Systeme ein
- demontieren und montieren Kraftfahrzeuge und deren Bauteile, setzen sie in Stand
- bereiten Fahrzeuge auf den TÜV vor.

Mechaniker/innen für Reifen- und Vulkanisationstechnik

- reparieren Schläuche und Reifen
- suchen Ursachen von Schäden und Störungen
- bedienen Werkzeuge, Geräte, Maschinen

Nach **BIBB**: www.bibb.de ▸Berufe ▸Suche nach Berufen

▲ MECHANIKER: „Für mich ist Warten verlorene Zeit. Schließlich erhalte ich Leistungslohn."

MEISTER: „Bevor der Kunde das nicht zusätzlich in Auftrag gegeben hat, darfst du die Bremsbeläge nicht auswechseln."

A
Aufgaben

1 Nennt Arbeiten, die Jens bei ASH ausführt und wie der Betrieb organisiert ist.

2 Wie schätzt Jens seine Arbeit ein? Warum will er Meister werden?

3 Informiert euch über die Berufe. Führt in einem Betrieb eine Arbeitsplatzerkundung durch (siehe S.80).

4 Sprecht über den Konflikt auf dem Bild.

4 Gäste bedienen

Mit einer Ausbildung fing es an

Merle Kramp schaffte den Hauptschulabschluss nicht. Deshalb schloss sie das Berufsvorbereitungsjahr Ernährung und Hauswirtschaft an. Sie hatte dann Glück – sie war schon 18 Jahre – im Bistro SZENE eine Ausbildungsstelle als **Fachkraft im Gastgewerbe** zu erhalten. Im Betrieb und der Berufsschule lernte sie u.a.

- einfache Speisen und Heißgetränke herstellen und anrichten
- Speisen servieren und Getränke ausschenken
- Gäste empfangen und betreuen

Ein ganz gewöhnlicher Abend im SZENE

Nun hat sie seit drei Jahren ausgelernt. Das Bistro SZENE besuchen meist junge Leute. Der Umgang ist locker. Es gibt viele Stammkunden. Merle findet guten Kontakt. Das schätzt der Chef, gelernter Restaurantfachmann.

Der Verdienst ist nicht besonders gut. Viele Gäste haben selbst wenig Geld und geben kaum Trinkgeld. Essen gibt es bis nach der Spätvorstellung des nahen Kinos. Dann wird es meist noch mal stressig – besonders am Wochenende. Der Koch macht total leckere Sachen. Sie und die drei Kolleginnen müssen sich sehr um die Gäste bemühen. Die Konkurrenz ist groß. Der Chef sagt, dass er bei der hohen Miete wenig verdient. Oft ist erst um zwei Uhr morgens Feierabend. Dann sitzen sie manchmal noch zusammen und trinken etwas – die Beine und der Rücken schmerzen.

Manchmal überlegt Merle, sich im Kaufhausrestaurant zu bewerben. Dann hätte sie abends Zeit für ihren Freund – ob sie genommen würde? – aber: Das SZENE würde ihr fehlen.

▲ CHEF: „Mach Schluss für heute, es kommt wohl keiner mehr zum Essen."

MERLE: „Prima, dann sehe ich meinen Freund vielleicht noch."

▲ MERLE: „Das war wohl nichts mit dem früher Gehen. Hier! Sieben Essen sind gefragt. Der Chef hat gesagt, dass die neuen Gäste noch essen können."

KOCH: „Wir haben doch schon geputzt! Was soll's! Jens, dann musst du auch noch bleiben."

JENS: „... und morgen um acht ist Berufsschule!"

A Aufgaben

1 Besorgt euch mehr Informationen zur Fachkraft im Gastgewerbe, zum/r Restaurantfachmann/-frau, Koch/Köchin im Internet unter:

www.bibb.de ▸Berufe ▸Suche nach Berufen ▸A.WE.B ▸Ausbildung
www.berufenet.de

2 Welche Fähigkeiten von Merle sind wichtig,
- damit die Gäste sich wohl fühlen,
- sie gut mit Kollegen zusammen arbeitet?

3 Wovon hängt ihre Arbeitszufriedenheit ab?

4 Nehmt Stellung zur Bildergeschichte aus der Sicht der Beschäftigten und des Chefs.

5 Arbeiten im Dienste der Gesundheit

Frank Rode berichtet

„Ich arbeite seit sieben Jahren als Krankenpfleger auf der chirurgischen Station im Schichtdienst. Jedes zweite Wochenende ist frei. Ab und zu muss ich auch nachts arbeiten.
Die Station hat 30 Betten. Normalerweise sind wir bei der Pflege tags zu sechst: die Stationsleitung, drei Schwestern oder Pfleger und eine Hilfskraft, die z.B. das Essen austeilt. Meist ist eine Auszubildende dabei, die wir anleiten.

Die Arbeit macht mir meistens Freude. Ich wollte einen Beruf, bei dem ich Kontakt zu Menschen habe. Meine Zeit ist meist knapp. Trotzdem nehme ich mir so oft wie möglich Zeit für ein Gespräch mit Patienten. Es gibt immer öfter Patienten, die sonst niemanden haben. Die brauchen das besonders.
Es gibt viel zu tun, z.B. Verbände wechseln, Temperatur und Puls messen, bei der Körperpflege helfen, die Behandlung aufschreiben, Gespräche im Team führen, besonders zum Schichtwechsel, Essen und Getränke austeilen, Medikamente ausgeben, Schwerkranken das Essen reichen und, und ...
Oft bin ich gestresst, weil wir zu wenig Pflegepersonal haben. Ich freue mich, wenn es Patienten wieder besser geht. Aber zum Beruf gehört auch das Umgehen mit dem Sterben. Das belastet mich jedes Mal. Aber gerade dann bin ich für die Patienten und deren Angehörige wichtig."

Gesundheits- und Krankenpfleger/innen
pflegen Patienten in Krankenhäusern und Rehabilitations-Kliniken, bei häuslichen Pflegediensten oder in Einrichtungen der Altenpflege.
Pflegeaufgaben führen sie eigenverantwortlich aus oder wirken daran mit.
Die Ausbildung erfolgt an Berufsfachschulen für Krankenpflege und in der Pflegepraxis.

Nach **Bundesagentur für Arbeit**:
http://infobub.arbeitsagentur.de ▶ BERUFENET

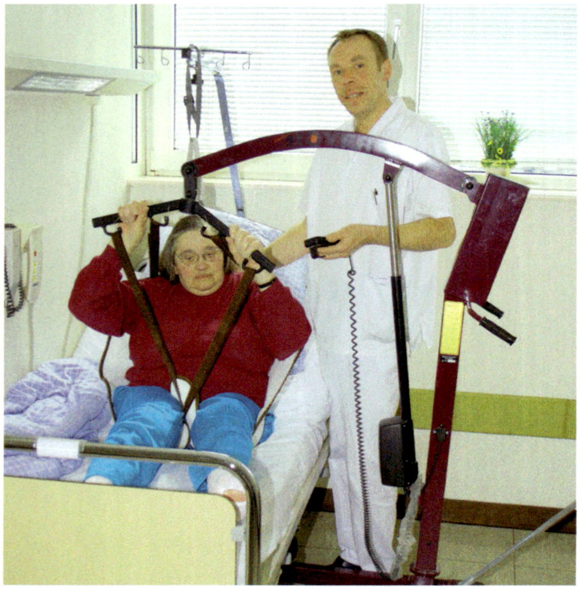

▲ RODE (denkt): „Dauert zwar länger mit dieser Hebehilfe. Aber wenn mein Rücken kaputt ist, geht gar nichts mehr."

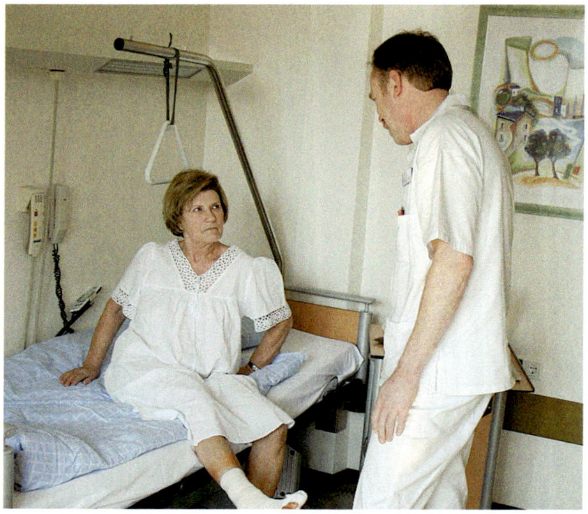

▲ PATIENTIN: „Ich habe dreimal geschellt. Können Sie mir bitte zeigen, wie ich den Fernseher anstellen kann?"

RODE: „Selbstverständlich, warten Sie bitte, bis ich den frisch Operierten versorgt habe. Eine Kollegin ist krank geworden, wir müssen sie vertreten."

A Aufgaben

1 Stellt zusammen, was Frank Rode an seinem Beruf schätzt bzw. belastend findet.

2 Welche Anforderungen stellt der Beruf? Bezieht die Abbildungen ein.

6 Tiere behandeln und Tierhalter beraten

Sandra hat ihr erstes Betriebspraktikum in der Kleintierpraxis BRAHM gemacht. Im Praktikumsbericht hat sie ihre Erfahrungen geschildert:

„Ich war 14 Tage im Praktikum. Frau Dirks, die Tierarzthelferin, zeigte mir die Praxis. Sie hat mir auch vieles erklärt. Ich habe zuerst hauptsächlich Medikamente, gebrauchte Spritzen usw. weggeräumt und bei Behandlungen zugeschaut. Später durfte ich auch mit anfassen. Ich brachte die operierten Tiere auf die Station und schaute ab und zu, wann sie wieder aus der Narkose aufwachten. Nachdem die Tiere abgeholt wurden, musste ich die Boxen säubern und desinfizieren.
In der ersten Woche war tagsüber eine junge Hündin da, um die ich mich kümmerte. D e hat Infusionen bekommen. Aber sie wurde dann leider doch eingeschläfert ... Tja, manchmal traurig, aber doch interessant. Wenn's klappt, will ich die Ausbildung machen. Herr Brahm hat mir ein Merkblatt gegeben, worauf es bei dem Beruf und Bewerbern ankommt. Ab 2006 heißt der Beruf übrigens Tiermedizinische Fachangestellte."

Tiermedizinische(r) Fachangestellte(r)

- organisieren den Praxisablauf
- helfen dem Arzt bei Diagnose und Therapie, u.a. bei Operationen
- röntgen und führen Laborarbeiten aus
- betreuen das Tier sowie „Herrchen" und „Frauchen" vor, nach und während der Behandlung
- dokumentieren Daten und die Untersuchung
- überwachen den Materialbedarf der Praxis
- beachten den Tierschutz.

Arbeitsplätze gibt es in Großtier- und Kleintierpraxen, in Tierkliniken und Zoos.

Nach **Berufsverband der Arzt-, Zahnarzt- und Tierarzthelferinnen e.V.**: www.bda-online.com ▶ Die B erufe

Vorteilhafte Eigenschaften von Ausbildungsbewerbern

Sandra hat sich das Merkblatt durchgelesen und meint, dass sie schon viele der gewünschten Eigenschaften besitzt.

- Tierliebe
- Interesse an Chirurgie und Tierpflege und technisches Verständnis
- keine Angst vor Tieren und deren Exkrementen
- körperliche Geschicklichkeit und Belastbarkeit; eine Tierarzthelferin muss zupacken können
- persönliche Reife im Umgang mit kranken Tieren und besorgten Haltern; Kontaktfähigkeit
- Einfühlungsvermögen
- Verantwortungsbewusstsein
- Ordnungssinn , Organisationstalent
- gute Auffassungsgabe, Umstellfähigkeit
- gute Leistungen in Biologie, Chemie, Physik

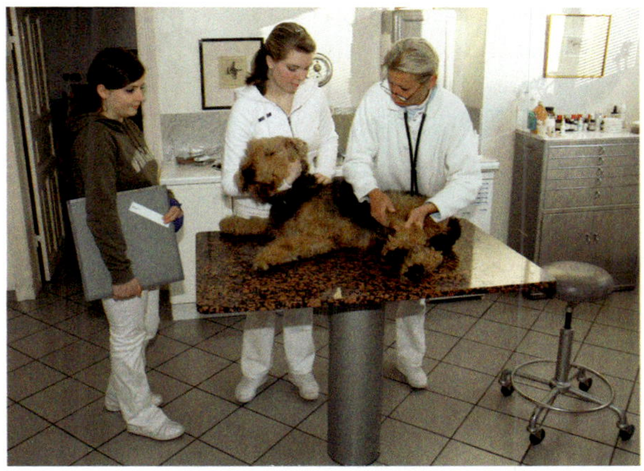

▲ ÄRZTIN: „Frau Dirks, da könnte ein Bruch sein. Bereiten Sie sofort das Röntgen vor."

FRAU DIRKS: „Ich muss erst den Kreislauf stabilisieren. Sandra, bitte reich mir schnell die Tupfer."

SANDRA: „Sofort, aber wohin mit den Röntgenplatten?"

A Aufgaben

1 Beschreibt Sandras Eindruck vom Praktikum.

2 Begründet die Bedeutung von Teamarbeit bei der Abbildung.

3 Sprecht über Arbeitsanforderungen und erwünschte Eigenschaften von Tiermedizinischen Fachangestellten. Bezieht eventuell eigene Erfahrungen in einer Tierarztpraxis mit ein.

Methode Arbeitsplatzerkundung

1 Darum geht es

Eine Arbeitsplatzerkundung gibt euch in den Betrieben Einblick in die Arbeit an einzelnen Arbeitsplätzen. Ihr lernt Berufe näher kennen und erhaltet Hinweise für euren Bildungsweg. Dabei könnt ihr Arbeitsanforderungen sowie Arbeits- und Umweltbedingungen erfahren.

2 So läuft es ab

Vorbereitung

- Ziele festlegen, klären, warum ihr welche Arbeitsplätze erkunden möchtet. Nutzt die Aspekte in dem nebenstehenden Kasten.
- Informationen zur Vorbereitung beschaffen und auswerten. Berücksichtigt: Methoden Informationen einholen – Internet nutzen sowie Auswertung von Texten.
- Betrieb auswählen (siehe Methode Betriebserkundung)
- Kontakte durch Schüler/Lehrer herstellen; Zeitrahmen, Ablauf vereinbaren, Erlaubnis für Befragung, Fotografieren ... einholen
- Schwerpunkte festlegen, Aufgaben verteilen
- Verhalten im Betrieb abstimmen
- Formen zur Gewinnung der Informationen festlegen (siehe Methode Befragung)
- übernommene Aufgaben vorbereiten, ggf. Technik organisieren (Camcorder ...)
- Genehmigungen, Versicherungsfragen klären
- Vorüberlegungen zur Auswertung anstellen (siehe Methode Gruppenarbeit)

Durchführung

- Erkundungsaufgaben erledigen, Ergebnisse aufschreiben, ggf. in Bild und Ton festhalten
- auch ungeplante Eindrücke notieren

Auswertung

- Ergebnisse in der Gruppe ordnen, aufbereiten und auswerten
- Präsentation durchführen, Ergebnisse bewerten
- Vorbereitung, Durchführung und Auswertung reflektieren (Vorüberlegungen aus der Vorbereitung nutzen, s. o.)

Erkundungsaspekte

Arbeitsaufgabe
Tätigkeit, Arbeitsmaterialien und Betriebsmittel, Arbeitsschritte

Anforderungen

Körperlich:	sitzend und/oder stehend, Arbeitstempo, Körperteile, die (einseitig) belastet werden, Handgeschick
Geistig:	dauernd wiederkehrende/verschiedene Tätigkeiten, schnelle/flexible Reaktionen, selbstständige Planung, Durchführung und Auswertung der Arbeit, sprachlicher bzw. schriftlicher Ausdruck, räumliches Denken, Farben unterscheiden, Sinn für Formen, Vorbildung
Sozial:	Einzel-/Gruppenarbeit, Kunden-/Lieferantenkontakt, Kommunikation, Mitarbeiterführung

Umweltbedingungen
Lärm, Kälte, Hitze, Dämpfe, Feuchtigkeit, Schmutz, Arbeit im Freien/in geschlossenen Räumen, Lichtverhältnisse, Arbeits- oder Schutzkleidung, Zeitdruck, Schichtarbeit/Nachtarbeit, feste/flexible Arbeitszeit

Alles klar?

Markt und Wettbewerb

1 Wettbewerb ist für eine funktionierende Marktwirtschaft wichtig. Schreibe wenigstens drei Gründe auf.

2 Anbieter neigen dazu, den Wettbewerb einzuschränken. Schreibe Beispiele auf.

3 Beide Fotos stellen Wettbewerbssituationen dar. Schreibe Unterschiede auf.

4 Schreibe auf, worin der Unterschied der Preisbildung beim Fahrrad und der Buchausleihe in öffentlichen Büchereien besteht.

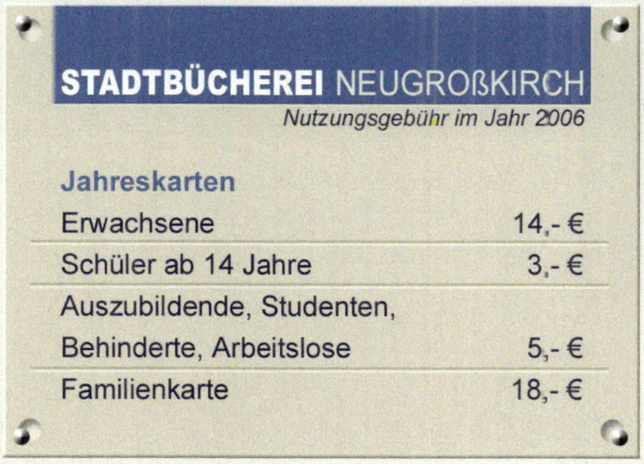

STADTBÜCHEREI NEUGROßKIRCH

Nutzungsgebühr im Jahr 2006

Jahreskarten	
Erwachsene	14,- €
Schüler ab 14 Jahre	3,- €
Auszubildende, Studenten, Behinderte, Arbeitslose	5,- €
Familienkarte	18,- €

5 Im Buchhandel gibt es eine Preisbindung für Bücher. Schreibe wenigstens zwei Gründe für die Regelung auf.

Arbeitsplätze

6 Begründe die Verbindung von Erwerbsarbeit und unbezahlter Arbeit in eurer Familie.

7 Nenne Gründe für einen Arbeitsplatzwechsel.

8 Was spricht dafür, sich nach einem Berufsabschluss fortzubilden?

9 Stelle aus den Berichten über Arbeitsplätze die Interessen der Chefs und die der Mitarbeiter gegenüber.

10 Erkläre Fähigkeiten, die bei der Arbeit mit Menschen wichtig sind.

11 Suche ein Beispiel für einen Beruf, in dem Teamarbeit wichtig ist und begründe die Bedeutung für das Arbeitsergebnis.

12 Beschreibe den Konflikt in der Abfallbeseitigungsgesellschaft. Suche Lösungsmöglichkeiten.

Ist es nicht unfair, immer dieselben mit Rudis Leistungsschwäche zu belasten?

Das dürfen wir Rudi nicht antun. Das wäre wie ein Rausschmiss.

Die wollen Rudi nicht mehr im Team haben. Er arbeitet wirklich langsam.

Rudi ist ein guter Kollege – es kommt nicht nur darauf an, rasch Tonnen zu rollen.

Entstehung von Berufen

1 Jäger und Sammler erfinden Werkzeuge

Auf der Entwicklungsstufe als Jäger und Sammler leisteten die Menschen für sich die lebensnotwendige Versorgung.

Dazu zählten das Sammeln und Zubereiten von Nahrung, das Herstellen von Kleidung und Wohnraum. Zum Schutz vor Gefahren, aber auch zur Jagd, bildeten sich größere Gruppen. Die gemeinsame Jagd von Tieren führte zu ersten Formen der Spezialisierung.

Es kam zur Erfindung von Handwerkszeugen, die z.B. das Erlegen der Tiere und die Zubereitung der Nahrung erleichterten.

Diese Spezialisierung führte auch zu Zeitersparnis. Die freie Zeit konnte z.B. dazu genutzt werden, Vorrat anzuschaffen.

▸ **Leitauftrag** Was mussten die Menschen als Jäger und Sammler leisten, um sich am Leben zu erhalten?

Jagdszene aus der Altsteinzeit (ca. 12 000 v. Chr.)

Einen Eindruck von der Vielfalt der Schmiedearbeiten gibt die Ausstellung im „Germanendorf Klein Köris"
http://mitglied.lycos.de/kleinkoeris/ausgrabu.htm

B Auf einen Blick

Ihr begründet, warum die Herstellung von Gütern lebensnotwendig ist.

Ihr erklärt, wie sich durch verschiedene Fähigkeiten der Menschen Arbeitsteilung entwickelt.

Ihr benennt durch Arbeitsteilung entstandene Berufe.

Ihr schätzt die Bedeutung der technischen und organisatorischen Entwicklung der Produktion für Lebens- und Arbeitsbedingungen ein.

2 Vom Jäger und Sammler zum Bauern und Handwerker

Die Entwicklung von Ackerbau und Viehzucht machte die Menschen als Bauern sesshaft. Sie wohnten in Dörfern. Die Anbaumethoden und Geräte wurden verbessert, aus Tonerde z.B. Töpfe und Geschirr geformt und gebrannt.

Einige Dorfbewohner spezialisierten sich aufgrund ihrer Geschicklichkeit auf bestimmte Tätigkeiten wie Kleider nähen und Schuhe herstellen. Diese Spezialisierung erleichterte die Arbeit und verbesserte die Lebensbedingungen. Es musste nicht jeder alles können.

Die erforderliche Arbeit wurde aufgeteilt (Arbeitsteilung). Als sich die Siedlungen ausweiteten und der Tauschhandel reger wurde, übten einige nur noch ihre handwerklichen Tätigkeiten aus. Sie wurden zum Beruf.

Es entstanden die ersten Grundberufe wie Baumeister, Müller, Schneider, Bäcker, Schmied und Schuhmacher. Gefördert wurde diese Entwicklung durch die Entdeckung von Eisenerz, das verhüttet und zu Waffen und Werkzeugen verarbeitet wurde. Damit gewann die Tätigkeit des Schmiedes große Bedeutung. Die Spezialisierung dieses Berufs verdeutlicht die Zeichnung.

Mit der Entstehung von Städten entwickelte sich das Handwerk.

Der Wohlstand vermehrte sich vor allem bei Kaufleuten und Grundherren. Für den Bau von Herrenhäusern, Bürgerhäusern, Klöstern und Kirchen wurden immer mehr Spezialisten benötigt.

Es entstand ein größerer und unterschiedlicher Bedarf nach z.B. Kleidung, Nahrung, Ausstattungsgegenständen für Haushalt und Wohnung, aber auch Arbeitsgeräten und Transportmitteln. Das förderte eine weitere Spezialisierung. In Nürnberg gab es 1363 schon zehn Arten von Schmieden.

A Aufgaben

1 Begründet an Beispielen den Sinn von Spezialisierung und Arbeitsteilung.

2 Findet ein Beispiel für die Entwicklung: Spezialisierung – Arbeitsteilung – Beruf.

3 Handwerk und Manufakturen

Um sich und die Familienangehörigen zu unterstützen und für alle Mitglieder den gleichen Lebensstandard zu sichern, schlossen sich die Handwerksmeister eines Gewerbes zu Zünften zusammen. Sie wohnten meist in enger Nachbarschaft, oft in einer Straße, benannt nach ihrem Gewerbe. Die Lehrlinge lebten in der Familie des Meisters. Teilweise musste von den Eltern Lehrgeld bezahlt werden. Gesellen und Lehrlinge waren abhängig vom Meister. Ein Mitarbeiter durfte selbstständig arbeiten, wenn er seine Arbeit beherrschte. Der Verdienst war gering. Gesellen konnten keine Familie gründen.

Um die Gleichheit zu gewährleisten, regelte die Zunft die Ausbildung, Arbeitszeit, Zulassung zum Gewerbe sowie Zahl der beschäftigten Gesellen und Lehrlinge. Sie überwachte Preis, Menge und Qualität der Waren. Jeder Meister sollte ein standesgemäßes Auskommen haben. Wettbewerb war verboten. Aus Angst vor Konkurrenz verlängerten die Meister die Lehr- und Gesellenzeiten. Die Verwendung neuer Werkzeuge oder Produktionsverfahren war erst erlaubt, wenn alle Meister sie beherrschten. Auch durften die Meister nur auf Bestellung, nicht auf Vorrat arbeiten.

Im Laufe der Jahrhunderte wurde es für die Handwerker schwieriger, den zunehmenden Bedarf der wachsenden Bevölkerung zu decken. Neue Produktionsformen wurden entwickelt. Reiche Fürsten und Kaufleute entschlossen sich, neue Produktionsstätten, die Manufakturen, zu gründen. Während die Handwerker auf Bestellung und meist individuell fertigten, wurde in den Manufakturen auf Vorrat produziert.

Die Einrichtung und Führung einer Manufaktur erforderte neben Geld eine angemessene Planung und Organisation. In der Manufaktur arbeiteten viele Handwerker in einem Arbeitshaus Hand in Hand.

So wurde z.B. in einer Kutschenmanufaktur in einem durchgehenden Arbeitsgang produziert. Jeder Handwerker führte bestimmte Arbeiten aus. Er spezialisierte sich und schaffte mehr als früher. Die Arbeit wurde jedoch eintöniger und einseitiger. Zeit- und Kostendruck nahmen zu, weil sich zwischen den Manufakturen Wettbewerb entwickelte und die Unternehmer am Gewinn interessiert waren.

Webstühle in einer englischen Tuchmanufaktur (um 1840)

A

Aufgaben

1 Vergleicht die Arbeit im Handwerk mit der Arbeit in einer Manufaktur.

2 Vergleicht die Situation eines Handwerksmeisters einer Zunft mit der eines Unternehmers in der Manufaktur.

3 An das Zunftwesen erinnern Handwerkskammer sowie Industrie- und Handelskammer. Informiert euch über deren Aufgaben.

4 Phasen der Industrialisierung

Ab 1850 wurden Erfindungen vermehrt wirtschaftlich genutzt.
Die Produktion erfolgte in Fabriken mithilfe neu entwickelter Maschinen. Diese Industrialisierung veränderte bestehende Berufe und führte zu neuen.
Die wirtschaftliche Entwicklung lässt sich in fünf Phasen gliedern.

1. Verbreitung der Dampfmaschine, z. B. im Steinkohlenbergbau, und des mechanischen Webstuhls.
2. Entwicklung der Stahlindustrie und Ausbau des Eisenbahnwesens.
Die Beseitigung von Zollschranken zwischen den kleinen Staaten half, die in größerer Anzahl erzeugten Güter zu vermarkten. Die in die Städte drängende Bevölkerung musste bei einem Überangebot an Arbeitskräften unter elenden Bedingungen für geringen Lohn arbeiten. Gesundheitsschädigende Kinderarbeit war üblich.
3. Entwicklung der Elektrizität, der Chemie und des Automobils. Die Arbeit in der Industrie wurde vermehrt als Fließbandarbeit organisiert. Massenprodukte wurden gefertigt und auch für Arbeiter bezahlbar.
4. Kunststoffindustrie, Flugzeugbau, Elektronik, Steuerungstechnik und Unterhaltungsindustrie gewannen an Bedeutung. Parallel dazu entwickelte sich die Infrastruktur, z. B. das Straßennetz. Facharbeiter spezialisierten sich. Die Produktivität stieg. Breite Bevölkerungsschichten konnten Güter kaufen.
5. Alle Wirtschaftsbereiche und das private Leben werden bestimmt von neuen Technologien, u. a. Mikroprozessortechnik, Informationstechnik wie Satelliten- und Glasfaserkommunikation, Bio- und Gentechnik, Sensor-, Laser-, Robotertechnik, neuen Werkstoffen. Neuerungen erfolgen in kurzen Abständen. Produktionsprozesse werden automatisiert und computergesteuert. Immer weniger menschliche Arbeit ist produktionsnotwendig (siehe. Tabelle Folgeseite).

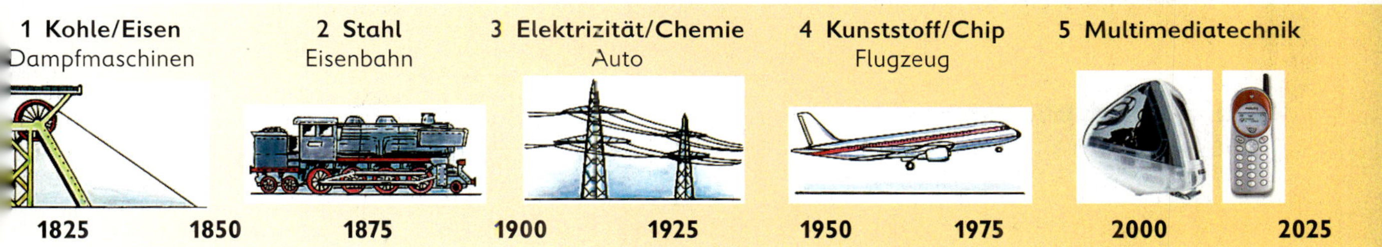

Die Kunden fordern vermehrt Produkte und Problemlösungen, die auf ihre Bedürfnisse zugeschnitten sind. Große Betriebe werden in der Produktion wieder flexibler. Auch kleine Stückzahlen lassen sich wirtschaftlich fertigen. Produktvielfalt wird möglich. Arbeitsplätze und Betriebsorganisation verändern sich stetig. Bei der industriellen Facharbeit werden am Arbeitsplatz wieder verschiedene Tätigkeiten zusammengefasst, für die oft eine Gruppe verantwortlich ist. Hierarchien werden teilweise abgebaut. Vom Facharbeiter werden neue Anforderungen, sog. Schlüsselqualifikationen, mit der Fähigkeit verlangt, flexibel auf Veränderungen zu reagieren und Produkte und Produktionsverfahren dauernd zu verbessern. Die Entwicklungen gelten nicht für alle Betriebe. Immer gab und gibt es z. B. herkömmlich arbeitende Handwerksbetriebe und weiterhin produzieren Industriebetriebe arbeitsteilig am Fließband. Parallel dazu ermöglichen neue Informations- und Kommunikationstechniken eine weltweite Vernetzung. Der globale Handel innerhalb der gewachsenen Europäischen Union und mit der Welt fördert den Wettbewerb. Zunehmend gibt es Unternehmenszusammenschlüsse.

A Aufgaben

1 Nennt zu den Phasen der wirtschaftlichen Entwicklung jeweils eine wichtige Erfindung.

2 Erörtert an Beispielen, wie sich die Arbeitsteilung verändert.

5 Wandel zur Dienstleistungsgesellschaft

Die Tätigkeiten innerhalb der Wirtschaftsbereiche verändern sich. Immer mehr Erwerbstätige üben Dienstleistungen aus. Selbst im produzierenden Gewerbe werden inzwischen an mehr als 40 % aller Arbeitsplätze Dienstleistungen erbracht. Dies betrifft die Bereiche, die im direkten Zusammenhang mit der Produktion stehen: Beschaffung, Verwaltung, Vertrieb, Transport.

Computer gestützte Dienstleistung: Frisurenberatung mittels Bildschirm soll die persönliche Entscheidung für eine neue Frisur erleichtern

Starke Zunahmen ergeben sich generell im Bereich der Dienstleistungen des tertiären Sektors (siehe Tabelle). Der weltweite Wettbewerb führt zu einer größeren Bedeutung von Bildung, Forschung und Entwicklung, z.B. von Software, sowie Beratung, z.B. bei EDV-Anwendungen.

Immer mehr Arbeitsplätze erfordern Tätigkeiten in Management und Organisation. Die Bedeutung der Aus- und Weiterbildung lässt die Anzahl der Arbeitsplätze im Bereich Lehren steigen. Die Lebenserwartung der Menschen nimmt zu (siehe M5, S.267) und damit die Bedeutung medizinischer Dienstleistungen sowie Betreuung und Pflege. In Zukunft wird ein Tätigkeits- und Berufswechsel mit Phasen der Erwerbslosigkeit normal sein. Viele Tätigkeiten werden vermehrt als Teilzeitarbeit angeboten. Als zentrales Problem stellt sich seit Jahren die hohe Arbeitslosigkeit. Die Sorge um die Sicherung der Umwelt für künftige Generationen erfordert, technische und organisatorische Entwicklungen nachhaltig zu gestalten und dafür einzutreten.

Erwerbstätige im Inland nach Wirtschaftssektoren in %

Jahr	insgesamt 1000	Land- und Forstwirtschaft, Fischerei (primärer Sektor)	Produzierendes Gewerbe (sekundärer Sektor)	Übrige Wirtschaftsbereiche (tertiärer Sektor)
1990	30409	3,5	36,6	59,9
2000	39144	2,4	28,9	68,7
2007	39768	2,1	25,5	72,4

Statistisches Bundesamt 2008 www.destatis.de/jetspeed/portal/cms/Sites/destatis/Internet/DE/Content/Statistiken/Zeitreihen/LangeReihen/Arbeitsmarkt/Content75/Irerw13a,templateId=renderPrint.psml

A Aufgaben

1 Nennt Berufe, die durch Industrialisierung entstanden bzw. die sich durch technische Entwicklung wandelten.

2 Stellt die technische und organisatorische Entwicklung den Anforderungen an die berufliche Bildung gegenüber.

3 Sprecht an Beispielen über den aktuellen Wandel der Tätigkeiten.

6 Weiterführendes Material

M1 Neuer Ausbildungsberuf „Fotomedienfachmann/-frau“

Modernste Fototechnik kompetent und kundengerecht erklären

Digitale Fotografie ist heutzutage einfach und kompliziert zugleich: Computer und Farbdrucker übernehmen die Aufgaben des Fotolabors, aber die Übertragung der Bilddaten von der Kamera auf den Rechner kann schon tückisch sein. Manchmal stimmt die Qualität nicht, weil die Bilddaten nicht ausreichend auf die Ausgangsgeräte abgestimmt sind, und oft genug ist die Gebrauchsanleitung für die Kamera eine echte Herausforderung für Verbraucher und Verbraucherinnen.

Kundengerecht aufbereitete Informationen und kompetente Beratung im Umgang mit modernster Fototechnik erspart dem Hobbyfotografen viel Zeit und Frust, aber auch der Profi braucht sachkundige Unterstützung. Deshalb stehen kompetente Beratung und Information im Mittelpunkt des neuen dualen Ausbildungsberufs.

Die Fachkräfte beherrschen fototechnisches Know-how und setzen dieses kundengerecht ein. Sie können nach ihrer Ausbildung im Einzel- wie im Großhandel, in Fotolaboren oder bei Herstellern von Bildtechnik arbeiten. Die Ausbildung dauert drei Jahre.

Fotomedienfachleute haben nie ausgelernt: Warenangebot und Bildtechniken ändern sich laufend. Auch im Verhalten der Verbraucher und Verbraucherinnen gibt es immer wieder neue Trends. All dies gilt es zu beobachten, zu analysieren und das Angebot an Waren und Dienstleistungen darauf marktgerecht abzustimmen. Gleichzeitig müssen Fotomedienfachleute das kaufmännische ABC beherrschen: vom Kaufvertrag über Werbung, Marketing und Warenwirtschaft bis hin zur Sortimentsgestaltung und zum Controlling. Neben technischem Verständnis und kaufmännischem Denken sind handwerkliches Geschick und die Fähigkeit, im Team zu arbeiten, für die qualifizierten Fachkräfte unabdingbare Voraussetzungen.

Der neue duale Ausbildungsberuf soll die Bemühungen der kleinen und mittelständischen Fotobetriebe unterstützen, sich durch qualifizierte Beratungskompetenz in einem technologisch anspruchsvollen und schnelllebigen Geschäftsumfeld zu behaupten. Kunden und Kundinnen benötigen Informationen und Unterstützung, um sich in dem oft unübersichtlichen Angebot zurechtzufinden. Sie wollen eine persönliche Beratung und sind bereit, dafür eine entsprechende finanzielle Gegenleistung zu erbringen.
Der neue Ausbildungsberuf „Fotomedienfachmann/ Fotomedienfachfrau“ soll dem Einzelhandel zudem die Chance eröffnen, die Preisvorteile des Internethandels durch eine größere Kundennähe und ein individuelles, kompetentes Serviceangebot auszugleichen.

Nach: Bundesinstitut für Berufsbildung (BIBB)
Bonn, Pressemeldung v. 15.05.2008
http://bildungsklick.de/pm/60250/neuer-ausbildungsberuf-fotomedienfachmann-frau/

Weitere Informationen
– des BIBB zu
- Ausbildungsberufen:
  www.bibb.de/de/26171.htm
  ▸ Beruf auswählen
- neuen Berufen
  www.bibb.de/de/846.htm

– der Bundesagentur für Arbeit
  http://berufenet.arbeitsagentur.de/berufe/index.jsp

Arbeiten mit den Materialien

Zu **M1**
Bisher arbeiteten im Berufsbereich Kaufleute im Einzelhandel und Fotografen.
Führt Gründe an, diesen neuen Beruf zu schaffen.
Berücksichtigt dabei
- die technische Entwicklung
- die Nachfrage nach Dienstleistungen
- die Entwicklung der Vermarktung

Arbeitsorganisation im privaten Haushalt

1 Haushalte sind verschieden

Nils und Fanny leben in ihrer gemeinsamen Wohnung. Beide sind voll erwerbstätig. Die Einkäufe erledigt Nils. Einmal monatlich machen sie gemeinsam einen Großeinkauf mit dem Auto. Für die Wäsche ist Fanny zuständig, das Reinigen der Wohnung übernimmt Nils. So bleibt beiden noch Zeit für Hobbys und Vergnügungen.

Das Ehepaar Schmitte lebt mit Nora (12) und Jim (10) am Stadtrand. Herr Schmitte arbeitet weit entfernt und kommt nur am Wochenende nach Hause. Frau Schmitte kommt gegen 17:00 Uhr von der Arbeit. Die Kinder machen nachmittags ihre Hausaufgaben und spielen mit Freunden. Das gemeinsame Abendessen ist allen wichtig.

► **Leitauftrag** Sprecht über die

Frau Rieser lebt seit zehn Jahren allein in ihrer Wohnung. Seit einem Jahr kommt täglich ein Pflegedienst, um ihr zu helfen. Das Mittagessen bringt ein Lieferservice. Nachbarn erledigen Einkäufe. Frau Rieser ist zufrieden, noch zu Hause leben zu können. Ihre Kinder leben entfernt in der Großstadt. Sie sehen sich nicht oft.

Frau Schneider lebt mit ihren zwei Kindern allein. Sie ist seit einem Jahr arbeitslos. Nach der Schule essen alle gemeinsam. Frau Schneider hat viel Zeit für Hausarbeit und Kinderbetreuung. Sie hofft, bald wieder Geld zu verdienen. Während die Kinder in der Schule sind, besucht sie Englischkurse, um ihre Chancen zu verbessern.

B Auf einen Blick

Ihr erfahrt, wie Menschen im privaten Haushalt zusammenleben.

Ihr lernt kennen, wie die Arbeit im privaten Haushalt organisiert wird.

Ihr erklärt Gründe für das geringere Einkommen von Frauen.

Ihr versteht Wünsche von Frauen für ihre Lebensplanung.

2 Wofür die Arbeitskraft verwendet wird

Unbezahlte Arbeit im eigenen Haushalt

Dafür bringen die Haushalte viel Arbeitszeit ein. Wichtig ist es, diese Arbeiten vernünftig zu organisieren. Dabei sollten alle Haushaltsmitglieder einbezogen werden.

Arbeiten im Haushalt können vereinfacht bzw. ökonomischer geplant werden durch eine

- Arbeitsgestaltung (z.B. Tages- oder Wochenplan).
- Einkaufsliste vor dem Einkaufen.
- Verwendung von Geräten und vorgefertigten Lebensmitteln, um Zeit bei der Speisenzubereitung zu sparen.

Tagesarbeitsplan

Anfallende Arbeiten (Reihenfolge)	Zeit	Aufteilung auf die Haushaltsmitglieder

Wer macht was? – Eine Umfrage

Christian (14 Jahre):
„Ich musste schon immer im Haushalt helfen: Spülen, Zimmer aufräumen, Müll wegbringen ... Das ärgert mich manchmal. Aber ich finde es eigentlich o.k. Nervig finde ich das Gemecker, wenn ich meine Musik dabei mal lauter stelle. Im Augenblick macht mein Vater das meiste. Er sagt, wo er jetzt arbeitslos sei, habe er Zeit."

Sarah (15 Jahre):
„Meine Mutter will, dass ich mithelfe und auch mein Zimmer in Ordnung halte. Wir haben deshalb oft Streit. Ich sehe das nämlich nicht ein, weil ich zur Schule gehe und noch Hausaufgaben mache. Sie hat den ganzen Tag Zeit für das bisschen Kochen und Saubermachen. Mein Vater meint, ich hätte zu tun, was man mir sagt, solange ich bei ihnen wohnen würde. Aber selber hilft er auch nicht. Er sagt, er ginge arbeiten."

Pascal (14 Jahre):
„Ich habe noch 2 Schwestern, eine ist älter, eine jünger als ich. Wir helfen alle mit, auch mein Vater. Der sagt, das müsse so sein, weil meine Mutter ja auch Geld verdienen würde."

Das Statistische Bundesamt hat eine Zeitstudie erstellt. Sie untersuchte bei 5400 Haushalten 12000 Personen das Zusammenleben in unterschiedlichen Haushaltstypen. Schwerpunkt war die Verwendung der Zeit, z.B. für Erwerbstätigkeit, Bildung, Freizeit und nicht entlohnte Arbeit.

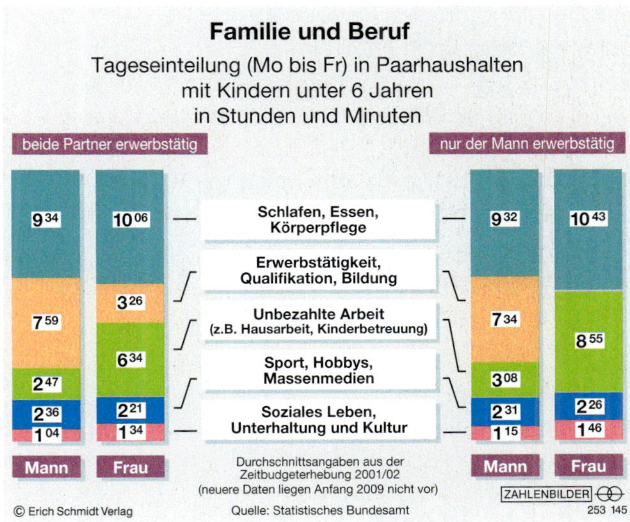

A Aufgaben

1 Für die effektive Arbeitsgestaltung ist eine sinnvolle Reihenfolge bei den anfallenden Arbeiten zeitsparend.
Stellt einen Arbeitsplan für folgende Aufgaben auf: Frühstück zubereiten, das eigene Zimmer putzen, Bad reinigen, Wäsche waschen, Einkauf von Lebensmitteln für ein Wochenende.

2 Ermittle aus dem Schaubild den Anteil der Zeit, die in beiden Paarhaushalten für unbezahlte Arbeit anfällt. Nenne Gründe für die Unterschiede.

3 Wie ist in den Haushalten die Arbeit verteilt? Wo liegen aus deiner Sicht Probleme?

3 Arbeit – Erwerbsarbeit – Hausarbeit

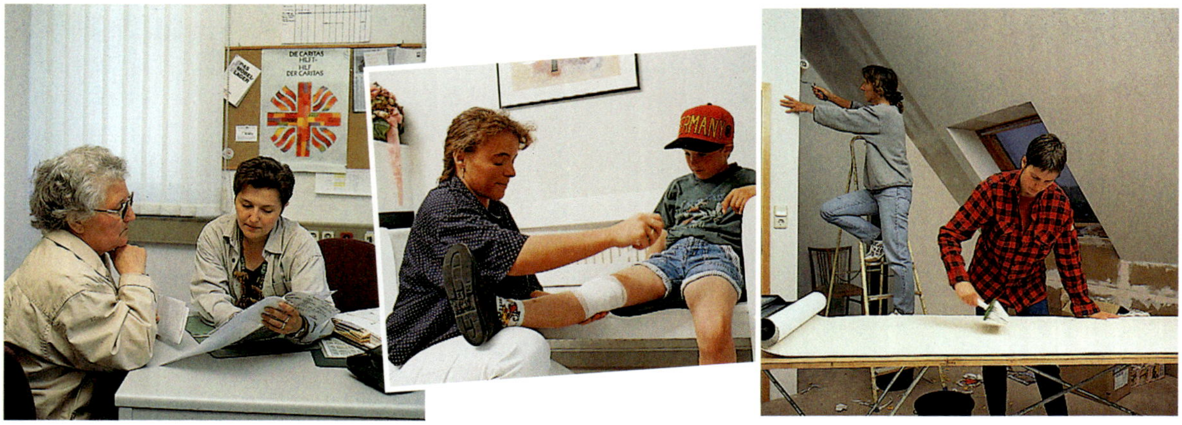

Arbeit umfasst Erwerbsarbeit, Haus- und Familienarbeit und ehrenamtliche Arbeit. Arbeit sichert die Existenz des Einzelnen und der Gesellschaft. Durch Arbeit treten wir mit der Umwelt in Beziehung. Durch Arbeit können wir unsere Kräfte entfalten und unserem Leben Sinn geben. Arbeit kann uns aber auch belasten.

Erwerbsarbeit ist eine entgeltliche Arbeit, Haus- und Familienarbeit sowie ehrenamtliche Arbeit sind unentgeltlich.

Erwerbsarbeit ist verbunden mit einer eigenständigen sozialen Sicherung bei Krankheit, Unfall und im Alter.

Wer Hausarbeit und ehrenamtliche Arbeit leistet, ist nur über die Ehepartner gesichert.

Rudi: „Ich bin froh, dass ich gut verdiene. Meine Frau muss nicht arbeiten und kann sich in aller Ruhe um unsere 4 Kinder und meine Mutter kümmern."

Ulrich: „Seit die Kinder aus dem Haus sind, arbeitet Sylvia 20 Stunden die Woche bei einem Rechtsanwalt. Das Geld können wir gut gebrauchen. Viermal die Woche geht sie nachmittags für 4 Stunden in eine Wohnstätte für Behinderte und hilft dort.

Ja, sie hat es gut! So ein Halbtagsjob und das bisschen Hausarbeit sind schon angenehm. Ich muss den ganzen Tag arbeiten – 40 Stunden die Woche."

Elke: „Die Arbeit in einem Haushalt mit mehreren Kindern erfordert Energie und viele Fähigkeiten. Und das alles ohne eigenes Einkommen und ohne eigene soziale Sicherung. Ich hänge völlig von meinem Mann ab und darf gar nicht daran denken, wie ich dastehe, wenn wir uns trennen würden."

Meike: „Auf Erwerbsarbeit würde ich nie verzichten. Hausarbeit – was bedeutet das schon? Da singen die Politiker das Hohe Lied vom Wert der Hausarbeit – verweigern jedoch den Hausfrauen und -männern eine eigene soziale Sicherung.

Nein danke, ich liebe meinen Mann und die Kinder, aber Erwerbsarbeit ist mir wichtig. Ich schätze den Kontakt mit Kolleginnen und Kollegen und meine finanzielle Unabhängigkeit."

A Aufgaben

1 Schaut euch die Fotos an. Welche Art von Arbeit leisten die Frauen?
Macht Aussagen darüber, ob es sich um Haus- oder Erwerbsarbeit handelt?

2 Beurteilt die Meinungen der vier Personen.

4 Frauen wollen beides: Erwerbsarbeit und Familie

Was sich Frauen heute wünschen

Aus Untersuchungen wird deutlich, dass die überwiegende Zahl der Frauen beides will: Erwerbsarbeit und Familienarbeit. Die Mädchen wünschen, dass ihr Partner sich ebenso wie sie an der Familienarbeit beteiligt. Trotz dieses Wunsches müssen sie jedoch meist damit rechnen, dass Männer Familienarbeit nur „nebenbei" leisten wollen – die Erwerbsarbeit hat Vorrang. Männer wollen oft eine Teilzeitarbeit nicht in ihr Leben einplanen. Sie befürchten Nachteile für ihre Karriere.

Eine gleichberechtigte Beteiligung von Frau und Mann an der Familienarbeit erfordert die Abkehr vom Leitbild eines Lebenslaufs, wie er bei den meisten Männern üblich war. Dieser ist gekennzeichnet durch eine Phase der Kindheit, Schul- und Berufsausbildung/Studium, 30–40 Jahre Vollerwerbsarbeit, Alter ohne Erwerbsarbeit. Für Teilzeitarbeit und Unterbrechung der Erwerbsarbeit ist wenig Raum. Unternehmen planen bei der Einstellung eines Mannes noch meistens ein, dass er jederzeit mehr arbeiten kann und keine Verpflichtungen zu Hause hat, z.B. bei der Pflege Alter und Behinderter, bei der Erziehung der Kinder oder bei langwieriger Krankheit der Ehepartnerin.

Artikel 3 Abs. 3 Grundgesetz
Männer und Frauen sind gleichberechtigt.
Der Staat fördert die tatsächliche Durchsetzung der Gleichberechtigung von Frauen und Männern und wirkt auf die Beseitigung bestehender Nachteile hin.

Änderung des Grundgesetzes durch das 2. Gleichberechtigungsgesetz von 1994

A

Aufgaben

1 Sprecht über eure Wünsche zur Erwerbs- und Familienarbeit.

2 Sprecht über Maßnahmen zur Gleichstellung von Frauen bei der Erwerbsarbeit.

3 Löst den Konflikt um die Kinderbetreuung im Rollenspiel-

1000 Jahre Patriarchat – ohne Frauenförderung geht es (vorerst) nicht, z.B.

- Bessere Berücksichtigung von Zeiten für die Kinderbetreuung in betrieblichen Frauenförderplänen
- Verstärkte Einrichtung von Kinderhorten, Ganztagskindergärten und -schulen
- Gleichwertige Berücksichtigung von Erwerbsarbeit und Kinderbetreuung bei der sozialen Sicherung
- Verstärkte Anpassung der Arbeitszeit an die Erfordernisse der Kinderbetreuung, z.B. Möglichkeiten einer Gleitzeit
- Verstärkte Förderung von Frauen und Männern, die nach einer Pause der Kinderbetreuung Erwerbsarbeit leisten wollen z.B. durch berufliche Weiterbildung zur Wiedereingliederung

Fallbeispiel: Konflikt um die Kinderbetreuung

Björn und Regina vereinbarten vor der Geburt ihres Kindes, dass beide sich in gleichem Maße um die Erziehung kümmern und die Erwerbsarbeit auf je 20–25 Stunden verringern würden.

Nach der Geburt reicht Regine in ihrem Unternehmen einen entsprechenden Antrag ein, der bewilligt wird. Sie erwartet von Björn, dass er ebenfalls einen entsprechenden Antrag stellt. Björn zögert ein paar Wochen lang und stellt dann fest: „Ich weiß zwar, dass ich gesagt habe, dass ich auf Teilzeitarbeit gehe, aber es geht nicht. Die haben mir gesagt, dass ich verringern kann, wenn ich das will. Aber sie ließen durchblicken, dass ich nicht mehr zu besonderen Fortbildungen geschickt würde und nicht Leiter der Arbeitsgruppe werden könne. Das kannst du nicht von mir verlangen. Das musst du verstehen. Und irgendwie denke ich auch, dass Kinderbetreuung eher Frauensache ist."

Regine ist entsetzt: „Ich bestehe auf Gleichberechtigung – bei Erwerbsarbeit und Familienarbeit. Ich erwarte von dir, dass du ab sofort Teilzeitarbeit machst – wie vereinbart. Ich will ebenso Karriere machen, und ich will gleichzeitig, dass unser Kind gut betreut wird."

5 Weiterführendes Material

M1 Ausbau der Kindertagesbetreuung für unter 3-Jährige

Der Ausbau der Kindertagesbetreuung soll weiter beschleunigt werden – darin sind sich Bund, Länder und Kommunen einig. Das Kinderförderungsgesetz (KiföG), das 2008 vom Bundestag beschlossen wurde, ist ein wichtiger Schritt. Es setzt Meilensteine für eine stärkere Vereinbarkeit von Familie und Beruf, für mehr Bildung für alle Kinder und für bessere Zukunftsperspektiven in Deutschland. Bis zum Jahr 2013 wird es bundesweit im Durchschnitt für jedes dritte Kind unter drei Jahren einen Betreuungsplatz geben – rund ein Drittel der neuen Plätze werden in der Kindertagespflege geschaffen. Dann wird jedes Kind ab dem 2. Lebensjahr einen Rechtsanspruch auf Förderung in einer Kindertageseinrichtung oder in der Tagespflege haben.
Von den insgesamt 12 Mrd. Euro, die für den Ausbau benötigt werden, trägt der Bund rund ein Drittel. Ab 2014 beteiligt er sich dauerhaft mit jährlich 770 Mio. Euro an der Finanzierung der Betriebskosten.

Ziel bis 2013: gute Qualität bundesweit
Bund, Länder und Kommunen setzen neben dem Ausbau auch darauf, die Qualität der Betreuung entscheidend zu verbessern.

Erfolge beim Ausbau
Bereits jetzt haben viele Kommunen und Länder ihr Betreuungsangebot für Kinder im Alter von unter drei Jahren erweitert. Die Zahl hat sich von 2006 bis 2007 von 287 000 auf 321 000 erhöht. Damit haben 2007 mehr als 15 Prozent der unter Dreijährigen eine Tageseinrichtung oder eine Tagesmutter/einen Tagesvater besucht. Insbesondere die Kindertagespflege ist mit rund 42 600 deutlich auf dem Vormarsch. Sie stellt inzwischen 13 Prozent der Betreuungsangebote.

Nach:
Bundesministerium für Familie, Senioren, Frauen und Jugend (13.11.2008)
www.bmfsfj.de/bmfsfj/generator/BMFSFJ/Kinder-und-Jugend/kinderbetreuung.html

M2 Betreuungsmöglichkeiten für die Kleinsten

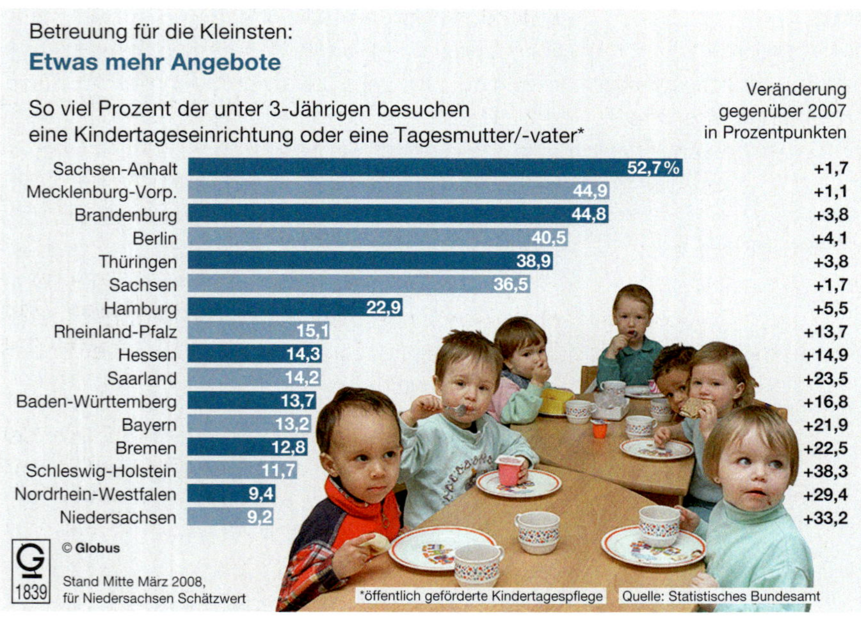

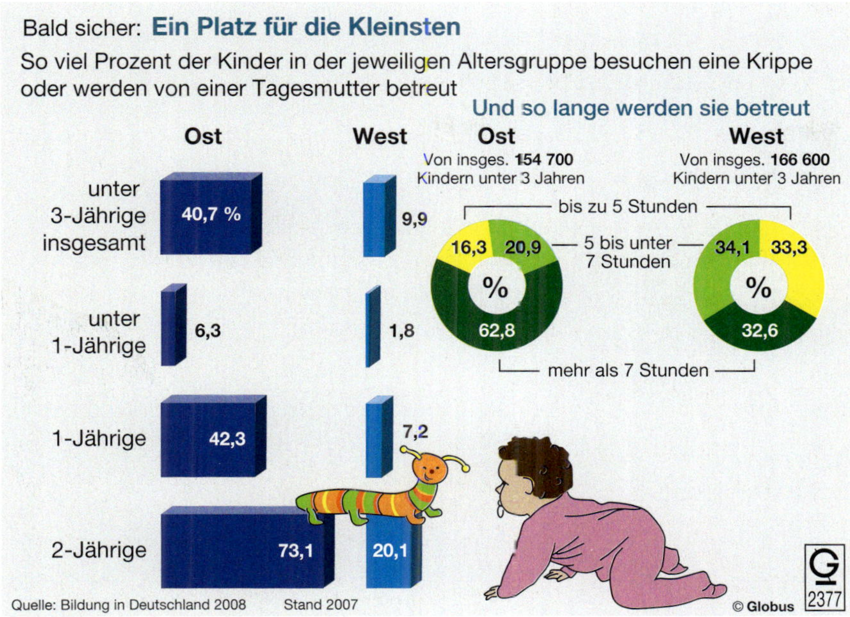

Hinweis zur aktuellen Entwicklung: Im Jahr 2008 wurden bereits 170 000 Kinder unter drei Jahren in Ost und 203 700 in West betreut.

Stat. Bundesamt v. 19.12.2008

M3 Eine Definition von Arbeit

Arbeit

1. Im allgemeinen Sinne ist Arbeit die Tätigkeit eines Menschen, die auf ein wirtschaftliches Ziel ausgerichtet ist (z.B. auf Einkommenserzielung).
2. Im betriebswirtschaftlichen Sinne ist Arbeit ein Produktionsfaktor neben den beiden anderen Hauptfaktoren Betriebsmittel und Werkstoffe. Man unterscheidet üblicherweise zwischen der ausführenden Arbeit und dem dispositiven Faktor (leitende Arbeit).
3. Im volkswirtschaftlichen Sinne ist Arbeit ein Produktionsfaktor neben Kapital und Boden.
4. In steuerlicher Hinsicht wird zwischen selbstständiger (in eigener Verantwortung und für eigene Rechnung tätig) und nicht selbstständiger Arbeit (unter Aufsicht und Bezahlung eines Dritten tätig) unterschieden.

Frank W. Mühlbradt:
Wirtschaftslexikon,
Cornelsen Verlag Scriptor,
Berlin 2007[9] 6, S. 30

Arbeiten mit den Materialien

Zu **M1**

1 Wie kann mit dem Kinderförderungsgesetz die Vereinbarkeit von Familie und Beruf gefördert werden?

2 Wodurch ist es gerechtfertigt, dass der Staat erhebliche Mittel für Kinderbetreuungsangebote ausgibt?

Zu **M2**

Vergleicht den Anteil der Betreuungsplätze
- in den Altersgruppen
- zwischen den Bundesländern.
- zwischen Ost- und Westdeutschland

Sprecht über Gründe für die Unterschiede.

Zu **M3**

Vergleicht diese Definition von Arbeit mit dem entsprechenden Text auf Seite 90.

Alles klar?

Entstehung von Berufen

1 Erkläre an einem Beispiel
- zwei Vorteile von Arbeitsteilung,
- wie die Arbeitsteilung zu einem Beruf führen kann.

2 Nenne drei Merkmale von Handwerksarbeit.

3 Frage in der Altersgruppe deiner Großeltern nach, an welche technische Neuigkeiten im Lebensverlauf sie sich erinnern. Stelle daraus in der Klasse eine „Technikgeschichte" zusammen.

4 Erkläre am Beispiel die Veränderung der Arbeitsteilung durch technische Entwicklung.

5 Begründe, wie der Rohölpreis die Verbreitung der Solartechnologie beeinflusst.

▲ Neueste Technik zur Solar-Stromerzeugung: Trägersystem, das die Solarzellenmodule der Sonne nachführt. Die erzeugte Sonnenenergie steigt, alle Sonnenstunden werden effektiv genutzt.

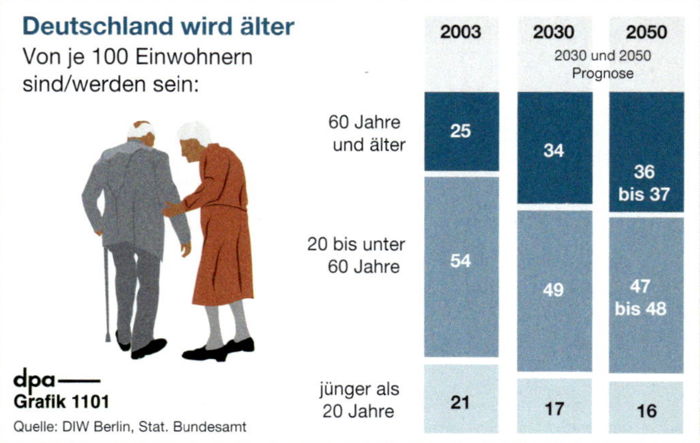

6 Begründe, warum der Anteil Beschäftigter durch die Bevölkerungsentwicklung im Dienstleistungssektor steigt.

7 Nenne wichtige Verkehrsmittel:
a) vor der Industrialisierung
b) durch die Industrialisierung
c) heute

8 Henry Ford, Firmengründer, träumte von einem billigen, zuverlässigen Auto für die breite Masse. 1913 führte er das Fließband ein und verdoppelte die Löhne seiner Arbeiter auf fünf Dollar pro Tag. Ford konnte damit die Preise senken und gleichzeitig den Autoabsatz steigern. Der Preis betrug bei Beginn der Fließbandproduktion 600 Dollar und vier Jahre später 360 Dollar. Begründe, warum die Fließbandproduktion die Verbreitung förderte.

▲ 1908 stellte Ford sein Universalauto, das Model T, der Öffentlichkeit vor.

Arbeitsteilung im privaten Haushalt

9 Begründe die Arbeitsteilung und Arbeitsplanung im Haushalt.

10 Nenne Merkmale von Familienarbeit, ehrenamtlicher Arbeit und Erwerbsarbeit.

11 Begründe den Ausbau der Kindertagesbetreuung.

12 Erkläre Maßnahmen zur Vereinbarkeit von Erwerbsarbeit und Familienarbeit.

Ohne Geld läuft nichts

1 Zahlungsarten

▸ **Leitauftrag** Die Menschen brauchen Güter für ihr tägliches Leben. Notiert die Unterschiede beim Erwerb der Güter.

B **Auf einen Blick**

Ihr nennt wichtige Schritte vom Warentausch bis zur Bezahlung mit Geld.

Ihr nennt wichtige Funktionen des Geldes.

Ihr versteht die Symbole der Euro-Münzen und Euro-Banknoten.

Ihr entwickelt Möglichkeiten, die Einnahmen und Ausgaben eures Taschengeldes regelmäßig festzuhalten.

Ihr begründet, welche Vorteile ein Prepaidhandy für Kinder und Jugendliche hat.

Ihr erarbeitet Standpunkte zur Taschengeldhöhe in einem Rollenspiel.

2 Vom Tauschhandel zum Geld

Ware gegen Ware

In früher Zeit, Jahrtausende vor unserer Zeitrechnung, tauschten die Menschen Ware gegen Ware. Dieser Entwicklungsschritt wurde durch Arbeitsteilung und Spezialisierung möglich. Eine Familie oder Gruppe musste nicht mehr alles selbst tun, was zum Überleben notwendig war.
Immer mehr Händler zogen umher und organisierten den Tausch. Je stärker sich der Handel entwickelte, umso deutlicher wurden die Schwierigkeiten, den richtigen Tauschpartner zu finden. Manchmal empfand er die angebotene Ware nicht als angemessene Gegenleistung.

Wer erfand das Geld?

Die Lösung des Tauschproblems fanden viele Völker an verschiedenen Orten der Welt. Die Händler (Kaufleute) tauschten nicht mehr die Waren selbst, sondern einigten sich auf einen Gegenstand oder ein Tier. Es wurde zum Tausch-Symbol. Es galt als wertvoll (galt – gelten – Geld).
In bestimmten Gegenden Afrikas wurde zum Beispiel aller Reichtum in Rindern gemessen, in der Südsee wählte man Kaurimuscheln, in Osteuropa Felle, in China Papierzettel mit bemalten Schriftzeichen. Die Sumerer wählten Gold- und Silberbarren. Sie waren leicht zu transportieren und gingen nicht schnell kaputt.
Trotz aller Vorzüge waren die Gold- und Silberbarren unhandlich. Wer z. B. nur Brot kaufen wollte, hatte ein Problem. Die Gold- oder Silberbarren waren nicht klein genug.
Die entscheidende Problemlösung erfolgte ungefähr um 2 700 vor Christus (v. Chr.). Man teilte das Edelmetall in unterschiedlich große Scheiben und legte das Gewicht der Stücke fest. Später markierte man die Stücke mit einem Stempel und prägte den Wert auf das Metall. Die ersten Prägungen erfolgten ungefähr 700 Jahre v. Chr. im Reich der Lydier in Kleinasien. Von dort breitete sich die Technik des Münzprägens über Persien und Griechenland in den Mittelmeerraum aus.

Nach **Nikolaus Piper**: Geschichte der Wirtschaft, Verlag Beltz & Gelberg, Weinheim 2007, S. 33, 34 (Auszug)

A Aufgaben

1 Beschreibt die Situationen auf den Abbildungen und findet heraus, zu welcher Zeit sie stattgefunden haben könnten.

2 Nennt Vorteile des Tauschhandels mit Geld gegenüber dem „Ware gegen Ware“-Geschäft. Zieht dazu die Abbildung oben heran.

3 Nennt Gründe für die jeweilige Wahl der Tauschsymbole in den unterschiedlichen Regionen der Welt.

4 Sucht in Geschichtsbüchern, Lexika oder im Internet nach Abbildungen alter Münzen und beschreibt, was darauf dargestellt ist.

3 Der EURO: Unser heutiges Zahlungsmittel

Die verschiedenen Gesichter der EURO-Scheine und Münzen

Seit 2002 ist in vielen Staaten der Europäischen Union (EU) der EURO das gültige Zahlungsmittel. Es gibt Münzen und Scheine (Banknoten). Die Vorderseite der Münzen ist in allen beteiligten Staaten einheitlich: 12 Sterne. Die Rückseite konnten die Nationalstaaten selbstständig gestalten. Die Banknoten sind in der gesamten EURO-Zone gleich.

Auf den EURO-Banknoten sind Baustile aus sieben Epochen der europäischen Kulturgeschichte dargestellt – vor allem Fenster, Tore und Brücken. Sie sind Symbole für Offenheit und Zusammenarbeit. Die Brücken sind auch ein Symbol für die Verbindung der europäischen Nationen zu den anderen Nationen der Welt.

Die Funktionen des Geldes

Geld ist ein **Tausch-** bzw. **Zahlungsmittel**. Man kann mit Geld Waren und Dienstleistungen kaufen und verkaufen. Auch die Arbeit der Beschäftigten wird mit Geld entlohnt. Das Unternehmen zahlt ihnen ein Entgelt.

Geld ist ein **Wertmaßstab**. Es drückt den Wert eines Gutes aus. Man kann über den Preis eines Gutes den Wert verschiedener Güter vergleichen. Die Zahlen auf den Noten und Münzen benennen den Wert.

Geld ist ein **Wertaufbewahrungsmittel**. Wer sein Geld nicht nur für den Kauf von Gütern verwenden will, kann es sparen und dafür sogar Zinsen erhalten. Der Wert des Geldes wird vom Staat garantiert. Die Regierungen haben das Recht, Münzen zu prägen, und die Zentralbanken das Recht, Banknoten zu drucken.

A Aufgaben

1 In den folgenden Beispielen wird jeweils eine besondere Funktion des Geldes deutlich. Nennt die Funktion und begründet eure Entscheidung.

A: Simon hat auf dem Sparkonto 320 Euro. Er spart für ein neues Fahrrad.

B: Lydia arbeitet in einem Supermarkt. Sie bekommt am Ende des Monats 1253 Euro als Gehalt.

C: Anja vergleicht zwei Sonnenbrillen. Die aus Fensterglas kostet 20 Euro, die geschliffene und entspiegelte 120 Euro.

2 Findet weitere Beispiele für die Funktion des Geldes.

3 Welche Bedeutung haben die Symbole auf den Münzen, die in Deutschland gestaltet wurden?

4 Stellt fest, ob ihr selbst, eure Eltern, Freunde oder Nachbarn CENT- und EURO-Münzen habt/haben, die in anderen Nationalstaaten geprägt wurden. Informiert euch, welche Bedeutung das gewählte Symbol für die Nationalstaaten hat.

4 Lukas in der Klemme

Da hast du dich wohl verplant!

Auf dem Schulhof hinten bei den dichten Büschen, geht es hoch her. Was ist geschehen?
Lukas, bedrängt von vier Schulfreunden aus seiner 7a, schaut zu Boden.

SIMONE: „Ich habe dir vor vier Wochen 10 Euro geliehen. Du hast versprochen, die spätestens in zwei Wochen zurückzugeben."

MUSTAFA: „Und mir schuldest du fünf Euro. Ich brauche jetzt das Geld für den Geburtstag meiner Schwester."

ELKE: „Ich habe dir 15 Euro geliehen und will das Geld sofort zurückhaben."

MARTIN: „Warum hast du so viel Geld geliehen, Lukas? Du bekommst doch nur 15 Euro Taschengeld?"

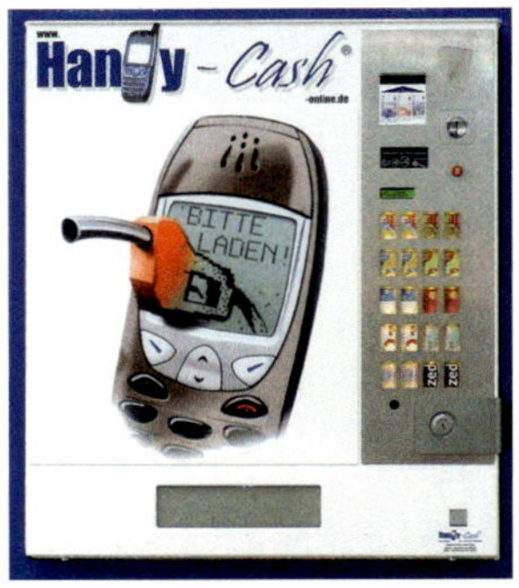

▲ Automat für Prepaidkarten

Lukas ist verzweifelt

„Ich wollte unbedingt ein Handy haben. Ihr habt doch auch eins. Zum Geburtstag haben mir die Eltern ein Handy geschenkt. Das war super. Es ist so cool, überall SMS zu verschicken und unterwegs zu telefonieren. Ich weiß, ich habe viel zu viel telefoniert und SMS verschickt. Im letzten Monat musste ich 50 Euro bezahlen. Ich wusste nicht, wie teuer das alles ist. Ich kann die Schulden nicht sofort zurückzahlen, aber ihr bekommt alles zurück, großes Ehrenwort. Das Handy muss ich aber behalten, sonst kann ich mich doch nicht mit euch verabreden. Was soll ich nur tun?"

Schuldenfalle Handy

Jedes zweite deutsche Kind um die 12 Jahre hat ein eigenes Handy, unter den 13- bis 22-Jährigen sind es sogar 84 von Hundert. Die Verschuldung wegen eines Handys nimmt zu.
Man kann das Risiko einer Verschuldung vermeiden, wenn man über ein aufladbares Gesprächsguthaben telefoniert, das im Voraus bezahlt wird (prepaid). Ist das Guthaben verbraucht, können nur noch Gespräche empfangen werden. Der aktuelle Kontostand lässt sich jederzeit abrufen. Handys mit dieser Bezahlart heißen Prepaid- oder Kartenhandys.

Ein **Mobilfunkvertrag** bindet für 24 Monate und verlangt einen festen monatlichen Mindestbetrag. Bei einem Mobilfunkvertrag sind die Gesprächsgebühren niedriger, es fehlt aber eine Kostenbegrenzung. Diesen Vertrag dürfen Minderjährige nur mit Zustimmung der Eltern abschließen.

Nach **Stiftung Warentest**: Gut gewappnet. Handytarife, test Heft 9/2004, S. 39

Wer ist minderjährig?

Kinder und Jugendliche zwischen 7 und 18 Jahren. Sie sind beschränkt geschäftsfähig und dürfen nur solche Käufe tätigen, die sie mit ihrem frei verfügbaren Taschengeld bezahlen können. In den anderen Fällen müssen die Eltern vorher zustimmen. Falls sie das nicht getan haben, kann man das Geschäft rückgängig machen.

A Aufgaben

1 Warum ist das Handy für Lukas so wichtig? Nennt Gründe.

2 Welchen Handy-Vertrag nutzte Lukas?

3 IMKE: „Ich finde, Lukas Eltern sollen die Schulden bezahlen. Sie sind allein verantwortlich." Nehmt Stellung.

4 Welchen Handy-Vertrag empfehlt ihr Lukas?

5 Worauf sollte Lukas in Zukunft achten?

6 Entwickelt Vorschläge für die Rückzahlung der Schulden.

5 Aidin hält sein Taschengeld unter Kontrolle

Aidins monatliche Buchführung

Aidin, 13 Jahre, bekommt von seinen Eltern 15 Euro Taschengeld im Monat. Er passt einmal in der Woche auf einen kleinen Jungen aus der Nachbarschaft auf und bekommt dafür vier Euro. Meistens stecken ihm die Großeltern zweimal im Monat fünf Euro zu. Aber das ist nicht sicher. Früher ist es ihm oft passiert, dass er in der letzten Woche des Monats kein Geld mehr hatte. Er musste sich bei Freunden verschulden.
Jetzt plant Aidin seine monatlichen Ausgaben. Kleidung und Schulsachen bezahlen seine Eltern. Für das Handy geben sie ihm monatlich eine Karte über 10 Euro. Wenn er eine weitere Karte braucht, muss er diese selbst bezahlen.
Aidin geht von 51 Euro Einnahmen im Monat aus. Das ist sein Erfahrungswert. Er überlegt zu Beginn des Monats, was er unbedingt braucht, z.B. Geld für Geburtstagsgeschenke, Kino oder Fußballkarten oder ein besonderes Fest. Eine zusätzliche Handykarte will er auf keinen Fall kaufen. Die Karte, die seine Eltern bezahlen, muss reichen. Er bildet eine Rücklage, damit er auch für nicht vorhersehbare Ausgaben Luft hat. Für den Monat Oktober sieht Aidins Ausgaben-Planung so aus:

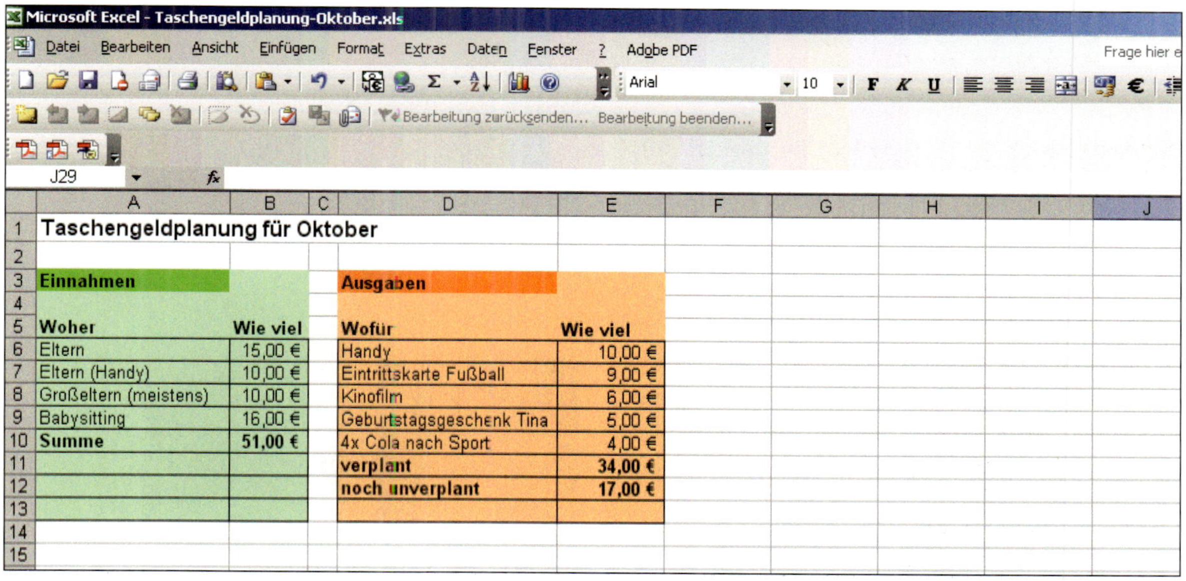
Microsoft Excel - Taschengeldplanung-Oktober.xls

Taschengeldplanung für Oktober

Einnahmen			Ausgaben	
Woher	Wie viel		Wofür	Wie viel
Eltern	15,00 €		Handy	10,00 €
Eltern (Handy)	10,00 €		Eintrittskarte Fußball	9,00 €
Großeltern (meistens)	10,00 €		Kinofilm	6,00 €
Babysitting	16,00 €		Geburtstagsgeschenk Tina	5,00 €
Summe	**51,00 €**		4x Cola nach Sport	4,00 €
			verplant	**34,00 €**
			noch unverplant	**17,00 €**

Aidins monatliche Buchführung

17 Euro sind noch nicht verplant. Was kann Aidin damit alles machen?

„Soll ich zunächst abwarten, ob unvorhergesehene Ausgaben anfallen?"

„Soll ich sofort den Bike-Computer für 13 Euro oder einen USB-Stick für 17 Euro kaufen?"

„Soll ich mir davon nach Lust und Laune Süßes und Getränke kaufen?"

„Soll ich 10 Euro sparen, damit ich in ein paar Monaten Sportschuhe kaufen kann?"

Was raten Aidins Freunde?

JULIA: „Einen Bike-Computer finde ich cool. Spar bei süßen Sachen. Die sind schnell gegessen.“

TARIK: „Die Sportschuhe sind doch super. Spar dafür jeden Monat 10 Euro.“

TANJA: „Wenn du sparen willst, dann aber für gute Zinsen. Ich habe ein → Online-Konto mit 2,5 Prozent Zinsen im Jahr. Früher hatte ich ein Sparbuch. Das brachte aber 1,5 Prozent Zinsen.“

OLIVER: „Immer dieses Planen und Sparen! Sei locker und kauf, solange du Euros in der Tasche hast. Wenn nötig, kannst du dir Geld leihen.“

ANKE: „Ich finde, du bekommst sehr wenig Taschengeld. Drück bei deinen Eltern eine Taschengelderhöhung durch.“

Orientierungswerte zum Taschengeld 2008

Was Jugendämter empfehlen

17,– Euro/Monat	12 Jahre
19,– Euro/Monat	13 Jahre
20,– Euro/Monat	14 Jahre
22,– Euro/Monat	15 Jahre
30,– Euro/Monat	16 Jahre
40,– Euro/Monat	17 Jahre
60,– Euro/Monat	18 Jahre

Geld und Haushalt – Beratungsdienst der Sparkassen-Finanzgruppe (Hrsg.): www.geldundhaushalt.de ▶ Tipps ▶ Taschengeld

Wofür gaben 10- bis 13-Jährige ihr Taschengeld aus?
Befragung aus dem Jahr 2005 – Ergebnisse in %

Süßigkeiten/Schokolade/Kaugummi	57
Zeitschriften/Magazine/Comics	45
Eis	32
Getränke	33
Essen unterwegs/Fast Food	33
Spiele/Spielzeug	17
Sticker/Sammelbilder	13
Handy-Kosten	30
Kino	26
Musik-CDs	21
Sport/Hobby/Freizeit	18
Bücher	13
Computer-/Videospiele	11
Bekleidung/Schuhe	9
Schulbedarf	8
Disco/Veranstaltungen	8
DVDs	7
Kosmetik/Körperpflege	7
Bekommt kein Taschengeld	2

Egmont Ehapa Verlag: Kids Verbraucheranalyse 2006, S. 26 (Prozentzahlen gerundet)

A Aufgaben

1 Beurteilt die Meinungen von Aidins Freunden.

2 Erkundet bei einem Geldinstitut, wie hoch die Zinsen bei einem Sparbuch sind. Unterscheidet dabei die Verfügbarkeit: jederzeit und Kündigungsfrist (= drei Monate).

3 Überprüft mithilfe eurer Eltern oder Freunde die Höhe der Zinsen auf einem Online-Konto. Haltet fest, welche Voraussetzungen für ein solches Konto erforderlich sind.

4 Führt ein *Rollenspiel* zum Thema Taschengelderhöhung durch.
Rollenspieler: Aidin und seine Eltern, Alev und Mura.

5 Entwickelt selbst ein Formular für die Einnahmen und Ausgaben eures Taschengeldes und füllt dies einen Monat lang aus. Vielleicht möchtet ihr danach noch etwas am Formular verbessern.

6 Weiterführendes Material

M1 Rollenkarten „Ich möchte mehr Taschengeld“

Rollenkarte AIDIN
Aidin meint, er bekommt zu wenig Taschengeld von seinen Eltern. Seine Schwester Selma, die 15 Jahre alt ist, erhält 20 Euro. Das findet er ungerecht. Jungen brauchen auf jeden Fall mehr Geld als Mädchen.

Rollenkarte AIDINs Mutter
Die Mutter würde Aidin gerne etwas mehr Taschengeld geben, aber erst wenn er in einem halben Jahr 14 Jahre alt wird. Sie möchte gerne einen schönen Familienurlaub machen. Sie findet, dass Aidin mit dem Geld der Großeltern genug Taschengeld bekommt.

Rollenkarte AIDINs Vater
Der Vater findet, dass Aidin genug Geld bekommt. Er selbst hat in Aidins Alter von seinen Eltern nichts bekommen. Das Auto wird nicht mehr lange durchhalten. Er spart für einen gut erhaltenen Gebrauchtwagen. Der ist für die ganze Familie wichtig.

M2 Fälschungsschutz der Euro-Banknoten

M3 Jugend in der Schuldenfalle

Überschuldung
Sie liegt vor, wenn nach Abzug der lebensnotwendigen festen und veränderlichen *Ausgaben* das Geld für die Zahlungsverpflichtungen nicht mehr ausreicht.

Verschuldung
Sie liegt vor, wenn Geldforderungen bestehen, die man sofort oder in Zukunft (Raten) begleichen kann.

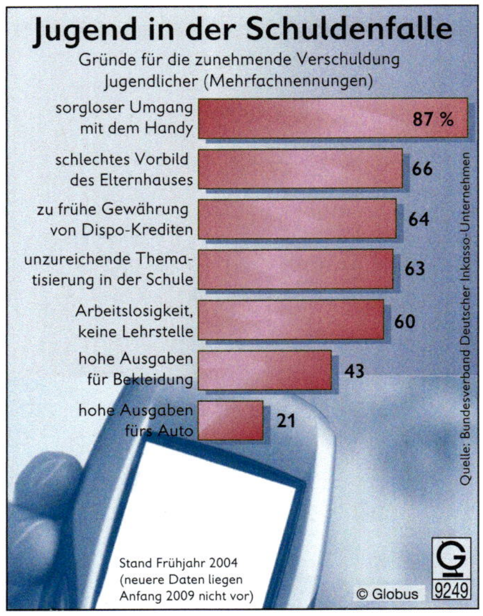

Wer hilft aus der Schuldenfalle?
Verbraucherzentralen, Wohlfahrtsverbände und städtische Schuldnerberatungsstellen beraten Menschen, denen die Schulden über den Kopf wachsen. Sie entwickeln nicht nur einen Finanzplan, sondern vermitteln eine Haushalts-, Sucht- oder Familienberatung.

M4 Fallstricke bei Premium-SMS

▲ Teures Vergnügen:
Schritt für Schritt in die Kostenfalle – im Nu waren von 13,70 Euro nur noch 9,27 Euro da. Dafür waren wir um einen fetzigen Klingelton (für 1,99 Euro plus 0,95 Cent Verbindungskosten) und ein zweifelhaftes Flirterlebnis (1,49 Euro) reicher.

SMS sind eine günstige Art sich auszutauschen. Das trifft jedoch nur auf normale Kurznachrichten zu, die in deutschen Netzen höchstens 19 Cent kosten. Um ein Vielfaches teurer sind SMS, mit denen sich z. B. Logos oder Klingeltöne bestellen lassen. Diese Premium-SMS kosten meist bis zu drei Euro pro Stück, manchmal auch mehr. Richtig teuer wird's, wenn Jugendliche sich verleiten lassen, über SMS-Kontaktbörsen zu chatten. Denn wer Premium-SMS im Minutentakt verschickt, ist schnell 30 Euro los.

Nach **Stiftung Warentest**: test 9/2004, S. 39

Arbeiten mit den Materialien

Zu M2
Nennt Gründe für den verstärkten Fälschungsschutz bei Euro-Banknoten.

Zu M3
Erklärt die Gründe für die Verschuldung Jugendlicher. Überlegt jeweils Möglichkeiten, dies zu vermeiden.

Zu M4
Beschreibt, was man unter einer Premium-SMS versteht.
Sucht nach Anzeigen für solche Dienstleistungen. Überprüft, ob dabei die Preise für die Dienste genannt werden.

Ohne Einkommen kein Leben

1 Was bestimmt die Höhe des Einkommens?

Ich verdiene als Verkäuferin im Einzelhandel weniger als eine Bankkauffrau. Das finde ich ungerecht.

Ich habe von meinen Eltern ein Haus geerbt. Von den Mieteinnahmen finanziere ich die anspruchsvolle Ausbildung meiner Kinder.

Ich bin seit meiner Geburt viel krank gewesen. Ich kann nur einfache Arbeiten ausüben und verdiene wenig.

Die Meisterprüfung hat sich gelohnt. Ich arbeite jetzt als Polier und verdiene 4 Euro mehr die Stunde.

Ich bin schon länger arbeitslos, 48 Jahre alt und finde in unserer Region keinen neuen Job. Hier geht es 20 Prozent der Menschen so wie mir.

Ich habe studiert – auch im Ausland – und verdiene als Führungskraft sehr gut.

Der Tod meines Mannes und meiner Mutter hat mich jahrelang aus der Bahn geworfen. Ich musste meinen Job aufgeben, lebe zurzeit vom Arbeitslosengeld und hoffe bald auf einen Neuanfang.

Ich habe meine Ausbildung gut abgeschlossen. Das war die Grundlage für meinen beruflichen Aufstieg und das gute Gehalt heute.

▸ **Leitauftrag** Notiert die genannten Gründe für die Einkommenshöhe. Welche sind für euch besonders wichtig?

B **Auf einen Blick**

Ihr kennt Gründe für die unterschiedliche Höhe der Einkommen und unterscheidet verschiedene Einkommensquellen.

Ihr setzt euch damit auseinander, in welcher Höhe das Erwerbseinkommen gerecht ist.

Ihr entwickelt am Beispiel der Familie Reuter Gesichtspunkte, die für eine gute Planung der Ausgaben wichtig sind.

Ihr führt ein Rollenspiel zur Planung des Familieneinkommens durch.

Ihr benennt Gruppen, die in Deutschland besonders von Armut betroffen sind.

Ihr nennt Gründe für Armut.

Ihr setzt euch mit Folgen von Kinderarmut auseinander und erfahrt Möglichkeiten zu ihrer Verringerung.

2 Woher kommt das Einkommen?

Kontonummer		DIE BANK		DBA	Bankleitzahl
1234500000					800 500 00
Buchungstag	Tag der Wertstellung	Verwendungszweck/Buchungstext	Buchungsnummer		alter Kontostand EUR 120,81+
3107	3107	Rentenversicherungsanstalt Altersrente August 09	111227		978,00+
0208	0208	Wohngeldstelle/Sozialamt Wohngeld August 2009	111010		80,00+
		Frau Helga Schulte			EUR 1178,81+ neuer Kontostand
					03.08.2009 (Kontoauszug vom) 8 (Auszug) 1 (Blatt)

Kontonummer		Sparkasse Überall		ÜSPA	Bankleitzahl
8888800000					100 505 50
Buchungstag	Tag der Wertstellung	Verwendungszweck/Buchungstext	Buchungsnummer		alter Kontostand EUR 21,37+
1506	1506	FamKasse Überall Kindergeld-Nr.111 Juli 2009	000111		164,00+
3006	3006	Schulthaus AG Gehalt 06/2006	000227		3415,00+
0107	0107	Werben & Kaufen Gehalt 06/2006	000010		1315,00+
0107	0107	Monika Reisog Dauerauftrag Miete Juli 2009	000222		730,00+
		Malte und Gundula Müller	Dispo-Kredit EUR 5.000,00		EUR 5645,37+ neuer Kontostand
					02.07.2009 (Kontoauszug vom) 16 (Auszug) 1 (Blatt)

Einkommensarten

- **Einkommen aus Erwerbsarbeit**
  - **Einkommen aus nicht selbstständiger Arbeit** z. B. aus Lohn und Gehalt
  - **Einkommen aus selbstständiger Arbeit** z. B. Honorar und Gewinn
- **Einkommen aus Vermögen** z. B. Zinsen, Miete, Pacht
- **Transfereinkommen**
  - **aus Steuermitteln** z. B. Sozialhilfe, Kindergeld, Erziehungsgeld
  - **aus gesetzlicher Sozialversicherung** z. B. Altersrente, Arbeitslosengeld, Pflegegeld

Vermögenseinkommen
Zum Vermögen zählen Grundstücke, Häuser, Unternehmen und Anteile an Unternehmen (Aktien). Eigentümer eines Hauses können Miete erhalten, Inhaber von Sparkonten Zinsen. Wer Aktien besitzt, kann eine Dividende erhalten.

Transfereinkommen
Es handelt sich um Einkommen, das der Staat an Bürger zahlt bzw. überträgt (Transfer = Übertragung).

A **Aufgaben**

1 Beschreibt, was ihr auf den einzelnen Abbildungen seht.

2 Ordnet die verschiedenen Abbildungen dem Schema der Einkommensarten zu. Notiert Stichworte und begründet eure Entscheidung.

3 Die Höhe des Einkommens – was ist gerecht?

▲ Blick auf den Gerechtigkeitsbrunnen mit der Justitia auf dem Römerberg in Frankfurt/Main

Justitia ist die römische Göttin der Gerechtigkeit. Ihr Standbild steht manchmal auch vor Gerichten. Sie hält eine Waage, als Symbol für das sorgfältige Abwägen der Sachlage. Manchmal trägt sie eine Augenbinde, was bedeutet, dass ohne Ansehen der Person geurteilt werden soll.
Gerechtigkeit wird in verschiedenen Lebensbereichen gefordert, z. B.:
- im Zusammenleben der Menschen
- beim Zugang zu Bildungschancen
- im *internationalen Handel*
- bei der Verteilung von Einkommen

Was ist gerecht?

Man unterscheidet bei der Antwort nach verschiedenen Gesichtspunkten:

Bedarfsgerechtigkeit
Alle Menschen einer Gesellschaft sollen ihre Grundbedürfnisse befriedigen können – auch wenn sie es mit eigenen Mitteln nicht schaffen. Das erfordert ihre Menschenwürde.

Leistungsgerechtigkeit
Die soziale Stellung und die Höhe des Einkommens soll nicht durch die Herkunft, sondern durch eigene Anstrengung und Leistung bestimmt sein.

Verteilungsgerechtigkeit
Diejenigen, die viel verdienen, sollen denen, die wenig verdienen, einen Teil abgeben. Ein sozialer Ausgleich ist für ein friedliches Zusammenleben aller wichtig. Der Ausgleich kann über →Steuern erfolgen.

Teilhabegerechtigkeit
Es sollten möglichst alle Menschen gleiche Chancen haben, um am gesellschaftlichen Leben teilzuhaben, z.B. durch eine gute Ausbildung.

Schlagzeilen zur Frage nach Gerechtigkeit

(1) Top-Manager verdienen zehnmal mehr als ein Bundesminister.

(2) Ein Spieler von Bayern München erhält 1 000 000 Euro jährlich, ein Elektroinstallateur im Jahr rund 30 000 Euro.

(3) Eine Verkäuferin verdient monatlich rund 1 800, eine Bankkauffrau 2 700 Euro im Monat.

(4) Kinder von Migranten haben die schlechtesten Chancen, eine Ausbildungsstelle zu erhalten.

(5) Für einen Platz im Kindergarten müssen die Eltern viel Geld bezahlen, für den Schulbesuch nichts.

A Aufgaben

1 Beschreibt die Abbildung der Justitia. Warum findet man ihr Standbild vor Gerichten?

2 Setzt euch mit den fünf Schlagzeilen auseinander. Macht Stichworte.

3 Sucht Beispiele zu den Gesichtspunkten: Was ist gerecht? Untersucht auch die Schlagzeilen und ordnet sie passend zu.

4 Familie Reuter plant ihre Ausgaben

Kann das neue Auto finanziert werden?

Rita und Klaus Reuter sowie ihre Kinder Jürgen (12 Jahre) und Anja (14 Jahre) sind mit der Haushaltsplanung beschäftigt. Die Eltern überlegen mit den Kindern, ob sie in diesem Jahr ein neues Auto kaufen sollen. Das würde bedeuten, dass sich die monatlichen Ausgaben für das Auto von 200 Euro auf 400 Euro erhöhen. Dieser Betrag müsste bei den übrigen monatlichen Ausgaben eingespart werden.
Es entwickelt sich ein langes und heftiges Gespräch in der Familie. Hier die wichtigsten Meinungen:

RITA: „Ich liebe schöne und schnelle Autos. Wir könnten dieses Jahr auf den Urlaub verzichten und an der Kleidung sparen. Vielleicht seid ihr damit einverstanden, dass für alle das *Taschengeld* gekürzt wird."

KLAUS: „Ich möchte auf keinen Fall auf Urlaub verzichten. Ich möchte sogar noch mehr Taschengeld für Rita und mich. Der Spielraum zum Sparen ist sehr eng."

JÜRGEN: „Das Taschengeld für uns Kinder ist auch sehr gering. Da darf nichts gekürzt werden. Andere bekommen mehr. Warum ein neues Auto? Das alte läuft doch gut. Ich würde lieber einen billigeren Urlaub machen und für 500 Euro Computer-Zubehör und eine Digitalkamera kaufen."

ANJA: „Ich finde ein neues Auto klasse und würde auf Urlaub verzichten. Mein Freund fährt auch nicht in Urlaub. Ich könnte vielleicht Zeitungen austragen und dadurch zusätzlich Geld verdienen."

Einblick in das Kassenbuch

Rita und Klaus sind beide erwerbstätig, Rita aber nur Teilzeit. Sie haben im Monat rund 3 040 Euro zur Verfügung, 328 Euro Kindergeld sind schon eingerechnet.
Die Eltern führen monatlich ein Kassenbuch. Nach Abschluss am Ende des Jahres errechnen sie die durchschnittlichen Ausgaben pro Monat. Damit planen sie für das neue Jahr.
Die Kinder sind erstaunt, wie teuer die monatliche Lebenshaltung ist.

Frau Reuter erklärt den Kindern, warum sie die Ausgaben in zwei Gruppen einteilen:
- in feste Ausgaben
- in veränderliche Ausgaben

Microsoft Excel - Veränderliche Ausgaben -Mai 2006.xls

	A	B	C	D	E	F	G	H	I	J	K	L	M
1	Datum	Lebensmittel, Verpflegung außer Haus	Betrag	Körperpflege, Gesundheit	Betrag	Kleidung, Schuhe	Betrag	Hobby, Bildung, Unterhaltung	Betrag	Wohnen	Betrag	Verkehr	Betrag
2	02.	Obst	4,60 €									Monatskarte	26,00 €
3	05.	Supermarkt	38,42 €	Drogerie	17,18 €	Reinigung	17,00 €						
4	06.					Schuhe	69,00 €	Kino	12,00 €				
5	07.	Pizzeria	22,00 €										
6	08.							Zeitschrift	3,00 €			Tanken	51,00 €
7	09.	Supermarkt	45,00 €							Glühlampen	5,50 €		
8	10.	Bäcker	4,50 €										

Feste Ausgaben

Das sind die Ausgaben, die sich kurzfristig nicht ändern lassen oder die wir nicht ändern wollen.

Veränderliche Ausgaben

Es handelt sich um Ausgaben, die unregelmäßig anfallen, z.B. Ausgaben für Essen und Trinken, Kleidung, Schuhe, Geschenke, Bücher, Treibstoff, Waschmittel, Zeitschriften.

Feste monatliche Ausgaben	Euro
Miete	600
Nebenkosten (für Müllabfuhr, Heizung, Wasser, Kabelanschluss)	250
Strom	55
Haftpflicht- und Hausratversicherung	15
Kfz-Steuer und -Versicherung	45
Rundfunk- und Fernsehgebühren	16
Taschengeld Rita und Klaus	120
Taschengeld Jürgen	15
Taschengeld Anja	18
Telefon/Internet	55
Tageszeitung	25
Sportverein Kinder	20
Sparen für Urlaub	250
Rücklagen für unerwartete Ausgaben	60
Summe	**1544**

Veränderliche Ausgaben	Euro
Lebensmittel/Verpflegung außer Haus	560
Wasch- und Putzmittel	15
Körperpflege/Gesundheit	50
Kleidung/Schuhe	160
Wohnen	160
Hobby/Bildung/Unterhaltung	150
Verkehr (Auto bzw. öffentl. Verkehrsmittel)	250
Geschenke/Spenden/Porto	50
Sonstiges	100
Summe	**1495**

Taschengeld: Wie viel und wofür

Zur Höhe des Taschengeldes gibt es Empfehlungen von Jugendämtern. Mehr dazu auf S. 100.

A Aufgaben

1 Erklärt an Beispielen, was feste und veränderliche Ausgaben sind.

2 Nehmt Stellung zu der Meinung von Jürgen, dass sein Taschengeld und das von Anja im Vergleich zu anderen gering ist.

3 Nehmt Stellung zu den Meinungen der Familienmitglieder. Entwickelt einen Lösungsvorschlag – evtl. in einem *Rollenspiel*.

5 Armut in Deutschland – wie sie sich anfühlt

▲ Wer aus sozial schwachen Familien kein Geld für Nachhilfe ausgeben kann, wird in der ARCHE beim Lernen unterstützt.

Gründe für die Armut

In den letzen Jahren ist die Arbeitslosigkeit stark gestiegen. Unternehmen stellen nicht genug Arbeitsplätze bereit.
Die Anzahl der Alleinerziehenden nimmt zu. Nach einer Scheidung oder Trennung ist die finanzielle Lage aller Beteiligten oft besonders schwierig.
Die Väter können teilweise nicht ausreichend Unterhalt zahlen oder entziehen sich sogar ihren Verpflichtungen. Weil Ganztagskindergärten, Ganztagsschulen und Teilzeitarbeitsplätze fehlen, können Mütter oft nicht erwerbstätig sein.
Eltern, die in Armut leben, haben nicht nur finanzielle Probleme. Sie sind zum Teil nicht in der Verfassung, ihre Kinder gut zu erziehen. Die eigenen Probleme sind oft zu groß.

Frank St., Vater von drei Kindern:
„Wehe, es kommt etwas zwischendurch ...“
Zuerst hat sich Frank St., der früher als Gleisbauer gearbeitet hat, geschämt. Dann ist er doch mal mitgekommen in die ARCHE. Die Kinder haben ihn dort hingeschleppt, wo Kinder aus armen Familien mittags einfach eine warme Mahlzeit essen können. Das jedenfalls war die Grundidee der ARCHE. Inzwischen gibt es dort nicht nur warme Mahlzeiten, sondern andere Betreuungsangebote.

Der Vater dreier Kinder (13, 9 und 4 Jahre alt), dessen arbeitslose Lebensgefährtin noch ein weiteres Kind in die Familie gebracht hat, arbeitet inzwischen auch in der ARCHE. Er hat einen Ein-Euro-Job.
Gut 2100 Euro hat die Familie im Monat, 1300 Euro Arbeitslosengeld II einschließlich Mietzuschuss und 616 Euro Kindergeld. Für den Job bei der ARCHE bekommt Frank St. 180 bis 200 Euro. Zum Leben bleiben 900 Euro im Monat. Am Ende des Monats ist der Kühlschrank oft leer. Wie knapp es wird, merkt die Familie in den Ferien, wenn alle jeden Tag zu Hause essen. „Die Kinder merken jeden Tag, was sie alles nicht bekommen können“, sagt Frank St.

Ein bisschen Geld muss die Familie für unvorhersehbare Ausgaben auf die hohe Kante legen. Unlängst streikte die Waschmaschine. 80 Euro kostete die Reparatur – auf einen Schlag. „Wehe, es kommt etwas zwischendurch“, sagt Frank St. Ein anderes Beispiel sind die Klassenfahrten. Da muss die ARCHE regelmäßig helfen, sonst werden die Kinder ausgegrenzt“

Nach **Frankfurter Allgemeine Sonntagszeitung**/Inge Kloeperr vom 01.01.2006

◄ Im Kinder- und Jugendwerk ARCHE werden Kinder und Jugendliche mit kostenlosem Mittagessen versorgt und erhalten auch Anleitungen zu einer gesunden Lebensweise.

Armut als statistischer Begriff

In der Europäischen Union (EU) haben sich die Mitglieder über einen einheitlichen Armutsbegriff verständigt. Er stützt sich auf das verfügbare Einkommen im Vergleich zu dem der jeweiligen Gesamtbevölkerung. Deshalb spricht man auch nur von so genannter relativer Armut. Die liegt dann vor, wenn jemand weniger als 60 Prozent des durchschnittlichen Einkommens hat. Diese Armutsgrenze für eine Person liegt zurzeit bei monatlich 938 Euro. Bei Familien ist dieser Betrag nicht für jede Person anzusetzen, weil z.B. die Kosten für Wohnung pro Person bei Familien sinken und Kinder nicht den gleichen Betrag benötigen wie Erwachsene. Der Betrag wird gewichtet.

BEISPIEL: Eine Familie mit zwei Kindern und einem Haupteinkommensbezieher gilt als arm, wenn sie weniger als 1970 Euro zur Verfügung hat. So wird gewichtet:
938 x 1 + 938 x 0,5 (Ehepartner) + 938 x 0,5 (Kind älter als 14) + 938 x 0,3 (Kind unter 14).
Summe: 2,3 x 938 € = **2157,40 €**

Arm und reich: Anteil in Prozent aller Haushalte in Deutschland

Jahr	... mit mehr als 150% der Durchschnittseinkommen*	... mit weniger als 50% der Durchschnittseinkommen*
1994	12,3	9,6
2000	12,2	9,2
2002	12,4	11,1

* Dies betrug lt. Stat. Bundesamt im Jahr 1991: 25 700 € netto und 2002: 32 100 € netto.

Aus **Die Zeit Nr. 34** vom 12.08.2004, Artikel: In zweifelhafter Verfassung (Quelle: DIW/SOEP)

Ein Blick in die Statistik

Im Jahre 2005 hat der Deutsche Bundestag den zweiten Armuts- und Reichtumsbericht veröffentlicht.
Danach ist die Anzahl der armen Personen innerhalb der Jahre 1998 – 2003 spürbar gestiegen. Betroffen sind vor allem Kinder und Jugendliche und Alleinerziehende.
Rund 1,5 Mio. Mädchen und Jungen unter 18 Jahren leben im Jahr 2003 in Armut.

Armut verschiedener Gruppen in den Jahren 1998 und 2003 (Armutsrisikoquote)

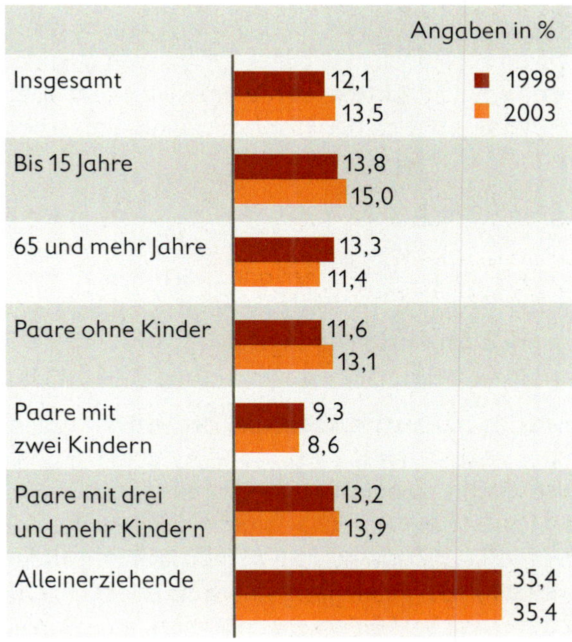

Deutscher Bundestag (Hrsg.): Lebenslagen in Deutschland – Zweiter Armuts- und Reichtumsbericht, Bundestagsdrucksache 15/5015 vom 3.3.2005, S. 262

A Aufgaben

1 Lest den Bericht von Frank St. und schreibt wichtige Aussagen auf.

2 Die ARCHE ist eine Einrichtung, die sich aus Spenden finanziert. Wie unterstützt sie arme Kinder?

3 Nennt Gruppen, die von Armut besonders betroffen sind und die Gründe der Armut.

4 Beurteilt folgende Meinungen:

ANJA: „So wie die EU Armut definiert, wird es immer arme Menschen geben, auch wenn jeder mindestens eine Million verdient."

SASCHA: „Mithilfe dieser Armuts-Definition kann man feststellen, wie gerecht die Einkommen in einem Land verteilt sind.

6 Weiterführendes Material

M1 „Taschengeld gibt es nicht“

Yasmin kann gut rechnen. „Miete müssen wir zahlen, Strom kommt auch dazu, Taschengeld, sagt Mama, geht dann nicht mehr“, erläutert die Achtjährige. Ihrer Mutter Andrea ist das ein wenig peinlich, denn es ist dadurch nicht zu verbergen, dass das Geld zu Hause ein großes Thema ist.

Andrea (45) ist alleinerziehend. Der Vater hat sich aus dem Staub gemacht und sie mit ihrem großen Sohn (26) und den achtjährigen Zwillingen Yasmin und Paul zurückgelassen. Sie hat Fachverkäuferin im Einzelhandel gelernt und bis vor fünf Jahren auch noch gearbeitet. Doch dann ging der Laden pleite, Andrea wurde arbeitslos und ist es bis heute. „Bin ich mit 45 Jahren zu alt, um Arbeit zu finden?“, fragt sie.

Ihren Kindern macht sie nichts vor. „Wir können uns das nicht leisten“, sagt sie ihrer Tochter immer wieder, wenn die mit ihren ganz normalen Kinderwünschen kommt. „Wir sind arm“, sagt sie – wo immer auch Armut anfängt.

Nach Andreas Empfinden beginnt das spätestens bei 1450 Euro im Monat, von denen sie zu dritt leben müssen. Ihr älterer Sohn ist ebenfalls arbeitslos, allerdings erst seit einem knappen halben Jahr. Er hat bei der Post gearbeitet, verlor dann wegen Stellenabbau seinen Job und bekommt nun Arbeitslosengeld.

Dem Sohn ist schon zweimal sein Fahrrad gestohlen worden – Ersatz gibt es nicht, obwohl er gerne eins hätte.

Der Urlaub ist auch so eine Sache. Dort geht nichts, wäre da nicht ein Schweizer Ehepaar, das der Familie vermittelt wurde. Sie haben Mutter und Kinder nach Graubünden eingeladen. Andrea musste nicht einmal die Reisekosten zahlen. Für die Kinder war das ein Traum.

Nach **Frankfurter Allgemeine Sonntagszeitung**/Inge Kloeper vom 01.01.2006

M2 Kinderarmut in reichen Ländern

Eine internationale Vergleichsstudie hat Kinderarmut in den →OECD-Staaten untersucht. Sie definiert dabei die relative Armutsgrenze, abweichend von der Festlegung innerhalb der EU (siehe S. 109), erst bei 50 Prozent des *gewichteten Durchschnittseinkommens*.

In den meisten reichen Nationen wächst der Anteil der Kinder, die in Armut leben. Von 7,5 auf 10,2 Prozent ist die Kinderarmut in Deutschland seit 1990 gestiegen. Damit war der Anstieg höher als in anderen Industrienationen.

Der stärkste Anstieg ist bei Kindern von Zuwandererfamilien zu verzeichnen. Je kürzer die Ankunft der Familie in Deutschland zurückliegt, desto größer ist das Armutsrisiko für die Kinder.

Nach **UNICEF** (03/2005): Zusammenfassung der UNICEF-Studie Kinderarmut in reichen Ländern. www.unicef.de/kinderarmut.html

Kinderarmut in Industrieländern im Jahr 2000 (in %)

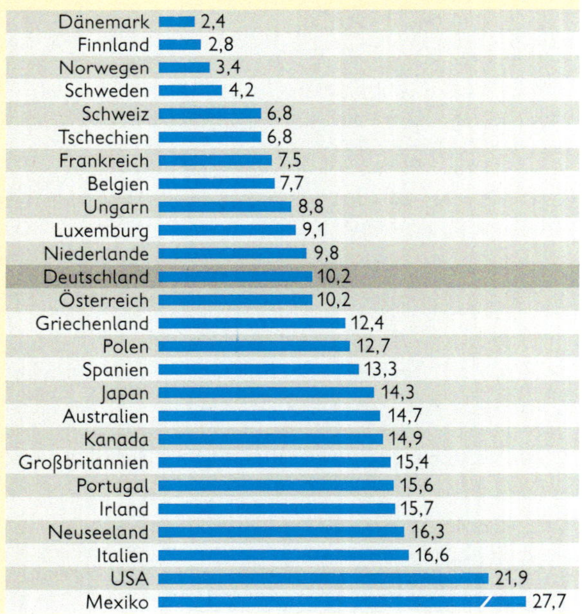

M3 Bruttomonatsentgelte von Arbeitern und Angestellten

Die Wirtschaftsstatistik unterscheidet die Bezieher von Einkommen aus abhängig beschäftigter Erwerbsarbeit bis heute noch nach **Angestellten** und **Arbeitern**. Hauptmerkmal für die Unterscheidung ist die Art der Entlohnung in

- Gehalt (fester Betrag/Monat) bei Angestellten
- Lohn (fester Betrag/Stunde) bei Arbeitern

Neu ist der Begriff **Entgelt** für das Erwerbseinkommen von Arbeitern und Angestellten.

Arbeiter im Jahr 2006 (Angaben in Euro)

Wirtschaftszweig	Männer	Frauen
Textil- und Bekleidungsgewerbe	2173	1619
Mineralölverarbeitung	3456	2756
Chemische Industrie	2830	2121
Maschinenbau	2785	2192
Fahrzeugbau	3021	2472
Hoch- und Tiefbau	2389	1989

Angestellte im Jahr 2006 (Angaben in Euro)

Wirtschaftszweig	Männer	Frauen
Textil- und Bekleidungsgewerbe	3569	2660
Mineralölverarbeitung	5133	3837
Chemische Industrie	4389	3418
Maschinenbau	4278	3078
Fahrzeugbau	4843	3756
Hoch- und Tiefbau	3826	2379
Einzelhandel	2703	2132
Kreditinstitute	3814	2967

Statistisches Bundesamt (Hrsg.): Statistisches Jahrbuch 2007, Wiesbaden 2007, S. 525, 528

M4 Nettoeinkommen privater Haushalte

Je nach Haushaltstyp hat das Statistische Bundesamt in der neuesten Einkommens- und Verbrauchsstichprobe für das 1. Halbjahr 2003*) diese Durchschnittswerte für →Nettoeinkommen ermittelt.

Angaben pro Monat	in €
Paare mit Kind(ern)	3753
Paare ohne Kind	3119
Paare insgesamt	3360
Allein Erziehende	1789
Allein lebende Männer	1901
Allein lebende Frauen	1525
Allein Lebende insgesamt	1654
Sonstige Haushalte	4054

*) Neuere Daten liegen erst 2010 vor.

Statistisches Bundesamt (Hrsg.): Einnahmen und Ausgaben privater Haushalte. Einkommens- und Verbrauchsstichprobe 2003, Wiesbaden 2005, S. 41
www.destatis.de ▶ Wirtschaftsrechnungen und Zeitbudget

Arbeiten mit den Materialien

Zu **M1** Wie fühlen sich Andrea und ihre Zwillinge? Notiert Stichworte.

Zu **M2** Erklärt die Grafik. Schreibt anschließend eine kurze Meldung zu den Ergebnissen der Studie zur Kinderarmut.

Zu **M3** Nennt Gründe für die unterschiedlichen Bruttomonatsverdienste
- bei Männern und Frauen
- bei Arbeitern und Angestellten.

Zu **M4** Nennt Gründe für die unterschiedlichen Nettoeinkommen allein lebender Frauen und Männer.

Methode Umgang mit Statistiken und Schaubildern

1 Darum geht es

Statistiken geben Beschreibungen von Sachverhalten in Zahlen wieder.

Beispiel Schüler, die in Niedersachsen im Schuljahr 2007/08

- eine Hauptschule besuchten: 92 547
- eine Realschule besuchten: 176 014

Tabellen und Schaubilder sollen Statistiken mit dem Auge besser erfassbar machen. Im Folgenden lernt ihr, häufig verwendete Darstellungsarten für Schaubilder zu verstehen. Das sind Kurven-, Balken- oder Kreisdiagramme. Mit ihnen wird die unterschiedliche Größe von Zahlen und der Zusammenhang zwischen diesen übersichtlich gemacht. Deren farbige Gestaltung kann das noch verbessern.

Ihr könnt euch damit auseinander setzen, dass Schaubilder anschaulich informieren, aber auch zu falschen Sichtweisen führen können. Ihr lernt Formen der Darstellung erkennen, die die Aussage von Daten verfälschen können.

2 So läuft es ab

Checkliste zur Beurteilung der Schaubilder

- Ist eine Überschrift vorhanden? Enthält diese bereits eine Bewertung der Daten? Kann diese Bewertung das Ergebnis der Betrachtung beeinflussen?
- Ist die Quelle angegeben?
  Die Quelle gibt Auskunft darüber, wer die Daten (Zahlen) erfragt und zusammengestellt hat. Das kann eine unabhängige Stelle sein, z. B. das Statistische Bundesamt, oder eine Interessengruppe, z. B. der Arbeitgeberverband.
- Ist die Quelle genau zitiert?
  Die Quelle muss beschafft und kontrolliert werden können.
- Ist der Zeitpunkt bzw. der Zeitraum der Erhebung der Daten angegeben?
  Das Jahr der Erhebung kann sich vom Jahr der Veröffentlichung der Daten unterscheiden.
- Sind, z. B. bei Kurvendiagrammen, die Achsen genau bezeichnet?
- Sind die Abstände auf den Achsen gleichmäßig?
- Sind Begriffe eindeutig und nachvollziehbar verwendet?

  Beispiel Bei dem Begriff Kinder in Schaubild 2 und 3 ist es wichtig zu wissen, ob eine Altersbegrenzung vorliegt, z. B.
  - Kinder bis unter ... Jahre.
  - Kinder ohne Altersbegrenzung.

3 Wichtige Darstellungsformen verstehen

Tabellen

Die Zahlen in Tabellen können als

- absolute Zahlen
- als gerundete Zahlen (z. B. in 1000)
- als Anteile einer Gesamtmenge (z. B. in Prozent, also von Hundert)

genannt werden.

Schaubilder

Für Schaubilder gibt es verschiedene Darstellungsmöglichkeiten (siehe Folgeseite):

1. Balkendiagramme
2. Säulendiagramme bzw. Blockdiagramme (dreidimensionales Säulendiagramm)
3. Kreisdiagramme bzw. Tortendiagramme (dreidimensionales Kreisdiagramm)
4. Kurvendiagramme

4 Beispiele rund um Privathaushalte in Deutschland

Privathaushalte in Deutschland nach Zahl der Personen (Mai 2006)

		Angaben in 1000
Haushalte insgesamt		39766
Davon mit	1 Person	14447
	2 Personen	13375
	3 Personen	5357
	4 Personen	4107
	5 und mehr Personen	1479

Statistisches Bundesamt: Statistisches Jahrbuch 2008, Wiesbaden 2008, S. 45

1

Privathaushalte in Deutschland nach Zahl der Personen (Mai 2006)

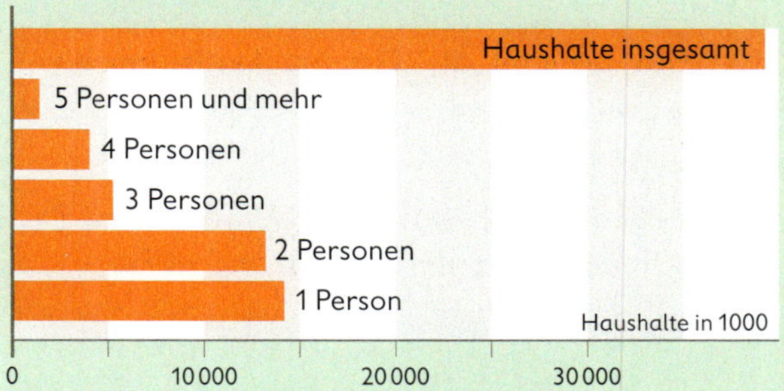

Statistisches Bundesamt: Statistisches Jahrbuch 2008, Wiesbaden 2008, S. 45

Allein Erziehende in Deutschland (März 2006)

	Angaben in 1000
Insgesamt	2655
Davon mit Kindern unter 18 Jahren	
1 Kind	1836
2 Kinder	646
3 Kinder	138
4 und mehr	35

Statistisches Bundesamt: Statistisches Jahrbuch 2008, Wiesbaden 2008, S. 46

2

Allein Erziehende in Deutschland mit Kindern unter 18 Jahren (März 2006)

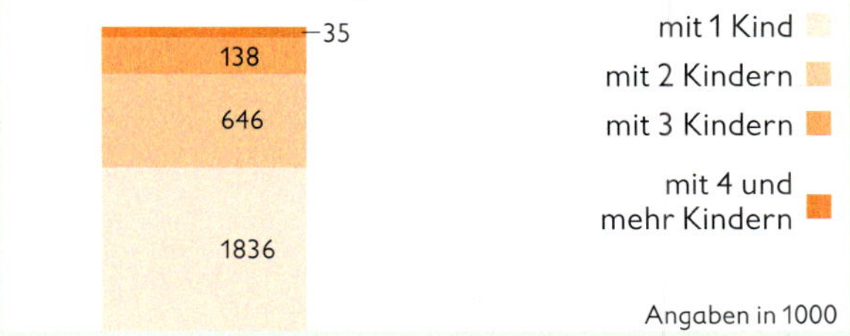

Statistisches Bundesamt: Statistisches Jahrbuch 2008, Wiesbaden 2008, S. 46

Familien in Deutschland nach Zahl der Kinder unter 18 Jahren

(März 2006)	Angaben in 1000
Mit 1 Kind	3612
Mit 2 Kindern	3767
Mit 3 Kindern	1076
Mit 4 und mehr	307
Insgesamt	8767

Statistisches Bundesamt: Statistisches Jahrbuch 2008, Wiesbaden 2008, S. 46

3

Familienhaushalte in Deutschland nach Zahl der Kinder unter 18 Jahren (März 2006)

Statistisches Bundesamt: Statistisches Jahrbuch 2008, Wiesbaden 2008, S. 46

Zahl der Privathaushalte in Deutschland

Monat/Jahr	Haushalte in 1000
04/1994	36 695
04/1996	37 281
05/2000	38 124
04/2002	38 720
03/2004	39 122
03/2006	39 766

Statistisches Bundesamt: Statistisches Jahrbuch 2008, Wiesbaden 2008, S. 45

4

Zahl der Privathaushalte in Deutschland

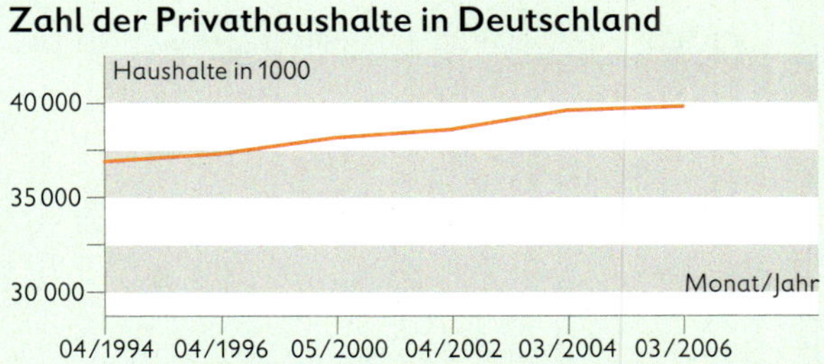

Statistisches Bundesamt: Statistisches Jahrbuch 2008, Wiesbaden 2008, S. 45

Alles klar?

Ohne Geld läuft nichts

1 Schreibe auf, welche Funktionen das Geld in den folgenden Beispielen hat.

SONJA arbeitet als Auszubildende bei einer Versicherung. Sie bekommt jeden Monat eine Ausbildungsvergütung überwiesen.

GÖNÜL will sich ein Topp kaufen. In der Zeitung findet sie Topps für 12, 10 und 18 Euro.

ANNA spart für einen Urlaub. Auf ihrem Sparkonto sind 120 Euro.

2 Jede Euro-Banknote hat eine eigene Abbildung. Was drücken diese aus? Notiere Stichworte.

3 Welchen Wert hat ein vollständiger Satz der Münzen der EURO-Währung?

4 Notiere die Staaten der EURO-Zone. Nimm den Atlas oder die Abbildung auf der hinteren Umschlagseite zu Hilfe.

5 Jonas, 14 Jahre, wünscht sich zu Weihnachten ein Handy. Er will auf jeden Fall einen Mobilfunkvertrag haben. „Kartenhandys sind uncool."
Nimm Stellung und begründe deine Meinung.

Ohne Einkommen kein Leben

1 Notiere wenigstens vier Gründe, die die Höhe des Einkommens beeinflussen.

2 Notiere drei Einkommensarten und nenne Beispiele dafür.

3 Notiere Beispiele für feste Ausgaben und veränderliche Ausgaben eines Haushalts.

4 Schreibe auf, was du unter Armut verstehst.

5 Wie wird Armut gemessen?

6 Notiere wenigstens drei Gründe für das Entstehen von Armut in Deutschland.

Ich hab meine Finanzen fest im Griff

1 Ersparnis und Kredit

Für die meisten Menschen ist es wichtig, Ersparnisse zu bilden. Viele sparen für teure Konsumgüter, die nicht aus dem laufenden Einkommen zu finanzieren sind.

Jeder muss mit Lebensrisiken rechnen, für die eine Vorsorge sinnvoll ist, z. B. für den Fall von *Arbeitslosigkeit*, Krankheit oder Wechsel des Wohnortes. Auch für eine Unterbrechung des Erwerbslebens, z. B. wegen der Geburt eines Kindes oder einer längeren Weiterbildung, ist es gut, wenn man auf Ersparnisse zurückgreifen kann.

Wenn die Ersparnisse nicht reichen oder wenn man nicht genug verdient hat, um Ersparnisse zu bilden, können sich viele Menschen teure Konsumgüter, z. B. ein Auto oder eine Wohnungseinrichtung, nur leisten, wenn sie einen Kredit aufnehmen.

Es ist sinnvoll, über ertragreiche Geldanlagen und günstige Kreditmöglichkeiten Bescheid zu wissen.

▸ **Leitauftrag** Über welche der abgebildeten Angebote sprechen die Personen? Begründet.

GÖNÜLL: „Verbraucher sollten Verantwortung für die Umwelt übernehmen."
LARA: „Davon würde ich unbedingt die Finger lassen."
TARIK: „Ein Zinsvergleich lohnt sich."

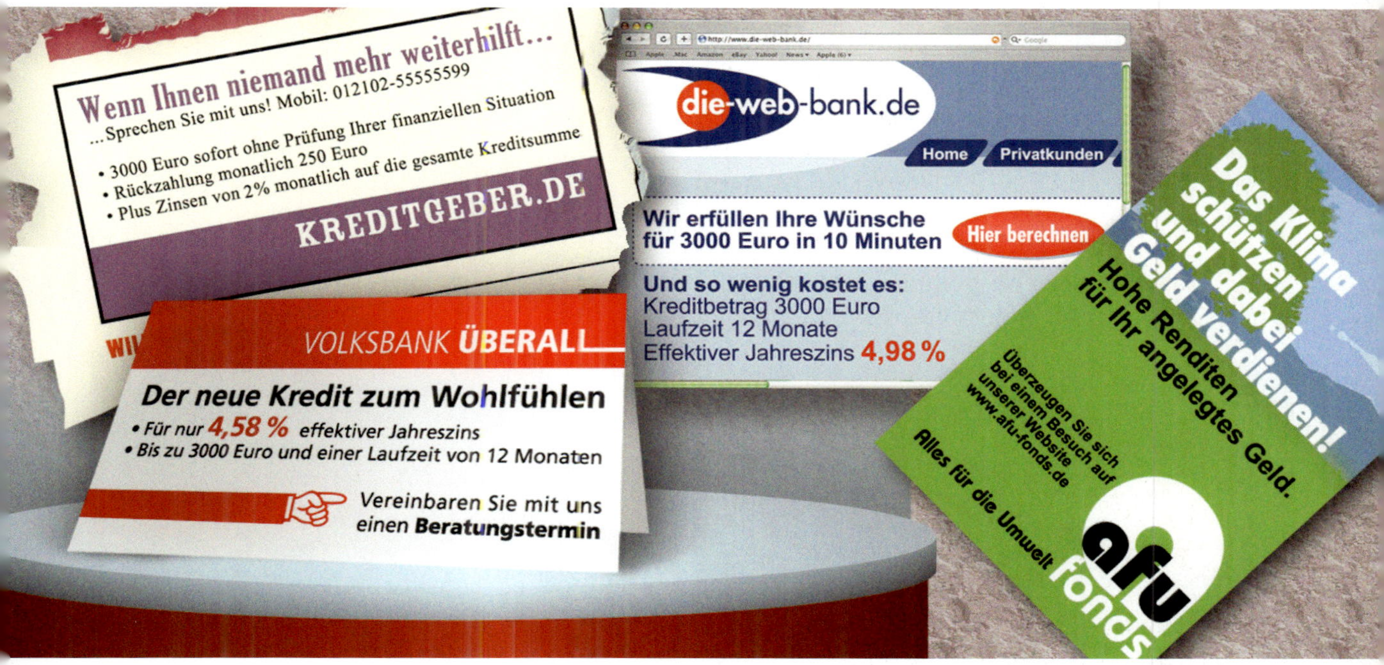

B Auf einen Blick

Ihr vergleicht und beurteilt Kreditangebote.

Ihr kennt gesetzliche Bestimmungen für Kredit- und Ratenkaufverträge.

Ihr kennt wichtige Arten von Geldanlagen.

Ihr erklärt die Vor- und Nachteile ausgewählter Anlageformen.

Ihr erkundet Möglichkeiten einer Geldanlage und macht Empfehlungen für verschiedene Anlagewünsche.

2 Julian muss ein neues Zimmer einrichten

Julian, 16 Jahre, hat nach dem Schulabschluss sofort eine Ausbildungsstelle bekommen. Zunächst war er enttäuscht, dass der Betrieb in der 60 km entfernten Stadt liegt. Aber inzwischen ist er zufrieden. Er wird ein eigenes Zimmer mieten und ist neugierig auf sein neues Leben.

Die Eltern unterstützen Julian bei der Suche und Einrichtung eines neuen Zimmers. Ein Zimmer ist bald gefunden. Nun muss es eingerichtet werden.

Julian benötigt ein Bett mit Matratze, einen Schreibtisch mit Tastenauszug und zwei Regale. Die Eltern brauchen ein neues Sofa mit zwei Sesseln. Diese Möbel wollen sie gleichzeitig kaufen.

Julian kann sich seine Möbel selbst aussuchen. Er informiert sich gut, vergleicht Preise und Qualitäten. Nachdem er in verschiedenen Geschäften und im Internet recherchiert hat, empfiehlt er einen Kauf beim Möbelhaus INTERFIT.

Der Kaufpreis für alle Möbel beträgt 2500 Euro. Nun ist zu klären, wie der Kauf finanziert werden soll. Julian berät mit seinen Eltern zwei Möglichkeiten:

1. Ratenkauf beim Möbelhaus INTERFIT

Das Unternehmen bietet folgenden Ratenkauf:

2. Verbraucherkredit bei der Sparkasse

Die Sparkasse bietet folgende Finanzierung an:

Unglaublich fand Julian ein Kreditangebot in einer Stadtteilzeitung. Als er es seinen Eltern zeigte, hörte er nur den kurzen Satz: „Hüte dich vor einem Kredithai."

Das Angebot wurde selbstverständlich nicht weiter geprüft.

Der effektive Jahreszins

Die Kreditangebote von INTERFIT und der Sparkasse sind durch die Angabe des effektiven Jahreszinses gut vergleichbar.

Die Angabe des effektiven Jahreszinses ist bei Kreditangeboten gesetzlich vorgeschrieben.
Der effektive Jahreszins berücksichtigt alle Kreditkosten: die Zinsen pro Monat, die Bearbeitungsgebühr und ggf. die Kosten für eine Restschuldversicherung. Letztere müssen nur dann einberechnet werden, wenn die Bank eine solche Versicherung verlangt. Die Kosten werden in Pro-

Die Kosten für einen Ratenkaufvertrag werden entsprechend der Höhe des geschuldeten Betrages gleichmäßig auf die Monate innerhalb der vereinbarten Laufzeit verteilt.

Ratenkaufverträge müssen neben dem effektiven Zinssatz weitere Angaben enthalten:

INTERFIT

DAS GRÖSSTE MÖBELHAUS IN DÜSSELDORF

Hauptstr. 1
40123 Düsseldorf
T 0211 . 123 45 67
F 0211 . 123 45 68
info@moebelhaus-interfit.de
www.moebelhaus-interfit.de

INTERFIT • Hauptstr. 1 • 40123 Düsseldorf

Sandra und Hendrik Müller
Hausgasse 6

40018 Düsseldorf

2009-05-31

Ratenkaufvertrag zur Rechnung Nr. 7643

Sie bestellten heute frei Haus zu unseren Geschäftsbedingungen

1 Bett EFFEKT	129,00 €
1 Matratze WOHLI	89,00 €
1 Regal RISTO	64,00 €
1 Regal BULLY	49,00 €
1 Schreibtisch mit Tastenauszug	119,00 €
1 Polstersitzgruppe	2050,00 €
Barzahlungspreis	**2500,00 €**

Die Finanzierung erfolgt durch einen Kredit unserer Hausbank zu folgenden Bedingungen:

Kreditbetrag	**2500,00 €**
Laufzeit 12 Monate	
Nominalzins	0,21 % pro Monat
Zinsen	63,00 €
Bearbeitungsgebühr (einmalig)	0,125 %
Effektivzins	4,96 %
Monatsrate (je12)	213,84 €
Teilzahlungspreis	2566,08 €

Die Raten sind jeweils am 1. eines Monats im Voraus fällig.

Unterschrift des Verkäufers

Unterschrift des Käufers

Die umseitigen Geschäftsbedingungen erkennen wir an. Innerhalb von 14 Tagen haben wir das Recht, schriftlich von diesem Ratenkaufvertrag zurückzutreten.

Unterschrift des Käufers

Gesetzliche Bestimmungen für Kredit- und Ratenkaufverträge

Es müssen folgende Informationen gut lesbar angegeben werden:

- effektiver Jahreszins
- Barzahlungspreis
- Teilzahlungspreis
- Betrag und Anzahl der fälligen Raten
- Bearbeitungsgebühr
- ggf. Kosten für eine Restschuldversicherung (nur wenn die Vergabe des Kredits davon abhängt)
- Abschlussdatum
- Unterschriften Käufer/Verkäufer
- Schriftliche Information über das Widerspruchsrecht (14 Tage) mit gesorderter (zweiter) Unterschrift des Käufers

Eine Kopie des Vertrages muss dem Käufer ausgehändigt werden.

A Aufgaben

1 Vergleicht die beiden Angebote und begründet, welches Angebot Julian seinen Eltern empfehlen soll.

2 Nennt die Pflichten von INTERFIT.

3 Nennt Pflichten und Rechte von Julians Eltern.

4 Beurteilt folgende Meinung:
„So viele Vorschriften für einen Ratenkaufvertrag schränken die Freiheit der Vertragspartner unnötig ein. Jeder Verbraucher muss selbst wissen, was er tut."
Notiert Stichworte.

5 Begründet folgende Meinung:
„Das Abschlussdatum ist bei einem Ratenkreditvertrag sehr wichtig."
Notiert Stichworte.

6 Julian darf den Ratenkaufvertrag selbst nicht abschließen. Notiert Gründe.

7 Beurteilt die Anzeige von KREDITGLÜCK. Schreibt Stichworte auf.

8 Beurteilt folgende Meinung:
„Ich würde nie einen Ratenkaufvertrag abschließen. Bei einem Barkauf kann man viel besser einen Preisabschlag aushandeln."

Methode Gruppenarbeit

1 Darum geht es

In den Lebensbereichen Schule, Familie, im Freundeskreis, in der Freizeit und auch später im Erwerbsleben geht es häufig darum, erfolgreich mit anderen in Gruppen zusammenzuarbeiten.
Dieses Kapitel kann euch darauf vorbereiten,
- die Arbeit in der Gruppe gemeinsam zu planen, durchzuführen und auszuwerten,
- andere Meinungen für die eigene Urteilsfindung zu berücksichtigen,
- Regeln für die Lösung von Konflikten zu finden und anzuwenden,
- im Team Entscheidungen zu treffen.

▲ Schülergruppe gestaltet gemeinsam Plakate für einen Verkaufsstand

▲ Bürgerinitiative organisiert eine Demonstration

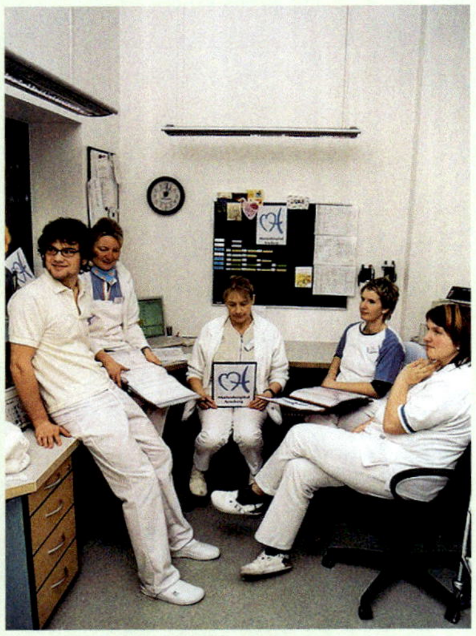

▲ Das Pflegeteam einer chirurgischen Station bei der Übergabebesprechung

2 Das ist vorher zu entscheiden

Eignet sich die Aufgabe?
- Führt eine arbeitsteilige Zusammenarbeit schneller zum Ziel (z.B. eine Collage anfertigen, Pizza herstellen)?
- Verbessern Ideen und Lösungsvorschläge mehrerer Personen das Ergebnis (z.B. Angebot für Verkaufsstand)?

Wie werden die Gruppen gebildet?
- Soll die Zusammenarbeit mit denen erfolgen, deren Fähigkeiten ihr gut kennt und die ihr mögt?
- Möchtet ihr mit denen zusammenarbeiten, die ihr erst neu kennen lernen werdet?
- Wie groß darf die Gruppe sein, damit sich jeder beteiligen kann?

3 So läuft es ab

Vorbereitung in der Klasse
- Vereinbart in der Klasse einen Zeitrahmen. Berücksichtigt dabei die Aufbereitung der Ergebnisse, evtl. für eine Präsentation.
- Sprecht ab, wie ihr die Ergebnisse mitteilen wollt (z.B. als Protokoll, über eine Wandzeitung). Welche Mittel braucht ihr dazu? Welche sind verfügbar (z.B. Stellwände, Papier, Stifte, Tageslichtschreiber)?
- Sind notwendige Arbeitstechniken bekannt (z.B. Beobachtung, Interview) oder können diese erlernt werden?
- Sprecht mit dem Lehrer über die Bewertung der Gruppenarbeit.

Durchführung

Beachtet den festgelegten Zeitrahmen. Überlegt, was gemeinsam in der Gruppe, was arbeitsteilig von Einzelnen zu erledigen ist. Fordert vereinbarte Gesprächsregeln und die Beteiligung aller ein. Haltet Ergebnisse sofort schriftlich fest.

Auswertung

Die Auswertung kann nach zwei Gesichtspunkten erfolgen:

- inhaltlich, also das Thema betreffend (z.B. ist das Poster mit den Ergebnissen der Gruppe verständlich?)
- zwischenmenschlich, also die Beziehungen in der Gruppe betreffend (s. Kasten 3). Für diese Auswertung ist wichtig, wie wir uns Rückmeldung (Feedback) geben (s. Kasten 2).

1 Verhaltensregeln für die Zusammenarbeit

Jeder ist für sich und für die Gruppe verantwortlich.

Es kann immer nur einer sprechen.
Sprecht laut und verständlich.

Formuliert eine eigene Meinung.
Eure Erfahrungen und Kenntnisse sind wichtig.

Sprecht andere mit Blickkontakt an.
Damit macht ihr deutlich, dass ihr andere achtet und euch ihre Antwort wichtig ist.

Wenn ihr etwas nicht versteht, bittet um eine Erklärung. Das hilft Missverständnisse zu vermeiden.

Wenn ihr wütend oder ärgerlich seid, teilt es den anderen mit. Das fördert eine Klärung.

Wenn ihr Konflikte habt, versucht, diese in der Gruppe zu lösen. Wenn das nicht möglich ist, bittet den Lehrer um Hilfe.

2 Feedback geben

Beschreibe das Verhalten anderer, aber bewerte es nicht. Es könnte verletzen.

Behandle andere so, wie du selbst behandelt werden möchtest.

Gib positive Eindrücke wieder. Nenne Dinge die zu ändern sind. Feedback soll aufbauend sein.

Kritisiere niemanden als Menschen, sondern beziehe dich auf sein Verhalten.

3 Beziehungen in der Gruppe auswerten

Zunächst beantwortet jeder folgende Fragen selbst. Danach gibt er Rückmeldung an die Gruppenmitglieder. Beachtet dabei die Feedback-Regeln (s. Kasten 2)!

- Welche Gruppenmitglieder schoben sich in den Vordergrund, beteiligten sich nicht an der Arbeit? Was bedeutete das für die anderen?
- Wie wurden unterschiedliche Meinungen diskutiert?
- Wurden Gruppenmitglieder nicht akzeptiert oder abgewertet bzw. von vornherein als besser angesehen? Woran liegt das? Was bedeutet das für die Arbeit? Was ist zu ändern?
- Wie wurden Entscheidungen getroffen? Bestimmte z.B. ein Gruppenmitglied oder wurde mehrheitlich abgestimmt? Was bedeutete dies für die Arbeit?
- Bestand in der Gruppe eine Haltung, unterschiedliche Meinungen eher zu achten oder abzuwerten?
- Wie hast du dich in der Gruppe gefühlt?
- Was möchtest du verändern?

3 Ich will eine gute Geldanlage – Projektskizze

A Erkundungsauftrag

1 Bildet Gruppen von drei bis fünf Schülern und sprecht darüber, was Sonja und Dirk wichtig ist. Erkundet dazu für jeden die beste Geldanlage.
Jede Gruppe kann ihre Erkundung bei einer bestimmten Bank oder Sparkasse durchführen. Informiert euch vorab im Internet.
Berücksichtigt auch Angebote von Online-Geldinstituten.

2 Stellt fest, welche Geldinstitute für euch gut erreichbar sind.

3 Sprecht vorher ab, dass wenigstens drei oder vier verschiedene Geldinstitute erkundet werden.

4 Entwickelt einen Erkundungsbogen und denkt daran, dass die Gruppenergebnisse vergleichbar sein müssen.

5 Besorgt euch rechtzeitig Informationen über Geldanlagen von verbraucherorientierten Organisationen, z. B. der Verbraucherzentrale oder der Stiftung Warentest, Zeitschrift FINANZtest.

6 Tauscht eure Erfahrungen bei der Erkundung der Geldinstitute aus.

7 Vergleicht eure Erkundungsergebnisse. Welche Geldanlage schlagt ihr Dirk und Sonja vor?

Wichtige Arten der Geldanlage

Das Sparkonto

Das Sparkonto **ohne vereinbarte Kündigungsfrist** ist ein Sparbuch, bei dem Einzahlungen und Abhebungen eingetragen werden. Es können jederzeit bis zu 2000 Euro monatlich abgehoben werden. Die Zinsen können vom Geldinstitut jederzeit geändert werden. Sie werden automatisch gutgeschrieben und sind vergleichsweise niedrig.
Jeder, der das Sparbuch vorlegt, kann Geld abheben. Deshalb sollte zur Sicherheit ein Kennwort vereinbart werden.

Beim Sparkonto **mit vereinbarter Kündigungsfrist** wird eine bestimmte Kündigungsfrist (z.B. ein Jahr oder vier Jahre) vereinbart. Der Zinssatz ist fest und höher als beim Sparkonto ohne vereinbarte Kündigungsfrist.
In der Regel kann der Sparer auch ohne Einhalten der Kündigungsfrist Geld abholen. Er muss dann allerdings Vorschusszinsen zahlen.

Sparen bei Online-Banken

Bei Online-Banken kann man sich ein Sparkonto einrichten. Der Zinssatz ist in der Regel höher als bei ansässigen Geldinstituten.

Sparbriefe

Sparbriefe sind Anlagepapiere, die von den Geldinstituten ausgegeben werden, mit einer Laufzeit von einem Jahr bis zu fünf Jahren. Sie haben einen festen Zinssatz. Die Effektivverzinsung ist genau berechenbar.

Festverzinsliche Wertpapiere

Es handelt sich z.B. um → Anleihen des Bundes oder von Unternehmen. Die Wertpapiere (auch Rentenpapiere genannt) werden an der Börse gehandelt. Beim Kauf, den die Kreditinstitute für ihre Kunden bei der Börse tätigen, hängt der Kurswert von der Lage am Kapitalmarkt ab.
So kann z.B. ein Wertpapier mit einem Wert von 50 Euro (Nennwert) für 48 Euro angeboten werden. Da der Zinssatz während der Laufzeit unverändert bleibt, hängt die Rendite (jährliche Effektivverzinsung) auch vom Kurswert ab, den man bezahlen muss. Die Zinsen werden in der

Kurswerte von Anleihen aus einer Tageszeitung

A

Zins in %	Laufzeit Jahre	23.1. Kassa in Euro	24.1. Kassa in Euro	24.1. Rendite in %
Bundesanleihen				
6,25	94/24	125,96	125,44	4,1314
6	97/07	100,91	100,91	3,7874
3,25	05/15	94,92	94,89	3,9694
Unternehmensanleihen				
3,375	BASF 05/12	95,70	95,55	4,3170
5,125	Degussa 03/13	98,10	97,81	5,5108
4,5	Tschibo 04/14	98,30	98,15	4,7855
Anleihen Ausland				
4,25	Belgien 03/13	101,20	101,20	4,035
8	Mexico 97/08	105,10	105,10	4,3538
7	Uruguay 03/12	108,25	108,25	5,2642

▲ Aus den Börsennachrichten einer Tageszeitung am 25. 01.2007: ausgewählte Beispiele für Anleihen mit dem Nennwert 100 Euro und ihren aktuellen Kassakurs (auch Einheitskurs). Er wird während der täglichen Börsenzeit einmal festgestellt.

Regel einmal pro Jahr zu einem bestimmten Zeitpunkt ausgezahlt. Am Ende der Laufzeit wird das Wertpapier mit dem Nennwert ausgezahlt. Die Papiere können jederzeit wieder verkauft werden. Behält man die Wertpapiere bis zum Ende der Laufzeit, ist die Rendite genau vorhersagbar. Bei einem vorzeitigen Verkauf spielt die aktuelle Lage auf dem Kapitalmarkt eine wichtige Rolle.

Aktien

Aktien sind Wertpapiere, die einen Anteil an einem Unternehmen mit der Rechtsform Aktiengesellschaft (AG) darstellen. Zusätzliche Aktien werden ausgegeben, um das Kapital des Unternehmens zu erhöhen. Die Inhaber von Aktien (Aktionäre) sind Teilhaber des Unternehmens. Sie sind am Gewinn und am Verlust der AG beteiligt. Bei Aktien gibt es keine feste Verzinsung, sondern eine Dividende. Ihre Höhe wird jährlich von der Hauptversammlung der Aktionäre festgelegt. Sie ist abhängig von der Gewinnlage des

Unternehmens. Aktien werden an der Börse gehandelt. Sie haben keine feste Laufzeit. Die Rendite der Kapitalanlage ist schwer einzuschätzen. Sie hängt vom Ertrag und Börsenkurs des Unternehmens ab. Die Kurse an der Börse werden von der wirtschaftlichen und politischen Lage des betreffenden Landes beeinflusst. Die unterschiedliche Einschätzung – auch unter Experten – führt zu Spekulationen und Kursschwankungen. Aktienindizes (Einzahl: Aktienindex) zeigen die Bewertung der Aktien an. In den Deutschen Aktienindex (DAX) gehen die Aktienkurse der 30 wichtigsten deutschen Unternehmen ein, die an der Börse notiert sind.

Eine Anlage in Aktien ist risikoreich und verlangt die ständige Beobachtung der Börsenkurse. Aktien können sehr hohe Gewinne bringen, aber auch Verluste.

Aktienfonds und gemischte Fonds

Fonds sind eine Ansammlung von Geld vieler Anleger. Fonds werden von einer Anlagegesellschaft aufgelegt und verwaltet.

Die Fondsmanager versuchen, Aktien verschiedener Unternehmen (→ Aktienfonds) oder Aktien und Anleihen (Gemischte Fonds) oder nur Anleihen (Rentenfonds) so zusammenzustellen, dass die Anleger eine gute Verzinsung (Rendite) erhalten.

Je geringer der Anteil der Aktien im Fonds, desto geringer das Verlustrisiko. Bei einem höheren Anteil an Aktien ist die Chance zu einer hohen Rendite größer.

In **nachhaltige Aktien-** und **gemischte Fonds** werden nur Aktien und Wertpapiere von Unternehmen aufgenommen, die sich verpflichten, bestimmte soziale, ethische und ökologische Standards einzuhalten.

In nachhaltige Fonds werden z.B. Aktien bestimmter Branchen wie Tabak, Luftfahrt, Waffenproduktion und Unternehmen mit Kernkraftwerken, Gentechnik oder Kinderzwangsarbeit nicht aufgenommen.

Der Markt für Nachhaltigkeitsfonds wächst überdurchschnittlich.

Kursschwankungen der Aktien, die im DAX notiert sind

innerhalb von 6 Monaten

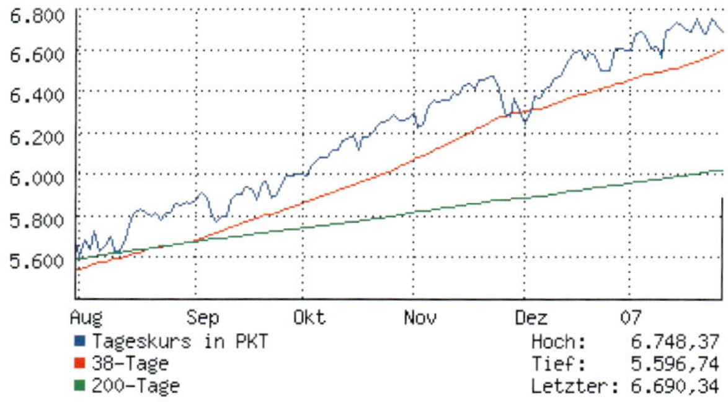

innerhalb von 12 Monaten

http://boersen.manager-magazin.de

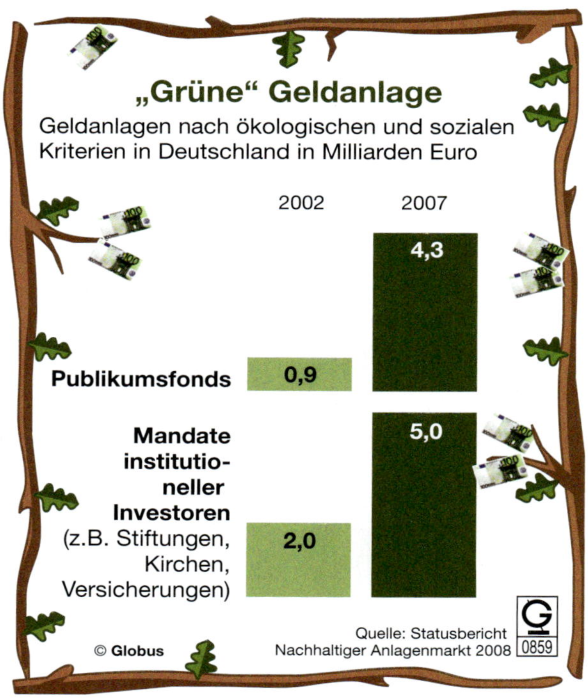

Methode Projektarbeit

1 Darum geht es

Projekte haben ein klares Ziel und erfordern in der Schule oft die Zusammenarbeit verschiedener Fächer und mehrerer Personen.
Bei der Projektarbeit könnt ihr Fähigkeiten zum selbstständigen Handeln für das Erwerbsleben, aber auch für Familie und Freizeit sowie als Staatsbürger erlernen. Ihr versucht, ein Vorhaben eigenständig mit anderen zu planen und durchzuführen. Wichtig für euer Lernen ist, über das Ergebnis zu reflektieren – sowohl über das hergestellte Produkt als auch die Arbeit während der Projektphasen. Das erfordert Erfahrung mit der Methode *Gruppenarbeit*.

2 So läuft es ab

Planung

Projektziele festlegen. Dabei klären,
- was ihr erreichen wollt,
- was ihr dabei lernen wollt,
- welcher Zeitrahmen zur Verfügung steht.

Zeitrahmen prüfen. Gibt es
- eine Projektwoche/einen Projekttag pro Woche?
- einen zusammenhängenden Zeitraum?

Die folgenden Hinweise beziehen sich in erster Linie auf ein Projekt, das die Herstellung und den Verkauf von Waren zum Ziel hat. Bei anderen Projektzielen sind die Hinweise abzuwandeln.

Ihr habt viele Möglichkeiten, Erarbeitetes anzubieten, z.B. auf einem Elternabend, einem Klassen- oder Schulfest.
Um Ideen zu entwickeln und eine Entscheidung zu treffen nutzt die *Kartentechnik*.

Für ein erfolgreiches Ergebnis sind eure Interessen, Erfahrungen mit Projekten, Fähigkeiten und Fertigkeiten bedeutsam.
Immer spielen räumliche Möglichkeiten, z.B. Küche, Werkraum, Computerraum eine Rolle.
Überlegt auch, wobei Unterstützung notwendig und wo sie verfügbar ist. Bei
- der Zusammenarbeit mit anderen Fächern, Lehrern und Klassen
- Behörden und Verbänden
- Betrieben
- euren Eltern, Freunden und Bekannten.

Nehmt euer Vorhaben selbstständig in die Hand, lasst euch durch eure Lehrer etwas zutrauen. Es soll euer Projekt sein, damit ihr lernt, selbstständig und eigenverantwortlich zu arbeiten.

Eine gute Projektplanung ist Voraussetzung für das Gelingen. Sie verhindert
- Terminschwierigkeiten,
- Qualitätsmängel/erhöhte Kosten und
- Gruppenkonflikte.

Die Planung ist allerdings nie ganz abgeschlossen. Noch während der Durchführung sind oft Änderungen notwendig.

Entwickelt einen Ablaufplan mit den wichtigsten Schritten in der notwendigen Reihenfolge und dem voraussichtlichen Zeitbedarf. Bestimmt Teilaufgaben und legt fest, wer dafür zuständig ist.

Während der Planung können auch Wissenslücken auftauchen, z.B.
- bei Techniken der Informationsbeschaffung und -auswertung (Methoden: Texte verstehen und hinterfragen, Statistiken und Schaubilder nutzen, Befragungen durchführen, Briefe schreiben, Informationen gewinnen, Internet nutzen)
- bei Dokumentationstechniken (Protokoll anfertigen, Plakat gestalten).

Bei Bedarf sollten auch weitere Unterrichtsfächer mit einbezogen werden, z.B.
- Deutsch (Briefe schreiben, Texte gestalten),
- Kunst (Gestaltungstechniken zur Präsentation),
- Gesellschaftslehre/Sozialkunde (Arbeit mit Behörden).

Zur Aufbereitung und Auswertung der Arbeitsergebnisse sollte während der Planungsphase geklärt werden
- nach welchen Gesichtspunkten ihr das Ergebnis und den Ablauf der Arbeit der Gruppe im Projekt auswerten und beurteilen wollt (s. auch *Gruppenarbeit*)
- wie ihr die Ergebnisse festhalten möchtet
- wem die Projektergebnisse wie vorgestellt werden sollen (z.B. anderen Schülern, Klassen, Eltern, Bürgern durch Präsentation, Bericht in der Schul-Website).

Durchführung

Um einen reibungslosen Ablauf sicherzustellen, ist eine Projektsteuerung notwendig. Hier können neben der Lehrkraft die Schüler eine aktive Rolle spielen. Dazu zählt auch die Information über Zwischenergebnisse und Schwierigkeiten, z.B. um nächste Schritte zu bedenken und den Plan zu verändern.

Auswertung

Dabei solltet ihr besonders das Sachziel, die Entwicklung der Teamfähigkeit und den Umgang mit Konflikten in den Blick nehmen.
Euer Abschlussbericht kann für andere Projektgruppen wichtig sein. Beantwortet Folgendes:
- Stimmt das Ergebnis mit den geplanten Zielen überein (z.B. Qualität der produzierten Waren, Kosten, Zufriedenheit der Kunden, Gewinn)?
- Seid ihr mit dem Projektverlauf zufrieden oder unzufrieden? Bewertet im Einzelnen:
  - Nutzung von Planungs-, Arbeits-, Informationstechniken,
  - Ablauf,
  - Gruppenarbeit,
  - Information anderer über die Ergebnisse.
- Was habt ihr gelernt?
- Wie habt ihr euch an Vereinbarungen gehalten/nicht gehalten?
- Was hat euch an der Betreuung durch den Lehrer gefallen/nicht gefallen? Warum?
- Was hat eurem Lehrer bei eurer Betreuung (nicht) gefallen? Warum?
- Wie lassen sich das Erreichte und die dabei aufgetretenen Probleme anschaulich darstellen (z.B. Wandzeitung, Poster, Tabelle, Schaubild)?
- Was würdet ihr mit dem jetzigen Wissen bei einer Wiederholung des Projektes verändern?
- Was fällt euch beim Projektunterricht im Vergleich zum „normalen“ Unterricht auf?
- Wie steht ihr dazu, Arbeiten und Lernen eigenverantwortlich mitzugestalten?

4 Weiterführendes Material

M1 Aufgepasst bei den AGB

Was sind AGB?

Die Allgemeinen Geschäftsbedingungen (AGB) regeln Verkaufs- und Lieferbedingungen. Sie erleichtern den Vertragsabschluss, weil nicht immer wieder von Neuem die Rechte und Pflichten neu formuliert werden müssen. Damit diese Regeln die Verbraucher nicht benachteiligen, sind im Bürgerlichen Gesetzbuch Bedingungen und Verbote von Regeln oder Klauseln festgelegt.

AGB gelten nur dann, wenn der Kunde
- bei Vertragsabschluss ausdrücklich auf die AGB hingewiesen wurde oder durch einen Aushang darauf aufmerksam gemacht wurde
- die Gelegenheit hatte, sie gut lesbar zur Kenntnis zu nehmen
- ihnen zugestimmt hat.

Da die AGB oft in sehr kleiner Schrift vorliegen, nennt man sie auch „Das Kleingedruckte".

Was gesetzlich verboten ist

Generell gilt, dass durch die AGB Rechte der Käufer nicht unbillig eingeschränkt werden dürfen.

Beispiele für unzulässige Klauseln:
- Ausschluss der Gewährleistung
- Beschränkung der Gewährleistung auf Nachbesserung
- Die Möglichkeit von Preisänderungen innerhalb von vier Monaten nach Vertragsabschluss

Anfrage eines Users beim Online-Jugendmagazin „checked4you"

„Ich habe zum Geburtstag eine Jahreskarte für ein Fitness-Studio bekommen. Das Training ist wirklich gut und macht mir auch Spaß. Es gibt aber immer wieder Ärger wegen der Getränke. An der Eingangstür hängt ein großes Schild, dass es verboten ist, eigene Getränke mitzubringen. Man soll also die teuren Drinks kaufen, die das Fitness-Studio anbietet – oder verdursten. Ich finde das unfair."

Hier die Antwort

„Da können wir dich beruhigen. Es gibt inzwischen einige Gerichtsurteile, die es eindeutig erlauben, Getränke mit in die Muckibude zu nehmen und dort auch zu konsumieren (wie es so schön heißt). Die Betreiber von Fitness-Centern dürfen weder in ihren Verträgen noch durch einen Aushang im Studio verbieten, dass ihr von zu Hause euer Wasser usw. mitbringt. Es sei denn, sie bieten Getränke zu moderaten, also handelsüblichen Preisen an. Es dürfen lediglich aus Sicherheitsgründen Glasflaschen verbannt werden. Aber da gibt es ja prima Alternativen."

Verbraucherzentrale NRW: www.checked4you.de
▸ Voll aus dem Leben.
Die Serie: Alltägliche Verbraucher(un)fälle
▸ Eigene Getränke im Fitnessshop

M2 Die AGB von INTERFIT zu Ratenkaufverträgen

Allgemeine Geschäftsbedingungen

I. Eigentumsvorbehalt und Rücktrittsrecht des Verkäufers

1. Die verkauften Gegenstände bleiben bis zur vollständigen Bezahlung aller Forderungen Eigentum des Möbelhauses. Der Käufer darf vorher über die gekauften Gegenstände nicht verfügen, sie also nicht verkaufen, vermieten oder verschenken, sondern nur besitzen, das heißt in Gebrauch nehmen.

2. Der Käufer hat die Beschädigung, Vernichtung, Pfändung und jeden Wohnungswechsel unverzüglich dem Verkäufer anzuzeigen.

3. Der Verkäufer kann vom Vertrag zurücktreten, wenn der Käufer unrichtige Angaben über seine Person macht und dadurch seine finanzielle Lage falsch darstellt. Ferner kann der Verkäufer zurücktreten, wenn der Käufer mit 2 Monatsraten im Verzug ist.

4. Falls der Verkäufer zurücktreten will, müssen die von beiden erbrachten Leistungen zurückgewährt werden.

Der Verkäufer darf von den gezahlten Raten die von ihm erbrachten Transport-, Büro-, Personal- und Portokosten abziehen und Ersatz für alle Beschädigungen fordern.

Für die Überlassung der Möbel zum Gebrauch ist eine Gebühr zu zahlen, die die eingetretene Wertminderung der Möbel berücksichtigt. Den Restbetrag hat der Verkäufer zurückzugewähren.

Für die Überlassung der Möbel zum Gebrauch sollen die folgenden Sätze gelten, und zwar bei Rückgabe innerhalb des

1. Halbjahres 35 v. H.
2. Halbjahres 45 v. H.
3. Halbjahres 60 v. H. des Verkaufspreises.

II. Zahlungen und Zahlungsverzug

Der gesamte noch nicht bezahlte Betrag ist fällig, wenn der Käufer mit 2 Raten im Rückstand ist und auch in einer Nachfrist von 14 Tagen nicht zahlt. Diese beiden Raten müssen mindestens 10 v.H. des Teilzahlungspreises betragen. Kann der Restbetrag nicht bezahlt werden, müssen die Möbel zurückgegeben werden.

III. Sonstiges

Zusätzliche oder abweichende Vereinbarungen müssen schriftlich vereinbart werden.

Arbeiten mit den Materialien

Zu M1

1 Die AGB sind oft schlecht lesbar. Warum?

2 Recherchiert bei „checked4you“.
Überlegt, ob ihr selbst eine Anfrage an die Online-Redaktion starten möchtet.

3 Recherchiert im Internet die AGB bekannter Händler. Nutzt dazu eine Suchmaschine, z.B. www.google.de und gebt die entsprechenden Begriffe ein.
Vergleicht z.B. die Bedingungen zur Garantie, zur Lieferzeit und zum Rückgaberecht. Nutzt dazu auch Informationen der Verbraucherzentrale Niedersachsen unter
www.verbraucherzentrale-niedesachsen.de
▸ Suche „AGB“
Lest auch das Kapitel „Verbraucherrecht“, ab S. 45.

Zu M2

1 Müllers sind nach sieben Monaten durch die Erwerbslosigkeit von Frau Müller mit zwei Monatsraten im Rückstand. Nach der Mahnung von INTERFIT lesen sie erstmals die AGB genauer, die dem Ratenkaufvertrag beigefügt waren.
- Schreibt die wichtigsten Rechte von INTERFIT auf.
- Rechnet aus, welche Belastungen Müllers entstehen, wenn INTERFIT vom Vertrag zurücktritt.
- Wie hätten Müllers den Zahlungsverzug vermeiden können?

2 Nehmt Stellung und begründet:
Müllers hätten besser aufpassen müssen. In den AGB sind die Rechte beider Vertragspartner gleich gewichtet.

Bargeldloser Zahlungsverkehr

1 Ohne Girokonto geht nichts

Anna beneidet ihre Schwester Laura um ihre → Girocard. Laura ist 18 Jahre alt, hat ein eigenes Girokonto und zahlt beim Einkauf oft mit ihrer Karte. Viel Bargeld braucht sie nicht mehr mit sich herumzutragen.

Anna findet es sehr praktisch, dass Laura mit der Girocard und Geheimzahl jederzeit Geld am Geldautomaten ziehen kann. Laura spricht manchmal auch von „Plastikgeld" und meint damit ihre Karte.

Laura ist Auszubildende. Ihr Arbeitgeber überweist die Ausbildungsvergütung monatlich auf das Girokonto. Wenn sie mit der Karte bezahlt, dann wird der Geldbetrag von ihrem Konto abgebucht. Auf dem Kontoauszug sieht Laura genau, von wem sie wie viel Geld bekommen hat (Einzahlung/Gutschrift) und für was sie Geld ausgegeben hat (Auszahlung/Lastschrift).

Auch Jugendliche können mit Zustimmung ihrer Eltern ein Girokonto einrichten. Das Girokonto kann über den eigenen Computer mit Internetanschluss online geführt werden.

▸ **Leitauftrag** Erklärt die Kontobewegungen, die Lauras Kontoauszug zeigt.

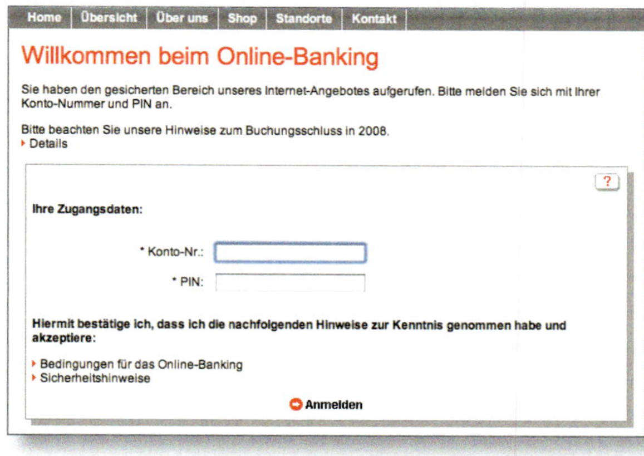

Kontonummer 1234567890		Sparkasse Überall	ÜSPA	Bankleitzahl 100 900 00
Buchungstag	Tag der Wertstellung	Verwendungszweck/Buchungstext	Buchungsnummer	EUR alter Kontostand 100,37+
2504	2504	Recht&Leben Versicherung GmbH Ausbildungsvergütung 04/2006	999010	721,30+
2604	2604	GA NR 00002172 BLZ 100 900 00 22.04./23.11 Uhr ÜSPA	995420	50,00-
2804	2804	Modehaus AMANDA EC-Einkauf vom 27/04/2006	999876	48,90-
0105	0105	Miete 05/2009	999191	250,00-
Frau Laura Mustermann			Dispo-Kredit EUR 1.000,00	EUR 472,77+ neuer Kontostand
				30.04.2009 6 1

B Auf einen Blick

Ihr kennt Nutzungsmöglichkeiten von Sparkonto und Girokonten.

Ihr erklärt die Nutzung der Girocard.

Ihr unterscheidet Geldgeschäfte beim Girokonto.

Ihr erklärt den Umgang mit Online-Banking.

2 Der Umgang mit der Girocard

Bargeldauszahlen am Geldautomaten

Mit der Girocard kann man jederzeit an Geldautomaten Bargeld von seinem Konto abheben. Wer im Ausland Geldautomaten nutzen will, braucht eine Girocard mit Maestro-Zeichen. In Verbindung mit der Girocard teilt das Geldinstitut eine persönliche Geheimnummer mit, die beim Gebrauch der Karte abgefragt wird.

Die Karte ist in einen Geldautomaten zu schieben und die Geheimzahl einzugeben.

A

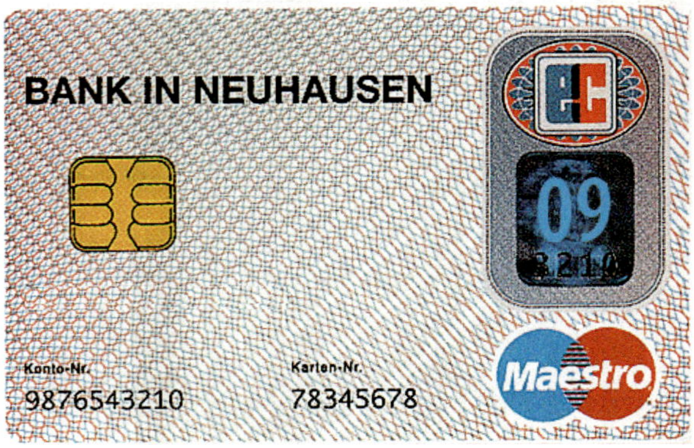

Hinweise zur eigenen Sicherheit

- Die persönliche Geheimnummer (PIN) muss man sich merken.
- Hat man sie vergessen, ist die Girocard in vielen Fällen nicht mehr einzusetzen.
- Eine neue Girocard mit neuer Geheimnummer kostet wieder Gebühren beim Geldinstitut.
- Um Missbrauch vorzubeugen, sollte die Geheimnummer immer getrennt von der Karte aufbewahrt werden.
- Bei Verlust der Karte diese sofort sperren lassen. Danach muss nicht mehr für Missbrauch gehaftet werden.

Bezahlen ohne Bargeld

Größere Einkäufe, ein Restaurantbesuch oder das Tanken können ebenfalls mit Karte bezahlt werden. Kleinere Beträge können mit der Geldkartenfunktion der Girocard bezahlt werden, z.B. eine Busfahrkarte (S. M4, S. 132).

Ein Lesegerät an der Kasse erfasst die notwendigen Daten, die auf der Karte gespeichert sind. Durch ein computergesteuertes Kassensystem wird die Kreditwürdigkeit geprüft, nachdem die PIN eingegeben wurde. Für dieses sog. EC-Cash-Verfahren verlangen die Geldinstitute vom Händler 0,3 % vom Umsatz. Um diese Gebühr zu umgehen, bietet der Handel das EC-Lastschriftverfahren an. Dabei wird die Karte nur eingelesen und ein Lastschriftbeleg ausgedruckt, der vom Karteninhaber unterschrieben werden muss. Dabei wird die Unterschrift auf dem Lastschriftbeleg mit der Unterschrift auf der Girocard verglichen. In beiden Verfahren wird der eingegebene Zahlbetrag vom eigenen Konto abgebucht und dem Konto des Zahlungsempfängers gutgeschrieben. Auch wenn das Konto kein Guthaben mehr aufweist, darf mit der Girocard bezahlt werden, wenn ein Überziehungskredit, auch Dispositionskredit genannt, eingeräumt wurde.

A

Aufgaben

1 Wie soll dem Missbrauch der Girocard vorgebeugt werden. Nennt die im Text aufgeführten Sicherheiten.

2 Erörtert Vor- und Nachteile des Zahlens mit Karte (siehe auch M1, M2, S. 131).

3 Nehmt Stellung zu folgender Mitteilung: „Die Verfügung über eine Girocard verleitet zum Kauf."

4 Sprecht über Vorteile von Geldautomaten für Kunden und Geldinstitute. Gibt es auch Nachteile?

3 Wie Familie Schöll ihr Girokonto nutzt

Jeden Monat überweist der Arbeitgeber von Herrn Schöll das Nettogehalt von 2000 Euro auf das Girokonto. Das monatliche Kindergeld für Tochter Marita wird von der Familienkasse der Bundesagentur für Arbeit überwiesen. Beide Zahlungen werden auf dem Girokonto als Guthaben gebucht. Schölls sehen die Buchungen auf ihrem Kontoauszug (siehe M3, S. 131).

Die Überweisung

Die Handwerkerrechnung begleicht Herr Schöll über ihr Konto mithilfe einer Überweisung. Dazu füllt er ein Formular aus und reicht es bei seinem Geldinstitut ein. Der Betrag wird von seinem Konto abgebucht und dem Konto des Empfängers gutgeschrieben. Dies geschieht heute computergesteuert.
Geldinstitute stellen Terminals für ihre Kunden zur Kontoführung bereit.

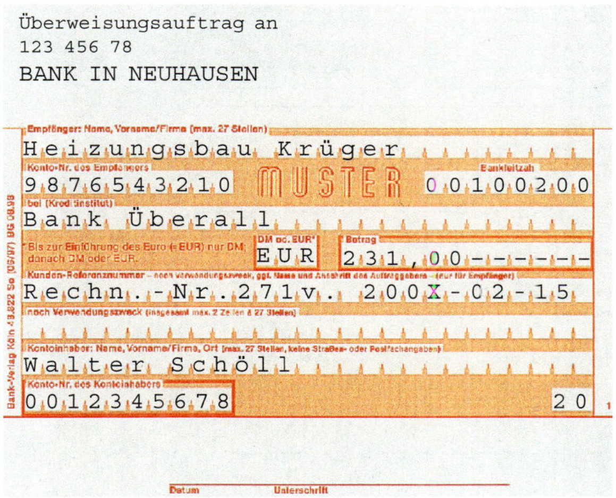
Überweisungsauftrag an
123 456 78
BANK IN NEUHAUSEN

Empfänger: Name, Vorname/Firma (max. 27 Stellen)
Heizungsbau Krüger
Konto-Nr. des Empfängers: 9876543210
MUSTER
Bankleitzahl: 00100200
bei (Kreditinstitut)
Bank Überall
*Bis zur Einführung des Euro (=EUR) nur DM; danach DM oder EUR.
DM od. EUR*: EUR
Betrag: 231,00------
Kunden-Referenznummer – noch Verwendungszweck, ggf. Name und Anschrift des Auftraggebers – (nur für Empfänger)
Rechn.-Nr.271v. 200X-02-15
noch Verwendungszweck (insgesamt max. 2 Zeilen à 27 Stellen)
Kontoinhaber: Name, Vorname/Firma, Ort (max. 27 Stellen, keine Straßen- oder Postfachangaben)
Walter Schöll
Konto-Nr. des Kontoinhabers: 0012345678
20

Datum Unterschrift

▲ Überweisungsformular

Der Dauerauftrag

Die monatliche Mietzahlung lassen Schölls ebenfalls über ihr Girokonto laufen. Da der Betrag für eine bestimmte Zeit monatlich unverändert bleibt, wählen sie einen Dauerauftrag. Mit dieser besonderen Form der Überweisung weist der Auftraggeber sein Geldinstitut an, einen Geldbetrag zu einem bestimmten Termin immer wieder zu überweisen. Auch das Taschengeld für Marita überweisen die Eltern monatlich per Dauerauftrag.

Die Lastschrift

Stets wiederkehrende Zahlungen, deren Höhe sich ändert (z.B. Strom-, Telefon- und Gasrechnungen), erledigen Herr und Frau Schöll mittels Lastschriftverfahren. Dazu erteilen sie dem Zahlungsempfänger auf einem vorgefertigten Formular eine sogenannte Einzugsermächtigung. Dieser kann bis auf Widerruf die entstandenen Rechnungsbeträge vom Girokonto einziehen. Außerdem erhalten sie eine Abrechnung vom Zahlungsempfänger. Damit können sie die Abbuchung überprüfen und ggf. widerrufen.

Verrechnungsscheck

Durch den Umzug wurde die Anschaffung eines Zweitwagens notwendig. Frau Schöll entschied sich für einen Gebrauchtwagen und bezahlte dem Autohändler den Wagen mit einem Verrechnungsscheck. So war sie nicht gezwungen, die erforderlichen 2800 Euro in bar mitzubringen. Um genügend Guthaben auf dem Girokonto zu haben, hatte sie zuvor Geld von ihrem Sparkonto abgehoben und auf das Girokonto überwiesen.

Der Autohändler kann diesen Verrechnungsscheck nur einlösen, indem er den Betrag auf sein eigenes Konto buchen lässt. Da er als Schecküberbringer eingetragen ist, kann das Geld auch nur auf sein Konto gezahlt werde. Dazu muss die Bemerkung „Nur zur Verrechnung" auf dem Scheck eingetragen sein.

Der Scheckempfänger hat allerdings keine Sicherheit, dass der eingetragene Betrag auch auf seinem Konto gutgeschrieben wird. Eine solche Gutschrift wird nicht erfolgen, wenn das Konto des Scheckausstellers keine Deckung aufweist.

A **Aufgaben**

1 Wann ist ein Dauerauftrag und wann das Lastschriftverfahren sinnvoll?

2 Warum dürfte der Autohändler den Scheck akzeptiert haben?

4 Direkter gehts nicht: Online-Banking

Die Auszubildende Laura entschloss sich, ihr Konto online zu führen.
„Die Voraussetzungen hatte ich: einen PC und einen Internetzugang. Mein Geldinstitut ermöglichte mir den Zugang zu meinem elektronischen Konto, sodass ich heute fast meinen ganzen Zahlungsverkehr bequem von zu Hause aus erledigen kann."

Jederzeit kann Laura am Bildschirm Auskunft über ihren Kontostand erhalten, Kontobewegungen abfragen, Überweisungen oder Daueraufträge in Auftrag geben. Laura braucht nur eine Verbindung zum Server ihres Geldinstituts herzustellen.
Diese Art der Kontoführung wird als Online-Banking bezeichnet. Zum Abholen von Bargeld muss Laura natürlich weiterhin einen Geldautomaten aufsuchen. Ihren Kontoauszug kann sie im Internet abrufen und ausdrucken.
Laura spart durch ihr Online-Banking nicht nur Zeit, sondern auch Geld. Ihr Geldinstitut bot ihr eine kostenlose Kontoführung an.

Sicherheit ist gefragt
Damit die übertragenen Daten nicht in falsche Hände geraten, treffen die Geldinstitute für ihre Übermittlung per Computer besondere Sicherheitsvorkehrungen.
Mittels sog. PIN (Persönliche Identifikationsnummer) und TAN (Transaktionsnummer), die nur der Zugangsberechtigte kennt, wird eine unbefugte Nutzung des Kontos durch Dritte verhindert. Neuerdings kann die TAN per SMS auf das eigene Handy gesandt werden.

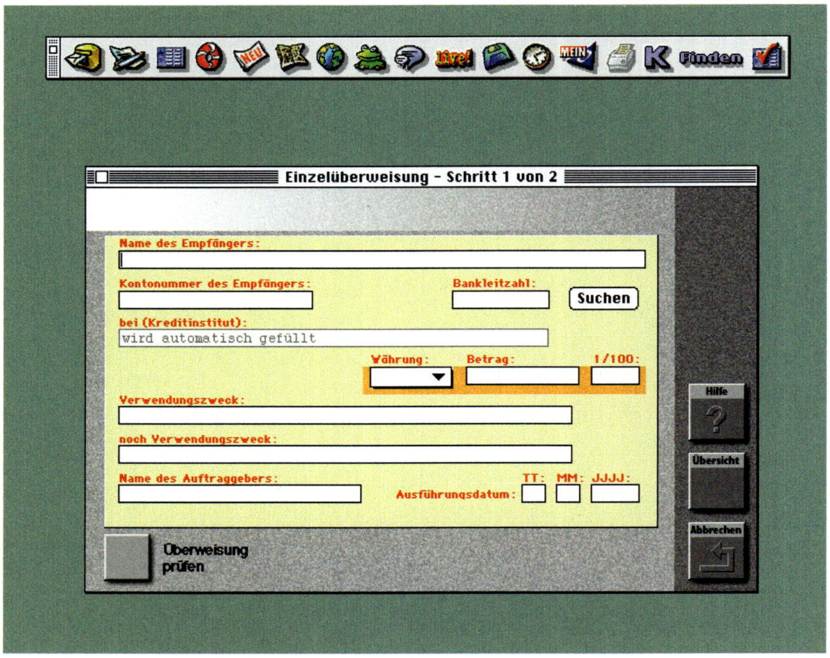

A

Aufgaben

1 Online-Banking? Erklärt den Begriff.

2 Laura entschloss sich, ihre Kontoführung künftig mittels Online-Banking zu betreiben. Welche Gründe könnten sie dazu bewogen haben?

3 Der Themenbereich Online-Banking kann mit der Erkundung eines Geldinstituts verbunden werden:
- Stellt den Leistungsumfang beim Online-Banking fest.
- Wie funktionieren PIN und TAN? Lasst euch die Benutzung der verwendeten Programme demonstrieren.
- Formuliert Fragen zur Sicherheit der Datenübermittlung.
- Stellt fest, welche Kosten die Teilnahme am Online-Banking verursacht.

5 Weiterführendes Material

M1 Zahlungsarten im Einzelhandel

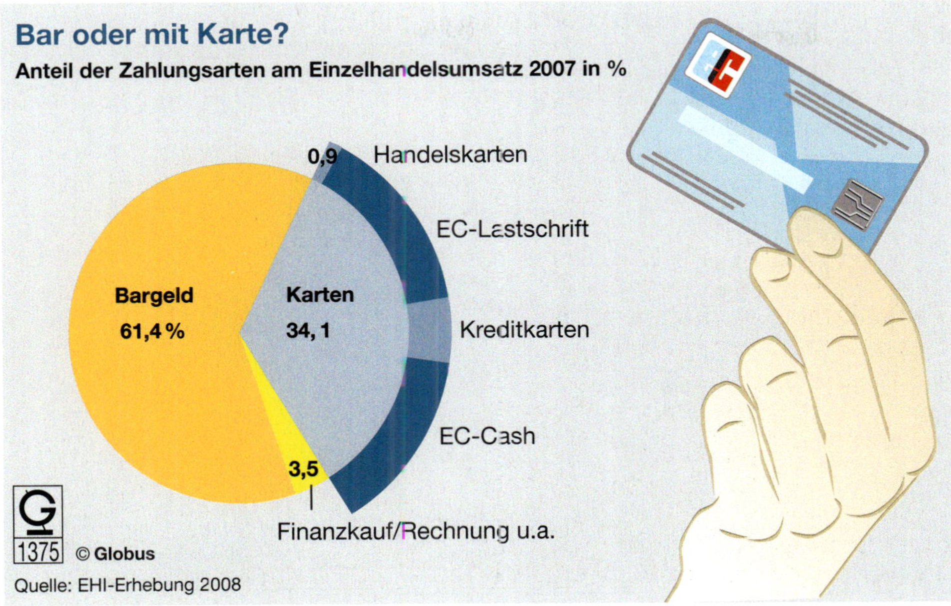

M2 Karten mit Zahlungsfunktion

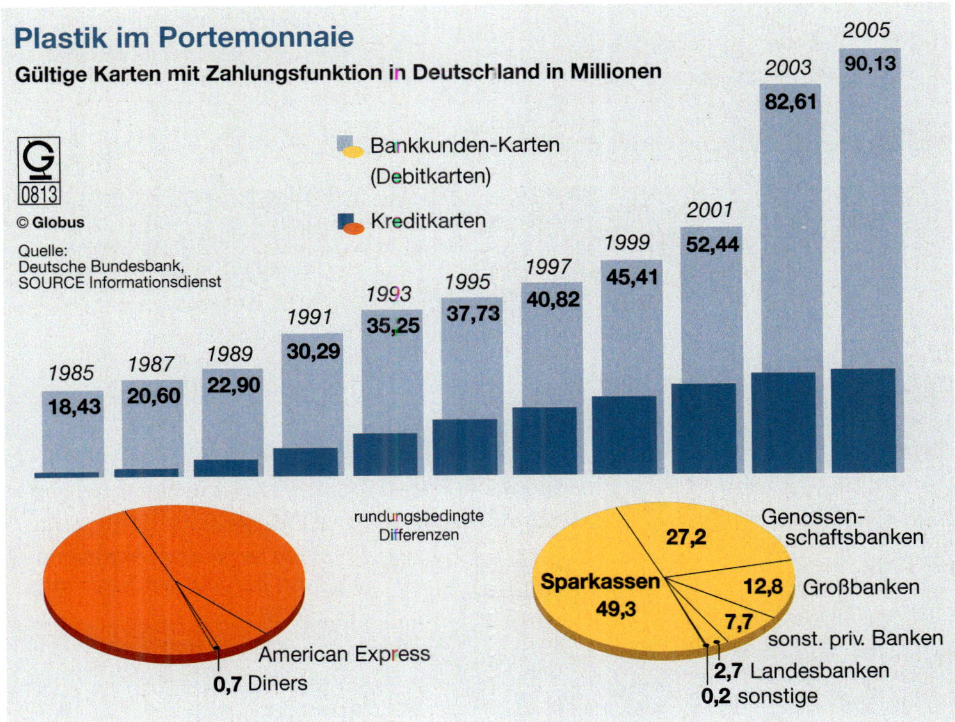

M3 Der Kontoauszug

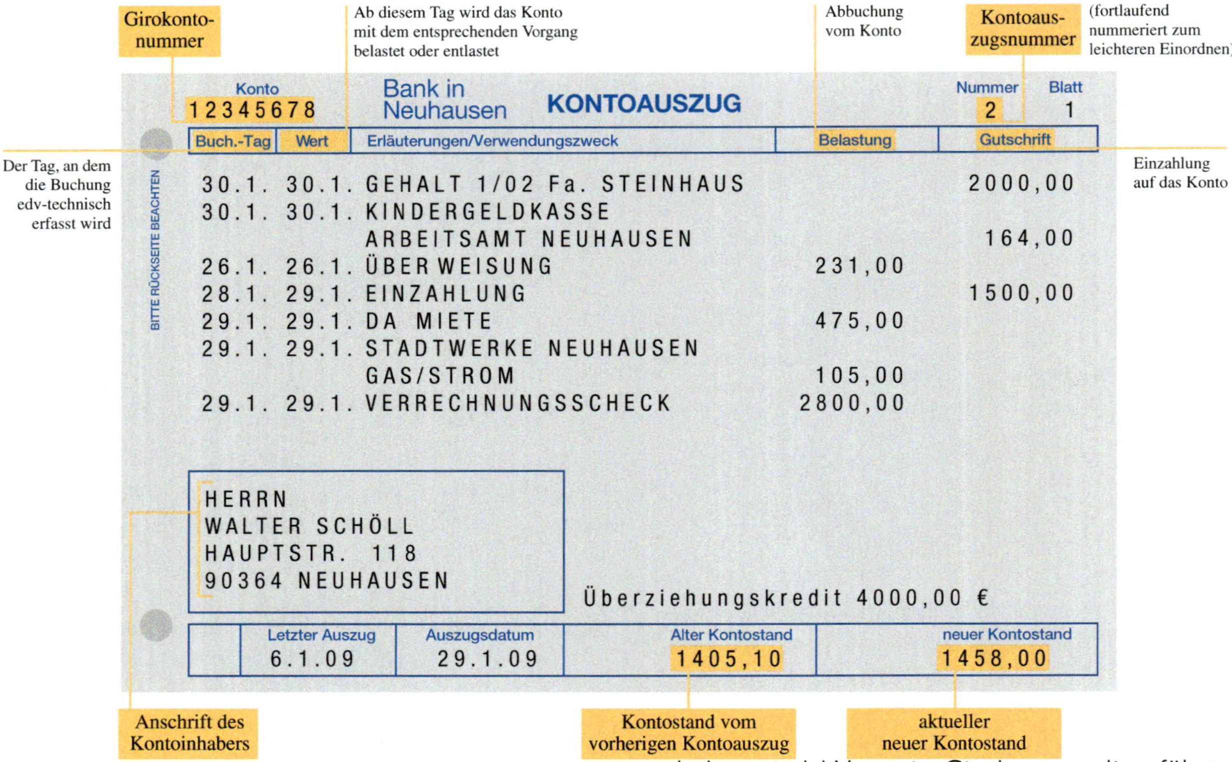

Kontoauszüge enthalten alle Veränderungen des Kontostandes und geben Aufschluss über die einzelnen Zahlungsvorgänge. Bei der Kontoeröffnung wird vereinbart, wie die Kontoauszüge zu erhalten sind. Wer sein Girokonto online führt, kann sich einen elektronischen Kontoauszug am heimischen Bildschirm ausdrucken.

M4 Wichtige bargeldlose Zahlungsarten im Überblick

Zahlungsart	Vorgang	Bonität* geprüft?	Kosten für Verkäufer	Sonstiges
ec-cash	Girocard + PIN	Ja	0,3 % des Umsatzes (min 0,08 €)	Für Zahlungen am Tresen (mit Bonitätsprüfung)
Lastschrift-verfahren	Girocard + Unterschrift	Nein	keine	Auf Vertrauensbasis (Stammkunden, geringe Beträge)
Überweisung	Überweisungsauftrag Girokonto	Ja	keine	
Online-Last-schriftverfahren	Maestro-Card (Girocard) + Unterschrift	Nein	0,05 € (Sperrdateiabfrage)	Sperrabfragen der Banken möglich
Kreditkarte	Kreditkarte + Unterschrift	Ja	ca. 2 % bis 4 % des Umsatzes	sehr verbreitet, Abhebung von Bargeld am Automaten teuer
GeldKarte**	aufgeladene GeldKarte	Ja	0,3 % des Umsatzes (min. 0,01 €)	Garantie wegen vorherigem Aufladen der Karte

* Kreditwürdigkeit (z.B. durch Guthaben oder Einräumung eines Überziehungskredits);
** in Verbindung mit anderen Kartenfunktionen, z.B. Girocard

M5 Zahlung mit Kreditkarte

Damit können Waren und Dienstleistungen bezahlt werden. Sie ist weltweit einsetzbar, sowohl im realen täglichen Leben als auch bei Online-Geldtransaktionen, z.B. beim Internetkauf.

Sie wird im Fall von MasterCard oder Visa von Instituten in Zusammenarbeit mit den Kreditkartenorganisationen ausgegeben, oder – im Falle von Diners Club und American Express – direkt von der Kartengesellschaft. Der Name entstand aus der Tatsache, dass Kreditkarten dem Karteninhaber oftmals einen Kredit gewähren. Monatlich erfolgt eine Abrechnung über die erworbenen Waren und Dienstleistungen.

Viele Kreditinstitute geben Kreditkarten kostenlos an ihre Kunden aus. Manche verlangen einen gewissen Umsatz, damit diese kostenlos ist. Andere verlangen eine Jahresgebühr. Voraussetzung zum Erhalt einer Kreditkarte ist eine Kreditwürdigkeit, die u.a. durch regelmäßige Zahlungseingänge nachgewiesen werden kann.

Der Einsatz ist nur möglich, wenn die Karte vom Händler bzw. Geldautomaten akzeptiert wird.

Weltweit können 23 Mio. Akzeptanzstellen und 800 000 Bankautomaten genutzt werden.

Sobald der Verlust einer Kreditkarte gegenüber dem Institut, das die Karte ausgegeben hat, angezeigt wird, hat der Karteninhaber für Missbrauch nach diesem Zeitpunkt nicht mehr einzustehen. Für Schäden, die vorher eintreten, beträgt die Haftung i.d.R. 50 EUR.

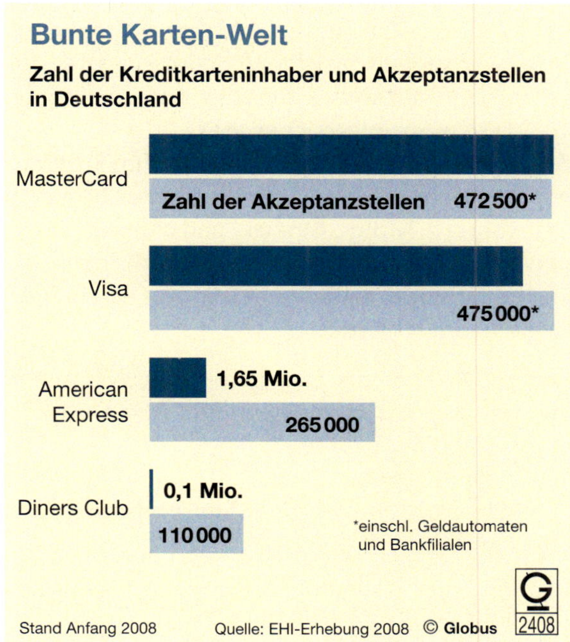

Arbeiten mit den Materialien

Zu M1
Wann ist es sinnvoll, die Zahlungsarten einzusetzen?

Zu M2
Begründet die zunehmende Verbreitung der Nutzung von Karten mit Zahlungsfunktion.

Zu M3
1 Überprüft die Richtigkeit des Kontoausdrucks. Ordnet dabei die einzelnen Zahlungsvorgänge aus den vorhergehenden Texten zu.

2 Der Kontoauszug ist auch als Buchführung zu nutzen. Was meint er damit? Sprecht über ihre Bedeutung für den privaten Haushalt.

3 Was bedeutet es, wenn Buchungstag und Wertstellungstag nicht übereinstimmen?

Zu M4
Welche bargeldlose Zahlungsart würdet ihr wählen? Begründet.
a) Kauf einer Busfahrkarte
b) Kauf eines Buches im Internet
c) Bezahlung einer Handwerkerrechnung
d) Monatliche Telefonrechnung
e) Kauf eines Mantels im Textilgeschäft

Zu M5
1 Wann lohnt es sich, über eine Kreditkarte zu verfügen?

2 Welche Kreditkarten sind weit verbreitet?

Private Versicherung

1 Versicherungen schützen vor Risiken

In einer Gesellschaft, in der die Menschen überwiegend in Kleinfamilien und alleine leben, ist eine Vorsorge gegen bestimmte Risiken des Lebens notwendig.
Eine Versicherung gegen Krankheit, Erwerbslosigkeit, zur Alterssicherung, gegen Unfälle bei der Erwerbsarbeit und Pflegebedürftigkeit ist für die meisten Menschen gesetzlich vorgeschrieben (gesetzliche Sozialversicherung).
Wegen der großen Schäden, die sich im Straßenverkehr ereignen können, hat der Staat auch allen Kraftfahrern, Mofa-, Mokick- und Mopedhaltern eine Haftpflichtversicherung vorgeschrieben. Sie schützt Dritte, d. h. Personen, die von einem Fahrer geschädigt wurden.

Andere Risiken, die das Leben der Menschen ebenfalls stark betreffen, können privat abgesichert werden, z. B.
- Fahrraddiebstahl,
- Unfälle in der Freizeit, beim Sport oder im privaten Haushalt,
- Diebstahl, Einbruch, Feuer und Wasserrohrbruch im privaten Haushalt,
- rechtliche Auseinandersetzungen,
- selbst verursachte Schäden an Sachen anderer,
- Berufsunfähigkeit.

Wie funktioniert eine private Versicherung?

Eine Versicherung soll das Risiko, das ein einzelner Mensch nicht alleine tragen kann, durch eine große Anzahl Versicherter absichern (Gesetz der großen Zahl).

Mithilfe der Wahrscheinlichkeitsrechnung können die Versicherungsunternehmen das Risiko für bestimmte Schadensfälle ermitteln. Die Grundlage bilden die Schadensfälle in der Vergangenheit. Berechnet werden kann z. B. die Wahrscheinlichkeit von Autounfällen, Fahrraddiebstählen, Wasserrohrbrüchen. Diese Berechnungen bestimmen die Beitragshöhe. Weitere Gesichtspunkte sind z. B. bei Kfz-Versicherungen der Autotyp und das Alter der Fahrer. Bei der privaten Krankenversicherung sind es das Eintrittsalter und der Gesundheitszustand.
Die Versicherungsunternehmen stehen im Wettbewerb zueinander. Da die Leistungen sehr unterschiedlich sind und es viele Anbieter gibt, können Verbraucher die Leistungen und Preise schwer bewerten. Eine genaue Prüfung ist wichtig.

▸ **Leitauftrag** Begründet die Versicherungspflicht der gesetzlichen Sozialversicherung und die Freiwilligkeit der privaten Versicherung.

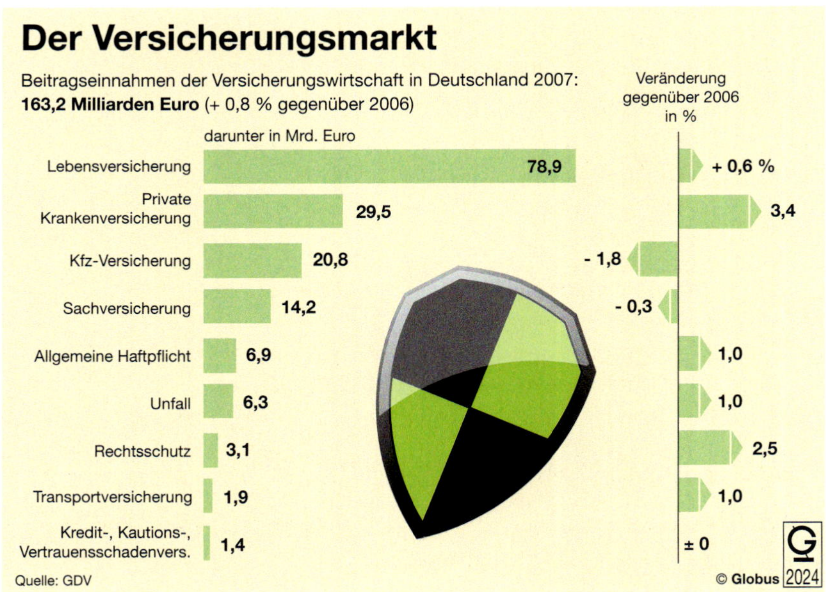

B Auf einen Blick

Ihr erkennt, was Versicherungen leisten.
Ihr versteht, wie Versicherungen kalkulieren.
Ihr kennt die wichtigsten Versicherungen für die Zeit der Berufsausbildung.

2 Welche Versicherungen brauche ich?

Eine Befragung

Schüler der Klasse 9 befragten Verwandte, Nachbarn und Freunde nach den Gründen für einen Versicherungsabschluss.

Claudia, 30 Jahre: „Mein Bedürfnis nach Sicherheit ist gestiegen, nachdem die beiden Kinder geboren wurden. Eine Lebensversicherung war mir wichtig, falls uns etwas passiert. Auch eine Haftpflichtversicherung ist wichtig. Die Kinder können ja alles Mögliche anstellen."

Anke, 28 Jahre: „Ich bin nicht der Versicherungstyp, habe nicht viel Angst. Die Pkw-Haftpflicht ist Pflicht. Außerdem habe ich eine private Haftpflicht und eine Hausratversicherung.

Jens, 18 Jahre: „Ich habe vor einem Jahr meine Berufsausbildung begonnen. Ich bin in der gesetzlichen Sozialversicherung und überlege, ob ich eine private Unfallversicherung abschließen soll. Ich treibe viel Sport. Da ich bei meinen Eltern wohne, brauche ich sonst keine Versicherung."

Simon, 64 Jahre: „Ich habe im letzten Jahr meine Hausratversicherung erhöht. Ich habe mehr Angst vor Diebstahl als früher. Außerdem habe ich eine Rechtsschutzversicherung abgeschlossen. Ich habe Angst davor, dass mich jemand bei Rechtsstreitigkeiten über den Tisch zieht. Vielleicht macht mich das Alter unsicherer. Vielleicht sind auch die Zeiten unsicherer geworden. Man liest so viel Schlechtes in der Zeitung."

Anna, 52 Jahre: „Neulich wollte mir ein Vertreter eine Risikolebensversicherung verkaufen. Glücklicherweise klingelte eine Nachbarin und hat mich vor einem Vertragsabschluss gewarnt. ‚Pass auf', hat sie gesagt, ‚die wollen Geschäfte mit der Angst machen.' Ja, ich werde in Zukunft sehr vorsichtig sein."

Jürgen, 39 Jahre: „Ich habe vor ein paar Monaten meine Hausratversicherung erhöht.
In den letzten Jahren hatte sich der Wert des Hausrats doch spürbar erhöht. Ich war froh, dass es die Zeitschrift ‚Finanztest' von der Stiftung Warentest gibt. Die habe ich in der Stadtbücherei eingesehen. Die Stiftung Warentest ist unabhängig und informiert bestens. Ich habe die Versicherung gewechselt und bezahle jetzt weniger Geld für eine bessere Leistung. Das hätte ich alleine nie herausgefunden."

Gesichtspunkte bei der Entscheidung

- Höhe eines möglichen Schadens oder des Risikos
- Höhe des verfügbaren Einkommens und der Ersparnis
- Vermögen
- Lage der Wohnung oder des Hauses (Wohnumfeld)
- Familienstand
- Alter
- mögliche Unterstützung durch Familie, Freunde oder Nachbarn im Schadensfall

A
Aufgaben

1 Aus welchen Gründen haben die befragten Personen Versicherungen abgeschlossen?

2 Welche Gründe findet ihr selbst sehr wichtig bzw. weniger wichtig?

3 Führt eine Befragung bei Eltern, Nachbarn und Freunden durch.

▲ Versichert gegen Hundebisse jeder Art;
ausgenommen sind lediglich
a) Bisse von männlichen Hunden,
b) Bisse von weiblichen Hunden,
Kastrierte Hunde fallen nicht unter den Begriff Hund.

3 Die Berufsausbildung beginnt – wie versichere ich mich?

Art der Versicherung Pflicht oder freiwillig	**Auszubildende**	**Berufseinsteiger**
Fahrradversicherung **freiwillig**	Versicherung gegen Diebstahl. Der Diebstahl muss bei der Polizei gemeldet werden. Zur Schadensmeldung sind Angaben über Hersteller, Marke und Rahmennummer notwendig. Das Fahrrad muss durch ein Schloss gesichert sein.	
Mofa- oder Moped-Haftpflichtversicherung **Pflicht**	Die Mofa- oder Moped-Haftpflichtversicherung sichert gegen Personen- und Sachschäden ab, die bei einem Unfall Dritten zugefügt werden. Freiwillig ist eine Kaskoversicherung bzw. Teilkaskoversicherung gegen Schäden am eigenen Mofa/Moped.	
Kfz-Haftpflicht-versicherung **Pflicht**	Die Kfz-Haftpflichtversicherung sichert gegen Personen- und Sachschäden ab, die bei einem Unfall Dritten zugefügt werden. Freiwillig ist eine Kaskoversicherung bzw. Teilkaskoversicherung gegen Schäden am eigenen Auto.	
Privathaftpflicht **freiwillig**	Wenn die Eltern eine private Haftpflichtversicherung abgeschlossen haben, sind Auszubildende bis zum Ende der Ausbildung mitversichert.	Nach Abschluss der beruflichen Ausbildung oder des Studiums ist eine eigene Privathaftpflicht nötig.
Hausratversicherung **freiwillig**	Wenn die Eltern eine private Haftpflichtversicherung abgeschlossen haben, sind Auszubildende – wenn sie dauerhaft zu Hause wohnen – bis zum Ende der Ausbildung mitversichert.	Wer dauerhaft von zu Hause auszieht und einen eigenen Haushalt gründet, muss sich selbst versichern.
Auslandskranken-versicherung **freiwillig**	Der gesetzliche Krankenschutz gilt nicht weltweit. Falls ein Aufenthalt in einem Land vorgesehen ist, in dem die Versicherung keinen Krankenschutz gibt, ist eine Zusatzversicherung sehr wichtig.	
Berufsunfähigkeits-versicherung **freiwillig**	Erst nach fünfjähriger Berufstätigkeit und Versicherungspflicht zahlt die gesetzliche Rentenversicherung eine Erwerbsminderungsrente.	

A

Aufgaben

1 Welche Versicherung müssen bzw. können die Personen in folgenden Fällen abschließen?
- Claudia kauft sich ein Mofa.
- Arnim möchte sich dagegen schützen, dass er als Fußgänger einen Radfahrer schädigt.
- Bernhard möchte seine Wohnung vor Einbruch und Feuer schützen.
- Philip kauft sich einen Gebrauchtwagen.
- Anna will sich gegen Unfälle beim Sport absichern.

2 Informiert euch im Internet über ausgewählte Versicherungen. Es gibt Besonderheiten und Voraussetzungen, die in dem Schema nicht alle aufgeführt sind.

3 Informiert euch bei unabhängigen Beratern, z.B. der Stiftung Warentest, oder der Zeitschrift „Finanztest" über die Kosten.

Alles klar?

Ich hab' meine Finanzen fest im Griff!

1 Schreibe die gesetzlichen Bestimmungen für einen Ratenkaufvertrag auf.

2 Überprüfe, ob die Informationen für das Kreditangebot vollständig sind.

3 Schreibe auf, was man unter einem effektiven Jahreszins versteht.

4 Schreibe auf, was für Käufer von nachhaltigen Geldanlagen wichtig ist.

5 MIRO hat von seinen Großeltern 5000 Euro geerbt. Er will das Geld fünf Jahre anlegen und genau wissen, welchen Betrag er dann ausgezahlt bekommt.
Welche Geldanlage würdest du MIRO empfehlen? Begründe.

Bargeldloser Zahlungsverkehr

6 Beschreibe die Bedeutung der Geheimnummer bei der Nutzung der Girocard.

7 Maras Eltern zahlen das Taschengeld monatlich auf ihr Konto. Durch welche Bankdienstleistung kann das vereinfacht werden?

8 Erkläre, wodurch Online-Banking für den Kunden abgesichert ist.

9 Nenne zwei Nutzungsmöglichkeiten einer Kreditkarte.

Private Versicherung

10 Nenne Unterschiede zwischen der Sozialversicherung und privaten Versicherungen.

11 Nenne Gesichtspunkte, die für die Wahl einer privaten Versicherung eine Rolle spielen.

12 Nenne Gründe für die Rangfolge der abgeschlossenen Versicherungen.

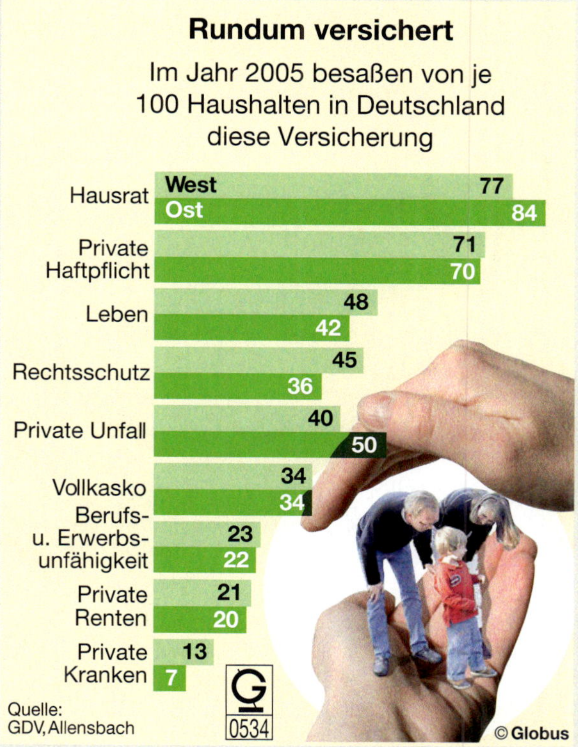

13 Welche Versicherungen sind für dich besonders wichtig?

Berufsorientierung – ein spannender Prozess

1 Im Labyrinth deiner Lebenschancen

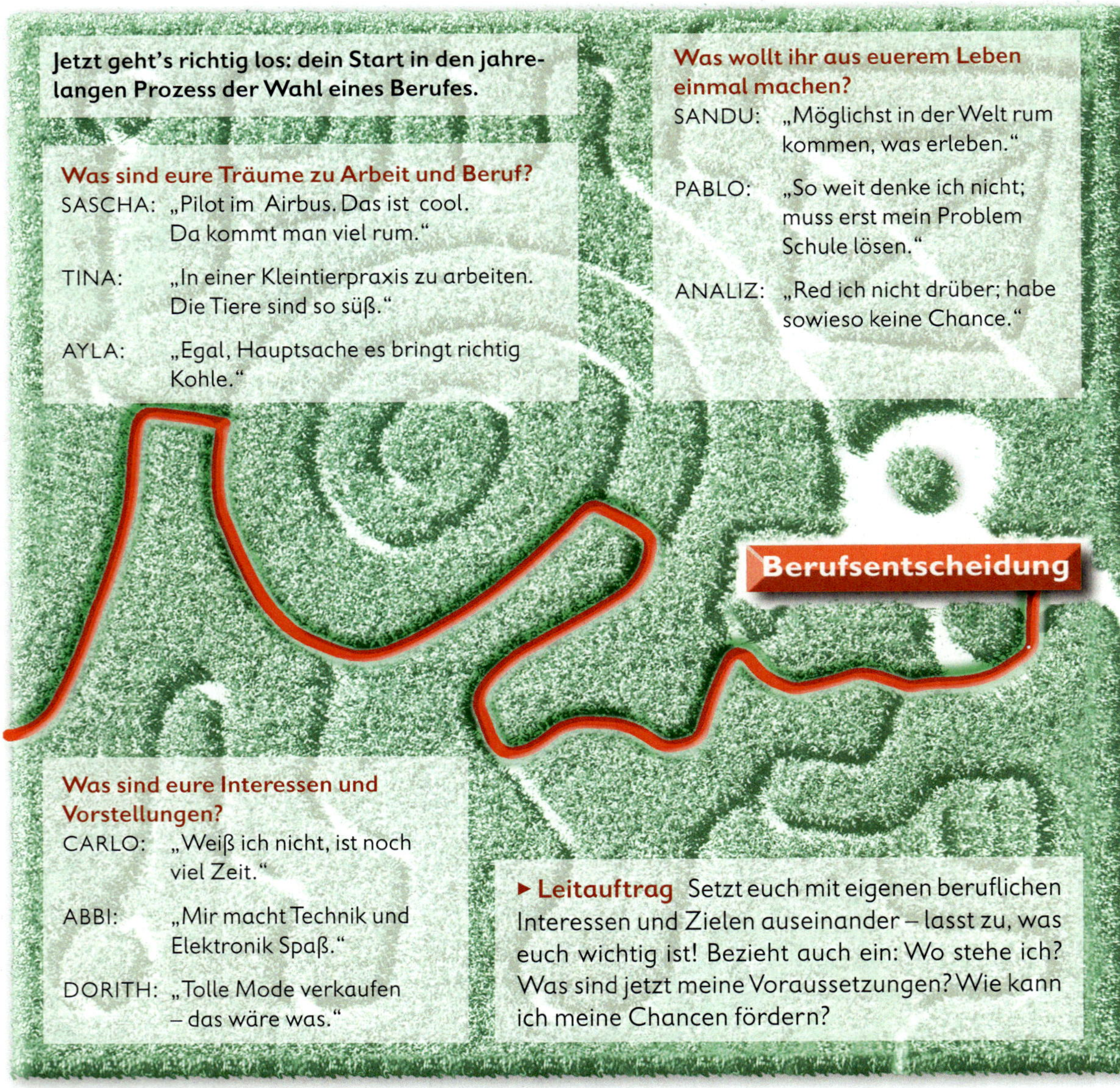

Jetzt geht's richtig los: dein Start in den jahrelangen Prozess der Wahl eines Berufes.

Was sind eure Träume zu Arbeit und Beruf?

SASCHA: „Pilot im Airbus. Das ist cool. Da kommt man viel rum."

TINA: „In einer Kleintierpraxis zu arbeiten. Die Tiere sind so süß."

AYLA: „Egal, Hauptsache es bringt richtig Kohle."

Was wollt ihr aus euerem Leben einmal machen?

SANDU: „Möglichst in der Welt rum kommen, was erleben."

PABLO: „So weit denke ich nicht; muss erst mein Problem Schule lösen."

ANALIZ: „Red ich nicht drüber; habe sowieso keine Chance."

Was sind eure Interessen und Vorstellungen?

CARLO: „Weiß ich nicht, ist noch viel Zeit."

ABBI: „Mir macht Technik und Elektronik Spaß."

DORITH: „Tolle Mode verkaufen – das wäre was."

▸ **Leitauftrag** Setzt euch mit eigenen beruflichen Interessen und Zielen auseinander – lasst zu, was euch wichtig ist! Bezieht auch ein: Wo stehe ich? Was sind jetzt meine Voraussetzungen? Wie kann ich meine Chancen fördern?

B Auf einen Blick

Ihr entwickelt Zukunftspläne und begründet sie.

Ihr beschreibt eure Interessen und Fähigkeiten und lasst diese von anderen einschätzen.

Ihr setzt euch schulische Ziele, um eure beruflichen Chancen zu verbessern.

Ihr begründet, warum gleiche Berufschancen für Mädchen und Jungen wichtig sind.

Ihr erklärt, wie euer Weg zur Wahl einer Ausbildung bzw. eines weiter führenden Schulbesuchs in den nächsten Jahren ablaufen könnte.

2 Eigenen Interessen und Fähigkeiten auf der Spur

◄ **„Hallo, ich bin MALEEN.**
In meinem ersten Schulpraktikum war ich im Restaurant POP1. Junges Team, total coole Gäste – ein paarmal durfte ich Speisen raustragen. Den Praktikumsplatz wählte ich, weil ich gern koche.
Bei POP1 habe ich aber meist vorgefertigte Produkte zubereitet, z. B. panierte Schnitzel. Ob man dort Köchin lernen sollte? Überhaupt – man muss körperlich gut drauf sein und arbeiten, wenn andere Freizeit haben."

◄ **„Ich bin ALEX.**
Ich habe gerade die Webseite aktualisiert.
Von der Klassenfahrt gibt's heiße Bilder.
Überhaupt: Computertechnik, Webdesign ..., das als Beruf wär doch was. In Kunst bin ich gut, aber in Mathe und Physik? Unser Klassenlehrer sagte: ‚Mach' den Quali' – zutrauen würde er mir das.
Und dann meine Augen ... Mutter meint: ‚Du darfst nicht dauernd vor dem Bildschirm hocken.'

A ### Aufgaben

1 Prüft für die Fälle oben Berufsinteressen, -fähigkeiten und -voraussetzungen.
- Was würdet ihr Maleen empfehlen?
- Was muss Alex bedenken?

2 Legt eine Tabelle mit Merkmalen zur Ausbildungsreife an (nach folgendem Muster):

Merkmale	Zuverlässigkeit	Sorgfalt
ganz	?	?
teilweise	?	?
gar nicht	?	?

Kreuzt an, wie ihr euch einschätzt. Tauscht mit dem Sitznachbarn und tragt in anderer Farbe für ihn die Einschätzung ein. Überlegt, wie ihr eure Ausbildungsreife verbessern könnt.

3 WER oder WAS hat Einfluss auf die Berufswahl?

Checkliste der eigenen Fähigkeiten

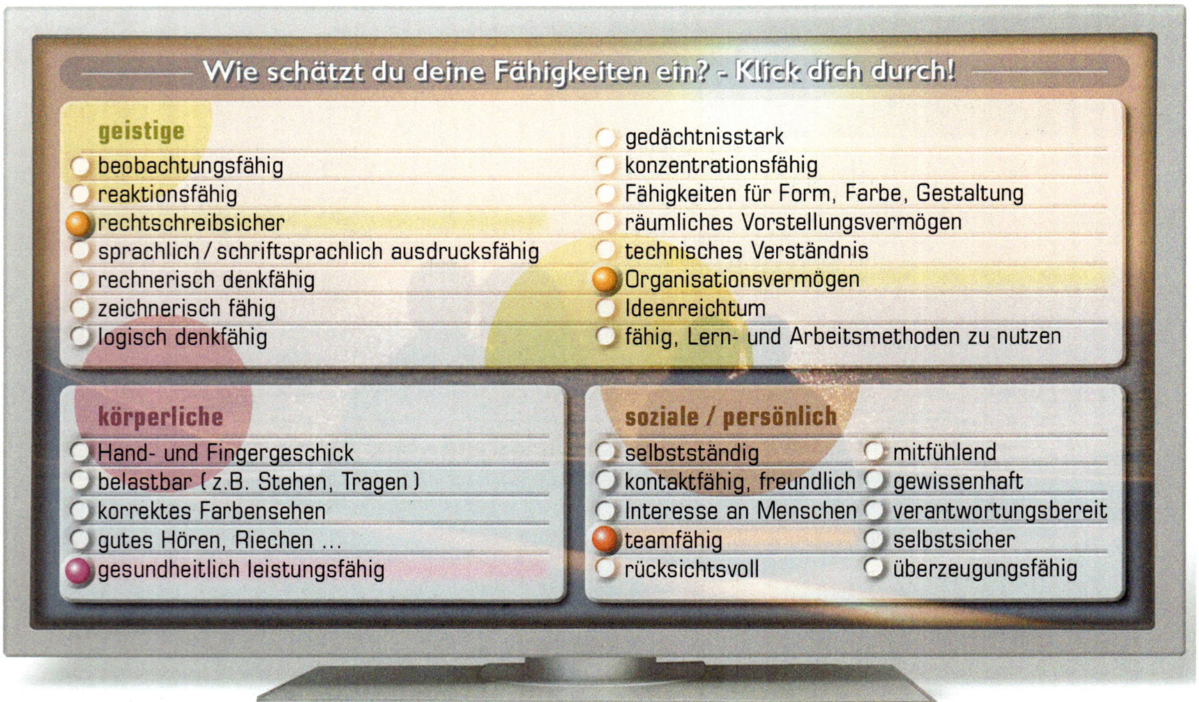

A Aufgaben

1 Prüft einen Beruf, der euch interessiert, mit der Checkliste der eigenen Fähigkeiten.

2 Vergleicht Faktoren, die auf die Berufswahl einwirken, mit dem Recht auf freie Berufswahl.

3 Befragt Schüler von Abgangsklassen zur Berufswahl. Nutzt die Methode Befragung.

4 Sprecht mit euren Eltern über deren Berufswahlentscheidungen und den Berufsverlauf.

4 WAS? WO? und WOMIT? – Die eigene Interessenlage feststellen

Es geht um die Vorbereitung deiner Lebenschancen. Überlege dir, was du willst. Setze dir Ziele. Sei aktiv dabei, dich für deine Interessen bei der Berufswahl einzusetzen.

Welche Tätigkeiten interessieren mich?

- anbauen/ernten/hegen/züchten
- bauen
- herstellen/zubereiten/Material bearbeiten
- kaufen/verkaufen/bedienen/beraten
- behandeln/pflegen/erziehen/unterrichten
- gestalten/malen/entwerfen/zeichnen
- montieren/installieren/reparieren
- prüfen/untersuchen
- reinigen
- schreiben/verwalten
- Computer bedienen/programmieren
- transportieren/lagern/verpacken
- Maschinen steuern und bedienen

Wo möchte ich arbeiten?

- Werkstatt/Fabrikhalle
- Verkaufsraum
- im Freien: Außenanlg./natürliche Umgebung
- soziale/medizinische/Bildungseinrichtung
- Labor/Prüfstation
- Fahrzeug/Transportmittel
- beim Kunden
- Büro
- Hotel/Gaststätte

Mit welchen Arbeitsmitteln/-gegenständen möchte ich arbeiten? Welche Bedeutung haben dabei Menschen?

- Baustoffe
- Chemische/synthetische Stoffe/Kunststoffe
- Elektrotechnik/Elektronik
- Fahrzeuge/Transportmittel
- Glas/Keramik/Edelsteine
- Holz/Papier
- Lebensmittel
- Mess- und Prüfgeräte
- Menschen
- Metalle
- Pläne/Entwürfe
- Regelungen/Gesetze/Vorschriften
- Technische Anlagen
- Textilien/Leder
- Tiere/Pflanzen
- Zeichen-/Schreibgeräte
- Büromaschinen/Büromaterialien
- Maschinen/Werkzeuge
- Information/Medien/Fremdsprachen

Bundesagentur für Arbeit:
MACH'S RICHTIG. Meine Interessen. Ausgabe 2005/06, Nürnberg, S. 24

Wegweiser im Labyrinth des Berufswahlprozesses

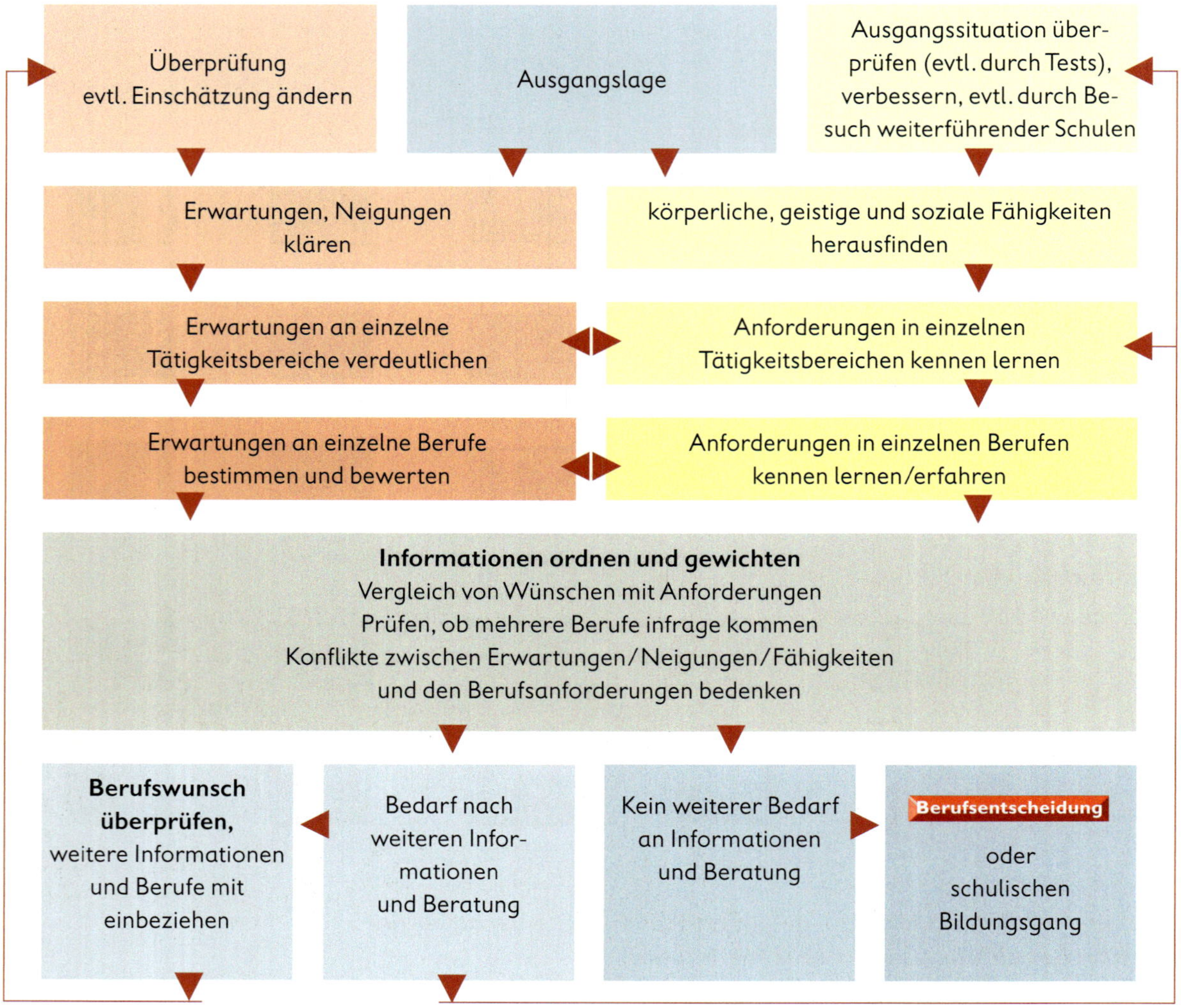

Informationen gewinnen und nutzen

Der Berufswahlunterricht hilft, Informationen zu erschließen und Entscheidungen vorzubereiten. Daneben ist viel Eigeninitiative notwendig.
Fragt dazu auch Eltern, Freunde, Auszubildende, Erwerbstätige, Lehrer.
Nutzt die Angebote von Kammern, Gewerkschaften, Wirtschaftsverbänden, Ministerien, Schulämtern.
Verfolgt, was Rundfunk, Fernsehen und Zeitungen zum Thema bringen.

Beteiligt euch aktiv an den schulischen Angeboten zur Berufsorientierung wie Betriebserkundungen und Betriebspraktika.
Entscheidend sind auch eure methodischen Fähigkeiten. Dabei helfen die Methoden:

- Texte verstehen und hinterfragen,
- Informationen gewinnen – Internet nutzen.

Eine wichtige Anlaufstelle für Information und Beratung sind das BIZ der →Bundesagentur für Arbeit und ihre Agenturen vor Ort.

Berufsinformationszentren (BIZ)

Sie bieten:
- Einführungsvorträge
- Berufsinformationsmappen
- Schriften zur Berufswahl (siehe unten)
- berufskundliche, audiovisuelle Medien und Computerprogramme www.planet-beruf.de
- eine Datenbank zur Aus- und Weiterbildung www.ich-will-eine-ausbildung.de
- Einzelberatung nach Anmeldung
- Klassenbesprechungen mit Berufsberatern

Nach **Bundesagentur für Arbeit:** http://berufswahl.lernnetz.de ▶ Beratung und … ▶ Informationen ▶ Informationsangebote im BIZ

Individuelle Berufsberatung

Das persönliche Gespräch mit dem Berufsberater kann die eigene Entscheidung für einen Beruf unterstützen. Er hilft, persönliche Wünsche sowie berufliche Interessen und Fähigkeiten zu klären. Falls notwendig, vermittelt er eine Eignungsuntersuchung.

Ist die Entscheidung getroffen, kann der Berufsberater bei der Vermittlung einer Ausbildungsstelle helfen. Wichtig ist:
- rechtzeitig anmelden (evtl. Wartefristen)
- Gespräch sorgfältig vorbereiten, vorher MACH'S RICHTIG durcharbeiten

Anzeigen

Viele Ausbildungsstellen werden der Arbeitsagentur nicht gemeldet. Deshalb auch in Betrieben vorsprechen und Anzeigen in Tageszeitungen und Internet verfolgen. Mehr in der Jobbörse unter www.arbeitsagentur.de
▶ Arbeit und Ausbildungssuchende oder www.ausbildungsstelle.com

Berufswahlpass zur Berufsorientierung

Damit werden
- die Angebote der Berufswahl transparent
- der eigene Weg zur Berufswahl dokumentiert Unterlagen gesammelt (siehe **M3**, S.152)

Informationsmaterial

Bundesagentur für Arbeit
www.ba-bestellservice.de
▶ Stichwortsuche ▶ Berufsorientierung ▶ Berufswahl

Bundesinstitut für Berufsbildung
www.bibb.de/de/ausbildungsinfos-online.htm
▶ Informationsquellen für Jugendliche

A Aufgaben

1 Setze dich damit auseinander, welche Tätigkeiten du magst, wo und womit du arbeiten willst.

Fülle eine Tabelle mit folgenden Spalten aus:

sehr wichtig	wichtig	unwichtig

2 Erstelle deinen persönlichen Berufswahlordner. Nimm dazu das Schaubild „Wegweiser im Labyrinth des Berufswahlprozesses". Die darin genannten Schritte kannst du erledigen und deine Ergebnisse im Ordner sammeln.

3 Interviewt Schüler von Abgangsklassen zu ihren Erfahrungen bei der Berufswahl.

4 Informiert euch über die Angebote der einzelnen Schriften der Arbeitsagentur. Beschafft euch wichtige und nutzt sie für eure Berufsfindung.

5 Erkundet euren Wunschberuf (Methoden Befragung, Arbeitplatzerkundung). Befragt Arbeitnehmer, die diesen Beruf ausüben.

6 Erkundet das BIZ. Bereitet euch darauf vor. Nutzt dazu die Website.

7 Prüft, ob ihr die Berufsberatung in Anspruch nehmen solltet. Bereitet euch umfassend vor.

5 Frauen- und Männerberufe: Unterscheidung noch zeitgemäß?

Mädchen und Berufswahl

Sie entscheiden sich nach wie vor meist für Frauenberufe. Technikberufe werden selten gewählt. Bei im Jahr 2008 351 Ausbildungsberufen wählen 60 % der Frauen nur 10 Berufe. Jungen wählen breiter aus. Sie bevorzugen gewerblich-technische Berufe.

Mit den Informations- und Telekommunikationstechniken hat sich der Arbeitsmarkt grundlegend verändert. IT-Fachkräfte, die sich sowohl im technischen als auch im kaufmännischen Bereich auskennen, sind gesucht. Für Mädchen eröffnen sich damit neue berufliche Möglichkeiten.

Bei einer Berufswahl spielen Eltern und gesellschaftliche Einstellungen eine große Rolle. Und zwar durch das, was Erwachsene Kindern vorleben und was sie an Geschlechtsrollen vermitteln. Viele Eltern sind der Meinung, dass Mädchen in techniknahen Berufen Chancen haben, glauben aber nicht, dass das für die eigene Tochter zutrifft.

Aktionen wie der Girls'Day (www.girls-day.de) bieten die Gelegenheit, technische Berufsfelder kennen zu lernen und Informationen von Fachkräften einzuholen. Das kann Interesse für technische oder handwerkliche Tätigkeiten wecken.

Nach **Jugendhilfswerk Freiburg-Wissenschaftliches Institut/** Michaela Frank (2005): www.multiline-net.de/index.html?inhalt=2888

Monatliche Bruttoverdienste 2008*

Facharbeiterin Metall- und Elektroindustrie (in NRW)	2 459 €
Bankkauffrau	2 071 €
Bürokauffrau (Groß- und Einzelhandel)	1 649 €
Arzthelferin	1 322 €
Friseurin	1 129 €

* im 1. Jahr nach der Ausbildung

Arbeitgeberverband Gesamtmetall (2008): Jetzt kommen wir! Tipps für Mädchen zur Berufswahl. Berlin, S. 15

Aufgaben

1 Sprecht darüber, dass Mädchen und Jungen ihre Wahl auf auf wenige Berufe konzentrieren.

2 Nennt Gründe für die Wahl traditioneller Frauenberufe durch Mädchen. Sprecht in eurer Klasse über erste Berufswünsche.

3 Vergleicht die Verdienste in der Tabelle. Ermittelt Verdienste in euren Wunschberufen.

4 Sprecht mit euren Eltern über Berufe, die sie euch empfehlen. Hinterfragt Begründungen.

5 Informiert euch über Möglichkeiten, „Männerberufe" näher kennen zu lernen. Nutzt die Angebote von Girls' Day und M2, S. 148.

Methode Informationen gewinnen – Internet nutzen

1 Darum geht es

Manche Daten in diesem Schulbuch sind bereits bei Erscheinen veraltet. Andere Informationen benötigt ihr, die hier nicht behandelt werden. Informationen findet ihr in Lexika und Fachbüchern, in der Presse, dem Rundfunk und dem Fernsehen. Fachleute (Experten), Behörden, statistische Ämter, Verbände und Unternehmen bieten eine Fülle von Informationen an.

Das Internet ist eine Quelle von aktuellen und leicht zugänglichen Informationen. Wer hier erfolgreich finden will, muss Routine beim Surfen haben. Wer schon die Internet-Adresse kennt, kommt schnell zum Ergebnis. Nützliche Adressen findet ihr auf dem hinteren Klappendeckel des Buches.
Wer nach Themen oder Begriffen sucht, nutzt Suchmaschinen. Wie das geht, lernt ihr hier:

2 So läuft es ab

Planung
Vereinbart in der Klasse welche Informationen ihr benötigt. Untergliedert in Teilaufgaben. Bestimmt, wer was bis wann erarbeitet.

Wählt die Informationsquellen, die ihr nutzen möchtet. Bezieht das Internet ein. Überprüft, was in eurer Schule möglich ist.

Legt fest, wie die Informationen dargestellt und der Klasse vorgestellt werden sollen.

Auswertung und Präsentation
Bedenkt dazu Folgendes:
Welche der Informationen werden gebraucht? Wie lässt sich aus der Fülle auswählen? Kann die Suche genauer eingegrenzt werden?

Welche digitalen Informationen sollen wo gespeichert werden (Festplatte, USB-Stick....)

Welchen Medien stehen für die Präsentation bereit (z.B. Beamer und Präsentationsprogramm, Tageslichtprojektor)

Eure Arbeit solltet ihr gemeinsam auswerten (siehe Hinweise zur Methode Gruppenarbeit).
Reflektiert dazu folgende Fragen:
- Wobei traten Schwierigkeiten auf, z.B. Finden treffsicherer Suchbegriffe, Auswahl von Suchergebnissen? Was sollte noch geübt werden?
- Wie wirkt sich unterschiedliches Vorwissen aus? Welche Unterschiede zwischen Jungen und Mädchen gab es? Wie habt ihr euch unterstützt? Wann lohnt das Internet zur Suche?

3 Ein Beispiel zur Nutzung von Suchmaschinen

Die Klasse 8b hat einen Suchauftrag im Internet:
„Wunschberufe erkunden"
Kleingruppen sollen notwendige Fähigkeiten für je einen Beruf herausfinden und Anforderungen zusammenstellen.
Die Gruppe nutzt die Suchmaschine GOOGLE.
Es wird nach einem **Suchbegriff** gefragt.
Das Grundwissen aus der durchgeführten *Arbeitsplatzerkundung* hilft, treffende Suchbegriffe zu bestimmen.
Sie starten mit dem Suchbegriff **Berufswahl**.
Ergebnis: 1 370 000 Nennungen.
Klar, dass nicht alle gesichtet werden können. GOOGLE ist eine Suchmaschine, die die Treffer nach Bedeutung ordnet. Die Schüler klicken einen der ersten Treffer an:
www.berufswahl.lernnetz.de

Die Seite **Infos zur Berufswahl** öffnet sich. Jetzt wird der folgende Pfad verfolgt:
▸Viele Fragen ▸Wie finde ich den passenden Beruf? ▸Berufe, Studiengänge kennenlernen
Von dieser Seite kann jeder Ausbildungsberuf, z.B. **Bäcker,** als Suchbegriff eingegeben werden.

Methode Betriebspraktikum

1 Darum geht es

Ihr seid schon Schritte zur Vorbereitung der Berufswahl gegangen. Evtl. konntet ihr bereits einen Betrieb und/oder einen Arbeitsplatz erkunden und Eindrücke in der Arbeitswelt sammeln.
Das Betriebspraktikum soll euch vertiefte Einblicke in mindestens einen Beruf ermöglichen. Das kann z.B. im Einzelhandel, in der Industrie, im Handwerk oder im Pflegebereich sein. Ihr

- erfahrt, was es heißt, über mehrere Wochen an einem Arbeitsplatz mitzuarbeiten und die Arbeitsanforderungen zu erfüllen.
- erlebt das Gefühl, eine Arbeit gut zu schaffen oder auch stark gefordert zu werden.
- habt Freude an der Arbeit, empfindet evtl. auch Anspannung und Widerstände.
- lernt die Bedeutung von „Arbeitstugenden“ wie Pünktlichkeit und Pflichterfüllung kennen.

Habt ihr bereits einen Berufswunsch und euch schon über diesen Beruf informiert? Vielleicht könnt ihr einen entsprechenden Praktikumsplatz erhalten und feststellen, ob der Beruf für euch geeignet ist. Ihr vergleicht dabei eure Erwartungen und Fähigkeiten mit den Anforderungen.
Aber die Vorbereitung der Berufswahl ist nur ein Ziel des Praktikums.

Wichtig ist ebenso, die Organisation und Zusammenarbeit in einem Betrieb zu durchschauen. Ihr könnt dann Anforderungen in unterschiedlichen beruflichen Situationen kennen lernen.
Aus dieser Sicht kann ein Blick auf

- die Gestaltung der Arbeitsbedingungen,
- die Regelungen zum Umweltschutz,
- den Arbeitsschutz und
- die Vertretung von Arbeitnehmerinteressen durch den Betriebsrat

möglich werden.
Auch könnte die Stellung des Betriebs in der Region mit Beziehungen zu Kunden und Lieferanten eine Rolle spielen.
Damit gewinnt ihr einen Einblick in technische, ökologische, soziale und wirtschaftliche Strukturen der Arbeitswelt.
Auch solltet ihr eure Geschlechterrolle bedenken: Wie erlebt ihr Männer/Frauen bei der Arbeit?

In einem noch nicht vertrauten Lebensbereich könnt ihr während des Praktikums auch selbstständiger bei der Beschaffung von Informationen werden. Verbindet dies mit der Durchführung von Befragungen und Beobachtungen, deren Dokumentation und Auswertung.

2 So läuft es ab

Vorbereitung

Beginnt mit folgenden Aktivitäten:

- Persönliche Erwartungen an das Praktikum austauschen und untereinander vergleichen
- Ziele aus der Sicht des Faches Arbeitslehre und der Wirtschaft erörtern, auf euch beziehen und schriftlich festhalten
- Praktikumswünsche zusammenstellen

Bewerbt euch um einen Praktikumsplatz:

- Anforderungen an Lernmöglichkeiten im Betrieb zusammenstellen
- Termine und Organisatorisches klären
- Beziehungen von Mitschülern und Eltern zur Suche eines Praktikumsplatzes nutzen, evtl. Schulkartei zu Betrieben nutzen; Internet einbeziehen, z.B. www.handwerk-nrw.de ▸ Berufswahl ▸ Praktikumsbörse;
- www.ihk-lehrstellenboerse.de
- Formen der Kontaktaufnahme zum Betrieb überlegen; Unterstützung durch die Schule klären (Merkblatt für Betriebe vorhanden?)

Stellt euch im Betrieb vor:

- Vorstellungsgespräch im Betrieb mit der Methode Rollenspiel einüben. Zu Fragen, die evtl. gestellt werden, siehe M4, S.150

Bereitet die Praktikumszeit inhaltlich vor:

- Fragestellu n im Betrieb berücksichtigen. Dafür insbesondere die Methoden Betriebs- und Arbeitsplatzerkundung sowie Befragung nutzen. Falls nötig, Arbeitstechniken wiederholen, z.B. Protokoll einer Befragung erstellen
- Gesichtspunkte für Tagesberichte zur Arbeit, zum Arbeitsablauf zusammenstellen (Kooperation mit dem Fach Deutsch)
- Vorüberlegungen zu Schwerpunkten des Praktikumsberichts treffen (siehe M8, S.152). Dabei eure Interessen berücksichtigen
- Zeitungsberichte über den Betrieb sammeln
- Dokumentation der Informationen vorüberlegen, z. B. planen, Fotos und Video zu erstellen, Material- und Arbeitsproben in Absprache mit dem Betrieb einzubeziehen
- Präsentation der Ergebnisse des Praktikums für Eltern, Mitschüler planen (z.B. Wandzeitung zum Praktikumsplatz, zum Ablauf der Arbeit und zur Aufbauorganisation des Betriebs)
- Angemessenes Verhalten im Praktikum besprechen (siehe M5, S.150), Verhalten z.B. bei Konflikten mit betrieblichen Betreuern/Betriebsangehörigen klären.
- Rechtliche Regelungen, Arbeits- und Unfallschutz beachten (siehe M6, M7, S.151)
- Eltern über Zeitrahmen und Ziele des Praktikums informieren
- Treffen in der Schule, Termine für Lehrerbesuche und Abgabetermin für den Praktikumsbericht vereinbaren
- Fahrgelegenheit/Fahrtkosten klären

Durchführung

- Einführung in den Betrieb erbitten; Überblick über Betriebsbereiche gewinnen; Praktikumsplan des Betriebs besprechen; die Unterstützung eines betrieblichen Betreuers/Vorgesetzten nutzen. Er ist weisungsberechtigt.
- übertragene Aufgaben bearbeiten
- an Treffen in der Schule teilnehmen
- Abschlussgespräch mit Betreuer und Lehrkraft durchführen
- Praktikumsbericht termingerecht anfertigen (siehe M8, S. 152)
- Praktikum vom Betrieb bescheinigen lassen

Auswertung

- Erfahrungen mithilfe des erstellten Anschauungsmaterials präsentieren und Ergebnisse reflektieren (siehe M9, S.152), evtl. den Bericht ergänzen und nach Durchsicht mit dem Lehrer besprechen
- Überlegen, welche Bedeutung das Praktikum für die Berufswahl/für das Lernen in der Schule hat

6 Weiterführendes Material

M1 Was Jugendlichen bei der Wahl des Arbeitsplatzes und Berufes wichtig ist

Jugendliche konnten aus 17 Vorgaben maximal fünf ihnen wichtige auswählen. Hier ausgewählte Ergebnisse:

Die Arbeit soll interessant sein und Spaß machen.	53 %
Die Arbeit soll mir Sicherheit bieten vor Arbeitslosigkeit.	49 %
Die Arbeit soll abwechslungsreich sein und vielfältige Aufgaben beinhalten.	47 %
Ich will bei der Arbeit viel Geld verdienen.	43 %
Die Arbeit soll mir Aufstiegsmöglichkeiten bieten.	40 %
Ich will bei der Arbeit meine Fähigkeiten gut zur Geltung bringen können.	31 %
Ich will bei der Arbeit stolz darauf sein können, was ich leiste.	27 %
Ich will durch die Arbeit in meinem Privatleben nicht beeinträchtigt werden.	25 %
Ich will mich bei der Arbeit persönlich weiterentwickeln können.	25 %
Die Arbeit soll mir ermöglichen, kreativ zu sein.	23 %
Die Arbeit soll von anderen anerkannt werden	19 %

13. Shell Jugendstudie: Jugend 2000 Bd. 1, Opladen 2000, S. 192

M2 Girls'Day: Gleiche Berufschancen für Mädchen und Jungen fördern

2005 erhielt die Bielefelder Gertrud-Bäumer-Schule den D 21 Girls'Day Schulpreis. Damit werden Schulen ausgezeichnet, die den Mädchen-Zukunftstag besonders erfolgreich gestalten und in die Berufswahlorientierung einbeziehen. Besonders aufgefallen ist, dass alle beteiligten Lehrkräfte an einer Fortbildung zum Thema gendergerechte (geschlechtergerechte) Berufsorientierung und Lebensplanung teilnahmen.
Die Gertrud-Bäumer-Schule setzt als „Schule der Gleichberechtigung" Maßstäbe. Die Mädchen und Jungen haben sich ihre Plätze für den Girls'Day bzw. das Schnupperpraktikum in sozialen Berufen aktiv und selbstständig gesucht. Vorbildlich ist auch die Kooperation mit außerschulischen Trägern von Mädchenprojekten, z.B. dem „Mädchentreff Bielefeld". Die Schülerinnen erhielten neben der Ermutigung zur Teilnahme auch eine unterstützende Vor- und Nachbereitung. Der nachhaltige Erfolg des Mädchen-Zukunftstags ist abhängig von der Kontaktpflege zu Betrieben/Unternehmen.
Die Initiative D21 besteht aus 200 Mitgliedsunternehmen und -organisationen aller Branchen. Ziel ist es, durch bessere Bildung, Qualifikation und Innovationsfähigkeit wirtschaftliches Wachstum zu fördern und zukunftsfähige Arbeitsplätze zu sichern. Alle Maßnahmen besitzen engen Bezug zu Informations- und Kommunikationstechnologien (siehe auch www.initiatived21.de).
Am Girls'Day – Mädchen-Zukunftstag – öffnen Unternehmen mit technischen Abteilungen und Ausbildungen, Hochschulen und Forschungszentren ihre Türen für Schülerinnen der Klassen 5 bis 10. In Werkstätten, Büros und Laboren können Mädchen erste Einblicke in die Praxis der Arbeitswelt gewinnen. Sie können experimentieren und programmieren, das Innenleben eines Computers entdecken, Internetseiten erstellen, Technik verstehen und selbst ausprobieren. Es werden Aktionsmaterialien für die Durchführung des Girls'Day, z.B. Informationen für Mädchen, Schulen und Eltern, erstellt.
Die Website www.girls-day.de informiert über den Aktionstag und die Berufsorientierung in Technik, Naturwissenschaften und Handwerk.

Bundesweite Koordinierungsstelle Girls'Day – Mädchen-Zukunftstag: www.initiatived21.de/newsletter/Presse-information.pdf#search='girls%20day

M3 Möglichkeiten mit dem Berufswahlpass

Den Berufswahlpass setzen Schulen ein, die ihre Schüler mithilfe schulischer und außerschulischer Angebote auf die Arbeitswelt vorbereiten. Die Schüler arbeiten mit ihrem Berufswahlpass selbstständig und eigenverantwortlich. Sie dokumentieren ihre Schritte zur Berufswahlentscheidung und zu erworbenen Fähigkeiten. Der Berufswahlpass erleichtert es Eltern, Betrieben, Berufsberatern und Lehrkräften, diesen Prozess zu begleiten.

Was gehört zum Berufswahlpass?

Teil 1 Angebote zur Berufsorientierung
Hier stellt die Schule ihr Schulprogramm zur Berufsorientierung vor. Schülerinnen und Schüler, Eltern, Ausbildungs- oder Praktikumsbetriebe und die Berufsberatung können sich über die Angebote im Rahmen der Berufsorientierung und über die Kooperationspartner informieren.

Teil 2 Mein Weg zur Berufswahl
Die Schüler beschreiten den Weg zu einer überlegten und nachvollziehbaren Berufsentscheidung. Der Abschnitt gliedert sich in die Teilschritte:

- Analyse der Stärken, Interessen und Ziele
- Planung der Lernschritte zum Ziel
- Planung des Übergangs in den Beruf, das Arbeitsleben oder weitere schulische Bildung

Die einzelnen Schritte können von den Jugendlichen, den Lehrkräften, den Eltern und der Berufsberatung regelmäßig geprüft werden.

Teil 3 Dokumentation des eigenen Bildungsganges
Die Schüler sammeln Bescheinigungen und Dokumente, die für ihre berufliche Zukunft wichtig sein können, z.B. für eine Bewerbung.

Teil 4 Lebensordner
Dieser Abschnitt dient zur Lebensplanung mit Dokumenten und Unterlagen, z.B. zur Wohnungssuche, zum Umgang mit Geld, mit Ämtern.

Der Berufswahlpass in der Praxis

Der Berufswahlpass erfordert das andauernde Engagement aller Beteiligten. Eltern, Lehrkräfte, Berufsberater und Betriebe, die Betriebspraktika durchführen, nutzen den Pass, um die Schüler auf ihrem Weg in die berufliche Zukunft zu begleiten und Zwischenergebnisse festzuhalten. Der Berufswahlpass unterstützt das Gespräch zwischen Lehrkräften und Eltern. Praktikumsbetriebe greifen auf den Pass zurück, um sich ein Bild von den Schülern zu machen und die von den Praktikanten erbrachten Leistungen zu bestätigen. Schließlich können Schüler den Berufswahlpass gezielt bei ihrer Bewerbung um einen Ausbildungsplatz verwenden.
Die Jugendlichen lernen, selbstständig und eigenverantwortlich zu handeln, indem sie ihren Lernprozess dokumentieren. Die Lernschritte können von allen Beteiligten geprüft werden. „Meilensteine“ (das nächste Ziel) können gesetzt werden.
Zusätzliche Materialien, die von den Schulen individuell verändert oder ergänzt werden können, sind zu finden auf einer CD und im Internet unter www.berufswahlpass.de. ▸ Materialsammlung zum Berufswahlpass ▸ zu den Materialien;
zu kombinieren mit MACH'S RICHTIG:
www.berufswahlpass.de/pdf/MR-Sonderheft_280503.pdf

Arbeiten mit den Materialien

Zu M1 Trefft für euch selbst Entscheidungen aus den Vorgaben der Befragung. Begründet diese.

Zu M2 Nennt Gründe für die Verleihung des Preises. Welche Maßnahmen gibt es in eurer Schule? Nutzt das Internet zur Vertiefung.

Zu M3 Sprecht über das Programm des Berufswahlpasses. Gewinnt mithilfe des Internets einen Einblick in die Materialsammlung. Prüft, ob ihr einen Ordner für euer Profil und die Aktivitäten anlegt.

M4 Fragen im Vorstellungsgespräch für das Betriebspraktikum

Aus Sicht des Betriebes
- Erzähle was von dir. Was machst du in der Freizeit? Wofür interessierst du dich?
- Wie bist du auf unseren Betrieb gekommen? Was weißt du über den Betrieb?
- Was weißt du schon über den Beruf, welche Vor- und Nachteile hat dieser?
- Welche Arbeiten möchtest du während des Praktikums ausführen?
- Darfst du irgendwelche Arbeiten aus körperlichen Gründen nicht ausführen?
- Welche Schulfächer fallen dir am leichtesten/schwersten und warum?

Aus Sicht des Bewerbers
- Welche Erwartungen an mein Aussehen werden gestellt (Körperpflege, Haartracht, Kleidung)?
- Welche Arbeitskleidung ist notwendig, wird diese gestellt?
- Wo kann ich mittags essen?
- Wann, wo und bei wem finde ich mich beim ersten Praktikumstag ein? Welche Arbeitszeit habe ich?
- Wer ist mein Ansprechpartner?
- Was habe ich zur Schweigepflicht zu beachten?
- Wie verhalte ich mich, wenn ich einen Fehler gemacht habe?
- Wem kann ich mich anvertrauen, wenn ich mit einem Arbeitnehmer nicht zurechtkomme?

M5 Verhaltensregeln im Betriebspraktikum

1. Du erfüllst sinnvolle Aufgaben in einem Betrieb. Von dir werden Pünktlichkeit, Ordnung und Sauberkeit am Arbeitsplatz erwartet.
2. Du erwartest zu Recht, dass du höflich behandelt wirst. Also solltest auch du höflich sein.
3. Betriebe haben eine Betriebsordnung. Lies dir diese bitte genau durch und halte dich daran.
4. Pausen im Betrieb dienen der Erholung und jeder sollte sich so verhalten, dass er niemand anderen stört.
5. Unfallschutz und Sicherheit sind oberstes Gebot am Arbeitsplatz. Beachte die Schutzbestimmungen und befolge die Anweisungen.
6. Wenn du etwas nicht verstanden hast, solltest du nachfragen. Wenn du im Betrieb vernünftig fragst, bekommst du auch eine Antwort.
7. Behandle die dir anvertrauten Gegenstände und Werkzeuge sorgfältig. Lasse dir den Umgang damit genau erklären.
8. Achte auf die Anweisungen, die man dir gegeben hat. Mutwillig zerstörte Gegenstände Geräte und Maschinen musst du bezahlen.
9. Plaudere Betriebsgeheimnisse nicht aus. Sprich nicht mit anderen über Dinge, die dir vertraulich mitgeteilt worden sind.
10. Wenn du dich ungerecht behandelt fühlst, sprich offen mit dem Anleiter. In dringenden Fällen rufe deinen Betreuungslehrer an.
11. Während des Praktikums erhältst du Besuch von deinem Betreuungslehrer. Erinnere deinen Anleiter am Tag vorher an den Besuch, damit er/sie die Zeit für das Gespräch einplanen kann.
12. Falls du aus triftigen Gründen, z. B. Krankheit, fehlst, musst du sofort den Betrieb und die Schule benachrichtigen.

Westdeutscher Handwerkskammertag (Hrsg.): Leitfaden für Lehrerinnen und Lehrer. Gestaltung und Durchführung von Praktika im Handwerk. Düsseldorf o.J., S. 24
http://www.handwerk-nrw.de ▶Berufswahl ▶Informationsmaterial

M6 Rechtliche Regelungen für das Schülerbetriebspraktikum

Für Schulen gelten neben dem Jugendarbeitsschutzgesetz und der Kinderarbeitsschutzverordnung folgende Regelungen:

1 Das Schülerbetriebspraktikum ist eine Schulveranstaltung. Es besteht Versicherungsschutz.
2 Unfälle während des Praktikums/auf dem Weg zwischen Praktikumsstelle und Wohnung deckt die Unfallversicherung der Schule ab.
3 Die tägliche Beschäftigungszeit beträgt 7 Stunden. Dabei geht es um die reine Arbeitszeit. Pausen sind noch nicht eingerechnet.
4 Praktikanten (P.) dürfen höchstens 4½ Stunden ohne Ruhepause arbeiten. Arbeiten sie über 4½/6 Stunden, dann steht ihnen eine Ruhezeit von 30/60 Minuten zu.
5 Normalerweise gilt, dass P. nur zwischen 6:00 Uhr und 20:00 Uhr arbeiten dürfen. Ausnahmen sind für P. über 16 Jahre z.B. Gaststätten, mehrschichtige Betriebe, Landwirtschaft, Bäckereien.
6 P. arbeiten 5 Tage pro Woche. Grundsätzlich ist Samstags- und Sonntagsarbeit verboten. Das gilt für gesetzliche Feiertage (§17 Jugendarbeitsschutzgesetz). Ausnahmen gelten für einzelne Branchen, z.B. Pflegeheime.
7 P. dürfen nur mit leichten und für sie geeigneten Arbeiten beschäftigt werden, die sie nicht körperlich oder seelisch belasten, z.B. Arbeit mit schweren Lasten, gefährlichen oder giftigen Stoffen sowie Akkordarbeit.
9 Vor Beginn des Praktikums ist eine Unterweisung zum Unfall- und Gesundheitsschutz erforderlich.
10 Es muss immer eine erwachsene, fachkundige Person die Arbeit beaufsichtigen.
11 P. müssen die Schweigepflicht beachten.

M7 Unfallschutz im Betriebspraktikum

Warnzeichen (schwarz/gelb)

Warnung vor gefährlicher elektrischer Spannung

Warnung vor radioaktiven Stoffen

Gebotszeichen (blau)

Gehörschutz tragen

Schutzschuhe tragen

Verbotszeichen (schwarz/rot)

Feuer, offenes Licht und Rauchen verboten

Rauchen verboten

Für bestimmte Wirtschaftsbereiche gelten spezielle Regelungen, z.B. Elektrowerkstätten. Mehr dazu unter www.arbeitsschutz.nrw.de ▸ Suche ▸ Schülerbetriebspraktikum

1. Lass dich über Gefahren am Arbeitsplatz ... unterweisen (Notschalter).
2. Trage zweckmäßige Kleidung. An Maschinen muss sie eng anliegen.
3. Uhren, Schals, Schmuckstücke dürfen nicht getragen werden, wenn sie zur Gefahr werden können (z.B. hängen zu bleiben).
4. Lange Haare können eine Gefahr sein. Sichere sie durch Kappe, Band oder Knoten.
5. Informiere dich über die betrieblichen Unfallverhütungsvorschriften.
6. Nimm jeden Tipp in Sachen Sicherheit an. Vorgesetzte haben ein Weisungsrecht.
7. Achte auf Verbotsschilder, die unbefugten Zutritt untersagen.
8. Setze nie Maschinen ohne Erlaubnis, Anleitung und Aufsicht in Gang!
9. Beachte Schilder mit Sicherheitszeichen, ... frage nach ihrer Bedeutung!
10. Informiere dich, wie du dich im Falle eines Unfalls zu verhalten hast.

Bundesverband der Unfallkassen: Sicher durch das Betriebspraktikum, München 2004, S.17

M8 Muster einer Gliederung zum Praktikumsbericht

Bericht zum Betriebspraktikum

von ....

Betrieb ....

Betreuer im Betrieb ....

Arbeit in Abteilung ....

von .... bis ....

Arbeit in Abteilung ....

von .... bis ....

Gliederung

1. Meine Erwartungen *(Dokumentation der vorbereitenden Überlegungen)*
2. Praktikumsplan *(Überblick zur Planung mit den Schwerpunkten)*
3. Mein erster Tag *(Einführung in den Betrieb, Aufnahme durch die Beschäftigten, erste Tätigkeiten, Empfindungen zu diesen ...)*
4. Wie der Betrieb organisiert ist *(Aufbau des Betriebs und Beispiel der Ablauforganisation in einer Abteilung)*
5. Darstellung des Berufes, in dem mitgearbeitet wurde *(Tätigkeitsbereiche, Anforderungen, Methode der Gewinnung von Informationen, z. B. Befragung/Beobachtung)*
6. Ausbildung im Betrieb *(Organisation, Ausbildungsberufe und -pläne nach denen ausgebildet wird)*
7. Mein Praktikumsschwerpunkt *(z. B. Interessenvertretung durch Betriebsrat oder Unfallschutz oder Umgang mit Kunden)*
8. Wie der Betrieb wirtschaftet *(Güter, Marketing; Beziehungen zu Kunden und Lieferanten)*
9. Was ich besonders interessant fand
10. Was ich aus dem Praktikum mitnehme *(Einschätzung des Lernerfolgs, von Lernschwierigkeiten ...)*
11. Wie ich die Vorbereitung und Durchführung einschätze *(Reflexion über die Arbeit in der Schule und im Betrieb, z. B. Betreuung, Möglichkeit mitzuarbeiten, Verbesserungsvorschläge ...)*
12. Anlagen *(z. B. Video, gefertigtes Werkstück, Werbemittel)*

M9 Zur Auswertung des Betriebspraktikums

1. Welche Erwartungen hattest du an dein Praktikum? Welche davon haben sich erfüllt/nicht erfüllt?
2. Was hast du im Praktikum gelernt? Welche Bedeutung hat es für deinen Berufswahlprozess?
   Wie hat sich deine Sicht von Berufsarbeit verändert?
3. Vergleiche die Arbeit in der Schulzeit mit der im Praktikum. Hat sich deine Sicht schulischer Arbeit verändert? Wenn ja, in wiefern?
4. Wie schätzt du die Vorbereitung des Praktikums ein in Bezug auf die vereinbarten Ziele? Welche wurden erreicht, welche nicht? Welche Gründe hatte das?
   Was sollte verändert werden?
5. Was hat dir am Praktikum gefallen?
   Was hättest du dir anders gewünscht?
6. Wie schätzt du deine Betreuung im Praktikum durch die Schule ein?
7. Welche Bedeutung hatte die Anfertigung des Praktikumsberichtes für dein Lernen?
8. Wie würdest du deinen Praktikumsplatz darstellen, wenn andere Schüler dich um einen Rat bitten, ob sie dort ihr Praktikum machen sollten (z.B. Stichworte: Eignung des Betriebes, mögliche Erfahrungen, Anforderungen an Praktikant, Betreuung)?
9. Wie schätzt du die Bedeutung des Praktikums jetzt ein?
10. Wenn du die Möglichkeit hättest, ein zweites Praktikum zu machen: was würdest du verändern?
11. Welche Fragen oder Probleme hast du mit deinen Eltern/Freunden besprochen?

Alles klar?

Berufsorientierung – ein spannender Prozess

1 Nenne fünf Merkmale der Ausbildungsreife, die von Betrieben gefordert wird.

2 Erkläre folgende Aspekte, die auf die Berufswahl einwirken, an je zwei Beispielen:

1	Erwartungen/Einflüsse
2	persönliche Voraussetzungen
3	Anforderungen
4	Beschäftigungs-/Verdienstmöglichkeiten
5	Ausbildung/Weiterbildung

3 Nenne je drei Beispiele für
- geistige,
- körperliche
- soziale / persönliche

Fähigkeiten.

4 Bringe folgende Begriffe, die für die Planung der Berufswahl bedeutsam sind, in eine Abfolge. Begründe diese.

- Anforderungen in Tätigkeitsbereichen ken-nen lernen und mit Erwartungen in Beziehung setzen
- körperliche, geistige, soziale/persönliche Fähigkeiten und Neigungen herausfinden
- Anforderungen in einzelnen Berufen kennen lernen und mit Erwartungen vergleichen

5 Welche Hilfen kannst du im BIZ erhalten?

6 Begründe: Ist die Unterscheidung in „Frauen- und Männerberufe“ zeitgemäß?

7 Welche Vorteile kann es haben, die einzelnen Schritte im Lernprozess zur Berufswahlentscheidung in einem Berufswahlpass zu dokumentieren?

8 Begründe, welche Anforderungen bei einer Internetrecherche an die Wahl eines Stichwortes gestellt werden.

9 Nenne drei Aspekte, die dir sehr wichtig sind und begründe deine Wahl.

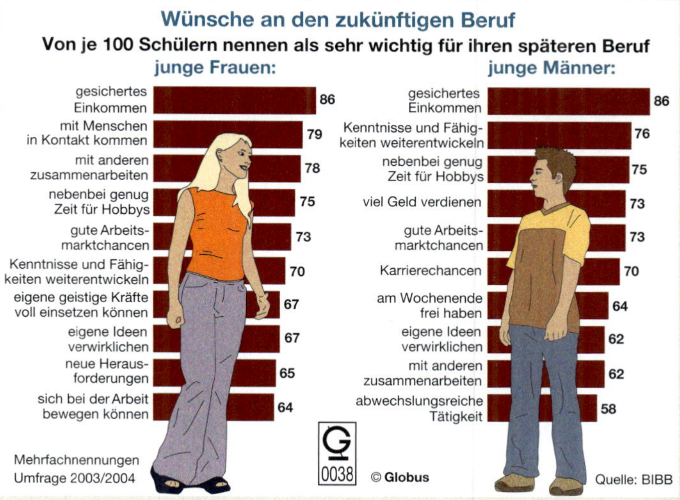

10 Welche Bedeutung hat eine sorgfältige Planung des Praktikums?

11 Erkläre an einem Beispiel aus deinem Praktikum: Warum ist die Beachtung von Vorschriften zum Unfallschutz besonders bedeutsam?

12 Sortiere folgende Symbole zum Unfallschutz nach Gruppen und erkläre ihre Bedeutung:
- Verbotszeichen
- Gebotszeichen
- Warnzeichen

13 Welchen Anforderungen sollte ein Praktikumsbetrieb genügen, damit das Praktikum gute Lernmöglichkeiten bietet?

14 Worin unterscheidet sich die Arbeit in der Schule von der im Praktikum?

Projekt: Berufswahl

1 Blickpunkt Ausbildungsplatz

In den letzten Schuljahren habt ihr euch bereits mit der Berufswahl befasst. Es ging um

- eure Voraussetzungen und Interessen
- Erkundungen der Arbeitswelt und evtl.
- ein Betriebspraktikum, vielleicht auch schon
- den Besuch des BIZ und der Berufsberatung.

Ihr wisst, dass eure Chancen bei der Berufswahl besonders von eurem Schulabschluss und dem Ausbildungsstellenmarkt abhängen.

Die Berufswahl und Ausbildungsplatzsuche bzw. die Wahl eines weiterführenden Bildungsgangs wird konkret. Bewerbungen sind angesagt.

Zuerst solltet ihr euch darüber klar werden, wo ihr im Prozess der Berufswahl steht.

▸ **Leitauftrag** Wo steht ihr im Berufswahlprozess? Was sind die nächsten Schritte?

B Auf einen Blick

Ihr schätzt euren Stand im Berufswahlprozess ein und überprüft eure Ziele.

Ihr schließt Lernvereinbarungen zu euren nächsten Schritten.

Ihr setzt euch vertieft mit Informationen und Erfahrungen zu eurem Wahlberuf auseinander.

Ihr bereitet Betriebs- und Praxistage bzw. ein (weiteres) Betriebspraktikum vor. Ihr plant das darauf bezogene schulische Lernen.

Ihr bereitet euch darauf vor, euch zu bewerben und vorzustellen.

Ihr lernt Eignungstests kennen und setzt euch mit Testsituationen auseinander.

2 Wie kann mein Berufswahlprozess unterstützt werden?

Für die Dokumentation der Aktivitäten zur Berufswahl empfehlen wir euch einen Berufswahlpass (siehe www.berufswahlpass.de).

Er bietet z.B. Hilfsmittel zur Weiterführung des Berufswahlprozesses. Dazu gehören

- die Beschreibung schulischer Maßnahmen in den Fächern und die Dokumentation von Ansprechpartnern für den weiteren Prozess
- die Darstellung eurer Entwicklung im Prozess der Berufswahl, bezogen auf ein Berufsfeld, mit Beschreibung der nächsten Schritte für die Berufswahl
- die Dokumentation von Leistungen, die für die Bewerbung bedeutsam sein können, z.B. PC-Führerschein, Mitarbeit in einer Schülerfirma, soziale Tätigkeit, Engagement im Sportverein.

Wer kann mich im Berufswahlprozess unterstützen?

Betriebe
- Informationen zu beruflichen und betrieblichen Anforderungen sowie Entwicklungsmöglichkeiten nach der Ausbildung anbieten
- Praktikumsplätze bereitstellen
- Betriebserkundungen ermöglichen
- Ausbildungsplätze anbieten

Ich selbst
- Über Angebote der Beteiligten informieren
- Beratung und Unterstützung organisieren
- Lernangebote der Schule nutzen, um berufliche und betriebliche Voraussetzungen zu erfüllen
- Betriebspraktika absolvieren
- Wissen über Berufs- und Arbeitswelt erwerben
- Berufliche Interessen und Vorstellungen entwickeln
- Berufliche Anforderungen mit Fähigkeiten vergleichen
- Für einen Ausbildungsberuf bzw. Bildungsgang entscheiden
- Schritte langfristig planen und rechtzeitig umsetzen

Gewerkschaften
- Informationen zu Berufen, Bewerbung, Ausbildung, Verdienst bereitstellen
- Rechte Auszubildender vertreten

Berufsinformationszentrum (BIZ)/ Berufsberatung
- Informationen über Berufe vorhalten
- Medien und Beratung anbieten
- Entscheidung für Beruf bzw. Bildungsgang unterstützen
- Bei Ausbildungsproblemen beraten
- Berufswahltests durchführen
- Ausbildungsplatz bzw. Bildungsgang vermitteln
- Über Ausbildungsförderung informieren

Schule
- Wissenserwerb zur Berufs- und Arbeitswelt unterstützen
- Im Betriebspraktikum beraten und unterstützen
- Lernen in der Betriebspraxis und den Fächern verbinden
- Fachliche, soziale, persönliche, methodische und auf Lernen bezogene Fähigkeiten fördern
- Berufswahlprozess begleiten und fördern

Eltern/ Freunde
- Über Berufs- und Arbeitswelt informieren
- Über Berufswahl und -erfahrungen berichten
- Entwicklung begleiten und Entscheidungen fördern
- Ausbildungsplatzsuche unterstützen

A Aufgaben

1 Wo stehst du im Berufswahlprozess? Dokumentiere den Stand schriftlich. Wenn du den Berufswahlpass hast, nutze diesen dafür.

2 Woran solltest du in nächster Zeit arbeiten? Wer kann dich dabei unterstützen? Nutze das Angebot der im Schema genannten Akteure. (Weitere Hilfen siehe M4, S. 165.)

3 Betriebs- und Praxistage – Lernen in Schule und Betrieb verbinden

In einem Teil der Schulen finden im 8. und/oder 9. Schuljahr an ein bis zwei Tagen in der Woche Praxistage in Betrieben statt, die das Schulpraktikum ersetzen oder ergänzend angeboten werden. Damit verbunden ist das Lernen in den Fächern an den anderen Tagen in der Schulwoche.

Neben Arbeitslehre-Wirtschaft können grundsätzlich alle Fächer mit der Praxis verbunden werden, also Deutsch, Englisch, Mathematik, Biologie, Gesellschaftslehre/Politik, Religion …

Was bringt das?

ROMAN: „Beim wöchentlichen Praxistag im Malerbetrieb musste ich die gestrichenen Flächen aufmessen. Ich habe endlich begriffen, was mir in Mathe bisher schwer fiel. Ich weiß jetzt, wozu die Flächenberechnung gut ist."

JAN: „Ich habe im Baumarkt gearbeitet. Bei Lampen kannte ich mich bald aus und habe auch Kunden beraten. Im Deutschunterricht schlug ich dann vor, in Rollenspielen Kundengespräche zu üben. Das hat Spaß gemacht, auch später, als ich das mit Kunden erprobte. Ich denke nun, Einzelhandelskaufmann liegt mir. Ich habe überlegt, ob das als Rollenspiel nicht auch auf Englisch wichtig wäre."

AILIEN: „Früher war mir egal, ob ich in der Schule zu spät kam. Im Betrieb wurde mir klar, warum Pünktlichkeit wichtig ist. Wenn einer fehlt, müssen die anderen für ihn mitarbeiten, Kunden warten. Ich habe jetzt auch begriffen, wie wichtig es ist, dass Schüler pünktlich zum Unterrichtsbeginn da sind."

MERLE: „Bisher haben die Lehrer oft gesagt: ‚Ihr lernt fürs Leben – also Lernen auf Vorrat.' Ich erstellte im Fach Deutsch eine Präsentation meiner Arbeit beim Tierarzt und führte diese vor. Jetzt kann ich Präsentationstechniken einsetzen."

Betriebs- und Praxistage zur Erkundung des Wahlberufes nutzen

Euer Zwischenstand bei der Entscheidung für einen Beruf könnte mit dem Anforderungsprofil eures Wunschberufes verglichen werden.

Dazu könnt ihr mit eurem Lehrer in Abständen Lernplanungsgespräche führen. Als Ergebnis der Lernberatung können Zielvereinbarungen über die nächsten Lernschritte getroffen werden. Schwerpunkte sind festzulegen, um Voraussetzungen zur Bewerbung zu erreichen. Auch die Berufsberatung sollte einbezogen werden.

Die Ergebnisse sind in Zeitabständen zu analysieren und ggf. neue Vereinbarungen zu treffen.

A Aufgaben

1 Wie schätzt ihr diese Art des Lernens ein? Worin unterscheidet es sich vom bisherigen Fachlernen?

2 Entwickelt eine Praxislernaufgabe. Nutzt die Methode Betriebs- und Praxistage und M2, M3, S. 164, 165.

3 Wie kann das Praxislernen die Berufswahl unterstützen?

4 Nehmt Stellung: „Meine Eltern sind der Meinung, dass mehr Unterricht in Deutsch und Mathe wichtiger ist, als zwei Tage in einem Betrieb zu arbeiten."

Methode Betriebs- und Praxistage

1 Darum geht es

Diese Praxislerneinheit ermöglicht euch das Kennenlernen von Berufen und der Arbeit im Betrieb. Sie ist auch eine andere Form des Unterrichts. Ihr nutzt gewonnene Praxiserfahrungen, um euch notwendiges Wissen in Verbindung mit Unterrichtsfächern anzueignen. Ihr erkennt eigene Interessen und Fähigkeiten und entwickelt Fertigkeiten. Diese Praxislerneinheit befähigt euch, die weitere Gestaltung der Berufswahl und Lebensplanung vorzunehmen.

2 So läuft eine Praxislerneinheit ab

Eine Praxislerneinheit kann sich beziehen auf praxisbezogene Projekte, ein Praktikum, Praxistage oder eine Betriebserkundung.
Zur Praxislerneinheit gehört die Vorbereitung, Durchführung und Auswertung der Praxiserfahrungen. Auch die Methoden Projektunterricht, Arbeitsplatzerkundung und Betriebspraktikum fließen mit ein.

Vorbereitung
- Auswahl des Betriebes als Praxislernort: Aspekte: Berufswunsch, Lernmöglichkeiten
- Eigene Interessen, Fähigkeiten und Fertigkeiten herausfinden
- Entwicklung von Zielen, die auf Fächer und den Wunschberuf bezogen sind
- Festlegen konkreter Praxislernaufgaben (siehe **M2**, **M3**, S. 164, 165) mit Handlungsschritten und Zeitplanung

Durchführung
- Persönliche Bildungsberatung zur Praxistätigkeit entsprechend Lernplan annehmen
- Umgang mit Konflikten üben (siehe Hinweise zum Konflikttraining auf dieser Seite)
- Praxiserfahrungen in der Schülergruppe reflektieren

Auswertung
- Präsentation der Lernergebnisse
- Bewertung nach dem persönlichen Lernplan (siehe auch Bewertungskriterien)
- Nachdenken über Bildungszuwachs, Schwächen, Stärken und Leidenschaften (siehe **M1**, S. 164)

Bewertungskriterien im Praxislernen

Die Bewertung gezeigter Fähigkeiten erfolgt durch Fremd- und Selbsteinschätzung. Beteiligt sind Ausbilder, Auszubildende, Lehrer und Schüler.

Was wird bewertet?

Lerneinstellung	Zuverlässigkeit
Selbstständigkeit	Konfliktfähigkeit
Urteilsfähigkeit	Interesse
Teamfähigkeit	Verhalten gegenüber Betreuern
Arbeitsqualität	Mappe
Tagesberichte	Präsentationen
Facharbeit	Berufswahlpass

Wie wird bewertet?

Bewertungsbogen/	Benotungsvorschläge
Punkte	- Betreuer
Abschlussgespräch	- (Fach-)Lehrer
schriftliche Bewertung	- Mitschüler
	Selbstbewertungsbogen

Konflikttraining im Rollenspiel

Bereitet euch auf das Verhalten in Konfliktsituationen im Rollenspiel vor. Wählt Rollenspieler aus: z. B. Praktikant, Betreuer, Lehrkraft.

Spielt eigene Konflikte oder orientiert euch an Folgendem:
1 An den Praxistagen muss ich immer dieselbe langweilige Arbeit machen.
2 Die Aufgaben sind zu schwer/zu leicht.
3 Der Betreuer ist komisch/aufdringlich.
4 Der Betrieb ist für mich nicht geeignet, weil ...

Bedenkt bei der Rollenwahrnehmung als Praktikant: „Was kann ich zunächst selbst tun? Wann schalte ich die Lehrkraft ein?“

4 Bewerben und vorstellen

Ihr habt euch für einen oder mehrere Ausbildungsberufe entschieden? Nun beginnt die Bewerbung auf einen Ausbildungsplatz. Vielleicht habt ihr einige Extras aufzuweisen, die bei der Bewerbung hilfreich sein könnten, z.B. gute Bewertungen aus dem Praktikum, Mitarbeit in einer Schülerfirma ...

Wie finde ich Ausbildungsstellen?

- In Gesprächen mit Freunden, Eltern, Verwandten, Bekannten (der Eltern), Lehrern nach Ausbildungsstellen fragen. Vielleicht lassen sich „Beziehungen" nutzen.
- Beim BIZ nachfragen.
- Im virtuellen Arbeitsmarkt der Bundesagentur für Arbeit suchen: www.arbeitsagentur.de ▸ Arbeit- und Ausbildungssuchende
- Kontakt zu Ausbildungsberatern der Kammern und zu Innungen aufnehmen.
- Bei Betrieben direkt anfragen, dazu Branchentelefonbuch und Internet nutzen.

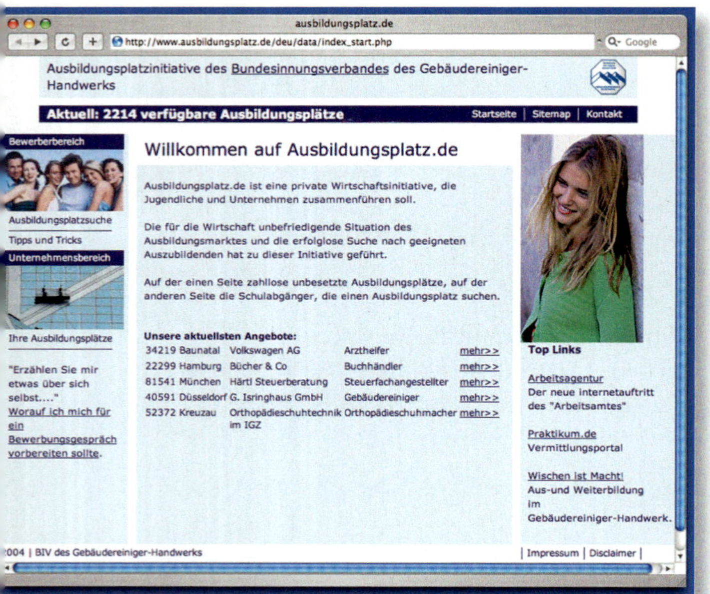

- Ausbildungsstellenbörsen im Internet suchen, z.B.: www.ausbildungsplatz.de
- Ausbildungsstellenangebote in Zeitungen auswerten
- Schulische (Berufs-)Bildungsangebote prüfen.

Wie sollte ich mich bewerben?

- Kontakt aufnehmen: persönlich, brieflich, telefonisch, per E-Mail (siehe: www.planet-beruf.de ▸ Bewerbungstraining Bewerbung/Online_Bewerbung)
- Aussagefähige Bewerbungsunterlagen fehlerfrei gestalten (Zusammenarbeit mit dem Fach Deutsch); Interesse an Ausbildungsberuf und -stelle begründen. Dafür Informationen zum Betrieb auch aus der Website auswerten.

Was gehört zu den Bewerbungsunterlagen?

- Anschreiben mit Verzeichnis der Anlagen
- Lebenslauf
- Lichtbild mit Namen und Geburtsdatum
- letztes Zeugnis (Kopie)
- Bescheinigungen, z.B. über ein Praktikum, einen PC-Kurs, zur Mitarbeit in einer Schülerfirma ...

Auch dabei hilft die Website der Bundesagentur für Arbeit: www. s.o. oder das Dokument: Deutscher Gewerkschaftsbund (DGB): Besser in die Ausbildung (2005)
www.dgb-jugend.de ▸ Broschüren ▸ Downloads ▸ Thema Ausbildung

Wie wählen Betriebe Bewerber aus?

Zuerst erfolgt die Sichtung und Bewertung der Bewerbungsunterlagen. Neben Zeugnisnoten sind z.B. Angaben zu Fehlzeiten und Angaben im Berufswahlpass aufschlussreich. Danach wird entschieden, welche Bewerber in das weitere Verfahren einbezogen werden.
Oft kommen Testverfahren zum Einsatz. Teilweise werden diese (siehe Folgeseiten) zusammen mit dem Vorstellungsgespräch durchgeführt.

Zeitplaner

Bewerbungen durchführen:
- Großbetriebe, Handel, Banken
- Öffentlicher Dienst
- Kleinbetriebe (Handwerk, freie Berufe)

In Schulen anmelden:
- Gymnasium
- berufsbildende Schule

Ausbildun[...] und Schulbeg[...]

August	September	Oktober	November	Dezember	Januar	Februar	März	April	Mai	Juni	Juli	Augu[...]

Wie läuft die Vorstellung ab?

Im Vorstellungsgespräch versucht der Betrieb, sich ein Bild vom Bewerber zu machen, die Einstellung zur Arbeit sowie das Interesse am Beruf herauszufinden.

Bereitet das Vorstellungsgespräch gründlich vor.

- Informiert euch vor dem Gespräch über den Ausbildungsberuf und das Unternehmen. (Nutzt den Internetauftritt.)
- Welche Kleidung ist angemessen?
- Beantwortet im Gespräch die Fragen ehrlich und offen.
- Verdeutlicht euer Interesse, indem ihr selbst Fragen zur Ausbildung im Betrieb stellt.

Zusage erhalten, was tun?

Bald entscheiden; andere Betriebe, bei denen ihr euch beworben habt, informieren, damit dort Mitbewerber zum Zuge kommen können.

... und bei einer Absage?

Nicht verzweifeln! Das geht Vielen leider ebenso. Es gibt viele Mitbewerber, auch Glück gehört dazu! Telefonisch nach Gründen fragen, um daraus für zukünftige Bewerbungen zu lernen.

Was Mustafa gefragt wurde

Typische Fragen, die einem Bewerber zum Koch gestellt wurden:

Bewerbungsgründe

Warum möchten Sie Koch lernen?
Warum haben Sie sich bei uns beworben?
Was haben Sie für Vorstellungen vom Beruf?

Schule und beruflicher Werdegang

Wie kommen Sie mit Lehrern und Mitschülern aus?
Warum haben Sie im Fach ... eine schlechte/gute Note?
Haben Sie schon mal ein Praktikum in der Küche gemacht? Kochen Sie zu Hause?

Persönlicher und familiärer Hintergrund

Warum sollen wir gerade Sie einstellen?
Wir wollen Sie gerne kennen lernen, erzählen Sie uns etwas über sich!
Was sind Ihre Stärken/Schwächen?
Welche Hobbys haben Sie?

Gesundheit

Wie gewöhnt sind Sie körperliche Arbeit?
Sind Sie belastbar?
Haben Sie Lebensmittelallergien?

Allgemeinbildung

Wie heißt unser Bundeskanzler?
Wie viele Staaten hat die EU?
Wie stehen Sie zu ... (aktuelles politisches bzw. gesellschaftliches Thema, z.B. Klimapolitik)

Was Mustafa fragte

Kann ich einen Einblick in die Küche bekommen?
Könnte ich, wenn Sie mich in die engere Wahl ziehen, mal eine Schicht mitarbeiten?
Wie viele Auszubildende haben Sie?
Wie Sie wissen, kann ich wegen der Entfernung nicht zu Hause wohnen. Steht ein Personalzimmer zur Verfügung?

A

Aufgaben

1 Interviewt Auszubildende zu Erfahrungen mit Bewerbungen und Vorstellungen. Entwickelt dafür einen Fragebogen.

2 Erprobt ein Vorstellungsgespräch im Rollenspiel. Personen: Personalchef/-in; Bewerber/-in. Nutzt dazu den Fragenkatalog für Mustafa. Passt ihn an euren Wahlberuf an.

5 Einsatz von Testverfahren

Wer zum Test eingeladen wird, gehört zum engeren Kreis der Bewerber - ein erster Erfolg!

Warum testen Unternehmen?

Sie wollen die Eignung eines Bewerbers feststellen. Die Interessen, Einstellungen und Lernvoraussetzungen sollen den Anforderungen entsprechen (siehe auch M3, S. 141). Er soll auch von seiner Persönlichkeit her zum Unternehmen passen.

Ziele und Inhalte der Tests sind meist auf die Anforderungen der Berufsarbeit abgestellt.

Oft erhalten Ausbildungsbetriebe eine große Anzahl von Bewerbungen. Viele Bewerber bleiben unberücksichtigt, weil die Schulnoten nicht den Mindestanforderungen entsprechen. Alle anderen werden zum Test eingeladen, um in kurzer Zeit begründet auswählen zu können.

Schulnoten sagen den Personalchefs zu wenig über die Leistung aus. Sie sind auch zwischen Klassen wenig vergleichbar. Hinzu kommt, dass Berufsarbeit auch Voraussetzungen fordert, über die Noten nichts aussagen, z.B. räumliches Vorstellungsvermögen, handwerkliches Geschick und Teamfähigkeit.

Verschiedene Testarten

Berufs- und Leistungstests

- Wissenstests, z.B. Rechtschreibung, Grundrechenarten, Bruch- und Prozentrechnung
- Konzentrationstests, die Leistungen unter Zeitdruck, Ausdauer und Belastbarkeit testen

Intelligenztests

Diese berücksichtigen Stärken und Schwächen bei beruflichen Anforderungen, wie

- Sprachgefühl, z.B. Aufsatz schreiben zur Einschätzung der Ausdrucksfähigkeit
- logisches Denken
- räumliches Vorstellungsvermögen

Fertigkeitstests

z.B. Handgeschick beim Biegen einer Figur aus Draht. Arbeitsproben sagen auch etwas über Sorgfalt und Genauigkeit bei der Arbeit aus.

Persönlichkeitstests

verdeutlichen persönliche Eigenschaften. Manchmal wird ein Problem für eine Gruppe von Bewerbern zur Diskussion gestellt. Dabei soll das Verhalten des Einzelnen in der Gruppe beobachtet werden. Man nennt solche Eignungstests Assessmentcenter (assessment = Einschätzung, Bewertung). Die Beobachter schätzen ein, wie sich der Einzelne den anderen gegenüber verhält, wie aktiv er sich beteiligt, ob er den Gruppenführer spielt, ob er sich zurückzieht. Es erfolgt eine Bewertung zur Kommunikations- und Teamfähigkeit.

Tipps zu Eignungstests

- Gut ausgeschlafen sein, keine Aufputschmittel nehmen.
- Persönliches Arbeitstempo wählen. Ausnahme: Aufgaben, die ein hohes Tempo fordern.
- Lieber Aufgaben richtig lösen als alle bearbeiten. Meist sind nicht alle zu schaffen.
- Nicht an einer Aufgabe hängen bleiben, wenn sie nicht gelöst werden kann.
- Wer bei Aufgaben, bei denen Zutreffendes anzukreuzen ist, keine richtige Antwort weiß, sollte auf gut Glück ankreuzen.

Grenzen von Testergebnissen

Testergebnisse gelten nur für die Fähigkeiten, welche die Testaufgaben messen können. Damit wird wenig über Charaktereigenschaften ausgesagt, z. B. Hilfsbereitschaft.

Getestet wird der jeweilige Entwicklungsstand. Bei Jugendlichen können sich Kenntnisse, Fertigkeiten und Fähigkeiten schnell verändern.

Die Ergebnisse ermöglichen Hinweise darauf, woran der Einzelne noch arbeiten muss. Deshalb solltet ihr bei Absagen nach dem Grund fragen.

▲ Assessmentcenter für eine Ausbildungsstelle zum Mediengestalter/-in

A Aufgaben

1 Befragt Auszubildende zu ihren Erfahrungen mit Tests.

2 Beurteilt folgende Fälle in Gruppenarbeit:
A: NADINE wird zum Eignungstest eingeladen. Am Abend vorher hat sie Lampenfieber und schläft dann schlecht. Die Eltern sagen: „Nimm dich zusammen!“ NADINE kann sich beim Test kaum konzentrieren. Dieser besteht auch aus Rechtschreibung und Mathematik. Später erfährt sie, dass sie da viele Fehler machte. In der Schule hatte sie gute Noten. DENNIS, ein unbekümmerter Typ, der in Rechtschreibung und Mathematik eine „3“ hat, bekam den Ausbildungsplatz.
B: Klassentreffen nach 20 Jahren:
„Hallo JONAS, dich kennt man ja kaum wieder“, begrüßt ihn SILVIA. „Ja, mir geht´s prima. Hab einen interessanten Job als Werkleiter. ... Ich bekam nach dem 10. Schuljahr den Dreh und bin später Ingenieur geworden.“
„Kaum zu glauben“, denkt Lehrer SCHMUDE. „Ein guter Schüler war der wirklich nicht. Nach dem 10. Schuljahr bekam er keine Ausbildungstelle und ist weiter zur Schule gegangen.“

3 Bereite dich auf Eignungstests vor. Löse die folgenden Beispielaufgaben aus Tests oder suche solche im Internet; Suchbegriffe: Eignungstest, Berufseignungstest.

6 Beispielaufgaben zu Eignungstests

A1 Teste dein Wissen

Rechnen
Für zwei Textaufgaben hast du 7 Minuten Zeit.

1. Die Maße eines Hohlraumes betragen 4 m Länge, 20 cm Breite und 15 cm Höhe. Wie viel Kubikdezimeter hat der Hohlraum?

2. Ein Seil von 90 m Länge ist so zu zerschneiden, dass das eine Stücke $^2/_3$ der Länge des anderen beträgt. Wie lang ist das kürzere Stück Seil?

Hinweis: Alle Lösungen stehen auf S. 192

Rechtschreibung
Welche Schreibweise ist richtig?
Beispiel: a) Stadtverkehr b) Stattverkehr
Lösung: a)

1	a) entgültig	b) endgültig
2	a) Alphabet	b) Alfabeth
3	a) Ökonnomie	b) Ökonomie
4	a) Achzig	b) Achtzig
5	a) Kläranlage	b) Kleranlage
6	a) Einchecken	b) Einjecken
7	a) schmincken	b) schminken

A2 Teste deine Konzentration

Karteikarten sortieren
Ordne die Kundennamen den Karteikästchen zu. In der Abbildung siehst du ein Karteikastenschema. Nenne für jeden Kundennamen die Nummer des Karteikastens, in den der Name eingeordnet werden muss.

1. Michels	**2.** Rosenberg	**3.** Luetgen
4. Bschorden	**5.** Slevgat	**6.** Paetzold
7. Glimmer	**8.** Klatten	**9.** Mylental

Aa–Al 1	Am–Az 2	Ba–Bi 3	Bj–Br 4	Bs–Bz 5
Ca–Cza 6	Da–Dk 7	De–Dz 8	Ea–Ek 9	El–Ez 10
Fa–Fr 11	Fs–Fz 12	Ga–Go 13	Gp–Gz 14	Ha–Hj 15
Hk–Hz 16	Ia–Iz 17	Ja–Jz 18	Ka–Ko 19	Kp–Kz 20
La–Le 21	Lf–Lz 22	Ma–Me 23	Mf–Mo 24	Mp–Mz 25
Na–Nk 26	Nl–Nz 27	Oa–Oz 28	Pa–Pp 29	Pr–Pz 30
Qua–Quz 31	Ra–Rz 32	Sa–Si 33	Sj–Ss 34	St–Sz 35
Ta–Ti 36	Tj–Tz 37	U–V 38	Wa–Wz 39	X–Y–Z 40

Buchstaben durchstreichen
Alle d, die zwei Striche haben, müssen durchgestrichen werden.
Dabei geht es um folgende **d**: d d d

d, die mehr oder weniger als zwei Striche haben (oben/unten), dürfen nicht durchgestrichen werden, ebenso wenig wie alle b und q.
Für folgende Zeilen hast du 2 Minuten Zeit.

1. d b q d b q d q d q d q b b b
2. d b d b d b d b d b d b d b d
3. b d b d b d b q d q d q d q d
4. q d q b d d d d d b d d d d d
5. d d d b q d d d d d d d d d q

Rechenkonzentration
Bei folgenden Aufgaben wird die obere Zeile zuerst ausgerechnet. Das Ergebnis darf nicht aufgeschrieben werden, sondern muss „im Kopf behalten" werden. Nun ist die untere Zeile auszurechnen und auch dieses Ergebnis zu merken. Jetzt gilt die folgende Regel: Stets ist die kleinere Zahl von der größeren abzuziehen, und nur dieses Ergebnis ist aufzuschreiben. Es dürfen keine Nebenrechnungen aufgeschrieben oder sonst irgendwelche Notizen gemacht werden.

Beispiel: 2 + 8 – 7
4 + 5 – 2
Lösung: 4

Obere Zeile: Ergebnis 3
Untere Zeile: Ergebnis 7

$7 - 3 = 4$

Nur die 4 darf als Lösung hingeschrieben werden.

Für die folgenden 4 Aufgaben hast du Sie zwei Minuten Zeit:

a) $5 - 2 + 9$
$4 + 8 + 6$

b) $9 - 5 + 7$
$4 + 3 + 6$

c) $2 + 8 - 7$
$6 - 5 + 9$

d) $8 - 3 + 7$
$9 - 5 + 3$

Genaues Beobachten
Schau doch bitte mal diese drei Gesichter genauer an.

Zwei sind gleich, das dritte unterscheidet sich von den beiden anderen deutlich in einem Detail (Veränderung, Hinzufügung, Weglassung). **Lösung:** b (der Mund)

Löse in 1 Minute möglichst viele Aufgaben.

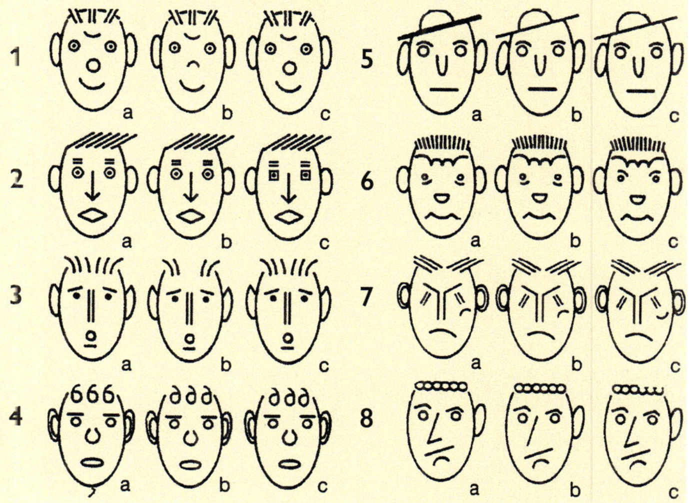

A3 Teste dein logisches Denkvermögen

Wortbedeutungen
Hier geht es darum, Wörter zu finden, die in der Bedeutung ähnlich bzw. gleich sind.

Beispiel: **Fahrzeug**
a) Karre
b) Feuerzeug
c) Flugzeug
d) Zeughaus
e) Automobil
f) Roller

Lösung: e)

Für zwei Aufgaben hast du 1 Minute Zeit.

1. absurd
a) Theater
b) ungeschickt
c) abstrakt
d) unverständlich
e) widersinnig

2. Delikt
a) Delikatesse
b) Vergehen
c) Überbleibsel
d) Beschlagnahme
e) Gerichtsverhandlung

Wortverhältnisse
In den folgenden Sätzen fehlen jeweils das Anfangs- und das Endwort. Deine Aufgabe ist es, die Sätze mithilfe der aufgeführten Lösungsvorschläge so zu ergänzen, dass sie einen logischen Sinn erhalten.

Beispiel:
… verhält sich zu groß wie Maus zu …

1 Fernsehen	A hässlich
2 Elefant	B klein
3 Zeitung	C voll
4 Tasche	D langsam

Nur die Wörter „Elefant“ und „klein“ ergänzen den Satz sinnvoll. Die richtige **Lösung** ist 2B.

Für zwei Aufgaben hast du 2 Minuten Zeit.

a) … verhält sich zu faul wie tapfer zu …

1 dumm	A treu
2 fleißig	B feige
3 sorgsam	C schwach
4 fett	D mutig

b) … verhält sich zu Neujahr wie Nacht zu …

1 Weihnachtsfest	A Zeit
2 Silvester	B Sterne
3 Jahresende	C Morgen
4 Anfang	D Tag

Nach: **Wirtschaftswoche**
Januar 1996

7 Weiterführendes Material

M1 Der Kompetenzstern zur persönlichen Einschätzung

1. Wie gut ist es dir gelungen, Menschen am Praxisplatz anzusprechen?
2. Wie gut hast du die Aufgabenstellung verstanden?
3. Wie selbstständig hast du die Aufgaben gelöst?
4. Wie hoch war deine Motivation?
5. Wie viel Neues hast du erfahren?
6. Wie kreativ warst du bei der Arbeit?

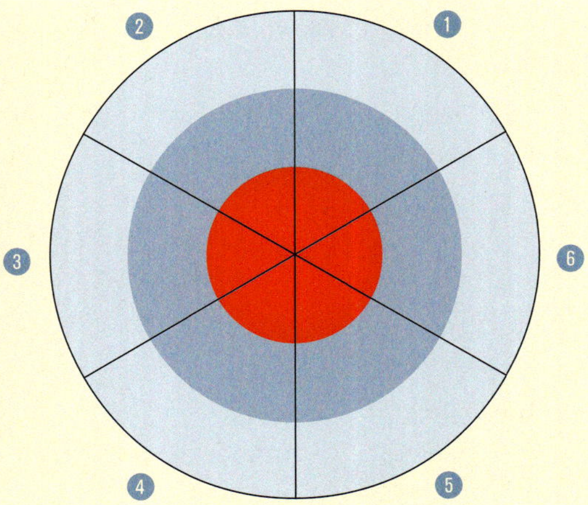

Nach **Andrea Griese-Pelikan** (Hrsg.): Projektverbund Praxislernen. Handreichung zum Praxislernen, S. 22 ff. www.praxislernen.de/content/pdf/handreichung.pdf

M2 Beispiele für Fragestellungen zur Entwicklung von Praxislernaufgaben

Praxisplatz: Baumarkt
- Wie groß ist die Verkaufsfläche?
- Fertige eine Skizze an, woraus Verkaufsfläche, Lager, Aufenthaltsräume u.a. hervorgehen!
- Welche Abteilungen hat der Baumarkt?
- Welche sind seine Lieferanten?
- Welche Fähigkeiten benötigen Verkäufer?
- Was ist beim Umgang mit Kunden wichtig?
- Wähle zwei Bedienungsanleitungen aus und teste sie auf ihre Verständlichkeit!
- Ermittle das Jahreseinkommen eines Kaufmanns/einer Kauffrau im Einzelhandel. Reicht es aus, um die Kosten einer dreiköpfigen Familie zu decken?

Praxisplatz: Friseur
- Welche Dienstleistungen werden angeboten?
- Kommen die Kunden mit festen Vorstellungen zum Friseur oder erwarten sie eine Beratung? Unterscheidet es sich bei Männern und Frauen?
- Was ist beim Haarschneiden kleiner Kinder zu beachten?
- Wie viel Wasser/Strom verbraucht der Salon im Monat? Welche Kosten entstehen dadurch?
- Welche unterschiedlichen Haarpflegemittel werden benutzt? Wodurch wirken sie? Welche Fähigkeiten benötigen Friseure?

Praxisplatz: Fahrradwerkstatt
- Was ist beim Fahrradkauf zu beachten?
- Wofür werden welche Fahrradtypen genutzt?
- Wie entwickelt sich die Auftragslage im Verlauf eines Jahres? Begründet!
- Das Licht am Fahrrad funktioniert nicht mehr. Wie lässt sich die Ursache herausfinden?
- Welche Werkzeuge werden benötigt?
- Wie wird eine Fahrradreparatur kalkuliert?
- Welche Arbeitsschutzbestimmungen gibt es?
- Was bedeutet das Fahrrad als Verkehrsmittel?

Praxisplatz: Malerbetrieb
- Was ist eine Grundierung?
- Berechne die Fußbodenfläche eines Raumes. Wie viel m^2 Teppichboden werden benötigt?
- Wie viel Verschnitt werden einkalkuliert?
- Welche Fähigkeiten benötigen Maler?
- Welche Stoffe im Teppichkleber können gesundheitsschädlich sein? Wie kann sich das auf den menschlichen Organismus auswirken?

Nach **Andrea Griese-Pelikan** (Hrsg.): Projektverbund Praxislernen. Handreichung zum Praxislernen, S. 72–76 www.praxislernen.de/content/pdf/handreichung.pdf

M3 Beispiele für Aufgaben an Praxislernplätzen

Im Altenheim
Beschreibe typische Alterskrankheiten und deren Symptome (z.B. Alzheimer, Diabetes).

In der Bäckerei
„Vom Korn zum Brot“: Fertige eine Bildfolge an, aus der hervorgeht, wie Brot entsteht.

In der Kindertagesstätte
Wähle ein Kind aus der Gruppe aus und fertige ein ausführliches Porträt dieses Kindes an. Beschreibe sein Verhalten für den Zeitraum deines Aufenthalts am Praxislernort.

Im Kosmetik-Studio
Erstelle einen werbewirksamen Flyer für das Angebot des Kosmetikstudios.

In der Textildruckerei
Entwirf ein Schullogo, mit dem Schul-T-Shirts bedruckt werden können. Fertige eine fachgerechte Druckvorlage an. Berechne, wie viel eine Bestellung für alle Schüler kosten würde. Berücksichtige unterschiedliche Qualitäten.

In der Zoohandlung
Erkundige dich bei einem Tierhalter über das Zusammenleben mit seinem Haustier und schreibe eine Reportage. Entwirf dafür eine Zeitungsseite. Verwende auch Fotos dazu!

Nach **Andrea Griese-Pelikan (Hrsg.)**: Projektverbund Praxislernen. Handreichung zum Praxislernen, S. 77
www.praxislernen.de/content/pdf/handreichung.pdf

M4 Quellen für Informationen zum Berufswahlprozess

- **Bundesinstitut für Berufsbildung:**
Sammlung von bewerteten Internetangeboten zum Thema „Ausbildung und Berufswahl“.
www.bibb.de/ausbildungsinfos-online.htm

- **Industrie- und Handelskammern/ Handwerkskammern**
Internetangebote; Verzeichnis ausbildender Unternehmen, Ausbildungsberater
www.dihk.de ▸ IHK-Finder
www.zdh.de ▸ Handwerksorganisationen ▸ Handwerkskammern

- **Gewerkschaften**
DGB und Einzelgewerkschaften wie IG Metall. Infos über Berufe und Rechte Auszubildender.
www.dgb.de ▸ DGB ▸ Gewerkschaften

- **Arbeitgeberverbände**
Beispiele: Gesamtmetall mit Infos zu Berufen der Metall- und Elektroindustrie
www.MEberufe.info und www.it-berufe.de

- **Wirtschaftsgesellschaft des Kraftfahrzeuggewerbes** mit Infos zu Berufen rund um das Auto www.autoberufe.de/index.html

- **Bundes-/Landesministerien für Schule/Bildung**
www.bildungsserver.de ▸ Landesbildungsserver
z.B. Infos zu neuen Ausbildungsberufen
www.neue-Ausbildungsberufe.de

Arbeiten mit den Materialien

Zu **M1**

Schätze deine Arbeit am eigenen Praxisplatz ein. Nutze dazu das Schema (Kompetenzstern) wie unter **M1**. Setze Kreuze in die jeweils passenden Segmente. Beachte dabei das Prinzip der Zielscheibe: „Je weiter nach innen, desto besser.“

Zu **M2** und **M3**

Entwirf Fragestellungen zu dem Betrieb, in dem du Praxis erlebst. Nutze die Beispiele für Anregungen. Entwickle eine Aufgabe, die du vertieft bearbeiten möchtest. Überlege, von welchem Fach du Unterstützung benötigst.

Berufliche Ausbildung und Weiterbildung

1 Ausbildungsplatz oder weiter zur Schule?

Für einen Teil von euch ist schon klar, wie es nach der Schule weitergeht, bei anderen ist es noch offen. Es gibt verschiedene Wege:
- die duale Ausbildung durch Betrieb und Schule
- berufsqualifizierende Bildungsgänge im Vollzeitunterricht an einer berufsbildenden Schule
- berufsvorbereitende Bildungsgänge an der beruflichen Schule, an die eine Berufsbildung anschließen kann. Teilweise ist dadurch ein zusätzlicher Bildungsabschluss möglich.
- In diesem Kapitel erfahrt ihr mehr darüber – auch, welche Bedeutung Weiterbildung besitzt.

▸ **Leitauftrag** Teilt die angestrebten Bildungsgänge der Jugendlichen ein nach Abschlussarten
- berufsqualifizierend
- berufsvorbereitend und
- weiterführend allgemeinbildend

B Auf einen Blick

Ihr unterscheidet Berufsbildungsgänge nach Voraussetzungen und Abschlüssen.

Ihr versteht Aufgaben von Schule und Betrieb bei der Ausbildung.

Ihr erklärt die Bedeutung von Rechten und Pflichten in der Berufsausbildung.

Ihr begründet die Bedeutung von Weiterbildung.

2 Berufliche Bildungsgänge in Niedersachsen

Eure Möglichkeiten nach der allgemeinbildenden Schule hängen vom erreichten Schulabschluss, den eigenen Interessen und dem Angebot an qualifizierten Ausbildungsstellen ab. Dazu könnt ihr eine berufsbildende Schule besuchen.

Mehr zu den beruflichen Bildungsgängen Niedersachsen: www.mk.niedersachsen.de ▸ Themen ▸ Unsere Schulen

Berufsschule (BS) im dualen System

Sie ist für Auszubildende, die eine Berufsausbildung (siehe Folgeseite) absolvieren. Die BS vermittelt berufsbezogene und allgemeinbildende Ziele. Die Ausbildung in Schule und Betrieb dauert 2 bis 3,5 Jahre. Der Abschluss kann als gleichwertig mit einem allgemeinbildenden Abschluss, z.B. dem Realschulabschluss, anerkannt werden.

Berufseinstiegsschule

In der **Berufseinstiegsklasse** können Schüler ohne Hauptschulabschluss ihre Kenntnisse und Fähigkeiten für eine Berufsausbildung bzw. Berufstätigkeit verbessern. Sie können den Hauptschulabschluss erwerben. Auch Schüler mit Hauptschulabschluss werden aufgenommen, wenn das für die Schüler als förderlich angesehen wird. Diese Schüler können bei entsprechendem Leistungsstand ihren Hauptschulabschluss nochmals erwerben und verbessern.

Im **Berufsvorbereitungsjahr** werden Schüler, die auf eine besondere individuelle Förderung angewiesen sind, für eine Berufsausbildung oder eine Berufstätigkeit vorbereitet. Es wird ein mehrwöchiges Betriebspraktikum durchgeführt.

Berufsfachschule (BFS)

Sie setzt den Hauptschulabschluss mit bestimmten Noten voraus. Die Berufsbildung findet in der Schule im ausgewählten Berufsfeld statt. In Betrieben werden Praktika durchgeführt. Der Abschluss kann auf eine einschlägige Berufsausbildung angerechnet werden.

Wichtige Formen sind die
- einjährige BFS; vermittelt Berufsgrundbildung,
- zweijährige und dreijährige BFS, die teilweise einen Berufsabschluss ermöglicht, z.B. Assistent für Multimedia, Altenpflegerin. Der mittlere Bildungsabschluss bzw. Sekundarabschluss/Realschulabschluss oder der erweiterte Sekundarabschluss I sind möglich.

Fachoberschule (FOS)

In verschiedenen Fachrichtungen kann die Fachhochschulreife erlangt werden. Die Ausbildung dauert mit mittlerem Bildungsabschluss zwei Jahre, nach der Berufsausbildung ein Jahr.

Fachschule

Sie bieten Fachkräften mit abgeschlossener Berufsausbildung und Erfahrungen Abschlüsse, die sie für Führungsaufgaben befähigen. Daneben kann die Fachhochschulreife erworben werden.

Berufsoberschule (BOS)

Zweijähriger vollzeitschulischer Bildungsgang (Klasse 12 und Klasse 13), in dem die fachgebundene Hochschulreife oder die allgemeine Hochschulreife erworben werden kann. Eine fachliche Schwerpunktbildung befähigt, den Bildungsweg in entsprechenden Studiengängen einer Hochschule fortzusetzen. Die Klasse 12 entspricht der Klasse 12 der FOS. Auf diese setzt die Klasse 13 der BOS auf.

Fachgymnasium

Schüler mit erweitertem mittlerem Bildungsabschluss können in drei Jahren die allgemeine Hochschulreife erlangen. Der Unterricht ist nach Fachrichtungen, z.B. Technik, differenziert.

A

Aufgaben

1 Was schlagt ihr in folgenden Fällen vor?
a) MIRKO hat keinen Hauptschulabschluss und noch kaum Ideen zum Beruf.
b) ALEX hat den erweiterten Sekundarabschluss I. Er fand keine Ausbildungsstelle.

2 Informiert euch über regionale Möglichkeiten einer vollzeitschulischen Berufsbildung.

3 Informiert euch über Weiterbildungsmöglichkeiten nach dem Berufsabschluss.

3 Mareike erhält eine Berufsausbildung im dualen System

Ein Gespräch zwischen der Ausbildungsleiterin von Textil MOHR, Frau Pukies, und Mareike

MAREIKE: „Ich bin so happy. Endlich einen Ausbildungsplatz als Verkäuferin – und dann hier!"

PUKIES: „Du hast im Betriebspraktikum gezeigt, dass dir Verkaufen liegt. Du bist kontaktfähig und freundlich, du passt zu uns!"

MAREIKE: „Können Sie mir mehr zur Ausbildung bei Ihnen sagen?"

PUKIES: „Du lernst hier im Betrieb und in der Berufsschule. Dieses Zusammenwirken der Lernorte heißt duales System. In unseren Abteilungen geht es nach einem betrieblichen Ausbildungsplan vorwiegend um den Erwerb berufspraktischer Fähigkeiten, also z.B. zum Bekleidungssortiment, Umgang mit Kunden. Mehr steht im Ausbildungsberufsbild." (Siehe rechte Spalte.)

MAREIKE: „Was läuft in der Berufsschule?"

PUKIES: „Dort geht es stärker um die systematische Vermittlung beruflichen Handlungswissens, z.B. zur Preiskalkulation und zu Verkaufsgesprächen. Daneben hast allgemein bildenden Unterricht, z.B. zu politischen Themen.

Die Berufsschule soll ihren Unterricht an Anforderungen beruflicher Arbeit orientieren. Diese kommen in den Lernsituationen zum Ausdruck. Gemeinsames Ziel für Schule und Betrieb ist, dass du lernst, selbstständig zu handeln. Du sollst auch auf die Weiterbildung vorbereitet werden. Der Unterricht findet an 1 bis 2 Tagen pro Woche oder im Block statt. Betrieb und Schule wirken bei der Ausbildung zusammen. Die Schule lädt uns Ausbilder zu Absprachen ein."

Überbetriebliche Ausbildung

Nicht alle Betriebe können für die Breite eines Berufes ausbilden. Sie fassen Auszubildende für bestimmte Teile der Ausbildung in überbetrieblichen Ausbildungsstätten zusammen oder bilden im Verbund mit anderen Betrieben aus.
Weil Ausbildungsstellen fehlen, bilden auch Berufsschulen in Verbindung mit Praktika vollqualifizierend aus (siehe BFS, Vorseite).

Aus der Verordnung über die Berufsausbildung Verkäufer/Verkäuferin

... Die Fertigkeiten und Kenntnisse sollen im Betrieb so vermittelt werden, dass sie Auszubildende zur qualifizierten beruflichen Tätigkeit befähigen, die selbstständiges Planen, Durchführen und Kontrollieren einschließt. ...

§ 8 Ausbildungsberufsbild (Auszug)

(1) Gegenstand der Berufsausbildung sind:
1. Der Ausbildungsbetrieb:
1.1 Bedeutung und Struktur des Einzelhandels
1.2 Stellung ...am Markt
1.3 Organisation des Ausbildungsbetriebes
1.4 Berufsbildung, Personalwirtschaft, arbeits- und sozialrechtliche Vorschriften
1.5 Sicherheit und Gesundheitsschutz ...
1.6 Umweltschutz
2. Information und Kommunikation:
2.1 Informations-, Kommunikationssysteme
2.2 Teamarbeit, ... Arbeitsorganisation
3. Warensortiment
4. Grundlagen von Beratung und Verkauf: ...
4.1 kunden- und dienstleistungsorientiertes Verhalten
4.2 Kommunikation mit Kunden
4.3 Beschwerde und Reklamation
5. Servicebereich Kasse ...
6. Marketinggrundlagen ...
7. Warenwirtschaft ...
7.3 Wareneingang, Warenlagerung
8. Grundlagen des Rechnungswesens ...

Diese Fertigkeiten und Kenntnisse sind im Ausbildungsplan aufzunehmen und zu vermitteln.

Nach:
Bundesministerium für Wirtschaft und Technologie (2004): www.bmwi.de ► Ausbildung und Beruf ► Ausbildungsberufe ► Verkäufer

Lernfelder des Rahmenlehrplans
Diese enthalten die Ziele und Inhalte der Berufsschule für den Unterricht in Lernsituationen.

1 Das Einzelhandelsunternehmen repräsentieren
2 Verkaufsgespräche kundenorientiert führen
3 Kunden im Servicebereich „Kasse" betreuen
4 Waren präsentieren
5 Werben und den Verkauf fördern
6 Waren beschaffen
7 Waren annehmen, lagern und pflegen
8 Geschäftsprozesse erfassen und kontrollieren
9 Preisgestaltung vorbereiten und durchführen
10 Besondere Verkaufssituationen bewältigen
11 Geschäftsprozesse erfolgsorientiert steuern
12 Mit Marketingkonzepten Kunden gewinnen ...
13 Personaleinsatz planen und Mitarbeiter führen
14 Ein Einzelhandelsunternehmen leiten ..

Nach **KMK:**
Rahmenlehrplan Kaufmann im Einzelhandel/Kauffrau im Einzelhandel, Verkäufer/Verkäuferin v. 17.06.2004, S. 8, www.kmk.org/beruf/home.htm
▸ Rahmenlehrpläne ▸ KMK-Download „Rahmenlehrpläne"

Der Berufsausbildungsvertrag
Er ist der Kammer vor der Ausbildung einzureichen. Diese prüft, ob der Betrieb geeignet ist und ausbilden darf. Die Ausbildungsberater der Kammern sollen die Betriebe beraten und kontrollieren. Im Schnitt wird jeder fünfte neu abgeschlossene Ausbildungsvertrag vorzeitig gelöst.
Die Ausbildung endet mit der **Prüfung**. Sie wird vor einem Prüfungsausschuss der Kammer abgelegt. Nur 4% der Auszubildenden bestehen die Prüfung auch in der Wiederholung nicht.

Inhalte des Berufsausbildungsvertrages
- Namen und Anschriften der Vertragspartner
- Bezeichnung des Ausbildungsberufs
- Dauer der Ausbildung
- Ausbildungsmaßnahmen außerhalb der Ausbildungsstätte
- Dauer der täglichen Ausbildungszeit
- Dauer der Probezeit
- Höhe der Ausbildungsvergütung
- Zahl der Urlaubstage je Ausbildungsjahr
- Sonstiges (z.B. ein Hinweis auf Tarifverträge)
- Unterschriften der Vertragspartner

Gesetzliche Rechte und Pflichten von Ausbildenden und Auszubildenden siehe **M1**, S. 172.

A Aufgaben

1 Nennt Merkmale des Berufsausbildungssystems.

2 Welche Vorteile hat es, dass die Berufsbildung durch Gesetze und Verordnungen geregelt ist?

3 Beschreibt die Aufgaben des Betriebs und der Schule bei der Ausbildung.

4 Befragt Auszubildende zu ihren Erfahrungen in Schule und Betrieb. Entwickelt dazu Fragen.

5 Nehmt Stellung:
A: „Viele Betriebe richten die Ausbildung zu sehr auf eigene Interessen aus. Sie berücksichtigen zu wenig die von Auszubildenden. Darunter leidet die Qualität."
B: „Die Ausbildung in der Schule führt nicht immer zur Handlungsfähigkeit im Betrieb."

6 Nennt Gründe dafür, dass die Inhalte des Berufsausbildungsvertrages vorgegeben werden.

7 Besorgt euch ein Formular eines Berufsausbildungsvertrags (z.B. DIHT:
www.dihk.de ▸ Aus- und Weiterbildung ▸ Ausbildung ▸ Musterverträge).
- Welche Punkte werden darin geregelt?
- Stellt Pflichten und Rechte der Vertragspartner gegenüber. (Nutzt dazu **M1**, S. 172.)

8 Lest im Berufsbildungsgesetz nach, welche Anforderungen an Ausbildungsbetriebe gestellt werden. Besorgt dazu vom BMBF: „Ausbildung und Beruf":
www.bmbf.de
▸ Service ▸ Publikationen
▸ Berufliche Bildung

9 Formuliert Erklärungen für die Begriffe: Auszubildender, Ausbildender und Ausbilder.

4 Probleme der Ausbildung in Betrieb und Schule

„Schwarzbuch Ausbildung"

In der öffentlichen Meinung steht die Vermittlung von Ausbildungsplätzen mehr im Vordergrund als die Qualität der Ausbildung, die mitentscheidend ist für die Wettbewerbsfähigkeit. Und die Qualität lässt vielfach arg zu wünschen übrig.

Besonders betroffen sind Jugendliche im Einzelhandel und in Büroberufen. Auch in der Medienbranche sowie im Hotel- und Gaststättengewerbe treten gehäuft Probleme im Ausbildungsalltag auf. Auch Freiberufler, Ärzte und Rechtsanwälte werden als schwarze Schafe oft genannt.

Ich schildere Beispiele aus der Beratungspraxis: Jaqueline, 19 Jahre, im 1. Lehrjahr zur Hotelfachfrau schreibt: „Vor Monaten habe ich die Ausbildung begonnen und bis jetzt noch keinen Ausbildungsvertrag gesehen. Meinen Eltern wurde von der IHK erklärt, dass mein Chef keine Lizenz besitzt, um mich auszubilden."

Ingrid Sehrbrock, Mitglied des Geschäftsführenden DGB-Bundesvorstandes, Pressekonferenz am 19. 05. 05 in Berlin
www.dgb-jugend.de ▸ Presse ▸ Pressemeldungen ▸ Das Schwarzbuch Ausbildung
und: ▸ Broschüren ▸ Downloads „Schwarzbuch Ausbildung"
sowie www.doktor-azubi.de

Ausbildungsreport 2008

Dieser bietet eine Übersicht der qualitativ besten Ausbildungsberufe. Wir zeigen auf, in welchen Branchen die Auszubildenden eine hochwertige Ausbildung erhalten – und wo es Mängel gibt. Die Qualität wird von denjenigen bewertet, die am besten wissen, unter welchen Umständen gelernt und gearbeitet wird – von den Auszubildenden selbst. Gefragt wurde u.a. nach:

- Einhaltung der Inhalte des Ausbildungsplans
- Verrichtung ausbildungsfremder Tätigkeiten
- fachliche Anleitung durch den Ausbilder
- Ausbildungszeiten und Überstunden
- persönliche Beurteilung der Ausbildungsqualität im Betrieb und in der Berufsschule
- faire Ausbildungsvergütung

Schlaglichter

Die Mehrzahl der Befragten (68,5 %) ist mit der Qualität des Berufsschulunterrichts zufrieden. 9,1 % beurteilen diese jedoch als schlecht, schlecht bis sehr schlecht. Besonders kritisiert werden die schlechte Ausstattung, materiell wie personell.

DGB-Bundesvorstand (Hrsg.): Ausbildungsreport 2008,
www.dgb-jugend.de ▸ Ausbildung ▸ Ausbildungsreport 2008

A Aufgaben

1 Beurteilt die Beispiele, die im Text oben genannt sind. Zieht dazu die Anforderungen an Ausbildungsbetriebe und die Pflichten der Auszubildenden und Ausbildenden aus dem Berufsbildungsgesetz, §§ 10, 11; 13, 14 (siehe **M1** S. 148); 27–33 heran.

2 Besorgt euch das Schwarzbuch Ausbildung sowie den Ausbildungsreport des DGB.
Sprecht an Beispielen über Konsequenzen für Auszubildende und Möglichkeiten zur Abstellung der Mängel durch Ausbildungsberater, Gewerbeaufsichtsamt, *Jugend- und Auszubildendenvertretung* und *Betriebsrat*.

5 Mit Weiterbildung berufliche Zukunft sichern

Viele *Arbeitsplätze* verändern sich grundlegend, andere fallen weg, neue entstehen. Wissen und Können veralten schneller als früher. Berufstätige müssen sich dem Wandel stellen und zur Weiterbildung oder Umschulung bereit und in der Lage sein. Mit lebenslangem (beruflichen) Lernen können sie ihre *Kompetenzen* entwickeln und sich Zukunftsberufe erschließen. Eine gute Ausbildung bereitet darauf vor.

Möglichkeiten der Weiterbildung
- Erweiterung/Vertiefung der beruflichen Handlungsfähigkeit durch Betriebswechsel
- Nutzung von Fachliteratur, des Internets
- Besuch von Fachmessen
- Weiterbildungsseminare, z.B. im Betrieb, von Kammern und Verbänden
- Fachschulen für Techniker/Fachwirte/Meister
- Erwerb der (Fach-)Hochschulreife und Studium

Vielfach schließt die Weiterbildung bereits an die Ausbildung bei der Einarbeitung an einem Arbeitsplatz an. Sie ist Voraussetzung für beruflichen Aufstieg. Oft ist damit eine interessantere, aber auch verantwortungsvollere Tätigkeit zu erreichen. Meist steigt auch der Verdienst.

In vielen Berufen ist die **Meisterprüfung** wichtig (2006: ca. 32125 Abschlüsse). In manchen Gewerken dürfen nur Meister einen Betrieb leiten, sich selbstständig machen und ausbilden. Auch sie müssen sich ständig fortbilden.

Für Bildungsgänge zur Meisterprüfung und zum Studium gibt es staatliche **Fördermaßnahmen**.

Einfach-Jobs gehen weiter zurück

Der Rückgang an Jobs für geringer qualifizierte Beschäftigte hält an:

2005: 22 %
1996: 33 %

der Beschäftigten. Die Tätigkeiten werden meist ersatzlos gestrichen oder höher qualifizierten zugeschlagen. Diesen Trend zu besseren Qualifikationen für den Arbeitsprozess können die Arbeitnehmer nur mit aktivem Einsatz für mehr Allgemeinbildung, Ausbildung und Weiterbildung beantworten.

IG-Metall (Hrsg.): Beschäftigung, Arbeitsmarkt, Qualifikation, Neueinstellungen, Ausbildung, Übernahme und Weiterbildung 2005. www.igmetall-wap.de/publicdownload/IAB_Betriebsp_2005_Metall.pdf

Die Arbeitsagentur fördert bei Arbeitslosigkeit nach dem Arbeitsförderungsgesetz die berufliche Weiterbildung und Umschulung.

Die Weiterbildung ist besonders wichtig für:
- nicht ausreichend oder falsch Qualifizierte
- Langzeitarbeitslose
- Berufsrückkehrer (z.B. nach Kinderbetreuung)
- Migranten.

Leider fehlen für Weitergebildete oft die Arbeitsplätze. Nicht immer sind Teilnehmer den Anforderungen der Weiterbildung gewachsen.

Teilnahme an beruflicher Weiterbildung

	1997	2003
Arbeiter	28 %	19 %
Angestellte	47 %	39 %
Beamte	60 %	59 %
Selbstständige	40 %	34 %

BMBF (Hrsg.): Ergebnisse der Repräsentativbefragung zur Weiterbildungssituation in Deutschland. Bonn 2005, S.34 www.bmbf.de/pub/berichtssystem_weiterbildung_9.pdf

A

Aufgaben

1 Begründet die Notwendigkeit beruflicher Weiterbildung (siehe auch S. 173). Berücksichtigt dabei die Arbeitssituation in eurer Region.

2 Vergleicht die Beteiligung an der Weiterbildung zwischen den Gruppen. Welche Probleme können besonders für Arbeiter entstehen?

3 Erkundet für euren Berufswunsch Weiterbildungs- und Aufstiegsmöglichkeiten. Ermittelt den Verdienst als Facharbeiter und Meister.

6 Weiterführendes Material

M1 Vertragsbedingungen: Pflichten der Auszubildenden und Ausbildenden

§ 13 Pflichten der Auszubildenden

Verhalten während der Berufsausbildung

Auszubildende haben sich zu bemühen, die berufliche Handlungsfähigkeit zu erwerben, die zum Erreichen des Ausbildungsziels erforderlich ist. Sie sind insbesondere verpflichtet,

1. die ihnen im Rahmen ihrer Berufsausbildung aufgetragenen Aufgaben sorgfältig auszuführen,
2. an Ausbildungsmaßnahmen teilzunehmen, für die sie nach § 15 freigestellt werden,
3. den Weisungen zu folgen, die ihnen im Rahmen der Berufsausbildung von Ausbildenden, von Ausbildern oder Ausbilderinnen oder von anderen weisungsberechtigten Personen erteilt werden,
4. die für die Ausbildungsstätte geltende Ordnung zu beachten,
5. Werkzeug, Maschinen und sonstige Einrichtungen pfleglich zu behandeln,
6. über Betriebs- und Geschäftsgeheimnisse Stillschweigen zu wahren.

§ 14 Pflichten der Ausbildenden

Berufsausbildung

(1) Ausbildende haben

1. dafür zu sorgen, dass den Auszubildenden die berufliche Handlungsfähigkeit vermittelt wird, die zum Erreichen des Ausbildungsziels erforderlich ist, und die Berufsausbildung in einer durch ihren Zweck gebotenen Form planmäßig, zeitlich und sachlich gegliedert so durchzuführen, dass das Ausbildungsziel in der vorgesehenen Ausbildungszeit erreicht werden kann,
2. selbst auszubilden oder einen Ausbilder oder eine Ausbilderin ausdrücklich damit zu beauftragen,
3. Auszubildenden kostenlos die Ausbildungsmittel, insbesondere Werkzeuge und Werkstoffe, zur Verfügung zu stellen, die zur Berufsausbildung und zum Ablegen von Zwischen- und Abschlussprüfungen, auch soweit solche nach Beendigung des Berufsausbildungsverhältnisses stattfinden, erforderlich sind,
4. Auszubildende zum Besuch der Berufsschule sowie zum Führen von schriftlichen Ausbildungsnachweisen anzuhalten, soweit solche im Rahmen der Berufsausbildung verlangt werden, und diese durchzusehen,
5. dafür zu sorgen, dass Auszubildende charakterlich gefördert sowie sittlich und körperlich nicht gefährdet werden.

(2) Auszubildenden dürfen nur Aufgaben übertragen werden, die dem Ausbildungszweck dienen und ihren körperlichen Kräften angemessen sind.

Aus dem **Berufsbildungsgesetz (BBiG)** vom 23. März 2005, www.bmbf.de ▶ Service ▶ Gesetze ▶ Download

Arbeiten mit den Materialien

Zu **M1**

1 Stellt die Pflichten der Vertragspartner gegenüber, die sich entsprechen.

Der Auszubildende hat die Pflicht	Der Ausbildende hat gleichzeitig die Pflicht
...	...

2 Warum dürfen Auszubildenden nur Aufgaben übertragen werden, die dem Ausbildungszweck dienen?

3 Warum sind Betriebsgeheimnisse geheim zu halten?

Alles klar?

Projekt: Berufswahl

1 Welche Bedeutung hat die Planung des Prozesses der Berufswahl für dich?

2 Warum ist es sinnvoll, Zwischenschritte im Berufswahlprozess zu dokumentieren?

3 Vergleiche das Lernen im Fach mit dem Lernen an einer Praxisaufgabe.

4 Welche Bedeutung hat die Vorbereitung auf eine Bewerbung? Wie sollte diese erfolgen?

5 Warum setzen Unternehmen zur Auswahl von Ausbildungsbewerbern Tests ein?

6 Was wird in Berufseignungstests gefragt?

Berufliche Ausbildung und Weiterbildung

7 Erkläre, was ein berufsqualifizierender Bildungsgang ist.

8 Nenne Merkmale einer dualen Berufsausbildung.

9 Warum ist die Fähigkeit zum selbstständigen Planen, Durchführen und Kontrollieren bei beruflicher Facharbeit wichtig?

10 Welche Schwerpunkte bei der Berufsausbildung hat
- der Betrieb
- die Berufsschule?

11 Warum ist es wichtig, dass für eine Berufsausbildung ein Vertrag geschlossen wird?

12 Nenne wichtige Rechte und Pflichten
- des Auszubildenden
- des Ausbildenden

aus einem Berufsausbildungsvertrag.

13 Wer ist zuständig bei Problemen während der Ausbildung?

14 Was kann die Jugendvertretung tun, wenn im Betrieb gegen den Berufsausbildungsvertrag verstoßen wurde?

15 Nimm Stellung zu folgendem Fall. Was rätst du der Auszubildenden?

Thema: Putzfimmel?
Ich bin im 1. Lehrjahr zur medizinischen Fachangestellten und fast nur noch am Putzen, vor allem wenn wir zu viele in der Praxis sind. „Putz doch dies." „Das muss man putzen." usw. Ich hab heute fünf Stunden nur geputzt. Das ist ja nicht nur heute so. ... Ich bin mehr am Putzen als am Behandeln. Zudem rühren die andern kaum noch einen Finger, seitdem ich hier bin. Ist es normal, dass ein Azubi nur noch sauber macht und nicht mehr assistiert? Ich find´s traurig. Wie kann ich das mit den Kollegen in den Griff bekommen?

DGB (Hrsg.):
„Schwarzbuch Ausbildung". Düsseldorf 2005, S. 25
www.doktor-azubi.de/mediabig/4830A.pdf

16 Warum ist Weiterbildung für Berufstätige wichtig?

17 Bei AUTO BLITZ müssen die Mitarbeiter für die Wartung eines neuen Modells weitergebildet werden. Begründe, welche Formen aus dem Schaubild unten in Frage kommen können?

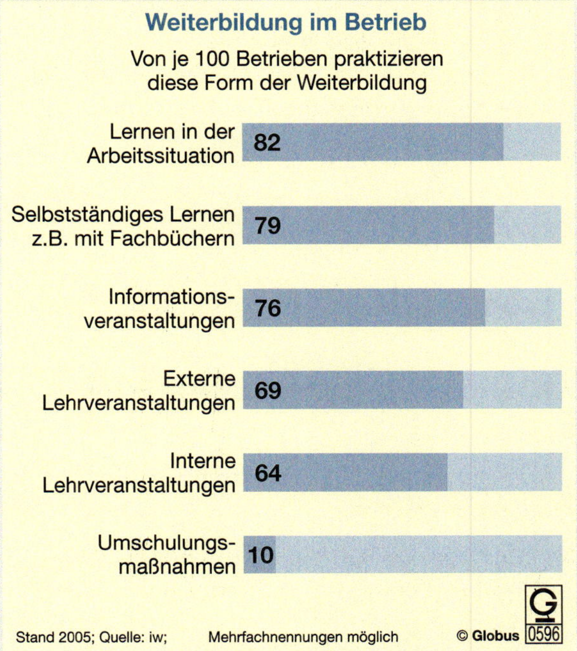

Erwerbsarbeit im Wandel

1 Wie werden wir zukünftig arbeiten?

Die deutsche Wirtschaft verändert sich stark. Hauptursachen dafür sind die Entwicklung der Informationstechnik, Herausforderungen in den Bereichen Umwelt und Energie und die zunehmende Verflechtung der Weltwirtschaft, die Globalisierung.

- Das Institut für Arbeitsmarkt- und Berufsforschung (IAB) sieht für die zukünftige Arbeitswelt folgende Trends:
- Bereitstellung von Gütern, die auf Forschungs und Entwicklungstätigkeit angewiesen sind
- Nachfrage nach unternehmensnahen Dienstleistungen, wie Rechts-, Steuer- und Unternehmensberatung, EDV-Dienste und Werbung
- zunehmende internationale Arbeitsteilung
- technischer Innovationen in immer kürzerer Abfolge, z.B. bei Techniken zur Energieeinsparung.

▸ **Leitauftrag** Findet Antworten auf die Frage der Überschrift.

▲ Die Arbeiten in diesem Hochregallager werden computergesteuert ausgeführt

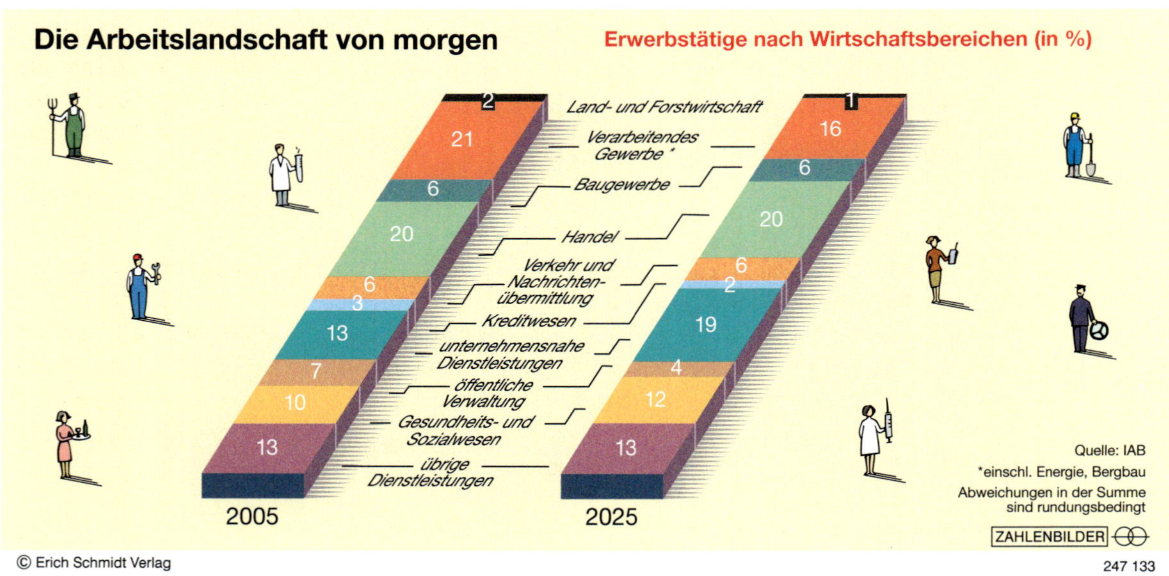

B **Auf einen Blick**

Ihr könnt Gründe für den Berufswechsel während des Erwerbslebens erklären.

Ihr begründet den Wandel der Berufsarbeit.

Ihr entwickelt in einer Zukunftswerkstatt eigene Vorstellungen für euer zukünftiges Leben.

2 Nach der Umschulung in die Selbstständigkeit

Maren Heise berichtet

„Ich bin 51 Jahre alt und leite seit sechs Jahren meine eigene Sozialstation MOBIL. Wir betreuen pflegebedürftige und kranke Menschen zu Hause. Wie kam es dazu?"

Ausbildung als Näherin

„Nach Abschluss der Hauptschule habe ich Näherin gelernt. Handarbeiten lagen mir. Die Arbeit in der Textilfabrik erfolgte arbeitsteilig. Tagelang nähte ich z.B. bei Hosen nur Taschen ein."

Die Familienphase

„Mit 21 Jahren heiratete ich, bekam bald Jonas uns später Mareike. Wegen der Kinder konnte ich keine *Erwerbsarbeit* leisten. Eine Kinderkrippe gab es nicht. Als die Kinder in die Grundschule gingen, habe ich wieder halbtags in meiner alten Firma gearbeitet.

Später, die Kinder waren acht und zehn Jahre alt, wurde ich geschieden. Ich arbeitete wieder Vollzeit. Die Kinder waren erst im Hort und dann ganztags in der Gesamtschule. Ich habe mich immer weitergebildet. Weil ich gut mit Menschen umgehen konnte, wurde ich Vorarbeiterin."

Der Wettbewerb um die Arbeitsplätze

„1990 schloss die Näherei. Die Lohnkosten waren im Ausland niedriger. Ich wurde arbeitslos. Mit dem *Arbeitslosengeld* konnte ich kaum auskommen. Das Arbeitsamt empfahl mir eine Umschulung zur Altenpflegehelferin. Mir wurde gesagt, das sei ein Zukunftsberuf, weil die Zahl pflegebedürftiger Menschen steigt. Nach erfolgreichem Abschluss fand ich erst keine Arbeit. Ich wollte wegen der Kinder nicht umziehen. Ich hatte Aushilfsjobs beim *Discounter* an der Kasse und auch Putzstellen."

Als Altenpflegerin angekommen

„Nach einem Jahr kam ich in einem Seniorenheim an, zuerst in Teilzeit. Auch jetzt bildete ich mich weiter. Später schloss ich noch den Beruf Altenpflegerin ab. Dafür musste ich viele Abende und Wochenenden einsetzen.

Nach Einführung der gesetzlichen → Pflegeversicherung sind Dienstleistungen im Bereich der häuslichen Pflege stärker nachgefragt. Ich entschloss mich zur Selbstständigkeit. Ich führe in meinem Betrieb fünf Mitarbeiterinnen, kontrolliere ihre Arbeit, mache Termine und erledige Abrechnungen. Auch vermittle ich bei Konflikten und werbe neue Kunden. Wir wenden neueste Erkenntnisse zur Pflege an."

A

Aufgaben

1 Nennt den Grund für die erste Berufswahl und den Berufswechsel von Maren H.

2 Begründet bei Maren H. Zusammenhänge zwischen Familienarbeit, Erwerbsarbeit und beruflichen Entscheidungen.

3 Welche Bedeutung hat Weiterbildung für gute Berufsarbeit?

4 Sprecht mit euren Eltern über deren Berufsarbeit. Berücksichtigt die Inhalte dieser Aufgaben.

3 Anforderungen an die Erwerbsarbeit der Zukunft

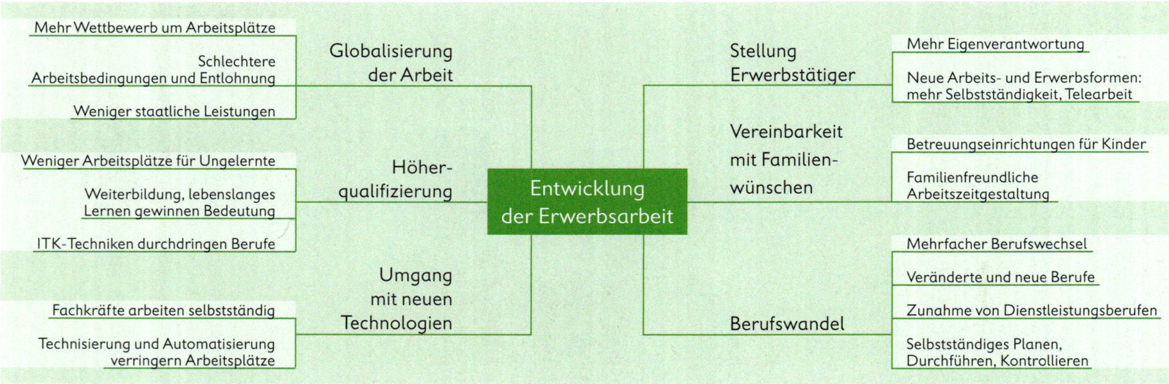

Berufswandel

Den → Beruf fürs Leben wird es nicht mehr geben. Immer schon haben *technische Entwicklungen* und die Veränderung der Arbeitsorganisation Berufe verändert. 1960 enthielten Berufsbeschreibungen z. B. für den Tischler keine Hinweise auf die Bearbeitung von Kunststoff und die Bedienung computergesteuerter Maschinen. Im Beruf wird oft selbstständiger gearbeitet .Viele müssen den Beruf wechseln, weil Arbeitsplätze wegfallen. Neue Berufe entstehen, z. B. entstand 2001 der neue Beruf „Sport- und Fitnesskaufmann/frau“.

Umgang mit neuen Technologien

Bei fast allen Tätigkeiten werden Computer genutzt. Manche Routinearbeit entfällt dadurch für die Menschen. Die *Arbeitsproduktivität* steigt. Das kostet teilweise Arbeitsplätze (siehe S. 174).

Höherqualifizierung

Fachkräfte planen (im Team) ihre Arbeit, führen diese durch und werten sie aus.

Maschinen ersetzen die Arbeit Un- und Angelernter. Wer gut ausgebildet ist, findet leichter Arbeit. Er kann sich auch leichter weiterbilden.

Globalisierung der Arbeit

Fast überall können heute Güter hergestellt werden. Weltumspannende Kommunikationsmittel ermöglichen dies. Einfache Produkte lassen Unternehmen bei geringeren *Arbeitskosten* im Ausland herstellen. Arbeitnehmer in Deutschland müssen zum Erhalt ihrer Arbeitsplätze geringere Verdienste und/oder längere Arbeitszeiten hinnehmen. Wohlstand lässt sich sichern, wenn auch zukünftig hochwertige Güter hergestellt werden können (siehe S. 174, 303).

Stellung Erwerbstätiger

Sie müssen stärker selbst für Krankheitskosten und Alter vorsorgen. So sinken die Arbeitskosten. Viele haben keinen Dauerarbeitsplatz mehr, sondern Teiltätigkeiten auf Zeit. Bestimmte Aufgaben lagern Betriebe an → Selbstständige aus.

Vereinbarkeit mit Familienwünschen

Eltern benötigen gute Betreuungseinrichtungen für Kinder, z. B. Ganztagsschulen. Betriebe müssen bereit sein, über familienfreundliche Arbeitszeitgestaltung Erwerbstätigkeit zu fördern (siehe S. 93).

A **Aufgaben**

1. Sprecht mit euren Eltern über den Wandel ihrer Berufe. Fragt auch nach ihrer Weiterbildung.
2. Informiert euch über neue Berufe, z. B. Fachkraft für Kurier-, Express- und Postdienstleistungen im Internet unter www.bibb.de.
3. Wie kann Deutschland seinen Wohlstand sichern? Welche Anforderungen müssen dazu an Erwerbstätige gestellt werden?
4. Formuliert Ratschläge: Wie können Erwerbstätige in ungesicherter Stellung klar kommen?

4 Wie will ich in 20 Jahren leben? Eine Zukunftswerkstatt

... so lautete der Auftrag zum Auftakt des Unterrichts zur Berufsorientierung in der Klasse 8.
Hier könnt ihr erfahren, wie die Schüler nach der Methode Zukunftswerkstatt ihre Aufgabe lösten.

Kritikphase

Die Schüler beschäftigen sich in frei gewählten Kleingruppen mit Erfahrungen zu Familie und Erwerbsarbeit. Sie schreiben auf, was sie am Familienleben ärgert, was ihnen Freude macht und was sie ändern möchten. Sie formulieren Sorgen, die sich auf zukünftige Erwerbsarbeit und auf das Einkommen beziehen. Ihre Antworten halten sie auf Karten fest (je eine Antwort).

Fantasiephase

Sie entwickeln ihre Utopie (Wunschvorstellung) vom guten Leben in einem Traumberuf mit hohem Einkommen, einer schönen Wohnung, Familie, einem Partner, der sie glücklich macht und der sich in die Familienarbeit einbringt.
Diese „positiven" Gegenkarten werden auf einen großen Papierbogen geklebt. Jede Kleingruppe hängt ihren Bogen für alle sichtbar auf. Das ermöglicht Ideen für die anschließende Umsetzung der Utopien in Texte, Collagen, Bilder, Gedichte...
Die Gruppen stellen ihre Ergebnisse gegenseitig vor – eine Bewertung findet nicht statt.

Verwirklichungsphase/Auswertung

Die Ergebnisse der Fantasiephase werden mit der Wirklichkeit durch eine Leitfrage verbunden:
„Was kann ich tun, um meine Wunschvorstellungen zu verwirklichen?"
Es entstehen Einzelfragen, die sich meist um die richtige Berufswahl drehen.

Was kann ich dafür tun, einen Beruf zu ergreifen,
- der mir Freude macht, bei dem ich mit Menschen, mit Technik, mit ... zu tun habe?
- der eine anspruchsvolle Ausbildung (und ein hohes Einkommen) ermöglicht?
- in dem ich mich selbstständig machen kann?
- bei dem Berufsarbeit und Familienleben befriedigend zu verbinden sind?

Die Ergebnisse werden präsentiert und unter folgenden Gesichtspunkten reflektiert:
- Traue ich mir meinen Traumberuf zu, trauen andere ihn mir zu? Ist er in meinem Interesse? Wie sehen andere das?
- Wie sollte ich den Berufswunsch verändern?
- Welche Fähigkeiten müsste ich ausbauen?
- Wie hat meine Gruppe miteinander gearbeitet?

Methode Zukunftswerkstatt

1 Darum geht es

Eine Zukunftswerkstatt will Menschen anregen, ihr zukünftiges Leben mitzugestalten. Sie sollen sich ihrer Sorgen bewusst werden, jedoch nicht nur abwarten, was kommt. Sie lernen, ihr Leben in die Hand zu nehmen.
Sie will auch Fantasie und Kreativität fördern. Es können Wege gefunden werden, Wünsche, z.B. nach einem besseren Leben, zu benennen und umzusetzen.
Diese Methode wird auch von Gruppen, z.B. Bürgerinitiativen, zur Bewältigung von gemeinsamen Problemen genutzt. Dabei geht es um die Verbesserung von Lebensmöglichkeiten für bestimmte Gruppen in der Gesellschaft.

2 So läuft es ab

Vorbereitung

Zu Beginn ist eine Problemstellung wichtig. So ließe sich z.B. der Einstieg in die Berufsorientierung mit einer Zukunftswerkstatt verbinden. Der Auftrag könnte lauten:

„Wie kann ich mein zukünftiges Leben gestalten, um glücklich zu sein?“

Als Rahmenbedingungen gelten:

- vier bis fünf Stunden Zeit
- ein großer Raum und Kleingruppenräume
- zur Dokumentation und Präsentation: DIN-A4-Papier, in Streifen zu 10 x 20 cm geschnitten; große Bögen/Rollen aus Packpapier, Scheren, Bunt- und Filzstifte, Klebstoff, Zeitschriften und Kataloge (Material für Collagen)

3 Durchführung

Die Arbeit in der Zukunftswerkstatt läuft in drei Phasen ab. Während der Kritik- und Fantasiephase kann in Kleingruppen gearbeitet werden. Die Verwirklichungs-/Auswertungsphase erfolgt im Plenum. Für das Verhalten gelten die Regeln der Methode *Gruppenarbeit*.

In der **Kritikphase** werden Missfallen am derzeitigen Zustand, Ängste, Sorgen und Ärger bewusst gemacht und festgehalten.

In der **Fantasiephase** wird die Kritik nun ins Positive gewendet. Die Lernenden äußern ein Zukunftsbild nach ihren Bedürfnissen.
Zu Beginn könnte eine Entspannungsübung stehen. Der Lehrer unterstützt mit einem gesprochenen Text und Musik die Fantasien der Schüler. Alle machen sich frei von Zweifeln, Denkblockaden und Einschränkungen. Sie fantasieren sich in eine schöne heile Welt (Utopie), in der alles möglich ist. Die geäußerten Ideen werden nicht kritisiert, auch unrealistische nicht.

In der **Verwirklichungsphase** werden für Fantasien und Utopien Wege gefunden, wird ein Zukunftsentwurf verwirklicht.

4 Auswertung

Erkenntnisse aus der Verwirklichungsphase können Auftrag für ein weiteres Projekt sein.
Die Reflexion der Zusammenarbeit in der Gruppe wird eventuell verbunden mit Vereinbarungen zu angestrebten Verhaltensänderungen.

Arbeit, Beschäftigung und Berufsbildung im Wandel

1 Wohin entwickelt sich die Arbeit?

Bildungspolitikerin:
Berufsarbeit fordert verstärkt Team- und Kommunikationsfähigkeit. Meist geht es um ein Bündel von Fähigkeiten. So sollte der Monteur heute vor einer Reparatur den Kunden beraten können, ob ein Neukauf lohnender ist. Zur Chancengerechtigkeit gehört eine gute Allgemeinbildung und Berufsbildung für alle.

Moderatorin:
Meine Damen, meine Herren, willkommen bei ‚Talk zu Arbeit und Beruf'.
Ich freue mich, hier einen Vertreter eines Unternehmens, eine Gewerkschafterin, einen Wissenschaftler und eine Bildungspolitikerin zu begrüßen …
Bitte nehmen Sie doch zuerst Stellung zur Leitfrage.

Wissenschaftler:
Die Beschäftigung nach Auftragslage wird zunehmen. Neue Arbeitsformen, wie Telearbeit, befristete Anstellung für ein Projekt, werden für viele normal sein – leider auch Zeiten von Arbeitslosigkeit. Am Arbeitsplatz gewinnt selbstständiges Handeln und Weiterbildung an Bedeutung. Unqualifizierte werden schwerer bezahlte Arbeit finden.

Gewerkschafterin:
Der Druck durch Rationalisierung und Automatisierung nimmt zu. Wir sollten flexibel arbeiten – sind aber auch Mütter und Väter! Der Profit und nicht der arbeitende Mensch steht im Mittelpunkt. Unternehmen müssen mehr in Aus- und Weiterbildung investieren. Wir brauchen selbstständig arbeitende und teamfähige Fachkräfte.

Unternehmer:
Selbstständig arbeitende Mitarbeiter müssen gut ausgebildet sein und sich weiterbilden – auch in der Freizeit. Der Arbeitsablauf ist rationeller zu gestalten. Sie müssen, je nach Arbeitsanfall, flexibel in ihrer Arbeitszeit sein. Nur so sind wir auch in Zukunft wettbewerbsfähig. Es geht um den Standort Deutschland.

▸ **Leitauftrag** Welche Interessen werden deutlich? Wie schätzt ihr die Antworten ein? Spielt den Talk im Rollenspiel weiter.

B Auf einen Blick

Ihr setzt euch mit Arbeitsanforderungen in Erwerbsbereichen auseinander.

Ihr erkennt, dass Ausbildung auf selbstständiges berufliches Handeln vorbereiten muss.

Ihr nehmt kritisch Stellung zur Flexibilisierung der Arbeit und zu neuen Tätigkeitsformen.

Ihr schätzt die Bedeutung einer qualifizierten Berufsbildung für alle Jugendlichen ein.

Ihr versteht Zusammenhänge zwischen Ausbildung, Beschäftigungssituation und Verdienst.

2 Organisation der Arbeit fordert berufliche Handlungsfähigkeit der Mitarbeiter

Betriebe müssen ihre Güter nach dem → wirtschaftlichen Prinzip erstellen. Dazu gehört auch die passende → Betriebsorganisation. Diese ist unterschiedlich, je nachdem, ob z.B.

- Küchenmöbel nach individuellem Kundenauftrag gefertigt werden (siehe ab S. 211)
- die Isolierung in einem Altbau verbessert wird
- eine Telefonanlage repariert wird
- ein Kranker versorgt wird.

Entsprechend haben sich Anforderungen an die Beschäftigten geändert.

Früher wurde stärker vorgegeben, was der Mitarbeiter wie und wann zu tun hat. Er musste direkt nach Anweisungen arbeiten. Die Erstellung eines Gutes dauerte lange, weil die Fertigung an verschiedenen Arbeitsplätzen erfolgte. Der Mitarbeiter hatte nicht gelernt, einen Auftrag zu planen, flexibel durchzuführen und zu prüfen, ob das Ergebnis der geforderten Qualität entspricht.

Heute ist eigenverantwortliches Handeln wichtiger, um anspruchsvolle Güter zu niedrigen Kosten zu erstellen. Darauf wird die → Arbeitsorganisation und die Berufsbildung ausgerichtet. Der Einzelne ist – teilweise im Team – stärker verantwortlich für die Tätigkeiten im Aufgabenbereich.

Beispiel 1: Integrierte Facharbeit bei der Produktion

MECHANIKER: „Diese Produktionsanlage wurde im letzten Jahr in Betrieb genommen. Damit wird Metallpulver zur Beschichtung von Elektronik-Bauteilen hergestellt. Die Arbeit bei der Überwachung und Steuerung ist schon anspruchsvoll. Früher haben wir bei einer Störung den Meister benachrichtigt. Der beauftragte dann den Betriebshandwerker. Dieser besorgte die Ersatzteile und erledigte die Reparatur – wenn er es konnte und Zeit hatte. Das gab lange Pausen, die wir uns heute nicht erlauben können. Heute tauschen wir vorsorglich Verschleißteile aus. Störungen können wir einschätzen und schnell beseitigen. Die Anlage steht selten still. Wir sind auch Dienstleister bei Wartung und Reparatur. Die Arbeit ist abwechslungsreicher, aber oft stressiger."

Beispiel 2: Integrierte Sachbearbeitung bei der Schadensregulierung der Haftpflichtversicherung

KUNDE: „Ich habe da noch eine Rückfrage. Die Reparatur meines durch Unfall beschädigten Autos dauert eine Woche. Kann ich für diese Zeit einen Leihwagen nehmen?"

SACHBEARBEITER: „Bei der Reparatur können wir wahrscheinlich nur drei Tage zahlen. Das entscheidet der Gutachter. Ansonsten regele ich alles für Sie – von der Schadensaufnahme bis zur Prüfung und Abrechnung Ihrer Ansprüche."

Beispiel 3: Arbeit bei der ganzheitlichen Pflege auf einer Krankenhausstation

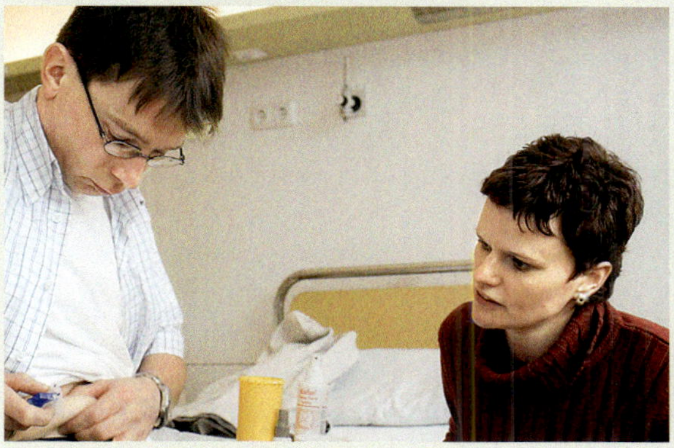

KRANKENPFLEGERIN: „Guten Morgen. Ich heiße Sonja Baum. Ich bin für Sie hier im Krankenhaus in allen pflegerischen und beratenden Angelegenheiten zuständig. Für die Zeit danach empfehle ich Ihnen die Betreuung durch ein ambulantes Diabeteszentrum. Den Kontakt dahin kann ich bereits jetzt herstellen. Hier bei uns lernen Sie mit meiner Unterstützung das Spritzen von Insulin und die regelmäßige Blutzuckerkontrolle."

PATIENT: „Und wie sieht das zukünftig mit dem Essen aus? Vermitteln Sie mir doch bitte eine Ernährungsberatung."

Was zur beruflichen Handlungskompetenz gehört

- Zunächst einmal ist es das Fachwissen und Können, also **Fach- und Sachkompetenz**.
- In der Regel ist eine Zusammenarbeit mit anderen Menschen erforderlich. Um diese erfolgreich zu gestalten ist Teamfähigkeit, die **Sozialkompetenz** gefragt.
- Eine kritische Betrachtung der eigenen Persönlichkeit im Zusammenhang mit dem beruflichen verantwortlichen Handeln ist ebenfalls notwendig. Wer das schafft, an sich arbeitet und Verantwortung für sich übernimmt, zeigt **Humankompetenz**.
- Um sich in diesen Bereichen zu entwickeln, helfen Methoden und Lerntechniken sow e sprachliche Fähigkeiten. Wer darüber verfügt, hat **Methoden-** und **Lernkompetenz** sowie **kommunikative Kompetenz**.

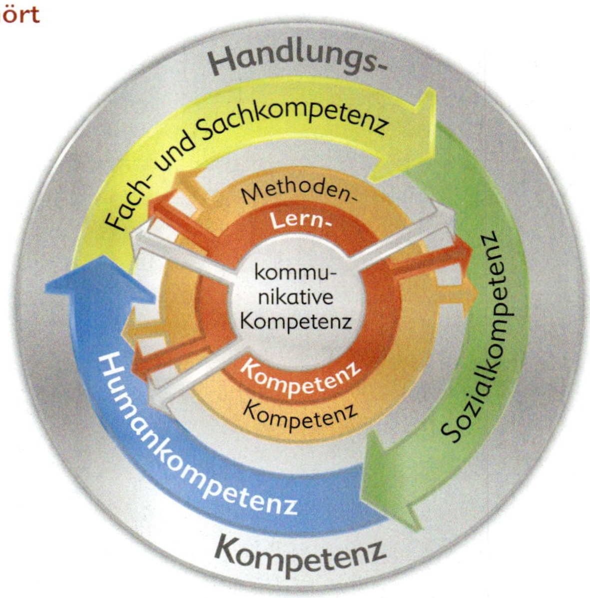

Aufgaben

1 Erklärt am Beispiel 1
  a) den Begriff Arbeitsorganisation
  b) wie sich die Arbeit verändert hat
  c) die Auswirkung integrierter Facharbeit
    · auf Qualität und Kosten der Waren und Dienstleistungen
    · auf die Befriedigung und auch Belastung durch die Arbeit.

2 Erklärt am Beispiel 2 den Begriff der integrierten Sachbearbeitung und begründet dazu erforderliche Kompetenzen.

3 Welche Vorteile hat eine Pflege, die wie im Beispiel 3 organisiert ist? Welche Fähigkeiten fordert diese?

4 Sprecht mit jemandem, der Patient im Krankenhaus war, über Anforderungen, die an Pflegekräfte gestellt werden. Ordnet diese nach den Teilkompetenzen zu.

5 Das Leitziel im Beruf Kellner/in ist gastorientiertes Handeln. Erklärt an einem Beispiel mithilfe des Schaubildes wichtige Kompetenzen, um einen Gast im Restaurant zu bedienen.

3 Ziel: der flexible Arbeitnehmer

Zahlen zur Arbeit in Deutschland 2007

3,3 Mio. Betriebe
39,8 Mio. Erwerbstätige (davon 27,0 Mio. sozialversicherungspflichtige Arbeitnehmer)
davon:
10,4 Mio. **Teilzeitbeschäftigte**
in 61 % der Betriebe
5,9 Mio. **befristet Beschäftigte**
in 20 % der Betriebe
0,6 Mio. **Leiharbeitnehmer** in 3 % der Betriebe

Viele Betriebe bauten in den letzten Jahren Personal ab. Sie rationalisierten, um Kosten zu sparen, und erwarteten steigende Leistungen. Zur Rationalisierung wurde die **Flexibilisierung der Arbeitszeit** genutzt (siehe auch Betriebsvereinbarung S. 59). Entsprechend der Auftragslage wird mehr oder weniger gearbeitet und ein Arbeitszeitkonto geführt. Dieses nutzen viele Branchen, z.B. Bauunternehmen: Im Sommer wird mehr als im Winter gearbeitet.
Flexible Arbeitszeiten sind Eltern wichtig, die Kinder betreuen. Viele Betriebe ermöglichen familienfreundliche Arbeitszeiten.
Zunehmend werden Mitarbeiter zunächst befristet eingestellt. Dies ist gesetzlich für eine Dauer von bis zu 2 Jahren möglich.

Arbeitsort nach Auftragslage

Auf kurzfristigen Bedarf reagieren die Betriebe neben der Anordnung von Überstunden mit der Beschäftigung von Leiharbeitnehmern. Diese stehen in einem Arbeitsverhältnis bei Zeitarbeitsunternehmen und werden nach Bedarf an Kundenbetriebe ausgeliehen. Ca. 15 % der Leiharbeitnehmer wurden 2003 übernommen. Die Praxis zeigt, dass solche Arbeitsverhältnisse auch auf Kosten der Mitarbeiter missbraucht werden.

Mitarbeiter bei Karmann in Rheine hatten einen befristeten Vertrag. Als dieser auslief, blieb die Festanstellung aus – obwohl genug Arbeit da war. Einen Tag nach dem Ausscheiden waren alle wieder als Leiharbeiter an ihrem Arbeitsplatz. Statt 15 Euro blieben ihnen 10 Euro.
Leiharbeiter fühlen sich wie Menschen zweiter Klasse, die werden geheuert und gefeuert.

Nach **IG Metall**: Metall 12/2005, S. 15, 16

A Aufgaben

1 Befragt Eltern und Bekannte nach ihren Erfahrungen mit Leiharbeit.

2 Stellt zu flexibler Arbeitszeit die Interessen von Arbeitnehmern und Arbeitgebern gegenüber.

3 Vergleicht die Situation einer befristet beschäftigten Mitarbeiterin mit der einer fest angestellten.

4 Nehmt Stellung: Befristung der Arbeit umgeht den Kündigungsschutz.

5 Wann kann Leiharbeit Sinn machen? Welche Arbeitnehmerrechte sind dabei in Gefahr? Bezieht dazu das Plakat der Gewerkschaft mit ein.

4 Gibt es qualifizierte Berufsbildungsmöglichkeiten für alle?

Ausbildungskosten werden vom Staat, aber auch von Unternehmen aufgebracht. Für einen Teil der Betriebe lohnt sich die Arbeit der Auszubildenden. Wegen der Wirtschaftslage haben viele Unternehmen Ausbildungsstellen gestrichen. Sie meinten, nicht selbst ausbilden zu müssen. Bei Bedarf waren genügend Arbeitslose verfügbar.

Viele Jugendliche erhalten deshalb keinen Ausbildungsplatz. 2006 kamen auf 100 Bewerber im Durchschnitt 95 Ausbildungsstellen. In Wuppertal waren es 90, in Bonn 98 Ausbildungsplätze.

Es fehlen auch genügend Wahlmöglichkeiten für die Berufe. 2006 standen in Westdeutschland z. B. 4605 nicht vermittelten Bewerbern für Metallberufe nur 821 unbesetzte Stellen gegenüber.

Viele Jugendliche, besonders auch ausländische, bleiben bei der Ausbildungsstellensuche erfolglos. Von ausländischen Jugendlichen sind nur 25 % in Ausbildung, bei den deutschen gut die Hälfte. Ein großer Teil der Jugendlichen besucht schulische Bildungsgänge (BGJ, BFS, BVJ) um Chancen auf eine Ausbildung oder Arbeit zu verbessern.

Seit einigen Jahren bleiben mehr als 10 % der Jugendlichen ohne Berufsausbildung; 75 % davon auch ohne Schulabschluss. Staatliche Programme sollen Benachteiligte fördern (siehe M2, S. 185).

Berufsbildung in Zahlen	Jahr	
(Angaben in 1000)	1999	2005
Absolventen allgemeinbildender Schulen	918	939
Neue betriebl. Ausbildungsverträge	550	505
Neue außerbetriebl. Ausbildungsvertr.	81	45
vollqualifizierende schul. Bildungsgänge (davon Gesundheitsberufe)	137 44	184 47
Berufsgrundbildungsjahr (BGJ)	40	50
Berufsfachschule (BFS)	142	203
Berufsvorbereitung (BVJ)	69	78
Fachoberschule, Klasse 11	44	59
berufsvorbereitende Maßnahmen außerschulischer Träger	223	45
Studienanfänger	291	356
Arbeitslose unter 20 Jahren	101	120

BMBF (Hrsg.): Berufsbildungsbericht 2007, Bonn 2007, Übersicht 2.1/1

Von allen Betrieben bildeten aus	Jahr	
(Angaben in %)	1999	2007
1 bis 9	16,6	21
10 bis 49	47,4	50
50 bis 499	69,9	73
500 und mehr	91,4	88

BMBF (Hrsg.): Berufsbildungsbericht 2007, Bonn 2007, Übersicht 2.4/1; IAB Kurzbericht 19/2008

A

A Aufgaben

1 Aus welchen Gründen bilden Betriebe aus?

2 Wovon hängt die Zahl der Ausbildungsplätze in einem Betrieb / in einer Region ab? Wie ist die Situation in eurer Region?

3 Warum fehlen für ausländische Jugendliche stärker Ausbildungsmöglichkeiten?

4 Setzt den Anteil von vollqualifizierenden schulischen Berufsbildungsgängen sowie Maßnahmen außerschulischer Träger in Beziehung zu neuen betrieblichen Ausbildungsverträgen.

5 „Die Ausbildung ist für die Unternehmen zu teuer. Diese sollte der Staat bezahlen und Ausbildungsvergütungen senken."
Erörtert diese These in einer Pro-Kontra-Debatte.

5 Ausgebildet und was dann?

In manchen Berufen wird über den Bedarf ausgebildet, z.B. bei Köchen oder Friseuren.
Dafür gibt es verschiedene Gründe:

- Nicht alle Ausgebildeten wollen später im erlernten Beruf arbeiten. Sie wechseln wegen des Verdienstes oder der Arbeitsbedingungen.
- Betriebe verringern die Anzahl der Arbeitsplätze bzw. übernehmen Auszubildende nicht.
- Betriebe beschäftigen weniger Fachkräfte und nutzen Auszubildende als günstige Arbeitskräfte.

Von 100 Auszubildenden wurden vom Ausbildungsbetrieb übernommen

A

Beschäftigte (in %, 2005)	Westdeutschland	Ostdeutschland
1–9	47	32
10–49	50	49
50–499	57	34
500 und mehr	68	30

BMBF (Hrsg.):
Berufsbildungsbericht 2007, Bonn 2007, Übersicht 3.6.1/2

Anteil Auszubildender, die sich nach Ausbildungsabschluss arbeitslos meldeten

A

in Prozent	2000	2003	2005
Westdeutschland	17	24	32
Ostdeutschland	38	40	47

BMBF (Hrsg.):
Berufsbildungsbericht 2007, Bonn 2007, Übersicht 3.6.1/1

Bei denen, deren Ausbildung in vollzeitschulischen Berufsbildungsgängen bzw. außerbetrieblich erfolgt (siehe S. 104) finden sehr viele keine Arbeit, weil Betriebe diese Bildungsgänge oft als nicht ausreichend praxisnah ansehen.

Verdienste in ausgewählten Berufen

Beim Verdienst nach der Ausbildung gibt es zwischen den Berufen erhebliche Unterschiede. Gründe dafür sind berufliche Anforderungen, die wirtschaftliche Lage der Branche und die Nachfrage für einen Beruf am Arbeitsmarkt. Die Statistik weiter unten bestätigt dies am Beispiel für das Tarifgebiet NRW.
Die angegebenen Verdienste bei den Berufen setzen teilweise berufliche Erfahrungen voraus. Laut Tarifvertrag ist oft nach einer bestimmten Zeit eine Erhöhung vorgesehen.
Zusätzlich zahlt ein Teil der Betriebe Leistungszulagen (Prämien).

Beruf	Jahr Tarifvertrag	Bruttomonatsverdienst[1] in Euro
Alleinkoch/-köchin	2008	2040
Arzthelfer/-in	2008	1423–2130
Bäckereifachverkäufer/in	2007	1523–1750
Betonbauer/-in	2007	2375–2436
Elektroniker/-in (Industrie)	2005	2069
Florist/-in	2004	1341–1768
Friseur/-in	2008	1703
Industriekaufmann/-frau	2008	1681–2061
Kkz-Mechaniker/-in	2007	1765
Maler/ Lackierer/-in	2005	2016–2241
Meister/-in Kfz-Gewerbe	2007	2950
Tischler/-in	2005	2251
Verkäufer/-in (Einzelhandel)	2006	1411–2006

[1] bei Arbeitern auf Monatslohn umgerechnet

Ministerium für Arbeit, Gesundheit und Soziales NRW
(Hrsg.): Tarifinfomationen. Düsseldorf 2007
www.tarifregister.nrw.de/ ▶ Tarifinformationen
▶ Grundvergütungen nach Berufen

A Aufgaben

1 Nehmt Stellung:
A: Unternehmen müssen mehr ausbilden!
B: Ausbildung über den Bedarf bringt nichts.
C: Die geringe Übernahmequote ist ein Skandal.

2 Vergleicht die Verdienste. Sind Unterschiede gerechtfertigt? Begründet.

6 Weiterführendes Material

M1 Ausbildungsmisere

Tut endlich was

Erneut gehen Zehntausende von Jugendlichen bei der Suche nach einem Ausbildungsplatz leer aus. Die IG Metall nennt die Namen von Betrieben, die nicht ausbilden. Bei den aufgespürten 140 Betrieben, die nicht ausbilden, sind 18 000 Arbeitnehmer tätig. Die Liste ist nicht vollständig. Das darf kein Dauerzustand bleiben. Wir sind gefordert, die Unternehmen nicht aus der Verantwortung für die jungen Menschen zu lassen.

Nach **IG Metall:** metall 11/2006, S. 12,13

M2 Ausbildungsoffensive der Bundesregierung

Diese hat das Ziel, die Ausbildungsplatzsituation zu verbessern. Die Wirtschaft soll bei der Schaffung von Ausbildungsplätzen unterstützt werden. Dies gilt vor allem in Regionen mit schlechtem Verhältnis zwischen Angebot und Nachfrage an Ausbildungsplätzen. Z.B. sollen Ausbildungsstellen erschlossen werden bei

- ausbildungsmüden Betrieben, die sich aus der Verantwortung zurückgezogen haben
- ausbildungsunerfahrenen Betrieben, die bislang noch gar nicht ausgebildet haben sowie Betrieben, die zusätzliche Ausbildungsstellen zur Verfügung stellen könnten.

Mehr Ausbildungsstellen sollen in Zukunftsbranchen geschaffen werden. Erneut wurde ein Bund-Länder-Programm für 13 000 zusätzliche Ausbildungsplätze in den neuen Ländern aufgelegt.

BMBF (2008): www.bmbf.de/de/ausbildungsoffensive.php

M3 Koordinierungsstelle Ausbildung – Berufsorientierung und Ausbildungsplatzvermittlung für Hamburger Schüler mit Hauptschulabschluss

Weil die Stärken und Interessen der Schülerinnen und Schüler bedeutender für die passende Berufsausbildung sind als ihre schulischen Leistungen, wurde das 3-Pfeiler-Modell der Berufsorientierung entwickelt und erprobt:

1. Einschätzung der Stärken und Interessen der Schüler durch Lehrer und Mitschüler
2. Berufsberatung und Vermittlung durch die Berufsberater der Agentur für Arbeit
3. Überprüfung der Berufswahl, Beratung und Vermittlungsunterstützung durch Personalreferenten aus Hamburger Betrieben

- Wir unterstützen die ausbildungswilligen Schüler sehr individuell bei der Suche nach einem passenden Ausbildungsplatz.
- Unternehmen des Hamburger Netzwerks stellen zudem jährlich viele Ausbildungsplätze für Hauptschulabgänger zur Verfügung.

Für Ausbildungsbetriebe ist dieses Konzept besonders interessant, weil als Bewerber Schulabgänger vorgeschlagen werden, die sich nach einer Prüfung ihrer Stärken und Interessen für die gemeldeten Ausbildungsplätze eignen.

In den letzten Jahren konnte die Quote der Jugendlichen, die im Anschluss an die allgemeinbildende Schule eine ungeförderte betriebliche Ausbildung aufnahmen, verdoppelt werden.

Nach **Arbeitsstiftung Hamburg:** www.arbeitsstiftung.de/pages/Start.htm

Arbeiten mit den Materialien

Zu M1, M2 Sprecht darüber, was die Initiativen der IG Metall und der Bundesregierung bewirken sollen und können.

Zu M3 Worin bestehen die Hilfestellungen des Netzwerkes? Wie schätzt ihr diese ein? Besorgt euch dazu vertiefende Informationen im Internet.

Alles klar?

Erwerbsarbeit im Wandel

1 Erkläre Gründe für den Berufswechsel während des Erwerbslebens.

2 Nennt technische und wirtschaftliche Veränderungen, die Auswirkungen auf die Erwerbsarbeit haben.

3 Begründet, warum Arbeitsplätze in Berufen der Warenproduktion abnehmen und bei Dienstleistungsberufen zunehmen.

4 Nennt aus eurer Sicht mindestens zwei wichtige Anforderungen an die Erwerbsarbeit und begründet sie.

5 Zeigt auf, wie Arbeitnehmer sich auf neue Anforderungen vorbereiten können.

6 Erklärt den Unterschied zwischen den Begriffen Berufsarbeit und Erwerbsarbeit.

7 Was könnt ihr als Schüler tun, um euch auf zukünftige Berufsarbeit gut vorzubereiten?

Arbeit, Beschäftigung und Berufsbildung im Wandel

8 Nenne jeweils zwei Gründe für die Bedeutung einer guten Ausbildung aus Sicht der
a) Betriebe
b) Beschäftigten

9 Entwirf eine Stellenanzeige für eine integrierte Sachbearbeitung einer Kraftfahrzeugversicherung.

10 Welche Bedeutung hat integrierte Facharbeit für die Berufsbildung?

11 Erkläre am Beispiel deines Wunschberufs den Begriff Sozialkompetenz.

12 Was muss ein Berufstätiger können, wenn er handlungskompetent sein soll?

13 Nenne und begründe je zwei Vorteile der flexiblen Arbeitszeit für den
a) Betrieb
b) Arbeitnehmer.

14 Erläutere für einen Berufstätigen ein Problem durch die vom Betrieb geforderte flexible Arbeitszeit.

15 Erkläre den Zusammenhang zwischen Wirtschaftslage und Zahl der Ausbildungsplätze.

16 Welche Gruppen haben Probleme bei der Suche eines Ausbildungsplatzes und warum?

17 Führe drei Gründe dafür an, dass nur ein Teil der Betriebe ausbildet.

18 Begründe, warum Auszubildende nur zum Teil nach der Ausbildung übernommen werden.

19 Warum sind Verdienste in Berufen unterschiedlich?

20 Was kannst du tun, um einen gut bezahlten Beruf zu erreichen? Berücksichtige die Tabelle.

Schulabschluss und Einkommen

Monatliches Nettoeinkommen* hatten ... Prozent der Erwerbstätigen mit ...

Schulabschluss / Euro	unter 900	900 bis 1300	1300 bis 2000	2000 bis 3200	3200 und mehr
Haupt- und Volksschulabschluss	29	24	32	12	3
Realschul- oder gleichwertiger Abschluss	30	22	29	14	5
Fachhochschul- bzw. Hochschulabschluss	19	14	26	25	16

*Alle Einkommensarten, z.B. auch Zinsen, Kindergeld, neueste verfügbare Zahlen

Stat. Bundesamt:
Befragung unter Erwerbstätigen,
Mikrozensus 2002, Wiesbaden, Sept. 2003

Auch Bio-Bauern müssen mit Gewinn wirtschaften

1 Ökologisch produzieren – warum?

Niemand möchte Lebensmittel essen, die krank machen. Die meisten Verbraucher vertrauen beim Einkauf auf die Einhaltung staatlicher Vorschriften. Diese sollen sicherstellen, dass Lebensmittel schadstoffarm erzeugt angeboten werden. Immer mehr Verbrauchern geht das nicht weit genug. Sie wollen z.B. völlig pestizidfreies Obst und Eier von Hühnern, die Biofutter und keine chemischen Medikamente erhalten und nicht aus der →Massentierhaltung kommen.
Zunehmend stellen Landwirte ihre Betriebe auf ökologische Produktion um. Als →Unternehmer müssen sie weiterhin mit Gewinn wirtschaften. Nur dann können sie ihren Betrieb entwickeln, z.B. mit arbeitssparenden Maschinen, und ihre Zukunft sichern.
Ökologisch erzeugte Lebensmittel kosten mehr als herkömmlich produzierte. Immer weniger Konsumenten haben Vorurteile gegenüber dieser Ernährungsform oder glauben, dass sie sich das nicht leisten können.

► **Leitauftrag** Welche Aspekte zu ökologisch erzeugten Lebensmitteln sind für euch als Verbraucher bedeutend.

B Auf einen Blick

Ihr kennt Vorteile ökologischer Lebensmittel.

Ihr versteht Gründe, warum sich Landwirte für ökologische Erzeugung entscheiden.

Ihr erfahrt, nach welchen Grundsätzen in der Öko-Landwirtschaft produziert wird.

Ihr versteht wirtschaftliche Gesichtspunkte, die ein Landwirt bei der Führung und der Entwicklung eines Unternehmens bedenken muss.

Ihr überprüft eure Einstellung zu ökologischer Ernährung.

2 Was heißt ökologisch produzieren?

Landwirt Hatz ist überzeugter Bio-Bauer. Wir Autoren sprachen mit ihm über das *Bio-Siegel* und was diese Richtlinien für seine Arbeit bedeuten: „Das Bio-Siegel garantiert, dass bei der Erzeugung bestimmte Richtlinien eingehalten werden. Das muss ich als Landwirt berücksichtigen. Gern will ich dazu etwas sagen.

Pflanzenschutz und Artenvielfalt

„Durch Fruchtfolge statt Monokultur und die Hege von Nützlingen verhindere ich, dass Schädlinge auftreten. Mein *Anbauverband* BIOLAND fordert von mir, dass ich auf chemische Pflanzenschutzmittel (→Pestizide) verzichte. So muss Unkraut mechanisch entfernt werden. Kartoffelkäfer suchen wir per Hand von den Blättern."

Natürliche Düngung

„Pflanzen brauchen Stickstoffdünger, um zu wachsen. Ich baue als Zwischenfrucht nach der Getreideernte Pflanzen an, die Stickstoff aus der Luft sammeln. Sie werden in den Boden eingearbeitet, zersetzen sich und liefern Gründünger."

Artgerechte Tierhaltung

„Tiere, die ich halte, brauchen die Möglichkeit zur Bewegung. Das bedeutet ausreichend Platz in den Ställen und Verzicht auf Massentierhaltung. So verringere ich auch das Risiko für Infektionen."

Artenvielfalt

„Durch neue Pflanzenzüchtungen, evtl. in Verbindung mit →Gentechnik, besteht die Gefahr, dass die Artenzahl weiter zurückgeht. Das kann die Züchtung gesunder Ertragspflanzen behindern, die aus bisherigen Sorten gezüchtet wurden."

Sparsamer Umgang mit Energie und Rohstoffen

„Ich versuche, wenig Energie zu nutzen. Auf den Anbau von Gemüse im Treibhaus verzichte ich. Außerdem gehöre ich einem Maschinenring an. Wir nutzen den Mähdrescher zu mehreren.
Durch Fruchtfolge, Fütterung der Tiere mit selbst erzeugten Produkten und Verwendung von Stalldung erspare ich *Mineraldünger*."

Vertrauen durch Kontrolle

„Wer das Bio-Siegel für seine Produkte nutzt, wird regelmäßig von staatlichen Stellen kontrolliert. Das wissen auch die Kunden. Sie gewinnen allmählich Vertrauen in die Qualität von Bio-Produkten. Auch zwischen uns Anbietern gibt es fairen Wettbewerb. Jeder weiß, wie der andere produziert."

A **Aufgaben**

1 Nennt wichtige Nahrungsmittelgruppen aus ökologischem Anbau. Nutzt dazu das Kapitel ab S. 28.

2 Unterscheidet die Vorgaben des Bio-Siegels nach ihrer Bedeutung für
 a) die →Qualität der Produkte (siehe auch **M7**, S. 193)
 b) die Umweltbedingungen (siehe auch **M1**, S. 192).

3 Begründet, warum beim ökologischen Landbau pro erzeugtem Produkt mehr Arbeitskraft eingesetzt wird als beim herkömmlichen.

4 Nennt Auswirkungen auf die Verkaufspreise dieser Produkte (siehe **M5**, S. 193).

5 Wie stehst du heute zu Bioprodukten? Hat sich in deiner Einstellung etwas verändert? Begründe!

3 Soll Petra Hatz den Bio-Bauernhof ihrer Eltern übernehmen?

Herr und Frau Hatz wollen ihren Betrieb aus Altersgründen an ihre Tochter Petra übergeben. Sie ist Agraringenieurin und hat in Ökobetrieben gearbeitet. Sie ist bereit, den Betrieb zu übernehmen, möchte ihn aber auf zukünftige Anforderungen vorbereiten. Nur dann kann sie ein gutes *Einkommen* erwirtschaften. Deshalb zieht sie einen Betriebsberater heran. Gemeinsam untersuchen sie die →Kennzahlen des Betriebes.

Gewinn- und Verlustrechnung (GuV)

Die GuV stellt **Ertrag** (*Umsatz*, z.B. aus Tierverkauf, Einnahmen durch staatliche Zuschüsse) sowie **Aufwand** (z.B. Kosten von Tierfutter) gegenüber. Die Differenz, der →Gewinn oder auch der →Verlust zeigt, wie das Unternehmen erfolgreich gewirtschaftet hat.

Ertrag aus … (Vorjahr, in 1000 €)		**Aufwand für …** (Vorjahr, in 1000 €)	
Pflanzenproduktion	29	Pflanzenproduktion	7
Tierproduktion	29	Tierproduktion	6
Handel, Dienstleistungen[1]	16	Handel[2], Dienstleistungen, Reperaturen	
		Abschreibung	20
staatliche Zuschüsse		Versicherungen	15
(z.B. Milchprämie)	24		
Sonst. Ertrag (z.B. Habenzinsen)	7	Sonst. Aufwand (z.B. Sollzinsen)	20
Summe	**105**	**Summe**	**68**
Gewinn	**38**		

[1] Dienstleistungen, z.B. Erlös aus Pflügen beim Nachbarn
[2] Handel, z.B. Zukauf einer Kuh

Zur Situation des Betriebes

Familiäre Situation – Arbeitskräfte	Agraringenieurin (29 J.), Lebensgefährte arbeitet außerbetrieblich; Vater (60 J.) will weiterhin halbtags, Mutter (55 J.) aushilfsweise mitarbeiten, sie hat Teilzeitstelle außerbetrieblich
Betriebsfläche	33 ha Acker, 15 ha Grünland, mittlere Bodenqualität
Fruchtfolge	Kleegras/Feldfutter – Dinkel – Roggen mit Kleeuntersaat, Sommergerste/Hafer – Dinkel
Tierhaltung	20 Milchkühe, Milchleistung: 78000 kg Milch/Jahr, 8 Mastbullen
Aufstallung	Milchkühe – Anbindehaltung[1] Mastbullen – Laufstall
Fütterung	Silofutter in Ballen von Hand
Vermarktung	Milch an Biomolkerei; Getreide an Bäckereien und Naturkostläden; Fleisch von Mastbullen portioniert an Endverbraucher
Finanzielle Situation	schuldenfrei, Rücklagen vorhanden, Geschwister: Erbe ausgezahlt, Betriebsnachfolgerin muss Eltern Altenteil[2] zahlen

[1] für Übergangszeit bis 2010 bei Biohöfen noch erlaubt
[2] Unterhaltsbetrag (Leibrente)

A Aufgaben

1 Welche Bedeutung hat eine Betriebsnachfolgerin für die Eltern?

2 Warum prüft Petra Hatz, ob sie den Betrieb übernehmen soll?

3 Welche Informationen enthält die Gewinn- und Verlustrechnung?

4 Nennt Maßnahmen zur Steigerung des Gewinns. Wodurch könnte sich dieser verringern?

4 Für mehr Gewinn: Betriebsentwicklung

Ausblick auf die nächsten Jahre

Petra Hatz scheint der bisherige jährliche Gewinn zu gering. Er muss reichen für: Kosten ihres Haushaltes, Beiträge zu privaten Versicherungen, insbes. Alterssicherung, Steuern, Reparaturen des Wohnhauses und das Altenteil. Diese Privatentnahmen machen ca. 25 000 Euro aus. Es verbleiben etwa 13 000 Euro zur Entwicklung des Betriebes, z. B. für → Investitionen.

Bei den Maschinen und Gebäuden rechnet sie in den nächsten Jahren mit → Ersatzinvestitionen für zu erneuernde Geräte. Ab 2010 muss die Haltung der Kühe statt mit → Anbindehaltung im Laufstall erfolgen. Das wird bei Biobauern gefordert und erhöht den Platzbedarf. Da auch ihr Vater in den nächsten Jahren als Arbeitskraft ausfällt, ist zu überlegen, statt Milchviehhaltung nur noch Bullenmast zu betreiben.

Petra Hatz entwickelt Pläne zur Erweiterung

Bei ihren Wünschen: gutes Einkommen, Familiengründung und Absicherung des → Lebensstandards der Eltern durch ein Altenteil, braucht der Betrieb ein zusätzliches Standbein.

Sie hat Berufserfahrungen mit der Legehennenhaltung gesammelt. Sie denkt in einem ersten Schritt an 1 500 Legehennen. Ein Teil des erzeugten Getreides könnte an diese verfüttert werden. Es besteht Nachfrage nach Eiern durch einen Großhändler. Ein Teil könnte direkt an Endverbraucher und Wiederverkäufer (Hofläden und Einzelhandel) vermarktet werden.

Dabei entstehen Kosten für die Sortierung (Lohnkosten), für die Verpackung und den Transport der Eier zu den Kunden. Diese Vermarktung erfordert Zeit. Es können aber höhere Preise im Vergleich zum Verkauf an den Handel erzielt werden, und der Betrieb hat die Chance auf feste Kunden.

Beim Futtergetreide ließe sich auch ein Tauschhandel mit einem anderen Bio-Bauernhof absprechen: Geflügelmist gegen Futtergetreide.

Investitions- und Finanzierungsbedarf	(in Euro)
Gebäude inkl. Sortier- und Abpackraum	63 700
Betriebseinrichtungen, insbes. Voliere, Legenester, Lüftung, Futtersilos, Zaun	43 100
Vermarktung, insbes. Eierstempelgerät	2 500
1 500 Junghennen	12 000
Futter für 8 Wochen	4 700
Reserve für Unvorhergesehenes	14 000
Insgesamt	**140 000**

Finanzierungskonzept	(für 140 000 Euro)
Privatvermögen	25 000
Eigenleistungen beim Bau	15 000
Bankdarlehen	100 000
Zinsen und Tilgung für Bankdarlehen pro Jahr (Laufzeit 15 Jahre, Zinssatz 5 %, davon: Tilgung 6 666 €, Zinsen 2 967 €)	9 634

Erwartete Leistungen und Kosten	(pro Jahr/Euro)
Geplante Erträge (Umsatz aus Eier- und Fleischverkauf)	60 000
Geplante Aufwendungen[1], insbes. Kosten für Legehennen, Futter, Tierarzt, Versicherungen, Energie, Wasser, Schlachtung, Vermarktung	39 000
Überschuss	21 000

[1] ohne Finanzierung (s. Finanzierungskonzept)

A Aufgaben

1 Nennt Gründe für ein weiteres Standbein des Betriebs.

2 Erklärt die Überlegungen zur Vermarktung der Eier.

3 Berechnet den geplanten Gewinn der Legehennenhaltung. Ermittelt dazu die Differenz zwischen Überschuss und Finanzierungskosten (Zinsen + Rückzahlung).

4 Worin liegt das Risiko bei der Entscheidung für die Erweiterung des Betriebes?

5 Soll Petra Hatz den Biohof übernehmen? Begründet!

5 Erkundung eines Bio-Bauernhofes

Hinweise zur Vorbereitung

Bei der Auswahl eines Betriebes hilft euch das Informationsportal von ÖKOLANDBAU: www.oekolandbau.de und die Bundesinitiative LERNEN AUF DEM BAUERNHOF: www.lernenaufdembauernhof.de

Wenn ihr einen Betrieb gefunden habt, müsst ihr die Erkundung weiter vorbereiten. Informiert euch dazu auch auf den Methodenseiten Betriebserkundung, Arbeitsplatzerkundung und Befragung (Interview).

Im Folgenden erhaltet ihr Anregungen für eigene Schwerpunkte zur Befragung und Beobachtung. Beachtet Verhaltensregeln und angemessene Kleidung. Gibt es Schüler mit speziellen Allergien?

Arbeits- und Umweltbedingungen

Beispiel: Milchviehhaltung

- Wie werden die Kühe gehalten? Wann sind sie draußen/im Stall?
- Wie verhalten sie sich untereinander?
- Welche Art Futter erhalten sie? Welche Bodenfläche für Futtererzeugung ist pro Jahr notwendig? Wird Futter zugekauft?
- Wie viel Milch gibt eine Kuh am Tag/im Jahr?
- Wie werden die Kälber aufgezogen?
- Welche Anforderungen stellt das Melken?
- Wie werden die Tiere gesund gehalten?
- Wie wird eine Kuh bei Krankheit behandelt?
- Was ist das Besondere an der ökologischen Tierhaltung?

Beispiel: Landbau

- Was sind Schädlinge, was sind Nützlinge?
- Mit welchen Anbau- und Pflegemaßnahmen hält der Öko-Bauer die Pflanzen und den Boden gesund? (Die Materialien **M5** und **M7** S. 193, 194 helfen auch bei der Vorbereitung.)
- Wodurch wird die Artenvielfalt gefördert?
- Wie wird der Boden gedüngt?
- Warum wird auf chemische Düngemittel und Pestizide verzichtet?
- Welche Bedeutung hat das Verbot gentechnisch veränderter Pflanzen?

Evtl. könnte in Verbindung mit dem Fach Biologie der Boden näher untersucht werden.

Arbeitsanforderungen an Landwirte

- Wie sind Ihre Arbeitszeiten in der Woche/am Wochenende/im Jahresverlauf? Wie ist Urlaub möglich?
- Welche Arbeiten erledigen Sie im Stall?
- Welche Arbeiten erledigen Sie auf dem Feld?
- Welche Werkzeuge, Geräte und Maschinen bedienen Sie bei der Arbeit?
- Was müssen Sie über Umwelt- und Tierschutz wissen?
- Welche Büroarbeiten fallen an?
- Was ist an Ihrer Arbeit anstrengend, was bereitet Freude, was belastet? Warum?
- Mit welchen Arbeitskräften arbeiten Sie zusammen? (Zur Vorbereitung s. auch **M6**, S. 193.)

Ökologische Produktion – wirtschaftliche Bedingungen

- Warum haben Sie sich für die ökologische Produktion entschieden?
- Welche Produkte stellen Sie auf dem Hof her?
- Auf welchem Wege vermarkten Sie diese?
- Gehören Sie einem Anbauverband an (mehr dazu in **M3**, S. 192)? Wie unterstützt dieser Ihre Arbeit?
- Wie wird kontrolliert, dass Sie die Vorschriften zur ökologischen Betriebsführung einhalten?
- Was bedenken Sie, wenn Sie Energie und Rohstoffe verwenden?
- Wie sind Sie mit den Absatzmöglichkeiten, den Preisen und dem Gewinn zufrieden?
- Wie werden Bio-Bauern vom Staat gefördert?
- Was haben Sie in den letzten Jahren getan, um Ihren Betrieb auszubauen, was planen Sie?

6 Weiterführendes Material

M1 Öko-Betriebskreislauf

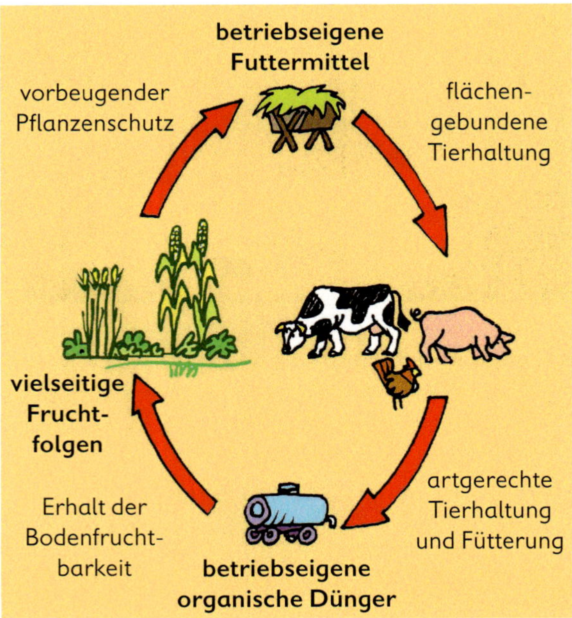

Nach **aid infodienst**/Neuerburg: www.was wir essen.de ▸erzeugung ▸oekolandbau

M2 Betriebe ökologischen Landbaus

Jahr	Zahl	Anteil an landwirtsch. Betrieben in %	Fläche in 1000 ha	Anteil an landwirtsch. genutzter Fläche in %
1996	7353	1,3	354	2,1
2000	12740	2,8	546	3,2
2007	18703	5,3	866	5,1

BMELV: www.bmelv.de ▸Landwirtschaft ▸ökologischer Landbau in Deutschland

M3 Ökologische Anbauverbände

Teilweise strenger als die Vorschriften zur Vergabe des *Bio-Siegels* sind die Richtlinien dieser Anbauverbände. Die meisten Bio-Betriebe sind in einem der folgenden Verbände organisiert:

Bioland	www.bioland.de
Biokreis	www.biokreis.de
Demeter	www.demeter.de
Naturland	www.naturland.de

M4 Landwirtschaftliche Produktionsbetriebe im Vergleich

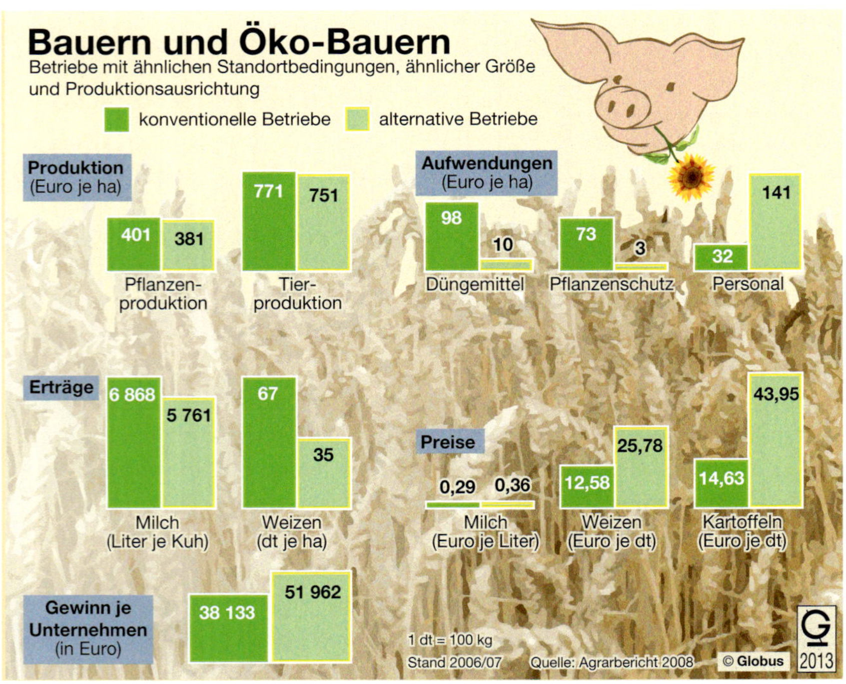

M5 Was macht ökologisch erzeugte Lebensmittel teurer?

Durch den Verzicht auf künstlich erzeugten Dünger und Pflanzenschutzmittel sind die Ernteerträge geringer. Da etwa ein Drittel der Fläche mit Leguminosen (Pflanzen, die als natürlicher Dünger genutzt werden) bebaut wird, fehlt sie für den Anbau pflanzlicher Nahrungsmittel.

Öko-Bauern halten, bezogen auf die Fläche, weniger Tiere. Die Fütterungsvorschriften führen zu längeren Mastzeiten und geringeren Milchmengen.

Die Anbaumethoden sind sehr arbeitsaufwändig, etwa der mechanische Pflanzenschutz.

Die meisten Verarbeiter sind kleine Unternehmen und die Vermarktungswege sind noch nicht so effektiv. Das bedeutet zwar Arbeitsplätze, kostet aber auch mehr Geld.

Nach **aid**:
Lebensmittel aus ökologischem Anbau. Bonn 2003, S.27

▲ Absammeln von Kartoffelkäfern im ökologischen Landbau

M6 Berufsbild Landwirt / in

Landwirte haben die Aufgabe, pflanzliche und tierische Produkte zu erzeugen und zu verkaufen. Produktionsbereiche sind Acker-, Obst-, Wein-, Hopfen-, Gemüse- oder Waldbau, die Grünlandnutzung, die Rindvieh-, Schweine- oder Geflügelhaltung. Landwirte bedienen, überwachen und warten Maschinen, Geräte und landwirtschaftliche Nutzfahrzeuge. Abhängig vom jahreszeitlichen Ablauf bearbeiten sie den Boden, wählen Saatgut aus, düngen, schützen und pflegen die Pflanzen. Nach der Ernte lagern oder konservieren sie die Erzeugnisse oder vermarkten sie direkt.

In der Tierhaltung füttern, tränken, pflegen sie die Nutztiere und reinigen die Ställe.

Betriebswirtschaftliche Aufgaben sind: Buchführung, Kalkulation, Beobachtung technischer Neuerungen. Hinzu kommen das Handhaben von Werkzeugen und Maschinen und Instandsetzungsarbeiten. Bei den Tätigkeiten beachten sie den Umwelt- und Tierschutz.

Beschäftigung finden Landwirte insbesondere im eigenen landwirtschaftlichen Betrieb oder in landwirtschaftlichen Großbetrieben …

Nach **Bundesagentur für Arbeit**:
http://infobub.arbeitsagentur.de ▶ Berufenet

Auf die Tätigkeit in der ökologischen Landwirtschaft und die Betriebsführung bereiten Fachschulen und Weiterbildungsseminare der Anbauverbände vor.

Eine Übersicht geben die ökologischen Anbauverbände unter
www.soel.de ▶ Ökolandbau ▶ Fachthemen ▶ Ausbildung und Studium

◀ Klauenpflegekurs zur Ausbildung von Landwirten

M7 Gesundheit fördern – durch ökologische Lebensmittel?

Ob eine Ernährungsweise die Gesundheit fördert, hängt von der Auswahl und Menge der Lebensmittel ab – unabhängig davon, ob diese ökologisch oder herkömmlich erzeugt wurden. Nach wie vor werden zu viele energie-, fett- und zuckerreichen Nahrungsmittel gegessen. Dazu kommen viele vorgefertigte Produkte (z.B. Fertiggerichte).

Für eine gesundheitsfördernde Ernährungsweise sollten vor allem pflanzliche Lebensmittel mit einem geringen Verarbeitungsgrad gegessen werden. So bleiben z.B. Vitamine erhalten. Wenig oder nicht bearbeitete Produkte sind vor allem Grundnahrungsmittel wie Gemüse, Obst, Vollkornprodukte, Kartoffeln und Hülsenfrüchte. Ökologisch erzeugte Lebensmittel haben gegenüber herkömmlich erzeugten Vorteile:

- Die Stickstoffversorgung der Böden von Öko-Betrieben erfolgt durch Leguminosen (z.B. Lupinen). Mithilfe von Bodenbakterien und Sonnenenergie binden sie den Stickstoff aus der Luft und machen ihn für die Pflanze als Gründünger verfügbar. Daneben wird organischer Dünger (z.B. Stallmist) gut dosiert auf die Felder gebracht. Überdüngung durch leicht löslichen Mineraldünger wird so vermieden. Überdüngung kann zu überhöhten Nitratgehalten führen. Ökologisch erzeugtes Gemüse hat nur die Hälfte des Nitratgehaltes. Nitrat kann im Körper krebsfördernde Nitrosamine bilden.
- Durch Fruchtfolge, Förderung von Pflanzengemeinschaften und Förderung von Nützlingen können sich im Öko-Landbau Schädlinge nicht so stark vermehren wie in Monokulturen. Dort werden Pestizide eingesetzt, für die Höchstmengen gelten, die unbedenklich sein sollen. Langfristig ist eine Gesundheitsschädigung nicht auszuschließen.
- In der ökologischen Tierhaltung dürfen Medikamente, z.B. Antibiotika, nicht vorbeugend eingesetzt werden. Es werden Naturheilmittel verwendet. Rückstände von Medikamenten in Nahrungsmitteln können dazu führen, dass diese im Fall einer notwendigen Therapie zur Krankheitsbekämpfung beim Menschen unwirksam sind.
- Bei einzelnen Vitaminen und Mineralstoffen wurden höhere Nährstoffwerte in Gemüse und Obst gefunden, z.B. Vitamin C, Kalium, Calcium und Eisen. Das hängt teilweise vom geringeren Wassergehalt ökologischer Lebensmittel ab. Bestimmte Pflanzenstoffe (z.B. Farb- und Geschmacksstoffe und Pflanzenhormone) kommen in ökologischen Lebensmitteln stärker vor und können das Risiko von Herz-Kreislauf- und Krebserkrankungen senken. Testpersonen stellten einen besseren Geschmack fest.

▲ Gründüngung durch Lupinen

Nach **BMELV 2003**:
www.oekolandbau.de ▶ Hauswirtschaft und Ernährung

Arbeiten mit den Materialien

Zu **M1** Beschreibt den ökologischen Betriebskreislauf. Zieht dazu Informationen aus dem Schulbuch, S. 188 heran.

Zu **M2** Verfolgt die Entwicklung bei Anzahl und Fläche ökologischer Betriebe.

Zu **M4** Vergleicht die Werte herkömmlicher und ökologischer Betriebe. Begründet die Abweichungen. Zieht dazu auch S. 188 und **M5** S. 193 heran.

Zu **M7** Begründet Ernährungsvorteile ökologisch erzeugter Lebensmittel.

Methode Betriebserkundung

1 Darum geht es

Eine Betriebserkundung gibt euch einen Einblick in die Arbeitswelt. Ihr könnt nach verschiedenen Schwerpunkten erkunden:

- Arbeitsanforderungen, z.B. im Arbeitsablauf an einem Arbeitsplatz
- Arbeits- und Umweltbedingungen bei der Produktion
- Güterangebot, z.B. nach Qualität, Umwelteigenschaften, Preis
- wirtschaftliches Handeln im Unternehmen, z.B.
  - Organisation des Produktionsablaufs
  - Aufbau des Betriebes
  - Einkauf von Werkstoffen, *Betriebsmitteln*
  - Absatz der Produkte
  - Entwicklung des Unternehmens
- Berufe, die hier gefragt sind

Bereitet euch auf die Schwerpunkte vor. Sucht nach Informationen, z.B.

- auf der Website des Unternehmens
- durch die Methode Auswertung von Texten im Betrieb durch Beobachtung und die Methode Befragung.

2 So läuft es ab

Vorbereitung

- Ziele festlegen, also klären, warum ihr den Betrieb erkunden möchtet
- Erkundungsschwerpunkt(e) bestimmen (s. o.)
- Informationen zum Schwerpunkt beschaffen und auswerten
- Betrieb auswählen (Branchenverzeichnis, Internet, →Kammer, Verbände, Innungen)
- Kontakte durch Schüler/Lehrer herstellen; evtl. Vorerkundung durchführen, Schwerpunkte, Zeitrahmen, Ablauf vereinbaren, Erlaubnis für Befragung, Fotografieren ... einholen
- Aufgaben für die Erkundung auf Einzelne und Gruppen aufteilen
- Verhalten im Betrieb abstimmen
- festlegen, auf welche Weise Informationen gesammelt werden sollen (Befragung, Beobachtung ...)
- übernommene Aufgaben vorbereiten, ggf. Technik organisieren (Camcorder)
- Genehmigungen einholen (Schulleitung), Versicherungsfragen klären
- Vorüberlegungen zur Auswertung und *Präsentation* sowie Reflexion des Vorhabens anstellen (siehe Methode Gruppenarbeit), evtl. dazu Experten aus dem Betrieb dazu einladen.

Durchführung

- Erkundungsaufgaben erledigen, Ergebnisse aufschreiben, ggf. in Bild und Ton festhalten
- auch ungeplante Eindrücke einbeziehen
- im Abschlussgespräch offene Fragen klären

Auswertung

- Ergebnisse zum Schwerpunkt in der Gruppe ordnen, aufbereiten und auswerten
- noch fehlende Informationen besorgen (auf der Website, im Betrieb, durch Telefonat ...)
- Dank an Betrieb aussprechen, evtl. auf Präsentationstermin verweisen und dazu einladen
- Technik zur *Präsentation* einüben
- Präsentation durchführen
- Ergebnisse bewerten (inhaltlich und auf die Darstellung, den Vortrag bezogen)
- Vorbereitung, Durchführung und Auswertung reflektieren (Vorüberlegungen aus der Vorbereitung nutzen, s.o.)

Alles klar?

Auch Bio-Bauern müssen mit Gewinn wirtschaften

1 Nennt fünf Merkmale ökologischen Landbaus.

2 Erklärt, wie Tiere auf einem Biohof gehalten und gefüttert werden.

3 Nennt Vorteile ökologisch erzeugter Lebensmittel für die gesunde Ernährung.

4 Erklärt die folgenden Begriffe aus der ökologischen Landwirtschaft:
- artgerechte Tierhaltung
- vorbeugender Pflanzenschutz
- vielseitige Fruchtfolgen
- flächengebundene Tierhaltung
- organischer Dünger
- betriebseigene Futtermittel

5 Erklärt mithilfe des Öko-Betriebskreislaufs (siehe **M1**, S.192), warum Bio-Bauernhöfe einen Beitrag zum Umweltschutz leisten?

6 Dirk fährt einmal die Woche mit dem Pkw zum 10 km entfernten Biohof, um 20 Bio-Eier aus Freilandhaltung zu kaufen. Beurteilt sein Verhalten.

7 Aus welchen Gründen erstellt ein Betrieb eine Gewinn- und Verlustrechnung?

8 Was ist bei der Übernahme eines Betriebes zu bedenken?

9 Welche Voraussetzungen besitzt Petra Hatz, den elterlichen Hof zu übernehmen?

10 Nennt am Beispiel von Petra Hatz je zwei Chancen und Risiken selbstständiger Arbeit.

11 Ökologisch und herkömmlich produzierende Bauern haben unterschiedlich hohe Kosten bei der Produktion. Erklärt Unterschiede. Wie wirkt sich das auf die Preise aus?

12 Der Öko-Markt wächst (siehe auch Schaubild S.31). Welche Bedeutung hat das für ökologisch produzierende Bauern?

13 Wegen der höheren Kosten ökologisch erzeugter Lebensmittel gründen Erzeuger und Händler für die Vermarktung gerne Organisationen. Welcher Weg kann gewählt werden? Untersucht dazu das folgende Foto.

Ein Bauunternehmen produziert umweltgerecht

1 Klasse 8 bereitet eine Erkundung vor

Die Klasse 8 beschäftigt sich im Arbeitslehre-Unterricht mit dem Thema „Wie funktioniert ein Unternehmen?". Dazu wird auch eine Erkundung in einem großen Bauunternehmen geplant. Die Schüler wollen an einem Beispiel erfahren, wie ein →Unternehmen seine Produkte herstellt und verkauft. Sie wollen sehen, wie das Unternehmen aufgebaut ist und wie die Beschäftigten zusammen arbeiten. Zur Vorbereitung der Erkundung nutzen die Schüler die Website des Unternehmens und bereits bestellte Broschüren.

Sie legen die Ziele für die Erkundung fest und erarbeiten Fragen. Sie möchten auch mit Beschäftigten sprechen und Einblick in die Arbeit auf den Baustellen bekommen. Für die *Auswertung* wollen sie einen Bericht schreiben. Deshalb soll während der Erkundung auch fotografiert und Informationsmaterial gesammelt werden. Auf den nächsten Seiten könnt ihr Auszüge aus dem Bericht lesen.

▸ **Leitauftrag** Beschreibt, wie die Klasse 8 vorgegangen ist.

B Auf einen Blick

Ihr erklärt, welche Güter das Unternehmen anbietet und welche Abteilungen daran beteiligt sind.

Ihr erfahrt, wie verschiedene Baugewerke zusammen arbeiten.

Ihr könnt die Bedeutung der Ziele, die das Unternehmen hat, für sein Handeln sowie das seiner Kunden und Geschäftspartner beschreiben.

Ihr begründet die Chancen, durch unternehmerisches Handeln Erfolg zu haben und Gewinn zu erzielen.

Ihr erfahrt von Risiken, Misserfolg zu haben und Verluste zu erleiden.

Ihr könnt an einem Beispiel den Ablauf beim Kauf eines Hauses und bei seiner Herstellung erklären.

Ihr erkennt die Bedeutung von Qualitätssicherung und ökologischer Unbedenklichkeit bei der Produktion für Unternehmen und Kunden.

Ihr nennt Anforderungen an die Arbeit in ausgewählten Bauberufen.

2 Das Unternehmen stellt sich vor

Die Leistungen des Unternehmens

Das Unternehmen entwickelt Stein-auf-Stein gebaute Ein- und Zweifamilienhäuser mit Ausstattung und übernimmt Planung und Durchführung des Bauablaufs. Die Häuser können in Musterhausparks besichtigt werden. Wer ein Haus kaufen möchte, erhält dort eine intensive Beratung. Der Bau erfolgt durch die Abteilung HAUSBAU des Unternehmens.
Die Mitarbeiter der Abteilung HAUSBAU und der Franchisenehmer sind für den Hausbau besonders geschult. Das betrifft insbesondere die Sicherstellung:

- bestimmter Arbeitsabläufe
- einer festgelegten Qualität
- einer vorgegebenen Bauzeit.

Für „Bauherren" in Regionen, die vom Unternehmenssitz weit entfernt liegen, übernehmen Partnerunternehmen (→Franchisenehmer) den Bauauftrag. Diese bezahlen an das Unternehmen eine Franchisegebühr für die Nutzung aller Planungs- und Ausführungsunterlagen. Alle Franchisepartner arbeiten bei der Herstellung nach dem gleichen System. So wird gleichbleibende Qualität gesichert.

▲ Musterhauspark Walsrode

Das Unternehmen arbeitet mit Handwerkern für →Fremdgewerke (z.B. Elektroinstallation) zusammen. Baustoffe werden von Baustoffhandelsgesellschaften und der Baustoffindustrie bezogen. Es beschäftigt an seinem Hauptsitz zurzeit ca. 370 Mitarbeiter. Weitere 650 sind bei den Franchisenehmern beschäftigt. Mit den Mitarbeitern der Fremdgewerke (z.B. Sanitärinstallation) sind es fast 4 000 Arbeitsplätze.
Jährlich werden rund 1 000 Häuser gebaut und damit ein *Umsatz* von ca. 200 Mio. Euro erwirtschaftet.

Unternehmensorganisation

Unternehmensleitung		
Abteilung INNOVATION, FRANCHISE, MARKETING, FINANZEN, SCHULUNG	Abteilung VERTRIEB und MUSTERHAUSPARKS	Abteilung HAUSBAU
Entwicklung von Haustypen mit Ausstattung, Festlegung der Baustoffe, Verkauf von Baurechten an Franchisenehmer, Marketing, →Rechnungswesen und Mitarbeiterschulung	Beratung, Verkauf von Häusern und weiteren Dienstleistungen, z.B. Finanzierung, Grundstückvermittlung, Bauantragstellung, Bemusterung (Ausstattung)	Auftragsabwicklung beim Bau von Häusern im Verkaufsgebiet

A Aufgaben

1 Nennt Güter, die das Unternehmen produziert.

2 Erklärt, wie die Abteilungen am Hausbau beteiligt sind.

3 Sprecht über die Bedeutung des Unternehmens für den Ort, in dem es angesiedelt ist (Standort). Nutzt **M 1**, S. 207

3 Ziele unternehmerischen Handelns

Interview mit Geschäftsführer Baum

SCHÜLER: „Herr Baum, Sie leiten das Unternehmen. Was heißt es, Unternehmer zu sein?"

BAUM: „Zusammen mit den Abteilungsleitern lege ich die Ziele fest. Wir tragen auch die Verantwortung dafür, diese zu erreichen."

SCHÜLER: „Welche Ziele sind das?"

BAUM: „Wir benötigen genügend Aufträge, die →Gewinn abwerfen. Dann haben unsere Mitarbeiter Arbeit und wir können sie gut bezahlen."

SCHÜLERIN: „Was tun Sie, um genügend Häuser zu verkaufen?"

BAUM: „Wir bemühen uns um sehr gute Qualität zu bezahlbaren Preisen. Fast alle unserer 19 000 Kunden sind zufrieden. Viele empfehlen uns weiter. Daneben werben wir natürlich intensiv."

SCHÜLER: „Sie sagten, dass Unternehmer Gewinn machen müssen."

BAUM: „Ja, das ist ein starker Anreiz für Unternehmer. Ich arbeite dafür viel, wöchentlich 60 Stunden. Nur mit Gewinn kann sich ein Unternehmen weiterentwickeln, besser werden und im Wettbewerb mit anderen mithalten. So sichern wir auch Arbeitsplätze und schaffen neue."

SCHÜLERIN: „Was meinen Sie mit ‚besser werden'? Bitte nennen Sie uns ein Beispiel."

BAUM: „Wir verwenden ökologische Baustoffe und Verfahren. Auch haben wir den Energiebedarf beim Wohnen in unseren Häusern stark vermindert. Unsere Abteilung für Innovation ist darin Spitze. Seit 2002 bieten wir das sog. 2-LITER-HAUS an. Ein solches Haus kann im Jahr mit der Energie von 2 l Heizöl pro m^2 Wohnfläche beheizt werden. Wärmedämmung und Nutzung erneuerbarer Energien sind dabei unverzichtbar! Das kostet anfangs mehr, spart aber später viel Geld."

SCHÜLER: „Wir lernten, dass auch eine erhöhte *Arbeitsproduktivität* zum Gewinn beiträgt."

BAUM: „Ja, Kostensenkung ist unser Dauerthema. Qualitätsprüfer helfen, Fehler und damit Nacharbeit zu vermeiden. Dazu kommt die Weiterbildung der Mitarbeiter. Auch beim Arbeitsablauf lassen sich Kosten senken. Wir lassen z.B. die Baustoffe vom Baustoffhandel mit einem Lastwagenkran genau dahin bringen, wo sie verarbeitet werden. Wir schreiben auch den Ablauf der Arbeitsschritte vor. Das spart Zeit."

SCHÜLERIN: „Auf dem Bau leisten die Arbeitsgruppen Akkord. Ist das nicht ungesund?"

BAUM: „Die meisten Maurer wollen viel Geld verdienen und sind zu hoher Leistung bereit. Wer keine Akkordarbeit mehr schafft oder will, dem versuchen wir, einen anderen Arbeitsplatz anzubieten."

SCHÜLER: „Herr Baum, vielen Dank!

A Aufgaben

1 Erklärt die Ziele des Unternehmens und was davon abhängt.

2 Begründet, warum das Unternehmen Gewinn machen muss.

3 Herr Baum betont den ökologischen Hausbau trotz der Mehrkosten. Warum zählt diese Entscheidung für ihn zum „besser werden"?

4 Warum ist dem Unternehmen die Erhöhung der Arbeitsproduktivität wichtig?

4 Marketing: Qualität mit Gewinn verkaufen

Marketing – Plan für das nächste Jahr

Experten aus den Abteilungen MARKETING und VERTRIEB haben zusammen mit einer Werbeagentur *Marketing*maßnahmen erarbeitet. Ihre Umsetzung soll den Erfolg des Unternehmens auch in der Zukunft sichern. Denn das Unternehmen wächst seit Jahren, während in der gesamten Baubranche die Umsätze sinken.

1. **„2-LITER-HAUS“** bewerben. (Dabei im Werbeträger den Nutzen für Käufer bei steigenden Energiekosten betonen)
2. **Fernsehwerbung** schalten, auch zur Förderung des Ansehens und der Bekanntheit des Unternehmens. (Spots entwickeln, Sender festlegen)
3. **Verkaufsberatung** weiter verbessern. (Schulung der Berater und Überarbeiten der Verkaufsunterlagen)
4. **Image-Kampagne** für den neuen hochpreisigen Haustyp entwickeln. (Familien mit hohem Einkommen ansprechen)
5. **Bauen unter einem Zelt** sichert auch im Winter durch gehende Beschäftigung und Lieferfähigkeit. Das wird viel beachtet. (Stärker in der Werbung herausstellen)
6. **Ergänzende Dienstleistungen** bekannter machen, z. B. Hausfinanzierung. (In Prospekten noch lesbarer aufbereiten)
7. **Prüfung der Werkstoffe und Produktionsabläufe** durch Prüf institute (TÜV, DINCERTCO) stärker herausstellen. (Vorsprung vor der Konkurrenz betonen im Werbeträger)
8. **Musterhausparks noch attraktiver gestalten –** sind Visitenkarte des Unternehmens. (Landschaftsarchitekt und Innenarchitekt einschalten)

A Aufgaben

1 Beurteilt in *Gruppenarbeit* den Marketingplan aus Sicht eines Hauskäufers. Berücksicht besonders
- welche Informationen für die Kaufentscheidung gegeben werden
- womit positive Gefühle beim Lesen des Angebots erzeugt werden sollen.

2 Schätzt die Werbeabbildungen ein.

3 Stellt Gründe zur Bedeutung der Absatzpolitik für das Unternehmen zusammen.

5 Qualität und angemessene Entlohnung sichern

Arbeitsabläufe durch Erfahrungswerte verbessern

Während der Arbeit entstehen Erfahrungen. Diese fördern, die Arbeitsaufträge in kurzer Zeit und guter →Qualität zu erledigen. Für das Unternehmen ist es wichtig, solches Wissen und Können der Mitarbeiter zu sammeln. Qualitätsentwickler vergleichen Lösungen des Einzelnen und suchen bessere. So entwickelten sich z.B. Vorgaben für:

- die Reihenfolge der Arbeitsschritte
- den Materialtransport (Baustoffe werden arbeitsplatznah angeliefert. Die Arbeit wird effektiver.)

Diese Vorgaben sparen Zeit und damit Kosten, ohne die Qualität zu vernachlässigen. Das wird Rationalisierung genannt.
Gute Arbeit wird auch durch Zufriedenheit des Beschäftigten mit ihren Arbeitsbedingungen und dem Verdienst gefördert.

Bauaufträge termingerecht erledigen

Für die Erledigung eines Bauauftrags wird ein Arbeitsablaufplan (s. S. 110) erstellt. Daraus ergibt sich der Übergabetermin des fertigen Hauses an den Kunden.
Dieser Terminplan ist während der gesamten Bauzeit für alle Beteiligten verbindlich und garantiert dem Kunden einen pünktlichen Einzug in sein Haus.
Arbeitsablaufpläne dienen auch der Kostener -mittlung und →Kalkulation der Preise für die Haustypen. Die Zeitangaben sind außerdem Grundlage zur Entlohnung der Beschäftigten.

Entlohnung nach Leistung

Die Arbeiter erhalten teilweise →Akkordlohn. Die Akkordsätze sind durch Arbeitsstudien ermittelt worden. Dadurch sind Richtwerte für bestimmte Tätigkeiten festgelegt worden, z.B. die Vorgabezeit für das Mauern einer Fläche von 1m² Verblendklinker in geforderter Qualität.

Beispiel Eine Arbeitsgruppe Maurer besteht aus vier Personen, die einen Rohbau fertig stellen sollen. Sie ergänzen sich als Team. Bei hoher Leistung kann jeder im Akkord einen Stundenlohn von ca. 18 Euro erreichen. Mängel müssen ohne Lohnausgleich nachgearbeitet werden.

Qualitätssicherung durch Prüfinstitute

Qualitätssicherung ist dem Unternehmen wichtig. Deshalb lässt es die Bauweise der Haustypen und die dabei verwendeten Materialien durch die unabhängige Prüforganisation DIN CERTCO prüfen und eine bestimmte Qualität bescheinigen (zertifizieren). Auf die Einhaltung dieser Qualität kann sich der Kunde verlassen. Kauft er ein Haus, darf er z.B. davon ausgehen, dass bestimmte Bauteile gegen Feuchtigkeit isoliert sind und jedes Teil nach einer festgelegten Qualitätsvorschrift (Norm) hergestellt ist.

DIN CERTCO
Gesellschaft für Konformitätsbewertung mbH

ZERTIFIKAT

Der Firma

Viebrockhaus AG
Grashofweg 11b
21698 Harsefeld

wird für die Hausserien

Edition, Maxime und Classico

bestätigt, dass alle Prüfkriterien des
Zertifizierungsprogramms Systemhäuser in Massivbauweise
erfüllt sind. Deshalb wird das Nutzungsrecht für das Zeichen

DIN Geprüft

in Verbindung mit den folgenden Registernummern erteilt.

Registernummern:
SH001, SH002, SH003

Dieses Zertifikat ist unbefristet gültig, solange die erforderlichen Überwachungen mit positivem Ergebnis durchgeführt werden.

2004-09-04
Dr.-Ing. Michael Garmer
- Geschäftsführer, Leiter der Zertifizierungsstelle -

DIN CERTCO Gesellschaft für Konformitätsbewertung mbH
Burggrafenstraße 6, 10787 Berlin

A Aufgaben

1 Womit sichert das Unternehmen die gleich bleibende Qualität seiner Produkte?

2 Wie wirkt sich Rationalisierung bei gleich bleibender Auftragslage auf die Beschäftigung aus?

3 Sprecht über folgende Fälle:
A Im Akkordteam ist Michael heute „nicht gut drauf“. Er hat gestern lange gefeiert und schafft nur dreiviertel seiner sonstigen Leistung.

B Dirk, Jan und Tim wollen Mark nicht mehr im Team haben, weil er öfter Rückenprobleme hat.

6 Beratung: Familie Münter will ein Haus kaufen

Der Erkundungsbericht der Klasse 8 endet hier. Jetzt könnt ihr Familie Münter beim Hauskauf begleiten. Dabei erfahrt ihr auch, wie auf einer Baustelle gearbeitet wird.

Das ist Familie Münter

Zur Familie gehören die Eltern: Andrea, 37 Jahre (FM); Dirk, 38 Jahre (HM); die Kinder Sabrina (7 Jahre) und Jan (9 Jahre). Die Eltern planen, ein neues Haus „schlüsselfertig" bauen zu lassen. Sie haben schon mehrere Angebote vorliegen. Nach einem Rundgang durch den Musterhauspark bitten sie um eine Beratung. Es kommt zum Gespräch mit einer Beraterin (B).

▲ Das Musterhaus für das Modell MAXIME 300

Aus dem Beratungsgespräch

FM: „Guten Tag, uns interessiert eines Ihrer Häuser. Wir würden uns gern beraten lassen."

B: „Sehr gern, was kann ich für Sie tun? Ich heiße Andrea Olzog."

HM: „Münter, das ist meine Frau. Wir haben in ihrem Park das Haus MAXIME 300 gesehen. Es gefällt uns. Können Sie uns weitere Informationen geben?"

B: „Sehr gern, was möchten Sie wissen?"

FM: „Wir haben gelesen, dass Sie das Haus als →Energiesparhaus liefern. Mit welchen Heizkosten müssen wir rechnen?"

B: „Rechnen Sie pro Jahr mit ca. 10 Litern Öl oder 10 m³ Gas pro m² Wohnfläche und Jahr. Aber ich könnte Ihnen diesen Haustyp auch als 2-LITER-HAUS anbieten. Mithilfe einer besonderen Heiztechnik schonen Sie die Umwelt. Bei diesem Haus benötigen Sie im Jahr nur so viel Energie pro m² Wohnfläche, wie zwei Liter Öl durch Verbrennen erzeugen können. (1 l Heizöl/1 m³ Gas entspricht dem Energiewert von 10 kWh Strom.) Legen wir die Energiepreise von 2005 zugrunde, zahlen Sie beim 2-LITER-HAUS für Heizung und Warmwasser nur ca. 615 Euro im Jahr. Beim Energiesparhaus sind es ca. 1336 Euro.

HM: „Welche Mehrkosten entstehen dadurch beim Kauf des Hauses?"

B: „Der Preis erhöht sich um 16 500 Euro. Bitte bedenken Sie, dass Sie keinen Gasanschluss benötigen. Der Elektroanschluss reicht. Falls die Energiekosten um 50 Prozent steigen, sparen Sie im Vergleich zur Gasheizung weitere 300 Euro. In dieser Region gibt es zusätzlich staatliche Förderung.
Hier in der Broschüre sehen Sie das Prinzip der neuen Haus-Technik: Eine Wärmepumpe nutzt die Erdwärme und die 39 cm dicken Außenwände verringern den Energiebedarf."

FM: „Wenn wir die Standardausstattung kaufen, würden wir gern wissen, welche Wahlmöglichkeiten es bei Fliesen und im Sanitärbereich gibt."

B: „Sie können aus dem Sortiment namhafter Hersteller wählen. Gern zeige ich Ihnen das in unserer Ausstellung."

Wie funktioniert die Energie sparende Haus-Technik?

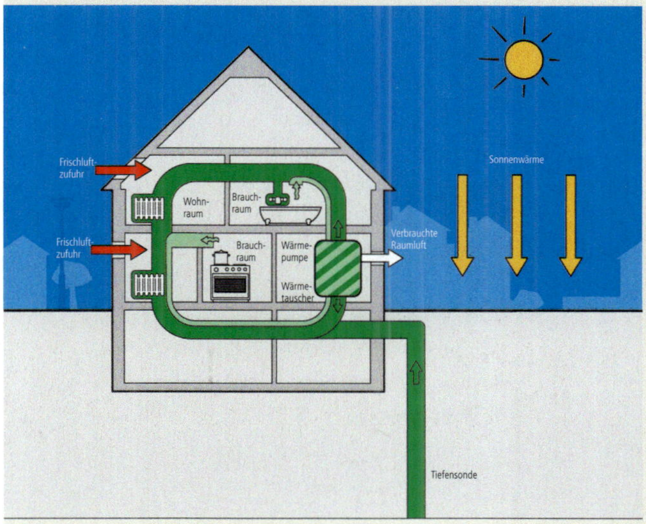

Die innovative Haustechnik bietet Heizung, warmes Brauchwasser, Wohnungslüftung und Wärmerückgewinnung.
Das Prinzip: Tiefensonden führen Erdwärme (ca. 10 Grad C°) über wasserführende Leitungen dem Heizsystem oder der Warmwasserbereitung zu. Der Raumluft wird Wärmeenergie entzogen, die ansonsten ungenutzt entweicht. Diese entsteht zum Beispiel beim Kochen.
Wird die verbrauchte Raumluft herausgeführt, strömt Frischluft hinein. So sorgt das System für Be- und Entlüftung und ein angenehmes Raumklima.
Elektrischer Strom treibt Kompressor, Umwälzpumpe und Lüftungsanlage an.

Nach: www.viebrockhaus.de ▶ Energiesparen ▶ 2-Liter-Hybrid-Viehbrockhaus

HM: „Im Internet werben Sie mit einem Sicherheitspaket. Können Sie das näher erklären?“

B: „Gern. Wenn Sie mit uns bauen, garantieren wir, dass das Haus fertig wird. Wir bieten Ihnen eine Baufertigstellungs-Versicherung für den sehr unwahrscheinlichen Fall, dass wir zahlungsunfähig werden. Das Gleiche gilt für die fünfjährige Gewährleistung bei Mängeln. In dieser Zeit sind Sie über eine Versicherungsgesellschaft abgesichert ... Unsere Kunden schätzen auch den für sie kostenlosen Schutz im Falle einer unverschuldeten Arbeitslosigkeit. Dann werden Ihre Finanzierungskosten bis zu 500 Euro monatlich übernommen, bis zu 18 Monate lang ...“

FM: „Beraten Sie uns bei der Finanzierung?“

B: „Ja, gern, da brauche ich ein paar Daten zu Ihrem Eigenkapital und Einkommen.“

FM: „Netto verdient mein Mann im Monat 2500 Euro und ich 1200 Euro. Wir haben 60000 Euro Eigenkapital ...“

B: „Das Haus würde mit Keller, Ihren Sonderausstattungen und Grundstück ca. 260000 Euro kosten. ... Die monatliche Belastung wird dann bei den günstigen Zinsen unserer Partnerbank 900 Euro nicht übersteigen.“

Das Gespräch berührte noch viele Punkte, die hier nicht vertieft werden müssen.

A Aufgaben

1 Welche Bedeutungen haben Musterhausparks?

2 Berechnet den jährlichen Energiebedarf und die Energiekosten. Geht von 120 m² Wohnfläche, aktuellen Preisen für Gas beim Niedrigenergiehaus und für Strom beim 2-LITER-HAUS aus.

3 Erklärt die Nutzung von Erdwärme.

4 Wertet das Beratungsgespräch aus. Worin drücken sich die Interessen des Unternehmens und der Kunden aus?

5 Warum kann es wichtig sein, sich gegen die genannten Risiken zu versichern?

6 Was ist für die Hausfinanzierung wichtig?

7 Nach Vertragsabschluss: Wie geht es weiter?

Die letzten Entscheidungen vor dem Abschluss

Familie Münter denkt über das Angebot dieses Unternehmens nach und verhandelt auch mit einem anderen Bauunternehmen. Schließlich entscheidet sie sich für das erste Angebot.

Die Abteilung Vertrieb vermittelt ihnen das Grundstück. Es wird geprüft, ob das Haus auf dem Grundstück gebaut werden kann. Auch den Baukredit lassen sie sich hier vermitteln. Dieser ist günstiger als bei anderen Kreditinstituten.

Vor Vertragsabschluss wird der endgültige Grundriss des Hauses gezeichnet, und die bisher feststehenden Kosten werden erfasst.

Vor Baubeginn müssen Münters die erste Rate zahlen. Weitere sind nach Baufortschritt fällig.

Bauvorbereitung und Baudurchführung

Die Abteilung VERTRIEB übergibt den Auftrag mit allen Unterlagen an die Abteilung HAUSBAU. Diese beauftragt die verschiedenen Gewerke. In einem Gespräch zwischen dem technischen Leiter und dem Ehepaar Münter wird der Auftrag noch einmal mit deren Erwartungen verglichen. Später findet auf dem Baugrundstück eine Abstimmung mit dem Rohbauleiter statt, der die erste bis vierte Bauwoche betreut. Er übergibt danach die Bauaufsicht an den Ausbauleiter.

Nach 12 Wochen soll das Haus schlüsselfertig an Familie Münter übergeben werden. Die anstehenden Arbeiten sind vom Unternehmen nach einem genauen Zeitplan zu erledigen. Die wichtigsten Arbeitsschritte werden hier genannt.

Arbeitsablaufplan	
vor Baubeginn	**Bauantrag an Bauamt** Einholen der Baugenehmigung Meldung des Baubeginns (1 Woche vorher) **Versorgungsanschlüsse** Anträge an Ver- und Entsorgungsunternehmen für Wasser, Abwasser, Strom, Telekommunikation stellen **Bemusterung** Auswahl von →Sanitärobjekten und Fliesen **Auftragserteilung an Mitgewerke** **Statikerstellung** **Grundstücksvorbereitung** z. B. Fällen von Bäumen
1.–4. Woche Rohbau	**Erdarbeiten** Erdaushub, Standort des Hauses abstecken, Grundfläche auswinkeln **Betonarbeiten** Gießen der →Sohle, Decken im Erdgeschoss und Obergeschoss, Treppen- und Kellerbau **Maurerarbeiten** **Zimmererarbeiten** Dachstuhl richten, Richtfest **Dacharbeiten** Dachdecken, Regenrinnen anbringen **Tischlerarbeiten** Montage der Fenster und Haustür
5.–7. Woche Ausbau	**Trockenbau** Isolierung des Daches **Installation der Leitungen** Heizung, Lüftung, Sanitär, Elektro **Estrich- und Putzarbeiten** **Fliesenlegerarbeiten** **Schlosserarbeiten** Außengeländer, Balkongitter
8.–11. Woche	**Endinstallation der Geräte/Objekte** Heizung, Lüftung, Sanitär, Elektro **Malerarbeiten** **Tischlerarbeiten** Einbau der Innentüren und Fußleisten **Vorabnahme durch Ausbauleiter**

A Aufgaben

1 Nennt Dienstleistungen, die vom Unternehmen vor Baubeginn zu leisten sind.

2 Führt Gesichtspunkte auf, die für die Ablaufplanung beim Hausbau wichtig sind .

3 Welche Bedeutung haben die Abstimmungen zwischen den Beteiligten für die Länge der Bauzeit und die Qualität der Bauleistung?

8 Arbeit und Ausbildung am Bau

Verblendmauerwerk herstellen

Es geht gut voran – dritte Bauwoche, Jens ist im dritten Ausbildungsjahr als Maurer. Mauern kann er schon. Er lernt jetzt, Verblendmauerwerk herzustellen.

Umwälzpumpe montieren

Neunte Bauwoche: Die Heizung soll bald laufen. Dirk lernt im 2. Jahr Anlagenmechaniker für Sanitär-, Heizungs- und Klimatechnik. Er hilft, die Geräte der Heizungsanlage einzubauen.

Berufsinformationen

Maurer / in

Sie sind sowohl im Neubau als auch bei der Modernisierung und Instandsetzung von Bauwerken tätig. Zu ihren Aufgaben gehört, Mauerwerke aus einzelnen Steinen mauern, Baufertigteile aufbauen und montieren, Bauteile aus Beton und Stahlbeton herstellen.

Arbeitsplätze gibt es im Baugewerbe z.B. bei Hochbau-, Betonbau-, Sanierungsunternehmen oder im Fertighausbau. Sie arbeiten auch im Tiefbau (Schacht- oder Brunnenbau) oder auch in Baumärkten.

Meist sind sie auf Baustellen tätig. Sie arbeiten teilweise im Freien. Dabei müssen sie sich auf hohen Gerüsten sicher bewegen können.

Anlagenmechaniker / in für Sanitär-, Heizungs- und Klimatechnik

Sie arbeiten in der Montage und Instandhaltung von Anlagen der Versorgungstechnik (z.B. mit Wärme).

Sie arbeiten überwiegend in Betrieben der Gas-, Wasser-, Heizungs- und Lüftungsinstallation sowie der Klempnerei. Beschäftigt sind sie auch bei Hausmeisterdiensten.

Sie arbeiten meist auf Baustellen oft im Freien, (z.B. beim Rohbau), in Wohn- und Betriebsgebäuden sowie in Werkstätten. Auch leisten sie Service beim Kunden.

Nach **Bundesagentur für Arbeit**: http://infobub.arbeitsagentur.de ▶ BERUFENET

A Aufgaben

1 Beschreibt die Ausbildungssituationen.

2 Nennt Tätigkeiten im Beruf Maurer/-n. Vergleicht die Arbeitsbedingungen auf der Baustelle mit einem Baumarkt.

3 Nennt Maßnahmen auf den Fotos, die dem Unfallschutz dienen.

4 Schätzt ein, in welchem Umfang das Unternehmen ausbildet. Betrachtet die Entwicklung bei den Zahlen für Auszubildende (siehe **M2**, **M6**, S. 207, 208).

5 Sprecht über die Höhe der Bruttoentgelte in Bauberufen (**M4**, S. 207).

9 Betriebliche Grundfunktionen der Abteilung HAUSBAU

Die Leistungserstellung der Abteilung

Auf S. 198 habt ihr Leistungen der Abteilung HAUSBAU kennen gelernt.
Dafür braucht die Abteilung z. B.

- Gelände, auf dem das Büro steht und die Baumaschinen geparkt werden (Boden)
- Fahrzeuge und Büromöbel, Mörtel und Strom, aber auch Geld für deren Kauf (Kapital)
- Facharbeiter und Hilfskräfte (Arbeit)

Diese heißen →Produktionsfaktoren. Alle Unternehmen benötigen sie, um Güter zu erstellen.

Die Abteilung HAUSBAU

Technischer Leiter und **Sekretariat**	
Organisation und Verwaltung	**Bauausführung**
Gruppen • Auftragsvergabe Fremdgewerke • Baustellenvorbereitung • Einteilung Bauarbeiter • Beschaffung Baustoffe • Buchhaltung	**Gruppen** • Bauleitung und Fahrdienste • Maurer/Betonbauer • Lagerverwaltung und Bereitstellen der →Betriebsmittel

Organisation der Abteilung und Zusammenarbeit innerhalb des Unternehmens

In der Abteilung HAUSBAU sind 190 Mitarbeiter beschäftigt. Die Gruppen (siehe Tabelle rechts) unterstehen direkt dem technischen Leiter.

Die Abteilung HAUSBAU arbeitet mit anderen Abteilungen zusammen (siehe S. 198):

- Sie erbringt Bauleistungen, die in der Abteilung VERTRIEB den Kunden verkauft wurden. Sie bezieht Pläne zur Verbesserung des Bauablaufes von der Abteilung INNOVATION.
- Sie nutzt die Leistungen der Buchhaltung für die Lohnabrechung und Abrechnung mit Kunden und Lieferanten.

Arbeitet das Unternehmen erfolgreich?

Jedes Unternehmen muss beantworten können, ob mit Gewinn gearbeitet wird und ob sich einzelne Aufträge lohnen. Dafür liefert das →Rechnungswesen wichtige Zahlen.
In dieser Abteilung werden alle Ausgaben (Kosten) gebucht und bezahlt. Das können z. B. Baumaterial, Löhne, Steuern sein. Ebenso werden alle Einnahmen (Erträge) verbucht, z. B. Bezahlung für gebaute Häuser. Aus den Informationen ergeben sich auch Hinweise, wie Kosten für Material und Personal gering gehalten werden können und ob die Preise kosten- und marktgerecht sind.
Buchungen führen zu Güter- und Geldströmen.

Güter- und Geldfluss in Unternehmen

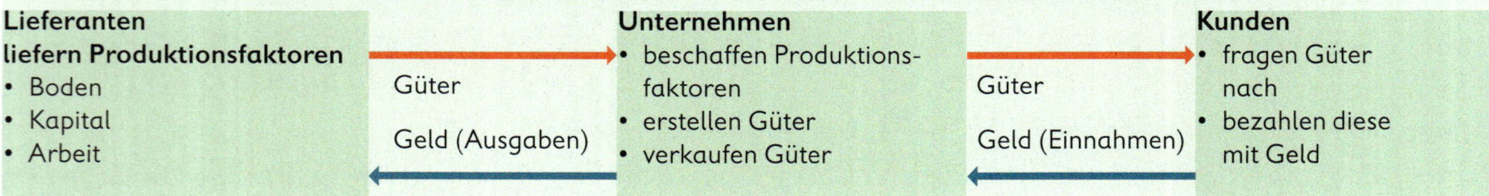

A Aufgaben

1 Erklärt, welche Produktionsfaktoren das Unternehmen für einen Bauauftrag braucht.

2 Zum Verblenden eines Hauses soll die richtige Menge Klinkersteine preisgünstig beschafft werden. Wie würdet ihr den Auftrag lösen?

3 Ein großer Kunde ist mit der Bezahlung im Verzug. Kurzfristig fehlt Geld für Löhne. Was kann das Unternehmen tun?

4 Nehmt Stellung: „Die Treibstoffkosten beim Fuhrpark steigen. Die Erlöse decken die Kosten nicht. Soll deshalb ein neuer LKW mit niedrigerem Verbrauch gekauft werden?"

10 Weiterführendes Material

M1 Wirtschaftliche Bedeutung des Unternehmens für die Gemeinde

Das erkundete Unternehmen, die Firma Viebrock, ist einer der großen Arbeitgeber und Steuerzahler in Harsefeld[1]. Einschließlich der Fremdgewerke hängen ca. 1 000 Arbeitsplätze vom Unternehmen ab. Hinzu kommen die Mitarbeiter der überregionalen Franchisenehmer und deren Mitgewerke. Die meisten Mitarbeiter arbeiten und leben in der Region. Zusammen mit den Familien dürften es 3 000 Menschen sein. Viele haben ein Eigenheim gebaut. Ein großer Teil der Verdienste wird in der Region ausgegeben.

1 Ort mit ca. 13 000 Einwohnern bei Stade/Niederelbe

M2 Bedeutung des Unternehmens für Ausbildung und Beschäftigung in der Region

Ausbildung

Die Firma Viebrock bildet ca. 50 Auszubildende in folgenden Berufen aus: Maurer/-in, Dachdecker/-in, Zimmerer/-in, Gas- und Wasser-installateur/-in, Elektroinstallateur/-in, Tischler/-in, Bauzeichner/-in, Bürokauffrau/mann.

Saisonale Beschäftigung

Bisher kam es von Januar bis März aufgrund der Wetterlage zu Massenentlassungen bei den gewerblichen Mitarbeitern. Durch die Winterbaustellen (Zeltbau) wurde 2006 durchgehend gearbeitet.

Beschäftigungsentwicklung

Vom Jahr 2000 bis zum Jahr 2005 hat sich die Zahl der Mitarbeiter von 270 auf 370 erhöht.

M3 Bedeutung der Bauwirtschaft für die deutsche Volkswirtschaft

Die Bauinvestitionen im Jahr 2005 betrugen 198 Mrd. Euro (Westdeutschland 163 Mrd. Euro, neue Bundesländer 35 Mrd. Euro). Diese Investitionen machten 9,5 Prozent des →Bruttoinlandsproduktes aus. Die Bauwirtschaft mit rund 2,14 Mio. Beschäftigten einer der größten Arbeitgeber unserer →Volkswirtschaft. Damit war jeder 17. Erwerbstätige am Bau beschäftigt. Eine Mrd. Euro an Bauinvestitionen schafft bzw. sichert rund 26 000 Arbeitsplätze (in Bauwirtschaft, Zulieferbetrieben und nachgelagerten Wirtschaftsbereichen).

Nach **Zentralverband Deutsches Baugewerbe e.V.**:
www.zdb.de/zdb.nsf
Hauptverband der Deutschen Bauindustrie:
www.bauindustrie.de
Industriegewerkschaft Bauen-Agrar-Umwelt:
www.igbau.de ▸Themen Arbeit und Wirtschaft ▸Wirtschaftsdaten für Bauleute

M4 Entgelte in Bauunternehmen

Bruttoentgelt[1] pro Monat (April 2006)	
Angelernter Arbeiter	2000 €
Maurer (mit Erfahrung)	2600 €
Maurer (im Akkord)	ca. 3000 €
Polier	3100 €
Bürokaufleute (mit Erfahrung)	2300 €

1 Davon sind Abgaben für den Arbeitnehmeranteil der Sozialversicherung und unterschiedlich hohe Lohnsteuer, je nach Familienstand, zu zahlen. Ausgezahlt wird das Nettoentgelt.

Nach **Industriegewerkschaft Bauen-Agrar-Umwelt**:
Lohn- und Gehaltstarifverträge 2005

M5 Wegfall der Eigenheimförderung

200 000 Arbeitsplätze in Gefahr

„Die Eigenheimzulage sichert Zehntausende von Arbeitsplätzen …“, sagt der Zentralverband des Deutschen Baugewerbes (ZDB) in seinem Demonstrationsaufruf. Berechnungen bewiesen, dass der Bau von 50 000 Eigenheimen rund 200 000 Arbeitsplätze garantiert und dem Staat 4 Mrd. Euro an Steuern und Abgaben in die Kassen spülen kann. Durch die ... Abschaffung der Eigenheimzulage können viele Familien … ihren Traum von den eigenen vier Wänden nicht mehr verwirklichen. Eine vierköpfige Familie verliert monatlich 240 Euro Förderung.

Konsequenz: Arbeitsplätze in der Bauwirtschaft, aber auch in den Zulieferbetrieben und nachgelagerten Wirtschaftsbereichen gehen verloren. Dadurch sinken die Steuereinnahmen.

Nach **Schlütersche Verlagsgesellschaft mbH & Co. KG**: www.handwerk.com/rubriken/aktuell/demonstration-berlin.htm

Die Eigenheimzulage ist ein Fördermittel vom Staat, um den Eigenheimbau zu unterstützen. Ende 2005 wurde sie abgeschafft. Die Versorgung der Bevölkerung mit ausreichendem Wohnraum ist inzwischen weitgehend gesichert. Mit dem gesparten Geld (nach Ablauf noch laufender Förderungen ca. sechs Mrd. Euro pro Jahr) kann der Staatshaushalt aufgebessert werden.

M6 Arbeit und Ausbildung am Bau

Jahr	1999			2005		
	Beschäftigte	davon Auszubildende	Arbeitslose	Beschäftigte	davon Auszubildende	Arbeitslose
	Angaben in 1000					
alle Bau- und Bauneben-berufe, davon	1802		382	1161		516
Maurer	296	31	65	202	12	112
Gas-/Wasser-installateure	240	33	39	174	5	44
Elektro-installateure	651	48	79	392	11	61
Zimmerer	80	11	15	51	7	19

Nach **Institut für Arbeitsmarkt- und Berufsforschung**: www.pallas.iab.de; **BIBB**: www.bibb.de

Arbeiten mit den Materialien

Zu **M1, M2** Wie wirkt sich die Entwicklung der Anzahl der Beschäftigten auf Harsefeld aus? Sprecht darüber, wie sich ein Rückgang der Aufträge von Viebrock auf das Steueraufkommen und andere Wirtschaftsbereiche auswirken könnte.

Zu **M2** Welche Bedeutung hat der Winterbau für das Unternehmen und die Beschäftigten?

Zu **M3, M5** Begründet die Bedeutung der Bauwirtschaft. Wie wirken sich steigende bzw. sinkende Bauaufträge aus?

Zu **M4** Sprecht über die Bedeutung einer beruflichen Aus- und Weiterbildung für den Verdienst.

Zu **M5** Wie wirkt sich die Abschaffung der Eigenheimzulage auf die Geförderten, die Bauwirtschaft und den Staat aus?

Zu **M6** Warum demonstrieren die Bauarbeiter? Stellt einen Zusammenhang her zwischen der Entwicklung im Wohnungsbau und der Beschäftigung am Bau. Bezieht auch die Entwicklung der Zahl der Auszubildenden ein.

Alles klar?

Ein Bauunternehmen produziert umweltgerecht

1 Erklärt, aus welchen Gründen es notwendig ist, dass ein Unternehmen ständig an der Verbesserung seiner Leistungen arbeitet?

2 Nennt Anreize für einen Unternehmer.

3 Begründet die Verantwortung, die ein Unternehmer trägt.

4 Erklärt zwei Ziele des Marketing aus Sicht des Unternehmens.

5 Schreibt Gesichtspunkte auf, nach denen Käufer Maßnahmen des Marketings beurteilen.

6 Viele Unternehmen betreiben Qualitätssicherung. Begründet.

7 Erklärt am Beispiel eines Dienstleistungsunternehmens, z.B. eines Frisörsalons, welche Produktionsfaktoren hier genutzt werden.

8 Nehmt Stellung zu folgendem Fall:
Bis zum Jahre 2005 förderte der Staat den privaten Hausbau. Eine Familie mit zwei Kindern erhielt monatlich ca. 240 Euro. Diese Förderung wurde abgeschafft. Welche Folgen kann das haben
- für die Bauabsichten von Familien?
- für Bauunternehmen?

Wie können Bauwillige/ Bauunternehmen versuchen, sich darauf einzustellen?

9 Herr Knapp überlegt, sich im Jahr 2005 ein 2-LITER-HAUS anstelle eines Energiesparhauses zu kaufen. Er hat gelesen, dass die Energiepreise in den nächsten fünf Jahren um 50 Prozent steigen könnten. Welchen Rat würdet ihr ihm geben?
Berechnet dazu die voraussichtlichen Kosten für Heizung und Warmwasser in den Jahren 2005 und 2010. Berücksichtigt die Mehrkosten für das 2-LITER-HAUS. Legt ein Schema nach dem Muster auf dieser Seite an.
Legt für 2005 folgende Preise zugrunde:
- 1) für Haushaltsstrom: 0,17 €/kWh
- 2) für verbilligten Wärmepumpenstrom: 0,11 €/kWh
- 3) für Erdgas: 0,045 €/kWh
- 4) als Zinssatz: 5%

	Energiesparhaus Gasheizung			**2-LITER-HAUS** Erdwärmenutzung		
	Verbrauch	Kosten in €		Verbrauch	Kosten in €	
		2005	2010		2005	2010
Energiebedarf für • Heizung	17315 3)	?	?	2645 2)	?	?
• Warmwasser:	4879 3)	?	?	1001 2)	?	?
• Strom zum Antrieb der Haustechnik	487 1)	?	?	672 2)	?	?
Nebenkosten Wartung/ Zählermiete	—	140	140	—	255	255
Verzinsung 4) bei Anlage der Mehrkosten von 16500 €	—	—	?	—	?	?
Ergebnis		?	?		?	?

Fallstudie: betriebliches Handeln im Küchenmöbelwerk

1 Ein Auftrag an das Küchenstudio COOKMAHL

Familie Bünger bezieht eine Neubauwohnung. Sie erfüllen sich den Traum einer neuen Küche. Sie haben lange überlegt, Prospekte gewälzt und Küchenstudios besichtigt. Nach mehreren intensiven Beratungen „stehen" Grundriss und Ausstattung. Auch der Preis stimmt. Heute haben sie bei COOK MAHL den Kaufvertrag unterzeichnet.

„Schon in 16 Wochen steht Ihre neue Küche", sagt die Kundenberaterin, Frau Ahrweiler.

„16 Wochen sind lang. Was passiert in der Zwischenzeit?", will Herr Bünger wissen.

„Ich verstehe Ihre Ungeduld. Doch bedenken Sie: Sie kaufen keine Küche ‚von der Stange'.

Ihr Auftrag geht per E-Mail an das Küchenmöbelwerk. Hier werden unsere Absprachen zu Maßen und Ausstattung im Planungsprogramm überprüft.

Mit diesen Daten wird dann die Produktion geplant.

Die Anfertigung erfolgt nach neuester Technik in einer teilweise automatisierten Produktion.

Das Werk ist bekannt für sehr gute und umweltgerechte Qualität. Das wird durch ein Qualitäts- und Nachhaltigkeitsmanagement garantiert.

Wenn Sie Interesse haben, können Sie mit dieser Werksbroschüre einen Blick hinter die Kulissen der Produktion werfen. Ich gebe Sie Ihnen gerne mit."

▸ **Leitauftrag** Welche Vorteile hat es für Büngers, COOK MAHL und das Küchenmöbelwerk, den Auftrag nach einem Planungsprogramm im Rechner zu erstellen?

B **Auf einen Blick**

Ihr erklärt, wie ein Kundenauftrag für die Produktion vorbereitet wird.

Ihr begründet die Bedeutung von Unternehmenszielen.

Ihr vollzieht die Stufen des Produktionsablaufs nach.

Ihr versteht die Betriebsorganisation.

Ihr beschreibt Anforderungen an Arbeitsplätzen.

Ihr bewertet die Arbeit des Betriebsrates für die Berücksichtigung von Arbeitnehmerinteressen.

Ihr erklärt die Bedeutung des Qualitätsmanagements für das Produktionsergebnis.

Ihr vollzieht die Bedeutung des Nachhaltigkeitsmanagements für das Unternehmen, die Mitarbeiter und die Gesellschaft nach.

2 Das Unternehmen stellt sich vor

Das Leistungsangebot

Das Küchenmöbelwerk wurde 1975 mit der Rechtsform einer GmbH gegründet. Es gehört seit 2005 zu einer internationalen Unternehmensgruppe mit zwei weiteren Betrieben der Küchenherstellung. Ca. 300 Mitarbeiter stellen hochwertige Einbauküchen der oberen Preisklasse her, die im In- und Ausland verkauft werden.

Die Kunden können aus einem breiten Angebot wählen. Lieferbar sind Schrankelemente in 60 Frontfarben (Holz-, Kunststoff- und Lackoberfläche) sowie verschiedene Arbeitsplatten und Griff- und Knopfvarianten. Die Typenliste enthält ca. 1000 Artikel.

In Zusammenarbeit mit Fachhändlern werden Kundenwünsche für komplette Küchen umgesetzt. Auch der Kundendienst ist gesichert.

Die Betriebsorganisation

Für die Verwirklichung der Ziele und die Erbringung der Leistungen sorgt auch die → Betriebsorganisation (Aufbau- und Ablauforganisation).

Die Ziele

Ein Ziel des Unternehmens ist die fortwährende Weiterentwicklung von Qualität und Design der Produkte und kundengerechter Dienstleistungen. Dabei stehen die Wünsche der Kunden im Mittelpunkt.

Mitarbeiter sollen durch die Qualität ihrer Arbeit das Ansehen der Unternehmensleistungen fördern.

Ein weiteres Ziel ist → nachhaltiges Handeln bei der Leistungserstellung, die

- wirtschaftlich und sozial im Umgang mit Kunden, Lieferanten und Mitarbeitern und
- ökologisch mit der Nutzung der Umwelt und von → Ressourcen erfolgt.

Diese Ziele sollen durch Tätigkeiten erreicht werden, die stetig gemeinsam mit Lieferanten, Fachhändlern und Kunden verbessert werden.

Insbesondere geht es darum:

- Qualität mit rationellen und ökologisch verträglichen Verfahren zu sichern
- qualitativ hochwertiger Werkstoffe kostengünstig zu beschaffen
- Abfälle und → Emissionen zu vermindern
- Mitarbeiter für ihre Aufgaben zu qualifizieren und zu motivieren

Aufbauorganisation im Küchenmöbelwerk

Geschäftsleitung

Marketingleitung	Produktionsleitung
Kundendienst Ausland	Fertigung Küchen
Kundendienst Inland	Einkauf
Produkt-Marketing	Organisation/EDV
Produkt-Entwicklung	Qualitätsmanagement
Auftragsbearbeitung	Personalabteilung
Versand	Rechnungswesen

A Aufgaben

1 Erstellt einen „Steckbrief" für das Küchenmöbelwerk. Berücksichtigt dabei die genannten Leistungen sowie die Rechtsform (siehe M4, M5, S. 221; M6, S. 222 und M7, S. 223).

2 Was heißt Nachhaltigkeit bei der Küchenproduktion? Erklärt mit Beispielen.

3 Welche Ziele privater Unternehmen (s. M3, S. 221) will das Küchenmöbelwerk erreichen?

4 Benennt die Abteilungen der beiden großen Leitungsbereiche des Küchenmöbelwerks. In welcher Abteilung beginnt die Zusammenarbeit mit dem Küchenstudio COOK MAHL?

3 Aufgaben und Zusammenarbeit der Abteilungen

Beschaffung von Produktionsfaktoren

Zur Küchenmöbelherstellung werden benötigt:

Gebrauchsgüter

- Grund und Boden sowie Gebäude
- technische Anlagen, Maschinen, Büromöbel
- Werkstoffe, z.B. Holz
- Hilfsstoffe, z.B. Leim

Verbrauchsgüter

- Betriebsstoffe, z.B. Maschinenöl, sowie Strom.

Grund und Boden sind der Produktionsfaktor Boden. Die anderen Ge- und Verbrauchsgüter sowie notwendige finanzielle Mittel gehören zum Produktionsfaktor → Kapital.

Die Abteilung Einkauf beschafft die sächlichen → Produktionsfaktoren. Sie kooperiert mit dem Qualitätsmanagement, das Anforderungen an Güter festlegt und diese prüft.

Auch die erforderlichen Arbeitskräfte, der Produktionsfaktor Arbeit, müssen beschafft und verwaltet werden. Daran sind die Personalabteilung und die Abteilungen, welche die Arbeitskräfte benötigen (z.B. Fertigung Küchen), beteiligt.

Erfassen von Geld- und Güterströmen

Bei der Beschaffung und bei Bezahlung der erbrachten Leistungen entstehen Güterströme und Geldströme. Diese werden im → Rechnungswesen verbucht.

Das Rechnungswesen erledigt auch die Lohnbuchhaltung für dieMitarbeiter.

Fertigung der Küchenmöbel

Mehr dazu folgt im Abschnitt 4 „Produktionsablauf bei Schrankelementen".

Fragen bei der Beschaffung

- Was ist in welcher Qualität (z.B. ökologische Anforderungen) zu beschaffen?
- Wie viel ist wann zu beschaffen?
- Wo ist die benötigte Menge zu günstigen Preisen zu erhalten?
- Welche Liefer- und Zahlungsbedingungen sind angemessen?
- Ist der Lieferant zuverlässig, um Menge und Qualität termingerecht zu liefern?

Die richtigen Güter gut verkaufen

Aufgaben, die in diesen Bereich fallen, erledigt das Marketing.

- Das Produkt-Marketing ist zuständig für Werbung und Preisgestaltung.
- Die Auftragsbearbeitung wickelt die Bestellungen der Fachhändler ab, schreibt für die zu erstellenden Leistungen Rechnungen und leitet diese zur Buchung an das Rechnungswesen.
- Der Versand organisiert im Anschluss an die Fertigung die Auslieferung der Aufträge.
- Der Kundendienst (mit den Fachhändlern) bearbeitet Reklamationen und Reparaturen.
- Die Produkt-Entwicklung arbeitet am Sortiment, z.B. Trends zu Farbe und Material.

Organisation/EDV

Die Kommunikation zwischen den Abteilungen läuft zum großen Teil mit Unterstützung elektronischer Datenverarbeitung (EDV). Das geschieht mittels EDV-Geräten, eingebunden in ein betriebsinternes Netzwerk. Die Abteilung Organisation/EDV ist dafür zuständig, dass diese → Informationsorganisation zuverlässig funktioniert.

A Aufgaben

1 Welche Abteilungen beschaffen welche Produktionsfaktoren?

2 Nennt Beispiele für Güter- und Geldströme, die durch Aktivitäten im Küchenmöbelwerk entstehen. Orientiert euch dabei auch am Schema im Material M4, S. 221.

3 Das Küchenmöbelwerk sucht einen neuen Lieferanten für kunststoffbeschichtete Spanplatten. Wendet die Fragen bei der Beschaffung auf diesen Fall an.

4 Der Produktionsablauf bei Schrankelementen

Der größte Teil der Fertigung erfolgt automatisiert auf einer Fertigungsstraße mit computergesteuerten Maschinen. Wünschen Kunden Naturholzfronten und Sonderanfertigungen, fällt auch Handarbeit an.

Die Auftragsbearbeitung

Hier treffen die Kundenaufträge der Fachhändler ein. Sie enthalten Skizzen mit Maßen und notwendigen Teilen. Die Bestellungen werden von Sachbearbeitern im Werk für die weitere Bearbeitung aufbereitet. Mithilfe einer speziellen CAD-Software wird eine Zeichnung für die geplante Küche erstellt. Diese Zeichnung ist Grundlage für die Arbeitsvorbereitung.

Die Arbeitsvorbereitung

Hier werden die Kundenaufträge gebündelt. Solche für gleichartige Schrankelemente verschiedenen Aufträge werden für die Produktion zu Serien zusammengestellt.

Bei Standardteilen wird auch auf ein Lager zurückgegriffen, das vorproduzierte Schrankelemente enthält.

Zur schnellen Identifizierung ist jedes lieferbare Schrankelement mit Bestellnummer, Zeichnung, Beschreibung, Stückliste und Produktionsdaten in einem Zentralrechner gespeichert.
Mithilfe der EDV werden mit einem Planungsprogramm durch einen Techniker die Daten für die Maschinenprogramme und den Arbeitsfluss aufbereitet. Dabei stehen Daten, z.B. zu den Produktionszeiten für eine Kücheneinheit und den vorhandenen Kapazitäten, zur Verfügung. So lässt sich die Fertigungssteuerung, z.B. Auslastung der Maschinen, planen. Für jeden Auftrag wird ein Liefertermin bestimmt.

Die Plattenaufteilsäge

Diese sägt mit Kunststoff beschichtete Spanplatten für die Korpusse und Fronten der Schrankelemente maßgerecht. Mit der EDV kann der Verschnitt auf unter 5 % gehalten werden.
Die Teile werden in einem Zwischenlager abgelegt und von dort der Maschinenstraße bzw. der Frontanfertigung zugeführt.

CAD (Computer Aided Design)
bezeichnet Rechnerunterstützung bei Planung, Entwurf, Berechnung und Konstruktion.
Dargestellte geometrische Formen, z.B. ein Schrankteil, können auf dem Bildschirm von allen Seiten dreidimensional betrachtet und wenn notwendig korrigiert werden.

▲ In der Auftragsbearbeitung und Arbeitsvorbereitung findet ein großer Teil der Arbeit am Bildschirm statt. Zur → ergonomischen Arbeitsplatzgestaltung der Bildschirmarbeit gibt es eine Betriebsvereinbarung zwischen Betriebsrat und Geschäftsleitung. ▼

Korpusfertigung auf der Maschinenstraße

Die Maschinenstraße wird im Schichtbetrieb von je acht Mitarbeitern betreut. Für diese Anlage wurden fünf Mio. Euro investiert, um mit neuester Technik und weniger Personal produzieren zu können. Für die alte Maschinenstraße wurden pro Schicht 23 Mitarbeiter benötigt. Von dieser Rationalisierung waren vor allem angelernte Arbeiter betroffen.

Die Mitarbeiter einer Schicht müssen Facharbeiter sein und sich weiterbilden, um die komplexe Anlage fehlerfrei zu bedienen, zu warten, Störungen zu vermeiden und zu beseitigen. Jeder ist für mehrere Arbeitsplätze qualifiziert.

Der Produktionslauf auf der Maschinenstraße wird von einem Mitarbeiter an einem Leitstand überwacht. Dort werden Störungen an den einzelnen Bearbeitungsstationen angezeigt. Diese müssen vor Ort beseitigt werden.

Während der Arbeit muss wegen des Produktionslärms Gehörschutz getragen werden. Gesprochen wird über Mikrofon und eine Gegensprechanlage.

Die Bezahlung erfolgt im Zeitlohn mit einer Prämie. Diese wird gewährt, wenn die Anlage wenig stillsteht und optimal eingestellt ist, um eine große Menge in Spitzenqualität zu produzieren.

Fertigung von Frontelementen

Parallel zur Korpusfertigung werden die Frontelemente aus Massivholz und Holzwerkstoffen in Handarbeit hergestellt.

Tischler schleifen Kassettenelemente für Naturholzfronten, andere fügen Kassetten für Fronten zusammen. Individuell angefertigte Teile werden per Hand lackiert und dann der Montage zugeführt.

Nahaufnahme:

Stationen der Maschinenstraße

◄ Zugriff auf Spanplatten aus dem Zwischenlager: Die Platten werden automatisch angesaugt und auf das Rollband gelegt. Sie werden passend nach Kundenauftrag auf Länge gesägt.

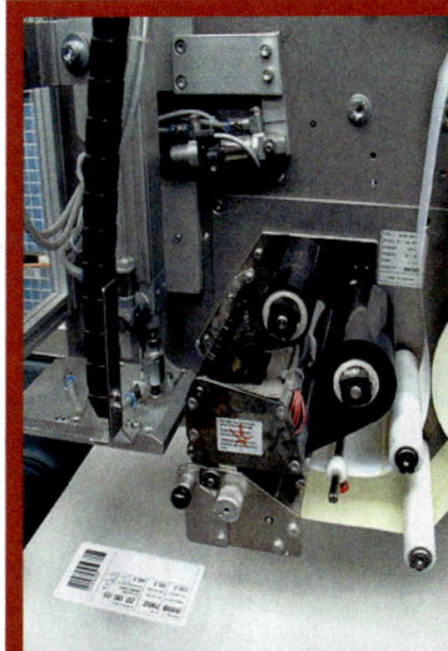

◄ Kennzeichnung der Platten mit elektronisch lesbarem Barcode. (Strichcode aus verschieden breiten Strichen und Lücken). Dieser dient der Erkennung an weiteren Bearbeitungsstationen.

◄ Vorbereitung der Eckverbindungen für den Korpus: Nuten werden gefräst und Löcher gebohrt, durch die im nächsten Arbeitsschritt flüssiger Kunststoff gepresst wird.

◂ Ein weiterer Schritt für die Eckverbindung: Eine V-Nut wird in der Foldingmaschine (Holzbearbeitungsmaschine zum Fräsen) auf Millimeter genau bis zur vorher eingepressten Kunststoffkante gefräst.

◂ Hier werden Schubkastenschienen automatisch eingebaut.

◂ Vorgefertigte Platten liegen in einem weiteren Zwischenlager abrufbereit. Dies ist notwendig, um das unterschiedliche Arbeitstempo zwischen den bisherigen und den folgenden Stationen auszugleichen.

◂ Von einem Leitstand aus wird die ganze Maschinenstraße überwacht.

◂ Der Korpus wird „gefaltet“ und durch Einstecken seiner Rückwand stabilisiert.

◂ Endmontage von Korpus, Fronttüren, Einlegeböden und ggf. Spezialausstattung. Alle Teile werden nach Auftragvorgaben EDV-gesteuert bereitgestellt. Dann erfolgt die Qualitätskontrolle (s. S. 60) für jede fertige Einheit.

◂ Vorbereitung für den Versand. Fertige Möbel werden von angelernten Arbeitern maschinell verpackt und dem Lager zugeführt. Gelagert werden kann die Produktionsmenge von drei Tagen.

Fertigungsablauf

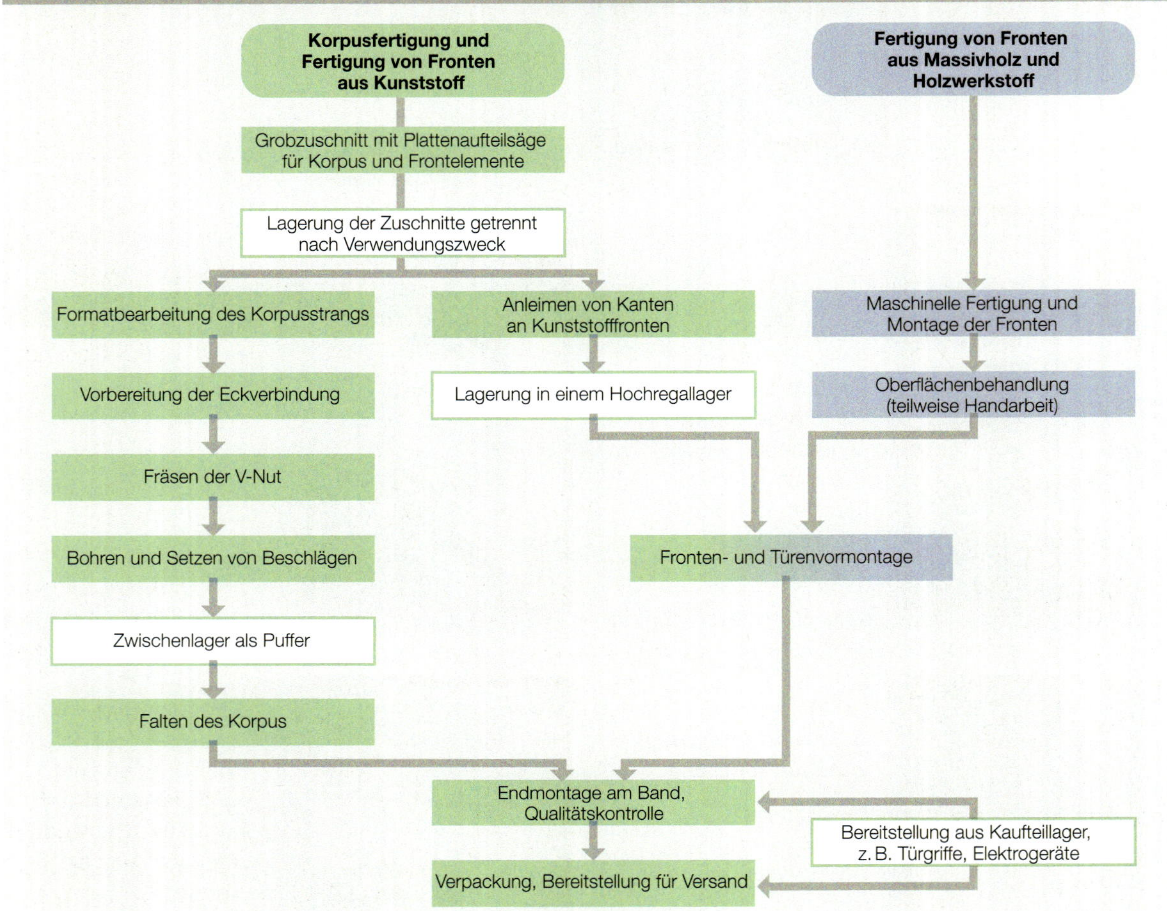

A Aufgaben

1 Verfolgt den Fertigungsablauf im Schema oben. Ordnet die Fotos und Beschreibungen (siehe S. 214, 215) dem passenden Fertigungsschritt zu.

2 Vergleicht Arbeitsplätze in den Bereichen
- Arbeitsvorbereitung und Steuerung der Maschinenstraße
- Endmontage und handwerkliche Arbeit.

Achtet auf Anforderungen, Entscheidungs- und Gestaltungsmöglichkeiten.

3 Findet für die Produktion benötigte Berufe. Informiert euch darüber: http://infobub.arbeitsagentur.de ▸ BERUFENET

4 Nennt Beispiele für den Einsatz der EDV. Beschreibt ihre Bedeutung.

5 Nach dem → Betriebsverfassungsgesetz (siehe S. 235) hat der Betriebsrat z.B. bei der Gestaltung der Arbeitsplätze und Entlohnung Mitbestimmungs- bzw. Mitwirkungsrechte. Nennt dafür Beispiele aus dem Fertigungsablauf.

6 Begründet, in welchen Abteilungen des Unternehmens folgendes entschieden wird:
- MARK und TOBIAS sind krank, da muss JONAS heute am Leitstand arbeiten.
- Die neue Produktgruppe hat sich am Markt durchgesetzt. Eine Betriebserweiterung ist sinnvoll.
- Beim Prüfen der Naturholzfronten werden Maßabweichungen festgestellt. In der Produktion müssen Fehler beseitigt werden.

5 Arbeitnehmer beurteilen ihre Arbeit

Markus, 36 Jahre, Werkstatt für Frontelemente

„Ich arbeite hier seit zehn Jahren als Tischler. Bei der Steuerung der Maschinenstraße möchte ich ungern arbeiten. Die hohe Verantwortung für die Technik und dann der Lärm. Hier bin ich als Handwerker gefragt und kann mein Fachkönnen einsetzen. Die anspruchsvolle und abwechslungsreiche Arbeit macht Spaß. Mit dem Vorarbeiter stimmen wir ab, wer was macht. Ich verdiene gut. Im Prämienlohn erhalte ich seit März 2005 pro Stunde 17,11 Euro, 140 Prozent der Lohngruppe 7."

Ecklohn (pro Arbeitsstunde)
Das Arbeitsentgelt der Tarifgruppe 7 ist der Ecklohn. Die Arbeit setzt eine Berufsausbildung (Facharbeit) voraus. Die anderen Lohngruppen sind durch Zu- bzw. Abschläge zu diesem Lohn gebildet (Lohnschlüssel).
Beispiele:
Lohngruppe 7: 100 % = 12,22 €
Lohngruppe 6: 96 % = 11,74 €
Lohngruppe 9: 110 % = 13,18 €

Zeitlohn
Entlohnungsart nach der geleisteten Arbeitszeit und dem Stundensatz der Lohngruppe.

Prämienlohn
Leistungsbezogene Entlohnung. Die Höhe richtet sich danach, wie stark z.B. die vorgegebene Zeit für eine Arbeit oder aber die Fehlerquote unterschritten ist.

A

Aufgaben

1 Sprecht über die Äußerungen. Bedenkt, was den Arbeitnehmern wichtig ist. Berücksichtigt folgende Stichworte: fachliche Anforderungen, Zusammenarbeit, Motivation.

2 Nehmt Stellung zu Unterschieden bei der Bezahlung.

3 Warum dient eine flexible Arbeitszeit den Interessen des Unternehmens und der Mitarbeiter?

Knut, 40 Jahre, Maschinenstraße

„Ich arbeite seit drei Jahren an der Maschinenstraße. Im Prämienlohn – 140 % der Lohngruppe 6 – verdiene ich gut.
Die Arbeit fordert mich stark. Wir müssen fehlerfrei ohne Qualitätsmängel arbeiten. Störungen an Maschinen vermeiden wir weitgehend durch Wartung. Stillstand heißt Produktionsausfall und ist teuer.
Wichtig sind mir die Kontakte mit den Kollegen bei der Arbeit, in den Pausen und beim Betriebssport. Ich mache auch mit bei der Gewerkschaft. Das ist für uns alle wichtig. Ich hoffe, dass mein Arbeitsplatz sicher bleibt. In den letzten Jahren wurde kräftig rationalisiert. So musste Personal reduziert und Kosten gespart werden. Es kam zur Vereinbarung von flexiblen Arbeitszeiten. Dabei bestimmte der Betriebsrat mit."

Betriebsvereinbarung zur flexiblen Arbeitszeit

Der → Betriebsrat hat nach § 87 Betriebsverfassungsgesetz ein Mitbestimmungsrecht bei der Gestaltung der Arbeitszeit (siehe S. 235). So wurde zwischen der Werkleitung des Küchenmöbelwerkes und dem Betriebsrat folgendes vereinbart:

Die nachfrageorientierte Arbeitzeitregelung dient der nachhaltigen Sicherung der Küchenmöbelherstellung und der Arbeitsplätze.
Für die Beschäftigten wurden Arbeitszeitkonten eingerichtet. Arbeitszeiten, die über die Sollzeit hinausgehen, werden gutgeschrieben, die unterhalb liegen, abgezogen. Die wöchentliche Arbeitszeit wird nach Auftragslage berechnet. Mit den Vorgabezeiten werden Personalbedarf und für diese notwendige Arbeitszeit berechnet. Der Betriebsrat bestimmt bei der Festlegung der geplanten Arbeitszeit mit. Der Zeitausgleich wird durch Verkürzung bzw. Verlängerung der Sollstunden oder freie Tage erreicht.

Nach **Warendorfer Küchen GmbH** (Hrsg.): Betriebsvereinbarung. Warendorf 30.01.2003

6 Das Qualitätsmanagement

Im Qualitätssicherungs-Handbuch heißt es:

„Jeder Mitarbeiter hat darauf zu bestehen, dass qualitativ einwandfreie Produkte produziert werden. Der Betriebsrat hat bei der Qualitätssicherung Mitbestimmungs-, Mitwirkungs- und Beratungsrechte nach dem Betriebsverfassungsgesetz, §§ 87–91."

Hohe Qualität ist für das Unternehmen und die Kunden wichtig. Eine eigene Abteilung Qualitätsmanagement sichert, dass dem Rechnung getragen wird. Dazu zählen z.B.:

Q1 Bei der Produktentwicklung steht Qualität im Mittelpunkt. Ein Prüflabor untersucht bei Oberflächen, ob diese der starken Beanspruchung bei Gebrauch und Reinigung standhalten.
Q2 Fehler im Fertigungsablauf dürfen gar nicht entstehen. Bei der Planung wird bedacht, dass Technik und Organisation gleich bleibende Qualität sichern.
Q3 Produktionsfehler müssen während der Fertigung behoben werden. Mitarbeiter haben einen Prüfplan einzuhalten. Werden Fehler erst in der Endkontrolle oder beim Kunden entdeckt, ist Nacharbeit erheblich teurer.
Die Überprüfung der eigenen Arbeit stellt hohe Anforderungen an die Ausbildung, das Qualitätsbewusstsein und die Eigenverantwortung.
Q4 Materialien müssen den Qualitätsansprüchen genügen. Zugekaufte Türscharniere werden in Dauertests geprüft, ob sie viele Jahre funktionsfähig sind. Lieferanten müssen eine gleich bleibende Qualität in ausreichender Anzahl zu günstigem Preis pünktlich liefern können.
Q5 Die Fähigkeiten der Mitarbeiter werden zur Verbesserung des Produktionsablaufs und der Produktqualität genutzt. Sie wissen am besten, was zu verändern ist. Gute Vorschläge werden prämiert. Geprüft wird, wo noch Verantwortung an Mitarbeiter abgegeben werden kann.

Endprüfung der Korpusfertigung verbessern
Bei der Endprüfung wurden manchmal Fehler übersehen. Deshalb müssen die Mitarbeiter folgende Prüfschritte durchführen:

01 Aufkleber lesen, Schranktype, Programm und Kanten vorne und hinten vergleichen
02 Funktionsprüfung der Schub-, Klapp- und Auszugsbeschläge
03 Traversenverkneifung prüfen
04 Überprüfung von Front und Korpus lt. Prüfmatrix für Lack und Kunststoff
05 Überprüfen der Schrankaufhängerverschraubung durch zwei Schrauben längs zur Plattenebene

A Aufgaben

1 Warum ist eine hohe Qualität für das Unternehmen wichtig?

2 Erklärt Aufgaben im Qualitätsmanagement.

3 Sprecht über die Bedeutung und die Maßnahmen zur Endprüfung von Schrankelementen.

4 Berichtet von eurem Praktikumsbetrieb. Wie wurde dort Qualität gesichert?

5 Nehmt Stellung:
a) „Mitarbeiter müssen alles vorgeschrieben erhalten und lückenlos kontrolliert werden, damit die Qualität stimmt."
b) „Mitarbeiter können viel mehr als verlangt wird. Sie können vieles entscheiden, was ihnen bisher vorgeschrieben wurde, und sind bereit zu lernen. Das kommt der Qualität und damit dem Betrieb zugute."

7 Das Nachhaltigkeitsmanagement

Grundsätze nachhaltigen Handelns

Diese bestehen aus der dauernden Verbesserung der Produkte und der Verantwortung gegenüber den Kunden. Sie beinhalten auch die Verantwortung für die Mitarbeiter. Denn soziale, wirtschaftliche und ökologische → Nachhaltigkeit bestimmt das Handeln des Unternehmens. Schwerpunkte sind soziale Leistungen, Gesundheitsschutz, Frauenförderung, Weiterbildung, gesellschaftliches Engagement und der verantwortungsvolle Umgang mit Umwelt und Ressourcen.

Bereiche mit besonderer Umweltbedeutung

- Oberflächenbehandlungsanlage
- Wärmeversorgung
- Abwasserbehandlungsanlagen für technische Wässer aus der Oberflächenvorbehandlung
- Gefahrstofflager

Der Umweltschutz fordert insbesondere

- die Produkte in ökonomisch wie ökologisch und sozial verträglichen Verfahren herzustellen und zu vermarkten
- Lieferanten und Händler einzubeziehen
- das Nachhaltigkeitsmanagement umzusetzen
- das Umweltbewusstsein, die Qualifikation und Beteiligung der Mitarbeiter zu sichern
- Rohstoffe, Energie, Wasser und sonstige Güter sparsam zu nutzen
- umweltverträgliche Technologien einzusetzen.

Aufgaben

1 Welche Bedeutung für das Unternehmen hat das Nachhaltigkeitsmanagement (siehe auch M1, S. 220)?

2 Schätzt das Managementziel: „Erhöhung der ökologischen Ausrichtung der Produktion“ am Beispiel Wasserlack ein (siehe M2, S. 220).

3 Für wen hat das Öko-Audit eine Bedeutung? Begründet dieses.

4 „Qualitätssicherung und ökologische Ausrichtung der Produktion wirken kostensparend.“ Nehmt Stellung zu dieser Aussage.

Umweltziele und -programme

Diese werden in allen Bereichen festgelegt und vom Management überwacht. Für die Küchenmöbelherstellung bedeutet das u.a.,

- Fehler bei Bestellungen, Material, Fertigung, Verpackung zu verringern
- Material und Energie zu sparen
- umweltgerechte, schadstoffarme Stoffe bei Kunststoffen und Lacken einzusetzen.

Die Lackierung wurde teilweise umgestellt. So genannte PUR-Lacke mit umwelt- und gesundheitsschädlichen Lösemitteln wurden durch Wasserlack ersetzt. Angestrebt wird ein Ersatz von 50–60 Prozent (siehe auch M1, S. 220). Weil Wasserlack noch nicht so gut haftet und der Farbglanz geringer ist, gelingt die Umstellung bisher nur teilweise.

Lacknutzung zur Küchenmöbelherstellung

Jahr	2002	2005
Gesamtlackverbrauch in kg	154100	118670
Anteil Wasserlack	2 %	12 %

Warendorfer Küchen GmbH (Hrsg.): Warendorf 2007

▲ Überschüssige Lackpartikel in der Luft werden durch eine Nebelwand in einem Wasserbehälter aufgefangen. Hier verklumpen sie mittels eines chemischen Zusatzes und können so als Sondermüll entsorgt werden.

Öko-Audit

Die Einhaltung der Umweltziele und Umweltqualität wird nach der Norm DIN EN ISO 14001 durch unabhängige Gutachter überprüft und zertifiziert (Öko-Audit). Dies geschieht durch eine Umweltbetriebsprüfung. Dazu wird ein Nachhaltigkeitsbericht mit einer Ökobilanz erstellt. Diese stellt gegenüber

- eingesetzte Stoffe, z.B. Spanplatten, Strom und
- erzeugte Stoffe, z.B. Schränke, Abwasser.

8 Weiterführendes Material

M1 Zu Hause in der Miele-Küche[1]

Qualität und Nachhaltigkeit

Das Werk ist eine der modernsten Küchenfertigungen Europas. Jede Küche ist etwas Besonderes. Durchdachte Schranklösungen werden individuell geplant. Material, Verarbeitung und Beanspruchung sind auf lange Lebensdauer ausgerichtet.

Materialien

Miele achtet auf ökologische Rohstoffe. So übertreffen die Prüfkriterien für Miele-Küchen vorgeschriebene Werte deutlich. Bei Holzwerkstoffen kommen z.B. nur Platten mit geringer Ausdünstung von Schadstoffen zum Einsatz. Das Holz stammt zum größten Teil aus Europa, möglichst werden hiesige Hölzer eingesetzt, z.B. Eiche. Auf den Kunststoff Polyvinylchlorid[2] (PVC) wird weitestgehend verzichtet. Miele setzt auf deutlich umweltschonendere Materialien. Durch ökologisch vertretbarere Rohstoffe ist es beim Recycling möglich, Holzwerkstoffe zur Energieerzeugung einzusetzen. PUR-Lacke[3] werden zunehmend durch Wasserlacke ersetzt, die umweltverträglicher sind. Bei der Auswahl von Leimen und Klebern wird auf Unbedenklichkeit geachtet.

Soziale Leitlinien

Miele gehört dem Global Compact an. Die Unternehmen verpflichten sich unter internationaler Kontrolle weltweit u.a.

- zur Ablehnung der Kinderarbeit und Einhaltung der Menschenrechte
- zur Sicherung gerechter Arbeitsbedingungen, des Rechtes der Arbeitnehmer, sich in Gewerkschaften zu organisieren
- zum verantwortlichen Umwelthandeln.

1) Der Betrieb heißt seit 2005: Miele DIE KÜCHE
2) chemischer Stoff, kann Gesundheitsschäden hervorrufen
3) enthalten gesundheits- und umweltschädliche Lösemittel

Nach **Miele** (Hrsg.): Nachhaltigkeitsbericht 2004, S. 45, 93

Weitere Beispiele aus Betrieben zum nachhaltigen Handeln: www.baumev.de, www.mimona.de

M2 Umweltschutz beginnt bei der Material- und Stoffauswahl

Nur bei unkritischen Werkstoffen macht eine spätere Wiederverwertung Sinn. Durch Prüfungen wird vermieden, dass kritische Materialien eingesetzt werden. Das geschieht z.B. auch durch Einwirken auf Lieferanten, damit sie umweltschonendere Stoffe einsetzen.

Das **Ablaufschema zur Einführung neuer Betriebs- und Hilfsstoffe** macht deutlich, dass Miele Wert darauf legt, Produkte umweltschonend herzustellen

Nach **Miele** (Hrsg.): Nachhaltigkeitsbericht, Gütersloh 2004, S. 62, 63

Die anfordernde Abteilung

- prüft bei Gefahrstoffen Ersatzmöglichkeiten
- fordert für neuen Stoff EG-Sicherheitsdatenblatt und Produktinfo an
- legt Einsatzort, Lagerplatz, Verwendungszweck, Menge des Stoffes sowie den Personenkreis, der damit umgeht, fest

↓

Stellungnahme zum neuen Stoff aus Sicht von

Arbeitssicherheit (Vorschriften für den Umgang mit Gefahrstoffen)	**Betriebsärztlichem Dienst** (Vorschriften zum Gesundheitsschutz)	**Umweltschutz** (Vorschriften zum Umweltrecht)	**Werkfeuerwehr** (Vorschriften zum Brandschutz)

↓

Entscheidung der Freigabe durch den Verantwortlichen, in dessen Bereich der Stoff eingesetzt werden soll

↓

Ja: Beschaffung über den Einkauf | **Nein: Erneutes Prüfverfahren**

M3 Ziele privater Unternehmen

Wirtschaftliche Ziele
- Gewinn
- Wachstum
- Erhöhung des Marktanteils
- Existenzsicherung
- Selbstständigkeit

Gesellschaftliche Ziele
- Mitarbeiterförderung
- Nachhaltigkeit
- Ansehen
- Marktmacht

M4 Güter- und Geldströme in Unternehmen

Lieferanten	Unternehmen	Kunden
→ Güter →	Güter →	
liefern Boden Kapital Arbeit	• beschaffen Produktionsfaktoren • erstellen Güter • verkaufen die Güter • bezahlen Produktionsfaktoren	• fragen Güter nach • bezahlen die Güter
← Geld ←	Geld ←	

M5 Was Rechtsformen von Unternehmen bedeuten

Die Rechtsform ist die rechtlich vorgeschriebene Form, in der ein Unternehmen innerhalb der staatlichen Rechtsordnung handeln kann. Die Wahl der Rechtsform ist frei.

Gründe für die Wahl
Die Entscheidung für eine Rechtsform hat Einfluss auf das unternehmerische Handeln, denn die Rechtsform entscheidet über Bestimmungen zu folgenden Merkmalen:
- **Unternehmensleitung:** Wer führt die Geschäfte, vertritt das Unternehmen nach außen?
- **Besteuerung:** Wer zahlt die Steuern und wie hoch sind sie?
- **Gewinnverteilung:** Wer hat Anspruch auf den Gewinn und wer entscheidet über die Verwendung (Ausschüttung an die Eigentümer oder Wiederanlage im Unternehmen)?
- **Haftung:** Wer haftet den Gläubigern gegenüber? Wie weit geht die Haftung? Ist eine Haftung mit dem Privatvermögen vorgesehen?
- **Offenlegung der Geschäftsergebnisse:** Inwieweit muss die Unternehmensleitung jährlich das Betriebsergebnis und einen Jahresbericht veröffentlichen (Publizitätspflicht, z.B. bei Aktiengesellschaft vorgeschrieben)?
- **Höhe des Eigenkapitals:** Ist eine bestimmte Höhe notwendig?

Unter **Haftung** versteht man die Pflicht eines Schuldners, mit seinem Vermögen für eine durch einen Vertrag entstandene Verpflichtung einzustehen.
Beispiel: Kann der Schuldner gekaufte Waren im Wert von 50 000 Euro dem Lieferanten nicht bezahlen, so muss er ggf. sein Haus verkaufen oder mit einer Hypothek (Kredit, der über das Haus abgesichert ist) belasten, um das Geld zahlen zu können.

M6 Beispiele für häufig auftretende Rechtsformen

Einzelunternehmen
Diese sind am häufigsten anzutreffen, vor allem in Handwerk, Handel und Landwirtschaft.

Personengesellschaften
Gesellschaften sind i.d.R. Vereinigungen von Personen mit einem gemeinsamen Geschäft. Diese Personen können natürliche Personen (Menschen) aber auch so genannte juristische Personen (organisierte Personenvereinigungen) sein. Wichtige gesetzliche Regelungen enthält das Handelsgesetzbuch (HGB):
http://bundesrecht.juris.de

Die folgenden drei Gesellschaftsformen sind häufig anzutreffen:

Offene Handelsgesellschaft (OHG)
Die → Offene Handelsgesellschaft ist eine erweiterte Einzelunternehmung für Kaufleute, die gemeinsam ein Unternehmen führen möchten.

Gesellschaft bürgerlichen Rechts (GbR)
Jeder Gesellschafter haftet mit seinem Privat- und Geschäftsvermögen für die gesamte Schuld.

Kommanditgesellschaft (KG)
Sie hat zwei Gruppen von Gesellschaftern. Die Kommanditisten haften nur mit der Summe, mit der sie sich im Unternehmen beteiligen. Der Komplementär führt die Geschäfte und haftet wie bei der OHG auch mit dem gesamten Privatvermögen.
Eine Sonderform ist die GmbH&Co.KG, bei der eine GmbH (Gesellschaft mit beschränkter Haftung) die Rolle der Komplementärin übernimmt (damit ist die Haftung des Komplementärs wie bei der GmbH begrenzt, siehe Folgeseite).

Kapitalgesellschaften
Bei diesen Rechtsformen, die durch eigene Gesetze geregelt sind, steht die Bereitstellung von Kapital für das Unternehmen im Mittelpunkt, Nur mit diesem müssen die Teilhaber haften.
Die Leitung des Unternehmens kann von eigens beauftragten Personen (Geschäftsführer) durchgeführt werden.

Die Kapitalgesellschaft ist eine juristische Person, d.h., sie handelt durch ihren Geschäftsführer und schließt im eigenen Namen Verträge ab. Juristische Personen zahlen auf das zu versteuernde Einkommen Körperschaftssteuer, eine besondere Form der Einkommensteuer.

Gesellschaft mit beschränkter Haftung (GmbH)
Die Gesellschafter haften nur mit ihrer Einlage von mindestens 25 000 Euro. Die Gesellschafter bestimmen Geschäftsführer, die nach ihren Weisungen handeln. Die Kreditaufnahme kann schwierig sein, wenn die GmbH keine ausreichenden Sicherheiten hat. Als Sonderform gibt es die haftungsbeschränkte GmbH, die mit 1 Euro gegründet wird und durch Gewinn Stammeinlage anspart.

Limited (Ltd.)
Als Ersatz für die GmbH wird immer öfter diese Rechtsform aus Großbritannien gewählt. Das Mindestgründungskapital beträgt ein Britisches Pfund (ca. 1,26 Euro).
Die Ltd. ist vor allem wegen der Kapitalausstattung beliebt. Sie wird nach den Vorschriften Großbritanniens gegründet und in dortige Register eingetragen. Es gilt das britische Insolvenzrecht mit Vorschriften zur Geschäftsführerhaftung. In Deutschland unterliegt die Ltd. dem deutschem Recht. Sie wird hier steuerlich wie eine GmbH behandelt.

Aktiengesellschaft (AG)
Ihre Bedeutung ist durch zunehmende → Globalisierung gestiegen. Das Grundkapital der AG wird meist von einer größeren Zahl von Kapitalgebern (Aktionären) aufgebracht. Die Aktien werden oft an der Börse international gehandelt. Der Erfolg der AG spiegelt sich im Wert der Aktien (Aktienkurs) und der Dividende (Gewinn) wider. Der Aufsichtsrat hat die Aufgabe, den Vorstand zu überwachen. Die Hälfte der Mitglieder des Aufsichtsrats bei AG mit mehr als 2000 Mitarbeitern stellen nach dem Mitbestimmungsgesetz die Arbeitnehmer.

M7

Unternehmerisches Handeln bei wichtigen Rechtsformen			
	Einzelunternehmen	**Gesellschaft mit beschränkter Haftung (GmbH)**	**Aktiengesellschaft (AG)**
Gründung	lässt Firma in das Handelsregister eintragen; bringt Kapital auf	schließt Gesellschaftsvertrag; Stammeinlage – Regelform mindestens 25000 €; Eintragung in das Handelsregister	Satzung; Grundkapital in Aktien mindestens 50000 €; Eintragung in das Handelsregister
Gewinn/Verlust	erhält Gewinn/trägt Verlust	Erhöhung der Rücklagen; Beteiligung der Gesellschafter nach Geschäftsanteilen; keine Gewinnausschüttung, bis Verlust abgedeckt	Erhöhung der Rücklagen; Dividende; keine Gewinnausschüttung, bis Verlust abgedeckt
Finanzierung	Selbstfinanzierung; Privat- und/oder Bankkredit	Rücklagen; weiteres Geld bisheriger/neuer Gesellschafter; Bankkredit; Problem: Sicherheiten	Auflösung von Rücklagen, Ausgabe neuer Aktien; Bankkredit
Geschäftsführung	entscheidet allein	Geschäftsführer nach Weisung und Kontrolle der Gesellschafter (bei mehr als 500 Arbeitnehmern Aufsichtsrat)	Vorstand; Aufsichtsrat, welcher den Vorstand wählt und kontrolliert; Hauptversammlung
Haftung	unbeschränkt mit Privat- und Betriebsvermögen	beschränkt auf Gesellschaftsvermögen	beschränkt auf Gesellschaftsvermögen
Besteuerung	Einkommensteuerpflicht, wenn Gewinn entsteht	selbstständig steuerpflichtig; Einkommensteuerpflicht der Gesellschafter	selbstständig steuerpflichtig; Einkommensteuerpflicht der Aktionäre

Arbeiten mit den Materialien

Zu M1, M2

1 Nennt Gesichtspunkte, nach denen die eingesetzten Materialien für die Qualität der Produkte und das spätere Recycling ausgewählt werden.

2 Was erhofft sich ein Unternehmen von der Veröffentlichung eines Nachhaltigkeitsberichts?

3 Warum wirken bei der Einführung neuer Hilfs- und Betriebsstoffe verschiedene Stellen mit?

Zu M5, M6

1 Sucht nach der Rechtsform von Fußballbundesliga-Vereinen. Welche Rechtsform überwiegt? Nennt Gründe dafür.

2 Etwa 70 % aller Unternehmen in Deutschland sind Einzelunternehmen (2005). Begründet die bevorzugte Wahl dieser Rechtsform durch ihre typischen Merkmale.

3 Erörtert am Beispiel des Küchenmöbelwerks (S. 211) bei dessen Rechtsform die Haftung.

4 Erklärt Unterschiede zwischen Personen- und Kapitalgesellschaften.

Zu M7

1 Frau Arnold möchte sich selbstständig machen. Dabei will sie ihre Haftung auf das von ihr eingebrachte Geld begrenzen. Welche Rechtsform bietet sich an?

2 Gleichzeitig möchte Frau Arnold die Gründungskosten von 30 000 Euro durch einen Bankkredit finanzieren.
Der Kreditberater sagt: „Wenn Sie eine Personengesellschaft gründen, sind wir eher geneigt, Ihnen den Kredit zu geben."
Nehmt Stellung.

Arbeitsbedingungen, Arbeitsschutz und Entgelt

1 Arbeit muss menschengerecht sein und angemessen bezahlt werden

„War ziemlich knapp. Trotz Hitze und Rauch haben wir die alte Frau gerade noch retten können. Hab kurz überlegt, ob ich das riskieren kann."

„Das kann doch nicht wahr sein. Nach der Neubewertung meiner Arbeit soll ich 1 Euro pro Stunde weniger bekommen? Ich protestiere!"

„Jonas, das geht nicht, Jugendliche dürfen keine schweren Lasten tragen."

▶ **Leitauftrag** Erläutert, was die Situationen mit der Überschrift des Kapitels zu tun haben.

B Auf einen Blick

Ihr beschreibt, wie die Gesundheit des arbeitenden Menschen geschützt wird.

Ihr erklärt, wie Arbeitsbedingungen belasten können und was Arbeitsschutz bewirken kann.

Ihr begründet, welchen besonderen Schutz Jugendliche bei der Arbeit benötigen.

Ihr stellt Zusammenhänge her zwischen Arbeitsanforderungen und Verdienst.

2 Fallbeispiele zu Arbeitsbedingungen und Arbeitsschutz

Viele Gesetze und Verordnungen regeln den Arbeitsschutz im Betrieb (siehe auch M4, S. 231). Die folgenden Beispiele zeigen, welche Belastungen am Arbeitsplatz auftreten können und wie die Menschen geschützt werden müssen.

▲ Eine Lösung zur Lärmminderung: Auf lärmintensive Zugabe von Rohlingen in den Produktionsprozess wird verzichtet. Das Material wird magnetisch gefördert und aus geringer Fallhöhe abgelassen.

Schluss mit Lärm am Arbeitsplatz

- 60 Mio. Arbeitnehmer in Europa sind betroffen
- 40 Mio. davon müssen sehr laut sprechen, um verstanden zu werden
- die Folgekosten von Lärmschwerhörigkeit gehen in die Milliarden Euro

Lärmschwerhörigkeit ist in Deutschland mit fast 6300 Fällen jährlich immer noch die häufigste anerkannte Berufskrankheit. Lärm schädigt nicht nur das Gehör, sondern auch die Psyche. Schlafstörungen, Konzentrationsmängel, berufliche Leistungsminderung bis hin zum Herzinfarkt können die Folge sein. Von 2006 an müssen bei Explosionen, die mehr als 85 dB (A) laut sind, Programme zur Lärmminderung durchgeführt werden. Ab 80 dB (A) muss der Unternehmer Gehörschutz zur Verfügung stellen. Werden 85 dB (A) erreicht, hat der Beschäftigte die Pflicht, diesen zu tragen.

Nach **Ministerium für Arbeit, Gesundheit und Soziales NRW: Arbeitsschutz in NRW**, Jahresbericht 2005, Düsseldorf 2006, S. 9

Absturzsicherung beim Dachdecken

Das Staatliche Amt für Umwelt und Arbeitsschutz Detmold verhängte ein Bußgeld, weil ein Dach gedeckt wurde, ohne vorher eine Absturzsicherung anzubringen.

Bei diesen Dachdeckerarbeiten wurden die Sicherheitsvorschriften befolgt.
Ein Gerüst mit Fangnetz schützt die Arbeiter vor Absturz.

Gesünder heben und tragen

WARUM?

Die häufigste Ursache von Arbeitsunfähigkeit sind Rückenbeschwerden, verursacht durch Heben und Tragen. Entsprechend hoch sind die Kosten, die einem Betrieb durch fehlende und nicht voll einsetzbare Beschäftigte entstehen. Durch verbesserte Arbeitsabläufe werden

- Fehlzeiten sowie Folgekosten durch Unfälle und Krankheitstage gesenkt
- Transportvorgänge optimiert
- Transportschäden vermieden
- Qualität und Kundenzufriedenheit gesteigert
- Leistungsfähigkeit und Motivation gefördert.

Das ist für die Wettbewerbsfähigkeit von Unternehmen unverzichtbar.

Gesunde Betriebe brauchen gesunde Mitarbeiterinnen und Mitarbeiter!

WIE?

Um den Arbeitsschutz beim Heben und Tragen zu verbessern, hat sich Folgendes bewährt:

- vorausschauend planen (über Hilfsmittel und Arbeitsplatzgestaltung nachdenken)
- Heben und Tragen möglichst vermeiden (Transport mechanisieren)
- Gesundheitsrisiken beim Heben und Tragen verringern (Gewicht der Last verringern)
- Bedingungen für das Heben und Tragen verbessern (für ausreichenden Bewegungsraum am Arbeitsplatz sorgen)
- personelle Voraussetzungen verbessern (Beschäftigte zu gesundheitsgerechtem Verhalten motivieren).

Nach:
Gemeinschaftsinitiative Gesünder Arbeiten e.V.:
Düsseldorf o.J.

A Aufgaben

1 Sprecht mithilfe der Beispiele auf S. 225 über die Bedeutung der Lärmminderung und des Lärmschutzes.

2 Besorgt ein Schallmessgerät und messt z.B. den Pausenlärm, die Lautstärke der Schul-Disco bzw. des Musikplayers bei „normalem“ Gebrauch. Recherchiert im Internet zum Stichwort „Discolärm“.

3 Begründet am Beispiel Dachdecker (S. 225), warum es Unternehmen gibt, die Sicherheitsvorschriften nicht einhalten.

4 Erkundet einen Arbeitsplatz, bei dem Lasten gehoben bzw. getragen werden müssen (z.B. Möbelspedition, Waren einräumen im Supermarkt). Berücksichtigt bei der Erstellung des Erkundungsbogens auch **M3**, S. 231..

3 Jugendliche brauchen besonderen Schutz

Jugendliche berichten – ist das erlaubt?

SANDRA K.: „Ich lerne Verkäuferin. Wenn wir Ware kriegen, sollen die Auszubildenden einräumen helfen. Häufig ist solch eine Kiste 15 kg schwer. Abends schmerzt mein Rücken.“

LUDMILLA R.: „Ich mache eine Ausbildung zur Frisörin. Wenn viel Kundenandrang ist, dürfen wir keine Pause machen. Neulich konnte ich erst nach 5 Stunden zur Pause gehen.“

OLIVER B.: „Mein Ausbildungsberuf ist Koch. Ich arbeite von Montag bis Freitag. Öfter meldet sich für Samstag noch ein weiterer Bus Gäste zum Essen an. Dann lässt der Chef mich zusätzlich kommen. Vorige Woche war ich besonders sauer. Ich hatte schon eine Karte für ein Bundesligaspiel.“

JÖRG A.: „Ich lerne Fachkraft für Systemgastronomie. Vor dem Berufsschultag arbeite ich oft bis 22:00 Uhr. Am nächsten Morgen muss ich um 5:30 Uhr aufstehen, damit ich um 7:45 Uhr in der Berufsschule ankomme. Vorige Woche bin ich in der 7. Stunde eingeschlafen. Erst hat der Lehrer mich angemacht, aber dann haben wir darüber gesprochen …“

SYRIA K.: „Ich will Bäckerin werden. Mein Chef sagt: ‚Wenn du 16 wirst, fängst du auch um 4:00 Uhr an wie die anderen. Dann wird deine Arbeitskraft gebraucht.‘ Ich weiß auch gar nicht, wie ich zum Betrieb kommen soll. Ein Bus fährt noch nicht.“

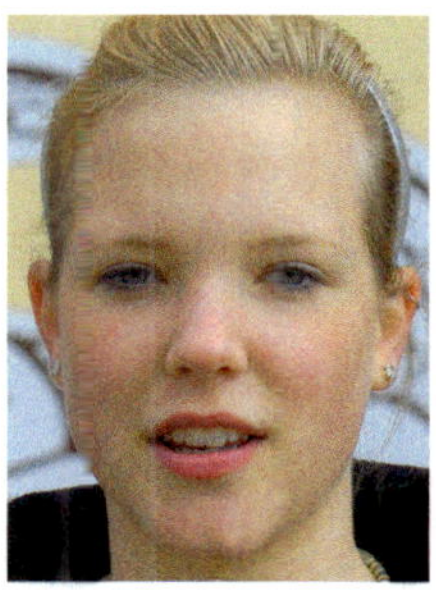

Bei Verstößen gegen das Jugendarbeitsschutzgesetz können das Gewerbeaufsichtsamt bzw. das Amt für Arbeitsschutz und die Ausbildungsberater der Kammern eingeschaltet werden.

A Aufgaben

1 Löst die Aufgaben mithilfe der nächsten Seite:
A: Darf Sandra so schwer tragen? Berücksichtigt folgende Richtwerte:

Bei gelegentlichem Heben und Tragen (2x pro Stunde und 3–4 Schritte)		Bei häufigem Heben und Tragen (2–3x pro Stunde und mehr als 4 Schritte)	
Frauen	**Männer**	**Frauen**	**Männer**
15 kg	**35 kg**	**10 kg**	**20 kg**

Richtwerte des Bundesministeriums für Arbeit und Soziales; Kompetenznetz Arbeitsschutz http://komnet.nrw.de

B: Darf Oliver am Samstag zusätzlich eingesetzt werden?

C: Welche Rechte hat Ludmilla?

D: Wie soll Syria sich verhalten?

E: Darf Jörg vor einem Berufsschultag so lange arbeiten?

2 Befragt Jugendliche, welche gesetzlichen Bestimmungen zum Arbeitsschutz bei ihrer Arbeit bedeutsam sind.

Aus dem Jugendarbeitsschutzgesetz

	§§	Das steht darin	Welche Ausnahmen?
	**§§ 5, 7: Mindestalter für Beschäftigung**	15 Jahre	Unter 15 Jahre bei Berufsausbildung, im Betriebspraktikum; ab 13 Jahre bei leichter, geeigneter Arbeit bis 2 h pro Tag
	**§ 9: Berufsschule**	Keine Arbeit im Betrieb bei mehr als 5 Stunden (h) Unterricht an einem Berufsschultag	
	**§§ 8, 12: Arbeitszeit**	wöchentlich nicht mehr als 40 h; täglich bis 8 h	z. B. Schichtzeit bis 10 h, im Gastgewerbe bis 11 h
	§ 11: Ruhepausen	Bei Arbeitsdauer von mehr als • 4½ h: 30 min • 6 h: 60 min	
	**§ 13: Tägliche Freizeit**	Nach der Arbeitszeit mindestens 12 h	
	**§ 14: Nachtruhe**	Keine Beschäftigung zwischen 20:00 Uhr und 6:00 Uhr	Jugendliche über 16 Jahre, z. B. im Gastgewerbe, bis 22:00 Uhr, in Bäckereien ab 5:00 Uhr, weil wichtige Arbeitszeiten
	**§ 15: Fünf-Tage-Woche**	von Montag bis Freitag	Am Samstag im Frisörhandwerk, weil für die Branche wichtiger Arbeitstag; § 16–18: am Samstag oder Sonntag im Gaststättengewerbe
	**§ 19: Urlaub**	Dauer des jährlichen Urlaubs im Alter von • 16 Jahren: 30 Werktage. • 17 Jahren: 27 Werktage • 18 Jahren: 25 Werktage	bei Beschäftigung im Bergbau jeweils zusätzlich 3 Tage
	**§ 22: Gefährliche Arbeiten**	Jugendliche dürfen nicht beschäftigt werden bei Arbeiten, die z. B. • körperlich oder psychisch zu schwer sind • mit Unfallrisiken bzw. gefährlichen Stoffen verbunden sind	Arbeiten mit Unfallrisiken/gefährlichen Stoffen sind erlaubt, wenn dies für das Ausbildungsziel erforderlich ist bzw. fachkundige Aufsicht führen
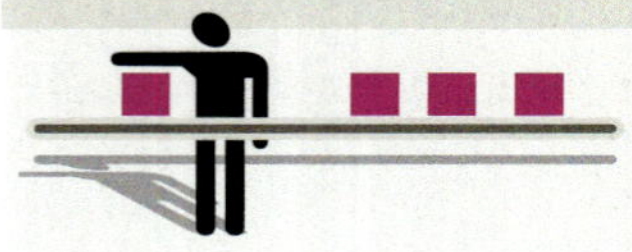	**§ 23, 24: Akkordarbeit bzw. Arbeit unter Tage**	grundsätzlich verboten	zur Erreichung des Ausbildungsziels

4 Arbeitsanforderungen und Entgelt

Betroffene berichten

WLADISLAW, 25 J.: „Meine Ausbildung habe ich abgebrochen. Naja, da war Stress mit dem Chef – heute bedaure ich es. Dann hatte ich lange nichts. Schließlich konnte ich bei einer Firma anfangen, die Kunststofftanks herstellt. Hitze, besonders im Sommer, Dämpfe, Produktionslärm, Schichtdienst. Das macht mich ziemlich fertig. Der Verdienst ist mäßig – eben angelernte Arbeit. Ich bin aber froh, dass ich die habe."

DIRK, 60 J.: „Ich war Pflasterer. Immer gebückt oder kniend arbeiten, die Steine tragen, Regen, Kälte, Hitze. Heute gibt es Arbeitshilfen, z.B. werden Steine mit dem Kran am Pflasterort abgeladen, wo sie gebraucht werden. Positiv war die frische Luft.
Mit dem Verdienst ging es, vor allem, als ich noch jung war und im Akkord arbeiten konnte. Teilweise machten wir Überstunden.
Ab 40 gab es Probleme: Verspannungen, die Bandscheibe war kaputt. Ich musste öfter krankfeiern, wurde zwischendurch arbeitslos. Mit 57 ging es nicht mehr – Berufsunfähigkeit.
Ich habe fast 40 Jahre gearbeitet und bekomme nur 1100 € Rente. Gut, dass meine Frau noch erwerbstätig ist, sonst sähe es schlecht aus. Körperliche schwere Arbeit sollte besser bezahlt werden. Schließlich opfert man seine Gesundheit."

MARIA, 25 J.: „Meine Arbeit gefällt mir, ist aber nicht alles. Ich arbeite nur soviel, damit ich leben kann: 30 Stunden pro Woche. Das Entgelt reicht zum Leben. Ich habe so viele andere Interessen.

DILARA, 41 J.: „Auf meiner medizinischen Station sind wir in der Schicht drei Frauen und zwei Männer. Ein starkes Team! Wir besprechen zu Beginn der Schicht, was anliegt. Wenn ich nicht so gut drauf bin, wird das akzeptiert. Das geht den anderen auch mal so. Probleme klären wir im Team. Ungerecht ist, dass wir erheblich weniger verdienen als Ärzte. Auch unsere Arbeit belastet stark."

WANJA S., 37 J.: „Meine Erwerbsarbeit fehlt mir. Ich bin arbeitslos und muss mit meiner 8-jährigen Tochter von 700 € leben. Wegen der Kinderbetreuung kann ich nicht jede Arbeit annehmen. Eine Ganztagsschule für meine Tochter würde mir schon helfen. Für Familien mit Kindern müsste einfach mehr getan werden.

Es ist nicht richtig, dass mein Kind unter meiner Arbeitslosigkeit leiden muss. Oft sage ich, das können wir uns nicht leisten. Gut, dass ich Freundinnen habe, die mich verstehen."

A

Aufgaben

1 Wie schätzt Wladislaw seine Situation ein?

2 Wie seht ihr Dirks Lage zu dem Geld, über das er verfügt?

3 Nehmt Stellung dazu, wie Maria ihre Erwerbsarbeit sieht.

4 Bedenkt die Bedeutung der Teamarbeit bei Dilara und ihre Aussage zum Verdienst.

5 Wie steht Wanja zur Erwerbsarbeit? Was wünscht sie sich für ihre Tochter (siehe auch M4, S.93)?

5 Weiterführendes Material

M1 Merkmale eines Arbeitsplatzes

Arbeitsaufgabe, z.B.
- Arbeitsinhalte
- Arbeitsziel
- Rückmeldung über den Zielerreichungsgrad
- Verantwortung für Menschen und Sachen
- Beteilung an der Festlegung/Weiterentwicklung von Inhalt und Ziel der Arbeit
- Art der Zahlung des Entgelts

Arbeitsorganisation, z.B.
- Arbeitsteilung (Einzelarbeit, Gruppenarbeit)
- Formen der Abstimmung bei Teamarbeit
- Entscheidungsspielräume, z.B. bei der Arbeitszeit
- Einordnung in Hierarchie
- Möglichkeiten der Einflussnahme auf die Gestaltung des Arbeitsablaufes

Anforderungen an Kompetenzen, z.B.
- geforderte sachliche/fachliche Kompetenz
- Erfahrung
- Methoden- und Lernkompetenz zur Gestaltung neuer Aufgaben
- Konflikt- und Integrationsfähigkeit im Team
- Kommunikative Kompetenz

Umwelteinflüsse, z.B.
- Lärm, Hitze, Kälte, Feuchtigkeit, künstliches Licht
- Gase, Dämpfe, Stäube, mechanische Schwingungen
- Umgang mir gefährlichen Stoffen
- wechselnde Arbeitszeit

M2 Belastungen am Arbeitsplatz

Im Jahr 2004 wurden Arbeitnehmer in NRW zu Arbeitsbelastungen befragt. Fragestellung:

„Arbeit bzw. die Situation am Arbeitsplatz kann körperlich und seelisch belasten.

Sagen Sie bitte zu jedem einzelnen Punkt, ob dies Sie bei der Arbeit
- nicht belastet
- etwas belastet
- ziemlich oder stark belastet."

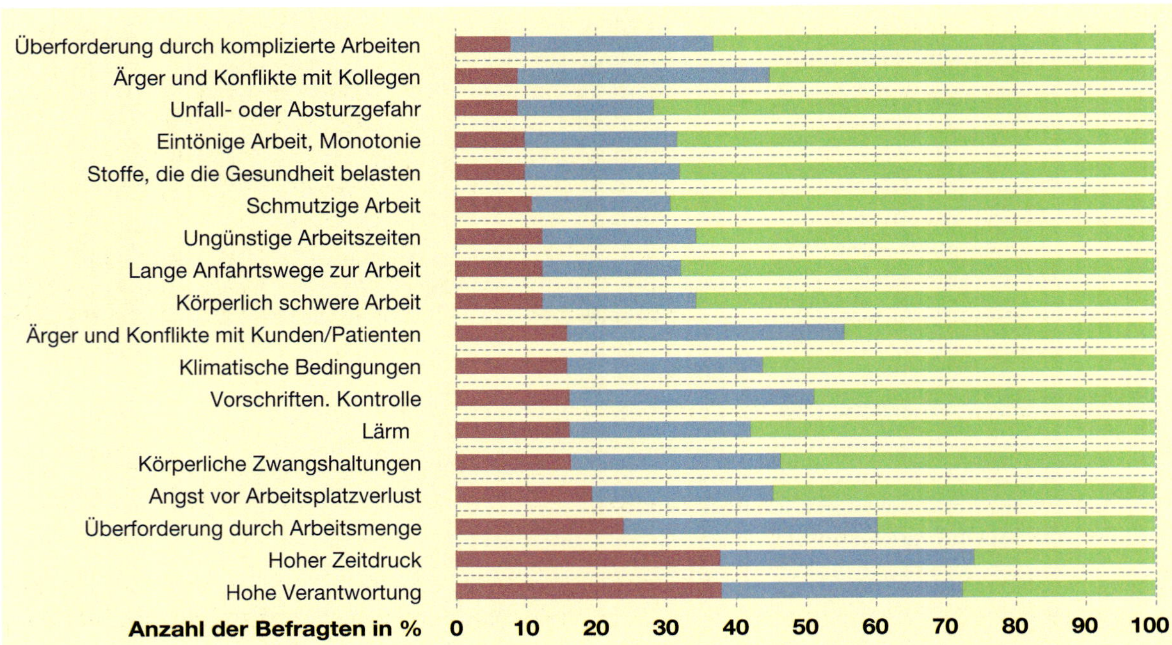

Ministerium für Wirtschaft und Arbeit NRW (Hrsg.): Arbeitswelt NRW 2004. Belastungsfaktoren – Bewältigungsformen – Arbeitszufriedenheit. Düsseldorf 2005, S. 8, 9

M3 Sicherheit und Gesundheitsschutz beim Heben von Lasten

Aus der Lastenhandhabungsverordnung
§2 Maßnahmen
(1) Der Arbeitgeber hat ... Maßnahmen zu treffen oder Arbeitsmittel ... einzusetzen, um manuelle Handhabungen von Lasten, die ... eine Gefährdung für Sicherheit und Gesundheit ... mit sich bringen, zu vermeiden. ...

Merkmale, aus denen sich eine Gefährdung ... insbes. der Lendenwirbelsäule ergeben kann:
(1) ... **zu handhabende Last**
1. ihr Gewicht, ihre Form und Größe,
2. die Lage der Zugriffsstellen,
3. die Schwerpunktlage und
4. eine unvorhergesehene Bewegung.

(2) ... **zu erfüllende Arbeitsaufgabe**
1. die ... Körperhaltung oder Körperbewegung
2. die Entfernung der Last vom Körper,
3. die durch das Heben, Senken oder Tragen der Last zu überbrückende Entfernung,
4. Ausmaß, Häufigkeit, Dauer des Kraftaufwandes,
5. die ... persönliche Schutzausrüstung,
6. das Arbeitstempo ... beim Arbeitsablauf und
7. die verfügbare Erholungs- oder Ruhezeit.

(3) ... **Beschaffenheit des Arbeitsplatzes**
1. der in der Höhe zur Verfügung stehende Platz
2. der Höhenunterschied ...
3. die Temperatur, Luftfeuchtigkeit und Zuluft,
4. die Beleuchtung,
5. die Rutschfestigkeit ... der Standfläche,
6. die Bekleidung, insbesondere das Schuhwerk.

Nach **Lastenhandhabungsverordnung**, Stand 31.10.2006
www.gesetze-im-internet.de/bundesrecht/lasthandhabv/gesamt.pdf

M4 Ziele und Maßnahmen zum Arbeitsschutz

Arbeitsschutz

Kontrolle von Arbeitsschutzvorschriften, u.a.
• Gewerbeaufsichtsämter/Ämter für Arbeitsschutz (Überwachung der Einhaltung von Gesetzen im Umweltschutz, im technischen und sozialen Arbeitsschutz)
• Berufsgenossenschaften (technische Aufsichtsdienste: Arbeitsschutz, Vorbeugung durch Beratung und Information). Sie erlassen Unfallverhütungsvorschriften und Auflagen für Arbeitgeber.

Ziele
• Menschengerechte Gestaltung der Arbeit
• Vorbeugender Schutz vor arbeitsbedingten Gesundheitsgefahren
• Verhütung von Arbeitsunfällen

Sozialer Arbeitsschutz, insbes.
• Arbeitsschutzgesetz (siehe technischer Arbeitsschutz)
• Mutterschutzgesetz (schützt die schwangere Frau und die Mutter vor Kündigung, die Gesundheit der (werdenden) Mutter und des Kindes vor Gefahren am Arbeitsplatz
• Jugendarbeitsschutzgesetz (siehe S. 110)
• Arbeitszeitgesetz (soll Sicherheit und Gesundheitsschutz bei der Arbeitszeitgestaltung gewährleisten)

Technischer Arbeitsschutz, z. B.
• Arbeitsschutzgesetz nach Vorschriften der EU (zur Verbesserung von Sicherheit und Gesundheitsschutz bei der Arbeit)
• Arbeitsstättenverordnung (u. a. Einhaltung von sicherheitstechnischen, arbeitsmedizinischen und hygienischen Regeln)
• Betriebssicherheitsverordnung (z. B. Sicherheit und Gesundheitsschutz bei Arbeitsmitteln)
• Arbeitssicherheitsgesetz (Gesetz über Betriebsärzte und Fachkräfte für Arbeitssicherheit)
• Biostoffverordnung (Sicherheit und Gesundheitsschutz bei Tätigkeiten mit biologischen Arbeitsstoffen)
• Bundesimmissionsschutzgesetz (Schutz vor schädlichen Umwelteinwirkungen)

Arbeiten mit den Materialien

Zu **M1**
1 Beschreibt einen Arbeitsplatz im Beruf eurer Wahl. Nutzt dabei das Schaubild oben.

Zu **M2**
Wer deutet die Ergebnisse richtig?
A: Arbeitnehmer stört Monotonie wenig.
B: Knapp die Hälfte der Arbeitnehmer fühlt sich durch Lärm zumindest etwas belastet.

Zu **M4**
Begründet an einer Tätigkeit, was mit dem Arbeitsschutz erreicht werden soll, welche Maßnahmen ergriffen und wie diese kontrolliert werden.

Alles klar?

Fallstudie: Betriebliches Handeln im Küchenmöbelwerk

1 Nenne drei Ziele unternehmerischen Handelns am Beispiel deines Praktikumsbetriebs.

2 Erkläre, was beim Küchenmöbelwerk unter Kundenorientierung verstanden wird.

3 Welche Produktionsfaktoren benötigt ein Frisör, um Dienstleistungen zu erbringen?

4 Welche Bedeutung hat in einem Unternehmen eine durchdachte Betriebsorganisation?

5 Stelle deinen Mitschülern die Betriebsorganisation deines Praktikumsbetriebes vor.

6 Nenne Entscheidungen, die zur Planung des Fertigungsablaufs eines Werkstücks gehören.

7 Begründe, warum bei einem Konflikt eines Arbeitnehmers im Betrieb der Betriebsrat wichtig sein kann.

8 Nimm Stellung zu folgender Situation:
Das Unternehmen KALT produziert hochwertige Jacken. Die Endkontrolle durch eine Prüfkraft (erfahrene Näherin) soll eingespart werden. Stattdessen hat dann jeder Mitarbeiter seine Arbeit selbst kontrollieren und Fehler direkt zu beheben.
Wenn bei gleicher Produktionsmenge pro Mitarbeiter die Zahl der Fehler nicht steigt, wird den Mitarbeitern eine Prämie in Aussicht gestellt.

9 Entwickle einen Vorschlag zur Erhöhung der Qualität deiner Lernarbeit in der Schule.

10 Aus welchen Gründen ist es wichtig, dass Unternehmen Nachhaltigkeit für ihr Handeln als Grundsatz berücksichtigen?

11 Wie haftet eine Personengesellschaft für ihr Handeln, z.B. für Verluste?

12 Warum ist es wichtig, bei der Gründung eines Unternehmens die Rechtsform zu bedenken?

Arbeitsbedingungen, Arbeitsschutz und Entgelt

13 Wodurch kann Arbeit belastend sein?
Ziehe dazu M2 auf S. 230 heran:

14 Nenne zwei Ziele des Arbeitsschutzes.

15 Erkläre an einem Beispiel, wie Arbeitsbelastungen durch technische Maßnahmen verringert werden können.

16 Begründe die Bedeutung des Mutterschutzgesetzes für den sozialen Arbeitsschutz.

17 Begründe das Verbot von Akkordarbeit für Jugendliche.

18 Begründe Ausnahmen vom Verbot der Wochenendbeschäftigung für Jugendliche.

19 Nimm Stellung:
a) Ist es gerechtfertigt, Arbeit, für die eine Ausbildung erforderlich ist, besser zu bezahlen als eine angelernte Tätigkeit?
b) Wonach sollte die Höhe des Arbeitsentgelts ausgerichtet sein?

Mitbestimmung im Betrieb

1 Mitbestimmung am Arbeitsplatz

Das → Betriebsverfassungsgesetz (BetrVG) regelt Rechte und Pflichten der im Betrieb arbeitenden Menschen. Beschäftigte und Auszubildende haben Rechte, z.B. das Beschwerderecht, wenn sie sich ungerecht behandelt fühlen.

Sie wählen zur Vertretung ihrer Interessen den Betriebsrat bzw. die Jugend- und Auszubildendenvertretung. Die Vertretungen sind für diese Arbeit freizustellen.

Der Betriebsrat arbeitet mit der Unternehmensleitung zusammen. Er wacht darüber, dass rechtliche Bestimmungen, z.B. zum → Arbeitsschutz, und Betriebsvereinbarungen eingehalten werden.

▸ **Leitauftrag** Ordnet die folgenden Situationen der Betriebsratsarbeit in der Grafik zu:

- Seit Wochen macht Frank im Kundendienst Überstunden. Das wird ihm zu viel.
- Im Sommer wird das Büro unerträglich heiß.
- Anja kommt mit dem neuen Abrechnungsprogramm nicht zurecht. Sie braucht einen Kurs.
- Miriam hat erfahren, dass ihre Kollegin bei gleicher Arbeit 1 € pro Stunde mehr verdient.
- Ein Teil der Produktion soll nach Moldavien verlagert werden.
- Oskar ging in Rente, seine Stelle in der Arbeitsgruppe blieb unbesetzt.
- Die Kinderkrippe hat ihre Zeiten geändert. Mark kommt mit der Arbeitszeit nicht zurecht.
- Silke soll als Auszubildende dauernd Überstunden machen.

B Auf einen Blick

Ihr benennt Bereiche der Betriebsratsarbeit.

Ihr erklärt Rechte zur Mitbestimmung und Mitwirkung nach dem Betriebsverfassungsgesetz.

Ihr kennt die Aufgaben der Jugend- und Auszubildendenvertretung.

Ihr schätzt die Bedeutung der Vertretung der Rechte der Arbeitnehmer ein.

2 Betriebsratssitzung bei Heizkörperbau RADIATOR

Tagesordnung, Punkt 1: Neugestaltung Arbeitsablauf

Punkt 2: Schichtarbeit und flexible Arbeitszeiten
Die Betriebsleitung will zur Kostensenkung
- Schichtarbeit einführen und
- die wöchentliche Arbeitszeit nach der Auftragslage regeln. Mal sollen 6 Stunden und dann wieder 10 pro Tag gearbeitet werden.

Die Arbeitszeit soll über ein Arbeitszeitkonto erfasst und verrechnet werden. Das birgt Gesundheitsrisiken für ältere Arbeitnehmer und erschwert die Kinderbetreuung für Familien. Bezahlte Überstunden soll es nicht mehr geben, Zuschläge entfallen.

Punkt 3: Lärmschutz neue Presse
Die große Presse soll erneuert werden. Zur Auswahl steht eine Anlage für 150 000 € und eine für 200 000 €, die deutlich leiser ist. Beide erfüllen die Lärmschutzvorschriften. Die Unternehmensleitung will die billigere kaufen.

Punkt 4: Speiseplan Kantine
Mehrere Kollegen haben sich dafür eingesetzt, nur noch Bioprodukte zu verwenden und stärker auf die Essgewohnheiten unserer multikulturellen Belegschaft zu achten. Die Betriebsleitung befürchtet höhere Kosten und denkt, dass die Preise erhöht werden müssten.

Punkt 5: Übernahme Auszubildender
Die Jugend- und Auszubildendenvertretung beantragt, dass alle 20, die ausgelernt haben, unbefristet übernommen werden. Die Betriebsleitung will nur die besten 10 befristet übernehmen und 5 Fachkräfte von außen einstellen.

A **Aufgaben**

1 Erklärt, was ein Betriebsrat ist. Nutzt auch das Sachwortverzeichnis oder das Internet.

2 Stellt fest, welche Rechte der Betriebsrat bei den Punkten der Tagesordnung hat. Nutzt die Folgeseite und zu Punkt 5: S. 237. Sprecht über Interessen des Betriebes und Betriebsrates.

3 Setzt euch mit den Argumenten der Betriebsratsmitglieder (Foto oben) auseinander. Welche Person vertritt den Standpunkt der Betriebsleitung?

4 Befragt Eltern und Bekannte zur Bedeutung des Betriebsrats.

3 Rechte nach dem Betriebsverfassungsgesetz

Das Recht auf Mitbestimmung

Eine Maßnahme des Arbeitgebers ist nur dann rechtsgültig, wenn der Betriebsrat zustimmt bzw. die Einigungsstelle entscheidet. Beispiele:

- Arbeitszeit, Entlohnungsgrundsätze (§ 87, siehe rechte Spalte)
- Versetzung, Einstellung (§ 95)
- Grundsätze für Beurteilungen (§ 94)
- Weiterbildung bei Qualifikationsverlust (§ 97)

Das Recht auf Mitwirkung

Vor Durchführung einer Maßnahme muss der Arbeitgeber den Betriebsrat unterrichten bzw. sich mit ihm beraten. Beispiele:

- Arbeits- und Umweltschutz (§ 89)
- Personalplanung (§ 92)
- Durchführung betrieblicher Bildungsmaßnahmen (§ 98, siehe S. 127))
- Planung neuer Anlagen (§ 90)
- Wirtschaftliche Fragen, Absatzlage (§ 106)

Wichtige Bestimmungen des Betriebsverfassungsgesetzes

- In Unternehmen ab fünf Beschäftigten kann ein Betriebsrat gewählt werden (§ 1).
- Die Wahl erfolgt in geheimer Wahl durch Beschäftigte ab 18 Jahre (§§ 4, 14).
- Die Geschlechter sollen nach ihrem zahlenmäßigen Verhältnis vertreten sein (§ 15).
- Betriebsräte und Jugendvertreter dürfen durch ihre Tätigkeit nicht benachteiligt oder begünstigt werden (§ 78, 78a).
- In Betrieben ab 200 Beschäftigten muss mindestens ein Arbeitnehmer für die Betriebsratsarbeit freigestellt werden (§ 38).
- Entstehen bei einer mitbestimmungspflichtigen Maßnahme Konflikte zwischen Arbeitgeber und Betriebsrat, können beide Parteien die Einigungsstelle anrufen (§ 76).

Aus dem Betriebsverfassungsgesetz

§ 87 Mitbestimmungsrechte

(1) Der Betriebsrat hat in folgenden Angelegenheiten mitzubestimmen:

1. Ordnung des Betriebs und des Verhaltens der Arbeitnehmer
2. Beginn und Ende der täglichen Arbeitszeit, Pausen, Verteilung der Arbeitszeit auf Tage
3. Vorübergehende Verkürzung oder Verlagerung der betriebsüblichen Arbeitszeit

...

6. Einführung und Anwendung von technischen Einrichtungen, die das Verhalten oder die Leistung der Arbeitnehmer überwachen sollen
7. Verhütung von Arbeitsunfällen und Berufskrankheiten sowie zum Gesundheitsschutz
8. Ausgestaltung von Sozialeinrichtungen

...

10. Fragen der Lohngestaltung, wie Entlohnungsgrundsätze und Entlohnungsmethoden
11. Festsetzung der Akkord- und Prämiensätze
12. Grundsätze betrieblichen Vorschlagswesens
13. Grundsätze über die Durchführung eigenverantwortlicher Gruppenarbeit

§ 90 Unterrichtungs- und Beratungsrechte

(1) Der Arbeitgeber hat den Betriebsrat rechtzeitig über die Planung

1. von betrieblichen Bauten
2. von technischen Anlagen
3. von Arbeitsverfahren und Arbeitsabläufen
4. der Arbeitsplätze

mit den erforderlichen Unterlagen zu unterrichten.

Nach **BMWA** (Hrsg.): Mitbestimmung – Ein gutes Unternehmen, www.bmas.bund.de ▸ Betriebsverfassungsgesetz ▸ Publikationen, ▸ Gesetze

A **Aufgaben**

1 Benennt Unterschiede zwischen Mitbestimmung und Mitwirkung.

2 Die Media GmbH hat 9 Beschäftigte. Kann ein Betriebsrat gegründet werden?

3 Viele Unternehmen haben keinen Betriebsrat (siehe M2, S. 238). Erörtert Gründe und Folgen.

4 Die Jugend- und Auszubildendenvertretung berät bei Ausbildungsproblemen

Fall 1: Ungesunder Schulungsraum

Auszubildende, die über mehrere Tage im Raum 3 geschult werden, haben Konzentrationsschwierigkeiten und Ermüdungserscheinungen. Die Luft müsste auf Schadstoffe untersucht werden. Das Amt für Arbeitsschutz könnte eine Messung durchführen. Wir sollten im Betriebsrat Dampf machen.

Fall 2: Verhalten des Ausbilders Mausolf

Wir akzeptieren, Ausbildungsnachweise zu führen. Aber Mausolf meint, er könne wegen kleiner Unsauberkeiten das Heft zurückgeben. Mirka musste alles noch einmal machen. Einen anderen hat er sogar vor allen Auszubildenden runtergeputzt. Ich habe bereits mit dem Betriebsrat gesprochen. Er meint, Mausolf sei ein guter Kollege. Wir sollten uns nicht wegen Kleinigkeiten aufregen. Ich finde das Verhalten nicht tragbar.

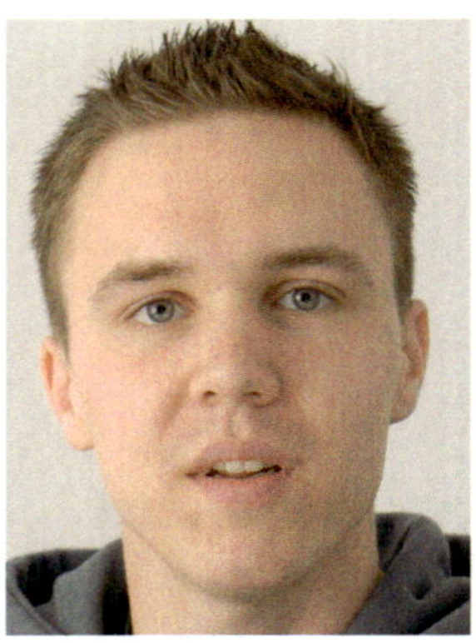

Fall 3: Ausbildung nicht zeitgemäß

Wir brauchen keine betrieblichen Ausbildungsangebote zur Förderung der Arbeit im Team. Auch haben die Ausbilder zu wenig Zeit. Manche mögen gute Fachkräfte sein, aber ihre pädagogischen Fähigkeiten sind gering. Eine bessere Ausbildung würde sich auch für den Betrieb lohnen. Auch sollten wir ein Auslandspraktikum für den → Europapass fordern. Das wird von der EU gefördert.

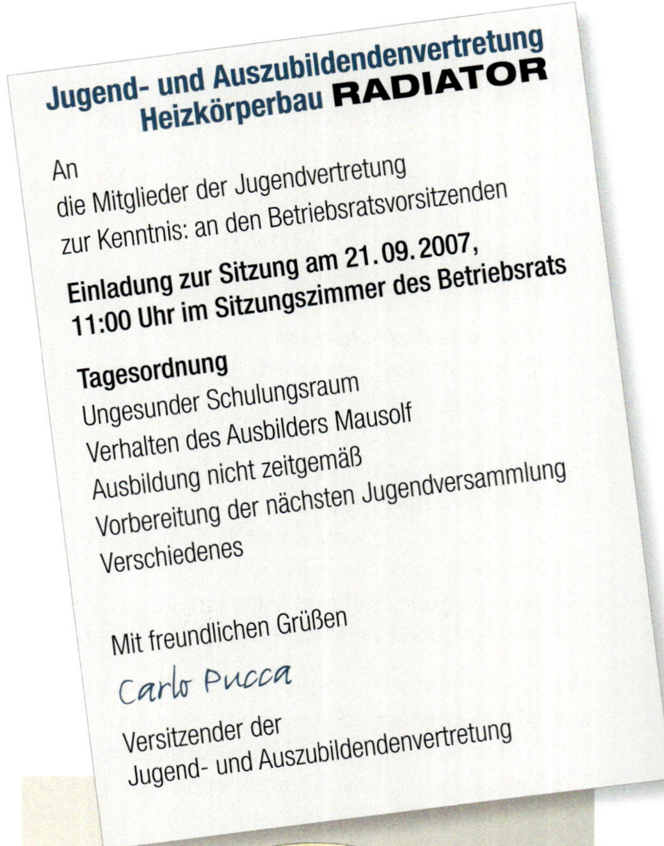

Jugend- und Auszubildendenvertretung Heizkörperbau RADIATOR

An
die Mitglieder der Jugendvertretung
zur Kenntnis: an den Betriebsratsvorsitzenden

Einladung zur Sitzung am 21.09.2007, 11:00 Uhr im Sitzungszimmer des Betriebsrats

Tagesordnung
Ungesunder Schulungsraum
Verhalten des Ausbilders Mausolf
Ausbildung nicht zeitgemäß
Vorbereitung der nächsten Jugendversammlung
Verschiedenes

Mit freundlichen Grüßen

Carlo Pucca

Versitzender der
Jugend- und Auszubildendenvertretung

Aus der Ausbilder-Eignungsverordnung

Ausbilder müssen eine berufs- und arbeitspädagogische Qualifikation nachweisen zum selbstständigen Planen, Durchführen und Kontrollieren u.a. in den Bereichen:

- Planung der Ausbildung (z.B. Abstimmung mit der Berufsschule)
- Ausbildung am Arbeitsplatz (z.B. Fördern aktiven Lernens)
- Förderung des Lernprozesses (z.B. Lerntechniken)
- Ausbildung in der Gruppe (z.B. Teamfähigkeit)

Aus dem Betriebsverfassungsgesetz

§ 60 Jugend- und Auszubildendenvertretung

Errichtung und Aufgabe

(1) In Betrieben mit mindestens fünf Arbeitnehmern, die das 18. Lebensjahr noch nicht vollendet haben oder die zu ihrer Berufsausbildung beschäftigt sind und 25 sind, werden Jugend- und Auszubildendenvertretungen gewählt.

§ 67 Teilnahme an Betriebsratssitzungen

(1) Die Jugend- und Auszubildendenvertretung kann zu allen Betriebsratssitzungen einen Vertreter entsenden.

(2) Er hat Stimmrecht, soweit die zu fassenden Beschlüsse des Betriebsrates überwiegend jugendliche Arbeitnehmer betreffen.

§ 70 Allgemeine Aufgaben

(1) Die Jugend- und Auszubildendenvertretung hat folgende Aufgaben:

1. Maßnahmen, die den in § 60 (1) genannten Arbeitnehmern dienen, insbesondere in Fragen der Berufsbildung, beim Betriebsrat zu beantragen;
2. darüber zu wachen, dass die zu Gunsten der in § 60 (1) genannten Arbeitnehmer geltenden Gesetze, Verordnungen, Unfallverhütungsvorschriften, Tarifverträge ... durchgeführt werden;
3. Anregungen von in § 60 (1) genannten Arbeitnehmern, insbes. zur Berufsbildung, entgegenzunehmen und, falls sie berechtigt erscheinen, beim Betriebsrat auf eine Erledigung hinzuwirken.

§ 71 Jugend- und Auszubildendenversammlung

Eine solche kann die Jugend- und Auszubildendenvertretung ... im Einvernehmen mit dem Betriebsrat einberufen.

§ 98 Durchführung betrieblicher Bildungsmaßnahmen

(1) Der Betriebsrat hat bei der Durchführung von Maßnahmen der betrieblichen Berufsbildung mitzubestimmen.

(2) Der Betriebsrat kann der Bestellung einer mit der Durchführung der betrieblichen Berufsbildung beauftragten Person widersprechen oder ihre Abberufung verlangen, wenn diese die persönliche oder fachliche, insbesondere die berufs- und arbeitspädagogische Eignung nicht besitzt oder ihre Aufgaben vernachlässigt.

Die Anwendung der Ausbilder-Eignungsverordnung wurde 2003 bis Juli 2009 ausgesetzt, um zusätzliche Ausbildungsplätze zu gewinnen. Danach soll sie überarbeitet wieder in Kraft treten.

A

Aufgaben

1 Nehmt Stellung zu den Forderungen der Jugendvertretung in den Fällen 1 und 3.

2 Spielt Fall 2 im Rollenspiel. Rollenspieler: Betriebsrat und Jugendvertreter.

3 Diskutiert Meinungen der Jugendlichen. Zieht das Betriebsverfassungsgesetz und **M1** heran.

4 Vergleicht Rechte der Jugend- und Auszubildendenvertretung mit der Schülervertretung.

5 Weiterführendes Material

M1 Betriebliche Jugend- und Auszubildendenvertretung

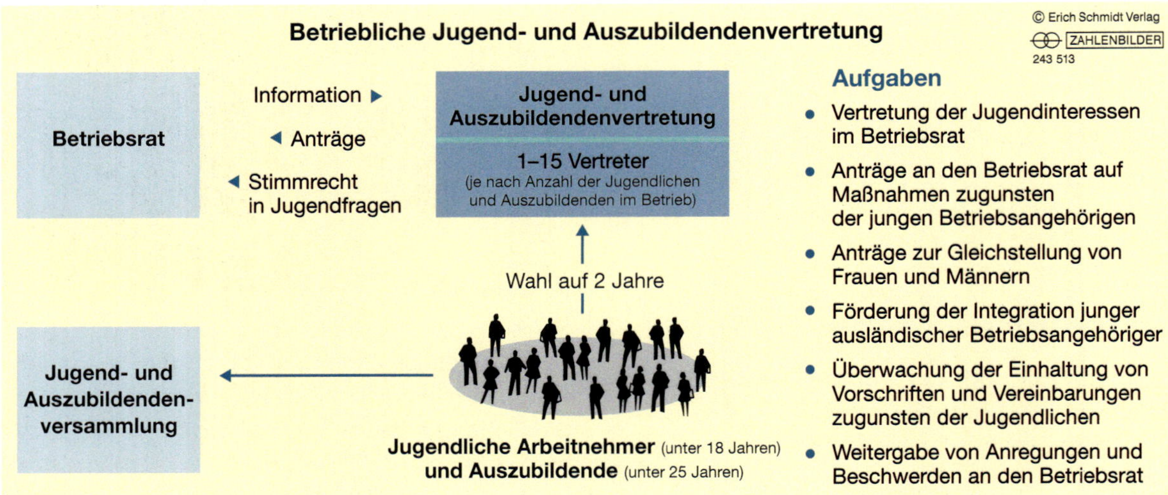

M2 Mitbestimmung im Unternehmen

Diese erfolgt im Aufsichtsrat. Er besteht aus Vertretern/innen der Arbeitnehmer und der Anteilseigner. Zu den Aufgaben gehören u. a. die Bestellung und Abberufung des Vorstandes und die Feststellung des Jahresabschlusses.

Der Mitbestimmung unterliegen Kapitalgesellschaften (z.B. AG, GmbH) mit mehr als 500 Mitarbeitern/innen.

Für Unternehmen mit 500 bis 2000 Beschäftigten stellt die Arbeitnehmerseite ein Drittel der Aufsichtsräte. Bei mehr als 2000 Mitarbeitern gehören dem Aufsichtsrat zu gleichen Teilen Vertreter der Anteilseigner sowie der Arbeitnehmer an (einen Sitz der Arbeitnehmerseite nimmt ein Vertreter der leitenden Angestellten ein). Der Vorsitzende des Aufsichtsrats wird – wenn keine Einigung zwischen Arbeitnehmern und Anteilseignern erfolgt – von den Anteilseignern gewählt. Er hat bei Stimmengleichheit ein Doppelstimmrecht.

Bei Montanbetrieben (Bergbau, Eisen, Stahl) über 1000 Mitarbeitern gilt das Montan-Mitbestimmungsgesetz von 1951. Hier setzt sich der Aufsichtsrat zu gleichen Teilen aus Vertretern/innen der Anteilseigner und der Arbeitnehmer zusammen. Ein zusätzliches, von beiden Seiten benanntes „neutrales Mitglied" gibt bei Stimmengleichheit den Ausschlag.

Alle Arbeitnehmervertreter/innen werden von den Beschäftigten gewählt.

Die Mitbestimmung gewährleistet eine demokratische Kontrolle der Unternehmenspolitik und verbessert den Informationsfluss zwischen Vorstand und Belegschaft, senkt die Verhandlungskosten und erhöht die Bereitschaft der Belegschaften, Verantwortung für ihr Unternehmen zu übernehmen. Die paritätische Mitbestimmung im Aufsichtsrat wirkt sich nach einer Studie positiv auf die Produktivität aus.

Nach **DGB**, Pressemeldung vom 13.10.2005
www.dgb.de/presse/infodienst/iddb/pressemeldung_single?pmid=31

Arbeiten mit den Materialien

Zu M2

Die Arbeitgeber sehen in der Unternehmensmitbestimmung teilweise Nachteile, weil Entscheidungen länger dauern und die Eigentümer in der Entscheidungsfreiheit begrenzt sind.

Diskutiert die Vor- und Nachteile.

Alles klar?

Mitbestimmung im Betrieb

1 Nenne vier wichtige Bereiche der Arbeit des Betriebsrates.

2 Unterscheide mit Hilfe von Beispielen
- Mitbestimmungsrechte des Betriebsrates
- Mitwirkungsrechte des Betriebsrates.

3 Begründe die Bedeutung des Betriebsverfassungsgesetzes für die Durchsetzung von Arbeitnehmerrechten.

4 Benenne unterschiedliche Interessen des Betriebsrats und der Unternehmensführung. Finde auch gemeinsame.

5 Wie kann die Jugend- und Auszubildendenvertretung Interessen durchsetzen?

6 Welche Nachteile kann es haben, wenn im Betrieb kein Betriebsrat und/oder keine Jugend- und Auszubildendenvertretung besteht?

7 Begründe die Bedeutung der Mitbestimmung im Aufsichtsrat größerer Unternehmen.

8 Vergleiche die Einschätzung der Befragten zur Mitbestimmung für den Standort Deutschland mit dem des Instituts der deutschen Wirtschaft.

9 Welche Bedeutung hat die Aussage in der Abbildung in Zeiten hoher Arbeitslosigkeit?

Institut der deutschen Wirtschaft

Die Mitbestimmung bringt für die deutsche Wirtschaft im internationalen Vergleich erhebliche Belastungen mit sich. Im Ausland wird sie wegen ihres hohen Kosten- und Zeitaufwands skeptisch beurteilt.

Institut der deutschen Wirtschaft (Hrsg.): Mitbestimmung in Deutschland. Köln 2000, S. 8

Mitbestimmt geht es besser

... Untersuchungen ergaben, dass sich die Mitbestimmung stabilisierend auf die Unternehmen auswirkt und die soziale Integration[1] befördert. Deutschland hat die geringsten Streiktage ...

[1] Zusammenhalt im Unternehmen

Arbeitsgemeinschaft für Arbeitnehmerfragen in der SPD (2007): www.afa.spd.de/ ► Themen von A–Z ► Mitbestimmung

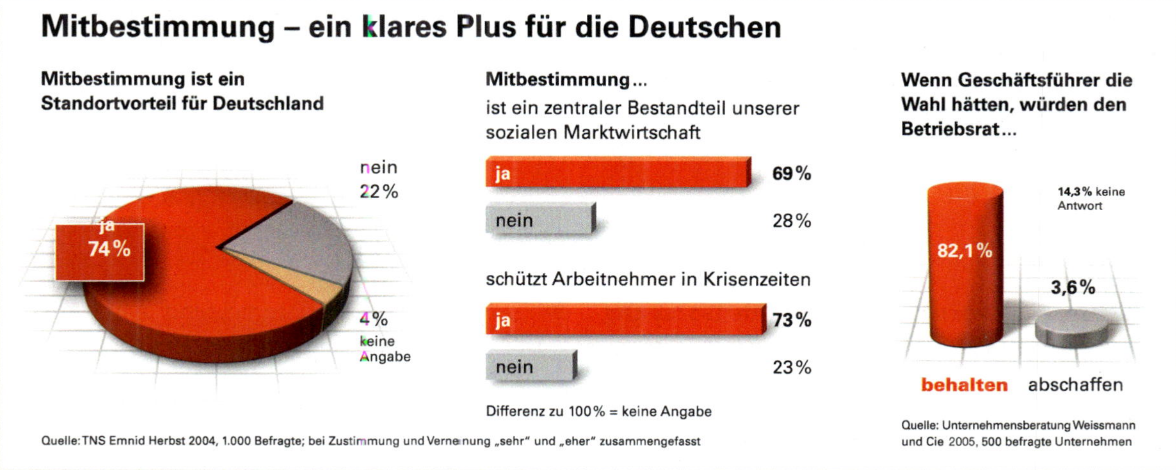

Soziale Marktwirtschaft

1 Soziale Marktwirtschaft – unsere Wirtschaftsordnung

In Deutschland leben etwa 82 Mio. Einwohner. Sie benötigen eine große Anzahl von *Waren* und *Dienstleistungen*. Die Auswahl ist riesig.
Die Waren und Dienstleistungen müssen produziert, verkauft und transportiert werden – zur richtigen Zeit und am richtigen Ort.
Damit alles gut funktioniert, sind Abstimmungen zwischen den Unternehmen und ebenso zwischen Unternehmen und Verbrauchern nötig.
Das erfordert funktionierende Regeln, deren Einhaltung kontrolliert wird. All dies macht eine Wirtschaftsordnung aus.
Deutschlands Wirtschaftsordnung ist die **Soziale Marktwirtschaft**.

► **Leitauftrag** Die Abbildungen lassen erkennen, dass die Grundlage des Wirtschaftens die Soziale Marktwirtschaft ist. Nennt Gründe.

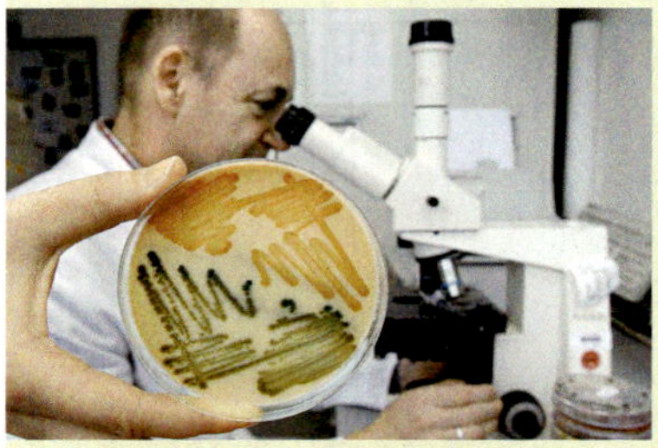

▲ Amtliche Lebensmittelüberwachung: Brotschimmelkulturen werden im Labor eines staatlichen Untersuchungsamtes geprüft.

▲ Wer die Bestimmungen der EG-Öko-Verordnung einhält, darf seine Produkte mit dem staatlichen Bio-Siegel kennzeichnen.

▲ Der Staat schreibt Warnhinweise auf Zigarettenverpackungen vor.

▲ Der Staat unterstützt erwerbsfähige Personen, die bedürftig sind und keine Arbeit finden.

▲ Kennzeichnungspflicht für Eier: Bei losen Eiern muss jedes Ei gestempelt werden.

▲ „Der Staat schreibt Helmpflicht vor. Das ist zu deinem Schutz."

B Auf einen Blick

Ihr begründet, warum eine Wirtschaftsordnung nötig ist.

Ihr erklärt an Beispielen die Grundlagen der Sozialen Marktwirtschaft.

Ihr nennt Güter, die Deutschland einführt und ausführt und begründet Vorteile des internationalen Handels.

Ihr nennt wichtige Staaten der Europäischen Union, mit denen Deutschland Handel treibt.

2 Was heißt Soziale Marktwirtschaft?

1

▲ Kinderarbeit ist verboten. Jugendliche sind bei der Arbeit besonders geschützt.

Artikel 1 Grundgesetz
Die Würde des Menschen ist unantastbar. Sie zu achten und zu schützen ist Verpflichtung aller staatlichen Gewalt.

Artikel 20 Grundgesetz
Die Bundesrepublik Deutschland ist ein demokratischer und Sozialer Bundesstaat.

2

▲ „Wir sprechen die Preise ab. Das erhöht den Gewinn!"

3

▲ „Sie sind in der Probezeit und bringen die erhoffte Leistung nicht. Sie sind zum Monatsende entlassen."

4

▲ Kinderarbeit in Bangladesch. Vater und Tochter verdienen durch das Steine klopfen den Unterhalt der Familie.

5

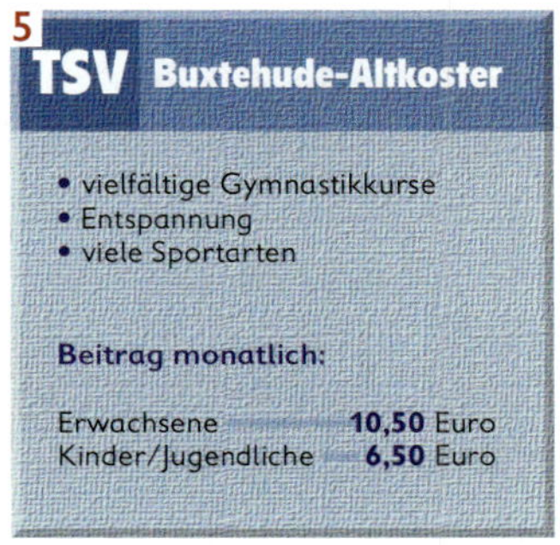

▲ Der Staat unterstützt Sportvereine durch die Bereitstellung von Sportstätten.

6

7

Aus dem Tätigkeitsbericht des Bundeskartellamts:
Das Bundeskartellamt hat bei 8 Unternehmen Preisabsprachen über 5 Jahre hinweg festgestellt.
Ein Gericht hat 1,2 Mio. Bußgeld verhängt.
Verbraucher können mit niedrigeren Preisen rechnen.

8

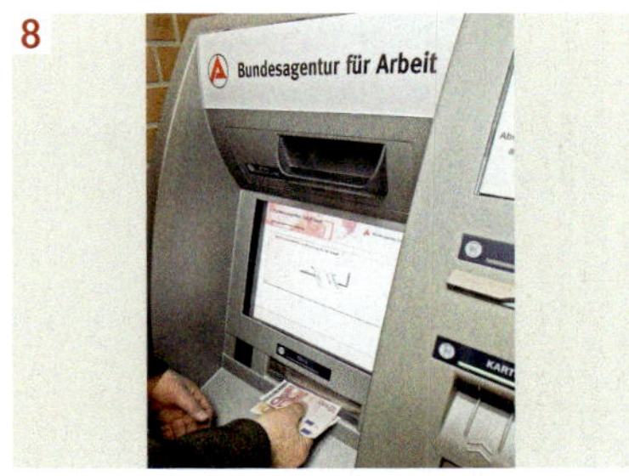

▲ Nach den gesetzlichen Bestimmungen erhalten Arbeitslose nach ihrer Entlassung Arbeitslosengeld.

A **Aufgaben**

1 Jeweils zwei Abbildungen gehören zusammen. Findet die Abbildungen, die zusammengehören. Nennt die Unterschiede und begründet, zu welcher Aussage die Abbildungen passen.
Zu einer passt die Aussage:
- Das Wirtschaften erfolgt aus Sicht des Marktes.

Zu der anderen passt die Aussage:
- Das Wirtschaften wird durch Staat und Markt geregelt.

Verbraucher, Unternehmen und Staat in der Sozialen Marktwirtschaft

Nachfrager
entscheiden über den Kauf der Güter um ihre Bedürfnisse zu befriedigen.

Sie wollen
- niedrige Güterpreise
- gute Qualität der Güter
- ein gutes Sortiment
- gute Lieferbedingungen
- gute Beratung

◄ ►

Produktion und Konsum

Was?
Wie viel?
Wie?
Wo?
Für wen?

◄ ►

Anbieter
entscheiden darüber, was sie wie, wie viel und wo produzieren.

Sie wollen
- einen hohen Umsatz und Gewinn
- viele zufriedene Kunden
- den Bestand ihres Unternehmens sichern

▲
▼

Der Staat
- regelt das wirtschaftliche Handeln von Anbietern und Nachfragern durch Gesetze, z.B. durch das Gesetz gegen Wettbewerbsbeschränkungen
- beeinflusst die Beschäftigung von Arbeitnehmern in Unternehmen, z.B. durch Arbeitsschutzgesetze
- regelt die Soziale Sicherung der Bürger durch die gesetzliche Sozialversicherung
- bietet wichtige Güter an, z.B. Schulen, Schwimmbäder, Büchereien, Parks
- schafft Voraussetzungen für wirtschaftliches Handeln, z.B. durch eine staatliche Verwaltung und den Bau von Straßen

A

Aufgaben

2 Das obige Schema ist gut zu erklären, wenn ihr es auf Beispiele in verschiedenen Kapiteln des Schulbuches anwendet. Geht auf „Spurensuche“. Notiert Stichpunkte und erklärt sie.

Zum Kasten Nachfrager
S. 55 Der Markt: Zusammenspiel von Nachfragern und Anbietern
1 Wie hat sich Frau Rode verhalten?

S. 28 Lebensmittelkauf zur ökologischen und gesunden Ernährung
2 Wie verhält sich Frau Brauer?
3 Findet ein neues Beispiel.

Zum Kasten Anbieter
S. 18 Kauft neue Fahrräder
1 Wie hat sich SCHMITZ-BIKE verhalten, um Verbraucher zum Kauf zu bewegen und einen guten Gewinn zu erwirtschaften?

S. 197 Ein Bauunternehmen produziert umweltgerecht
2 Wie hat das Unternehmen sich verhalten, um Kunden zu gewinnen?
3 Findet Beispiele.

Zum Kasten Staat
S. 67 Markt und Wettbewerb
1 Inwieweit regelt der Staat das Handeln von Anbietern?

S. 36 Strategien kluger Verbraucher
2 Inwieweit regelt der Staat das Handeln von Anbietern und Nachfragern?
3 Findet ein neues Beispiel. Notiert Stichworte.

3 Warum muss der Staat eingreifen?

Warum brauchen wir eine Wirtschaftsordnung?

Wir benötigen Nahrungsmittel, Wohnungen, Kleidung, Autos, Fahrräder, Arzneimittel, Geldinstitute, Versicherungen, Frisöre und vieles mehr. Waren und Dienstleistungen müssen von gut ausgebildeten Menschen produziert, verkauft und transportiert werden. Damit alles gut funktioniert, sind sehr viele Regeln notwendig. Wie diese Regeln gestaltet sind und wie ihre Einhaltung kontrolliert wird, macht die **Wirtschaftsordnung** einer Gesellschaft aus.
Deutschlands Wirtschaftsordnung ist die Soziale Marktwirtschaft.

Soziale Marktwirtschaft – Entwicklung und Grundzüge

Die Wirtschaftsordnung der Sozialen Marktwirtschaft wurde 1948, drei Jahre nach Beendigung des Krieges und der Herrschaft der Nationalsozialisten, eingeführt. Entscheidend war die Erfahrung, dass die Wirtschaft durch Partei und Staat zum Zwecke der Kriegsführung und der Vernichtung von Juden, Sinti, Roma und anderen politisch unerwünschten und behinderten Menschen zentral gesteuert wurde. Solch eine Macht des Staates sollte es nicht wieder geben.

Eine Expertengruppe unter Leitung von Ludwig Erhard entwickelte das Leitbild der Sozialen Marktwirtschaft.

Grundlegend für diese Wirtschaftsordnung ist Folgendes:
Anbieter stehen im Wettbewerb zueinander und Nachfrager kaufen ihre Güter dort, wo sie am preiswertesten sind. Die Interessen sind unterschiedlich. Die Abstimmung der Interessen erfolgt über den Markt. Man spricht hier von einer **dezentralen** Abstimmung der wirtschaftlichen Entscheidungen.
Interessengruppen, z.B. Arbeitgeberverbände, Gewerkschaften und Verbraucherverbände, vertreten bestimmte Interessen gegenüber dem Staat.

Der Staat hat die Aufgabe, das Marktgeschehen unter Sozialen Gesichtspunkten zu beeinflussen. Dazu gehört bzw. gehören z.B.

- die Lebensgrundlage von Menschen die krank, behindert, erwerbsunfähig sind oder keine Erwerbsarbeit finden, abzusichern (siehe Kapitel „Ohne Einkommen kein Leben“, S. 103)
- eine Verteilungspolitik, die einen gewissen Ausgleich zwischen Armut und Reichtum schafft (siehe Kapitel „Ohne Einkommen kein Leben“, S. 103)
- eine Wettbewerbspolitik, die einen funktionsfähigen Wettbewerb zwischen den Unternehmen sichert (siehe Kapitel „Markt und Wettbewerb“, S. 67)
- Verbraucherschutzgesetze, die die Verbraucher vor unlauteren Marketingstrategien schützen (siehe Kapitel „Strategien kluger Verbraucher“, S. 36)

A
Aufgaben

1 Warum ist eine Wirtschaftsordnung notwendig? Notiert und erklärt Gründe.

2 Die Soziale Marktwirtschaft funktioniert durch dezentrale Entscheidungen der Unternehmen und Verbraucher und zentrale Entscheidungen des Staates. Erklärt das am Beispiel des Kapitels: „Lebensmittelkauf zur ökologischen und gesunden Ernährung“ (S. 28) oder anderen Bespielen. Notiert Stichworte.

3 Begründet, warum eine möglichst gerechte Verteilung der Einkommen für alle Menschen einer Gesellschaft wichtig ist.

4 „Der Markt allein kennt keine sozialen Gesichtspunkte.“ Erklärt, was damit gemeint ist.

4 Weiterführendes Material

M1 Ludwig Erhard und die Soziale Marktwirtschaft

Nach Ende des zweiten Weltkrieges lag die Wirtschaft am Boden. Die Menschen hungerten und froren, die Geschäfte waren leer. Wer etwas mehr als das Allernötigste haben wollte, der musste auf dem verbotenen Schwarzmarkt einkaufen, sein Tafelsilber bei Bauern gegen Fleisch eintauschen oder sogar stehlen. Wie war da an einen Wiederaufbau zu denken, wenn er nicht von einem starken Staat gelenkt wurde?

Dem Ruf nach einer Staatswirtschaft widersprachen einige Ökonomen heftig. Aus der Katastrofe Deutschlands zogen sie den Schluss, dass Deutschland nicht wieder zentral gelenkt, sondern marktwirtschaftlich organisiert werden sollte. Der Staat sollte nur dafür sorgen, dass die Unternehmen im Wettbewerb zueinander standen. Nach 1945 beauftragten Briten und Amerikaner Ludwig Erhard zur Entwicklung der Währungsreform in den westlichen Besatzungszonen Deutschlands. Die Nationalsozialisten hatten die alte Reichsmark ruiniert. Es war immer mehr Geld in Umlauf gekommen, dem nur wenige Waren gegenüberstanden. Das alte Geld musste durch neues ersetzt werden: die D-Mark.

Alle Bürger der westlichen Besatzungszonen und Westberlins bekamen für den Start ein Kopfgeld von 40 Mark. Das alles geschah im Juni 1948. Als die Westdeutschen am Morgen des ersten Geltungstages aufwachten, trauten sie ihren Augen nicht. Die Geschäfte, in denen am Abend vorher gähnende Leere geherrscht hatte, waren plötzlich voll. Es gab vieles, was man jahrelang vermisst hatte: Schinken, Schuhe, gutes Mehl, Anzüge, Kleider, Strümpfe. Das Geld war wieder etwas wert.

Dass sich die Regale so wundersam gefüllt hatten, lag aber nicht nur am neuen Geld. Erhard und eine Expertenkommission waren zu der Überzeugung gekommen, dass Westdeutschland sich nur erholen konnte, wenn es möglichst schnell alle Vorschriften über die staatliche Zuteilung von Nahrungsmitteln und Energie außer Kraft setzt, und hob die meisten Preisvorschriften auf. Westdeutschland sollte nicht durch Planung, sondern durch Wettbewerb wieder aufgebaut werden.

Erhard legte die Grundlagen für die **Soziale Marktwirtschaft**. Der Staat sollte nicht nur für einen funktionsfähigen Wettbewerb sorgen. Er sollte außerdem einen Ausgleich zwischen wirtschaftlich Starken und Schwachen schaffen. Er begründete die Notwendigkeit einer aktiven Sozialpolitik des Staates. Für viele Deutsche ist bis heute der Wiederaufstieg ihres Landes untrennbar mit dem Namen Ludwig Erhard verbunden.

Nach **Piper, Nikolaus**: Geschichte der Wirtschaft. Weinheim 2007, S. 167–172, Verlag Beltz und Gelberg

Arbeiten mit den Materialien

Zu **M1**
Erklärt, was unter eine Währungsreform zu verstehen ist. Warum bezeichnen viele Deutsche Ludwig Erhard als den „Vater der Sozialen Marktwirtschaft“?

Alles klar?

Soziale Marktwirtschaft

1 Wo ist festgelegt, dass die Bundesrepublik Deutschland verpflichtet ist, als Sozialstaat zu handeln?

2 Welche Interessen verfolgen die Anbieter in der Sozialen Marktwirtschaft? Notiert Stichworte.

3 Welche Interessen verfolgen die Nachfrager in der Sozialen Marktwirtschaft? Notiere Stichworte.

4 Was regelt der Staat in der Sozialen Marktwirtschaft? Notiere wenigstens vier Beispiele.

5 Notiere wichtige Güter, die Deutschland exportiert.

6 Notiere wichtige Güter, die Deutschland importiert.

7 Im Folgenden sind Beispiele aufgezeigt, welche die Wirtschaftsordnung der Sozialen Marktwirtschaft verdeutlichen.

Vervollständige für jedes Beispiel den folgenden Satz: Der Sozialstaat drückt sich darin aus, dass …

1) Wer in Deutschland seinen festen Wohnsitz hat und Kinder erzieht, hat Anspruch auf Kindergeld. Bei geringen Einkommen kann auch zusätzlich ein Zuschlag zum Kindergeld gezahlt werden.

2)

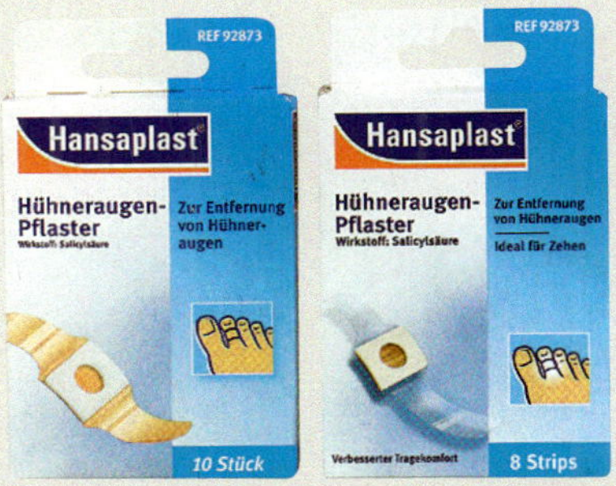

▲ Verbot von Mogelpackungen lt. § 7, Absatz 2, Eichgesetz. Fertigpackungen müssen so gestaltet und befüllt sein, dass sie keine größere Füllmenge vortäuschen, als in ihnen enthalten ist.

3) Im Mai 2004 hat das Bundeskartellamt gegen zwölf Unternehmen des Papiergroßhandels und 46 verantwortliche Personen wegen verbotener Preisabsprachen zwischen den Jahren 1995 und 2000 Geldbußen i.H.v. insgesamt 57,6 Mio. EURO verhängt.

4)

▲ Das Betriebsverfassungsgesetz regelt die Mitbestimmung der Arbeitnehmer im Betrieb.
Nach §1 kann in privaten Unternehmen mit fünf und mehr ständigen Beschäftigten ein Betriebsrat gewählt werden. Betriebsratswahlen finden deutschlandweit alle vier Jahre statt.

Mein Geld soll seinen Wert behalten!

1 Der Warenkorb: ein Spiegel unserer Verbrauchsgewohnheiten

Die Preise für Waren und Dienstleistungen schwanken im Zeitablauf. Für einige Güter muss man mehr bezahlen, für andere weniger.

Der Verbraucherpreisindex für Deutschland misst die Preisentwicklung der Güter, die für die Lebenshaltung der meisten Haushalte wichtig sind. Man stellt diese Güter in einem Warenkorb zusammen. Er umfasst 700 Güter, in denen sich die Verbrauchsgewohnheiten der Menschen in Deutschland in einem bestimmten Zeitraum widerspiegeln.

Die Entwicklung des Index zeigt an, ob unser Geld an Wert gewonnen oder verloren hat. Das Ergebnis ist, z.B. wichtig für Verhandlungen über Arbeitsentgelte und die Entwicklung der Zinsen.

▸ **Leitauftrag** Das Statistische Bundesamt ermittelt alle fünf Jahre einen neuen Warenkorb. Ordnet die Güter neben den Warenkörben unten im Bild den passenden Jahreszahlen zu. Notiert Gründe.

B Auf einen Blick

Ihr beschreibt die Bedeutung des Verbraucherpreisindex für Deutschland.

Ihr nennt Unterschiede zwischen der Preissteigerung für einzelne Güter und der Steigerung des Preisniveaus.

Ihr setzt euch mit unterschiedlichen Meinungen zur Entwicklung der Verbraucherpreise auseinander.

Ihr erklärt die unterschiedliche Entwicklung der Bruttomonatsverdienste für Angestellte und Arbeiter.

2 Was soll ich mit der Preisstatistik anfangen?

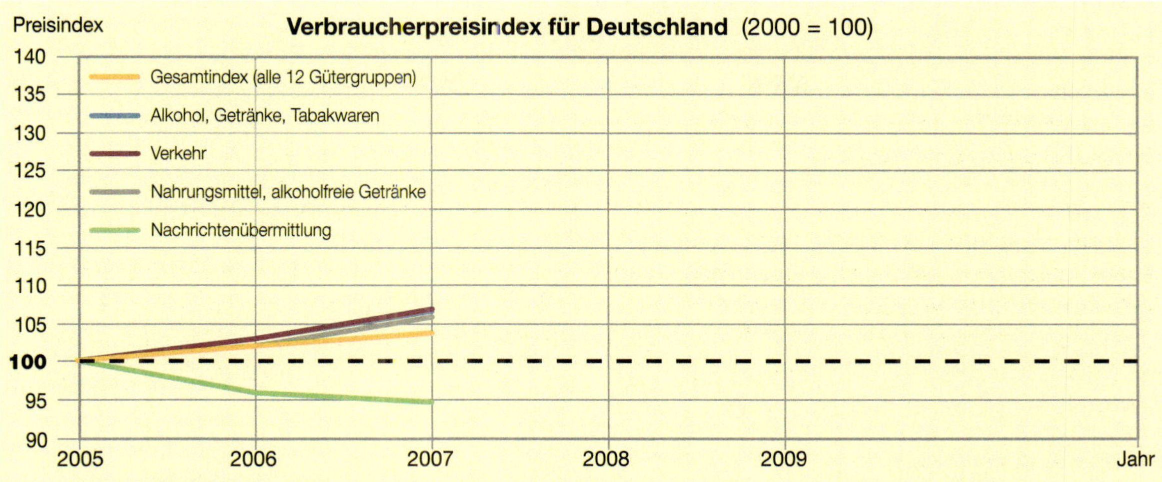

Stat. Bundesamt: www.destatis.de ▶ Preise ▶ Verbraucherpreise ▶ Gesamtindex nach 12 Ausgabenkategorien (05.01.2009)

Das Statistische Bundesamt veröffentlicht laufend die Entwicklung der Verbraucherpreise. Die Grundlage bilden die Güter des Warenkorbs.

Der Warenkorb wird alle fünf Jahre den Verbrauchsgewohnheiten in Deutschland angepasst.

Die Preisentwicklung des Warenkorbes beschreibt der **Verbraucherpreisindex für Deutschland**. Für den heutigen Preisindex gilt noch der Warenkorb des Jahres 2005. Von diesem Jahr an wird die Entwicklung der Preise in Prozent gemessen.

Beispiel:
Im Jahre 2005 kostete ein Cityrad im Durchschnitt 500, im Jahre 2006 dagegen 508 Euro. Die Preissteigerung für 2006 betrug 1,6 %, der Index hat den Wert von 106.

Wenn die Preise für den gesamten Warenkorb steigen, spricht man von einer Steigerung des Preisniveaus.

Wenn das Preisniveau steigt, spricht man von einer Inflation. Die vorhandene Geldmenge verliert ihren Wert, da man für den gleichen Geldbetrag weniger Güter kaufen kann. Das Geld verliert an Kaufkraft.

Die Verbraucherpreise für einzelne Güter oder Gütergruppen entwickeln sich im Zeitablauf sehr unterschiedlich. Die Entwicklung des Preisindex kann sich deshalb auf die Haushalte verschieden auswirken. Einflussfaktoren sind z.B. die Höhe des Einkommens, Verbrauchsgewohnheiten und das Alter der Haushaltsmitglieder.

Die Entwicklung der Verbraucherpreise ist auch für die Tarifpolitik wichtig.

A

Aufgaben

1 Erklärt die Grafiken. Formuliert daraus Aussagen zur Preisentwicklung der vier genannten Gütergruppen.

2 Beurteilt folgende Meinungen:
LINUS, 15 Jahre, Computer- und Internetfreak: „Ich weiß gar nicht, was das Gerede um die starke Steigerung der Verbraucherpreise soll. Ich merke bei meiner Flatrate nichts davon."
ANNIKA, 30 Jahre, Pendlerin mit Auto: „Die Benzinpreise sind stark gestiegen. Das merke ich deutlich."

neustaedter-bote.de Suche finden

Nachrichten | E-Paper | Immobilienmarkt | Stellenmarkt | Motormarkt | Mediathek | Abo & Service

POLITIK | **WIRTSCHAFT** | FINANZEN | KULTUR | SPORT | LEBEN | GESUNDHEIT | PANORAMA | COMPUTER | WISSEN | REISE | KARRIERE

Preise klettern himmelwärts

Von Jan Nuber

Das Statistische Bundesamt hat mal wieder Horrormeldungen veröffentlicht. Die Verbraucherpreise klettern Jahr für Jahr und die Verbraucher zahlen und zahlen.
Das Schlimme: Wir alle sind gleichermaßen betroffen – vom Säugling bis zu Oma und Opa.
Wer die Preistreiber sind – das zeigt uns das Schaubild deutlich: Das sind Güter des aktuell gültigen Warenkorbes. Die sind typisch für alle Haushalte. Wie lange sehen unsere Politiker dem noch tatenlos zu? Sie könnten uns alle z. B. durch eine Senkung der Kfz-Steuer und die Mineralölsteuer entlasten.
Die Politiker sind in unserer Wirtschaftsordnung verantwortlich für die Preisentwicklung.

Kommentare

Bitte melden Sie sich an, um diesen Artikel zu kommentieren.

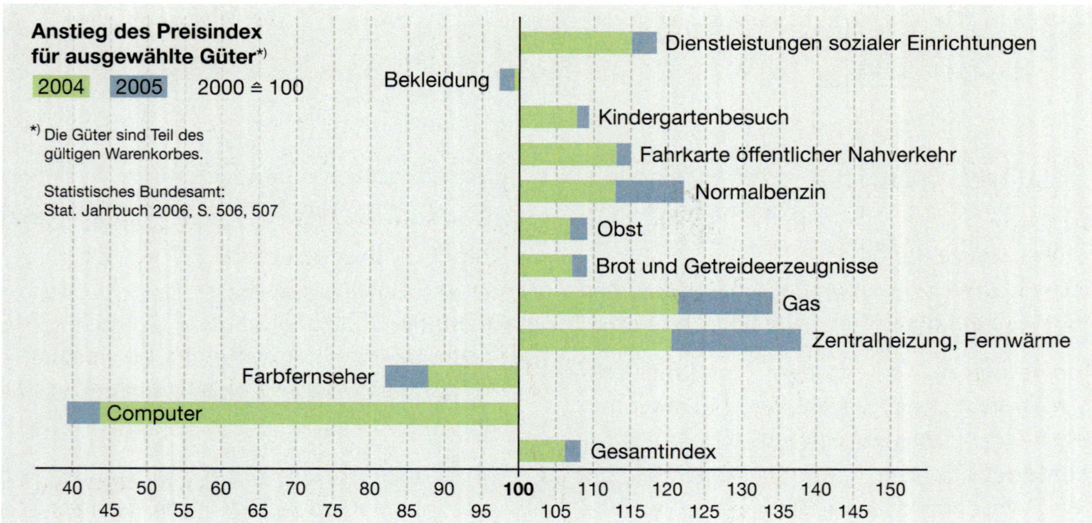

Leserinnen und Leser kommentieren

08.02.2007 11:48 Ben Rüther
Dieser Artikel ärgert mich. Wir sind von der Erhöhung der Verbraucherpreise keineswegs alle gleich betroffen. Hier wird mal wieder auf Gleichmacherei gemacht, die es in der Wirklichkeit nicht gibt.

08.02.2007 10:07 Annika Reger
Der Vorschlag, Kfz-Steuer und Mineralölsteuer zu senken, gefällt mir bestens. Der Staat verplempert sowieso zu viel Geld, z.B. für Arbeitslose. Deutschland ist ein Auto-Land! Das sollen sich mal die Ökos hinter die Ohren schreiben.

07.02.2007 23:12 Ansgar Schmitte
Von wegen: wir sind alle gleich betroffen!
Der Journalist, der den Artikel geschrieben hat, sollte mal deutlich machen, dass die Steigerung der Verbraucherpreise vor allem diejenigen trifft, die alles Geld für die Lebenshaltung ausgeben müssen und nichts sparen können. Das sind die Menschen, deren Einkommen unter dem Durchschnitt liegt, z.B. allein erziehende Frauen, Empfänger von Sozialhilfe oder Arbeitslosengeld. Die Reichen, die viel sparen, die trifft eine Steigerung des Preisniveaus wenig.

A Aufgaben

1 Erklärt das Balkendiagramm.

2 Beurteilt die Kommentare von Ben, Annika und Ansgar. Notiert Stichworte.

3 Schreibt selbst einen Beitrag zum Balkendiagramm.

4 Verdienst- und Preisentwicklung

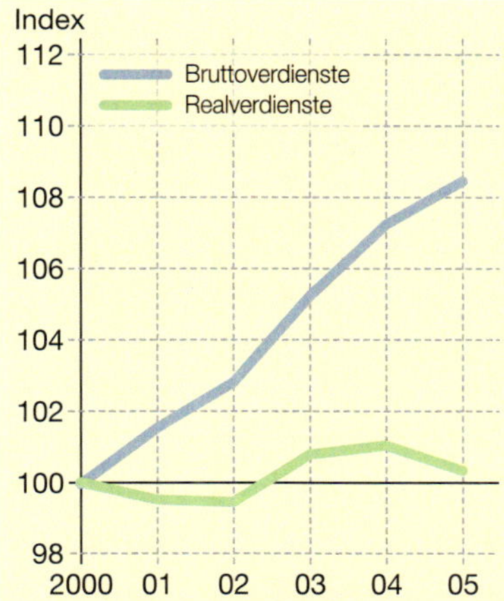

Index der Verdienste von Arbeitern im produzierenden Gewerbe

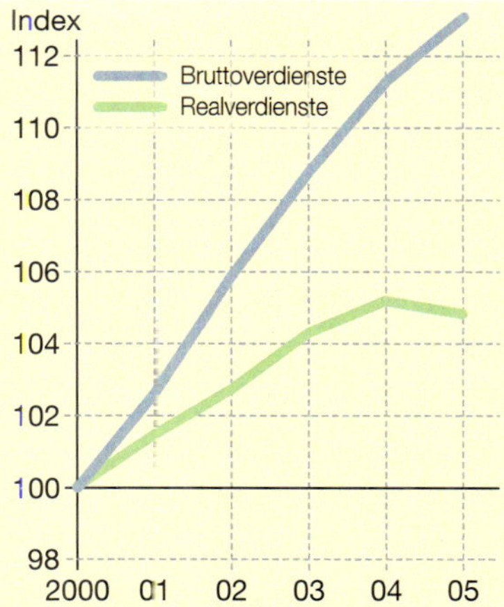

Index der Verdienste von Angestellten im produzierenden Gewerbe, Handel, Kredit- und Versicherungsgewerbe

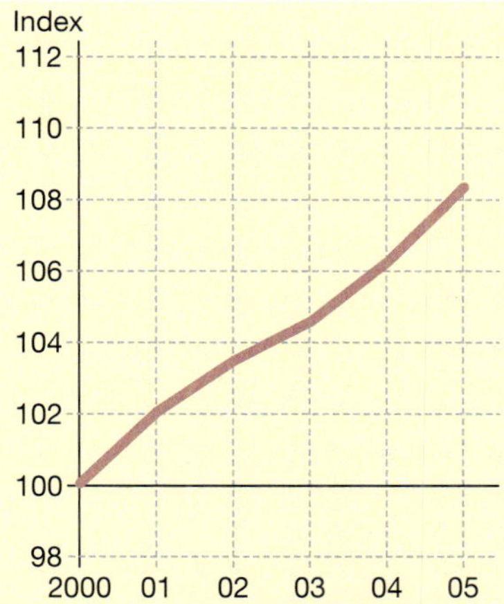

Index der Verbraucherpreise

Quelle: Stat. Jahrbuch 2006, S. 508, 521, 530

Lohn, Gehalt, Entgelt/Verdienst

Der Begriff des Lohnes galt lange für Erwerbseinkommen der Arbeiter. Gehalt war das Erwerbseinkommen der Angestellten. Heute wird immer öfter von Entgelt oder Verdienst gesprochen, da die Unterscheidung zwischen Arbeitern und Angestellten zunehmend aufgehoben wird.

Der Realverdienst wird aus dem Nettoverdienst (→ Nettoeinkommen) unter Berücksichtigung der Verbraucherpreise errechnet.

Unterschiede gibt es aber in der Höhe der durchschnittlichen Monatsverdienste (siehe auch **M1**, S. 273).

Bruttomonatsverdienste (Angaben für 2006)

- Arbeiter im produzierenden Gewerbe
  Männer: 2 670 Euro
  Frauen: 1 980 Euro
- Angestellte im produzierenden Gewerbe, Handel, Kredit- und Versicherungsgewerbe
  Männer: 4 258 Euro
  Frauen: 3 073 Euro

Stat. Bundesamt (Hrsg.): Datenreport 2008, Bonn 2008, S. 132

A

Aufgaben

1 Erklärt und beurteilt die folgenden Meinungen zur Lohn- und Preispolitik:

HAJO: „Kein Wunder, dass die Verbraucherpreise so stark gestiegen sind. Die Energiepreise hauen in den Index richtig rein. Ich finde, dass die Gewerkschaften eine kräftige Erhöhung der Verdienste durchsetzen sollten. Wenn die Preise stärker steigen als die Löhne, verdienen die Menschen real weniger."

MIKE: „Die Menschen haben auch weniger in der Tasche, wenn die Preissteigerungen genauso hoch sind wie die Lohnsteigerungen. Auf den Nettolohn kommt es an. Denk nur an die Steuern und die Beiträge zur Sozialversicherung."

ANKE: „Ich verstehe nicht, warum die Verdienste für Arbeiter und Angestellte verschieden sind. Woran könnte das liegen?"

5 Weiterführendes Material

M1 Arbeitskosten unter verschiedenen Blickwinkeln

Arbeitskosten je geleistete Arbeitsstunde in ausgewählten Wirtschaftsbereichen 2004

Quelle: Statistisches Bundesamt (2006): Was kostet Arbeit in Deutschland, Berlin, S.8

Arbeitskosten je geleistete Arbeitsstunde im produzierenden Gewerbe und im Dienstleistungsbereich 2004 nach Unternehmensgrößen

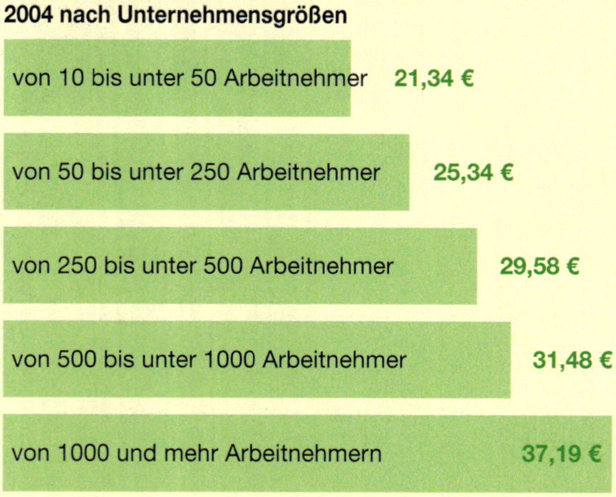

Quelle: Statistisches Bundesamt (2006): Was kostet Arbeit in Deutschland, Berlin, S.15

Arbeitskosten je geleistete Arbeitsstunde im produzierenden Gewerbe und im Dienstleistungsbereich 2004 nach Bundesländern

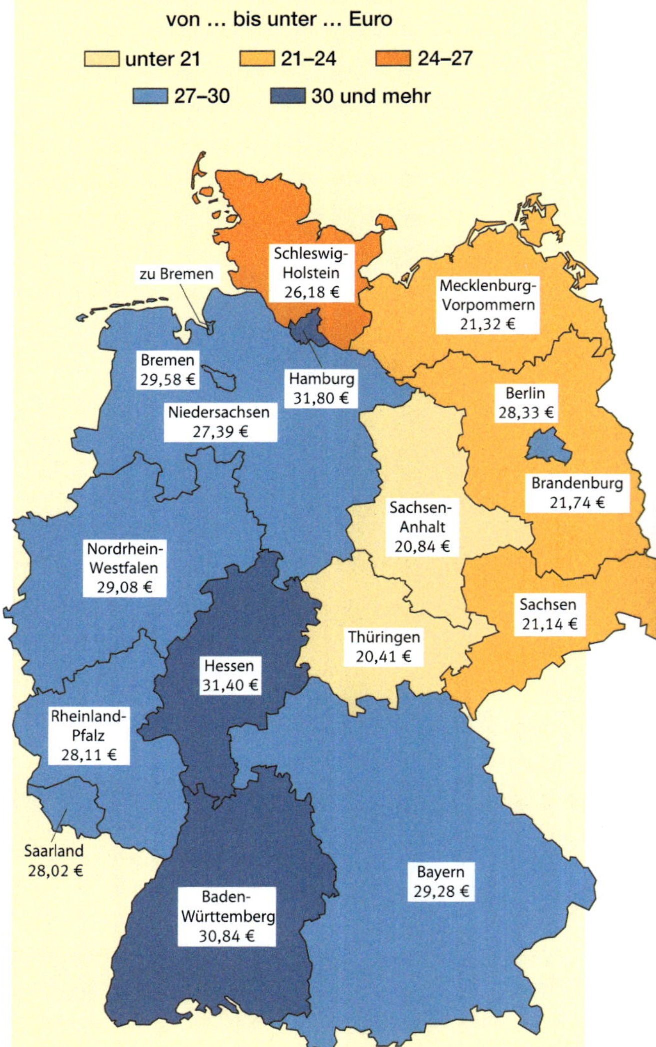

Quelle: Statistisches Bundesamt (2006): Was kostet Arbeit in Deutschland, Berlin, S.12

Arbeitskosten
Zu den Arbeitskosten zählen die Bruttoentgelte der Arbeitnehmer, Sozialversicherungsbeiträge der Arbeitgeber, betriebliche Altersversorgung, Kosten der beruflichen Aus- und Weiterbildung.

M2 Der Warenkorb genauer im Blick: Auf die Gewichtung kommt es an!

Der Warenkorb, der die Grundlage für die Berechnung des Preisindex bildet, gewichtet die 700 ausgewählten Güter mit einem bestimmten Faktor. Man geht dabei von einem durchschnittlichen Verbraucher aus, den es nur in der Statistik gibt. Es werden also durchschnittliche Verbrauchsgewohnheiten unterstellt.

Die Verbrauchsgewohnheiten werden durch Einkommens- und Verbrauchsstichproben ermittelt. Aufzeichnungen von Haushalten spielen eine wichtige Rolle.

Die Gewichtung der verschiedenen Warengruppen wird in folgendem Schaubild erkennbar.

Wie sich unterschiedliche Gewichtungen auf die Preisentwicklung auswirken, könnt ihr mit einem interaktiven Internetprogramm des Statistischen Bundesamtes ausprobieren. Das Programm zeigt einen experimentellen Verbraucherpreisindex an, bei dem man beispielhaft einige Gewichte des Warenkorbes verändern kann.

Viel Spaß im Internet!

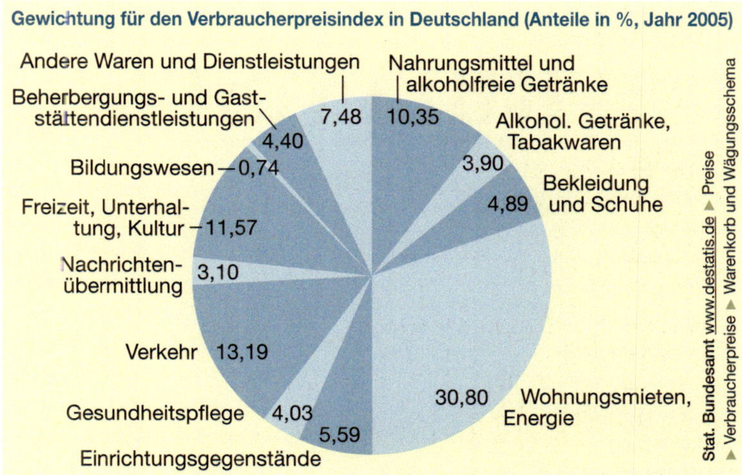

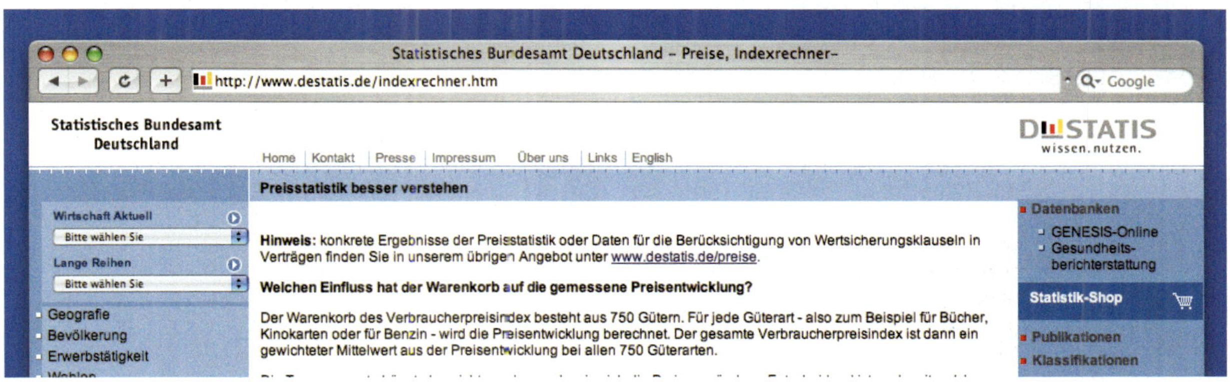

Arbeiten mit den Materialien

Zu M1

1 Notiert mögliche Gründe für die unterschiedlich hohen Arbeitskosten in den Wirtschaftsbereichen.

2 Nehmt Stellung zu den unterschiedlichen Meinungen. Notiert Gründe.
JENNY: „Warum gehen nicht mehr Unternehmen in die ostdeutschen Bundesländer? Da sind die Arbeitskosten doch so niedrig.“

Zu M2

1 Schreibt auf, welche Warengruppe euch bei der Gewichtung besonders aufgefallen ist.

2 Nehmt Stellung zu folgenden Meinungen:
ROLF: „Die Preisentwicklung berücksichtigt nicht die Qualitätsverbesserungen. Das verzerrt den Blick.“

Arbeitsmarktpolitik: ein starker Sozialstaat ist notwendig

1 Was kennzeichnet den Arbeitsmarkt?

Der Arbeitsmarkt braucht den Staat. Der Mensch, der seine Arbeitskraft auf dem Markt anbietet, braucht staatlichen Schutz.

Das freie Spiel von Angebot und Nachfrage, das zum Teil auf Gütermärkten herrscht, genügt nicht.

Es geht um Menschenwürde und Existenzsicherung, um ein Mindestmaß an Einkommen, gesunde Arbeitsbedingungen und befriedigende soziale Beziehungen am Arbeitsplatz.

▸ **Leitauftrag** Notiert Unterschiede zwischen dem Arbeits- und dem Gütermarkt.

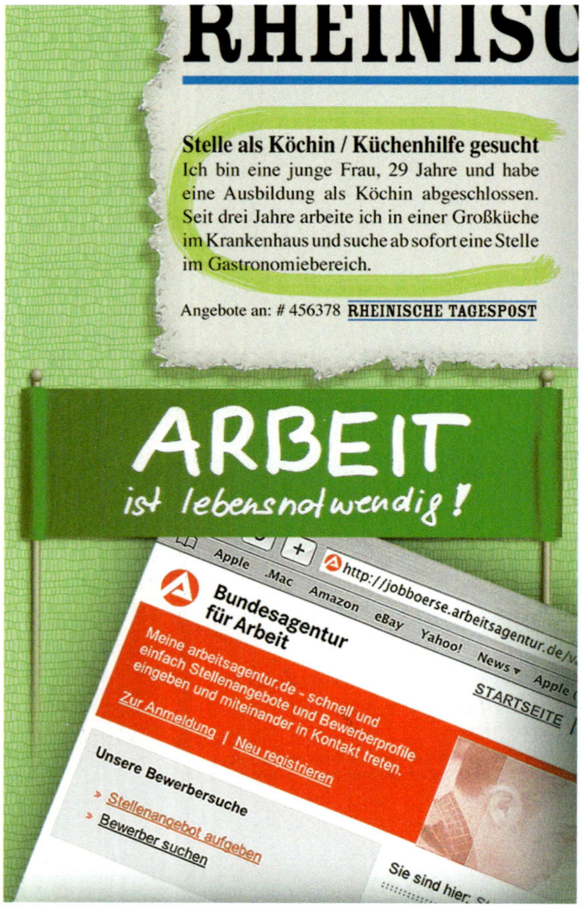

B Auf einen Blick

Ihr nennt Unterschiede zwischen Arbeits- und Gütermärkten.

Ihr beschreibt die aktuelle Lage auf dem Arbeitsmarkt und begründet, warum der Arbeitsmarkt einen starken Sozialstaat braucht.

Ihr nennt Maßnahmen des Staates zur Verbesserung der Lage auf dem Arbeitsmarkt.

Ihr setzt euch mit Argumenten für oder gegen einen Mindestlohn auseinander.

Ihr informiert euch über den EU-Arbeitsmarkt und Arbeitsbedingungen global.

2 Der Arbeitsmarkt: Fakten und Eindrücke

Der Arbeitsmarkt: Ein besonderer Markt

Das Besondere des Arbeitsmarktes besteht darin, dass hier **menschliche Arbeitskraft** angeboten und nachgefragt wird. Auf Gütermärkten geht es um den Tausch von Waren und Dienstleistungen gegen Geld. Der Kaufpreis richtet sich dabei nach Angebot und Nachfrage. Die menschliche Arbeitskraft wird nicht als ein Gut gesehen, das nach Marktgesetzen beliebig getauscht werden kann. Es geht um menschliche Würde, und deshalb sichert der Staat durch Gesetze die Menschenwürde.

Was ist anders beim Arbeitsmarkt?

Arbeitnehmer müssen ihre Arbeitskraft anbieten, um ihre Existenz zu sichern. Ihre Arbeitsfähigkeit ist eng mit ihrer Persönlichkeit verbunden. Sie bringen unterschiedliche Fähigkeiten und Bedürfnisse mit. Sie sind flexibel, aber nicht beliebig von Ort zu Ort zu verschieben. Sie leben in Familien und mit Personen, für die sie vor Ort verantwortlich sind.

Da die meisten Arbeitnehmer unbedingt auf Erwerbsarbeit angewiesen sind, haben sie eine schwache Stellung gegenüber den Arbeitgebern. Das betrifft sowohl das Entgelt als auch die Arbeitsbedingungen. *Gewerkschaften* verfolgen das Ziel, diese Nachteile so weit wie möglich auszugleichen. Sie bilden eine Gegenmacht (siehe Kap. Arbeitsbedingungen ab S. 224).

Das Risiko, keine oder eine unzureichende Erwerbsarbeit zu finden oder durch Krankheit, Behinderung und Schwäche nicht gegen Entgelt arbeiten zu können, ist groß.

Ein starker Staat muss den Arbeitsmarkt ergänzen, z.B. durch *Arbeitsschutzgesetze*, die *gesetzliche Sozialversicherung*, das Arbeitsförderungsgesetz und das *Betriebsverfassungsgesetz*.

Arbeit

Man unterscheidet Arbeit, die gegen Entgelt verrichtet wird, und Arbeit, für die es kein Entgelt gibt.

Erwerbsarbeit
ist Arbeit gegen Entgelt. Die Höhe des Entgelts wird entweder im Rahmen von Tarifverträgen ausgehandelt oder frei vereinbart.

Haus- und Familienarbeit, Eigenarbeit oder Bürgerarbeit (ehrenamtliche Arbeit)
erfolgt ohne Entgelt und soziale Sicherung. Bürgerarbeit ist z.B. Arbeit als Jugendtrainer bei allgemeinen Sportvereinen, Arbeit bei sozialen Einrichtungen wie in Suppenküchen.
Wenn in der Statistik von Arbeit die Rede ist, so ist in der Regel die Erwerbsarbeit gemeint.

Erwerbstätige 2006 (Angaben in 1000)

Weiblich 16 867; Männlich 20 477
davon nach Alter und Geschlecht

Statistisches Bundesamt: Statistisches Jahrbuch 2008, S. 85

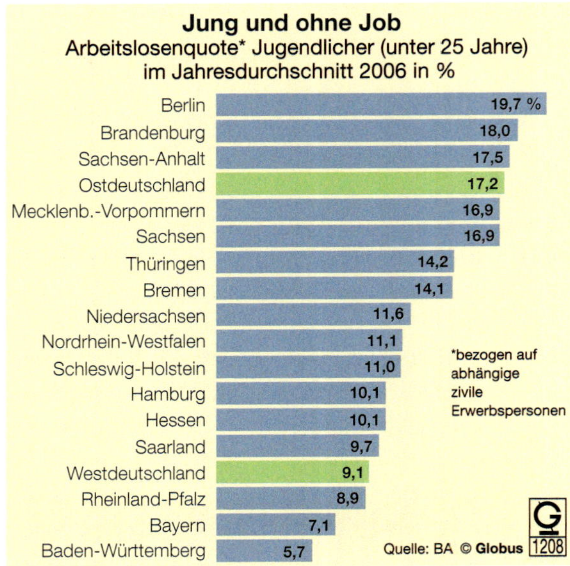

Erwerbstätige 2005 nach normalerweise geleisteter Wochenarbeitszeit

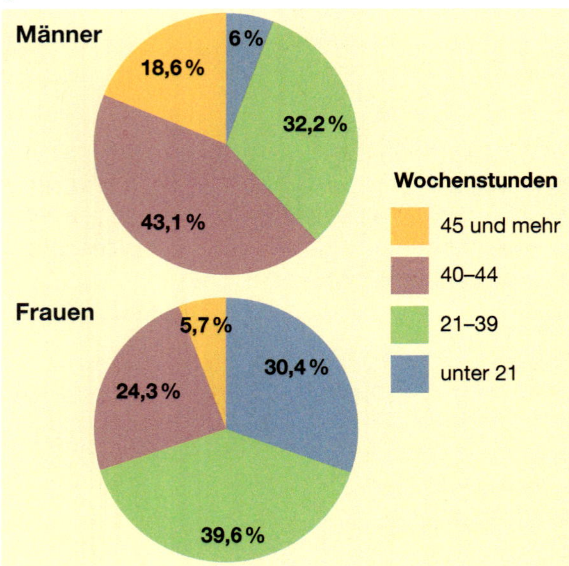

Statistisches Bundesamt: Statistisches Jahrbuch 2006, S. 85

Arbeitslose nach ausgewählten Berufsbereichen (Jahresdurchschnittswerte)

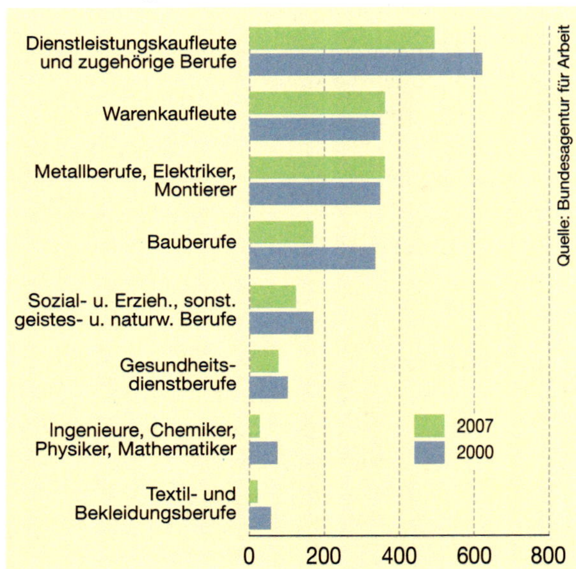

Statistisches Bundesamt: Statistisches Jahrbuch 2006, S. 92

A Aufgaben

1 Kennzeichnet die aktuelle Lage auf dem Arbeitsmarkt.

2 Begründet die Besonderheiten des Arbeitsmarktes gegenüber den Gütermärkten.

3 Notiert Unterschiede zwischen Erwerbsarbeit und Hausarbeit.

4 Ordnet den Fotos die Art der Arbeit zu und begründet eure Entscheidung.

5 Beschreibt die aktuelle Lage auf dem Arbeitsmarkt in eurer Stadt bzw. Gemeinde. Nutzt das Internet.

6 Schreibt zu dem Transparent eine Geschichte.

3 Markt allein genügt nicht: der Staat muss regulieren

Es gibt viele Gesetze und Maßnahmen. Sie sollen sichern, dass der Arbeitsmarkt menschenwürdig funktioniert. Für junge Erwachsene bietet das Bundesministerium für Arbeit und Soziales gezielte Unterstützung an:

Fördermaßnahmen für junge Erwachsene

- Berufsberatung und Ausbildungsvermittlung Mobilitätshilfen zur Aufnahme einer Ausbildung
- Unterstützung der Beratung und Vermittlung von Arbeits- oder Ausbildungsplätzen
- Berufsausbildungshilfen
- Besondere Maßnahmen für Menschen mit Migrationshintergrund
- Besondere Maßnahmen für Menschen mit Behinderung

Teilhabe behinderter Menschen

Dazu zählt die Initiative „Jobs ohne Barrieren“. Dadurch sollen behinderten Jugendlichen Ausbildungsplätze angeboten werden. Mehr dazu unter www.bmas.de
▶ Teilhabe behinderter Menschen
▶ Jobs ohne Barrieren

Dienstleistungen der Bundesagentur für Arbeit

Jugendliche und junge Erwachsene unter 25 Jahren werden von U25-Teams -beraten. Diese sind auf die Bedürfnisse und Interessen junger Erwachsener spezialisiert.
Mehr dazu unter
www.bmas.de
▶ Arbeitsmarkt ▶ Jüngere
▶ Schlagwort: Ausbildungspakt

Eine besondere Fördermaßnahme im Rahmen des Ausbildungspakts ist die Einstiegsqualifizierung (siehe rechte Spalte). Hier vermitteln die Arbeitsagenturen.

Betriebliche Einstiegsqualifizierung (EQ) – eine Brücke in die Berufsausbildung

Jugendliche, die bis zum 30. September eines Jahres noch keinen Ausbildungsplatz gefunden haben, vermittelt die Bundesagentur für Arbeit an Ausbildungsbetriebe für ein Betriebspraktikum im Umfang von 6 bis 12 Monaten. Die Übernahme in ein Ausbildungsverhältnis sollte vom Betrieb angestrebt werden.

Zielgruppe

- Jugendliche, die noch nicht in vollem Umfang über die notwendige Befähigung zur betrieblichen Ausbildung verfügen
- Lernbeeinträchtigte und sozial benachteiligte Jugendliche

Beginn der Förderung

Am 1. Oktober

Vertragsverhältnis

Mit dem Praktikanten wird ein Qualifizierungsvertrag nach § 26 Berufsbildungsgesetz geschlossen. Es handelt sich um ein sozialversicherungspflichtiges Beschäftigungsverhältnis.

Vergütung

Die Vergütung beträgt 212 Euro.

Betriebliches Zeugnis

Am Ende des Praktikums erhält der Jugendliche eine Bescheinigung über die vermittelten Kenntnisse und Fertigkeiten.

Weitere Informationen

www.arbeitsagentur.de
www.pakt-fuer-ausbildung.de

A
Aufgaben

1 Begründet die Notwendigkeit staatlicher Regulierung auf dem Arbeitsmarkt. Berücksichtigt die Informationen im Kapitel Soziale Sicherung, ab S. 259.

2 Nennt wichtige Maßnahmen.

3 Recherchiert im Internet über den aktuellen Stand von Fördermaßnahmen für Jugendliche.
- Bundesregierung: www.bmas.de
- Bundesagentur für Arbeit: www.arbeitsagentur.de

4 Staatliche Aktivitäten gegen Niedriglöhne

Tariflöhne in Niedriglohnbranchen 2008
(Niedersachsen, in Euro pro Stunde)

Frisörhandwerk	**6,57**
Hotel- und Gaststättengewerbe	**7,50**
Floristik	**5,94**
Gebäudereiniger	**8,15**
Fleischerhandwerk	**6,31**
Einzelhandel	**6,56**

Hans Böckler Stiftung (2008): www.boeckler.de/ WSI-Tarifarchiv ▶ Wer verdient was? ▶ Unterste Tarife

Zwischen den Parteien ist zurzeit (2009) umstritten, ob für Geringverdiener Kombilöhne oder Mindestlöhne sinnvoll sind. Die CDU befürwortet eher Kombilöhne, die SPD Mindestlöhne für alle Arbeitnehmer. Einigkeit besteht darin, dass Erwerbstätige mehr Einkommen haben sollen als Erwerbslose. Es soll ein Anreiz zur Erwerbsarbeit bestehen.

Kombilöhne

Das sind staatliche Zuschüsse für Geringverdiener. Kritiker befürchten, dass dadurch Unternehmen ermutigt werden, keine angemessenen Entgelte zu zahlen und die staatliche Förderung „mitzunehmen". Das wäre ein Mitnahmeeffekt zu Gunsten der Unternehmen.

Als Kompromiss könnte der Kombilohn nur für bestimmte Branchen oder Gruppen gelten, z.B. junge Erwachsene oder über 50-Jährige.

Mindestlöhne

Der Staat führt durch Gesetz einen Mindestlohn ein. Die Tarifvertragsparteien handeln weiter die Entgelte aus, sind jedoch an den festgelegten Mindestlohn gebunden.
Der Mindestlohn soll sicherstellen, dass jeder durch seine Erwerbsarbeit seine Existenz sichern kann.
Als Kompromiss könnte der Mindestlohn nicht für alle Arbeitnehmer, sondern nur für bestimmte Branchen gelten, z.B. Gastronomie.
Im geltenden Entsendegesetz (siehe M3, S. 257) hat der Staat z.B. für die Baubranche einen Mindestlohn allgemein verbindlich festgelegt. Dieser war vorher von den Tarifvertragsparteien ausgehandelt worden. Er soll auch Niedriglöhne für Arbeitnehmer aus anderen Staaten verhindern.

Auch mit Tarif an der Armutsgrenze
In manchen Wirtschaftszweigen – etwa im Bewachungsgewerbe und Bäckerhandwerk – liegt das gesamte Tarifniveau so tief, dass man von ganzen Niedriglohnbranchen sprechen kann. ... Zum Teil kämpfen die Branchen mit wirtschaftlichen Problemen, besonders deutlich in der Landwirtschaft.... In geringen Verdiensten drückt sich eine geringe gesellschaftliche Wertschätzung aus – etwa in der Gebäudereinigung. Zudem erschwert ein großer Wechsel in Branchen wie dem Hotel- und Gaststättengewerbe eine gemeinsame Interessenvertretung der Arbeitnehmer.

Hans-Böckler-Stiftung: Böcklerimpuls 4/2006, S. 2

A Aufgaben

1 Nennt Gründe für die geringen Stundenlöhne der genannten Branchen.

2 Erklärt die Unterschiede von Kombilohn und Mindestlohn.

3 Sprecht über folgende Meinungen:
A: „Staatlich festgelegte Mindestlöhne sollen verhindern, dass Arbeitnehmer für eine Vollzeittätigkeit weniger Geld als Empfänger von Arbeitslosengeld oder Sozialhilfe erhalten."
B: „Dass durch Mindestlöhne Arbeitsplätze wegfallen, ist nicht belegt. Die meisten EU-Staaten haben Mindestlöhne vereinbart."
C: „Kombilöhne können dazu führen, dass der Staat sich zu Gunsten der Arbeitgeber an der Lohnzahlung beteiligt."

4 Recherchiert die aktuelle Diskussion zur Einführung von Mindestlöhnen in den Medien. Stellt Vor- und Nachteile gegenüber.

5 Weiterführendes Material

M1 Mindestlöhne in der EU

Nach der absoluten Höhe der gesetzlichen Mindestlöhne lassen sich drei Ländergruppen unterscheiden:
- In den westeuropäischen Staaten liegt der Mindestlohn mittlerweile knapp unter oder teilweise sogar deutlich über acht Euro pro Stunde.
- Der Mindestlohn in den südeuropäischen Ländern variiert zwischen 2,82 und 4,22 Euro.
- Die untersten erlaubten Löhne in Mittel- und Osteuropa liegen zwischen 0,53 und 1,76 Euro. Diese Beträge spiegeln zum Teil die verschiedenen Lebenshaltungskosten und wirtschaftliche Leistungskraft der Länder wider …

Um die Annäherung der Lebensverhältnisse in der EU zu unterstützen und Mindestlöhne möglichst überall armutsfest zu machen, hält das WSI (Wirtschaftswissenschaftliches Institut der Gewerkschaften) die Einführung einer europäischen Mindestlohnnorm für sinnvoll.

Hans-Böckler-Stiftung (Hrsg.): Böckler Impuls, Ausgabe 1/2007, S. 1

M2 Saisonarbeiter in Deutschland 2005

Polen	**279 200**
Rumänien	**33 100**
Slowakei	**7 500**
Tschechien	**1 600**
Bulgarien	**1 300**
Slowenien	**160**

www.boecklerimpuls.de Heft 1, 2007, S. 7

M3 Das Arbeitnehmerentsendegesetz

Das Gesetz regelt zwingende Arbeitsbedingungen bei grenzüberschreitenden Dienstleistungen. Arbeitgeber, die ihren Sitz in der EU, jedoch nicht in Deutschland haben, dürfen nach Deutschland entsendeten Arbeitnehmern keine Dumpinglöhne zahlen. Sie sollen soziale Mindeststandards einhalten wie ihre deutschen unternehmerischen Mitbewerber.

Zu den Mindeststandards zählen Mindestlöhne, Urlaubsregelungen sowie Sicherheits- und Gesundheitsschutz am Arbeitsplatz.

Das Gesetz gilt u.a. für das Baugewerbe, für Dachdecker, für die Seeschifffahrt und Gebäudereiniger. Es wird diskutiert, auch weitere Branchen einzubeziehen.

Mehr dazu unter:
www.bundesrecht.juris.de und
www.wikipedia.de

Arbeiten mit den Materialien

Zu **M1**

1 Notiert Gründe für die unterschiedlichen Entgelte in den EU-Staaten.

2 Nehmt Stellung zu folgender Meinung: „Auch in Deutschland gibt es ungleiche Lebensverhältnisse in den Bundesländern – vor allem zwischen Ost- und Westdeutschland. Da kann man eben nichts ändern.“

Zu **M2**

Die Arbeitnehmer aus den genannten Staaten brauchen zurzeit eine Arbeitserlaubnis. Wann können sie mit voller Freizügigkeit rechnen?

Zu **M3**

Nennt Ziele des Arbeitnehmerentsendegesetzes. Wen schützt es?

Alles klar?

Arbeitsmarktpolitik: Ein starker Sozialstaat ist notwendig

1 Nenne Unterschiede zwischen Arbeits- und Gütermarkt.

2 Welche Ziele verfolgen die Gewerkschaften auf dem Arbeitsmarkt?

3 Auf beiden Fotos arbeiten Menschen. Nenne die Unterschiede.

4 Nenne Maßnahmen zur Förderung junger Erwachsener auf dem Arbeitsmarkt.

5 Notiere Chancen und Risiken eines zunehmend offenen europäischen Arbeitsmarktes.

6 Für Arbeitnehmer in den Branchen Bau und Gebäudereinigung regelt der Staat über das Entsendegesetz die Zahlung von Mindestlöhnen. Begründe.

Mein Geld soll seinen Wert behalten!

6 Was versteht man unter einem Warenkorb?

7 Schreibe auf, worüber der Verbraucherpreisindex für Deutschland informiert.

8 Beurteile folgende Meinung:
RONALD, Computerfreak:
„Die Erhöhung des Verbraucherpreisindex trifft Computernutzer schwer."

JUDITH: „Ich gehe nicht mehr so oft in eine Kneipe. Die Preise sind zu stark gestiegen."

9 Beurteilt folgende Meinung:
„Man sollte die Entwicklung der Entgelte an die Entwicklung des Verbraucherpreisindex anpassen. Das ist für alle Haushalte gleich gut."

10 Welche Bevölkerungsgruppen werden bei einer Inflation besonders benachteiligt?

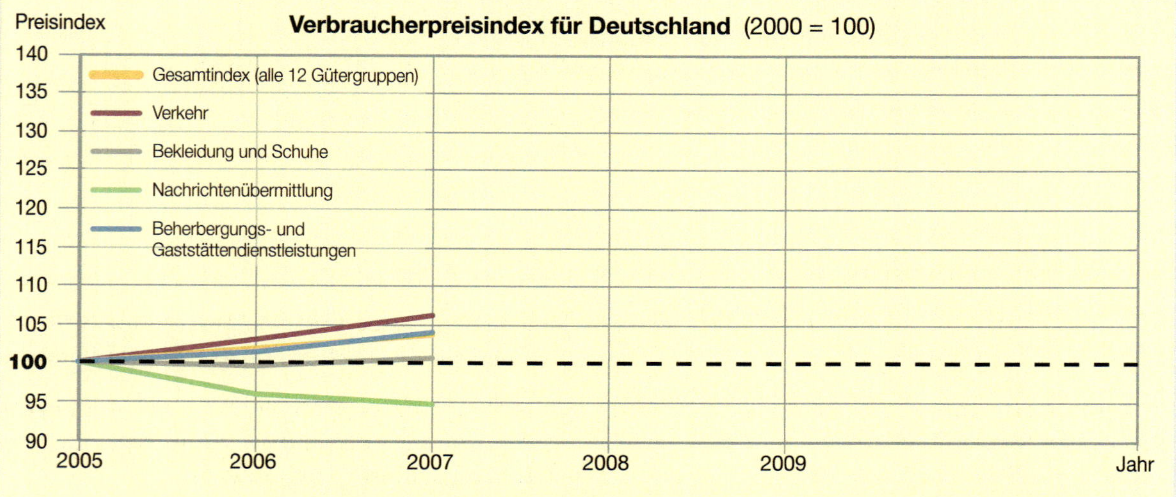

Stat. Bundesamt: www.destatis.de ▶ Preise ▶ Verbraucherpreise ▶ Gesamtindex nach 12 Ausgabenkategorien (05.01.2009)

Soziale Sicherung

1 Soziale Sicherung – eine Verpflichtung des Sozialstaates

Es gibt Lebensrisiken, gegen die sich ein einzelner Mensch oder auch eine Familie alleine nicht oder nicht ausreichend absichern können: das Risiko einer langen und schweren Krankheit, von Erwerbsunfähigkeit oder Behinderung. Auch im Alter fehlen Kraft und Möglichkeiten, durch Erwerbsarbeit die Existenz abzusichern.

Notwendig ist eine Solidarität zwischen Jungen und Alten, Gesunden und Kranken, Menschen mit hohem Einkommen und Vermögen und solchen, die nur über ein geringes Einkommen verfügen.

Ein Sozialstaat wie Deutschland hat die Aufgabe, eine befriedigende soziale Sicherung für alle zu organisieren.

Die gesetzliche Sozialversicherung leistet dazu den entscheidenden Beitrag.

▸ **Leitauftrag** Beschreibt die Lage der Menschen auf den Abbildungen. Was ist heute anders?

Umgang mit Lebensrisiken vor 1883

▲ Bei Krankheit

▲ Vorsorge für das Alter

▲ Arbeitslose suchen im Müll nach Verwertbarem

Soziale Sicherheit heute

Grundsatz des Sozialstaates
„Die Bundesrepublik Deutschland ist ein demokratischer und sozialer Bundesstaat."
(Artikel 20 Grundgesetz)

B Auf einen Blick

Ihr kennt wichtige Bestimmungen der gesetzlichen Sozialversicherung.

Ihr erklärt die Notwendigkeit eines Solidarausgleichs bei der sozialen Sicherung.

Ihr versetzt euch in die Lage von Erwerbslosen.

Ihr kennt und beurteilt wichtige gesetzliche Bestimmungen zum Schutz von Eltern und Kindern.

Ihr erklärt die Notwendigkeit eines Anspruchs auf Sozialhilfe unabhängig davon, ob jemand seine Notlage selbst verschuldet hat.

2 Krankenversicherung

Alle Bürger müssen gegen Krankheit versichert sein. In der gesetzlichen Krankenversicherung (GKV) sind rund 90% der Bevölkerung versichert, u.a. Arbeitnehmer, Erwerbslose, Rentner, Kinder und Ehepartner, denen gegenüber eine Unterhaltspflicht besteht. Es gibt Anfang 2009 rund 200 Krankenkassen.

Pflichtversicherte

Arbeitnehmer sind nur dann in der GKV pflichtversichert, wenn sie ein vom Staat festgelegtes Bruttoarbeitsentgelt nicht überschreiten. Im Jahre 2009 liegt diese Versicherungspflichtgrenze bei 4 050 Euro im Monat.
Arbeitnehmer, deren Bruttoarbeitsentgelt über dieser Pflichtgrenze liegt, können in eine private Krankenkasse (PKV) wechseln. Beamte können sich in einer (PKV) versichern. Auch Selbstständige versichern sich meistens in der PKV.

Beiträge

Die Höhe der Beiträge in der GKV richtet sich nach der Höhe des Bruttoarbeitsentgelts. Im Jahre 2009 liegt der Prozentsatz bei 15,5%. Arbeitnehmer zahlen 8,2%, Arbeitgeber den Rest. Die Beitragsbemessungsgrenze beträgt 3 675 Euro.
Die Höhe der Beiträge in der PKV wird weitgehend nach persönlichem Risiko (Vorerkrankung, Alter, Geschlecht) berechnet.

Wichtige Leistungen der GKV

- Krankengeld, sofern die Lohnfortzahlung wegen einer längeren Erkrankung entfällt
- Arzt- und Zahnarztbehandlung
- Arznei-, Verbands-, Heil- und Hilfsmittel
- Krankenhausbehandlung
- Rehabilitationsmaßnahmen
- Mutterschaftshilfe

Die Versicherten müssen für einige Leistungen fünf bis zehn Euro zuzahlen. Kinder sind bis zum Alter von 18 Jahren von den Zuzahlungen befreit.

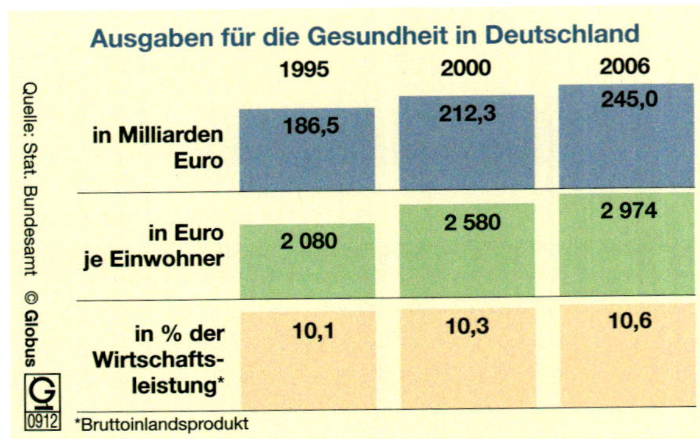

Solidarausgleich in der gesetzlichen Krankenversicherung

Familienlastenausgleich
Ein Arbeitnehmer mit nicht erwerbstätigem Ehepartner und Kindern zahlt für die Leistungen der GKV bei gleichem Bruttoarbeitsentgelt genau so viel wie ein alleinstehender Arbeitnehmer.

Ausgleich beim Arbeitsentgelt
Ein Versicherter mit einem geringen Arbeitsentgelt und entsprechend geringerem Beitrag erhält bis auf das Krankengeld die gleichen Leistungen wie ein Versicherter mit einem höheren Arbeitsentgelt.

A Aufgaben

1 Nehmt Stellung zu folgenden Meinungen.
JANA: „Warum verlangt der Staat für Arbeitnehmer eine Pflichtversicherung? Jeder sollte das selbst entscheiden können."
ORHAN: „Großverdiener können sich dem Solidarausgleich entziehen. Das finde ich ungerecht."
JUDITH: „Wer privat versichert ist, kommt beim Arzt schneller dran. Das finde ich ungerecht."
SIMON: „Wer mehr zahlt, soll auch eine bessere Leistung erhalten. Beim Autokauf ist das auch so."

2 Informiert euch über die aktuelle Entwicklung der Krankenversicherung unter

www.bmg.bund.de.

3 Renten- und Pflegeversicherung

Rentenversicherung

Sie sichert im Alter und bei Erwerbsminderung weitgehend die Existenz. Die Renten werden durch die Erwerbstätigen finanziert (Generationenvertrag). Für eine befriedigende Sicherung im Alter ist es notwendig, dass die Menschen zusätzlich Ersparnisse bilden. Der Staat fördert die Altersvorsorge.

Versicherungspflicht

Pflichtversichert sind alle Arbeitnehmer. Selbstständige können sich freiwillig versichern.

Beiträge

Die Beiträge zur Rentenversicherung zahlen Arbeitnehmer und Arbeitgeber. Sie richten sich nach der Höhe des Bruttoarbeitsentgelts bis zu einer Bemessungsgrenze (von 5 400 Euro im Jahre 2009). Der Prozentsatz beträgt 19,9 %.

Altersrente

Die Höhe der Altersrente hängt ab von

- der Höhe der persönlichen Arbeitsentgelts während des Erwerbszeit,
- der Entwicklung des durchschnittlichen Arbeitsentgelts aller Versicherten und
- der Versicherungszeit.

Die Renten werden regelmäßig zum 1. Juli eines Jahres vom Staat an die Entwicklung der Bruttoarbeitsentgelte angepasst.

Kindererziehungszeiten

Müttern und Vätern werden bei der Erziehung von Kindern, die ab 1992 geboren sind, drei Versicherungsjahre angerechnet.

Anspruch auf Zahlung der Altersrente

Bislang wird die Rente mit 65, bis 2029 jedoch ansteigend mit 67 Jahren ausgezahlt. Ab 2012 erhöht sich die Versicherungspflicht um jährlich jeweils einen Monat. Wer früher eine Rente beantragt, muss Abschläge hinnehmen.

Rente wegen verminderter Erwerbsfähigkeit

Wer wegen Krankheit oder Behinderung nicht oder nur teilweise erwerbstätig sein kann, hat ebenfalls einen Anspruch auf eine Rente.

Rente wegen Todes

Anspruch auf Witwen- oder Witwerrente haben überlebende Ehepartner unter bestimmten Voraussetzungen. Kinder erhalten Waisenrente.

Pflegeversicherung

Die Pflegeversicherung unterstützte 2006 2,13 Mio. Menschen, die ständig auf Pflege angewiesen sind (zu Hause 1,46 Mio., davon 0,98 Mio. durch Angehörige; 0,67 Mio. in Heimen). Beiträge müssen alle zahlen, die in der gesetzlichen oder der privaten Krankenversicherung versichert sind. Arbeitgeber und Arbeitnehmer zahlen die Beiträge. Sie liegen 2008 bei 1,95 % bzw. 2,2 % des Bruttoarbeitsentgelts. Die Beitragsbemessungsgrenze beträgt 3 675 €.
Die Höhe der Leistungen für häusliche oder stationäre Pflege richtet sich nach der Pflegebedürftigkeit. Es gibt drei Stufen.

A

Aufgaben

1 Ein erheblich höherer Anteil Frauen als Männer erhält Renten bis 900 €. Im Bereich von 900 € bis 1 500 € ist es umgekehrt. Notiert Gründe.
Siehe auch www.sozialpolitik-aktuell.de
▸ Datensammlung.

2 Die Lebenserwartung der Menschen in Deutschland steigt ständig an. Nennt mögliche Folgen für die Renten- und Pflegeversicherung.

3 In der Renten- und Pflegeversicherung sind Änderungen zu erwarten. Informiert euch unter www.bmg.bund.de.

4 Mutterschutz, Kindergeld, Elterngeld und Elternzeit

Mutterschutz

Nach dem Mutterschutzgesetz besteht während der Schwangerschaft Kündigungsschutz. Außerdem dürfen Schwangere nicht schwer arbeiten. Sonn- und Feiertagsarbeit sind verboten.
Sechs Wochen vor und acht Wochen nach der Entbindung besteht ein Beschäftigungsverbot mit Anspruch auf Lohnfortzahlung.

Kindergeld

Eltern oder andere Bezugspersonen, die mit einem Kind in einem Haushalt leben, erhalten Kindergeld. Für das erste und zweite Kind werden pro Monat 164 Euro, für das dritte Kind 170 Euro und ab dem vierten 195 Euro gezahlt (2009). Das Kindergeld ist unabhängig von der Höhe des Einkommens. Im Alter von 18 bis 25 Jahren wird es nur gezahlt, wenn der Jugendliche zur Schule geht, eine Berufsausbildung absolviert, ein freiwilliges soziales oder ökologisches Jahr leistet oder studiert.

Elterngeld und Elternzeit

Mütter oder Väter, die wegen der Betreuung eines Kleinkindes ihre Erwerbsarbeit unterbrechen, erhalten 12 Monate lang Elterngeld. Das sind bei Erwerbstätigen 67 % des Nettoarbeitseinkommens, höchstens 1800 Euro. Erwerbslose erhalten 300 Euro pro Monat. Verringert der voll erwerbstätige Elternteil die Erwerbszeit um mindestens 30 Prozent, so verlängert sich die Elternzeit auf 14 Monate.
Unbezahlt können sich Eltern bis zu drei Jahre von der Erwerbsarbeit freistellen lassen. Während dieser Elternzeit besteht ein Kündigungsschutz.

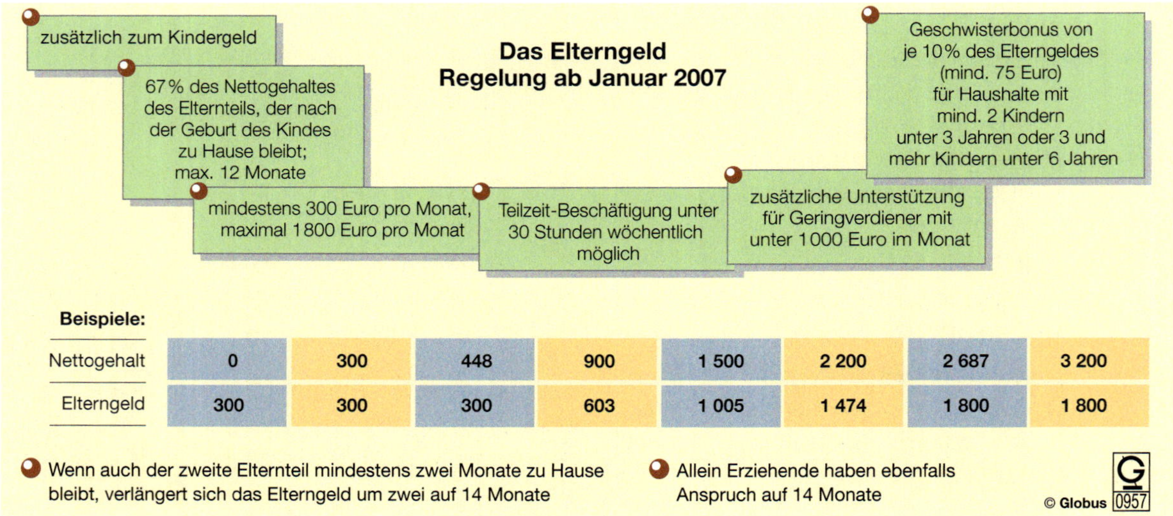

Beispiele:								
Nettogehalt	0	300	448	900	1 500	2 200	2 687	3 200
Elterngeld	300	300	300	603	1 005	1 474	1 800	1 800

A Aufgaben

1 Begründet den Schutz der Mutter vor und nach der Geburt ihres Kindes.

2 Nehmt Stellung zu folgenden Meinungen.
JESSICA: „Ich finde es ungerecht, dass Eltern, die viel verdienen, ein genauso hohes Kindergeld erhalten wie Eltern, die wenig verdienen."
JUDITH: „Alle Kinder sind gleich. Deshalb sollte auch das Kindergeld gleich hoch sein."
TIM: „Beim Elterngeld haben diejenigen einen Vorteil, die viel verdienen. Ist das gerecht?"
MIKE: „Ich verstehe nicht, warum der Staat so viel Geld dafür ausgibt, dass Eltern 12 oder 14 Monate ihr Kind betreuen. Das Geld sollte lieber für mehr und bessere Kitas ausgegeben werden."

5 Sicherung bei Arbeitslosigkeit

Gegen den Lohnausfall bei Erwerbslosigkeit sind alle Arbeitnehmer pflichtversichert. Der Beitragssatz beträgt 2,8 % im Jahr 2009.
Wer arbeitslos wird, hat nach dem Arbeitsförderungsgesetz Anspruch auf Arbeitslosengeld I oder II. Nur Erwerbsfähige haben einen Anspruch auf die Leistungen. Erwerbsfähig ist ein Mensch, der mindestens drei Stunden pro Tag arbeiten kann.

Arbeitslosengeld I und Arbeitsförderung

Die Höhe des Arbeitslosengeldes (ALG) I beträgt für einen Alleinstehenden 60 %, für einen Arbeitslosen mit mindestens einem Kind 67 % des Nettoarbeitsentgeltes. Es wird maximal 12 Monate gezahlt. Für Arbeitslose über 50 Jahre erhöht sich der Bezug auf 15 Monate und für weitere Altersstufen bis 24 Monate. 2006 erhielten 1,4 Mio. Arbeitslose ALG I.
Ergänzend zum ALG I gibt es u.a. Beratung und Arbeitsvermittlung durch die Arbeitsagentur, Fördermaßnahmen zur Berufsausbildung, Fortbildung und Umschulung. Bei auswärtiger Arbeitsaufnahme werden Zuschüsse gezahlt. Arbeitgeber können Eingliederungszuschüsse erhalten, wenn sie einen Erwerbslosen einstellen.

Grundsicherung für Arbeitsuchende (Arbeitslosengeld II) und Sozialgeld

Erwerbslose ohne Anspruch auf Arbeitslosengeld I und im Alter von 15 bis 65 Jahren haben einen Anspruch auf Arbeitslosengeld II (Hartz IV). Sie müssen in Deutschland leben, erwerbsfähig und hilfsbedürftig sein. Hilfsbedürftig ist, wer seinen Lebensunterhalt und den seiner Familie nicht selbst decken kann.
Sozialgeld erhält jemand, der mit einem Hilfebedürftigen in einem Haushalt lebt (Bedarfsgemeinschaft) und nicht erwerbsfähig ist.

Der Regelsatz für ALG II beträgt

- für Alleinstehende 351 Euro,
- für Kinder bis zur Vollendung des 13. Lebensjahres 211 Euro,
- für Kinder von 15–18 Jahren 281 Euro,
- für Partner ab 19 Jahren 311 Euro.

Zusätzlich gibt es Geld für die Wohnung. Einen Mehrbedarf, z.B. bei Schwangerschaft oder mehrtägigen Klassenfahrten, kann man beantragen. Bei der Bedürftigkeitsprüfung wird vorhandenes Vermögen angerechnet. Die Zahlung der Beiträge zur Sozialversicherung wird übernommen. 2006 erhielten 7,3 Mio Menschen ALG II und Sozialgeld.

Arbeit für junge Menschen

Wer jünger als 25 Jahre ist, wird sofort in Arbeit oder Ausbildung vermittelt. Jeder hat einen bestimmten Berater bei der Arbeitsagentur (siehe auch S.80).

Zumutbare Arbeit

Wer ALG II erhält, muss selbst alles tun, um wieder eine Erwerbsarbeit zu finden. Bei Ablehnung einer zumutbaren Arbeit oder mangelnder Eigeninitiative kann das ALG II gekürzt werden.

▲ „Dieser Betrieb nimmt Sie jetzt als Praktikantin und nach 12 Monaten als Auszubildende. Stellen Sie sich bitte dort vor.“

A

Aufgaben

1 Informiert euch über den aktuellen Stand der Leistungen unter www.bma.bund.de.

2 Befragt Erwerbslose, die ihr kennt, wie sie die Erwerbslosigkeit erleben, z.B.:
- Reichen das Arbeitslosengeld II und die möglichen zusätzlichen Leistungen zur Sicherung der Existenz aus?
- Hat sich das Zusammensein mit Freunden verändert?
- Wie erleben die Kinder die Erwerbslosigkeit des Vaters oder der Mutter?
- Was ist besonders schwer zu ertragen?

6 Sozialhilfe

Wer in Deutschland in einer Notlage ist oder in eine Notlage zu geraten droht und von keiner anderen staatlichen Stelle Anspruch auf Unterstützung hat, hat Anspruch auf Sozialhilfe. Dieser ist getragen von der Überzeugung, dass jeder Mensch in Würde leben soll. Es spielt keine Rolle, ob eine Person die Notlage selbst verschuldet hat oder nicht. Jeder soll sich der Solidarität der Gesellschaft sicher sein. Sozialhilfe soll vor großer Armut und sozialer Ausgrenzung schützen. Die Stärkung der Selbsthilfekräfte des Menschen ist das erklärte Ziel der Sozialhilfe.

GRUNDGESETZ
Artikel 1

„Die Würde des Menschen ist unantastbar. Sie zu achten und zu schützen ist Verpflichtung aller staatlichen Gewalt."

Leistungen der Sozialhilfe

Die Leistungen sind auf den persönlichen Bedarf einer Person abgestellt. Möglich sind Geld- und Sachleistungen sowie Beratung.
Es besteht z.B. ein Anspruch auf Lebensunterhalt. Er umfasst den grundlegenden Bedarf an Essen, Kleidung, Wohnung, Hausrat und Körperpflege, Hilfe zur Pflege und Unterstützung bei Krankheit, Krankheitsvorsorge, Obdachlosigkeit und Behinderung.
Der Regelsatz liegt 2009 für Alleinlebende und Alleinerziehende bei 351 Euro, für Kinder bis zur Vollendung des 13. Lebensjahres bei 211 Euro (ab 15 Jahre 281 Euro) und für volljährige Partner 281 Euro. Zusätzlich gibt es Geld für die Wohnung. Es kann ein Mehrbedarf beantragt werden.
Seit 2005 veränderten sich die Zahlen bei den Sozialhilfeempfängern. Ende 2006 erhielten nur noch 82 000 Personen Sozialhilfe. Das waren 0,1 % der Gesamtbevölkerung. Von allen Sozialhilfeempfängern waren 17 % Kinder unter 15 Jahren.

Viele ehemalige Sozialhilfeempfänger erhalten jetzt Leistungen aus dem Arbeitslosengeld II (Hartz IV und Sozialgeld). Das waren 2006 7,3 Mio. Sozialhilfe bekommen jetzt nur noch Menschen, die vorübergehend erwerbsunfähig, längerfristig erkrankt oder als Rentner mit einer niedrigen Rente im Vorruhestand sind. Auch Asylbewerber erhalten Sozialhilfe, allerdings einen geringeren Satz als Deutsche.

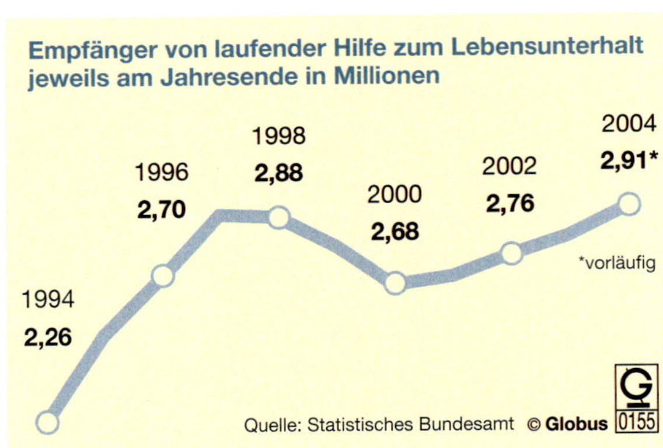

A **Aufgaben**

1 Nennt Gründe für den hohen Anteil von Kindern bei den Empfängern von Sozialhilfe und ALG II.

2 Obwohl jeder, der in eine Notlage gerät, Anspruch auf Sozialhilfe hat, gibt es Menschen, die sich schämen, solche Hilfe in Anspruch zu nehmen.
Nennt Gründe.

3 Nehmt Stellung zu folgenden Meinungen:
ALEX: „Solidarität mit Menschen in Notlage finde ich sehr wichtig. Gut, dass dies im Grundgesetz verankert ist."
TARIK: „Man sollte Sozialhilfe nur als rückzahlbaren Kredit vergeben. Schließlich ist jeder für sich selbst verantwortlich."
LENA: „Ist eine gesetzliche Regelung für so wenige Menschen notwendig?"

7 Unfallversicherung

Die gesetzliche Unfallversicherung schützt bei Arbeitsunfällen und Unfällen in Kindergarten und Schule.
Pflichtversichert sind alle Personen, die in einem Arbeits- oder Ausbildungsverhältnis stehen, Kinder, die einen Kindergarten besuchen, und Schüler und Studenten. Beiträge zahlt der Arbeitgeber bzw. der Schulträger. Gegen Unfälle im Haushalt muss man sich privat versichern.

Wichtige Leistungen
- Maßnahmen zur Heilbehandlung
- Leistungen zur Teilhabe am Leben in der Gemeinschaft, z.B. Haushalts- und Wohnungshilfe
- Leistungen zur Teilhabe am Arbeitsleben, z.B. Berufshilfe und Umschulung
- Renten an Verletzte und Hinterbliebene
- Maßnahmen zur Unfallverhütung

Statistik zum Schülerunfallgeschehen in Deutschland 2005

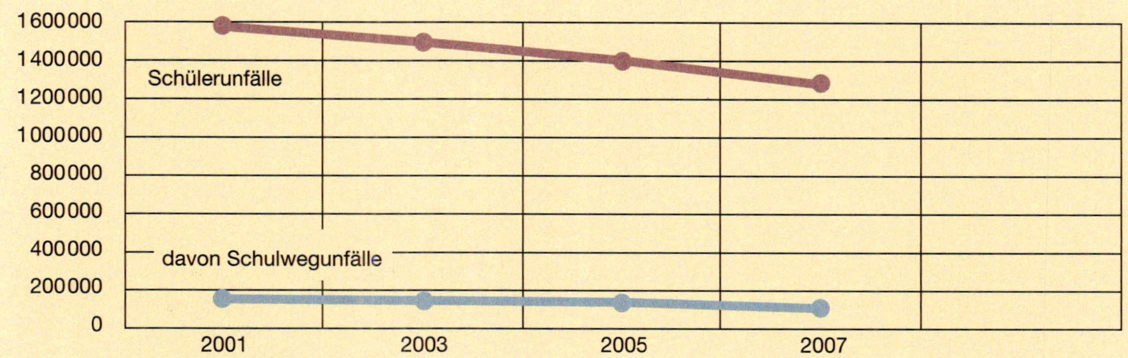

Angezeigte Schülerunfälle nach Schulart (2007)

Schularten	Schulunfälle	Schulwegunfälle
insgesamt	1290782	124650
davon:	Angaben in Prozent	
Grundschulen	16,4	14,9
Hauptschulen	17,3	14,9
Realschulen	11,4	11,5
Gymnasien	15,4	15,8
Sonst. allgemein bildende Schulen	13,8	11,6

Aufteilung der Schülerunfälle im engeren Sinn nach Art der schulischen Veranstaltung (2007)

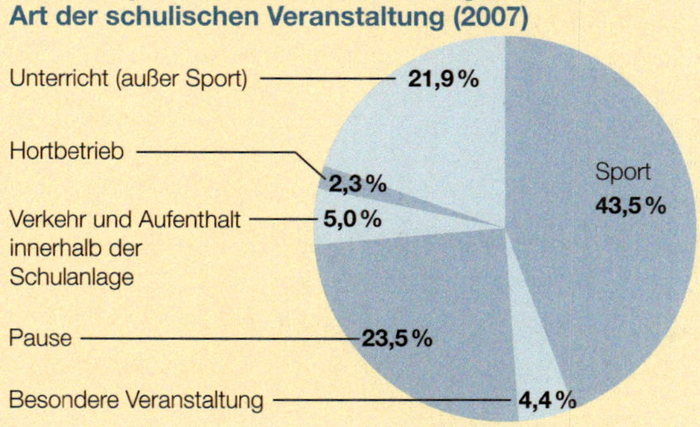

Bundesverband der Unfallkassen (November 2008):
„Statistik zum Schülerunfallgeschehen 2008" www.dguv.de ▸ Zahlen und Fakten ▸ Aktuelle Broschüren ▸ Schülerunfallgeschehen

A

Aufgaben

1 In welchen Schularten passieren die meisten Unfälle? Notiert Gründe.

2 An welchen Orten passieren die meisten Unfälle? Nennt Gründe.

3 Vergleicht mit der Unfallstatistik eurer Schule. Untersucht die Gründe und überlegt, ob die Maßnahmen zur Unfallverhütung ausreichen.

4 Notiert Unfallverhütungsmaßnahmen in der Schulküche und im Werkraum.

5 Überprüft in eurem Praktikumsbericht, welche Unfallverhütungsmaßnahmen in eurem Praktikumsbetrieb zu beachten waren.

8 Weiterführendes Material

M1 Wie fühlen sich Menschen, die keine Erwerbsarbeit finden?

Michael, 42 Jahre:

„Anfangs habe ich mich kaum aus dem Haus getraut. Da hab ich angefangen zu trinken. Das war schlimm. Meine Frau und die Kinder haben mir geholfen, da herauszukommen. Das Verständnis meiner Kinder hat mich sehr berührt – ich habe sie ganz neu kennen gelernt. Ich hab noch immer damit zu kämpfen, mich nicht als Versager zu fühlen. Ich war 15 Jahre als Werkmeister tätig. Hätte nie erwartet, einmal erwerbslos zu werden. Früher hab ich gedacht: Die Arbeitslosen – das sind faule Drückeberger. Die sind selbst schuld, wenn sie keine Arbeit haben. Ja, heute sehe ich das anders. Es gibt sicher einige solcher Leute, aber die Masse der Erwerbslosen will arbeiten.

Als Mann hast du es besonders schwer. Ich spüre bei einigen Bekannten deutlich, dass sie mich bemitleiden und für einen Versager halten – auch wenn sie das nicht laut sagen. Beides ist gleich unerträglich. Ich hab schon ungefähr 50 Bewerbungen abgeschickt.

Jetzt hab ich was in Aussicht. Hoffentlich klappt's."

M2 Der lange Weg ins Nichts

Sebastian Hönicke ist 24 Jahre alt. Wenn der gelernte Einzelhandelskaufmann Bewerbungen schreibt, muss er eine ganze Seite einplanen, um die Stationen seines bisherigen Arbeitslebens aufzuzählen. Beinahe halbjährlich rutscht der junge Mann aus Ingersleben in Thüringen in die Arbeitslosigkeit – immer dann, „wenn mein Arbeitgeber keinen staatlichen Zuschuss mehr bekommt."

Hönicke hat verschiedene Praktika gemacht, bei einer Zeitarbeitsfirma unterschrieben, in Autohäusern der Landeshauptstadt Erfurt gejobbt, in einer Spedition in Bremen und in einem Getränkehandel im hessischen Bensheim. Ist der Job weg, muss Sebastian zurück in die elterliche Wohnung ziehen. Dann sucht er eine neue Stelle. An einen Arbeitgeber, der ihn länger beschäftigt, glaubt er „eigentlich kaum noch".

Mir 16 Jahren kam Hönicke nach Hessen, um überhaupt einen Ausbildungsplatz zu bekommen. Flexibel war er auch bei der Arbeitssuche, jobbte für weniger als 600 Euro Monatslohn. „Genutzt hat es nicht." Die 334 Euro Arbeitslosengeld reichen zum Leben, nicht für Hobbys oder eine Freundin. „Arm und ausgeschlossen fühle er sich", sagt Hönicke.

Die Zeit vom 19.10.2006, S. 28

M3 Kritik an den Leistungen für Empfänger von ALG II und der Sozialhilfe

Vertreter der Wohlfahrtsverbände (z.B. Arbeiterwohlfahrt, Diakonisches Werk, Caritas) und Arbeitsloseninitiativen kritisieren immer wieder Folgendes:
Der Regelsatz ist zu gering. Er ermöglicht nicht ein Leben in Würde, z.B. zur Teilhabe an gesellschaftlichen Aktivitäten wie Sport- oder Musikveranstaltungen.
Alleinerziehende mit Kindern sind kaum in der Lage, ihre Kinder gut zu ernähren und ihnen ein kindgerechtes Leben zu ermöglichen.

Bezieher von ALG II sind nicht in der Lage, für unerwartete Ausgaben Rücklagen zu bilden.

Viele Empfänger von Sozialhilfe und ALG II fühlen sich ausgegrenzt und unerwünscht. Das gilt oft auch für die Kinder.

Viele schämen sich z.B., dass sie Nahrungsmittel bei einer „Tafel“ annehmen (siehe **M4**).

M4 Die Tafel – Hilfe für Arme

Tafel ist die Bezeichnung für eine gemeinnützige Hilfsorganisation, die einwandfreie Lebensmittel, die sonst nicht mehr verwendet würden, an Hilfebedürftige austeilt. Spender sind z.B. Gaststätten, Bäckereien, Supermärkte, Metzgereien und Großmärkte. Bei einem Teil der Tafeln gibt es Suppenküchen, die kostenlos warmes Essen ausgeben. Die Verteilung erfolgt durch ehrenamtlich tätige Personen, die für diese Arbeit kein Geld bekommen. Sie achten darauf, dass nur Bedürftige die Waren erhalten.
Die erste Tafel entstand 1993 in Berlin. 2006 gab es bereits 630 Tafeln. Im Jahre 2005 wurden regelmäßig 500 000 Personen einmal in der Woche von 25 000 Helfern mit Lebensmitteln versorgt.

M5 Lebenserwartung steigt

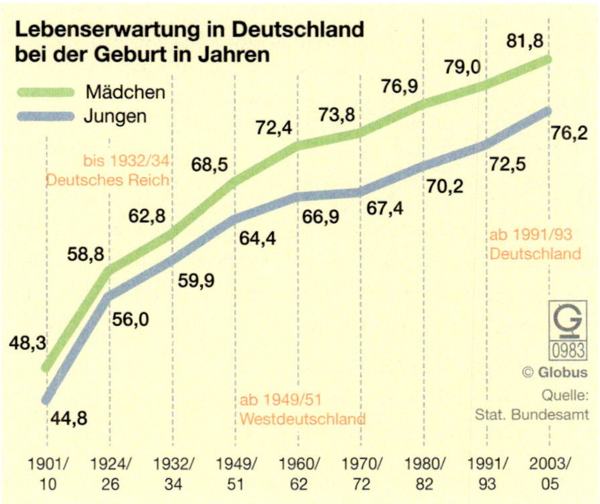

M6 Entwicklung der gesetzlichen Sozialversicherung

1883 Kranken- und Unfallversicherung für Arbeiter
1889 Alters- und Invaliditätsversicherung für Arbeiter
1911 Rentenversicherung für Angestellte
1927 Arbeitslosenversicherung und Arbeitsvermittlung
1957 Rentenreform; die Höhe der Rente hängt u.a. von der wirtschaftlichen Entwicklung und den eigenen eingezahlten Beiträgen ab. Das neue Modell geht von einem Generationenvertrag aus.
1957 Lohnfortzahlung im Krankheitsfall
1969 Arbeitsförderungsgesetz
1972 Rentenreform; Versicherungsberechtigung erweitert, z.B. für Selbstständige und Hausfrauen; flexible Altersgrenze für den Rentenbeginn
1995 Pflegeversicherung
2001 Staatliche Förderung privater Altersvorsorge
2005 Arbeitslosengeld II ersetzt Arbeitslosenhilfe und Sozialhilfe
2007 Reform der Krankenversicherung; Versicherungspflicht für alle

M7 Die Gesundheitsgesamtrechnung

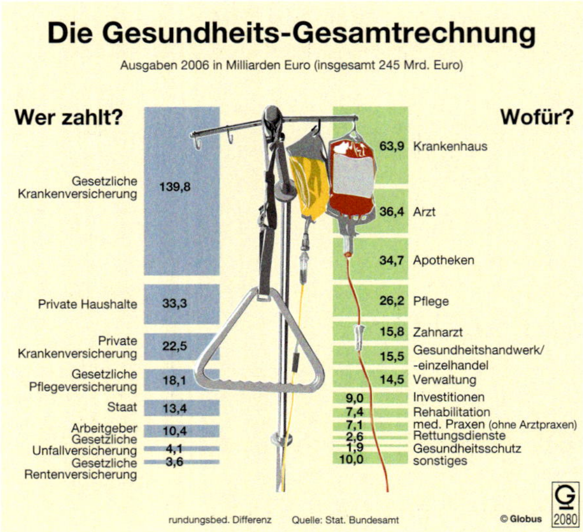

Arbeiten mit den Materialien

Zu M1

1 Notiert, was für Michael besonders schwer ist und was ihn stützt.

2 Beurteilt folgende Meinung.
ANNA: „Ich wundere mich, dass so viel über arbeitslose Menschen geredet wird. Es gibt nur wenige. Ich kenne jedenfalls keine."
Seht dazu auch Schulbuch S. 79.

Zu M2

1 Notiert die Stationen von Hönickes Arbeitsleben.

2 Wie könnte er seine Lage verbessern?

Zu M3

1 Informiert euch über aktuelle Berichte und nutzt folgende Internetadressen:
www.erwerbslos.de ; www.caritas.de ;
www.diakonie.de ; www.diakonie-forum.de ;
www.awo.org ; www.igmetall.de

2 Informiert euch über Kontaktstellen in eurer Gemeinde bzw. Stadt.

Zu M4

1 Informiert euch genauer über die Tafel unter
www.wikipedia.org ▸ Suchbegriff: Tafel
www.tafel.de

2 Überprüft, ob es in eurer Gemeinde bzw. Stadt eine Tafel gibt. Wenn ja, befragt Helfer und Nutzer über ihre Erfahrungen.

3 Nehmt Stellung zu folgenden Meinungen:

JAN: „Ich finde die Idee der Tafel großartig. Es ist wichtig, etwas für Arme zu tun und gleichzeitig zu verhindern, dass gute Lebensmittel einfach auf den Müll kommen."

JUDITH: „Die Idee ist sicher gut, aber es wäre viel besser, wenn Staat und Unternehmen dafür sorgen würden, dass die Menschen nicht auf solch eine Hilfe angewiesen wären. Ich möchte nicht auf solch eine Tafel angewiesen sein. Ist schon irgendwie demütigend."

Zu M5

1 Rechnet die Lebensjahre aus, die ein heute geborenes Mädchen oder ein Junge im Durchschnitt länger leben wird als Kinder, die 1901 bzw. 1910 geboren wurden.

2 Notiert Gründe für diese Entwicklung.

3 Notiert Folgen, die sich daraus für die Kranken- und Rentenversicherung ergeben.

Zu M6

Die Entwicklung der sozialen Sicherung hat über einen langen Zeitraum zu erheblichen Verbesserungen geführt. Viele Menschen sind der Meinung, dass Einschnitte unvermeidlich sind.
Informiert euch über die geschichtliche Entwicklung in euren Geschichtsbüchern oder im Internet, z.B. unter www.bmg.bund.de und
www. bmas.bund.de

Zu M7

Beurteilt folgende Meinungen:
LYDIA: „Dass die privaten Haushalte so viel zahlen liegt nur daran, dass sie auf die Werbung der Arzneimittelunternehmen hereinfallen."
MAGNUS: „Wieso zahlen eigentlich die Arbeitgeber?"
ANKE: „Rehabilitation ist wichtig. Sie hilft, die Menschen wieder arbeitsfähig zu machen."

Steuern und Einkommen

1 Steuern überall

Der Staat (Bund, Länder, Gemeinden) hat in unserer Gesellschaft viele wichtige Aufgaben. Er ist zuständig für Kindergärten, Schulen, die Förderung der Wissenschaft, den Bau von Straßen, das Rechtswesen, die Sozialhilfe und soziale Sicherung, Parks, Museen und noch vieles mehr.
Zur Erfüllung seiner Aufgaben benötigt der Staat Geld. Die wichtigste Einkommensquelle sind Steuern. Bürger und Unternehmen müssen unter bestimmten Voraussetzungen diese Zwangsabgaben zahlen. Es gibt verschiedene Arten von Steuern.

▸ **Leitauftrag** Um welche Steuern geht es und worin unterscheiden sie sich?

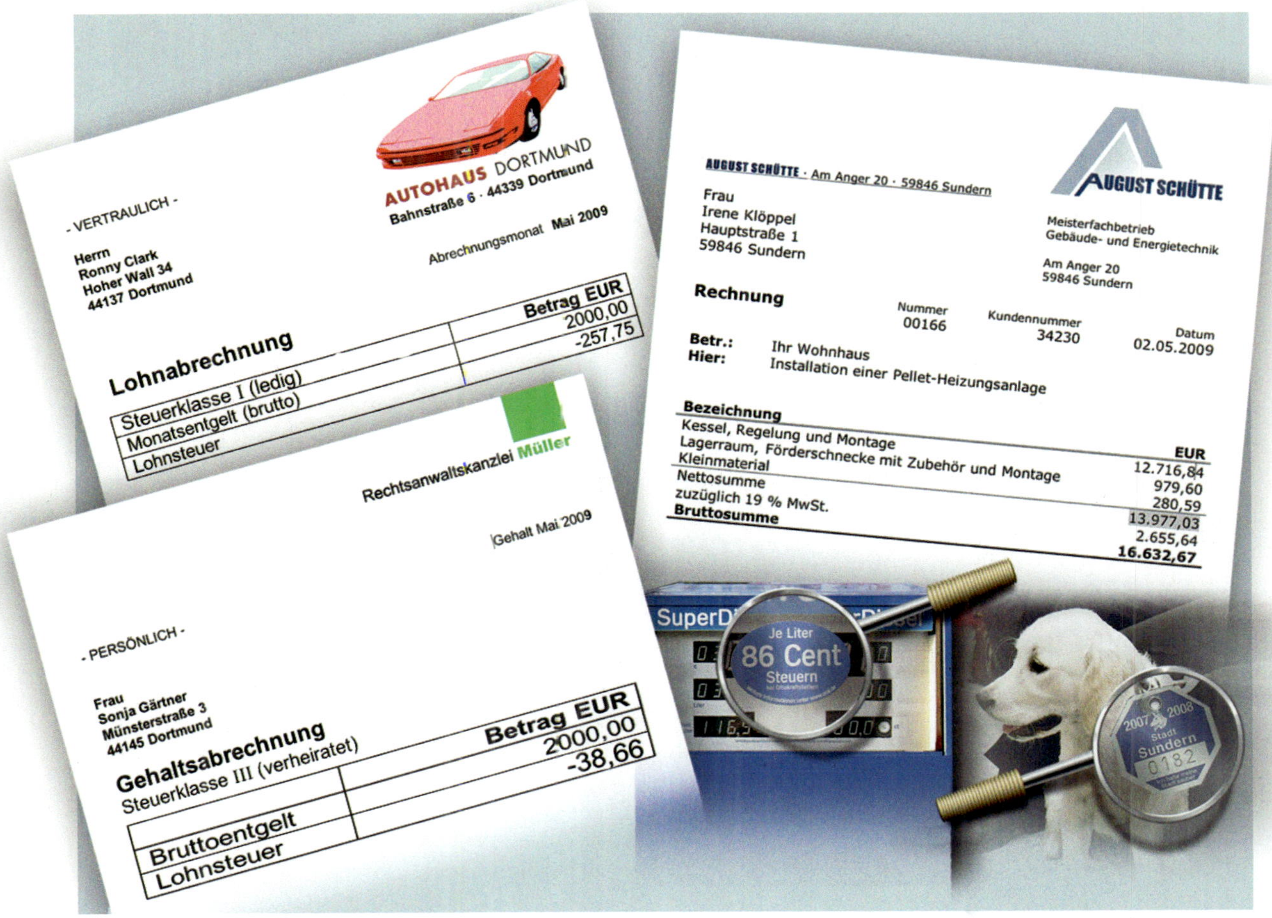

B Auf einen Blick

Ihr nennt wichtige Steuern des Bundes, der Länder und Gemeinden.

Ihr nennt wichtige Aufgaben des Staates.

Ihr begründet, warum der Staat Steuern verlangen muss.

Ihr beurteilt die Wirkung der Lohn- und Umsatzsteuer.

Ihr setzt euch mit der Einkommens- und Vermögensverteilung in Deutschland auseinander.

2 Warum soll ich Steuern zahlen?

Was hinter den Ausgabenbereichen steckt

Der Bund beteiligt sich an Aus- und Neubauten von Schienenwegen.

Der Bund gibt verbilligte Kredite für wärmedämmende Maßnahmen zur Gebäudesanierung.

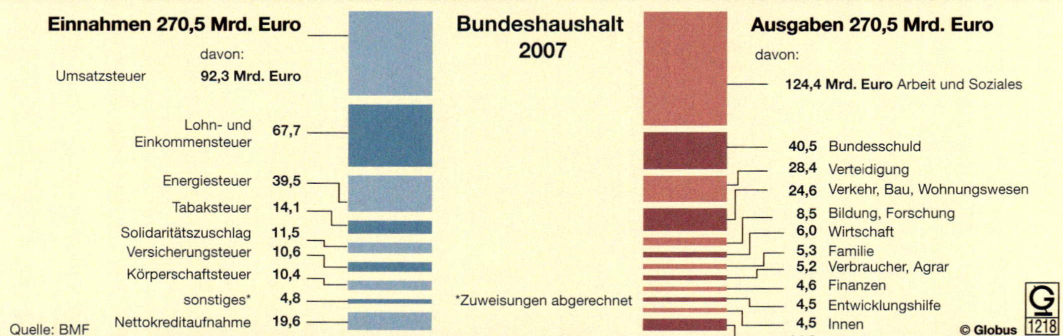

Die Bundeswehr beteiligt sich an UN-Friedenstruppen.

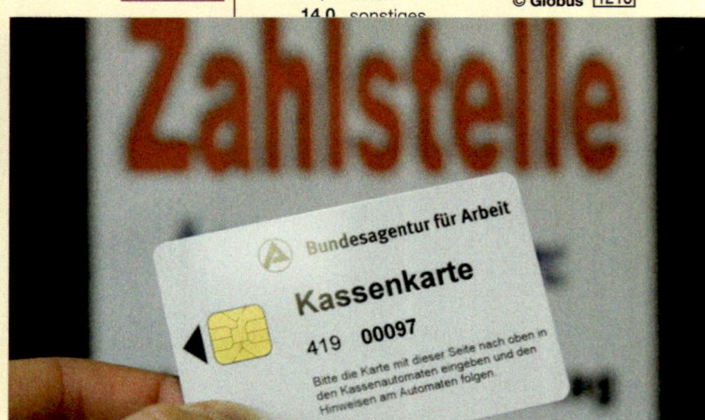

Der Bund beteiligt sich an der Finanzierung des Arbeitslosengeldes II.

A Aufgaben

1 Ordnet die Abbildungen den Ausgabenbereichen zu.

2 Nennt weitere Aufgaben des Bundes. Recherchiert dazu im Internet.

3 Nehmt Stellung zu folgender Meinung. Notiert Stichworte.

„Der Staat sollte die Steuern senken und seine Aufgaben stark einschränken. Das meiste können auch private Unternehmen leisten."

4 Informiert euch bei eurer Gemeinde über den Gemeinde-Haushalt. Vergleicht die Aufgaben von Bund und Gemeinden.

3 Steuereinnahmen von Bund, Ländern und Gemeinden

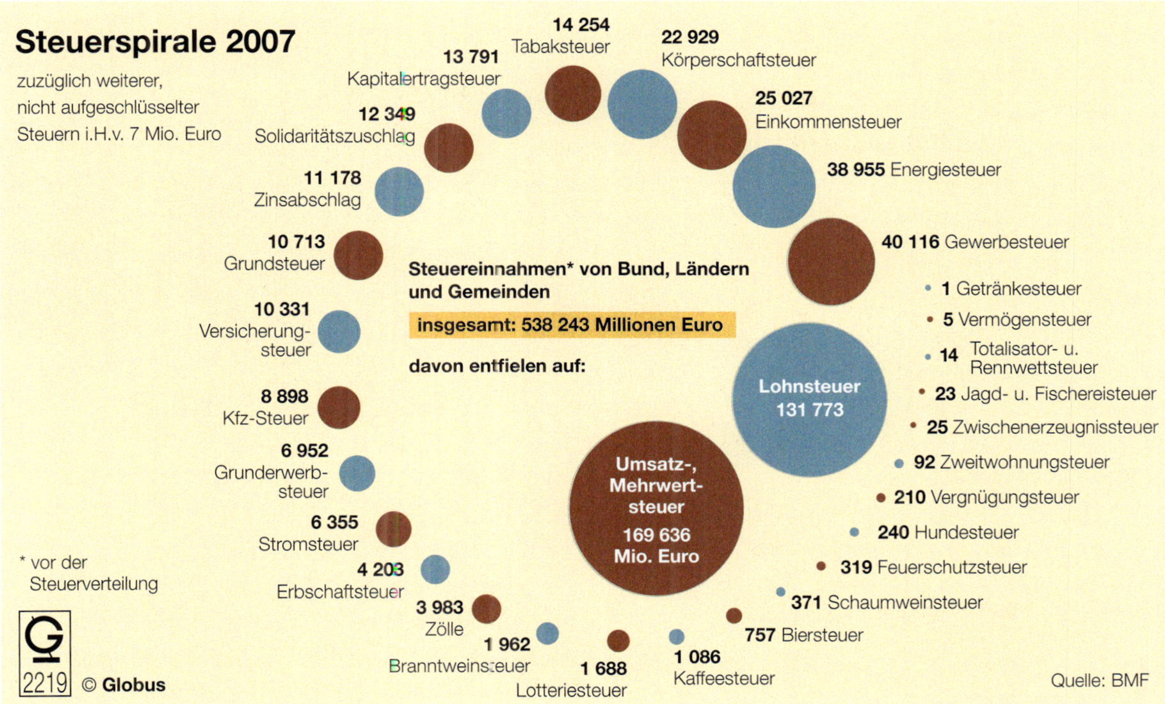

Bund, Länder, Gemeinden finanzieren ihre Ausgaben vor allem durch Steuern. Das sind Zahlungen ohne eine direkte Gegenleistung. Gebühren dagegen, z.B. für einen Pass, werden für eine genau bestimmte Dienstleistung gezahlt.

Direkte Steuern

Die direkten Steuern, z.B. die Lohn- und Einkommensteuer, knüpfen an die Entstehung des Einkommens an. Sie berücksichtigt die wirtschaftliche Leistungsfähigkeit des Steuerzahlers. Menschen mit einem hohen Lohn zahlen mehr Steuern als die mit einem niedrigen Lohn.

Indirekte Steuern

Diese werden auch Verbrauchssteuern genannt. Sie werden auf Waren und Dienstleistungen erhoben, die der Verbraucher kauft. Wer viel verbraucht, muss mehr Steuern zahlen, unabhängig von der Höhe seines Lohns.

Wichtige Steuern, die sich Bund, Länder und Gemeinden/Städte teilen

Steuerart	Anteil Bund	Anteil Länder	Anteil Gemeinden/ Städte
Einkommensteuer	42,5 %	42,5 %	15,0 %
Umsatzsteuer/ Mehrwertsteuer	54,7 %	43,3 %	2,0 %

Bundesministerium der Finanzen 2008

A Aufgaben

1 Nennt die Steuerarten, die für den Staat besonders ergiebig sind.

2 Notiert, welche Steuern hier gemeint sind:
HÜLJA: „Es gibt Steuern, da merkt man sofort, ob sie erhöht bzw. gesenkt wurden."
JOEL: „Es gibt Steuern, die das Verhalten der Menschen beeinflussen wollen. Ist das eigentlich Sache des Staates?

4 Steuern genauer im Blick

Lohnsteuer

Julia, Auszubildende zur Bäckerin und Robbi, zum Maurer, vergleichen ihre Abrechnung über die Ausbildungsvergütung. Julia erhält **440 Euro** brutto und zahlt davon 89,32 Euro an die *Sozialversicherung*. Robbi muss für **1086 Euro** brutto 200,46 Euro an die Sozialversicherung zahlen.

ROBBI:
„Ich muss 27,66 Euro Lohnsteuer zahlen. Du aber nichts. Haben die sich verrechnet?“

Einkommensteuer

Arbeitnehmer, Selbstständige, Beamte im Ruhestand und Rentner müssen Einkommensteuer zahlen.

Die Lohnsteuer, die Arbeitnehmer zahlen, ist ein Teil der Einkommensteuer.

Die Lohnsteuer zieht der Arbeitgeber direkt vom Arbeitseinkommen ab und überweist diese ans Finanzamt.

Keine Einkommensteuer zahlt, wer als Single weniger als 7 664 Euro oder als verheiratetes Paar weniger als 15 329 Euro im Jahr verdient.

Der niedrigste Steuersatz liegt bei 15 %, der höchste bei 45 %. Die Steuer nimmt mit steigendem Einkommen verhältnismäßig stark (progressiv) zu. Besondere Belastungen, z.B. Betreuung Kranker und Behinderter, können die Steuer verringern.

Es gibt die Steuerklassen I bis VI. Die Klassen I – V richten sich nach dem Familienstand.

Ledige mit Steuerklasse I müssen mehr Steuern zahlen als Verheiratete mit der Steuerklasse III.

Umsatzsteuer bzw. Mehrwertsteuer

Die Umsatzsteuer, auch Mehrwertsteuer genannt, wird auf den Wert von Waren und Dienstleistungen aufgeschlagen.

Für die meisten Güter beträgt diese 19 %, für Nahrungsmittel und Bücher 7 %. Von der Umsatzsteuer befreit sind Mieten, Arzthonorare und Eintrittspreise für Konzerte, Museen und Theater (siehe auch **M3**, Folgeseite).

Der Prozentsatz der Umsatzsteuer ist unabhängig von der Höhe des Einkommens. Arme und Reiche zahlen den gleichen Steuersatz für ihre Ausgaben.

Durch eine Erhöhung der Umsatzsteuer kann der Staat schnell seine Einnahmen erhöhen.

Mehr dazu unter:
www.bundesfinanzministerium.de
▶ Wirtschaft und Verwaltug
▶ Steuern
▶ Veröffentlichungen zu Steuerarten
▶ Einkommensteuer

A Aufgaben

1 Hat Robbie mit seiner Vermutung recht?

2 Beurteilt folgende Meinungen und notiert Stichworte. Führt dazu eine Pro-Kontra-Debatte durch.

AIDIN: „Dass Verheiratete ohne Kinder bei gleichem Einkommen weniger Steuern zahlen als Ledige, finde ich ungerecht!“

TOBIN: „Die Mehrwertsteuer ist ungerecht. Gerade diejenigen, die nicht viel verdienen und nicht sparen können, werden am meisten belastet. Jeder muss lebensnotwendige Güter kaufen.“

5 Weiterführendes Material

M1 Durchschnittliche Monatsverdienste von Arbeitern und Angestellten

Früheres Bundesgebiet, Jahr 2006, Verdienst[1)] in Euro	Einzelperson	Ehepaar, beide mit jeweiligem Durchschnittsverdienst ohne Kinder	Ehepaar mit 2 Kindern, Mann mit Durchschnittsverdienst, Ehefrau nicht erwerbstätig
Arbeiter/-innen			
Brutto	**2669**	**4809**	**2754**
Netto	**1571**	**2902**	**2272**
Anteil des Netto- am Bruttoverdienst	58,9 %	60,3 %	82,5 %
Angestellte			
Brutto	**3595**	**6814**	**3964**
Netto	**1949**	**3765**	**2884**
Anteil des Netto- am Bruttoverdienst	54,2 %	55,3 %	72,8 %

1) Arbeiter und Angestellte im produzierenden Gewerbe; Handel; Instandhaltung und Reparatur von Kraftfahrzeugen und Gebrauchsgütern; Kredit- und Versicherungsgewerbe

Statistisches. Bundesamt (Hrsg.): Datenreport 2008, Bonn 2008, S. 138

M2 Erbschaftssteuer für Privatvermögen im internationalen Vergleich

Wenn ein Kind von seinen Eltern ein durchschnittlich großes Privatvermögen wie beispielsweise ein Einfamilienhaus erbt, muss es in folgenden Ländern so viel Prozent Erbschaftssteuer an den Staat abtreten:

Irland	**0 %**
Luxemburg	**0 %**
USA	**0 %**
Deutschland	**0,3%**
Liechtenstein	**1,5 %**
Japan	**1,9 %**
Großbritannien	**3,8 %**
Spanien	**4,6 %**
Österreich	**10,1 %**
Dänemark	**12,1 %**
Belgien	**13,1 %**
Frankreich	**13,8 %**
Niederlande	**15,1 %**
Schweden	**21,5 %**

Arbeitsgemeinschaft Jugend und Bildung (Hrsg.). Finanzen und Steuern, Schülerheft, Wiesbaden 2005

M3 Umsatzsteuer (Mehrwertsteuer)

Umsatzsteuersatz

19 %	Normaler Steuersatz	Gilt für die meisten Waren und Dienstleistungen
7 %	Ermäßigter Steuersatz	Gilt für wichtige Güter des täglichen Bedarfs, z. B. Lebensmittel, Bücher, Zeitungen, Personennahverkehr
0 %	Befreit von der Umsatzsteuer	Gilt z. B. für Mieten, Arzthonorare, Eintrittspreise für Konzerte, Museen, Theater

Bundesfinanzministerium: www.bundesfinanzministerium.de
► Wirtschaft und Verwaltung ► Steuern ► Veröffentlichungen zu Steuerarten ► Umsatzsteuer

M4 Verteilung des Privatvermögens in Deutschland

Das Privatvermögen ist in Deutschland sehr hoch, aber ungleich verteilt.

Das Privatvermögen der privaten Haushalte umfasst z.B. das verzinsliche Geldvermögen (Spar- und Barguthaben, Wertpapiere, Lebensversicherungen) und den Wert der Immobilien (Grundstücke und Häuser). Zieht man die Schulden ab, so beträgt das private Nettovermögen rund fünf Billionen Euro.

Teilt man die privaten Haushalte in 10 Gruppen, so ergibt sich im Jahr 2003 für die Verteilung folgendes Bild:

Je ein Zehntel der Haushalte	Anteile am Nettovermögen in %
1.	−0,6 (Schulden)
2.	0,1
3.	0,5
4.	1,2
5.	2,6
6.	5,3
7.	9,3
8.	14,2
9.	20,7
10.	46,8

Deutscher Bundestag (Hrsg.): Lebenslagen in Deutschland – Zweiter Armuts- und Reichtumsbericht, Bundestagsdrucksache 12/5015 vom 3.3.2005, S. 53–56

Arbeiten mit den Materialien

Zu **M1**

1 Warum ist der Anteil des Netto- am Bruttoverdienst bei Arbeitern höher als bei Angestellten?

2 Ist es gerecht, wenn Einzelpersonen am schlechtesten wegkommen?

Zu **M2**

1 Beurteilt und begründet folgende Meinungen:

HÜLJA: „Kinder reicher Eltern sind in Deutschland viel besser dran als in Frankreich."
FELIX: „Wer Leistung propagiert muss sich auch für eine höhere Erbschaftssteuer von Privatvermögen einsetzen."
DAVID: „Ich finde es gut, wenn es überhaupt keine Erbschaftssteuern gibt. Warum sollen Kinder nicht von ihren Eltern profitieren?"

2 Recherchiert im Internet, wie hoch bei Erbschaften die Freibeträge für Ehepartner und Kinder sind.

www.bundesfinanzministerium.de
▶ Wirtschaft und Verwaltung
▶ Steuern
▶ Veröffentlichungen zu Steuerarten
▶ Erbschaftssteuer

Zu **M3**

HEDAYAT: „Ich finde es gut, dass für Bücher ein ermäßigter Steuersatz gilt. Fahrkarten für den öffentlichen Nahverkehr sollten von der Umsatzsteuer befreit werden."
AYSE: „Ich finde es nicht richtig, dass Konzerte und Museen von der Umsatzsteuer befreit sind, Zeitungen dagegen nicht."

1 Was könnten die Gründe für die Meinungen von HEDAYAT und AYSE sein?

2 Notiert eure Meinung und begründet sie.

Zu **M4**

1 Welche Gründe könnte die ungleiche Verteilung der Privatvermögen in Deutschland haben? Notiert Gründe.

2 Nehmt Stellung zu folgenden Meinungen:
RALF: „Die Verteilung der Vermögen finde ich in Ordnung. Ist doch klar, dass diejenigen, die ordentlich sparen, ein größeres Vermögen haben als solche, die nichts auf die hohe Kante legen."
MAX: „Wie soll jemand sparen und Vermögen bilden, der mal gerade mit seinem Geld über die Runden kommt?"
ANNI: „Ich sage nur das Sprichwort: ‚Der Teufel macht nie auf einen kleinen Haufen.' Es gibt nur sehr wenige, die es vom Tellerwäscher zum Millionär schaffen."

Alles klar?

Soziale Sicherung

1 Die gesetzliche Sozialversicherung schützt die Würde des Menschen. Begründe.

2 In der gesetzlichen Krankenversicherung gibt es einen Solidarausgleich.
Beschreibe, was damit gemeint ist.

3 Nenne mindestens drei wichtige Leistungen der gesetzlichen Krankenversicherung.

4 Nenne mindestens drei wichtige Maßnahmen zur Sicherung bei Arbeitslosigkeit.

5 Bezieher hoher Einkommen können sich dem Solidarausgleich der gesetzlichen Krankenkasse entziehen. Begründe.

6 Nenne Maßnahmen zur Unfallverhütung bei Sportunfällen, in der Holzwerkstatt und in der Schulküche.

7 Der Anteil von Kindern bei den Empfängern von Sozialhilfe und ALG II ist hoch. Begründe.

8 Nimm Stellung zu folgenden Meinungen:
ANNIKA: „Beim Elterngeld haben diejenigen einen Vorteil, die viel verdienen. Das ist ungerecht."
FABIAN: „Ich finde, keiner sollte zu einer Versicherung gezwungen werden. Das schränkt die Freiheit ein."
SONJA: „Ich verstehe nicht, warum sich Menschen schämen, Sozialhilfe in Anspruch zu nehmen."

9 Notiere, was Tanja antworten könnte.

Steuern und Einkommen

10 Ordne zu, wofür Steuern oder Gebühren zu zahlen sind.

11 Der Staat erhebt viele Steuern.
Notiere mindestens drei wichtige Steuern. Wer muss sie zahlen?

12 Der Staat erfüllt wichtige Aufgaben in unserer Gesellschaft. Notiere mindestens drei wichtige Aufgabenbereiche des Bundes.

13 Für Güter des täglichen Bedarfs, z.B. Lebensmittel, Zeitungen und Bücher, gilt ein geringerer Umsatzsteuersatz als für Autos, Fernseher oder Druckertinte.
Begründe.

Energieumwandlung, Stromerzeugung und -verteilung

1 Wie lange reichen die Energiereserven?

Der Versuch lohnt sich

Versucht einmal, 24 Stunden ohne elektrischen Strom auszukommen. Am Anfang ist es noch romantisch, wenn ihr mit Freunden bei Kerzenschein sitzt und euch unterhaltet. Wenn aber der Handyakku leer ist, ihr ohne eine warme Mahlzeit auskommen müsst oder im Winter die Heizung nicht funktioniert, merkt ihr, wie abhängig ihr besonders von Elektroenergie seid.
Der Bedarf an Elektroenergie ist im Laufe der Jahre immer weiter angestiegen.

Damit Haushalte jederzeit Licht und Wärme zur Verfügung haben, ist ein komplizierter Prozess der Energieumwandlung von Primärenergieträgern über Sekundärenergieträger zur Nutzenergie notwendig.

Primärenergieträger

Der größte Anteil der Nutzenergie wird nach wie vor aus fossilen, nicht erneuerbaren Energierohstoffen hergestellt.

Diese Primärenergieträger lagern fest, flüssig oder gasförmig seit Jahrmillionen im Erdboden und werden von den Menschen abgebaut.

Beispiele für Primärenergieträger

Nicht erneuerbare	Erneuerbare
Steinkohle/Braunkohle	Wasser
Erdgas	Wind
Erdöl	Sonne
Uran	Erdwärme
Torf	Gezeiten
	biologische Substanzen

▶ **Leitauftrag** Sprecht über die Abhängigkeit von der Energienutzung.

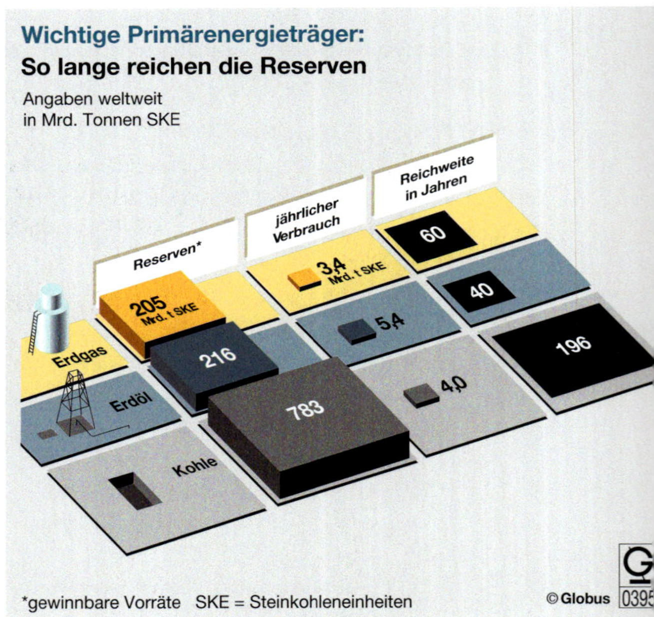

B Auf einen Blick

Ihr erklärt die Bedeutung elektrischer Energie.

Ihr unterscheidet erneuerbare und nicht erneuerbare Primärenergieträger.

Ihr kennt Gründe für Energieverluste durch Umwandlung.

Ihr versteht den Prozess der Stromerzeugung im Wärmekraftwerk.

2 Von der Primärenergie zur Nutzenergie

Von der Sekundärenergie zur Nutzenergie

Erdgas kann z.B. ohne Umwandlung sofort für Heizzwecke, zum Kochen oder zur Warmwasserbereitung genutzt werden. Meist ist es notwendig, den Primärenergieträger erst zu veredeln, ehe die dabei entstehende Sekundärenergie weiter in Nutzenergie umgewandelt werden kann.

Nutzenergie

Nutzenergie entsteht am Ort des Verbrauchers, z.B. Licht, Wärme. Sie ist aus Primärenergieträgern veredelt oder aus Sekundärenergie umgewandelt. Das kann z.B. Elektroenergie sein, die Elektrogeräte mit Strom versorgt.
Die chemische Energie im Treibstoff oder die Wärmeenergie im Wasserdampf der Fernwärmeversorgung gehören ebenso dazu.

Energieumwandlung und Wirkungsgrad

Nur ein Teil der Primärenergie wird in elektrische Energie umgewandelt. Nicht nutzbare Wärmeenergie wird an die Umwelt abgegeben.

Energieumwandlung im Kohlekraftwerk

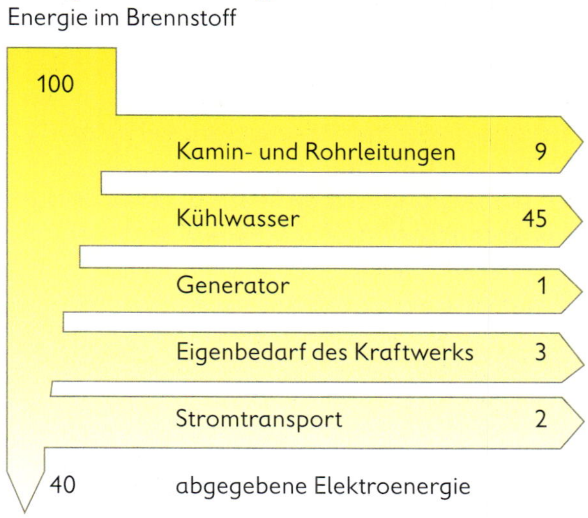

$$\text{Wirkungsgrad} = \frac{\text{erzeugte Energie}}{\text{eingesetzte Energie}}$$

Verbesserte technologische Abläufe und eine Verkürzung der Energieumwandlungskette sollen die Energieverluste gering halten. Das drückt der Wirkungsgrad aus (siehe **M1**, Seite 284).

Den Wandlungsprozess zeigt nebenstehende Abbildung. Der Baum, der vor ca. 400 Mio. Jahren zu Kohle wurde, lässt heute unseren Kühlschrank funktionieren.

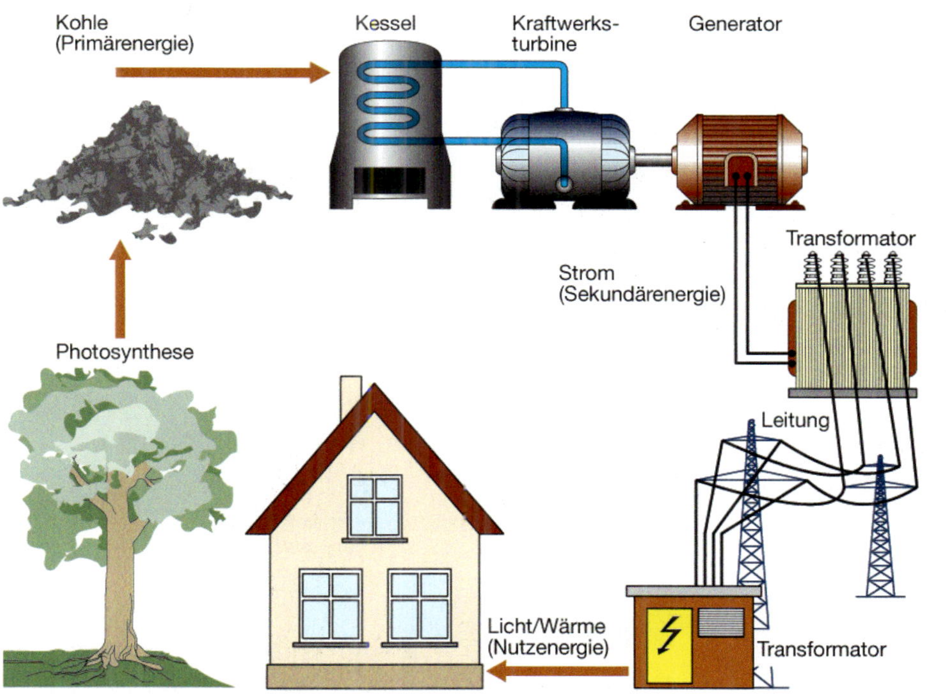

A Aufgaben

1 Welche Probleme in der Energieversorgung lassen sich aus den Abbildungen erkennen?

2 Wie kannst du dazu beitragen, diese Probleme zu minimieren?

3 Stromerzeugung in Wärmekraftwerken

Zu den Wärmekraftwerken zählen solche, in denen Wärmeerzeugung am Anfang der Energieumwandlungskette steht.

Dazu gehören Kohlekraftwerke, die Braun- oder Steinkohle verstromen, aber auch Kernkraftwerke.

Mit der Verbrennungswärme wird Wasser zu Wasserdampf erhitzt. Dieser wird mit hohem Druck durch eine Dampfturbine geleitet, deren Drehbewegung den Generator antreibt. Der Wasserdampf wird dabei wieder abgekühlt und kondensiert. Nun beginnt der Kreislauf durch den Dampferzeuger erneut.

Ein Teil der entstandenen Wärme wird oft auch in die Fernwärmeversorgung eingespeist. Wärmekraftwerke sind an den Kesselhäusern für die Dampferzeugung und den Kühltürmen erkennbar. Oft wird Flusswasser zur Kühlung genutzt.

Das bei der Verbrennung entstehende Abgas beim Kohlekraftwerk wird mit Elektrofiltern von Staubpartikeln gereinigt und mit zermahlenem Kalkstein entschwefelt. Danach wird der restliche Rauch freigesetzt. Der dabei entstehende Gips wird unter anderem zu Gipskartonplatten verarbeitet. Die Flusserwärmung und das verbleibende Rauchgas belastet die Umwelt.

Umwandlungsprozess im Wärmekraftwerk

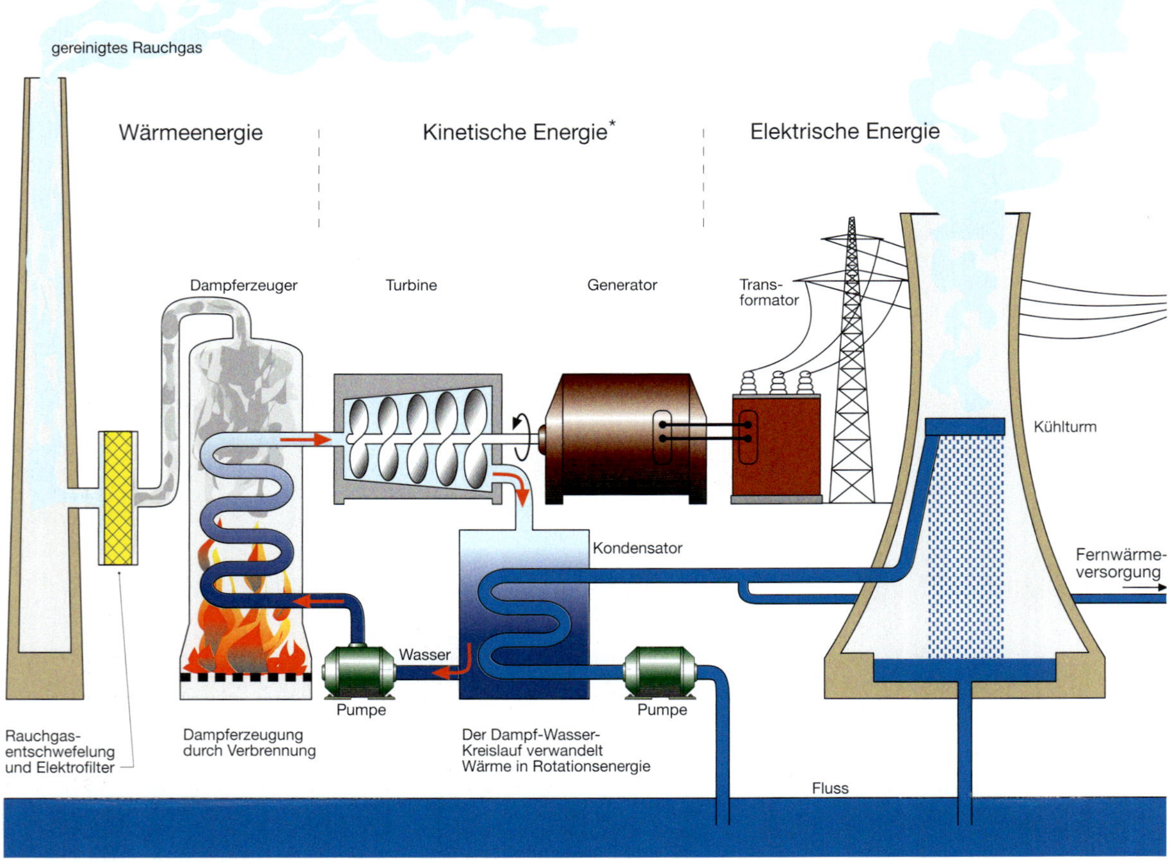

*Bewegungsenergie

Der Strombedarf schwankt

Wir alle möchten zu jeder Tages- und Nachtzeit Strom zur Verfügung haben. Die gewünschte Menge ist abhängig von der Jahres- und der Tageszeit. An Arbeitstagen benötigen vor allem Industriebetriebe mehr Strom als an Feiertagen. Die Unterschiede zeigen die Tageslastkurven.

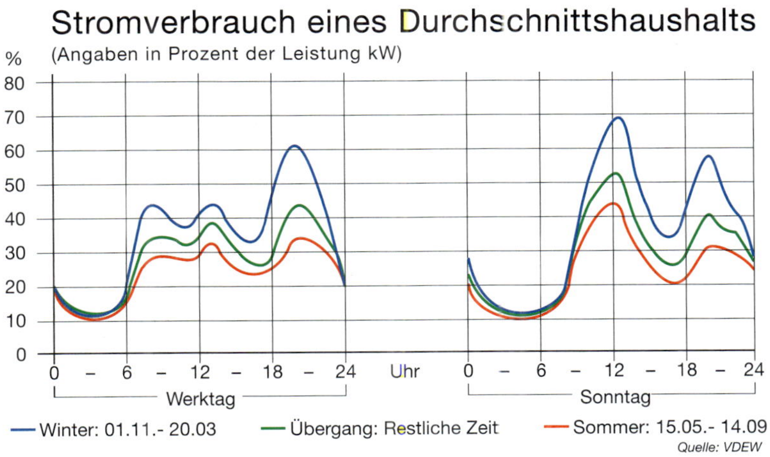

Kraftwerksarten nach Betriebszeit

Elektroenergie lässt sich nicht in großen Mengen speichern, wird jedoch rund um die Uhr benötigt. Die Erzeugung der benötigten Energie leisten verschiedene Kraftwerke:

Die **Grundlast** wird dabei von Kraftwerken erzeugt, die im Dauerbetrieb arbeiten.

Die **Mittellast** leisten Kraftwerke, die in kurzer Zeit in Betrieb genommen werden können. Oft erzeugen diese neben Elektroenergie auch Wärmeenergie für Heizung und Warmwasser. Wenn an kalten Wintertagen oder in den frühen Morgenstunden bei Arbeitsbeginn weitere Elektroenergie benötigt wird, decken diese **Spitzenlast** neben den Gas- und Ölkraftwerken Pumpspeicherwerke ab.

Kraftwerke

Grundlastkraftwerke
Kohlekraftwerke
Laufwasserkraftwerke
Kernkraftwerke

Mittellastkraftwerke
Gaskraftwerke
Ölkraftwerke

Spitzenlastkraftwerke
Ölkraftwerke
Gaskraftwerke
Pumpspeicherwerke

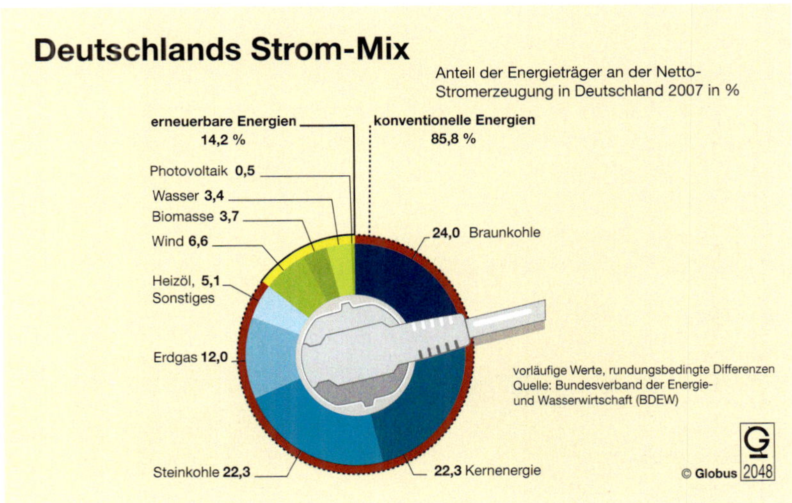

A Aufgaben

1 Diskutiert Merkmale, Vorteile und Nachteile von Wärmekraftwerken für unterschiedliche Energieträger. Bezieht den Anteil der Energieträger ein. Berücksichtigt **M6**, S. 285.

2 Zeichnet eine Tageslastkurve für den Strombedarf bei euch zu Hause.

3 Sucht im Atlas Standorte von Kohlekraftwerken. Überlegt, von welchen Faktoren der Standort von Kraftwerken abhängig ist.

4 Informiert euch über Gründe des beschlossenen Ausstiegs aus der Atomenergie und über den aktuellen Stand. Nutzt **M2**, S. 284.

4 Wer bringt den Strom in die Steckdose?

Was leistet die Energiewirtschaft?

Unternehmen, die an der Gewinnung der Energierohstoffe und Umwandlung in Sekundärenergie sowie Transport, Verteilung und Vertrieb beteiligt sind, gehören zur Energiewirtschaft. Diesen Wirtschaftszweig kennzeichnet Folgendes:

- Elektroenergie ist über ein festes Leitungsnetz zum Verbraucher zu transportieren.
- Elektroenergie lässt sich nicht speichern.
- Kraftwerke und Leitungsnetze sind in der Entwicklung und im Unterhalt teuer.
- Umweltbelastungen bei der Stromerzeugung erfordern Schutzmaßnahmen.

Um die Interessen der Verbraucher zu schützen, unterliegen die Unternehmen staatlicher Aufsicht. Das Energiewirtschaftsgesetz regelt die Versorgung mit Strom und Gas.

Struktur der Energiewirtschaft

Heute kann der Verbraucher Strom von einem der mehr als 1000 Stromversorgungsunternehmen beziehen, unabhängig von seinem Wohnort. Allerdings besitzen vier Stromnetz-Betreiber, die auch die größten Stromanbieter sind, erhebliche Marktmacht. Eine Regulierungsbehörde soll die möglichst sichere, preisgünstige, verbraucherfreundliche, effiziente und umweltverträgliche leitungsgebundene Versorgung der Allgemeinheit überwachen und den funktionsfähigen Wettbewerb zwischen den Unternehmen sichern. Im Jahre 2008 beklagen Verbraucherverbände, dass kein ausreichender Wettbewerb besteht und Großunternehmen den Markt beherrschen. Auch werden die hohen Durchleitungskosten für Strom bemängelt. Die Netze sollen deshalb verkauft werden.

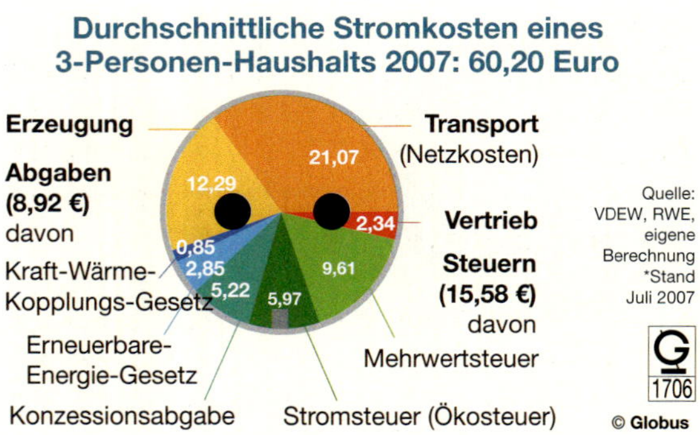

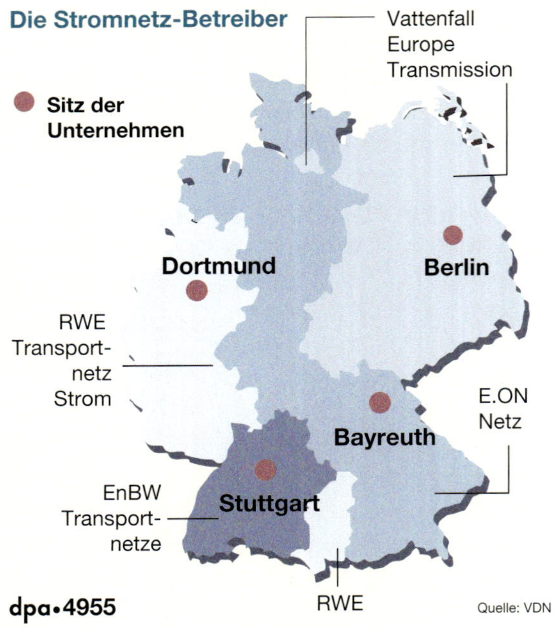

Regionale und lokale Versorgungsunternehmen beziehen Strom von den Großkraftwerken oder aus dem Verbundnetz, stellen aber in eigenen Kraftwerken auch Sekundärenergie her. Sie versorgen vor allem größere Gebiete mit ländlicher Struktur und kleinere sowie mittlere Städte. Die Stadtwerke versorgen ihre Kunden oft auch mit Wärme, Gas und Wasser und übernehmen Entsorgungsaufgaben.

A Aufgaben

1 Welches Elektroversorgungsunternehmen versorgt euch mit Strom? Informiere dich bei diesem Unternehmen, aus welchen Primärenergieträgern der elektrische Strom hergestellt wird.

2 Begründet die staatliche Aufsicht.

3 Erkundigt euch nach den Preisen verschiedener Stromanbieter. Findet Gründe, warum nur wenige Verbraucher den Anbieter wechseln.

Erneuerbare Energien – Chance für die Zukunft

1 Beispiele technischer Anwendungen

Weil ein Ende abzusehen ist …

Fossile Brennstoffe werden zur Neige gehen. Es ist mit einem weiter steigenden Energiebedarf vor allem der heute noch nicht industriell entwickelten Staaten zu rechnen.

Zunächst ist deshalb ein sparsamer Umgang mit Nutzenergie geboten. Mit geeigneten technischen Anlagen kann der Wirkungsgrad bei den Umwandlungsprozessen erhöht werden.

So kann zum Beispiel die Raumwärme über Wärmetauscher Frischluft ohne zusätzliche Heizenergie vorwärmen oder Brauchwasser die Toilettenspülung betreiben.

Ein anderer Weg ist die Nutzung erneuerbarer Energieträger (siehe Übersicht Seite 276).

Der Anteil erneuerbarer Energien in Deutschland soll bis zum Jahre 2020 von 8,5 % (2007) auf mindestens 20 % steigen, siehe dazu M6, S. 285.

Europas größtes Binnenwindgebiet bei Marsberg in Westfalen liefert Strom für ca. 70 000 Haushalte.
Die Kosten der größten solarthermischen Anlage Brandenburgs wurden zu 60 % vom Staat gefördert.

Einschätzung erneuerbarer Energien

- Der Wandlungsprozess muss nicht zentral in Kraftwerken erfolgen. Erneuerbare Energie wird meist am Ort des Bedarfs umgewandelt.
- Die Umweltbelastung, z. B. durch Abgase, ist bei Umwandlung von erneuerbaren Energien äußerst gering.
- Nachteilig sind die hohen Investitionskosten und die große Abhängigkeit von klimatischen, geologischen und topografischen Verhältnissen. Oft kann nicht kontinuierlich Energie (z. B. Windkraft) erzeugt werden. Kombinationen unterschiedlicher Technologien gleichen diesen Mangel aus.

Energieanbieter, Unternehmen und Hauseigentümer investieren unter Nutzung staatlicher Fördermittel in Anlagen zur Produktion erneuerbarer Energien. Sie senken dadurch Energiekosten und entlasten die Umwelt.

▸ **Leitauftrag** Bewertet verschiedene erneuerbare Energien hinsichtlich Nutzbarkeit unter unseren klimatischen und topografischen Verhältnissen. Nutzt auch M4 und M5, S. 285.

B Auf einen Blick

Ihr könnt technische Anwendungen erneuerbarer Energieträger benennen.

Ihr könnt Strom aus der Gewinnung von Wasserkraft erklären.

Ihr erfasst die Bedeutung von Wasserstoff als Energiequelle der Zukunft.

2 Elektroenergie aus Wasserkraft

Mit Wasserkraftwerken werden in der EU 9 % des Energiebedarfs gedeckt. Deutschland deckt aufgrund der topografischen Gegebenheiten nur ca. 3,5 % des Energiebedarfs aus Wasserkraft. Dazu gehören auch Pumpspeicherwerke.

Pumpspeicherwerk Hohenwarte im Saaletal, Nennleistung 120 Megawatt

Wenige Kilometer westlich von Dresden wurde 1930 das Pumpspeicher-Kraftwerk Niederwartha errichtet. Das Oberbecken ist in einem durch einen Staudamm abgeriegelten Tal entstanden. Das Arbeitswasser wird durch Überpumpen von Brunnenwasser, das sich aus dem Grundwasser der Elbe speist, gewonnen. Die Leistungszuführung und -abführung erfolgt per Kabelverbindung zu dem angrenzenden ESAG-Umspannwerk.

Nach: VEAG: Faltblatt Pumpspeicher-Kraftwerk Niederwartha, Niederwartha, o. J.

Wie arbeiten Pumpspeicherkraftwerke?

Aus einem höher gelegenen Becken läuft das Wasser durch Rohrleitungen in das Unterbecken. Dabei werden die Turbinen angetrieben. An diese ist ein Generator gekoppelt, in dem die Elektroenergie erzeugt wird. Die Ableitung des Wassers trägt zur Deckung des Spitzenbedarfs an Elektroenergie bei.

Die Generatoren können, mit Elektroenergie versorgt, auch als Motoren arbeiten. Ebenso arbeiten die Turbinen in umgekehrter Richtung als Pumpen und befördern das Wasser aus dem Unterbecken wieder ins Oberbecken. Damit sind Pumpspeicherkraftwerke für den Lastausgleich im Energieverbundsystem einsetzbar. Elektroenergie, die in Grundlastkraftwerken, wie z.B. Braunkohlekraftwerken, in den Nachtstunden zu viel erzeugt wird, kann zum Pumpen verwendet werden. Damit wird ein „Energievorrat" für Spitzenlastzeiten angelegt und die Wassermenge im Oberbecken zur Verstromung bereitgehalten.

Weitere Arten von Wasserkraftwerken:

Laufwasserkraftwerke Die Kraft des fließenden Wassers von Flüssen wird ausgenutzt, um Turbinen anzutreiben.

Gezeitenkraftwerke Ebbe und Flut treiben die Turbinen an.

Pumpspeicherkraftwerke Wasser wird in Speicherbecken angestaut und gezielt über die Turbinen abgeleitet.

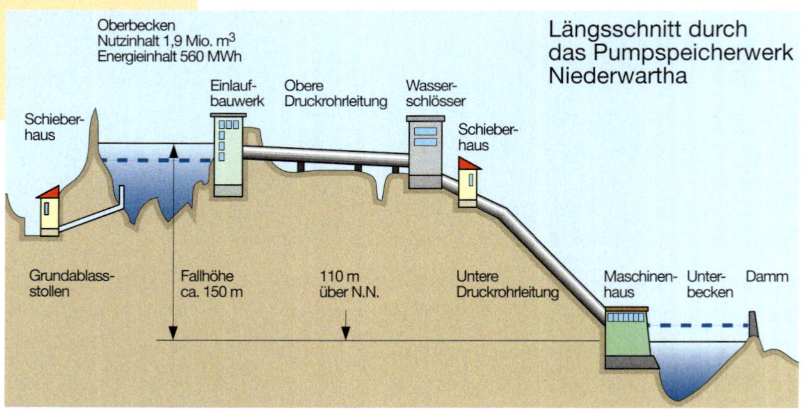

A Aufgaben

1 Am Damm des Unterbeckens des Stausees Niederwartha befindet sich ein Freibad. Überlegt, warum im Oberbecken das Baden verboten ist.

2 Sucht Standorte für Wasserkraftwerke im Atlas.

3 Diskutiert für verschiedene Kraftwerksarten Umweltbeeinflussungen und Wirkungsgrad.

3 Wasserstoff als Energieträger

Eigenschaften von Wasserstoff

Wasserstoff, in der Natur in Wasser als H_2 gebunden, ist eines der häufigsten Elemente. Um Wasserstoff zur Energiegewinnung nutzen zu können, muss das Gas erst unter Energieaufwendung gewonnen werden. Bis zur Weiterverwendung kann er in Speichertanks aufbewahrt werden. Die Gewinnung von Wasserstoff kann mithilfe von Sonnenenergie geschehen. Durch Energieumwandlung wird aus Wasserstoff elektrische Energie erzeugt. Dies geschieht in der Brennstoffzelle.

Prinzip: Nutzung solaren Wasserstoffs in Brennstoffzellen

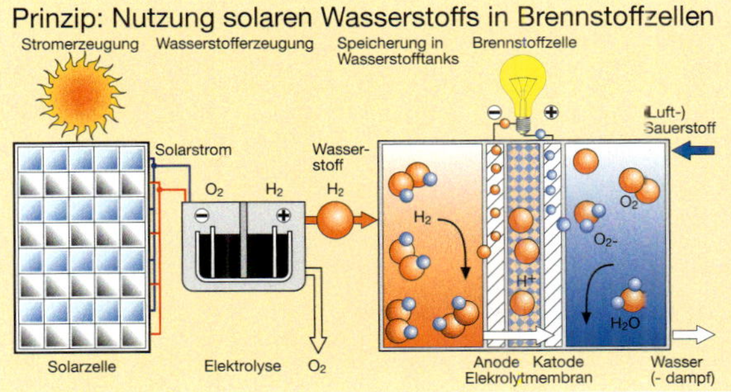

Die Brennstoffzelle

Mit Beginn der Raumfahrt suchte man nach mobilen Stromerzeugern und nutzte das Mitte des 19. Jahrhunderts entdeckte Prinzip der Brennstoffzelle. Ölkrise und Treibhauseffekt durch CO_2-Ausstoß bei der Stromgewinnung verstärkten die Weiterentwicklung dieser Technologie.

Ihre Einsatzgebiete sind z. B.

- Antriebe (Pkw, Busse, Schiffe, U-Boote),
- Hausenergieanlagen (Elektroenergie, Wärme und Warmwasser),
- Mikroanwendungen in Handy, Laptops.

Der Wirkungsgrad liegt derzeit bei 50–60 %.

Erste Hausanlagen funktionieren, fast jeder Automobilhersteller hat seinen Prototyp entwickelt. Sicherheitsfragen beim Transport von Wasserstoffgas und ungelöste technische Fragen machen den Entwicklern noch Schwierigkeiten.

Bus mit Hybridtechnologie

Die Hochbahn holt 2007 den Bus mit der neuesten Brennstoffzellen-basierten Antriebstechnik nach Hamburg. Was ist das Besondere an dem Bus?
Das dreiachsige Fahrzeug ist mit einer Hybridtechnologie ausgestattet, das heißt, es verfügt über mehrere Energiequellen. Ebenso wie die im Linienbetrieb eingesetzten Brennstoffzellenbusse der Hochbahn wird das Versuchsfahrzeug elektrisch angetrieben. 70 Prozent der benötigten Energie wird von Brennstoffzellen erzeugt, weitere 30 Prozent aus einem Batteriesystem.
Genial wirkt das vorhandene Energiekonzept bei einem Bremsvorgang. Die elektrischen Antriebsmotoren werden dabei durch die Systemsteuerung zu Generatoren, das heißt in ihrer technischen Funktion quasi umgedreht. Die Bewegungsenergie wird beim Bremsen nicht wie beim konventionellen Fahrzeug zu Reibung oder Verlustwärme, sondern zu elektrischem Strom, der wiederum in der Batterie auf Abruf gespeichert wird. Die Experten rechnen mit einem Energie-Einsparpotential von 35 % gegenüber den Dieselbussen.

Nach: **Hamburger Hochbahn AG** (gekürzt)
www.motor-talk.de/forum/brennstoffzellen-bus-in-hh-im-test-t1478287.html

A Aufgaben

1. Erklärt mit der Grafik, wie aus Wasserstoff elektrische Energie gewonnen wird.
2. Warum hat die Solar-Wasserstoff-Technologie Bedeutung für die Energieversorgung der Zukunft?
3. Sprecht über die Anwendung der Hybridtechnologie beim Bus.
4. Stellt mit einem Modellbausatz eine eigene Stromgewinnungsanlage mittels Brennstoffzelle her. Wie hoch ist der Wirkungsgrad?
5. Informiert euch über den Einsatz erneuerbarer Energien bei: www.energie-verstehen.de

4 Weiterführendes Material

M1 Die Umwandlung verschiedener Energieträger zur elektrischen Energie

Energieart als ...	Umwandlung in ...	Erzeugung durch ...	Wirkungsgrad ca.
Potenzielle Energie z.B. Speichersee	Kinetische Energie über Druckleitung	Wasserturbine → Generator	90 %
Chemische Energie z.B. Mineralöl, Kohle, Holz, Hausmüll	Thermische Energie über Dampferzeuger	Dampfturbine → Generator	38–50 %
Chemische Energie z.B. Gase	Thermische Energie über Brennkammer	Gasturbine → Generator	52 %
Kernenergie z.B. Uran	Thermische Energie über Kernreaktor	Dampfturbine → Generator	38 %
Kinetische Energie z.B. Wind		Rotorblätter → Generator	25–40 %

M2 Stromerzeugung mit Kernenergie

Seit 1974 werden in Deutschland Wärmekraftwerke mit Uran betrieben. Durch Kernspaltung wird im Kernreaktor Wärme erzeugt. Der weitere Prozess entspricht anderen Wärmekraftwerken. Die Kernkraftnutzung war von Beginn an heftig umstritten.

Auf den ersten Blick vorteilhaft

Um ein Kernkraftwerk von 1000 MW ca. 6500 Betriebsstunden im Jahr betreiben zu können, wird ca. 1 Güterwagen angereichertes Uran benötigt. Ein Steinkohlekraftwerk braucht ca. 36 500 Güterwagen voll Kohle. Im Kernkraftwerk entstehen keine Verbrennungsgase, die gereinigt werden müssen und als Kohlendioxid die Umwelt belasten.

Auf den zweiten Blick problematisch

Bis heute ist die Entsorgung der radioaktiven Abfälle ungelöst. Da es derzeit kein technisches Verfahren zur Aufbereitung gibt, müssen sie in einem der wenigen Zwischenlager gelagert werden. Das Problem der Endlagerung des hoch radioaktiven Mülls belastet kommende Generationen. Auch sind Kraftwerke selbst gefährlich. Spätestens seit dem Kernreaktorunfall von Tschernobyl mit bisher 70 000 Toten ist diese Gefahr im Bewusstsein der Bevölkerung und der Politiker.

Ziel der Umweltpolitik in Deutschland ist es deshalb, auf Kernkraftwerke zu verzichten. Die Bundesregierung hat 2001 mit den Betreibern bis 2021 einen gestuften Ausstieg aus der Kernenergie vereinbart. Das wurde dann gesetzlich geregelt. Für die Lagerung der stark radioaktiven Kernbrennstäbe und den Transport des Mülls in Zwischen- und Endlager sind hohe Sicherheitsbestimmungen einzuhalten.

Mitte 2008 wird wegen der stark steigenden Energiepreise weltweit der Bau neuer Kernkraftwerke diskutiert. In Deutschland geht es um eine Verlängerung der Nutzung der Kernenergie:

Erhard Eppler, SPD, schloss längere Laufzeiten von Atom-Reaktoren nicht aus, wenn damit der Übergang zu erneuerbaren Energien abgesichert werden kann. Er knüpft das an den Vorschlag, im Grundgesetz das Verbot des Baus neuer Anlagen aufzunehmen.

Angela Merkel, Bundeskanzlerin, „will mit dem Plan, die bestehenden Atommeiler länger laufen zu lassen, in den Wahlkampf ziehen".

nach: **Der Spiegel** Nr. 28/2008, S. 21, 26

M3 Wer verbraucht in Deutschland welchen Anteil an Energie?

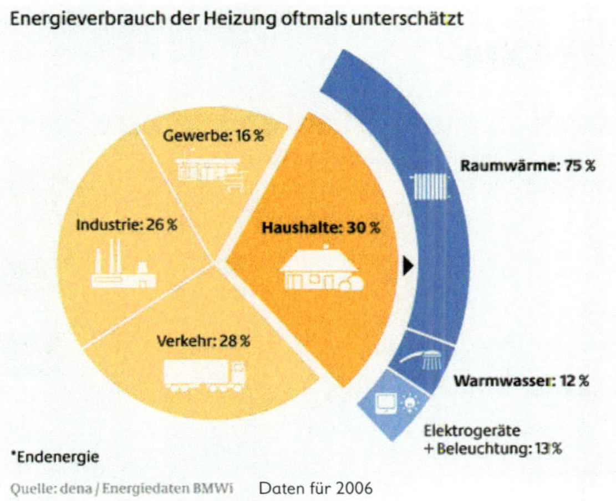

M4 Regierung plant 30 Offshore-Parks

Die Bundesregierung plant den Ausbau der Windenergie. 30 Offshore-Windparks sollen in der Nord- und Ostsee aufgestellt werden. Bis zum Jahr 2030 sollen 25 000 Megawatt aus Windenergie entstehen.
Bundesregierung und Energiewirtschaft seien sich einig, dass die Investitionen in Windparks sinnvoll seien. „Dies gilt umso mehr, je stärker der Ölpreis steigt. Die zahlreichen Anträge der Investoren belegen die Wirtschaftlichkeit", sagte Tiefensee (Bundesverkehrsminister). Erste Anlagen werden vor der Insel Borkum gebaut.
Die Bundesregierung will sich mit den Windparks unabhängiger von ausländischen Energielieferungen machen. Zugleich bemühe sie sich, sowohl dem Naturschutz als auch den Interessen des Tourismus Rechnung zu tragen. Die Windparks werden jenseits der Zwölf-Seemeilen-Grenze mit Wassertiefen von 30 bis 40 Metern gebaut. Jeder wird rund 1 Mrd. Euro kosten. Dazu kommen bis zu 100 Kilometer lange Kabel zum Festland.

Nach: www.tagesschau.de
www.tagesschau.de/inland/windenergie8.html#inhalt

M5 Die Offshore-Technik

Die Anlagen müssen Wind und Wellen trotzen und technisch besonders zuverlässig sowie wirtschaftlich sein.
Diese bestehen im Wesentlichen aus einem Fundament, einem Turm, einem Maschinenhaus mit Generator und einem dreiflügligen Rotor und teilweise ein Getriebe. Der Wind treibt die Rotorblätter an, diese übertragen die Bewegungsenergie auf den Generator.

Schwierige Wartungsarbeiten
Da die Fehlerbehebung auf See wesentlich schwieriger und teurer ist als an Land, ist die Zuverlässigkeit der entscheidende Faktor für den Offshore-Betrieb. Für einen permanenten Schutz werden Anstriche mit speziellem Korrosionsschutz verwendet, Wärmeaustauscher schützen beim Kühlen der Maschine vor der salzhaltigen Seeluft. Wartungsintensive Komponenten werden so weit wie möglich vermieden.
Deshalb kosten Offshore-Parks doppelt so viel wie vergleichbare, auf dem Festland installierte Anlagen. Die deutsche Technologie gehört zur Weltspitze. Die größten Anlagen sind so hoch wie der Kölner Dom. Die Rotoren haben einen Durchmesser von 120 m.

Quelle: AP (06.07.2008)
Nach: www.tagesschau.de
http://www.tagesschau.de/inland/offshore2.html

M6 Der Öko-Mix

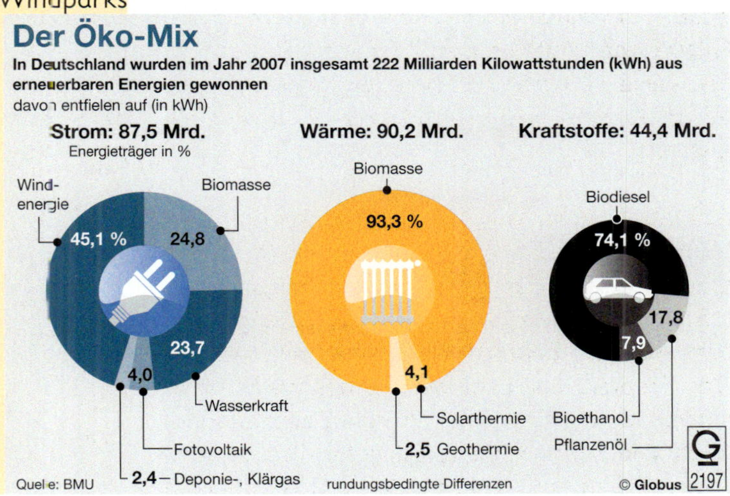

Alles klar?

Energieumwandlung, Stromerzeugung und -verteilung

1 Nenne je drei erneuerbare und nicht erneuerbare Energien.

2 Erkläre am Beispiel Strom, wie aus der Primärenergie Kohle Nutzenergie entsteht.

3 Verdeutliche am Beispiel der Energiesparlampe, wie der Wirkungsgrad bei der Umwandlung von Energie im Vergleich zur Standardglühlampe erhöht werden kann.

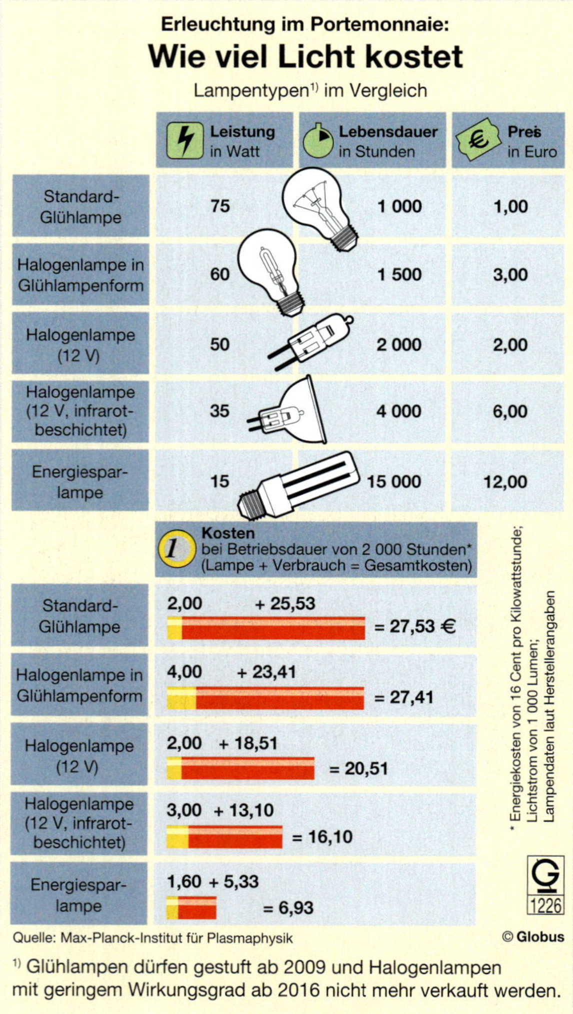

4 Nenne Maßnahmen, mit denen die Ziele zum Einsatz erneuerbarer Energien erreicht werden können.

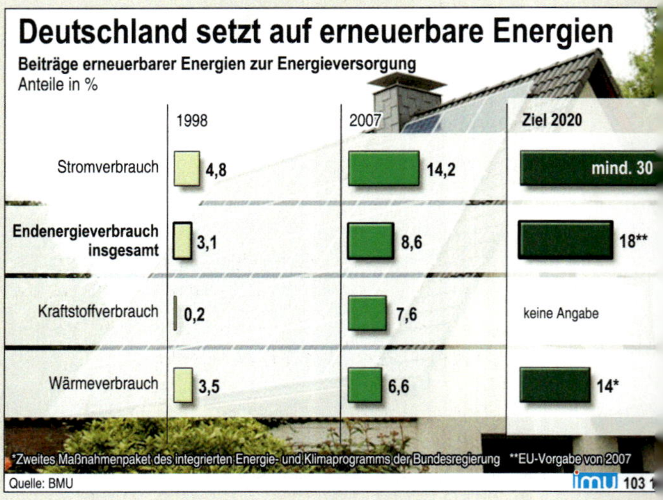

Erneuerbare Energien – Chance für die Zukunft

5 In Deutschland ist die Erhöhung des Anteils der Energienutzung durch Wind und Sonne geplant. Wie kann der Energiebedarf dann bei bedecktem Wetter und Windstille gedeckt werden?

6 Wie kann durch Hybridtechnologie bei PKW Energie gespart werden?

7 Erkläre, warum in Deutschland Kernkraftwerke stillgelegt werden sollen.

Blickpunkt: regionale Wirtschaft

1 Fragestellungen zur Erkundung

- Wodurch ist die Wirtschaftsstruktur eurer Region gekennzeichnet?
- Wie hat diese sich entwickelt?
- Welche Handelsbeziehungen gibt es mit anderen Regionen/dem Ausland?
- Wie leben und arbeiten die Menschen in eurer Gemeinde bzw. eurer Region?
- Welche besonderen Probleme sehen sie?
- Wie lebten/arbeiteten frühere Generationen?

▸ **Leitauftrag** Erstellt ein ähnliches → Mindmap für den eigenen Wirtschaftsraum. Nutzt die Website eurer Stadt bzw. eures Kreises. Befragt auch Eltern und Großeltern dazu.

Wirtschaftsstandort Sundern (Sauerland)

Typische Wirtschaftsstruktur
- Metallverarbeitung
- Papier und Kartonagenherstellung
- Elektro-, Haus- und Küchengerätefertigung

Chancen bzw. Probleme
- Verlust von Arbeitsplätzen in der Produktion, auch durch Verlagerung in Billiglohnländer
- Neuer Wirtschaftszweig: Fremdenverkehr

Vorrangige Handelsbeziehungen

Stadtgebiet und Hochsauerland-Kreis, Deutschland

Wirtschaften der Menschen früher
- Erzbergbau, Eisenverarbeitung
- Holzkohleherstellung

B Auf einen Blick

Ihr plant eine Erkundung zum regionalen Strukturwandel, führt diese durch und wertet sie aus.

Ihr ermittelt Veränderungen in den Sektoren Industrie, Dienstleistungen und Landwirtschaft.

Ihr informiert euch über wirtschaftliche und soziale Folgen von Betriebsschließungen.

Ihr lernt Instrumente staatlicher Politik zur Bewältigung des Strukturwandels kennen.

2 Strukturwandel und Strukturpolitik

Merkmale regionaler Wirtschaftsstruktur

Die regionale wirtschaftliche Entwicklung hängt von verschiedenen Faktoren ab:

- der Infrastruktur. Dazu gehören
  - Verkehrswege
  - Kultur- und Freizeiteinrichtungen
  - Wohnmöglichkeiten
  - Ver- und Entsorgungseinrichtungen
  - Einkaufsstätten
  - Aus- und Weiterbildungsangebote von Betrieben, Schulen, Hochschulen
- den ökologischen Bedingungen
- dem *Steueraufkommen* und dem *Einkommen*
- den wichtigen → Branchen vor Ort, der eingesetzten Technik, den erzeugten Waren, erbrachten Dienstleistungen
- den Absatz- und Beschaffungsmärkten und ihren globalen Verflechtungen
- den Arbeitskräften vor Ort und in der Region
- der Struktur der Arbeitskräfte nach Gesichtspunkten wie Geschlecht, Alter, Nationalität, Ausbildungsstand
- den offenen Stellen und Ausbildungsstellen.

Wirtschaftliche Rahmenbedingungen wandeln sich

- Betriebe wenden neue Techniken an, stellen um auf die Herstellung neuer Produkte.
- Neue Dienstleistungen werden nachgefragt. Anbieter nehmen neue Chancen wahr.
- Den Erwerbstätigen stellen sich neue Anforderungen.
- Regionale Branchen verlieren an Bedeutung, weil ihre Nachfrage sinkt. Sie sind wegen hoher Arbeitskosten oder schlechter Verkehrsanbindung nicht mehr wettbewerbsfähig.

Als Folge steigt die Arbeitslosigkeit und sinkt die Kaufkraft sowie die Steuerkraft, was wieder zu Rückgängen im Handel führt.

Strukturpolitik des Staates

Diese soll die regionale Entwicklung unterstützen und den notwendigen Wandel in den Branchen fördern (siehe Übersicht Folgeseite).

Ein Teil der Aufgaben kann in der Region gelöst werden, ein anderer auf Landes- und Bundesebene. Bestimmte Probleme sind zwischen den Staaten der EU bzw. der Welt zu klären.

Die Strukturpolitik hängt mit anderen Bereichen der Wirtschaftspolitik, z.B. der Handelspolitik und der Arbeitmarktpolitik, zusammen.

Der deutsche Staat betreibt Strukturpolitik über Förderprogramme der EU, des Bundes und der Länder sowie ergänzende Maßnahmen der Kreise und Gemeinden. Gefördert werden Regionen mit

- besonders hoher Arbeitslosenquote
- unterdurchschnittlichem Einkommen der Beschäftigten
- mangelhafter Infrastruktur und
- schlechten Zukunftsaussichten zur Entwicklung der Zahl der Arbeitsplätze.

Die Kosten für die Fördermaßnahmen auf EU- und Bundesebene werden von den reicheren Staaten und Ländern getragen.

Ziele der Strukturpolitik

- Ausgleich von Standortnachteilen
- Abbau regionaler Entwicklungsunterschiede
- Förderung des Wirtschaftswachstums
- Schaffung wettbewerbsfähiger Arbeitsplätze

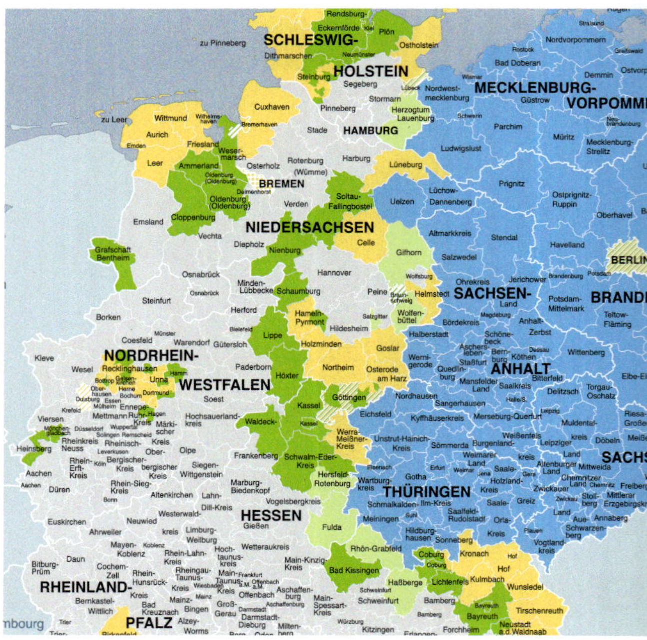

▲ Ausschnitt der Fördergebiete der alten Bundesländer im Zeitraum 2007–2013.Die Farbflächen von blau über gelb bis grün zeigen unterschiedlich hohen Förderbedarf. Die neuen Bundsländer (blaue Fläche) gehören vollständig zum Fördergebiet.

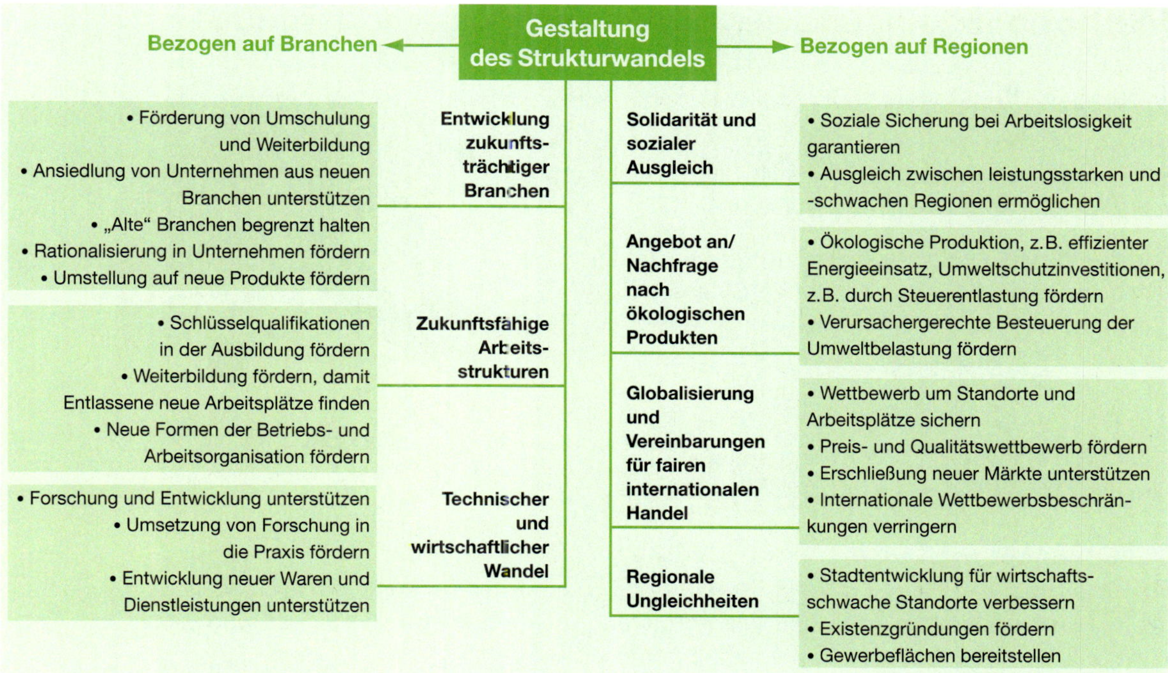

Regionale Wirtschaftsförderung in Niedersachsen

Diese wird von den Verdichtungsräumen Hannover sowie Braunschweig-Wolfsburg-Salzgitter geprägt. Große Bedeutung für das strukturstarke Umland haben die Stadtstaaten Hamburg und Bremen. Dünn besiedelte ländliche Räume mit größeren Entfernungen zu den großstädtischen Zentren sind u.a. die Arbeitsmarktregion Uelzen (siehe Karte S.292). Besonders dieser Teil der Region Lüneburg zählt zu den abgelegenen Räumen. Solche Regionen haben Nachteile der wirtschaftlichen Entwicklung.

Ziel der Wirtschaftsförderung ist, regionale und strukturelle Nachteile auszugleichen und damit die Wettbewerbsfähigkeit der Wirtschaft nachhaltig zu stärken, Beschäftigung zu schaffen und zu sichern. Regionale Möglichkeiten und Standortvoraussetzungen sowie unternehmerische Aktivitäten sollen gestärkt werden.

Die dafür zur Verfügung stehenden Landes-, Bundes- und EU-Mittel werden auf der Grundlage der Ziele des Ministeriums für Arbeit, Wirtschaft und Verkehr eingesetzt. Für 2007 bis 2013 stehen 2 Mrd. € bereit. Wichtige Förderprogramme (siehe M1, S. 292, 293) sind der Rahmenplan zur Verbesserung der regionalen Wirtschaftsstruktur, die Förderprogramme des Europäischen Strukturfonds für regionale Entwicklung sowie der Europäische Sozialfond.

Nach **35. Rahmenplan der Gemeinschaftsaufgabe „Verbesserung der regionalen Wirtschaftsstruktur“.** Deutscher Bundestag, Drucksache 16/1790 v. 07. 06. 2006, S. 123, http://dip.bundestag.de/btd/16/017/1601790.pdf

A Aufgaben

1 Beschreibt den Strukturwandel in eurer Heimatregion. Nennt Gründe dafür. Führt dazu eine Erkundung durch (siehe Folgeseite).

2 Welche Politikbereiche aus der Übersicht oben werden durch die regionale Wirtschaftsförderung angesprochen (s. M1, S.292, 293)?

3 Welche Fördermaßnahmen betreffen eure Heimatregion? Fragt bei der Kreisverwaltung oder Gemeinde nach. Informiert euch z.B. beim Niedersächsischen Ministerium für Arbeit und Verkehr: www.mw.niedersachsen.de.

4 Sollten reichere Länder für ärmere zahlen? Führt dazu eine Pro-Kontra-Debatte.

Methode Erkundung des regionalen Wirtschaftsraums

1 Darum geht es

Ihr könnt Ausschnitte der Arbeits- und Wirtschaftswelt in den Unterricht einbeziehen.

Beachtet dabei Perspektiven
- der hier arbeitenden und lebenden Menschen, auch als Konsumenten und Bürger
- des Unternehmens, das Waren produziert, Dienstleistungen erbringt und beides vermarktet
- der Gemeinde, die mit der Bereitstellung öffentlicher Güter u.a. die Infrastruktur gestaltet.

2 So läuft es ab

Vorbereitung

Ihr klärt, was ihr wo, warum und wie erkunden wollt, wie ihr die Ergebnisse dokumentiert, auswertet und wem ihr sie präsentiert.

Es kann z.B. darum gehen, zu erfahren und zu beurteilen,
- was für das Arbeiten und Leben in eurer Gemeinde bedeutsam ist
- welche Interessengegensätze die Diskussion, z.B. um ein neues Gewerbegebiet, bestimmen. Dabei sind dann wirtschaftliche, ökologische und soziale Aspekte abzuwägen.

Entscheidet, ob ihr von
- einem betrieblichen Fall (siehe nächste Seite Punkt 3) oder
- der Erarbeitung wesentlicher Merkmale der regionalen Struktur (siehe Mindmap S.287) ausgehen wollt.

Bedenkt, für wen und wie die Arbeit von Nutzen sein kann, wenn ihr z.B. ein Strukturproblem durch die Veröffentlichung aufklärt.

Nutzt verschiedene Quellen zur Informationsbeschaffung:
- Pläne zur Wirtschaftsförderung (Ziele, Maßnahmen, Ergebnisse von Gemeinde, Land, Bund, EU, Entwicklungsgesellschaften)
- Websites im Internet, z.B.
  - www.bmwi.de ▸ Wirtschaft ▸ Wirtschaftspolitik
  - www.mw.niedersachsen.de ▸ Themen ▸ Wirtschaft und Arbeit
- Fallberichte in Zeitungen, Zeitschriften, Rundfunk, TV, Internet
- Veröffentlichungen von Gewerkschaften, Unternehmen, Arbeitgeberverbänden, → Kammern, Parteien
- Haushaltspläne der Gemeinde /des Kreises
- Daten statistischer Ämter (Land, Bund), z.B. in Jahrbüchern oder im Internet und der Bundesagentur für Arbeit ▸ Service ▸ Arbeitsmarkt in Zahlen ▸ Arbeitslose nach Gemeinden

Befragt verschiedene Experten, z.B.
- in Unternehmen: Arbeitnehmer, Betriebsrat, Unternehmensleitung
- in der Gemeinde/dem Kreis (Amt für Wirtschaftsförderung), Kommunalpolitiker, Bürger, Bürgerinitiativen
- bei der Arbeitsagentur
- bei Kammern, Verbänden, Gewerkschaften.

Erstellt ein Ablaufdiagramm für die Vorbereitung, Durchführung und Auswertung. Bedenkt die Zeit, die zur Verfügung steht.

Entscheidet folgende organisatorische Fragen:
- Welche Teilaufgaben können welche Gruppen bearbeiten? Wie lassen sich die Ergebnisse zusammenführen und auswerten?
- Welche Techniken der Informationsbeschaffung, -aufbereitung und -auswertung müssen

eingeübt werden (z.B. Befragung, Protokoll, Nutzung (Video-)Rekorder, Textauswertung, Internetrecherche, Bericht für eine Zeitung, Präsentation am PC)?
- Welche Absprachen sind zu treffen, z.B. mit der Schule, dem Betrieb? Worauf beziehen sich diese, z.B. Zeit, Kosten, Verkehrsanbindung, Ablauf, Schwerpunkte, Gesprächspartner?
- Wie könnt ihr euch auf Planänderungen vorbereiten?
- Ist eine Vorerkundung notwendig?
- Welches Verhalten ist angemessen?

Auswertung

Stellt die erkundeten Informationen zusammen. Welche fehlen noch? Lassen sie sich nachträglich beschaffen?

Bereitet die Ergebnisse wie geplant auf. Wer ist anzusprechen, wenn noch Fragen auftauchen? Bedankt euch bei dem Betrieb/der Institution. Reflektiert eure Arbeit unter folgenden Fragestellungen:
- Was haben wir erreicht und war unser Ziel? Gab es Abweichungen? Wenn ja, warum?
- Welche Information hatten wir bereits? Wie stimmen sie mit der erkundeten Wirklichkeit überein?
- War unser Zeitplan zutreffend? Nutzten wir geeignete Methoden und Techniken? Reichten unsere Vorkenntnisse?
- Wie klappte die Zusammenarbeit in der Gruppe/Klasse? Wie kooperativ zeigte sich der Betrieb/die Institution?

Analysiert Konflikte auf der Sach- und Beziehungsebene. Gebt Feedback zum Verhalten.

Regeln zum Feedback

✓ Beschreibe das Verhalten anderer, aber bewerte es nicht. Es könnte verletzen.
✓ Behandle andere so, wie du selbst behandelt werden möchtest.
✓ Gib positive Eindrücke wieder. Nenne Dinge, die zu ändern sind. Feedback soll aufbauend sein.
✓ Kritisiere niemanden als Menschen, sondern beziehe dich auf sein Verhalten.

3 **Beispiele zu betrieblichen Fällen**
- **Soziale und wirtschaftliche Folgen von Betriebsschließungen**
  · Gründe
  · berufliche Qualifikation Entlassener
  · Rechte für Arbeitnehmer aus Gesetzen und Tarifverträgen, evtl. des Sozialplans
  · Aktionen der Arbeitnehmer/Gewerkschaften
  · Mobilität der Betroffenen
  · Auswirkungen des Arbeitsplatzverlustes auf Entlassene, ihre Familien, regionale Wirtschaft
  · Möglichkeiten zur Arbeitsvermittlung
  · Programme zur Beschäftigungsförderung, Weiterbildung und Umschulung
  · *Arbeitslosengeld*, Dauer, Höhe und Dauer der Leistungen
- **Neuansiedlung eines Betriebes**
  Entscheidungssituation im Planspiel: „Eine umstrittene Wirtschaftsförderung wird entschieden“

3 Weiterführendes Material

M1 Ausgewählte Förderprogramme für Niedersachsen am Beispiel Wirtschaftsförderung der Region Lüneburg

1. Rahmenplan der Gemeinschaftsaufgabe zur Verbesserung der regionalen Wirtschaftsstruktur (GA)

Regionalpolitik soll Standortnachteile strukturschwacher Regionen ausgleichen und deren Anschluss an die allgemeine Wirtschaftsentwicklung sichern. Sie ergänzt die global ausgerichtete Wachstums- und Beschäftigungspolitik. Sie kann dazu beitragen, in strukturschwachen Regionen das Wachstum zu stärken, wettbewerbsfähige Arbeitsplätze zu schaffen und den Strukturwandel zu fördern. Dazu gehört die Region Lüneburg/Uelzen am Rande der Metropolregion Hamburg (siehe auch M2–M4, S. 293–295).

Regionalprofil

	Deutschland	Niedersachsen	Region Lüneburg
Bruttoinlandsprodukt (2004) je Einw. in €	27 000	23 200	18 800
Arbeitslosenquote (2005) in %	13	13	13,9

Die Versorgung mit Infrastruktureinrichtungen im Bereich Uelzen beträgt weniger als die Hälfte vom Durchschnitt in Deutschland.

Teilweise hat die Landwirtschaft Gewicht. Baugewerbe, Maschinenbau, Kunststoffbearbeitung, Nahrungs- und Genussmittelgewerbe sind bedeutende Branchen. Im Dienstleistungssektor ist das Gesundheits- und Sozialwesen bedeutend (u.a. Kurkliniken) mit Einrichtungen des Tourismus in den Landkreisen Uelzen und Lüchow-Dannenberg. Dort entwickelt sich die Wirtschaft wenig. Neben allgemeinen Zielen regionaler Wirtschaftsförderung (siehe S. 289) sollen die Wirtschaftskraft und regionale Entwicklungsmöglichkeiten gestärkt werden, z.B. die
- Qualität von Tourismusangeboten
- wirtschaftsnahe Infrastruktur.

Nach: 36. Rahmenplan ... „Verbesserung der regionalen Wirtschaftsstruktur“, **Deutscher Bundestag**. Drucksache 16/5215 v. 27. 04. 2007, S. 7, 109 ff. http://dip21.bundestag.de/dip21/btd/16/052/1605215.pdf

2. Europäischer Strukturfonds für regionale Entwicklung (EFRE)

Aus diesem Fonds werden Fördermittel für einzelne Betriebe, Forschungs- und Entwicklung bis hin zur Infrastruktur bei Tourismus, Verkehr, Breitbandnetzen, Stadtentwicklung und Energiemanagement bereitgestellt.
Für die Region Lüneburg wurden elf Landkreise zu einem geschlossenen Fördergebiet ernannt.

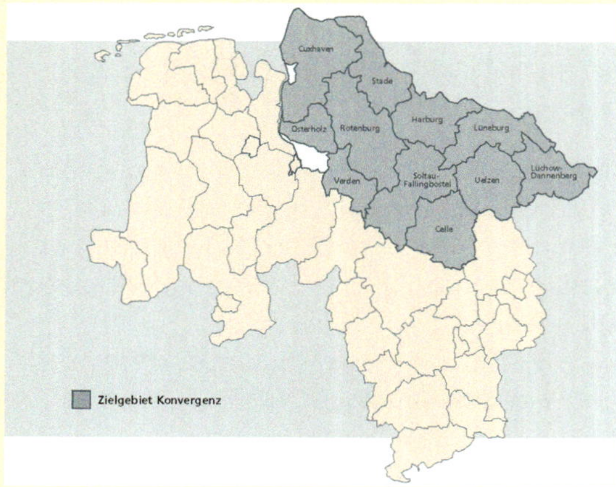

Förderschwerpunkte
- Steigerung betrieblicher Wettbewerbsfähigkeit durch Förderung von Investitionen besonders bei kleinen und mittleren Unternehmen
- Förderung der Beratung und Weiterbildung
- Förderung von Innovationen durch Zusammenarbeit von Hochschulen und Unternehmen (Wissens- und Technologietransfer)
- Unterstützung von Infrastrukturen für nachhaltiges Wachstum: regionale Verkehrssysteme, Tourismus, wirtschaftsnahe Infrastruktur, Infrastruktur für Aus- und Weiterbildung, Kultur, Film- und Medienwirtschaft
- Förderung der Umwelt, z.B. als Grundlage für nachhaltigen Tourismus, Nutzung erneuerbarer Energien, Energieeinsparung
- Erneuerung und Entwicklung städtischer Gebiete, z.B. nachhaltige Verbesserung des

Wohnumfeldes mit wichtigen Infrastrukturen, wie Gesundheitsversorgung.

Nachhaltigkeitsziele (Auswahl):
- Soziale und wirtschaftliche Entwicklungsinteressen im Einklang mit der Sicherung natürlicher Lebensgrundlagen. Das bedeutet Zukunftsverantwortung.
- Chancengleichheit von Männern und Frauen und Nichtdiskriminierung heißt, dass auch Frauen Zugang zu guten Arbeitsplätzen finden und u.a. ethnische sowie religiöse Gründe und Behinderungen nicht diskriminieren.

Nach: **Niedersächsisches Ministerium für Wirtschaft ...** (2007): Wettbewerbsfähigkeit steigern – Zukunft gestalten. Programmübersicht der EFRE-Förderperiode 2007–2013. Wirtschaftsförderung in Niedersachsen im Zielgebiet „Konvergenz" in der Region Lüneburg
http://cdl.niedersachsen.de/blob/images/C38444306_L20.pdf

3. Europäischer Sozialfonds (ESF)

Die ESF-finanzierte Arbeitsmarktförderung soll verbunden sein mit anderen Aktivitäten vor Ort und Wachstumspotentiale bewirken. An der Entwicklung wirkten u.a. Kommunen, Kreise, Wirtschafts- und Sozialpartner sowie Verbände mit.

Förderschwerpunkte
- Steigerung der Anpassungsfähigkeit und Wettbewerbsfähigkeit von Beschäftigten und Unternehmen (Förderung der Weiterbildung und Integration von Frauen in Arbeit).
- Stärkung der Berufsausbildung (zusätzliche betriebliche und überbetriebliche Ausbildungsplätze; Maßnahmen für benachteiligte Bewerber; Weiterentwicklung überbetrieblicher Bildungsstätten)
- Förderung innovativer beruflicher Aus- und Weiterbildung, z.B. im Bereich neuer Technologien, Ausbilderqualifizierung
- Förderung der Ausbildungsfähigkeit benachteiligter Schüler
- Verbesserung des Zugangs zur Beschäftigung und Eingliederung Benachteiligter (z.B. Integration Arbeitsloser, sozial Benachteiligter, Förderung von Jugendwerkstätten, Integration von Frauen in den Arbeitsmarkt

Nach:
Niedersächsisches Ministerium für Wirtschaft ... (2007): Wettbewerbsfähigkeit steigern – Zukunft gestalten. Programmübersicht der ESF-Förderperiode 2007–2013. Arbeitsmarktförderung in Niedersachsen im Zielgebiet „Konvergenz" in der Region Lüneburg
http://cdl.niedersachsen.de/blob/images/C38652338_L20.pdf

M2 „Wirtschaftsförderung Uelzen aktiv" weist Weg durch den Förderdschungel

Im Landkreis Uelzen gelten über 200 Förderprogramme, je nachdem, ob Sie zum Beispiel
- investieren und Arbeitsplätze schaffen
- Langzeitarbeitslose einstellen
- eine Beratung beanspruchen
- ein Forschungsprojekt durchführen
- sich an einer Auslandsmesse beteiligen wollen.

Daneben gibt es zinsgünstige Darlehen. Der Landkreis Uelzen ist Fördergebiet im Rahmen des Förderprogramms GA (siehe S. 292).

Damit werden Betriebsansiedlungen, Betriebserweiterungen und Rationalisierungsmaßnahmen von gewerblichen Unternehmen mit überregionalem Absatz mit bis zu 50 % der Investitionskosten bezuschusst. Mit der Investition sind die Dauerarbeitsplätze um mindestens 15 % zu erhöhen. Die Investitions- und Förderbank des Landes Niedersachsen entscheidet darüber. Die Wirtschaftsförderung Uelzen aktiv berät Sie gerne.

Nach:
Stadt Uelzen
www.stadtuelzen.de
▶ Suche ▶ Fördermittelinformation und ▶ Gemeinschaftsaufgabe

M3 Ein Förderfall der Region Lüneburg aus dem Landkreis Uelzen: zusätzliche Investitionen schaffen Arbeitsplätze

Ein Kunststoff verarbeitendes Unternehmen im Landkreis Uelzen mit derzeit zwanzig Mitarbeitern beabsichtigt die Erweiterung seiner Betriebsstätte. Es ist geplant, eine weitere Produktionshalle zu errichten, zusätzliche Maschinen zu erwerben und mehr Personal einzustellen. Der Investitionsbedarf beträgt 1 000 000 Euro.
Das Unternehmen hat in der Presse und im Newsletter der „Wirtschaftsförderung Uelzen aktiv" über die Ziel-1-Förderung in den Jahren 2007–2013 gelesen. Zum Thema „Die neue Förderkulisse ab 2007 – Uelzen wird Ziel-1-Gebiet" hat Ende 2006 die erste Informationsveranstaltung der Wirtschaftsförderung in Zusammenarbeit mit Behörden des Landes Niedersachsen und der NBank (Investitions- und Förderbank Niedersachsen) stattgefunden.
Nach dieser Veranstaltung nimmt das Unternehmen mit der „Wirtschaftsförderung Uelzen aktiv" Kontakt auf, um weitere Informationen zu erhalten und vereinbart mit dem Unternehmensbetreuer einen Vor-Ort-Termin. Das Unternehmen präsentiert hier sein Investitionsvorhaben und fragt den Wirtschaftsförderer nach Möglichkeiten der Förderung der geplanten Investitionen.
Der Wirtschaftsförderer stellt das Förderprogramm der „Einzelbetrieblichen Investitionsförderung" im Rahmen der Gemeinschaftsaufgabe „Verbesserung der regionalen Wirtschaftsstruktur" (GA) vor. Die Finanzierungshilfe dient dem Ausgleich von Standortnachteilen gewerblicher Betriebe, welche die Wettbewerbs- und Anpassungsfähigkeit der Wirtschaft durch die Schaffung und Sicherung von dauerhaften Arbeitsplätzen stärken.

Die Investitionen sind grundsätzlich förderfähig, wenn durch sie zusätzliche Einkommensquellen in der Region entstehen, durch die das Gesamteinkommen der Region unmittelbar und auf Dauer nicht unwesentlich erhöht wird. Da das antragstellende Unternehmen seine Produkte überwiegend überregional absetzt, gilt das als erfüllt.

Durch die Schaffung von drei weiteren Arbeitsplätzen und den Erhalt der vorhandenen zwanzig Arbeitsplätze für mindestens fünf Jahre nach Abschluss des Vorhabens erfüllt das Unternehmen eine weitere Fördervoraussetzung: Mindestens 15 % zusätzliche Dauerarbeitsplätze müssen entstehen. Wenn die Ziele vom Unternehmen nicht

erreicht werden, kann die Förderung zurückgefordert werden.
Das Unternehmen stellt nach dem Beratungsgespräch einen Antrag auf einen Investitionszuschuss bei der NBank. Neben dem Antragsformular benötigt diese weitere Unterlagen, z.B. die Bilanzen der letzten drei Jahre, Finanzierungszusagen für die Investitionen und Bauunterlagen. Das Unternehmen wird bei Fragen zur Antragstellung aktiv unterstützt durch die „Wirtschaftsförderung Uelzen aktiv". Diese muss dazu eine Stellungnahme bei der NBank abgeben. Es wird bescheinigt, dass bei dem Investitionsvorhaben die Ziele der Raumordnung (z.B. Bebauungspläne) beachtet werden.
Nach Bearbeitung des Antrags bei der NBank und in Abstimmung mit dem Niedersächsischen Wirtschaftsministerium erhält das Unternehmen einen Bewilligungsbescheid. Das Investitionsvorhaben in Höhe von 1000000 Euro wird mit einem Fördersatz von 20% bezuschusst. Weil das Investitionsvorhaben dazu geeignet ist, der vorhandenen Strukturschwäche im Landkreis Uelzen entgegenzuwirken, erhöht sich der Richtfördersatz um weitere 10%. Somit erhält das Unternehmen einen Zuschuss von 30% – 300000 Euro.
Die Fördersätze richten sich landesweit nach der Lage des Investitionsortes. Jedem Landkreis wird – abhängig von seiner wirtschaftlichen Leistungsfähigkeit – eine bestimmte Förderhöhe zugeordnet (Kategorie A bis D). Der Landkreis Uelzen ist A-Fördergebiet. Unternehmen erhalten dort den höchsten GA-Fördersatz.
Während des gesamten Durchführungszeitraums steht die „Wirtschaftsförderung Uelzen aktiv" dem Unternehmen zur Seite. Sei es bei Fragen zum Mittelabruf oder bei Problemen mit der Erreichung des Arbeitsplatzziels. Die Wirtschaftsförderer vereinbaren auf Wunsch einen Termin bei dem zuständigen Mitarbeiter der NBank und stehen als Vermittler zur Seite.

Wirtschaftsförderung Uelzen aktiv 2009

M4 Ausgewählte Daten zu den Fördergebieten in Niedersachsen

	Niedersachsen	Ost-Friesland (GA)	Ziel 1 Lüneburg (GA)	Südniedersachsen-Helmstedt (GA)
Bevölkerung (2006)	7996942	649774	710437	973838
Bruttoinlandsprodukt 2004				
in Mio. Euro	185803	13241	13366	20930
je Einwohner in Euro	23200	20400	18800	21200
Vergleich zum Wert D = 100%[1]	86	76	70	79
je Erwerbstätige in Euro	52400	49100	49700	50600
Vergleich zum Wert D = 100%[1]	92	86	87	89
Erwerbstätige 2004	3544000	269900	268700	413300
Einpendler 2005				
insgesamt	200513	51107	32561	74906
in % der Erwerbstätigen	8,7	31,8	20,2	27,3
Auspendler 2005				
insgesamt	321213	62573	74373	87551
in % der Erwerbstätigen	13,2	36,3	36,7	30,5
Arbeitslosigkeit 2005				
Arbeitslose absolut	457097	41362	41935	62885
Arbeitslosenquote in %	13,0	15,5	13,9	14,8
Vergleich zum Wert D = 100%[1]	99	119	107	114

[1] Wert für Deutschland, Anteil in den Spalten bedeutet z.B. 86% des Wertes von Deutschland

Niedersächsisches Institut für Wirtschaftsforschung, Hannover; Datenstand: Dez. 2006

M5 Fördermaßnahmen aus dem Strukturfonds der EU

PHOENIX: Ein Standort mit Zukunft

Bis 2001 wurde hier im letzten Stahlwerk Dortmunds Stahl gekocht ... Die EU fördert die Umstrukturierung aus dem Strukturfonds ...

Das Areal entwickelt sich zu einem der größten Investitions- und Zukunftsstandorte ... Hier finden junge Unternehmen aus den Zukunftsbranchen und der Mittelstand Nutzungsflächen ...

Eine neue Wohnqualität bieten attraktive Wohnanlagen, die über eine gut ausgebaute Infrastruktur verfügen – von den Geschäften vor Ort über Kindergärten und Schulen bis hin zu Kultur- und Freizeiteinrichtungen. Die Stadt erobert sich durch die Grün- und Gewässerlandschaft Natur- und Erholungsräume zurück ... Der Westteil ... wird Schwerpunktstandort für Mikrotechnologie und Informationstechnik sowie Dienstleistung. Auf 110 Hektar entsteht der Technologiestandort PHOENIX. Erstes Spitzenprojekt ist das neue Kompetenzzentrum für die Zukunftsbranche Mikrosystemtechnik (MST).

Als erste Einrichtung dieser Art in Europa bietet diese Existenzgründern und MST-Unternehmen einen modernen Maschinenpark, staubfreie Produktionsräume und technische Infrastruktur sowie Bürodienstleistungen. In direkter Nachbarschaft ist die Software-Halle geplant – ein Standort für IT-Unternehmen ...

Stadt Dortmund, Wirtschaftsförderung: dortmund-project 2006; www.dortmund-project.de/de/projekte/standorte/phoenix.jsp

Arbeiten mit den Materialien

Zu M1

1 Welche Bedeutung haben die Ziele des Rahmenplans zur Verbesserung der regionalen Wirtschaftsstruktur?
2 Vergleicht das Regionalprofil des Landes mit der Region Lüneburg. Wie sollen sich die Werte dort verändern?
3 Welche Bedeutung können die Förderschwerpunkte des Europäischen Fonds für regionale Entwicklung für die Region haben?
4 Im Zusammenhang mit den Zielen werden Nachhaltigkeitsziele verfolgt. Was soll dadurch erreicht werden?
5 Welche zusätzliche Bedeutung zu den anderen Fördermaßnahmen ergibt sich durch die Schwerpunkte des Europäischen Sozialfonds?

Zu M2

Sprecht über die Bedeutung der Wirtschaftsförderung Uelzen aktiv für den Landkreis.

Zu M3

1 Warum kann das Kunststoff verarbeitende Unternehmen eine Förderung erhalten?
2 Welche Leistungen erbringt die Wirtschaftsförderung Uelzen aktiv?
3 Was bedeutet die Förderung für die Region?

Zu M4

1 Prüft, ob eure Region Fördergebiet ist.
2 Vergleicht die Daten der Fördergebiete mit denen des Landes.

Zu M5

1 Beschreibt Möglichkeiten des Technologiestandorts. Besorgt euch weitere Informationen über ähnliche Projekte in eurer Nähe.
2 Welches Interesse hat die EU an der Förderung des Technologiestandorts PHOENIX?

Grenzenlos wirtschaften

1 Auswirkungen der Globalisierung

Informations- und Kommunikationstechnologien ermöglichen weltweite wirtschaftliche Beziehungen, die zeitnah erfolgen können.
Globale Handelsbeziehungen werden durch schnelle Transportmittel erleichtert.
Die Unternehmen müssen sich mit Wettbewerbern auf dem Weltmarkt messen. Multinationale Konzerne beherrschen immer häufiger das wirtschaftliche und politische Geschehen.
Zunehmende wirtschaftliche Aktivitäten beanspruchen immer stärker die Umwelt.

Die 10a auf Klassenfahrt in Berlin – Gespräche mit Blick auf die Weltzeituhr auf dem Alexanderplatz:

EVA: „Ich fange nach der Schule eine Ausbildung zur Hotelfachfrau an. Das heißt für mich, Arbeitsmöglichkeiten in ganz Europa."

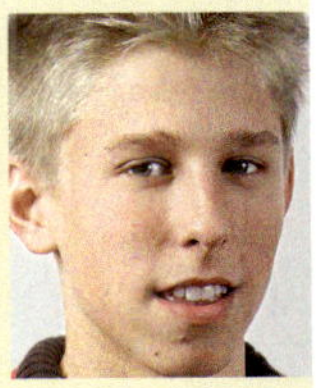

MARTIN: „Meine Mutter hat eine Arbeit in Amsterdam gefunden. Besser so, als arbeitslos in Gelsenkirchen."

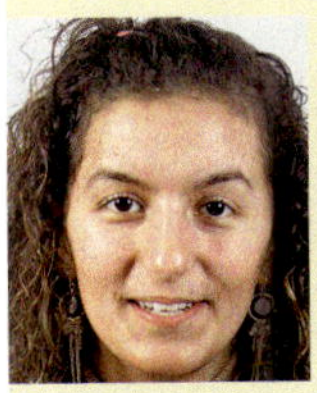

ALIDA: „Und mein Vater ist jetzt arbeitslos. Das Unternehmen produziert jetzt in Thailand."

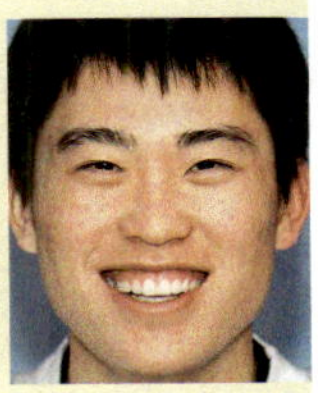

HAO: „Ich komme aus China und lebe für ein Jahr als Austauschschüler in Deutschland. Das hilft mir später, in meinem Heimatland beruflich erfolgreich zu sein."

▸ **Leitauftrag** Nennt Kennzeichen der → Globalisierung und entdeckt Chancen und Risiken für die Lebensqualität der Menschen weltweit.

B Auf einen Blick

Ihr kennt wichtige Bereiche globaler Veränderungen und erklärt diese an Beispielen.

Ihr beschreibt die weltweite Arbeitsteilung bei der Produktion und verdeutlicht Auswirkungen für Unternehmen, Arbeitnehmer und Verbraucher.

Ihr begründet Strategien, mit denen ein Unternehmen sein Dienstleistungsangebot interkulturell und nachhaltig ausrichtet.

2 Warum die ganze Welt an einem Rasierer baut

Die Firma BRAUN, ein deutsches Unternehmen mit Tradition, hat ein neues Rasierermodell entwickelt. ACTIVATOR heißt das Spitzenmodell, ein Name, der auf der ganzen Welt verstanden wird. Mit einer neuen Scherfolie können Haare von verschiedenen Seiten gründlich abgeschnitten werden. Auf dem Gehäuse steht „Made in Germany“ – doch die Bauteile kommen aus der ganzen Welt.

Zwei Redakteure haben die Produktion des ACTIVATORS weltweit aufgespürt und in der Wochenzeitung „Die Zeit“ veröffentlicht. Auf den folgenden Seiten könnt ihr Auszüge daraus lesen.

Die Motorkontakte – eine deutsch-tschechische Produktion

Die Firma SCHATZ mit Sitz in Lauterhofen in Franken liefert diese Motorkontakte, eine Spezialität, hier konstruiert. Im Hochlohnland Deutschland arbeiten inzwischen nur noch 22 Mitarbeiter, im Niedriglohnland Tschechien 100. Bis vor 10 Jahren wurde nur in Deutschland produziert. SCHATZ konnte steigende Kosten über die Preise an seine Großkunden weitergeben. Dann spielten Konzerne, die in Asien produzieren ließen, beim Preispoker mit. BRAUN zwang SCHATZ, die Preise zu senken.

SCHATZ verlagerte die Arbeit nach Sokolov in Tschechien. Inzwischen sind die Mitarbeiterinnen dort teilweise Slowakinnen, die sind noch billiger.

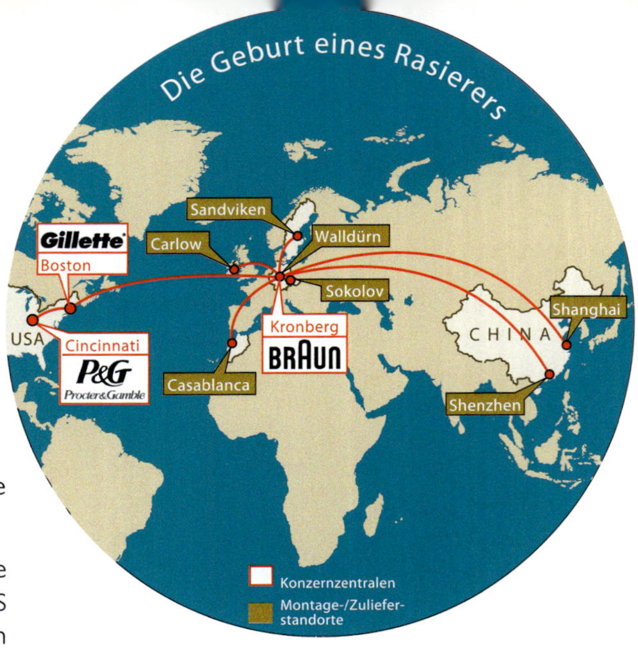

Netzstecker: Made in China

Sie werden im BRAUN-Werk in Shanghai am Fließband zusammengebaut, u.a. von Frau TU.

Am Anfang verdiente sie ungefähr 60 Euro im Monat, knapp 40 Cent in der Stunde. Nie war sie der Meinung, dass ihre Hände schlecht bezahlt würden, im Gegenteil. Es wurden ja bald 50 Cent, dann 60, weil Frau TU sehr fleißig war und sehr geschickt …
Am Anfang glaubte man bei BRAUN, China würde die Apparate nicht nur billig zusammenbauen, sondern auch massenhaft kaufen. Ein Irrtum … Wer im Monat 100 Euro verdient, gibt nicht 50 für einen Rasierapparat aus …“

Henning Sussebach, Stefan Willeke:
Operation Lohndrücken.
In: Die Zeit vom 10. März 2005, S. 15

Es geht noch billiger

Die Netzstecker sollen demnächst noch billiger im Süden des Landes hergestellt werden. Dank eBreviate, einem Programm für Einkaufsverhandlungen, schreibt BRAUN im Internet (wie z.B. bei eBay) alle Elektronikteile aus. Sieben Firmen bieten beim Netzstecker mit und unterbieten sich gegenseitig.

Die deutsche Firma FRIWO im Münsterland hat den Zuschlag bekommen.

Das ist eine Täuschung. FRIWO kalkulierte nicht mit deutschen Kosten, sondern mit chinesischen. Der Auftrag geht an FRIWO-China in Shenzhen ...
An einem Checkpoint vor der Stadt kontrollieren Beamte Wanderarbeiterinnen, die ihre Familien in Dörfern zurückließen, Tage in überfüllten Bussen verbrachten und sich an ihrem Ziel anheuern lassen von den Fabrikherren der Welt. Die Frauen sind höchstens zwanzig, 16-Jährige versuchen es mit gefälschten Papieren ...
Sobald die Frauen ein Werkgelände betreten, unterhalten sie sich nur noch leise. Während der Arbeit flüstern sie ...
Zehntausend von ihnen haben bei FRIWO angefangen ... Sie kosten nicht viel, sind zehn Cent pro Stunde billiger als die von BRAUN in der Metropole Shanghai ... Sie leben in einfachen, kleinen Zimmern in gigantischen Wohnheimen aus Beton ... Auf Hunderten Einheitsbalkonen schaukelt Wäsche im Wind, die Wäsche der Arbeiterinnen. Kleine Zimmer, dunkle Flure, ein Asphaltplatz, ein einsamer Basketballkorb, alles nur Kulisse für die Halle der billigen Hände. Rein in die Hallen, schweigen, raus aus den Hallen, waschen, schlafen ...
10 500 Kilometer westlich, im Münsterland, sagt ein Geschäftsführer von FRIWO: „Wenn wir China nicht hätten, gäbe es uns heute nicht mehr. Die Arbeit unserer 250 deutschen Arbeitsplätze wäre im Ausland billiger. Man braucht ein soziales Gewissen, um den Rest hier zu behalten. Wer weiß, wie lange China noch lohnt? Dann vielleicht Vietnam."
... So wandert die Arbeit von Land zu Land.

Henning Sussebach, Stefan Willeke: a.a O.; S. 16

▲ Wanderarbeiterinnen passieren die Kontrollstation eines Werkgeländes vor der Stadt Chongqing.

Endmontage im Odenwald

Das Zentrum jener hektischen Welt, die den ACTIVATOR baut, liegt in Walldürn im Odenwald. Hier lässt BRAUN seit mehr als 50 Jahren Rasierapparate bauen, von immer mehr Maschinen und immer weniger Menschen; 500 Arbeitsplätze sind in den letzten zehn Jahren verloren gegangen. Hier, wo die Teile aus dem Ausland mit denen aus Deutschland verbunden werden, sitzt am Ende der Endmontage ... eine deutsche Arbeiterin, die rechte Hand in einem weißen Baumwollhandschuh, in der Linken einen kleinen Lappen. Sie staubt den ACTIVATOR ab ... In Fünferreihen ... rücken die Apparate ... auf dem Band voran, ein Roboterarm greift diese einzeln heraus, taucht sie in einen Stahlkasten, darin tanzt ein grünes Licht – mit Laser wird „Made in Germany" in den Rücken der Geräte gebrannt. ... Noch werden viele Teile ... in Deutschland gemacht. Gehäuse, Scherkopf, Folien.

Henning Sussebach , Stefan Willeke: a.a.O.; S. 17

Die Zukunft von BRAUN wird neu verhandelt

Januar 2005 kaufte der US-amerikanische Konzern PROCTER & GAMBLE das Unternehmen GILLETTE, zu dem auch BRAUN gehört. Jetzt geht es BRAUN wie seinen Zulieferern.

Etwas war schon vorher bei BRAUN durcheinander geraten. Ein schärferer Wind kam vor wenigen Monaten auf. Der Mutterkonzern GILLETTE war nicht mehr damit zufrieden, dass es BRAUN nur gut geht. Glänzend soll alles sein. Noch mehr Rendite. BRAUN-Manager drängten Betriebsräte zu einem ersten Gespräch. Die Chefs brachten Papiere mit, in denen oft das Wort „China" auftauchte. Exakt 121 Leute könne man im Werk Walldürn einsparen, wenn man einen Teil der Produktion verlagere. Man könne aber auch anders, ohne „China": Zulagen weg, 40-Stunden-Woche statt 35, ohne Lohnausgleich.
Gewerkschafter sagen: BRAUN sei kerngesund! Man müsse verhindern, antworten Vorstände, dass BRAUN in zehn Jahren ein Sanierungsfall werden könnte. „Der Druck ist brutal", meint BRAUN-Chef Wild, „ich werde vom Kunden getrieben." Die chinesische Arbeiterin TU hat sich zu fügen, ihr Boss auch, der deutsche Chef fühlt sich von Handelsketten gehetzt, der amerikanische GILLETTE-Chef glaubt, den Erwartungen seiner Aktionäre gehorchen zu müssen. Globalisierung ...

Henning Sussebach, Stefan Willeke: a.a.O.; S. 17

Alltag einer Wanderarbeiterin in China

Mein Name ist LAKASIA. Ich bin wegen Arbeitsplatzmangel hierhin gezogen. In meiner Heimat herrscht Armut. Mit dem Verdienst unterstütze ich meine Familie. Diese sehe ich nur ein- bis zweimal im Jahr. Nach Hause sind es 1300 km. Das dauert mit Bahn und Bus 30 Stunden. Es gibt wenig Urlaub, kaum Unterstützung bei Krankheit, wenig Arbeitnehmerrechte. Der Betrieb wünscht nicht, dass wir in der Gewerkschaft sind. Das winzige Zimmer im Wohnheim ist an den Arbeitsplatz gekoppelt. Verliere ich meine Arbeit, ist auch das Zimmer weg. Aber dieses Leben ist immer noch besser als auf dem Land.
Nach der langen Akkordarbeit bin ich müde. Es gibt kaum Freizeitmöglichkeiten. Hier dürfte mich nicht einmal mein Freund besuchen. Mal sitze ich mit Freundinnen zusammen beim Essen. Aber bald sind wir müde. Aber ich habe Arbeit und kann mich ernähren und kleiden. Es tut oft weh, meine Eltern und Geschwister und die Freunde nicht sehen zu können.

Wanderarbeiterinnen werden in einem Schlafbus in die Wirtschaftszone Shenzhen transportiert. ►

A Aufgaben

1 Aus welchen Gründen hat die Firma SCHATZ die Produktion nach Tschechien verlagert?

2 Warum war Frau TU mit der Bezahlung und ihrer Lebenssituation zufrieden?

3 Beschreibt die Lebensbedingungen von LAKASIA. Warum lässt sie sich darauf ein?

4 Die Aufträge werden weltweit ausgeschrieben. Was bedeutet das für die Produktionskosten und die Beschäftigten?

5 Was meint der Chef von FRIWO mit „sozialem Gewissen"?

6 Wodurch sind auch die Arbeitsplätze in Deutschland bedroht?

7 Warum haben die Beteiligten das Gefühl, sich nur anpassen zu müssen? Was heißt das für die Vertretung der Arbeitnehmerinteressen durch die Gewerkschaften?

8 Welche Bedeutung kann der globale Wettbewerb für euch als Verbraucher, z.B. beim Kauf von Sportschuhen (s. auch S. 306-311), haben?

3 Willkommen im EINE-WELT-HOTEL – Dienstleistungen kulturbezogen und nachhaltig gestalten

Eine Delegation der Firma LAPTOP ETCETERA möchte für künftige Seminare mit japanischen Geschäftspartnern das EINE-WELT-HOTEL kennen lernen. Die Direktorin, (**D**), und die Marketingleiterin, (**M**), begrüßen die Gäste und stellen ihnen das Unternehmenskonzept vor.

D: „Unser Unternehmen trägt den Namen EINE-WELT-HOTEL, weil unsere Grundsätze von der → Nachhaltigkeit geprägt sind, von internationalem Denken und kultureller Vielfalt.
Wir haben viele Gäste und Mitarbeiter, die aus dem Ausland kommen, anderen Kulturen und unterschiedlichen Religionen angehören. Vor zwei Jahren wurde begonnen, die **Gastorientierung** stärker auch auf die Nationalität und Kultur wichtiger Gästegruppen auszurichten. Dadurch sollten neue Gästegruppen angesprochen, die Auslastung und damit die → Produktivität erhöht werden.
Wir bieten unseren Gästen ein Wohngefühl, bei dem jeder mit seinen Bedürfnissen und Lebensgewohnheiten im Mittelpunkt steht. Dabei ist unser Ziel, Mensch und Natur in Einklang zu bringen. Dies ist besonders wichtig für beruflich belastete Geschäftsreisende zur Erhaltung ihrer Gesundheit und Leistungskraft."

M: „Die **Ausstattung** im Empfangsbereich, in den Gästezimmern, im Restaurant und in den Seminarräumen wurde aus heimischen Nutzhölzern wie Birke, Eiche, Buche und Fichte gefertigt. Natürlich wurden bei der Beschichtung nur unbedenkliche Lacke verwendet.“

D: „Wir legen in unserem Hause Wert auf eine **international zusammengesetzte Belegschaft.** Diese wählen wir bewusst aus. Wichtig ist uns eine Offenheit unserer Mitarbeiter gegenüber Gästen. Vorurteile bringt jeder von uns mit, das ist ganz normal – wir problematisieren diese in der Weiterbildung. Da unsere Mitarbeiter dafür sensibilisiert sind und unterschiedliche kulturelle Erfahrungen mitbringen, können sie auf die Wünsche unserer Gäste eingehen. Dabei wurde auch bedacht, die **Arbeitszufriedenheit** zu fördern. Wir achten darauf, dass die Mitarbeiter einander mit persönlicher Wertschätzung begegnen.

Sie möchten japanische Geschäftspartner empfangen. Deshalb haben Sie bereits mit unserem japanischen Mitarbeiter, Herrn SUWAKI, die Gestaltung des Besprechungszimmers abgestimmt, haben geklärt, welche Speisen und Getränke bereitstehen sollen und welche Möglichkeiten Ihre Gäste haben, den Abend zu verbringen.“

M: „Unsere Zimmer sind so eingerichtet, dass sich Ihre Gäste dort auf die Geschäftsverhandlungen vorbereiten können. Dort können Sie auch eine erfrischende Dusche nehmen und das Duschgel „Bergamotte“ nutzen. Es kommt aus umweltfreundlicher Herstellung in Italien.
Möglich ist auch, sich mit einer Tasse **fair gehandeltem** Tee oder Kaffee in Schwung zu bringen – in jedem Zimmer steht neben Wasserkocher und Geschirr ein Sortiment für den Gast bereit.
Sie werden in den Zimmern fast nur Materialien vorfinden, die unter **umweltfreundlichen Bedingungen** hergestellt wurden.

Ein Teil der Einrichtung ist in Kooperativen in Mosambik hergestellt. Die Verkaufspreise enthalten Beträge, die Schulen und Gesundheitsstationen mitfinanzieren. Wir wollen Solidarität zeigen. Wer uns beliefert und welche Projekte Sie durch Ihren Aufenthalt unterstützen, steht in den ausliegenden Informationsmappen.“

D: „Wir schlagen Ihnen ein Abendessen vor, das regionale Züge trägt, aber auch asiatische Elemente enthält. So verbinden Sie mit der Auswahl kulturelle Elemente, die Ihre Handschrift tragen. Ihre Gäste werden sich nicht fremd fühlen oder Verlegenheit spüren.“

M: „Manchmal holen wir uns über Botschaften das Wissen. Ihnen und Ihren japanischen Gästen bieten wir für den späteren Abend eine kleine Teezeremonie an. Danach sorgen wir dann für die Getränke und Unterhaltung, die bei Geschäftsbeziehungen mit Japanern wichtig sind.“

D: „Die meisten **Rohstoffe im Restaurant** stammen aus ökologischem Anbau, meist von regionalen Obst- und Gemüsebauern und Saftereien. Bei der Auswahl der Fleischerei und Bäckerei achten wir auf hochwertige Produkte. Milchprodukte liefert ein Bio-Bauernhof. Unsere Lieferverträge sind langfristig zu festen Preisen – sind wir mit der Qualität unzufrieden, reden wir mit den Lieferanten.“

M: „Unser **Frühstückssortiment** ist relativ schmal. Auf dem Buffet: Tee, Kaffee und Kakao aus fairem Handel, saisonale Säfte und Orangensaft aus einer spanischen Kooperative, vollwertige Brot- und Brötchensorten, Konfitüren und Honig aus der Region. Dazu zwei Käsesorten, eine Schinken-, eine Wurstsorte und Bio-Eier. Die bereitstehenden Mengen sind gering. Nach Bedarf wird nachgelegt. Das senkt den Abfall.
Extrawünsche unserer Gäste erfüllen wir gern.“

D: „Unsere **Auszubildenden und Mitarbeiter** können über die Herkunft und Produktion der Waren Auskunft geben. Sie stehen hinter den Grundsätzen unseres EINE-WELT-HOTELS. Alle sprechen mindestens eine Fremdsprache. Für viele Sprachen haben wir Muttersprachler.
Unsere Auszubildenden für Hotel, Restaurant und Küche fühlen sich anerkannt und können ihre Fähigkeiten entwickeln. Aber es ist mehr als das: Sie haben ihren Ausbildungsplatz bei uns gewählt – und wir haben sie ausgewählt – weil sie mehr wollen als in „irgendeinem" Betrieb zu arbeiten. Im EINE-WELT-HOTEL können sie eigene Lebensvorstellungen im Kontakt zu anderen Kulturen weiterentwickeln. Leider können wir nur einen kleinen Teil der Bewerbungen berücksichtigen."

M: „Nun noch zu den **Preisen**. Unsere Ausstattung sowie die ökologisch angebauten und fair gehandelten Produkte sind teilweise teurer als herkömmliche. Weil wir aber bei den Nahrungs- und Genussmitteln saisonale und regionale Produkte verarbeiten, sparen wir hohe Kosten für importierte Waren, wie Erdbeeren im Winter oder exotische Früchte als Tellergarnitur. Auch unser Wein- und Spirituosensortiment ist schmal – das begrenzt die Lagerkosten."

D: „Ich hoffe, wir konnten Sie überzeugen. Wir würden uns freuen, wenn wir Sie mit Ihren Geschäftspartnern bei uns verwöhnen dürfen."

Nach: **Heinrich Meyer & Barbara Toepfer**: Nachhaltigkeit im Hörspiel: „Willkommen im EINE WELT HOTEL". In: H. Meyer & B. Toepfer (Hrsg.): Bildung für eine nachhaltige Entwicklung in den Gastronomie- und Ernährungsberufen. Bielefeld 2004, S. 9–21, wbv

A

Aufgaben

1 Lest das Gespräch mit verteilten Rollen.

2 Nennt Überlegungen für die Ausrichtung des Hotels.

3 Was wird im Hotel unter Nachhaltigkeit verstanden?

4 Erklärt Merkmale der Gastorientierung.

5 Was ist das Besondere
- an der Ausstattung der Zimmer und Räumlichkeiten?
- am Speisenangebot?

6 Welche besonderen Anforderungen stellt die Arbeit in diesem Hotel? Begründet, was daran interessant sein kann.

7 Welche Standortbedingungen sind wichtig, damit die Ausrichtung angenommen wird?

8 Führt eine Befragung bzw. Erkundung in einem Hotel unter einem Schwerpunkt durch, z.B.
- Marketing/Ausrichtung auf Gästegruppen
- Nachhaltigkeit
- Anforderungen an Auszubildende

9 Beschafft euch nähere Informationen zu einem der oben genannten Ausbildungsberufe.

Ausgewählte Ausbildungsberufe im Hotel- und Gaststättengewerbe
- Hotelfachmann/-frau
- Restaurantfachmann/-frau
- Koch/Köchin
- Fachkraft im Gastgewerbe

Informationen unter:
www.berufenet.de
▸ Beruf auswählen ▸ Ausbildung

10 Nehmt Stellung zu den Aussagen:
A.: „Ich will eine Ausbildungsstelle im EINE-WELT-HOTEL. Mein Traum ist, später im Ausland zu arbeiten. Dafür habe ich dann gute Voraussetzungen."
B: „Ich werde Restaurantfachfrau. Ich muss noch ganz viel über die Kultur, Religion und Gebräuche unserer Gäste lernen. Oft bin ich beim Bedienen noch unsicher. Aber ich habe Kollegen, die mir zeigen, wie es geht. Es macht Spaß, in einem internationalen Team zu arbeiten. Nebenbei lerne ich Chinesisch."
C: „Ich gehe für drei Monate nach Paris. Dort mache ich einen Teil der Ausbildung. Die EU fördert den → EUROPAPASS. Über die *IHK* habe ich Näheres erfahren."

4 Weiterführendes Material

M1 Warum die Produktion nach Deutschland zurückkommt

▲ Blick durch die rosa Brille: Bei Arbeitsplatzverlagerung werden oft nur Lohnkosten betrachtet.

150 Arbeitsplätze wollte TEREX-DEMAG nach Osteuropa verlagern. Doch dann änderte sich die Verlagerungsrichtung. Nach Jahren der Ostwanderung heißt es nun: Go west. Ein Teil der Produktion kommt zurück ...

Ende der 90er-Jahre verlagerte TEREX-DEMAG Teile des Stahlbaus nach Osteuropa – aus Kostengründen. Kranteile wurden dort zusammengeschweißt und in Zweibrücken montiert. Fast 400 Arbeitsplätze gingen hier verloren ...
Der Betriebsrat hatte die Kostenrechnung immer bezweifelt. Nur Löhne miteinander vergleichen, das erschien ihm zu einfach. Schließlich lief die Fertigung nach der Verlagerung längst nicht mehr so reibungslos. Die Produktion stand oft still, weil Teile fehlten. Früher konnten Fehler auf kurzem Weg zwischen Stahlbau und Planung ausgebügelt werden. Nun lagen viele hundert Kilometer dazwischen. „Bei uns in Zweibrücken waren 20 Leute ständig damit beschäftigt, Teile nachzuarbeiten", erzählt Metzger.
Der Betriebsrat drängte auf einen echten Kostenvergleich und schlug vor, Teile der Produktion zurückzuholen. Mit Erfolg ... und der Betrieb bildet auch wieder Schweißer aus ...

Zwar geht weit mehr als die Hälfte der Unternehmen aus Kostengründen ins Ausland. Aber mehr als die Hälfte davon kommt auch aus Kostengründen wieder zurück ... Viele schauten nur, was Arbeitskräfte oder Grundstücke kosten. Sie prüften aber nicht, ob sie Fachkräfte oder Material vor Ort auch bekommen ...

Brenzlig wird es häufig, weil unter der Verlagerung auch die Qualität leidet.

... Auch kann die Alternative, den heimischen Standort zu modernisieren, die billigere Variante sein, wie etwa die Firma Jungheinrich in Norderstedt ... feststellte: In Deutschland kostet ihn die Produktion mit Schweißrobotern rund 93 000 Euro weniger pro Jahr als die Handarbeit in Tschechien. Seit letztem Jahr wird wieder in Norderstedt geschweißt ... Aber ... es zählt noch etwas anderes: „Unsere Produktion ist stabiler geworden. Wir müssen nicht mehr darauf warten, ob der Lkw mit den Teilen kommt oder nicht."

Fabienne Melzer:
In: metall 10/2006, S. 17–19, Auszug

Gründe für die Rückverlagerungen

Angaben in %	2003	2006
Verfügbares qualifiziertes Personal	27	12
Qualität	43	53
Flexibilität	38	76
Koordinationskosten	37	25
Infrastruktur	29	13

Quelle: **Fraunhofer ISI** (Hrsg.):
Modernisierung der Produktion 2006
www.isi.fhg.de/pr/2008/pri02.htm

Arbeiten mit den Materialien

Zu M1
Produktionskosten hängen nicht nur von den Stundenlöhnen, sondern auch von der Arbeitsproduktivität ab. Was heißt das für die Arbeitsplätze in Deutschland?

Alles klar?

Grenzenlos wirtschaften

1 Erkläre an einem Beispiel zwei Gesichtspunkte, durch welche die Verflechtung der Weltwirtschaft erleichtert wird.

2 Nenne für folgende Unternehmensentscheidungen je zwei Gesichtspunkte.
a) Worauf kommt es bei der Ware an?.
b) An wen vergeben wir die Aufträge?

3 Erkläre zwei Risiken, die auf Arbeitnehmer durch die Globalisierung zukommen.

4 Wie können Arbeitnehmer Risiken der Globalisierung begegnen?

5 Beschreibe an einem Beispiel wie die Globalisierung auf Verbraucher wirken kann.

6 Begründe, warum das EINE-WELT-HOTEL
a) bei seinen Dienstleistungen die Kultur der Gäste berücksichtigt
b) Wert darauf legt, dass die Beschäftigten aus verschiedenen Ländern kommen
c) Nachhaltigkeit beim Einkauf von Waren, der Ausstattung der Räume und dem Angebot an Dienstleistungen berücksichtigt.

Blickpunkt: Regionale Wirtschaft

7 Beschreibe die Ausstattung eurer Gemeinde mit Infrastruktur. Berücksichtigt drei Arten.

8 Nenne die Bedeutung der Infrastruktur für die Unternehmen.

9 Beschreibe drei wichtige Entwicklungen, die zum Wandel der Wirtschaftsstruktur beigetragen haben.

10 Erkläre je ein Beispiel für den Strukturwandel:
a) bezogen auf Branchen
b) bezogen auf Regionen.
Ziehe dazu die Übersicht auf S. 289 heran.

11 Beschreibe an einem Beispiel den Zusammenhang zwischen dem Strukturwandel und sich wandelnden Anforderungen an Berufstätige.

12 Nenne mindestens zwei Ziele der Strukturpolitik und begründe ihre Bedeutung.

13 Schätze die Verkehrsanbindung für das Vorhaben PHOENIX als Gewerbestandort und als Wohngebiet ein.

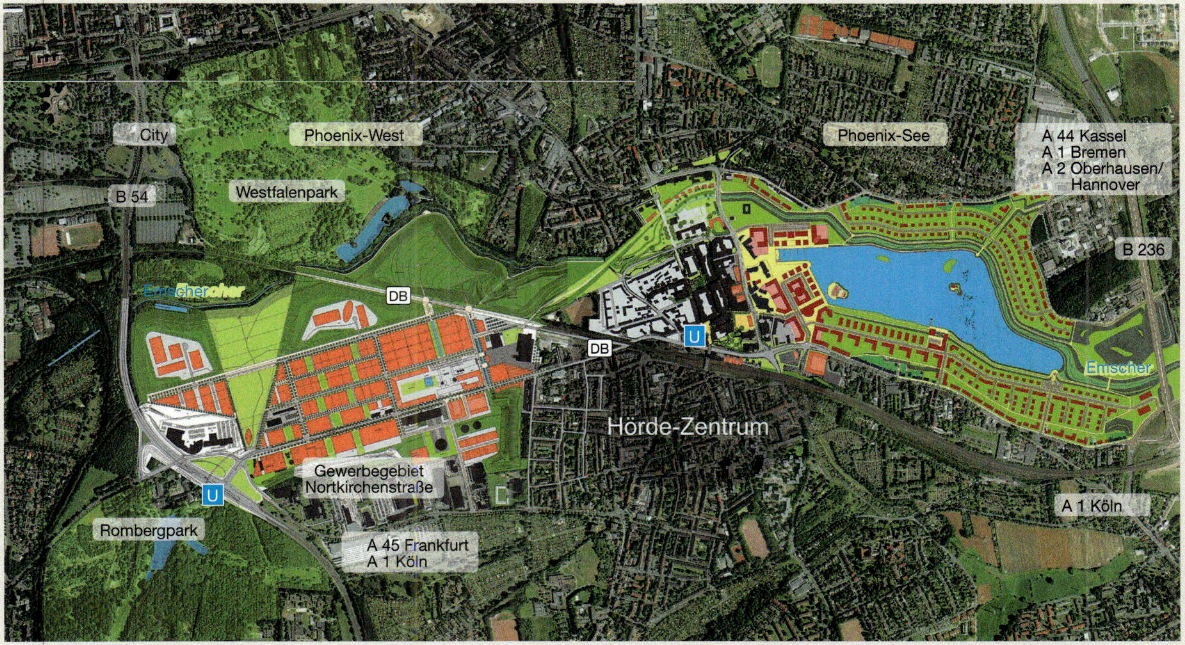

▲ Masterplan Phoenix-West und Phoenix-See 2004 (nach Stadt Dortmund und Architekturbüro Stegepartner)

Sportkleidung: mit Verantwortung produzieren und kaufen

1 Geht alles nur um den Preis?

Private Unternehmen stehen in Wettbewerb zueinander – weltweit. Sie wollen ihre Waren so preiswert wie möglich anbieten, um viele Käufer anzulocken.
Die Herstellung von Sportkleidung in Indien, China oder Mittelamerika ist besonders preisgünstig. Der Einkauf von Kleidung aus diesen Ländern ermöglicht den Händlern befriedigende Gewinne.

Die Hersteller stehen ebenfalls in einem weltweiten Wettbewerb. Wenn sie Sportkleidung nicht preisgünstig produzieren, bekommen sie keine Aufträge oder verlieren sie. Sie versuchen deshalb, die Produktionskosten zu senken, z. B. durch schlechte Arbeitsbedingungen und Hungerlöhne.

▸ **Leitauftrag** Erklärt den Zusammenhang zwischen den Abbildungen. Notiert Konflikte.

▲ „Super, diese billigen Teile. Davon kann ich mir gleich drei kaufen."

▲ „12 Stunden am Tag nähen für einen Hungerlohn."

B Auf einen Blick

Ihr nennt Gründe für die Auslagerung der Produktion von Sportkleidung nach Südostasien, z. B. China oder Indien.

Ihr erklärt den Konflikt zwischen dem Interesse der Verbraucher nach einem niedrigen Kaufpreis und dem Interesse der Arbeiter nach einem Lohn, von dem sie gut leben können.

Ihr nennt Möglichkeiten der Textilhändler von Sportkleidung und anderen Textilien, die Löhne und Arbeitsbedingungen von Textilarbeitern zu verbessern.

Ihr denkt darüber nach, wie ihr euch als Verbraucher beim Kauf von Sportkleidung verhaltet und ob ihr etwas ändern wollt.

2 Hersteller und Händler unserer Sportkleidung

BURAK: „Die Schuhe sind echt stark. Das hat auch mein Trainer gesagt. Damit kannst du deine Leistung steigern."
LENA: „Wahnsinnig, cool! Passt genau zu mir."
ANDI: „Gibt es bestimmt auch für Männer. Wenn ich die hätte, würde Diara staunen."

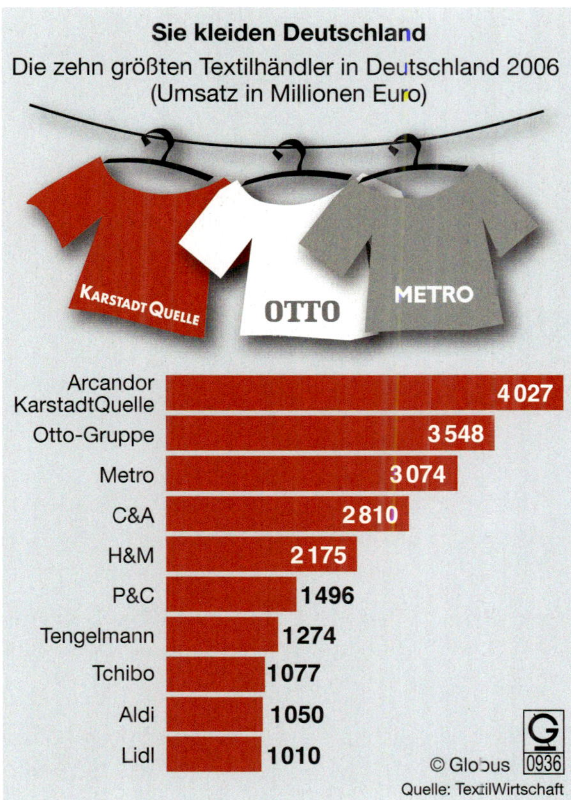

In: **Financial Times Deutschland** 05.03.2008, S. 6

In der Marketingabteilung eines großen Sporthändlers

PAULA: „Die Werbeaktion war erfolgreich. Unser Text hat genau das Lebensgefühl der Jugendlichen getroffen. Wir sollten in Kürze noch mal nachlegen."

JERRY: „Und dabei unser neues Styling groß herausstellen. Damit können wir den Umsatz steigern. Wir vermitteln, dass hier ein völlig neues Produkt auf den Markt kommt."

MURA: „Sollten wir für die Zielgruppen junge Frauen und junge Männer mit unterschiedlichen Themen werben?"

ALINA: „Klimaschutz ist im Trend. Das sollten wir nutzen. Viele wollen im Trend sein, egal was das heißt."

SANDRA: „Zu den Laufschuhen müssen wir die passende Kleidung und auch die richtigen Sporttaschen anbieten. Gute Produktfamilien machen immer Umsatz."

TIMO: „Das Ganze lassen wir dann von einem bekannten Sportler anpreisen. Mal sehen, wen wir dafür einkaufen können."

Einkäufer von Sportkleidung aus Deutschland

„Ich muss weltweit nach den preiswertesten Herstellern suchen. Ich muss um jeden Cent feilschen, sonst macht mir mein Chef die Hölle heiß. Wer nicht mitziehen kann, bekommt eben keinen Auftrag.
Unsere Kunden wollen immer billigere Sportkleidung. Die Kids sind ja ganz verrückt nach immer neuen Sachen. Wenn unsere Preise zu hoch sind, verlieren wir unsere Kunden und damit Marktanteile. Das können wir uns nicht leisten. Das Geschäft ist knallhart."

Ein Hersteller aus Südostasien

„Ich weiß, dass die Löhne sehr niedrig sind. Aber was soll ich machen? Die Einkäufer aus Europa pressen uns aus wie eine Zitrone. Wenn ich nicht dem geforderten Preis zustimme, bekommt die Konkurrenz den Auftrag. Ich muss meine Kosten scharf kalkulieren. Meine Mitbewerber sind die Textilhersteller auf der ganzen Welt. Durch das Internet können die Einkäufer blitzschnell die Angebote weltweit vergleichen.
Wie soll ich die Investitionen für einen besseren Arbeitsschutz und höhere Löhne finanzieren? Da bleibt meistens kaum was übrig.
Außerdem sollten die Frauen froh sein, dass sie überhaupt Arbeit haben. Viele sind Wanderarbeiterinnen. Sie kommen vom Land, wo es keine bezahlte Arbeit gibt."

Wo bleibt das Geld, das für ein Paar Turnschuhe bezahlt wird?

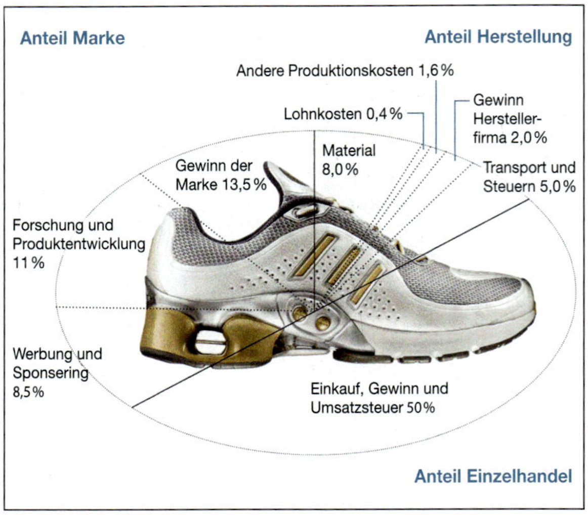

Kosten für Sponsorenverträge mit berühmten Sportlern

- David Beckham, Fußballer, adidas, 161 Mio. US Dollar lebenslang
- Grant Hill, Basketballer, Fila, 7 Mio. US Dollar 1997–2004
- Venus Williams, Tennisspielerin, Reebok, 38 Mio. US Dollar über 5 Jahre

Christliche Initiative Romero (Hrsg.): Fit for Fair. Münster 2004, S. 28

A

Aufgaben

1 Notiert, was die Werbung erreichen will.

2 Beurteilt die Meinungen von BURAK, LENA und ANDI. Seht ihr das ähnlich?

3 Wie schätzt ihr die Ideen der Marketing-Experten ein?

4 Erfindet einen eigenen Werbetext, der zu der von Paula angeregten Werbekampagne passt.

5 Informiert euch in Sportabteilungen und im Internet über die aktuelle Werbung für Sportschuhe. Welche Schwerpunkte setzten die Marketingexperten?

6 Informiert euch über die Aufteilung der Herstellungskosten. Welchen Anteil haben die Löhne im Durchschnitt?

7 Wie kennzeichnen der Hersteller aus Südostasien und der Einkäufer aus Deutschland ihre Lage?

8 Schreibt auf, was eine Textilarbeiterin und eine 16-jährige Jugendliche aus Deutschland sagen würden.

9 Wie beurteilt ihr euer eigenes Kaufverhalten in dem Konflikt um angemessene Löhne und Arbeitsbedingungen? Möchtet ihr etwas ändern?

3 ler Herstellung von Sportkleidung

▲ Arbeiterinnen in einer Textilfabrik in Ningbo, Provinz Shenzhen

Zur Lage der Arbeiterinnen

In der Bekleidungsherstellung sind die Löhne weltweit sehr niedrig und die Arbeitsbedingungen schlecht. Überall dort, wo Sportschuhe, -shirts und -shorts (Sportswear) zugeschnitten, genäht und geklebt werden, gibt es oft Verletzungen der Menschenrechte.

Arbeitsschutz

Die Fabrikhallen sind schlecht belüftet und heiß. Häufig kommt es zu Arbeitsunfällen, weil Arbeitnehmerinnen an Maschinen und die Arbeitsumgebung nicht ausreichend geschützt sind.

A Aufgaben

1 Beschreibt die Lage der Arbeiterinnen.

2 Vergleicht sie mit Arbeitsbedingungen in Deutschland. Nutzt dazu auch das Kapitel zum Arbeitsschutz ab S. 224.

Weitere Informationen im Internet unter

www.ci-romero.de

www.saubere-kleidung.de

Arbeitsverhalten und Menschenwürde

Die Arbeiterinnen stehen oft unter starkem Leistungsdruck. Sie dürfen nicht reden und nur nach Erlaubnis etwas essen oder trinken. Die Toilettengänge werden auf ein- oder zweimal am Tag festgelegt.

Aufseher überwachen die Frauen und treiben sie an. In vielen Fällen greifen sie zu Gewalt, wenn eine Frau ihrer Meinung nach nicht schnell genug arbeitet.

Entlohnung

Die Löhne sind meistens so niedrig, dass sie für die Versorgung der Kinder nicht reichen.

Oft werden Überstunden nicht oder nicht nach den gesetzlichen Vorschriften bezahlt. Ein Zahlungsrückstand ist weit verbreitet.

Lohnfortzahlung bei Krankheit gibt es nicht.

Gewerkschaften

Arbeiterinnen, die eine Gewerkschaft gründen wollen, laufen oft Gefahr, schikaniert und entlassen zu werden.

4 Verbesserungen durch Sozialstandards sind möglich

Sozialstandards festlegen

Handelsunternehmen, die sich für die Art und Qualität der Produktion ihrer Lieferanten verantwortlich fühlen, haben Sozialstandards festgelegt. Man bezeichnet diese Unternehmensverantwortung als Corporate Social Responsibility, abgekürzt CSR.

Je nach Unternehmen findet man dafür auch besondere Bezeichnungen, z. B.

- Code of Conduct (OTTO)
- Standards of Engagement (ADIDAS)

Die Standards verpflichten alle Mitarbeiter des Unternehmens selbst sowie alle Lieferanten und deren Geschäftspartner, weltweit die Menschenwürde aller Beschäftigten zu achten.

Kernpunkte der Sozialstandards

- Verbot von Kinderarbeit
- Verbot von Zwangsarbeit
- Verbot, Beschäftigte nach Religion, Hautfarbe oder Geschlecht zu diskriminieren
- Verbot von körperlicher, seelischer oder sexueller Gewalt gegenüber den Beschäftigten
- Arbeitsbedingungen, die die Gesundheit und die Sicherheit der Arbeitenden nicht gefährden
- Das Recht, Gewerkschaften zu gründen
- Löhne, die die Existenz sichern bzw. gesetzlicher Mindestlöhne des jeweiligen Landes
- Beachtung von Höchstarbeitszeiten

Wer überwacht die Einhaltung der Sozialstandards?

Immer wieder werden Berichte über menschenunwürdige Arbeitsbedingungen und Hungerlöhne veröffentlicht. Sie betreffen vor allem die Masse der Unternehmen, die keine Sozialstandards verabschiedet haben. Aber auch Unternehmen mit Sozialstandards sind in der Kritik.

Das Problem: Die Unternehmen kontrollieren die Einhaltung der Sozialstandards nicht oder nicht gut genug. So sind die meisten nicht bereit, unabhängige Prüfer zu beauftragen. Sie wollen lieber alleine prüfen und die Öffentlichkeit nicht über Missstände informieren. Sie fürchten um ihr Image und den Verlust von Kunden.

Die Kontrolle muss nicht nur die Hersteller, sondern auch deren Lieferanten und Unterlieferanten erfassen. Diese ganze Kette wird auch Wertschöpfungskette genannt.
Manche Experten sind der Meinung, dass freiwillige Sozialstandards nicht ausreichen. Sie halten es für besser, wenn z.B. die UN und die EU Bestimmungen erlassen, deren Einhaltung von den Nationalstaaten durchgesetzt werden muss.

Die Bedeutung von Nichtregierungsorganisationen (NRO)

Die weltweit handelnden → NRO informieren über Missstände, arbeiten mit Journalisten zusammen und bieten den Unternehmen Kooperationen an.
Eine bedeutende Organisation für den Textilbereich ist die **Kampagne für saubere Kleidung** (international: Clean Clothes Compaign, CCC)

www.saubere-kleidung.de
www.cleanclothes.org

Die Kampagne für saubere Kleidung wird von einer großen Anzahl von kirchlichen und gewerkschaftlichen Organisationen, dem Südwind-Institut für Ökonomie und Ökumene und der Christlichen Initiative Romero getragen.

„Unser Hebel ist die Angst der Konzerne um ihr Image!"

Kampagne für saubere Kleidung

International entwickelte Sozialstandards

Die Vereinten Nationen (UN): Global Compact
www.unglobalcompact.org

Informationen zum deutschen Netzwerk:
www.gtz.de/de/leistungsangebote/2677.htm
▸ Global Compact

Die OECD: Leitsätze für multinationale Unternehmen
www.oecd.org

Die OTTO GROUP: Standards for Social Accountability (SA 8000)
www.otto.com

Aus der Arbeit der Kampagne für saubere Kleidung

Was ihr z. B. auf der Website <u>www.saubere-kleidung.de</u> findet:

- Eilaktionen mit Musterbriefen, die alle zum Mitmachen beim Protest auffordern
- Rundbriefe zum Download
- Informationen über Gespräche mit Unternehmen
- Aktionen zur Olympiade 2008 in Peking

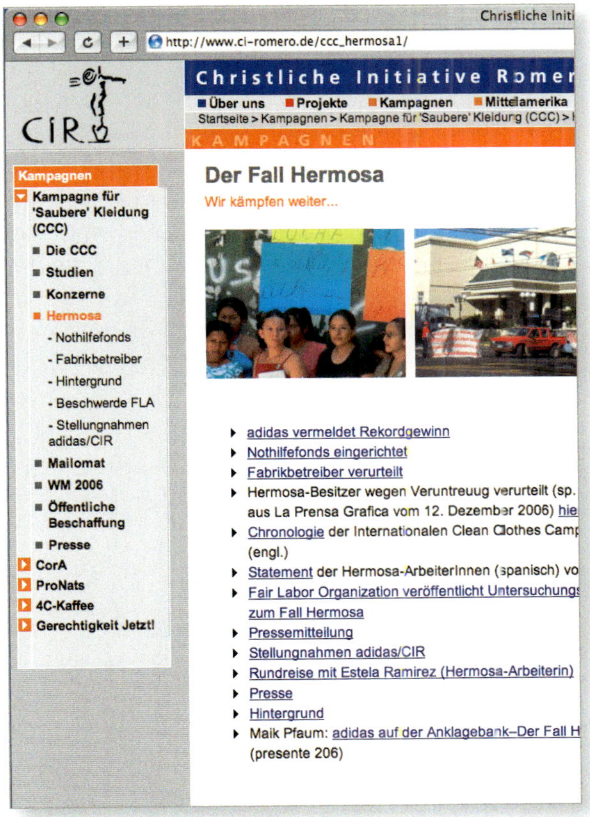

▲ Aktionsidee der Kampagne für saubere Kleidung: Ein Transparent mit ausgewählten Waschzettelsymbolen soll auf die Arbeitsbedingungen aufmerksam machen, unter denen teilweise Textilproduktion erfolgt.

A

Aufgaben

1 Nennt Kernpunkte von Sozialstandards.

2 Nehmt Stellung zu folgenden Meinungen:
A: „Solange nur wenige Unternehmen ihre Sozialstandards von unabhängigen Personen überprüfen lassen, besteht die Gefahr, dass sich nur sehr wenig verbessert."
B: „Ohne den Druck der NRO und der Öffentlichkeit bewegen sich die meisten Unternehmen kaum."
C: „Unternehmen, die sich wirksam engagieren, sollten öffentlich bekannt gemacht werden. Ich würde deren Produkte dann bevorzugen."

3 Recherchiert im Internet bei den genannten NRO und prüft, ob ihr euch an Aktionen beteiligen wollt.

5 Weiterführendes Material

M1 Das Leben einer Wanderarbeiterin in China

Xiao Quing, eine junge Wanderarbeiterin in China, trieb die Armut in eine Bekleidungsfabrik.
Sie wuchs in einem Dorf mit ihren Eltern und ihrem Bruder auf. Die Eltern, arme Bauern, verdienten im Jahr nach Abzug von Steuern rund 2400 RMB (240 Euro). Die Schulgebühren für den älteren Bruder, der eine weiterführende Schule besuchte, betrugen 800 RMB, für die Grundschule, die Xiao Quing besuchte, ein paar 100 RMB jährlich.
Als die Mutter krank wurde, verschlechterte sich die Situation der Familie. Die Familie gab mehrere Tausend RMB für die Behandlung aus.
Xiao Quing musste die Schule verlassen und arbeiten. Da sie erst 14 Jahre alt war, brauchte sie gefälschte Personalpapiere, die ihr ein Onkel verschaffte.
Die erste Fabrik war eine Bekleidungsfabrik in einer anderen Provinz. Sie gehörte Investoren aus Hongkong, die in westliche Märkte exportierten. Xiao Quing arbeitete dort ein halbes Jahr als Näherin. Sie arbeitete täglich 13 bis 14 Stunden und verdiente 600 RMB monatlich.
Als sie es dort nicht mehr aushielt, wechselte sie in die Nähereiabteilung einer Spielzeugfabrik.
Xiao Quing stand morgens um 6:30 Uhr auf, machte ihr Bett in einem großen Schlafsaal und räumte auf. Die Regeln waren streng, wer sie missachtete, wurde bestraft. Sie musste ungefähr 10 Stunden an einer Nähmaschine arbeiten. Manchmal bekam sie Hautausschlag vom Staub der Fabrik.
Einige wichtige Leute besuchten manchmal die Fabrik und befragten die Arbeiterinnen über ihre Arbeitsbedingungen. Xiao Quing wusste, dass das die Einkäufer waren, aber sie wusste nicht genau, was sie taten und wie sich die Dinge nach all den Befragungen ändern sollten. Trotzdem mochte sie ihre Besuche. Es war nicht wegen der möglichen Verbesserungen, sondern weil das Fabrikmanagement ihr und den anderen jung aussehenden Arbeiterinnen frei gab, damit die wichtigen Leute sie nicht sähen und über ihr Alter befragten.

Nach **Südwind** (Hrsg.):
Nähen für den Weltmarkt, Siegburg 2005, S. 21

M2 Interview mit Michael Otto, Versandhandel OTTO GROUP

Öko-Schick funktioniert nicht

OTTO: „Wir beobachten, dass Nichtregierungs-Organisationen Unternehmen öffentlich angreifen, die sich ihrer Verantwortung nicht stellen. Wir wollen solche Vorwürfe, die schädlich für Image und Marke sind, durch unsere Maßnahmen von vornherein vermeiden.“

INTERVIEWER: „In welcher Form?“

OTTO: „Über die Außenhandelsvereinigung haben wir früh begonnen, unser Projekt für soziale Nachhaltigkeit zu steuern. Das hat OTTO initiiert [angeregt], um nicht nur die eigene Einkaufsmacht zu nutzen. Vielmehr haben wir mit Konkurrenten vereinbart, nur unter gleichen Bedingungen einzukaufen, um Kinderarbeit auszuschließen oder unfaire Löhne und Diskriminierung.“

INTERVIEWER: „Wie stellen Sie das sicher?“

OTTO: „Wir nehmen Sozialstandards in die Einkaufsbedingungen auf. Wir veranstalten Workshops, um die Lieferanten zu überzeugen, und wir überprüfen deren Praxis.“

INTERVIEWER: „Und wenn die Lieferanten sich nicht dran halten, wird Ihnen fristlos gekündigt?“

OTTO: „Nein. Es kann uns nicht daran gelegen

sein, nach einer Prüfung zu sagen: ‚Die nehmen wir und die anderen sperren wir.' Denn für sich entwickelnde Volkswirtschaften (z.B. China) hätte ein solches Vorgehen mehr Schaden als Nutzen. Boykotte würden unter Umständen die Arbeitsbedingungen verschlechtern."

INTERVIEWER: „Also drücken Sie ein Auge zu?"

OTTO: „Wir geben Firmen etwas Zeit, ein halbes Jahr, ein Jahr."

INTERVIEWER: „Und dann?"

OTTO: „Wir haben bei der ganz überwiegenden Anzahl unserer Lieferanten und deren wichtigsten Unterlieferanten festgestellt, dass sie unsere Standards einhalten oder zumindest intensiv an deren Erfüllung arbeiten. Den Rest haben wir tatsächlich gesperrt."

INTERVIEWER: „Bekommen Ihre Kunden überhaupt mit, dass Sie strengere Sozial- und Umweltstandards anlegen als viele Konkurrenten?"

OTTO: „Als Versender haben wir den Vorteil, darüber ausführlich im Katalog berichten zu können."

INTERVIEWER: „Trotzdem wird sich der Kunde doch vor allem vom Preis lenken lassen?"

OTTO: „Ja, der Preis wird immer entscheidend sein. Auch, dass eine Hose modisch ist. Öko-Schick funktioniert nicht. Aber wenn Unternehmen darüber hinaus einen Zusatznutzen bieten können wie eine umweltverträgliche Produktion, dann kommt das beim Kunden an."

Nach **Frankfurter Rundschau** vom 10.06.2005, Öko-Schick funktioniert nicht, Interviewer: Detlef Fechtner

M3 Unternehmensverantwortung in „test"

Die Stiftung Warentest hat die Einhaltung der Sozial- und Umweltstandards bei der Herstellung von Herrenhemden in 15 Nähfabriken in neun Ländern getestet, z.B. China, Vietnam und Indonesien. Sie produzierten für 21 Händler und Handelshäuser in Europa und den USA. In allen Fabriken werden soziale Mindeststandards garantiert, aber nur wenig eingehalten.

Die Testkriterien

Unternehmenspolitik, Umgang mit den Beschäftigten, Umwelt , Verbraucherinformation, Transparenz (Offenheit, Berichterstattung).

Das Ergebnis

Ein Anbieter erhielt die Testnote gut (P&C/Gilberto in Vietnam).

11 Anbieter die Note befriedigend, 4 die Note ausreichend und 5 die Note mangelhaft (u.a. Aldi Nord/ Camargue in Vietnam und Karstadt/ Barisal in Vietnam).

Nach **Stiftung Warentest**, test 11/2006, S. 75–77

Weitere Informationen zu den Testkriterien und den Testbedingungen unter

www.stiftung-warentest.de

▸ Suchbegriff: CSR-Tests

Arbeiten mit den Materialien

Zu M1

1 Notiert Stichworte zur Situation von Xiao Quing.

2 Nehmt Stellung zu folgender Aussage:
„Es ist wichtig, dass unabhängige Prüfer mögliche Tricks zur Verschleierung der tatsächlichen Lage kennen und sehr genau prüfen."

Zu M2

1 Notiert wichtige Aussagen von OTTO.

2 Was könnte OTTO mit Zusatznutzen gemeint haben?

Zu M3

1 Informiert euch im Internet genauer über den Test.

2 Untersucht und vergleicht Sozialstandards von Anbietern von Sportartikeln, z.B. OTTO GROUP: www.otto.com, ADIDAS: www.adidas-group.com, PUMA: www.puma.com.

3 Welche zusätzlichen Forderungen stellt die Kampagne für saubere Kleidung? (www.saubere-kleidung.de ▸ Arbeitsverhaltenskodex)

4 Erkundung im Einzelhandel:
Befragt Verkäufer im Einzelhandel zu den Sozialstandards und deren Prüfung.

Fairer Handel: Fußball & vieles mehr – eine Projektskizze

▲ Das Transfair-Siegel garantiert Fairen Handel. 15 Prozent des Herstellerpreises gehen an Sozial- und Bildungsprojekte vor Ort in Pakistan.

▲ SABINE: „Frau Schütte, warum kaufen Sie die recht teuren Transfair-Produkte?“

▸ **Leitauftrag** Was wird Frau Schütte Sabine antworten? Notiert Stichworte.

▲ Ein Mädchen aus Pakistan näht einen Fußball

Faire Löhne und Arbeitsbedingungen in den Entwicklungsländern – faire Preise in der Europäischen Union (EU) ▸

1 Projektideen sammeln

Klasse 7b führt im Wirtschaftslehreunterricht einmal im Jahr ein größeres Projekt durch. Zur Vorbereitung hat sich jeder Schüler eine Projektidee überlegt und gut lesbar auf eine Karte geschrieben.

In der nächsten Unterrichtsstunde werden alle Ideen an die Wandtafel geheftet und dabei von den Schülern kurz beschrieben.

So sah die Wandtafel der Klasse 9b aus:

Wegweiser für die Projektarbeit

- Die Projektaufgabe/das Projektthema wird von Schülern selbst gefunden. Es sollte für viele interessant sein und die Erarbeitung verschiedener Gesichtspunkte zulassen.
- Vorher hat das Sammeln von Ideen stattgefunden.
- Für die Aufgabe/das Thema werden *Projektziele* festgelegt.
- Die Schüler arbeiten selbstständig in Gruppen. Lehrer beraten sie.
- Die Gruppen informieren sich regelmäßig über den Stand ihrer Arbeit und unterstützen sich gegenseitig.
- Die Gruppen denken darüber nach, wie die Gruppenarbeit verlaufen ist und was sie beim nächsten Projekt anders machen würden.

Zu Beginn der Arbeit in Gruppen sind einige Vorbereitungen zu treffen:

- Arbeitszeit festlegen
- Räume für die Gruppen organisieren
- prüfen, ob noch neue Arbeitsmethoden und -techniken gelernt werden müssen
- erforderliche Hilfsmittel beschaffen (z.B. große Papierbögen, farbiges Papier, Karteikarten, Filzstifte, Camcorder, Digitalkamera, Computer, Internetanschluss, Beamer, Drucker)

2 Die beste Projektidee auswählen

Einzelne Ideen werden vorgestellt

Alle Schüler erläuterten ihre Projektideen. Zum Schluss stellten Silke, Sonja und Rafael ihre Ideen „Fußball WM", „Kinderarbeit" und „Fairer Handel" vor. Sie hatten darüber schon in ihrer Konfirmationsgruppe gesprochen.

SONJA: „Ich habe bisher nicht gewusst, wie viele Kinder in den Entwicklungsländern jeden Tag hart und lange arbeiten müssen. Sie gehen oft nicht zur Schule. Die Eltern verdienen nicht genug Geld zum Leben."

RAFAEL: „Zur Fußball WM 2006 gibt es Aktionen, sich mit Schulen in den Entwicklungsländern auszutauschen und natürlich auch Fußball zu spielen, besonders Straßenfußball."

SILKE: „Es werden nicht nur Fußbälle fair gehandelt, sondern auch Orangen, Kakao, Reis und vieles mehr. Wie das alles funktioniert, finde ich spannend."

Sie wussten, dass MISEREOR gute Materialien zum Fairen Handel entwickelt hat. BROT FÜR DIE WELT bietet Materialien für die Aktion WM-Schulen – FAIR PLAY FOR FAIR LIFE an.

www.brot-fuer-die-welt.de
Suche: WM-Schulen
www.misereor.de
▸ Aktionen und Kampagnen ▸ Fairer Handel

Die Entscheidung

Vor der Entscheidung über das Projekt wollten die Mitschüler noch mehr wissen:

- Was ist eine WM-Schule?
- Fairer Handel – was ist das?

Silke, Rafael und Sonja hatten sich darauf schon vorbereitet und konnten die Klasse überzeugen. Jetzt entstand eine lebhafte Diskussion, wie man die drei Ideen zu einem Projekt zusammenfassen könnte. SELMA hatte die Idee:

Fairer Handel, Fußball & vieles mehr

WM-Schule – Fair Play for Fair Life

Parallel zu den WM-Vorbereitungen lief die Schul-WM. Dabei ging es nicht nur um Fußball, sondern auch um Aktionen für nachhaltiges Handeln. 204 Schulen aus Deutschland konnten teilnehmen. Das Projekt lief ein Schuljahr und endete im Juni 2006. Es bestand aus drei Bausteinen.

- Als „Botschafter" eines an der WM teilnehmenden Landes „sein" Land kennen lernen und in der Öffentlichkeit vorstellen.
- Straßenfußballturniere mit bestimmten Fair-Play-Regeln durchführen.
- Fair-Life-Tage durchführen. Mögliche Aktionen: Fair gehandelte Orangen, Kinderarbeit in Afghanistan

Fairer Handel – was ist das?

Benachteiligte Produzenten aus Entwicklungsländern sollen unter fairen Bedingungen am Marktgeschehen teilnehmen können. Zum fairen Handel gehören z.B.:

Faire Preise
Die Produzenten erhalten für ihre Produkte Preise, die Produktions- und Lebenshaltungskosten decken.

Keine Kinderarbeit – Bildung für alle
Die Preise müssen so hoch sein, dass Kinderarbeit nicht nötig ist. Kinder sollen zur Schule gehen und Erwachsene sich fortbilden können.

Direkter Kauf bei den Produzenten
Fair-Handels-Organisationen kaufen ihre Produkte möglichst direkt bei den Produzenten (Kleinbauern und Handwerkern). Gewinne fließen in den Fairen Handel zurück, z.B. zur Finanzierung von Sozial- und Bildungsprojekten.

Förderung ökologischer Landwirtschaft

Langfristige Handelsbeziehungen
Sie sichern stabile Löhne.

3 Sich in die Projektidee vertiefen

In dieser Projektphase wurden Informationen im Internet gesucht. Was wichtig war, wurde ausgedruckt und auf einer Infowand gesammelt.

Fußball für das Leben

Wer als Kind in den Elendsvierteln von Costa Ricas Hauptstadt San José aufwächst, hat kaum eine Zukunft. Die Eltern sind arbeitslos. Die Kinder gehen nicht zur Schule. Das Projekt „Fußball für das Leben“ (OIKOS – Institut für Bildung und Entwicklung) bietet den Kindern dreimal in der Woche ein Fußballtraining an. Wichtig für das Projekt: faires Verhalten und Verantwortung einüben und das Selbstbewusstsein stärken. Die Mitarbeiter des Projekts sorgen für den Schulbesuch der Kinder.

Nach **Evangelische Kirche in Deutschland (EKD)**: www.brot-fuer-die-welt.de ▶ Fair Play ▶ Costa Rica ▶ Fußball für das Leben

Das gepa Fair Handelshaus

Die gepa handelt als größte europäische Fair Handelsorganisation seit über 30 Jahren mit Genossenschaften und sozial engagierten Privatbetrieben in Lateinamerika, Afrika und Asien zu fairen Preisen und langfristigen Handelsbeziehungen. Gesellschafter sind Misereor, der Evangelische Entwicklungsdienst (eed), die Arbeitsgemeinschaft der Evangelischen Jugend in der Bundesrepublik Deutschland (aej), der Bund der Deutschen Katholischen Jugend (BDKJ) und das Kindermissionswerk „Der Sternsinger“. Die Produkte wie Kaffee, Tee, Kunsthandwerk, Kakao und Schokolade vertreibt die gepa in zumeist ehrenamtlich engagierten Weltläden, Supermärkten und Firmenkantinen, im Online-Shop sowie im europäischen und außereuropäischen Ausland.

gepa: www.gepa.de ▶ die gepa ▶ Zahlen-Daten-Fakten im Überblick; www.weltlaeden.de

Fußbälle gegen Kinderarbeit

Anlässlich der WM 2002 wurden ungefähr 40 Mio. Bälle hergestellt. Die meisten Näher von Fußbällen leben in Pakistan. Ihr Lohn ist so gering, dass Kinder mitarbeiten müssen.

Die Organisation GEPA bietet den Firmen mehr Geld für die Produktion von Fußbällen. Die Näher bekommen mehr Lohn, die Kinder können zur Schule gehen.

Die fair gehandelten Fußbälle gibt es in Kaufhäusern, Weltläden und im Versandhandel. Sie tragen das Transfair-Siegel.

Werder Bremen unterstützt den Kauf fair gehandelter Fußbälle

„Es ist für uns selbstverständlich, mit unserem langjährigen Partner Derbystar die Initiative von Transfair zu fördern. Werder Bremen ist sich seiner sozialen Verantwortung und Vorbildfunktion bewusst, und neben der sozialen Komponente handelt es sich auch um ein erstklassiges Projekt“, erläutert Werder Bremens Geschäftsführer Klaus Allofs.

Nach **TransFair e.V.**: www.transfair.org ▶ Menschen Prominente Unterstützer ▶ KlausAllofs

4 Das Projekt läuft – aus der Arbeit der Gruppen

Arbeitsgruppen bilden

Nach der Internetrecherche bildeten sich vier Arbeitsgruppen mit folgenden Themen:

Gruppe 1: Entwicklung von Maßnahmen zur Absatzförderung von Fußbällen aus Fairem Handel

Gruppe 2: Produktion von Fußbällen

Gruppe 3: Fairer Handel mit Orangen

Gruppe 4: Befragung zum Fairen Handel

Nahaufnahme Gruppe 1

Die Gruppe entschied sich nach einigen Diskussionen für den Arbeitsschwerpunkt: „Entwicklung von Maßnahmen zur Absatzförderung von Fußbällen aus Fairem Handel".

Wichtige Zielgruppen

- Sportlehrer der eigenen Schule und anderer Schulen
- Eltern von Schülern der eigenen Schule
- Sportvereine
- Sportgeschäfte
- kirchliche und andere Gruppen, die sich für Entwicklungsländer engagieren

Geplante Maßnahmen

- Entwickeln von Informationsblättern
- Info-Stände in der Fußgängerzone
- Informationskampagne in der Schule, z. B. bei Schulfesten
- Planung eines Aktionstags
- Organisation von Fußballspielen zwischen verschiedenen Klassen mit Fußbällen aus Fairem Handel
- Sponsoren für die Aktionen finden

Nahaufnahme Gruppe 2

Die Gruppenmitglieder entschieden sich für vier Arbeitsschwerpunkte:

(1) Informationen über Pakistan, Schwerpunkt wirtschaftliche und soziale Lage

(2) Arbeitsbedingungen von Kindern und Erwachsenen, die Fußbälle nähen

(3) Wie funktionieren faire Produktion und Fairer Handel mit Fußbällen?

(4) Selbst einen Fußball nähen

Die Schwerpunkte **(1)** und **(2)** bearbeiteten alle, die Schwerpunkte **(3)** und **(4)** erfolgten arbeitsteilig.

Zu (1) Informationen über Pakistan fanden sie in Schulbüchern für Erdkunde, Lexika und im Internet mithilfe von Suchmaschinen, z. B. www.google.de

Zu (2) fanden die Gruppenmitglieder im Internet gute Informationen unter www.transfair.org ▸Produkte ▸Sportbälle.

Zu (3) stellten sie die Frage:
Wer handelt fair mit Fußbälllen? Eine Internetrecherche ergab einige Händleradressen.
In allen KARSTADT-Filialen sind Fußbälle des Herstellers DERBYSTAR zu kaufen www.karstadt.de ▸Sport ▸Sportarten ▸Fußbälle.

Außerdem gibt es Bälle bei FAIR DEAL TRADING: www.fairdealtrading.de
und der gepa: www.gepa.de

Zu (4) Hier nahm die Gruppe Kontakt mit einer WM-Schule aus Dortmund auf. Sie hatten davon in der Zeitung gelesen. Diese Schule hatte beim Projekt WM-Schulen – Fair Play for Fair Life teilgenommen.
Das wollten sie wissen:
- Wie habt ihr das Nähen erlebt?
- Wie lange dauerte es, den Fußball zu nähen?
- War die Arbeit interessant, langweilig, schwer, mühsam?

Fairplay beginnt vor dem Anpfiff
70 Prozent aller weltweit gehandelten Sportbälle stammen aus Pakistan. Dort ist die Fußballindustrie eine der stärksten Wirtschaftsbranchen des Landes.
Die Fußballproduktion ist eine aufwändige und anstrengende Handarbeit. Näherinnen benötigen rund zwei Stunden, um einen Ball, der aus 32 Teilen besteht, mit 700 Stichen anzufertigen. Für einen Ball bekommt man ungefähr 37–55 Rupien, etwas weniger als 50–75 Cent. (Die Lebenshaltungskosten liegen pro Tag bei vier bis fünf Euro.) Bei einen Transfair-Ball gibt es zehn Rupien mehr.

Nach **TransFair**: www.transfair.org/ ▸Produkte ▸Sportbälle

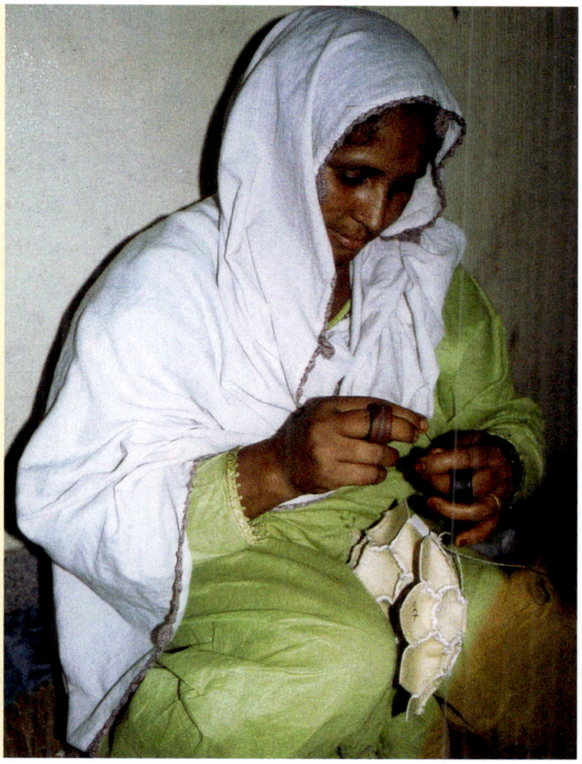

Tahira Priveen näht Fußbälle für TRAMONDI. Jeden Tag vier bis fünf Stück. Dafür braucht sie vorproduzierte Kunststoffwaben, zwei Nadeln, festen Zwirn, etwas Kraft und Geschick und ca. 650 Doppelstiche. TRAMONDI ist eine der Firmen, die in Sialkot Bälle für den Fairen Handel produzieren. ▸

Nahaufnahme Gruppe 3

Die Gruppe entschied sich für folgende Arbeitsschwerpunkte:

(1) Informationen über Brasilien, aus dem rund 90 Prozent des in Deutschland getrunkenen Orangensafts kommen

(2) Arbeitsbedingungen von Kindern und Erwachsenen

(3) Wie funktioniert eine faire Produktion und ein Fairer Handel mit Orangen?

(4) Von der Orange zum Orangensaft

Die Schwerpunkte **(1)** und **(2)** bearbeiteten sie gemeinsam, die anderen arbeitsteilig.

Zu (2) fanden die Gruppenmitglieder im Internet Informationen unter www.transfair.org
▸Produkte ▸Orangensaft
Hier ein Auszug:

▲ Pflücker auf Orangenplantagen erhalten bei einer Tagesleistung von 2 000 Kilo Orangen vier bis sechs Euro

Unter welchen Bedingungen werden die Orangen angebaut?

Orangen für die Saftherstellung werden in der Regel auf Plantagen angebaut. Die Orangenernte ist ein sehr arbeitsintensiver Prozess. Doch Kleinbauern werden durch Billigkonkurrenz ins Abseits gedrängt und oft zur Aufgabe ihrer Orangenproduktion gezwungen. Andererseits erhalten Pflücker, die in den Orangenplantagen als Tagelöhner arbeiten, extrem niedrige Löhne.

Die Lebensbedingungen der Arbeiter sind oft unerfreulich, die Wohnverhältnisse schlecht und die medizinische Versorgung ist ungenügend.

Wie funktioniert Fairer Handel mit Orangensaft?

Für den Fairen Handel mit Orangen gelten Mindestpreise, die unabhängig von den Preisschwankungen auf den Märkten zu bezahlen sind. Sie decken die Produktionskosten ab, die unter menschenwürdigen Arbeits- und Lebensbedingungen durchschnittlich entstehen.

... Der faire Mindestpreis für eine Tonne Orangensaftkonzentrat beträgt zurzeit 1200 US-Dollar ... Zusätzlich wird ein Aufschlag von 100 US-Dollar pro Tonne Orangensaftkonzentrat für Investitionen in Bildung, Gesundheit und ökologische Verbesserungen bezahlt. ...

Kleinbauern und Plantagenbesitzer verpflichten sich, arbeitsrechtliche und ökologische Mindeststandards umzusetzen, dazu zählen u.a.: das Verbot von Zwangs- und illegaler Kinderarbeit. Für Pflückerfamilien heißt das, gelegentliche Mitarbeit der Kinder ist nur erlaubt, wenn sie gleichzeitig regelmäßig zur Schule gehen.

Nach **TransFair**: www.transfair.org ▸Produkte ▸Orangensaft

Zu (3) Die Gruppe fand viel Material zum Fairen Handel mit Orangen. Hier ihr Tipp:
Misereor und Brot für die Welt (Hrsg.): Orangensaft. Materialien für die Bildungsarbeit – zu bestellen unter: info@eine-welt-mvg.de

Diese Produkte von fair gehandeltem Orangensaft ▸ sind auch in Lebensmittelgeschäften zu kaufen.

Nahaufnahme Gruppe 4

Die Gruppe entschied sich für folgende Arbeitsschwerpunkte:

(1) Befragung von Schülern der Schule (Methode Fragebogen)

(2) Befragung von Lehrern in der Schule (Methode Interview)

(3) Befragung von Menschen in der Fußgängerzone (Methode Fragebogen)

(4) Gestaltung eines Flyers zum Fairen Handel mit Fußbällen und Orangen

Gemeinsam erarbeiteten alle einen Fragenkatalog

- Wer weiß, was man unter Fairem Handel versteht?
- Welche Ziele verfolgt ein Fairer Handel? Welche Gesichtspunkte kennen die Menschen?
- Wer kann Kennzeichen für fair gehandelte Produkte beschreiben?
- Wer kauft faire Produkte regelmäßig/manchmal. Wenn ja bzw. nein, warum?
- Welche fair gehandelten Produkte kaufen die Menschen?
- Wo kaufen die Menschen diese Produkte?
- Wer würde eine Aktion der Schüler zum Kauf fair gehandelter Produkte, z. B. Bälle, unterstützen? Wenn ja, warum; wenn nein, warum nicht?
- Trinken die Lehrer in der Schule fair gehandelten Kaffee oder Tee? Wenn nein, warum? Wenn nein, sind sie bereit, das zu ändern?
- Kaufen die Lehrer andere fair gehandelte Produkte? Wenn ja, warum; wenn nein, warum nicht?

Dann teilte sich die Gruppe auf und erstellte für die Schwerpunkte **(1)** und **(3)** je einen passenden Fragebogen.
Eine Untergruppe notierte Stichworte für das Interview (siehe Schwerpunkt **(2)**) mit den Lehrern.

Zu (4) Für die Gestaltung des Flyers entwickelten einige Schüler Entwürfe. Über den besten Entwurf stimmten sie alle ab.

Präsentation und Auswertung des Projekts

Der Aktionstag

Die Gruppen planten einen Aktionstag und bereiteten dafür eine Ausstellung vor.
Die Ergebnisse der Arbeitsgruppen wurden auf einer Wandzeitung mit Bildern dokumentiert.

Die Schüler legten ein „Gästebuch" aus, das Besucher zu Stellungnahmen anregte.

Der selbst gestaltete Flyer wurde kopiert und an die Gäste verteilt.

Der örtlichen Zeitung wurde Informationsmaterial zugeschickt mit der Bitte um Berichterstattung.

Nachdenken über das Projekt

- Was haben wir über die Sache erfahren?
- Wie war die Arbeit in der Gruppe/dem Team?
- Wie war der Umgang mit Konflikten?

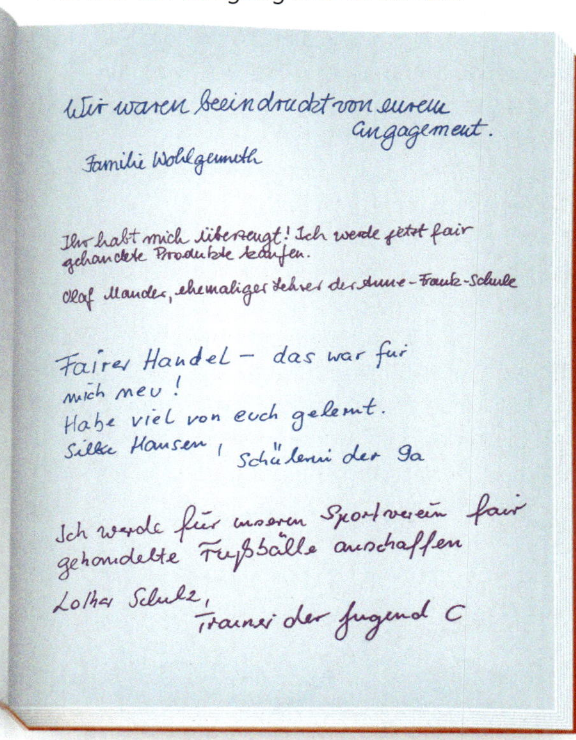

▲ Ein Blick in das Gästebuch vom Aktionstag

Anregungen für ein eigenes Projekt

Diese Projektskizze kann euch helfen, ähnliche Problemfelder zu bearbeiten. Nutzt dazu auch die Methodenseiten zur Projektarbeit und zur Gruppenarbeit.

Methode Befragung (Interview)

1 Darum geht es

Durch eine Befragung könnt ihr die Meinungen, Wünsche und Kenntnisse von Menschen besser einschätzen lernen. Ihr könnt die Vielfalt von Beurteilungen eines Sachverhalts feststellen und ordnen und euch selbst mit neuen Sichtweisen auseinandersetzen.

2 So läuft es ab

Vorbereitung

Klärt folgende Fragen:

- Was fragen wir?
- Wen und wie viele fragen wir?
- Wo führen wir die Befragung durch?
- Wie führen wir die Befragung durch, z.B. als Einzel- oder Partnerarbeit?
- Welche technischen Hilfen benötigen wir,
- z.B. Camcorder?
- Wie werten wir die Befragung aus?
- Wie und wo dokumentieren wir die Ergebnisse?

Durchführung

Begrüßt euren Interviewpartner.
Erklärt, wer ihr seid, warum ihr die Befragung durchführt und was ihr mit dem Ergebnis macht.
Überlegt evtl. vorher die ersten Sätze. Sie sollen ein gutes Gesprächsklima schaffen und die Bereitschaft des Interviewpartners zum Gespräch wecken.
Teilt mit, wie lange das Gespräch dauern wird.
Wenn ihr ein längeres Gespräch plant, sucht einen ruhigen Platz aus.
Ermutigt euren Gesprächspartner durch Freundlichkeit und Interesse. Die Bereitschaft zu einem offenen Gespräch hängt auch von euren Gefühlen und einer anerkennenden Haltung ab.
Haltet euch mit eurer Meinung zurück und vermeidet Bewertungen wie: „finde ich gut", „schlecht", „langweilig" oder „unüblich".
Bedankt euch am Ende des Gesprächs für die Mitarbeit.

Auswertung

Beantwortet folgende Fragen:

- Wie viele Personen haben eine Befragung abgelehnt?
- Was ist mir schwer gefallen?
- Was war unerwartet?
- Was war besonders überraschend?
- Welche Gegensätze bzw. ähnlichen Meinungen gab es bei den Interviewpartnern?
- Gab es unterschiedliche Sichtweisen bei Männern und Frauen?
- Welche neuen Erkenntnisse habt ihr gewonnen?

Methode Befragung (Fragebogen)

1 Darum geht es

Für eine schriftliche Befragung wird oft ein Fragebogen entwickelt, den die Menschen ohne Nennung ihres Namens (anonym) beantworten. Durch diese Befragungstechnik können viele Menschen zu den gleichen Problemen ihre Meinung sagen. Die Auswertung ist leichter und schneller als bei einem Interview.

2 So läuft es ab

Vorbereitung

Entwicklung des Fragebogens
Die entscheidende Arbeit liegt in der Entwicklung des Fragebogens. Es ist wichtig, möglichst genau zu klären, was gefragt werden soll. Die Fragen müssen verständlich sein.

Offene oder geschlossene Fragen
Bei geschlossenen Fragen werden vorgegebene Meinungen angekreuzt. Bei offenen Fragen müssen die Befragten die Antwort selbst formulieren. Geschlossene Fragen können leichter und schneller ausgewertet werden. Bei offenen Fragen können leichter die Gründe für eine bestimmte Meinung festgestellt werden. Oft werden beide Arten von Fragen verwendet.

Auswahl der Befragten
Wichtig ist es, zu klären, welche und wie viele Menschen befragt werden sollen.

Beispiel Wenn ihr nicht alle Schüler eurer Schule befragen wollt, so müsst ihr euch über die Auswahl Gedanken machen. Sie soll möglichst gut die Gesamtheit aller Schüler widerspiegeln, z.B. das Alter, die verschiedenen Klassenstufen, Mädchen und Jungen, Schüler aus verschiedenen Stadtteilen.

Beispiel für geschlossene Fragen

	überwiegend	nie	weiß ich nicht
Ich kaufe Produkte aus Fairem Handel	?	?	?
Ich arbeite gerne im Projekt	?	?	?

Beispiel für offene Fragen
Warum sind so viele Menschen vom Fußball begeistert?

Warum kaufen immer mehr Verbraucher Bio-Produkte?

Organisatorische Entscheidungen
- Wie und wo werden die Fragebögen verteilt?
- Wie wird sichergestellt, dass die Namen der Schüler nicht bekannt werden?
- Sollen die Fragebögen sofort ausgefüllt werden oder später?
- Wie kann man sicherstellen, dass alle oder möglichst viele Fragebögen ausgefüllt und abgegeben werden?
- Wie wird der Fragebogen ausgewertet?
- Wie und wo werden die Ergebnisse dokumentiert?

Auswertung
- Wie war die Zusammenarbeit?
- Wie haben sich die Menschen auf die Bitte nach Ausfüllen des Fragebogens verhalten?
- Wie viele Menschen haben den Fragebogen nicht ausgefüllt und abgegeben?
- Welche Ergebnisse waren unerwartet?
- Was war besonders interessant?
- Welche neuen Erkenntnisse hat die Befragung erbracht?

Wie in der Welt miteinander gehandelt wird

1 Deutschland geht shopping

Wir kaufen weltweit viele Waren und Dienstleistungen, die in anderen Staaten hergestellt oder abgebaut und zu uns transportiert werden.
Wir verkaufen Waren und Dienstleistungen, die bei uns produziert werden. Man spricht vom **internationalen Handel** oder Welthandel.

Beispiele Wenn eine ausländische Fluglinie deutsche Urlauber befördert, führt Deutschland diese Dienstleistung ein. Wenn deutsche Ingenieure in den Golfstaaten Maschinen reparieren, führt Deutschland diese Dienstleistung aus.
Der internationale Handel eröffnet die Möglichkeit zur weltweiten Arbeitsteilung und kann zu mehr Wohlstand beitragen – auch wenn das nicht für alle Staaten gilt. Die internationale Verflechtung bezeichnet man als **Globalisierung**.

▸ **Leitauftrag** Vergleicht die Gütergruppen und nennt weitere Güter.

Güter, die Deutschland ausführt (exportiert)

Güter, die Deutschland einführt (importiert)

B Auf einen Blick

Ihr nennt Güter, die Deutschland einführt und ausführt und begründet Vorteile des internationalen Handels.

Ihr erklärt die Bedeutung des Europäischen Binnenmarktes für Deutschland.

Ihr vollzieht Gründe für die Finanzkrise und deren Auswirkung auf den Welthandel sowie Maßnahmen zur Überwindung nach.

2 Gründe für den internationalen Handel

- Deutschland ist ein rohstoff- und energiearmes Land und auf Einfuhren angewiesen, z.B. von Erz, Rohöl, Gas.
- Viele deutsche Arbeitnehmer leisten qualifizierte Arbeit und sind deshalb gefragt. Forschung und Entwicklung haben einen hohen Standard. Neue Technologien und Produkte werden exportiert, z.B. Energie-, Auto- oder Medizintechnik.
- Produkte, die eine geringe Qualifikation der Arbeitnehmer erfordern, werden in Ländern mit niedrigen Lohnkosten hergestellt, z.B. Textilien. Diese Produkte importiert Deutschland.
- Auf Urlaubsreisen lernen viele Deutsche ausländische Güter kennen, z.B. Speisen, exotische Früchte, Gewürze und Getränke. Deutschland importiert solche Waren.
- Kunden wünschen die kundenorientierte Planung und schlüsselfertige Lieferung von Anlagen. Neben der technischen Leistung (der Ware) wird eine Dienstleistung erbracht, z.B. ein spezieller Wunsch des Kunden erfüllt (siehe M3, S. 331). Auch die Bankdienstleistung für die Finanzierung gehört dazu.
  Beispiele: Chemische Fabrik, Motorenwerk

Auf viele Lebensmittel legen wir unabhängig von der Jahreszeit Wert. Andere gedeihen hier nicht. Deshalb werden sie eingeführt.
Beispiele: Südfrüchte, Tee.

Außenhandel Deutschlands (in Mrd. Euro)

Jahr	Einfuhr	Ausfuhr
1991	329	340
2000	538	597
2007	772	969

Wirtschaft in Zahlen 2007, S. 39;
Statistisches Jahrbuch 2008, S. 470

Unsere Wirtschaft ist zunehmend auf den Export und den Import von Waren und Dienstleistungen ausgerichtet.
Ein großer Anteil des Güteraustausches Deutschlands erfolgt innerhalb der EU (siehe S. 331), ist also Binnenhandel der Wirtschafts- und Währungsunion. Das waren im Jahr 2007 die größten Kunden und Lieferanten Deutschlands.

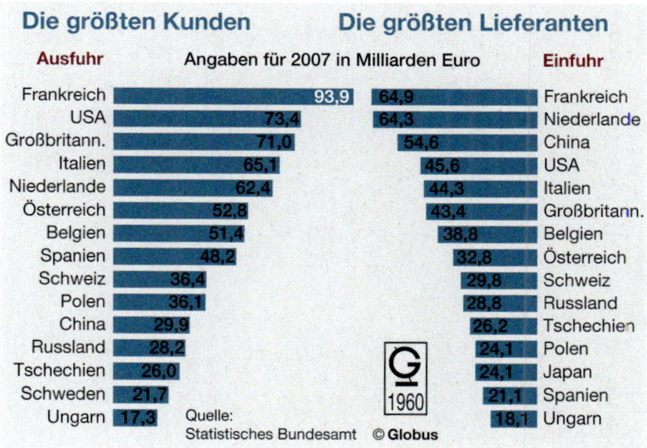

A Aufgaben

1 Nennt die fünf wichtigsten Staaten, in die Deutschland Güter exportiert bzw. aus denen Deutschland Güter importiert.

2 Sprecht über Gründe, warum Deutschland Waren importiert und exportiert (siehe M2, S. 331).

3 Stellt mithilfe des Atlas fest, aus welchen Ländern Deutschland Rohstoffe einführt und in welche Deutschland Güter ausführt.

4 Listet auf, was ihr heute esst und welche Kleidung ihr tragt. Welche Produkte kommen aus dem Ausland?

5 Nehmt Stellung:
A: „Unsere Bekleidungsherstellung wurde nach China verlegt, weil die Nähkosten dort viel geringer sind. Ich bin jetzt arbeitslos und die arbeiten für einen Hungerlohn."
B: „Werkzeugmaschinen, wie wir sie herstellen, bietet Korea 30 % günstiger an. Wir müssen Produktqualität und Service verbessern und die Kosten senken. Was wird aus meinem Arbeitsplatz?"
C: „Innovative Güter unter Einsatz von Biotechnologie und Umwelttechnik müssen wir stärker fördern, damit diese schneller den Markt erreichen."

3 Deutschlands Handel innerhalb des Europäischen Binnenmarktes

Im Jahre 1957 wurde die Europäische Wirtschaftsgemeinschaft (EWG) gegründet (siehe Etappen der Europäischen Einigung). Das vorrangige Ziel bestand darin, dass in Europa nie wieder Krieg geführt werden sollte. Eine enge wirtschaftliche Zusammenarbeit sollte dafür die Grundlage sein.

Im Jahre 1993 wurde die Europäische Union (EU) gegründet. Sie hat inzwischen 27 Mitglieder (siehe auch hintere Innenseite des Umschlags).

Wirtschaftliche und soziale Ziele sollen für alle Mitglieder in gleicher Weise verwirklicht werden.

Ein wichtiger Motor für die eine engere wirtschaftliche Zusammenarbeit war die Einführung einer gemeinsamen Währung, des EURO, in bisher 16 Mitgliedsstaaten.

Für Urlauber ist dadurch der Zahlungsverkehr in diesen Ländern einfacher geworden.

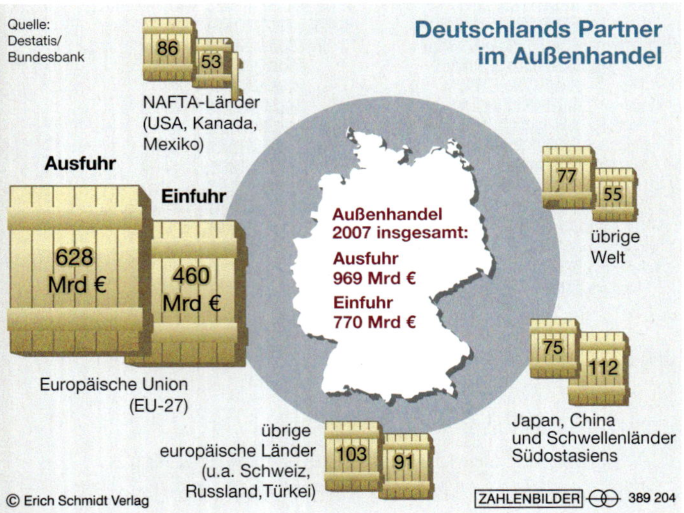

Der Handel Deutschlands mit der EU ist umfangreich. Auch wenn die zunehmende wirtschaftliche Zusammenarbeit in der EU für Europa viele Vorteile hat, gibt es Gegner einer weitergehenden Öffnung der nationalen Märkte.

Etappen der Europäischen Einigung

1951 Gründung der Europäischen Gemeinschaft für Kohle und Stahl (Montanunion)
1957 Gründung der Europäischen Wirtschaftsgemeinschaft durch Belgien, Deutschland, Frankreich, Italien, Luxemburg und die Niederlande
1959 Beginn des Zollabbaus innerhalb der Gemeinschaft
1972 Zusammenarbeit in der Außenpolitik
1973 Beitritt von Dänemark, Großbritannien und Irland
1979 Europäisches Währungssystem; erste Direktwahl des Europäischen Parlaments
1981 Beitritt von Griechenland
1986 Beitritt von Portugal und Spanien
1993 Europäische Union
1995 Beitritt von Österreich, Finnland, Schweden
2002 Einführung des EURO in 12 Mitgliedsstaaten
2004 Beitritt von 10 Staaten Ost- und Südeuropas (siehe hintere Innenseite des Umschlags)
2007–2009 Einführung des EURO in vier weiteren Mitgliedsstaaten

A Aufgaben

1 Sprecht über Motive für die Entwicklung zur Europäischen Union.

2 Setzt den Wert der Einfuhren und Ausfuhren Deutschlands in bzw. aus EU-Staaten mit den Gesamtwerten in Beziehung. Zieht zur Entwicklung auch die Tabelle der Vorseite heran. Zur Information über die EU-Staaten nutzt die Karte im hinteren Umschlag. Führt das auch für die übrige Welt durch. Formuliert anschließend ein Ergebnis.

3 Notiert wichtige Etappen der Europäischen Einigung von der Gründung bis heute.

4 Benennt die 10 Beitrittsstaaten seit 2004.

4 Finanzkrise und Folgen für den Welthandel

Ein freier internationaler Handel hat, wie die Marktwirtschaft, Vorteile für die wirtschaftliche Entwicklung. In Deutschland sind dem marktwirtschaftlichen Handeln strenge Regeln auferlegt worden, um einen fairen Wettbewerb im Rahmen einer Sozialen Marktwirtschaft zu erreichen. Auch der weltweite Handel und Geldverkehr sollte solche Regeln haben.

Seit Sommer 2008 wurden die Menschen in der ganzen Welt in Unruhe versetzt. Zuerst in den USA und dann weltweit kam es zu Zusammenbrüchen von Banken und Versicherungen. Das gesamte Finanzsystem der Welt drohte zu zerfallen. Sparer zitterten um die Ersparnisse. Unzählige Menschen, die gerade Häuser gekauft hatten, verloren sie wieder, weil sie die Kredite nicht abzahlen konnten.
Die Nachfrage nach Autos, Möbeln, Urlaubsreisen, Restaurantbesuchen u.a.m. ging zurück, weil viele, die noch Geld hatten, dies zurückhielten für die befürchteten schlechten Zeiten. Die Bankenkrise drohte die Wirtschaft lahmzulegen und Millionen von Arbeitslosen zu schaffen.

Schüler (S) befragen den Wirtschaftsexperten Weise (W)

Berlin , 15. Januar 2009

S: „Herr Weise, wieso haben wir plötzlich so eine Krise? Noch Anfang 2008 hörten wir von Politikern und Wirtschaftlern, dass die Wirtschaft boomt wie lange nicht mehr."

W: „Der Ausgangspunkt der Krise ist nicht bei uns, sondern in den USA. Dort boomte die Wirtschaft schon lange vorher und lebte seit Jahren auf Pump.
Auch Menschen, die sich ein Haus eigentlich nicht leisten konnten, ließen sich oft von den Banken Hypotheken-Kredite aufdrängen. Sie konnten dann gerade so die Zinsen zahlen, aber nicht die Schulden abzahlen. Dann lief die Wirtschaft etwas schwächer, es gab weniger Arbeit und mehr Arbeitslose. Viele Leute konnten selbst die Zinsen fürs Haus nicht mehr bezahlen; die Banken bekamen oft gar kein Geld mehr."

S: „Aber meine Eltern haben vor einigen Jahren auch gebaut und ich weiß noch, wie lange sie hin und her gerechnet haben, um sicher zu sein, dass ihnen dies nicht passiert."

W: „Die Menschen in den USA sind risikobereiter. Viele sparen nicht vorher, sondern sie zahlen lieber ab. Einen Kredit bei den Banken zu bekommen ist einfacher als bei uns. Die Banken rechnen damit, dass sie im Notfall das Haus pfänden, es dann verkaufen und damit das Geld zurückbekommen. Das klappte lange, aber im Laufe des Jahres 2007 waren es zu viele Häuser, die die Banken verkaufen mussten. Wenn aber das Angebot steigt, dann fallen die Preise! Und sie fielen ins Bodenlose."

S: „Also so haben die Banken ihr Geld verloren. Aber warum macht man bei uns deshalb so viel Theater? Die deutschen Banken geben doch keine Kredite für den Häuserbau in Amerika!"

W: „Leider taten sie es auch. Die amerikanischen Banken, die das Geld für den Hausbau geliehen hatten, verkauften nämlich diese Schulden in Form von Schuldscheinen (→Immobilienfonds) selbst wieder an andere Banken, auch in Deutschland. Diese bekamen nun auch kein Geld mehr für diese Schuldscheine. So stehen vielleicht noch viele Banken vor dem Zusammenbruch. Dabei geht es um Milliarden."

Verluste bis zu 8 000 Milliarden Dollar
Der Crash des US-Immobilienmarkts ist Ausgangspunkt der Kreditkrise. Solange die Häuserpreise fallen, ist kein Ende in Sicht. Der Preisrutsch beschleunigt sich sogar. Für die US-Verbraucher geht es um 8 000 Mrd. Dollar.

S: „Aber dann sind ja eventuell alle Ersparnisse, die z.B. mein Opa für´s Alter gemacht hat, in Gefahr. Sollte er diese nicht sofort abheben?“

W: „Diese Gefahr war gegeben. Viele Banken wären nicht in der Lage gewesen, den Kunden ihre Ersparnisse auszuzahlen. Das Spargeld liegt ja nicht im Banktresor, sondern es „arbeitet“ für die Bank. Die Bank gibt die Ersparnisse ihrer Kunden als Kredite an Unternehmer oder an Kunden, die z.B. hier Häuser bauen. Dabei gibt sie viel mehr Kredite als sie Spargelder bekommt, weil sie damit rechnet, dass nicht gleichzeitig alle Sparer ihre Ersparnisse abheben wollen. Wenn dies geschähe, dann bricht die Bank zusammen – und, weil es sich herumspricht – passiert es auch bei den anderen Banken.“

S: „Gibt es denn keine Kontrolle, dass die Banken nicht so viele Kredite geben?“

W: „Die gibt es, doch in normalen Zeiten ist diese Kreditausgabe kein Problem. Wenn eine Bank einmal in Schwierigkeiten ist, dann kann sie sich bei einer anderen Bank vorübergehend Geld leihen. Nur in der Krise tut dies keine Bank mehr. Sie weiß ja nicht, ob die andere Bank evtl. an dem Immobilienspiel beteiligt war und nun auch vor der Pleite steht. So kann das ganze Bankensystem zusammenfallen wie beim Dominospiel.“

S: „Das wäre ja eine riesige Katastrophe! Da könnte ja sogar mein Sparbuch bei der Sparkasse betroffen sein.“

W: „So ist es. Und viel schlimmer! Die gesamte Wirtschaft wäre betroffen, wenn die Banken nicht mehr funktionieren. Die Unternehmen können u.U. die Löhne nicht zahlen oder keine Rohstoffe kaufen. Weil man nicht wusste, wie es mit der Wirtschaft weitergeht, fielen auch die Aktienkurse weltweit sehr tief. Auch die Versicherungen, die das Geld ihrer Mitglieder anlegen, damit diese in Notfällen oder im Alter mehr davon haben, verloren viele Milliarden.“

S: „Sie sagen ‚wäre betroffen'! Ist es denn nicht eingetreten?“

W: „Zum Glück bislang nicht, denn sowohl in den USA wie bei uns haben die Regierungen eingegriffen und viele Mrd. als Kredite gegeben oder als Bürgschaften versprochen. Bürgschaft bedeutet hier, dass im Notfall der Staat einspringt, wenn eine Bank oder andere Unternehmung ihre Schulden nicht zahlen kann. Wer sein Geld bei einer Bank hat, kann deshalb sicher sein. Dies schnell zu entscheiden und allen Menschen mitzuteilen, war eine wichtige Leistung der Regierungen, durch die eine eventuelle Katastrophe bisher vermieden wurde.“

S: „Hat denn unsere Regierung so viel Geld?

W: „Leider hat sie es nicht, weder in den USA noch bei uns. In Deutschland sind es Bürgschaften von mehr als 500 Mrd. Euro, d.h. fast so viel wie die Steuereinnahmen im Jahr 2007.
Aber man hofft, dass gerade durch diese Zusage weder die Banken noch die sonstige Wirtschaft viel von den Bürgschaften benötigen werden. Damit hat die Regierung auch Recht, denn das Wichtigste im Wirtschaftsleben ist das gegenseitige Vertrauen der Marktpartner. Das gilt für Banken und Bankkunden und für Unternehmen und deren Kunden. Dieses ist durch den Übermut vor allem der amerikanischen Banken und Verbraucher und durch die Nachlässigkeit der Politiker bei der Kontrolle der globalisierten Finanzwelt empfindlich gestört worden. Hier muss viel geschehen, um in Zukunft ähnliche Vorfälle zu vermeiden.“

Aus für Opel Deutschland?

Autoverkäufe in USA brechen massiv ein
Die Zurückhaltung der Verbraucher angesichts von Finanzkrise und hohen Spritpreisen hat in den USA zu heftige Absatzeinbußen auf dem weltgrößten Automobilmarkt geführt: Besonders hart hat es Ford und Toyota getroffen. Aber auch die deutschen Autobauer mussten hohe Rückgänge bei den Absätzen hinnehmen.

Welt Online
www.welt.de/wirtschaft/article2519957/Autoverkaeufe-in-USA-brechen-massiv-ein.html
(1.10.2008)

Die Krise bei General Motors in den USA hat Auswirkungen auf die deutsche Tochter Opel. Bei der Bundesregierung und den Bundesländern, in denen Werke liegen (Nordrhein-Westfalen, Rheinland-Pfalz, Thüringen und Hessen), hat die Firma um eine staatliche Bürgschaft angefragt. die dann notwendig würde, wenn sich die wirtschaftliche Situation von GM verschärft.

Viele Experten glauben, dass ohne eine staatliche Bürgschaft eine Zahlungsunfähigkeit (Konkurs) von Opel nicht zu vermeiden ist. Wenn die Banken kein Geld zur Verfügung geben, kann Opel seine Mitarbeiter nicht mehr bezahlen. Und dann würden auch viele Zuliefer-Firmen konkursreif.

Mängel der internationalen Finanzaufsicht

Es gibt unzureichende Vorschriften über das notwendige Eigenkapital und über die Sicherheit bei Kreditvergaben. Man darf auch nicht die Beurteilung von guten und weniger guten Risiken → Ratingagenturen überlassen, die, wie sich gezeigt hat, dazu nicht in der Lage sind.

Hier muss der Staat Kontrollen einbauen.

Zum Beispiel werden technische und medizinische Produkte, jedes Restaurant usw. ständig vom Staat geprüft, jedoch „finanzielle Massenvernichtungswaffen"[1)] dürfen noch immer von den Banken ohne staatliche Kontrolle verkauft werden.

[1)] Zitat von Warren Buffet, reichstem Mensch der Welt

A

Aufgaben

1 Erörtert die Kaufzurückhaltung der Verbraucher in der Bankenkrise.

2 Erklärt, wie die Probleme vieler Häuserkäufer, ihre Zinsen zu zahlen, zur Krise führten.

3 Warum wirkte sich die Bankenkrise auch auf Deutschland aus?

4 Warum sichert der Staat die Banken ab?

5 Wie könnte der Dominoeffekt wirken?

6 Erklärt Auswirkungen der Finanzkrise auf die Automobilbranche.

7 Erklärt, wie internationale Vereinbarungen zur Kontrolle der Finanzwelt wirken sollen.

8 Nehmt Stellung:
„Bei den Leistungen für Arbeitslose wurde in den letzten Jahren um im Vergleich kleine Beträge politisch heftig gestritten. Bei der Absicherung der Banken wurden kurzfrisitg hunderte Milliarden Euro zur Verfügung gestellt."

9 Informiert euch zum weiteren Verlauf der wirtschaftlichen und finanziellen Entwicklung.

5 Arbeitsmarkt Europäische Union

Im Jahre 1993 wurde in den Ländern der Europäischen Union (EU) die Zollkontrolle von Personen an den Grenzen der Staaten (Binnengrenzen) abgeschafft. Vereinbart wurden ebenfalls ein zunehmend freier Warenverkehr und das Recht, als selbstständiger Unternehmer einen Betrieb in der EU zu gründen.

Es gibt jedoch bis heute eine Anzahl von Handelshemmnissen – auch beim Niederlassungs- und Aufenthaltsrecht der EU-Bürger.

Rechte der Arbeitnehmer in der EU

Eine uneingeschränkte Freizügigkeit aller Arbeitnehmer in der EU gilt erst ab 2011 – für Bulgarien und Rumänien erst ab 2014. Übergangsregelungen haben das Ziel, Arbeitnehmerinteressen bisheriger Mitglieder zu schützen und Löhne und Arbeitsbedingungen so weit wie möglich anzugleichen.

Arbeitsmarkt EU: Chancen

Die Chance, überall in der EU zu wohnen und zu arbeiten, ist für immer mehr Menschen attraktiv. Es gibt viele Möglichkeiten, den eigenen Wünschen und Fähigkeiten gemäß Arbeit zu finden und neue Erfahrungen zu machen. Die Begegnung mit Menschen anderer Herkunft und Kultur kann die Toleranz und Solidarität verbessern.

Die Europäer können viel voneinander lernen, um die besten Ideen zu verwirklichen.

Der Traum: ein demokratisches Europa, das auf Nachhaltigkeit setzt und ständig an der Lösung wirtschaftlicher, sozialer und ökologischer Konflikte arbeitet.

Arbeitsmarkt EU: Risiken

Da die Arbeitsentgelte in den westlichen Staaten der EU, u.a. Deutschland, erheblich höher sind als in den östlichen Staaten der EU, gibt es eine Wanderbewegung von Ost nach West.

Bis 2014 benötigen einige EU-Arbeitnehmer in Deutschland noch eine Arbeitserlaubnis. Sie wird meistens nur für einen begrenzten Zeitraum erteilt. Die EU-Wanderarbeiter sind z.B. in der Landwirtschaft, im Baugewerbe, in Schlachthöfen oder bei Reinigungsfirmen tätig.

Wegen der geringeren Lebenshaltungskosten in den Herkunftsstaaten sind für die Arbeitnehmer auch geringe Löhne (Dumpinglöhne) attraktiv. Sie verdrängen zum Teil deutsche Arbeitnehmer, die von solchen Entgelten nicht leben können. Besonders problematisch verhalten sich Unternehmer, die Arbeitnehmer illegal beschäftigen. Sie zahlen besonders niedrige Löhne, bieten sehr schlechte Arbeitbedingungen und keinen Sozialversicherungsschutz und ggf. geringen Arbeitsschutz.

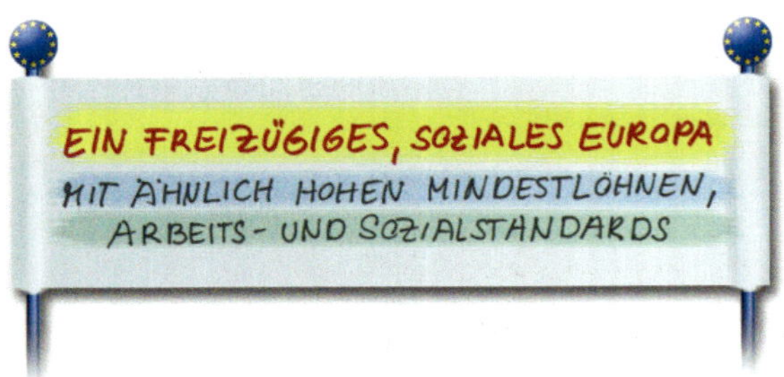

A **Aufgaben**

1 Notiert Chancen eines freien Arbeitsmarktes in der EU.

2 Notiert und erörtert Probleme eines freien Arbeitsmarktes in der EU. Siehe weiterführende Informationen unter: www.duesseldorf.de/auslaenderamt/aufenthalt/arbeitsaufenthalt/index.shtml

3 Notiert in Stichworten, was euch Europa bedeutet.

6 Weiterführendes Material

M1 Globale Handelsströme

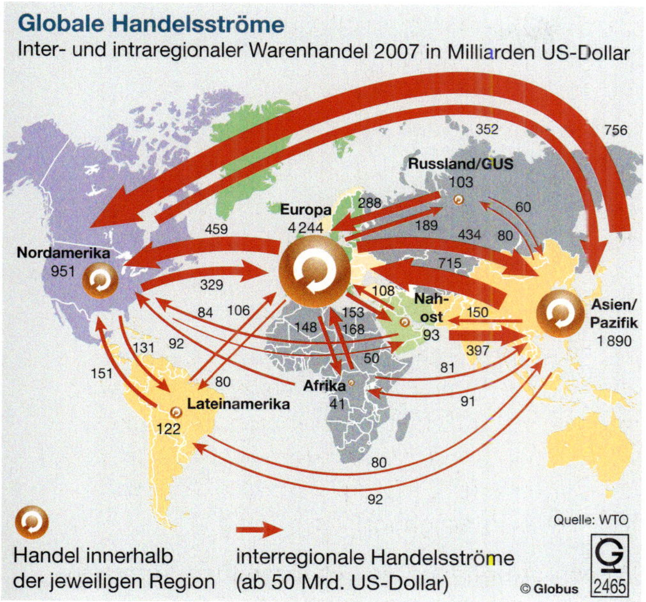

M2 Außenhandel mit technologischen Dienstleistungen

M3 Außenhandel mit wichtigen Warengruppen

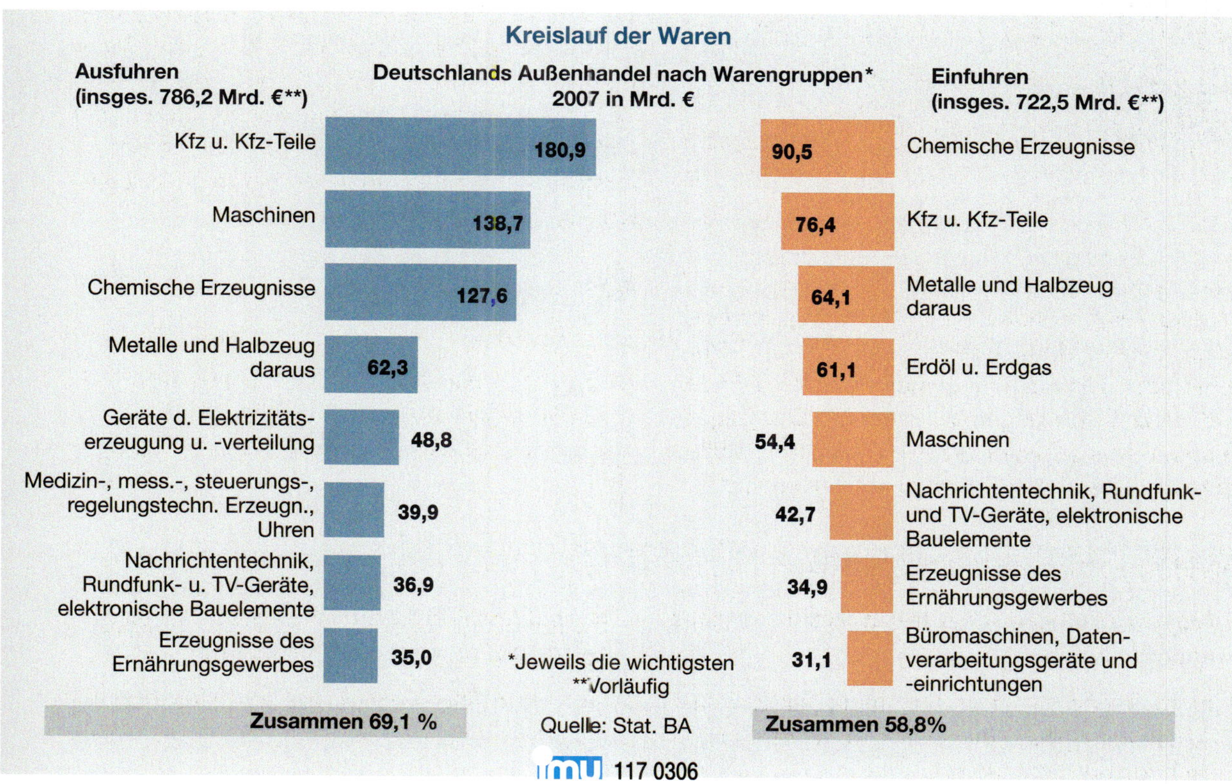

Methode Texte verstehen und hinterfragen

So läuft es ab

Leitfragen	Aktivitäten
1 Vorüberlegungen	
Warum ziehe ich gerade diese Information heran?	Gründe klären, z.B. wegen des Verfassers evtl. zusätzliche Quellen suchen
2 Erstes Lesen	
Was erfahre ich?	Inhalt aus Überschriften erfassen Verfasser, Ort und Jahr suchen evtl. Anlass der Veröffentlichung finden
Welche Erwartungen habe ich an die Informationen?	W-Fragen notieren: Wer? Wo? Wann? Was? Wie? Warum? An wen? Auf Überschriften achten, klären, worum es geht.
3 Wiedergeben	
Was steht in der Information zu meinen Fragen?	Lesen, dabei an Fragen denken, Wichtiges hervorheben (bei einer Kopie; nicht ins Schulbuch schreiben!) Nach Abschnitt Pause machen, Gelesenes erinnern, damit es sich einprägt
Was verstehe ich nicht?	Unbekannte Begriffe z.B. mit Lexikon klären
4 Untersuchen	
Wie ist die Information gegliedert?	Aufbau erkennen, evtl. Überschriften für Abschnitte finden
Welche Schwerpunkte enthält diese?	Wichtige Aussagen aufschreiben
In welchem Zusammenhang steht die Information?	Art des Textes (Sachtext von Schulbuchautoren, aus anderer Quelle, Zeitungskommentar ...)
Welche Aussagen zum sachlichen Inhalt sind enthalten? Wo werden Bewertungen deutlich?	Aussagen mit Textstellen belegen; Bewertungen können mit „gut“, „schlecht“, „wenig“, „viel“ verbunden sein. Auf Übertreibungen, Verzerrungen, Einseitigkeiten achten.
Welche Interessen verfolgt der Verfasser? Wird (einseitig) Partei genommen?	Absichten und Verhaltensziele klären
Welche Gefühle werden hervorgerufen?	Eigene Gefühle beschreiben
5 Bewerten	
Warum ist die Information richtig/falsch, (un-)vollständig bzw. aktuell veraltet?	Mit eigenem Vorwissen überprüfen, evtl. weitere Quelle heranziehen, z.B. Lexika, Internet
Was macht den Text schlüssig/nicht nachvollziebar?	Begründungen überprüfen, Widersprüche, Vorurteile benennen; Beeinflussung durch sprachliche Form bzw. Inhalt untersuchen
Wie stehe ich zu den Aussagen?	Schlussfolgerungen ziehen, Standpunkt finden und begründen

EU und Entwicklungsländer: Konflikte um eine faire Zuckermarktordnung

1 Beschränkter Wettbewerb durch die Zuckermarktordnung der EU

Die Agrarmarktordnung der EU wird von vielen Experten, Politikern und Verbraucherverbänden kritisiert. Der Haupteinwand: Sie verhindert einen funktionsfähigen Wettbewerb. Gleichzeitig müssen die EU-Steuerzahler Subventionen in Millionenhöhe aufbringen.
Der EU-Zuckermarkt ist ein Beispiel für vielfältige Wettbewerbsbeschränkungen.

Die Einfuhr preiswerten Zuckers aus Entwicklungs- und Schwellenländern wird verhindert.

Die neue Zuckermarktordnung verbessert die Lage ein Stück, aber der globale Wettbewerb bleibt weiter unbefriedigend.

▸ **Leitauftrag** Erklärt die Abbildung.

B

Auf einen Blick

Ihr kennt wichtige Hersteller und Verbraucher von Zucker weltweit.

Ihr erklärt wichtige Regelungen der alten und neuen Zuckermarktordnung.

Ihr beurteilt Vor- und Nachteile der neuen Zuckermarktordnung unter besonderer Berücksichtigung der Entwicklungsländer.

Ihr schätzt wichtige Konflikte und Konfliktlösungen für den globalen Zuckerhandel ein.

2 Produktion und Verbrauch von Zucker weltweit

◄ Ende des 18. Jahrhunderts züchtete man in Europa aus der Runkelrübe die **Zuckerrübe**. Nach der Ernte wird die Rübe geschnitzelt, ausgelaugt und ausgepresst.
Durch Eindampfen wird aus dem Saft der Zucker gewonnen. Die Pressrückstände und die Blätter werden als Viehfutter verwertet.

◄ Bis vor 200 Jahren stammt der gesamte Zucker aus **Zuckerrohr**. Die Pflanzen werden bis zu sechs Meter hoch. Der Stängel ist mit Mark gefüllt, aus dem sich ein klebriger Saft pressen lässt.
Durch Eindampfen kristallisiert er zu Rohrzucker. Die Ernte der Stängel erfolgt oft in mühevoller Handarbeit.

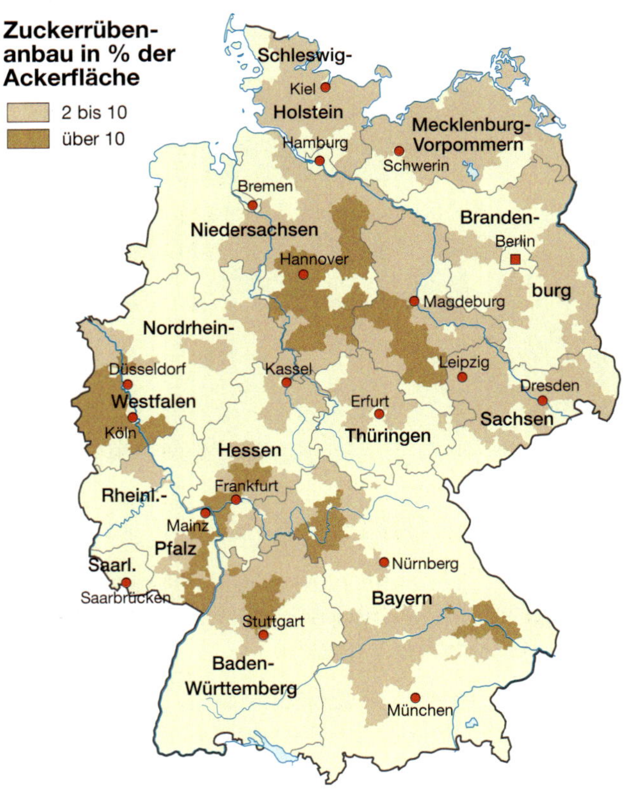

Zucker ist bei vielen Menschen heiß begehrt. Er wird vor allem aus Zuckerrüben und Zuckerrohr gewonnen.
Für die Zubereitung von Mahlzeiten ist er nicht mehr wegzudenken.

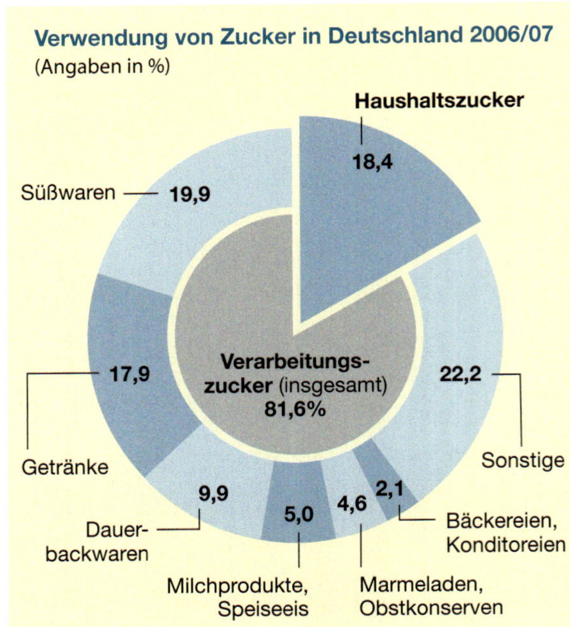

Wirtschaftliche Vereinigung Zucker;
Verein der Zuckerindustrie
www.zuckerwirtschaft.de
► Zuckermarkt Deutschland ► Zuckerabsatz

Zuckererzeugung und Zuckerverbrauch nach Erdteilen (2007/08)
(Angaben in 1000 t Rohwert)

Kontinent	Erzeugung	Verbrauch
Europa	26462	31505
davon EU	*17449*	*18675*
Nordamerika	20054	19650
Südamerika	42246	19214
Asien	64465	67962
Afrika	10468	14706
Ozeanien	5175	1567
Gesamt	**168870**	**154604**

Wirtschaftliche Vereinigung Zucker;
Verein der Zuckerindustrie:
www.zuckerwirtschaft.de
► Weltzuckermarkt ► Erzeugung und Verbrauch

Aus- und Einfuhr von Zucker in Deutschland im Wirtschaftsjahr 2006/07 (in 1000 t Rohwert)

Ausfuhr	702
Einfuhr	521

Wirtschaftliche Vereinigung Zucker; Verein der Zuckerindustrie:
www.zuckerwirtschaft.de
▸ Zuckermarkt ▸ Zuckermarkt Deutschland
▸ Außenhandel

Weltmarktpreis für Rohzucker

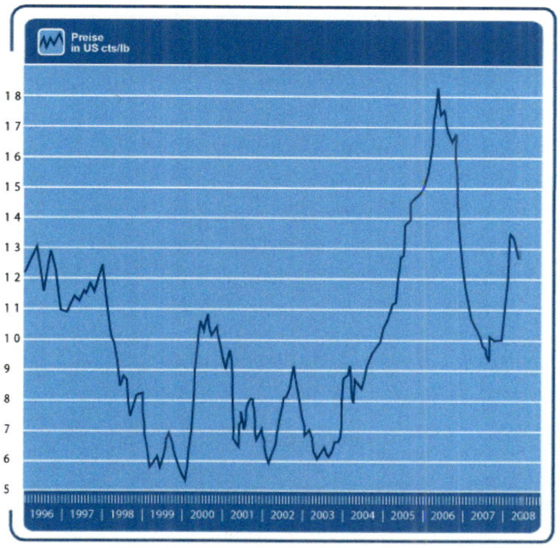

Wirtschaftliche Vereinigung Zucker; Verein der Zuckerindustrie:
www.zuckerwirtschaft.de
▸ Zuckermarkt Deutschland ▸ Weltzuckermarkt
▸ Weltzuckerhandel

Zuckererzeugung in der EU 2007/08: die fünf größten Erzeugerstaaten

Mitgliedstaaten	Zuckererzeugung in 1000 t
Deutschland	3 906
Frankreich	4 500
Polen	1 612
Großbritannien	1 150
Belgien/Luxemburg	880

Wirtschaftliche Vereinigung Zucker; Verein der Zuckerindustrie:
www.zuckerwirtschaft.de
▸ Zuckermarkt ▸ EU-Zuckermarkt
▸ Erzeugung und Verbrauch

Drei Landwirte zu ihrer Lage

EU-Landwirt: „Ich kann von meinen Zuckerrüben gut leben. Ich weiß genau, welchen Preis ich erziele, wie viel ich produzieren kann und was ich am Ende des Jahres in der Tasche habe. Prima, wenn es keine Konkurrenz gibt."

Landwirt aus Malawi (Entwicklungsland): „Meine Familie und ich können von unserem Rohrzucker gerade leben. Die Preise dürfen aber nicht fallen. Wir müssen zusätzlich für den täglichen Bedarf Gemüse anbauen. Geld für Maschinen können wir nicht zurücklegen."

Landwirt aus Brasilien (Schwellenland): „Ich arbeite jetzt in einer großen Zuckerfabrik. Ich kann von meinem Lohn meine Familie gut ernähren. Die haben den Betrieb rationalisiert und werden sicher am globalen Markt gut klarkommen."

A

Aufgaben

1 Zucker ist Geschmacksträger. Welche weitere Funktion hat er?

2 Wo werden Zuckerrüben in Nordrhein-Westfalen und Niedersachsen angebaut?

3 In welchen Kontinenten gibt es große Ungleichgewichte zwischen Zuckererzeugung und -verbrauch?

4 Welche EU-Staaten sind die größten Zuckerproduzenten?

5 Nehmt Stellung zu folgender Meinung: Weltmeister beim Konsum von Zucker zu sein tut vielen Menschen nicht gut.

6 Kennzeichnet die unterschiedliche Lage der drei Bauern.

7 „Süßes fair gehandelt!" Informiert euch über das Angebot der GEPA: www.gepa.de

3 Die neue EU-Zuckermarktordnung: Wer hat Vor- oder Nachteile?

Die EU-Zuckermarktordnung bis Juni 2006

Die alte EU-Zuckermarktordnung verhinderte einen globalen Wettbewerb – vor allem zu Lasten armer Entwicklungsländer. Sie schützte die Erzeuger von Rübenzucker und die Zucker verarbeitende Industrie in der EU. Die Agrar-Lobby vertritt weiterhin kraftvoll die landwirtschaftlichen Interessen.

Was regelte die alte EU-Zuckermarktordnung?

Hohe garantierte Mindestpreise für Rüben und Weißzucker

Sie wurden von der EU festgelegt und bildeten sich nicht durch Angebot und Nachfrage. Der Garantiepreis war ungefähr dreimal so hoch wie der Weltmarktpreis.

Mengenbeschränkung (Quotenregelung)

Es wurden für den EU-Binnenmarkt Produktionsmengen festgelegt. Diese Mengen konnten unabhängig von der Nachfrage verkauft werden. Falls die Nachfrage nicht ausreichte, kaufte die EU die Restmenge auf.

Zölle gegen Zuckerimporte

Um den EU-Binnenmarkt vor billigen Importen zu schützen, erhob die EU Zölle in Höhe von ungefähr 190 %.
Eine Ausnahme bildeten die → AKP-Staaten, zum Teil ehemalige Kolonien einiger Staaten der EU, die eine bestimmte Menge an Zucker zollfrei in die EU einführen konnten.

Subventionen für Überschüsse

Die EU produzierte mehr Zucker, als sie verbrauchte. Durch Subventionen wurde der Zucker zu Dumpingpreisen auf dem Weltmarkt verkauft.

Die neue EU-Zuckermarktordnung – gültig ab Juli 2006

Gegen die alte Zuckermarktordnung der EU klagten im Jahre 2003 die Schwellenländer Brasilien und Thailand sowie Australien vor der Welthandelsorganisation (WTO). Nach dem Schiedsspruch der WTO 2005 beschloss die EU eine neue Zuckermarktordnung. Sie gilt in wichtigen Teilen bis September 2015.

Kernpunkte der EU-Reform

- Schrittweise Kürzung des garantierten Mindestpreises für Weißzucker um 36 Prozent bis 2009/10
- Kürzung des Mindestpreises für Zuckerrüben von 32,86 €/t auf 26,29 €/t bis 2009/10
- Weitgehende Beibehaltung der Quotenregelung, verbunden mit finanziellen Anreizen, die Zuckerproduktion zu verringern
- Subventionen zum Ausbau neuer Produktionen bis 2008/09, z.B. Raps und Mais für die Energiegewinnung
- Ausgleichszahlungen für die Preissenkungen bei Zuckerrüben bis 2009/10
- Produktionsabgabe, finanziert von der Zuckerindustrie
- Keine Beschränkungen für die 48 am wenigsten entwickelten Staaten
- Weiterhin günstige Sonderregelungen für die AKP-Staaten. Das sind 2007 78 Länder Afrikas, der Karibik und des Pazifiks. Ab 2015 entfallen alle Zugangsbarrieren.

Für fairen Zucker: Forderungen von Germanwatch

Die Länder, die mit zunehmend niedrigeren Zuckerpreisen klarkommen müssen, brauchen Anpassungshilfen wie die EU-Staaten. Sie müssen wettbewerbsfähig sein.
Die ärmsten Länder und die AKP-Staaten sollen beim Aufbau von Raffinerien für Weißzucker, den sie ab 2009 zoll- und quotenfrei in die EU exportieren können, unterstützt werden.
Die Einrichtung von Sozial- und Umweltstandards sollen gefördert werden.

Nach **Germanwatch e.V.** (Hrsg.): Dialog einer nachhaltigen Zuckerpolitik. www.germanwatch.org ▶ Welthandel ▶ Zucker ▶ Dokumentation der Veranstaltung ▶ Abschlusskonferenz: Die Zukunft des Zuckers, pdf-Dokument Düsseldorf 2006, S. 19–23

Auswirkungen der EU-Zuckermarktreform

Ärger über die Zuckerreform

Gewinner und Verlierer

Hersteller von Schokolade, Ketchup oder Brause ärgern sich zwar, dass sie zunächst Ausgleichshilfen für Bauern mitfinanzieren müssen. Mittelfristig zahlen sie dafür aber weniger Geld beim Zuckereinkauf.

Verbraucher profitieren ebenfalls, wenn die Preise sinken … Der Preis des Zuckers spielt für sie jedoch nur eine geringe Rolle. Der Konsument wird den Spareffekt kaum spüren.

Zuckerrohr-Plantagen und Verarbeiter in Australien und Brasilien zählen zu den Gewinnern, weil die Europäer … die Exporte zurückfahren. Die großen Zuckerfirmen Europas, wie Südzucker, haben ebenso gute Chancen, Marktanteile zu gewinnen, da in der EU viele Wettbewerber aufgeben müssen.

Betriebe aus Entwicklungsländern des afrikanischen, karibischen und pazifischen Raumes (AKP) bekommen bald Probleme, rentabel zu wirtschaften.

Bauern aus Äthiopien (eines der ärmsten 48 Länder) können ihren Zucker zollfrei nach Europa liefern, erhalten aber auch nur den verringerten Preis.

Frankfurter Rundschau vom 26.11.2006 - FED

Ein Landwirt aus Malawi:

„Durch den Anbau von Zuckerrohr können wir unsere Armut bekämpfen. Aber wegen der Preissenkung durch die EU-Zuckermarktreform werden unsere Einnahmen drastisch sinken. Wie sollen wir da überleben?

Ich weiß, dass wir nun den Zucker rationeller anbauen und ernten müssen. Wir sind dazu bereit, aber das geht nicht von heute auf morgen. Wer gibt uns Kredite?

Ich finde es ungerecht, dass die reiche EU für uns nicht genauso gute Anpassungshilfen bereitstellt wie für die eigenen Bauern. Wir gehören doch zu den AKP-Staaten.

Schwellenländer wie Brasilien und Thailand werden uns überrennen und die Lücke füllen, die die EU hinterlässt. In Brasilien gibt es große, stark rationalisierte Betriebe. Die können den Zucker viel billiger herstellen als wir und viele andere afrikanische Staaten.

Wissen die in der EU eigentlich, was sie uns durch ihre Reform antun?"

A

Aufgaben

1 Erklärt die vier wichtigsten Regelungen der alten Zuckermarktordnung.

2 Nehmt Stellung zu folgender Meinung:
Wettbewerb und fairer Handel mit den Entwicklungsländern waren bei der alten EU-Zuckermarktordnung nicht drin.

3 Kennzeichnet die Kernpunkte der neuen EU-Reform und vergleicht mit der alten Marktordnung.

4 Nennt Gewinner und Verlierer der Reform.

5 Begründet die Aufgaben, die für die → NRO Gemanwatch wichtig sind. Informiert euch über die aktuelle Bewertung:
www.germanwatch.org

6 Nehmt Stellung zur Meinung des Bauern aus Malawi.

7 Beurteilt folgende Meinung:
Der Zucker-Konflikt ist vor allem ein Nord-Süd-Konflikt. Aber zunehmend wird es auch ein Süd-Süd-Konflikt.

8 Was könnte Germanwatch unter Sozial- und Umweltstandards verstehen?

9 Was könnt ihr selbst tun, um die Lage armer Landwirte aus Entwicklungsländern zu verbessern?

4 Weiterführendes Material

M1 Zur Zuckermarktreform: Josè Armando Chonge, Mosambik

Er ist 54 Jahre alt, ein kleiner, kräftiger Mann mit breiten Lücken zwischen den Zähnen. Die Hütte hat er selbst gebaut aus Ästen, aus Lehm und aus Schilf. Hier lebt Chonge mit seiner Frau und seinen sechs Kindern auf engstem Raum – einem einzigen. Sie leben vom Zuckerrohr …
Mit dem Verkauf seiner Ernte hat Josè Armando Chonge im vorigen Jahr umgerechnet zwei Dollar am Tag verdient. Davon muss er das Schulgeld für die Kinder bezahlen. Wenn er sich nicht auch Mais und Gemüse zur Selbstversorgung anbauen würde, wüsste er nicht, wie er seine Familie ernähren soll …
Wenn die EU den Rübenbauern weniger Geld für ihren Zucker zahlt, die Bauern deshalb weniger Rüben anbauen, wenn die Europäer weniger Rüben exportieren, dann können Länder wie Mosambik die Lücke füllen …
Aber es gibt ein anderes tropisches Land, das den Zucker viel effizienter und billiger produziert: Brasilien.
Dort haben sie die Kosten auf 160 Dollar gedrückt. Dagegen haben die Mosambikaner keine Chance*.

Grill, Bartolomäus; Pinzler, Petra u. a.:
Der Kampf um den Zucker. Die Zeit vom 17.11.2005

*In Mosambik kostet die Herstellung einer Tonne Zucker 250 US Dollar. Die Kosten könnten durch Rationalisierung und größere Betriebseinheiten gesenkt werden. Für viele Kleinbauern dürfte das schwierig werden.

M2 Rationalisieren um zu überleben

Uganda, Landwirtschaftlicher Direktor
Unsere Beratungsdienste führen eine große Kampagne unter den Bauern rund um Kakira durch. Wir geben den Zuckerrohrbauern Traktoren, um zu pflügen, zu eggen und Furchen in den Boden ziehen zu können. Wir verteilen außerdem Zuckerrohrsamen und Dünger.

Germanwatch e.V. (Hrsg.): Auswirkungen des EU-Zuckerhandels auf Entwicklungsländer.
www.germanwatch.org ▶ Suche nach Zuckerdialog ▶ Zucker ▶ Studien, Auswirkungen des EU-Zuckerhandels auf Entwicklungsländer, pdf-Dokument, Bonn 2006, S. 25

Arbeiten mit den Materialien

Zu **M1**

1 Notiert in Stichworten Josè Armando Chonges Situation.

2 Mosambik ist ein AKP-Staat. Wird sich die Lage von Josè Armando Chonge in Zukunft entscheidend ändern?

3 Wie könnte seine Lage verbessert werden?
www.germanwatch.org ; www.oxfam.org

Zu **M2**

1 Zu welchem Erdteil gehört Uganda?

2 Warum werden die Bauern mit Mitteln zur Rationalisierung unterstützt?

Alles klar?

Sportkleidung: Mit Verantwortung produzieren und kaufen

1 Viele deutsche Textilhändler lassen Sportkleidung in Asien herstellen. Nenne Gründe.

2 Beschreibe den Konflikt, der für Einkäufer und Hersteller von Sportkleidung besteht.

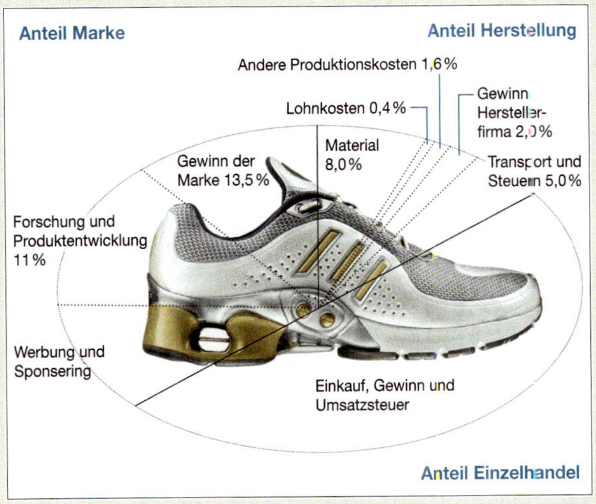

3 a) Berechne die Lohnkosten bei der Herstellung, wenn der Schuh im Geschäft 100 Euro kostet?
b) Welcher Prozentsatz muss in folgenden Kreisanteilen stehen?
- Werbung und Sponsering
- Einkauf, Gewinn und Umsatzsteuer

4 Nenne drei Kernpunkte für Sozialstandards.

5 Kennzeichne Probleme der Einhaltung von Sozialstandards.

Kampagne für saubere Kleidung

www.saubere-kleidung.de

6 Was kannst du für die Verbesserung eines fairen Handels mit Sportkleidung tun? Notiere Stichworte.

Wie in der Welt miteinander gehandelt wird

7 Notiere wichtige Güter, die Deutschland
a) exportiert
b) importiert.

8 Nenne je 3 wichtige Länder,
a) aus denen Güter eingeführt werden
b) in die Güter ausgeführt werden.

9 Was ist richtig?
Deutschland stellt eher Waren her, die
a) einen geringen
b) einen hohen
Lohnkostenanteil haben.

10 Begründe, wie die Einführung des Euro auf Staaten der Eurozone wirkt.

11 Erkläre, warum der Staat den Banken in der Krise große Bürgschaften und Kredite gibt.

12 Welche Möglichkeit bietet die Freizügigkeit der Arbeitnehmer in der EU?

EU und Entwicklungsländer: Konflikte um eine faire Zuckermarktordnung

13 Schreibe auf, in welchen Erdteilen der meiste Zucker hergestellt wird.

14 Kennzeichne das Verhältnis von Einfuhr und Ausfuhr von Zucker für Deutschland.

15 Notiere wichtige Eckpunkte der EU-Zuckermarktreform von 2006. Nenne dazu Forderungen von Germanwatch.

16 Schreibe einen Text zu folgendem Aufruf:

17 Notiere, was du für die Verbesserung eines fairen Zuckerhandels tun kannst?

Klimapolitik: die EU muss vorangehen

1 Dem Klimawandel auf der Spur

Der Klimawandel ist zu einem großen Teil von Menschen verursacht. Die negativen Folgen sind schon heute sichtbar und spürbar.
Für die Zukunft ist mit erheblichen Beeinträchtigungen für Menschen, Tiere und Pflanzen zu rechnen, wenn sich nichts ändert.

Der Lebensstil der Menschen, vor allem in den Industriestaaten, muss möglichst rasch verändert werden.
Dringend notwendig sind Maßnahmen zum Klimaschutz. Politiker, Unternehmen und jeder Bürger ist gefordert.

▲ Kraftwerk Niederaußem im Rhein-Neuss-Kreis

▲ Jahrhunderflut setzt Tschechien unter Wasser

▸ **Leitauftrag** Welcher Zusammenhang besteht zwischen den Abbildungen und dem Klimawandel?

B

Auf einen Blick

Ihr nennt wichtige Ursachen und Folgen des Klimawandels weltweit und in der EU.

Ihr kennt Maßnahmen zur Verbesserung des Klimaschutzes.

Ihr überprüft das eigene Verhalten und denkt darüber nach, was ihr im Sinne eines besseren Klimaschutzes verändern wollt.

Ihr setzt euch für Maßnahmen zum Klimaschutz in eurer Schule und Gemeinde ein.

2 Ursachen des Klimawandels

Im März 2007 verabschiedete der Weltklimarat den zweiten Weltklimabericht – das Werk von 2 500 Wissenschaftlern. Herausgestellt wird, dass der von Menschen verursachte Klimawandel zu Hungersnöten, Überschwemmung und Wassermangel führen wird, vor allem in Afrika und Asien.

Klimawandel durch Treibhausgase

Treibhausgase, vor allem Kohlenstoffdioxyd (CO_2) und Methan, beeinflussen das Weltklima sehr stark. Sie sorgen zusammen mit Wasserstoff dafür, dass nicht alle auf die Erde eingestrahlte Energie wieder in den Weltraum zurückgestrahlt wird. Das macht eine Erwärmung der Erde in Bodennähe möglich. Ohne diesen Effekt wäre die mittlere Temperatur auf der Erde 33 Grad Celsius niedriger.

Mit zunehmender Industrialisierung wird immer mehr CO_2 erzeugt – vor allem durch die Verbrennung fossiler Energieträger wie Kohle, Erdöl, Holz und Erdgas.

Die Erderwärmung hat inzwischen eine kritische Höhe erreicht. Nach dem Klimabericht des UN-Klimarates (IPCC) von 2007 würde auch bei sofortigem Stopp aller Emissionen die mittlere Erdtemperatur um 0,6 Grad Celsius steigen. Der Grund liegt in der Trägheit des Klimasystems.

Ohne Klimaschutz wird die Erdtemperatur bis 2100 um rund drei Grad höher liegen, im Extremfall um sechs Grad.

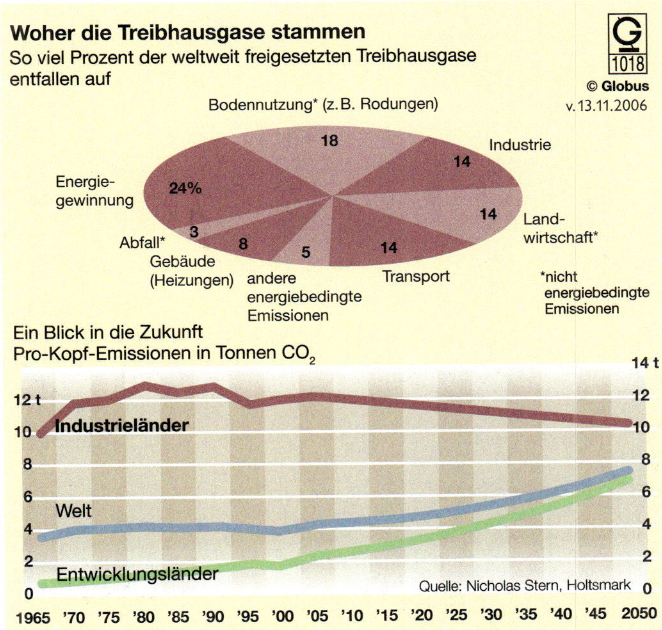

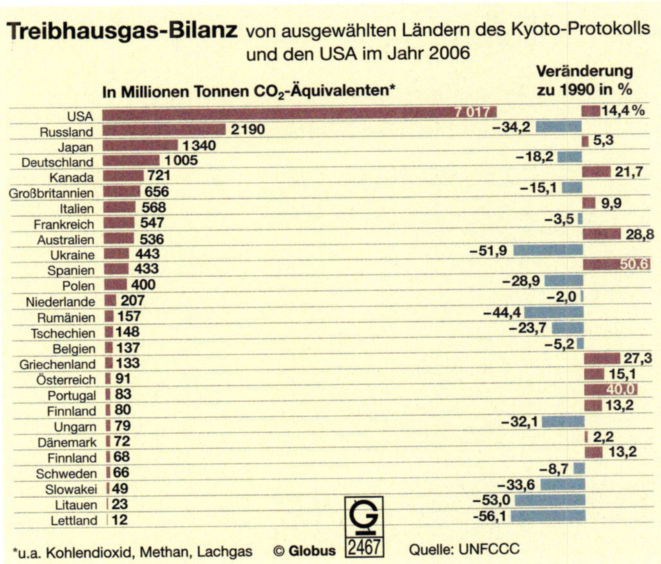

A Aufgaben

1 Erklärt den Zusammenhang von Klimawandel und Ausstoß von Treibhausgasen.

2 Die Treibhausgase werden in verschiedenen Bereichen erzeugt. Notiert Beispiele und überlegt, wo die privaten Haushalte besonders betroffen sind.

3 Wo erfolgt weltweit der größte CO_2-Ausstoß?

4 In den Entwicklungs- und Schwellenländern steigt der CO_2-Ausstoß stark an. Nennt Gründe.

5 Nehmt Stellung zu folgender Meinung: „Die Erwärmung der Erde hat nur ein bis zwei Prozent zugenommen. Das sind doch Peanuts.“

3 Folgen des Klimawandels

Nordamerika

- Stärkere Hitzewellen
- Mehr Waldbrände
- Häufigere und heftigere Sturmfluten

Lateinamerika

- Überschwemmungsgefahr für große Städte
- Regenwald verringert sich stark
- Stärkere Dürreperioden und geringere Ernte-Erträge

Afrika

- Gefahr von Hungersnöten wegen geringerer Ernteerträge und Ausdehnung der Wüsten
- Zunahme des Wassermangels
- Gefahr von Überflutung küstennaher Regionen, Gefahr von Malaria und Cholera

Polargebiete (Antarktis)

- Schmelzen des größten Gletschers der Erde
- Weltweiter Anstieg des Meeresspiegels
- Bedrohter Lebensraum für Menschen und Tiere

Europa

- Mehr extreme Hitzewellen und Dürreperioden
- Häufiger Hochwasser und Überschwemmungen
- Abschmelzen der alpinen Gletscher
- Sommer-Tourismus am Mittelmeer gefährdet

Insel-Staaten im Pazifik

- Sturmfluten und Tsunamis bedrohen Menschen, Ernteerträge und die Infrastruktur
- Trinkwasser gefährdet
- Tourismus als Einnahmequelle gefährdet

Asien

- Gletscherschmelze im Himalaya und Gefahr von Sturzfluten
- Überschwemmungsgefahr für Millionenstädte in den Deltas großer Flüsse
- Zunahme des Wassermangels

Australien

- Verschärfter Wassermangel
- Stärkere Überflutungen
- Korallenriffe und Artenvielfalt bedroht

4 EU-Maßnahmen zur Verbesserung des Klimaschutzes

„Wenn die Europäische Union im Klimaschutz mit kühnen Schritten vorangeht, beweist sie ihre Bereitschaft und Fähigkeit, effektiv etwas gegen ein Problem zu unternehmen, das die Bürger Europas mit Leidenschaft bewegt."

Margaret Beckett, *Außenministerin von Großbritannien, Frankfurter Rundschau vom 8.3.2007*

Was tut die Europäische Union?

Beschlüsse des EU-Klimagipfels vom März 2007 zum Klimaschutz

Folgende Beschlüsse wurden gefasst:

Treibhausgase
Der Ausstoß von CO_2 soll bis 2020 um 30 % verringert werden. Verpflichtend gilt ein Wert von 20 %.

Erneuerbare Energien
Bis 2020 gilt als verbindliches Gesamtziel ein Anteil von 20 % bis 2020. Die nationalen Ziele sollen die Besonderheiten der Länder berücksichtigen und fair und angemessen festgelegt werden.

Energieeffizienz
Bis 2020 sollen Pläne zur Energieeffizienz ausgearbeitet und umgesetzt werden. Die EU will strengere Anforderungen formulieren und energiesparende Maßnahmen von Haushalten und Unternehmen fördern.

Kernenergie
Die Nutzung von Kernenergie ist höchst umstritten. In Deutschland wurde ein Ausstieg vereinbart. Die EU überlässt die Entscheidung für Kernenergie jedem Land selbst. Nukleare Sicherheit und Entsorgung von Atommüll sollen verbessert werden.

Kritik an den EU-Klimazielen

Kritiker weisen darauf hin, dass die ehrgeizigen Ziele der EU nur schwer erreichbar sind. Es fehlen vor allem verbindliche Ziele für die Nationalstaaten. Die Ziele bis 2020 werden nur erreicht, wenn z.B. schnell entsprechende Vorschriften für den Stromverbrauch von Elektrogeräten und die Wärmedämmung beschlossen werden.

Höchst fraglich ist bereits heute (2009), ob das Ziel, den CO_2-Ausstoß bis 2012 um 8 % zu verringern, erreicht wird.

Selbstverpflichtungen der Industrie reichen nicht. Sie wurden z.B. von der Autoindustrie bisher nicht eingehalten. Notwendig sind vielmehr gesetzliche Bestimmungen.

Ohne die USA ist Klimaschutz nicht möglich

Interview mit Achim Steiner, Chef des UN-Umweltprogramms

Der Druck aus der US-Bevölkerung, aus vielen Bundesstaaten und der Industrie ist inzwischen so stark geworden, dass Washington seine Klimapolitik hat verändern müssen ...
Die Unternehmen reagieren auf die veränderte Einstellung der Bevölkerung. Das sind ihre Kunden, und wenn die nun Energie- und Benzinverbrauch ernst nehmen, ist das entscheidend ...

Viele Unternehmen sind international tätig, und sie spüren, dass sie Wettbewerbsnachteile bekommen werden, wenn die europäische und asiatische Konkurrenz unter den Vorgaben der Politik mit klimafreundlichen Produkten auf den Weltmarkt kommt, die sie selbst nicht anbieten …

Zwischen Bewusstsein und Handeln liegen manchmal Welten. Das kennt jeder von sich selbst. Deshalb ist hier auch die Politik gefragt. Die Rahmenbedingungen, die Gesetze, Steuern und Subventionen müssen so gestaltet sein, dass umweltfreundliches Verhalten belohnt wird … Das rechnet sich auch volkswirtschaftlich. Der Streit der Autokonzerne, die die eigene Selbstverpflichtung zum CO_2-Ausstoß der Neuwagen nicht schaffen, mit der EU ist anachronistisch [weltfremd]. Einen solchen Rückschritt können wir uns einfach nicht leisten.

Frankfurter Rundschau vom 3.2.2007, Interviewer: Joachim Wille ,Was könnt und möchtet ihr verändern?

Umwelt-Industrie wird Leitbranche

Die deutsche Öko-Industrie wird in den kommenden Jahren stärker wachsen als der Automobil- und Maschinenbau … Die Branche werde in Deutschland um acht Prozent pro Jahr wachsen, prophezeit die Beratungsfirma Roland Berger. Ein Job-Motor ist sie schon heute.

dpa Meldung in: **Frankfurter Rundschau** vom 10.4.2007

Was private Haushalte für den Klimaschutz tun können

- Ökostrom nutzen, Energiesparlampen nutzen,
- prüfen, wann Licht notwendig ist
- Kauf energiearmer Geräte, Stand-By-Betrieb so weit wie möglich vermeiden
- Für möglichst gute Wärmedämmung in Häusern und Wohnungen sorgen, Heizung nicht zu hoch drehen, nicht zu lange duschen
- Autos mit einem geringen Benzin- und Schadstoffausstoß kaufen, möglichst niedrigtourig fahren, Tempolimit 120 einhalten

A

Aufgaben

1 Informiert euch über die Gefahren des Klimawandels und erklärt die Folgen für die Menschen. Nutzt dazu die Doppelseite 342–343.

2 Sucht die genannten Regionen im Atlas.

3 Beurteilt folgende Meinung: „Die Ärmsten auf der Welt sind die am stärksten Betroffenen."

4 Nennt Beschlüsse der EU zum Klimaschutz.

5 Was fordern Kritiker?

6 Stellt wichtige Stellen im Text von Margaret Beckett und Achim Steiner heraus.

7 Prüft euer Verhalten zum Klimaschutz. Was könnt und möchtet ihr verändern?

8 Überlegt, ob ihr eine Aktionen zum Klimaschutz in eurer Gemeinde oder Schule anregen wollt. Welchen Beitrag könnt ihr leisten?

9 Nennt weitere Maßnahmen zum Klimaschutz. Informiert euch über aktuelle Forderungen und Programme in Deutschland und der EU. www.bmu.de ; www.umweltbundesamt.de ; www.greenpeace.de ; www.wwf.de

10 Informiert euch über den Weltklimabericht. 2007. Siehe dazu **M2**, Folgeseite.

5 Weiterführendes Material

M1 Afrika: Dem Klimawandel ausgeliefert

Afrika ist nur für einen verschwindend kleinen Teil der Treibhausgase verantwortlich. Doch unter den Folgen der Erderwärmung leidet der Kontinent mehr als alle anderen …
Noch schlimmere Dürreperioden, heftigere Niederschläge in den feuchten Gegenden Westafrikas und einen Ertragsrückgang in der Landwirtschaft, die schon heute die rund 812 Millionen Afrikaner nur mit Mühe ernähren kann …
In manchen Küstenregionen werden wegen des steigenden Meeresspiegels bis Ende des Jahrhunderts 70 Millionen Menschen und 30 % der Infrastruktur gefährdet sein – neben Kapstadt werden auch große Teile von Lagos (Nigeria) und Dar-es-Salaam (Tansania) unter Wasser stehen. Gleichzeitig dehnen sich die Wüsten aus …
Schon heute hat sich die Malaria … wegen höherer Temperaturen um sechs Prozent ausgeweitet …
Jüngste Errungenschaften im Kampf um die Armut drohen nach den Worten des kenianischen Umweltministers … von den Folgen der Erderwärmung vernichtet zu werden …
Bis zu 40 Milliarden Dollar seien nötig, um die Folgen der Erderwärmung in Afrika wirksam bekämpfen zu können, heißt es in einer Studie britischer Hilfsorganisationen. Die für die Katastrophe verantwortlichen Industriestaaten hätten bisher nur ein einziges Prozent dieses Betrages zur Verfügung gestellt.

Johannes Dietrich in:
Frankfurter Rundschau vom 14.11.2006

M2 Weltklimarat zu den Folgen des Klimawandels für Europa

Der Weltklimarat hat 2007 einen Bericht veröffentlicht. Es geht um die Folgen des Klimawandels. Am stärksten betroffen sind die ärmeren Länder.

Auswirkungen für Europa
Der Klimawandel wird voraussichtlich regionale Unterschiede in Europas natürlichen Ressourcen und Gütern verstärken. Zu den negativen Auswirkungen zählen ein erhöhtes Risiko durch flutartige Überschwemmungen im Landesinneren, häufigere Küstenüberschwemmungen und verstärkte Erosion (durch Unwetter und Meeresspiegelanstieg).
• In den Gebirgsregionen wird es zu einem Rückzug der Gletscher, einem Rückgang der Schneedecke und des Wintertourismus und zu einem erheblichen Verlust der Arten (in Szenarien mit hohen Emissionen in manchen Gebieten um bis zu 60 % bis 2080) kommen.
• Für Südeuropa – eine Region, die bereits heute gegenüber Klimaschwankungen anfällig ist – werden infolge der Klimaänderung schlechtere Bedingungen (hohe Temperaturen und Dürre), geringere Wasserverfügbarkeit und geringeres Wasserkraft-Potenzial sowie ein Rückgang des Sommertourismus und der Ernteertragsfähigkeit im Allgemeinen projiziert.
• Der Klimawandel wird voraussichtlich auch das Gesundheitsrisiko durch Hitzewellen sowie die Häufigkeit von Waldbränden erhöhen.

IPPC-Synthesebericht: Klimaänderung 2007, Zusammenfassung , S. 12 www.de-ipcc.de/download/AR4_SynRep_SPM_d_final_20081007.pdf

Arbeiten mit den Materialien

Zu **M1**
Die Industriestaaten sollen Afrika mehr finanzielle Mittel zur Bekämpfung der Erderwärmung geben. Begründet die Forderung.

Zu **M2**
Schreibt wichtige Folgen des Klimawandels für Europa heraus und notiert Maßnahmen zur Verbesserung der Lage.

Ausbildungsberufe sind Berufe, für die nach dem Berufsbildungsgesetz oder der Handwerksordnung eine Ausbildungsordnung bundeseinheitlich festgelegt ist. Die Ausbildung findet in → Betrieben oder Verwaltungen sowie teilweise in überbetrieblichen Ausbildungsstellen und in der Schule statt (duales System der Berufsausbildung). Zunehmend wird der Erwerb von beruflichen Handlungskompetenzen bedeutsam. Ein bestimmter Schulabschluss ist für A. i.d.R. nicht gefordert, die Betriebe können aber eigene Einstellungsvoraussetzungen festlegen. Neben A. gibt es landesrechtlich geregelte berufliche Ausbildungsgänge. Diese finden häufig in Berufsfachschulen statt.

Aussperrung bezeichnet die vorübergehende Freistellung von (nicht am Streik beteiligten) Arbeitnehmern von der Arbeitspflicht durch einen Arbeitgeber im Rahmen eines → Arbeitskampfes ohne Fortzahlung des Arbeitslohnes.
A. ist die Antwort der Arbeitgeberseite auf einer → Streik und soll die Kosten des Streiks für die → Gewerkschaften erhöhen.

Automatisierung Vollständige Technisierung der Produktion, bei der keine menschliche Arbeitskraft mehr notwendig ist.

Bankkarte (seit Herbst 2008 Girocard) ermöglicht, Geld vom Konto abzuheben. Das erfolgt am Geldautomaten in Verbindung mit einer Geheimzahl (PIN), ggf. am Schalter des jeweiligen Geldinstituts in Verbindung mit Ausweis und Unterschrift.
Oft hat die Bankkarte eine Geldkartenfunktion.

Bedürfnisse Wünsche von Menschen, z.B. das Bedürfnis nach Nahrung, Kleidung, Wohnung, Bildung, Liebe. Die Erfüllung dieser Bedürfnisse ist lebensnotwendig. Die Erfüllung anderer Bedürfnisse macht das Leben schöner und leichter, z.B. das Bedürfnis zu reisen, Rockkonzerte zu besuchen.
In unserer Gesellschaft sind viele Bedürfnisse auf den Besitz von Waren und Dienstleistungen ausgerichtet, z.B. das Bedürfnis, ein Handy, ein Auto, Markenschuhe oder eine → Bankkarte zu besitzen.
Da Geldmittel begrenzt sind, müssen die Menschen für wichtige Bedürfnisse eine Rangfolge aufstellen.

Beruf → Ausbildungsberufe

Berufsgenossenschaft Träger der → Sozialversicherung, die für die gesetzliche Unfallversicherung zuständig ist. Sie versichert Erwerbstätige gegen die Folgen von Arbeitsunfällen und Berufskrankheiten.

Betrieb Dieser erstellt → Waren und/oder erbringt Dienstleistungen und bietet diese am → Markt an. Wird der Begriff Betrieb verwendet, geht es vor allem um die Erbringung von Leistungen. Wird der Begriff Unternehmen gewählt, ist die rechtliche, wirtschaftlich selbstständige Stellung gemeint.

Betriebsmittel Maschinen und Werkzeuge, die zur Produktion benötigt werden.

Betriebsorganisation besteht aus → Aufbauorganisation und → Ablauforganisation sowie → Informationsorganisation.

Betriebsrat vertritt die Interessen der Arbeitnehmer im → Betrieb. Er muss in Betrieben mit mindestens fünf Arbeitnehmern eingerichtet werden, sofern einer der Arbeitnehmer bereit ist, diese Aufgabe zu übernehmen. Rechte und Pflichten regelt das → Betriebsverfassungsgesetz.

Betriebsverfassungsgesetz regelt die Rechte der Arbeitnehmer auf → Mitbestimmung, → Mitwirkung und Information im Betrieb beim Zusammenwirken des → Betriebsrates mit der Betriebsleitung.

Bio-Siegel Umweltzeichen für Lebensmittel, das garantiert, dass die Produkte durch eine Landwirtschaft erzeugt werden, die nach ökologischen Gesichtspunkten produziert.
Das Bio-Siegel unterliegt staatlicher Kontrolle. Es erfüllt die Bestimmungen der EG-Öko-Verordnung.

Branche meint einen Wirtschaftszweig, z.B. Bauwirtschaft, Metallindustrie.

Branchentarifverträge beziehen sich auf die Arbeitnehmer einer → Branche eines Tarifgebiets.

Bruttoeinkommen → Einkommen ohne Abzug von → Steuern und/oder Abgaben für die → Sozialversicherung.

Bruttoinlandsprodukt (BIP) Wirtschaftsleistung einer Volkswirtschaft (z.B. von Deutschland) in einem bestimmten Zeitraum (Jahr). Es bezieht die Werte aller im Inland produzierten → Waren und → Dienstleistungen ein.

Bundesagentur für Arbeit Bundesbehörde, die zuständig ist vor allem für Arbeitsvermittlung und -beratung, Berufsberatung, Förderung der Berufsausbildung, berufliche Weiterbildung sowie Zahlung von Arbeitslosengeld.

Bürgerliches Gesetzbuch (BGB) regelt die Beziehungen von Rechtspersonen. Das können private Personen (Bürger) oder juristische Personen sein (Unternehmen oder Organisationen). Geregelt sind u. a. Rechte und Pflichten bei einem Kauf, bei der Miete einer Wohnung und bei einer Scheidung. Das BGB trat 1900 in Kraft und wurde vielfach verändert.

CO_2 ist ein → Treibhausgas.

Dienstleistungen sind produzierte Güter, die man nicht lagern kann. Sie können personenbezogen sein, z.B. durch den Friseur, der Haare schneidet. Sie können sachbezogen sein, z.B. der Mechatroniker, der ein Auto repariert.

Eigenkapital ist der Anteil am Vermögen einer Unternehmung, der dem Eigentümer bzw. den Eigentümern der Unternehmung gehört. Meist ist bestehendes Eigenkapital auch eine Voraussetzung für die Zusage eines Darlehens (Fremdkapital).

Einkommen Es gibt verschiedene Einkommensarten: Einkommen aus Erwerbsarbeit, z. B. Einkommen aus nicht selbstständiger Arbeit (Lohn, Gehalt), und Einkommen aus selbstständiger Arbeit (z. B. Gewinn, Honorar); Einkommen aus Vermögen (z. B. Zinsen, Mieten) und Transfereinkommen (z. B. Kindergeld, Arbeitslosengeld). Unterschieden wird weiterhin nach → Bruttoeinkommen und → Nettoeinkommen.

Einstandspreis Preis, zu dem ein Händler sich → Waren und → Dienstleistungen beschaffen kann.

Emissionen Von Produktionsanlagen und Produkten an die Umwelt abgegebene Schadstoffe.

Energieeffizienz Energiesparende Nutzung aller Energiearten.

Energiesparhaus Haus, das staatlich festgelegten Anforderungen an einen bestimmten Wärmebedarf genügt. Dazu ist z. B. eine bestimmte Wärmeisolierung vorgeschrieben.

Erfindung Plan zum technischen Handeln, das neue Anwendungen ermöglicht (z. B. die Dampfmaschine von James Watt). Zum Schutz der geistigen Leistung des Erfinders gibt es die Möglichkeit, auf die Erfindung ein Patent anzumelden. Wer eine patentierte Erfindung nutzen möchte, muss das Recht besitzen und dafür bezahlen.

Ergonomische Arbeitsplatzgestaltung schützt Personal vor körperlichen Schäden auch bei langfristiger Ausübung ihrer Tätigkeit.

Ersatzinvestition → Investition

EUROPASS-Berufsbildung beschreibt die erworbenen Kenntnisse und Arbeitserfahrungen. Er bestätigt, dass ein Teil der Ausbildung im europäischen Ausland abgeschlossen wurde.
Nähere Informationen durch: Nationale Europass Center www.europass-info.de.

Fairer Handel Handel mit förderungswürdigen Produzenten aus Entwicklungsländern. Die Produzenten erhalten Preise, mit denen sie ihre Lebenshaltung decken können. Der Schulbesuch der Kinder wird sichergestellt. Kinderarbeit ohne Schulbesuch ist verboten. Soziale Projekte werden gefördert. Die Waren werden direkt bei den Produzenten gekauft.
Um Preisschwankungen zu vermeiden, werden langfristige Handelsbeziehungen vereinbart. Die Produktion erfolgt möglichst nach ökologischen Gesichtspunkten. Firmentarifverträge beziehen sich auf die Arbeitnehmer eines Betriebes.

Fertigungsverfahren Technologische Vorgänge, bei denen ein formloser Werkstoff oder ein Werkstück in Form, Größe, Genauigkeit und/oder Werkstoffeigenschaften zielgerichtet verändert wird.

Firmentarifverträge beziehen sich auf die Arbeitnehmer eines Betriebes.

Fonds Geldsammelstelle für Kapitalanleger

Franchisenehmer Dieser führt Aufträge nach Vorgaben des Franchisegebers (FG) aus. Franchise ist ein Absatzsystem, das auf Partnerschaft aufgebaut ist. Ziel ist die Verkaufsförderung. Der FG übernimmt die Planung, das → Marketing und die Kontrolle für die zu erbringenden Leistungen. Er schult die Mitarbeiter des Franchisenehmers (FN). Dieser verpflichtet sich, genau nach den Vorgaben zu arbeiten.
Er zahlt dem FG eine Gebühr für die Leistungen. Vorteilhaft für den FN ist, dass er sich um Aufträge nicht zu kümmern braucht. Er ist aber abhängig vom FG, weil er oft nur für diesen arbeitet.

Fremdgewerke → Gewerke

Gentechnik Gezielter Eingriff in das Erbgut und/oder biochemische Steuerungsvorgänge von Lebewesen. Die Anwendung gentechnischer Verfahren in der Pflanzenzüchtung zielt auf die Nutzung gentechnisch veränderter Pflanzen in der Landwirtschaft und der Lebensmittelwirtschaft. Gentechnik darf von ökologisch wirtschaftenden Betrieben nicht angewandt werden.

Geschäftsfähigkeit Fähigkeit, rechtlich bindende Willenserklärungen (Rechtsgeschäfte) abzugeben, z. B. bei einem Kauf. Es gibt einseitige Rechtsgeschäfte, z. B. eine Schenkung oder Kündigung, und mehrseitige Rechtsgeschäfte, z. B. einen Kaufvertrag oder Mietvertrag. Jugendliche ab dem vollendeten 18. Lebensjahr sind voll geschäftsfähig.
Minderjährige sind nicht oder nur beschränkt geschäftsfähig. Siehe auch → Rechtsfähigkeit

Gewerbesteuer ist eine Steuer, deren Höhe vom Gewinn der Unternehmungen und den von Gemeinden festgelegten „Hebesätzen“ abhängig ist. Die G. ist eine Gemeindesteuer und die wichtigste Einnahmequelle der Kommunen.

Gewerke nennt man bestimmte handwerkliche und bautechnische Arbeiten im Bauwesen, z. B. Dach decken. Arbeiten, die ein Handwerksbetrieb für einen anderen ausführt, werden als Fremdgewerke bezeichnet.

Girocard → Bankkarte

Gewerkschaft Vereinigung der Arbeitnehmer. Der Dachverband der Gewerkschaften auf Bundesebene ist der Deutsche Gewerkschaftsbund (DGB; 2007: 6,44 Mio. Mitglieder). Er vertritt die wirtschaftlichen, sozialen und politischen Interessen der Mitglieder und der Arbeitnehmer insgesamt.

Im DGB sind verschiedene Einzelgewerkschaften zusammengeschlossen.
Daneben gibt es als weiteren Dachverband den „dbb beamtenbund und tarifunion" (2007: 1,25 Mio. Mitglieder) mit kleineren Einzelgewerkschaften.

Gewinn wird u.a. auch verwendet als Ausdruck für den Überschuss einer Unternehmung. Ein Überschuss wird erzielt, wenn die Erträge der erstellten Waren und Dienstleistungen höher sind als der Aufwand (= Aufwendungen) bei der Herstellung und Verteilung.

Globalisierung Prozess der zunehmenden internationalen Verflechtung in den Bereichen Politik, Wirtschaft, Gesellschaft, Kommunikation und Ökologie.
Die globalen Beziehungen betreffen die Ebene von Individuen, Gesellschaften, Institutionen, Staaten und lokalen Einheiten. → Nachhaltiges Handeln soll Maßstäbe für die Gestaltung der Beziehungen liefern.

Güter → öffentliche Güter, → private Güter; → Waren, → Dienstleistungen

Haushalt, privater Menschen, die zusammenleben und gemeinsam wirtschaften. Sie können miteinander verwandt sein, z.B. Eltern, Kinder, Großeltern (Familienhaushalt), oder bekannt bzw. befreundet (Wohngemeinschaft).

IKT (Informations- und Kommunikationstechnologien) Technische Fähigkeit zur Informationsverarbeitung und Kommunikation.

Immobilie ein Grundstück inklusive darauf befindlicher Gebäude und deren Zubehör.

Immobilienfonds ein → Fonds, der vorwiegend oder ausschließlich in → Immobilien investiert.
Unterschieden werden
– *offene Immobilienfonds*, in die das Kapital jederzeit eingezahlt und wieder entnommen werden kann.
In der Regel gibt es eine große Zahl von Anteilseignern. Investiert wird in eine größere Anzahl von Einzelobjekten.
– *geschlossene Immobilienfonds*, die i.d.R. aufgelegt werden, um ein einzelnes Projekt zu finanzieren.
Ist das benötigte Kapital eingezahlt, wird der Fonds geschlossen.

Industrialisierung Ersatz von Handarbeit durch Fabrikarbeit mit Maschinen sowie die Verbreitung dieser Produktionsweise in den Wirtschaftsbereichen.

Informationsorganisation legt fest, wie innerbetrieblich und nach außen Informationen ausgetauscht werden.

Interkulturalität bezeichnet Beziehungen zwischen zwei oder mehr Kulturen z.B. bei der Zusammenarbeit an Arbeitsplätzen, im grenzüberschreitenden Handel verschiedener Kulturkreise.

Investition ist die Anlage von → Kapital zur Erhaltung, Verbesserung und Vermehrung von Produktionsmitteln. Die Erhaltung wird Ersatzinvestition genannt. Das ist die Aufwendung für den Ersatz verbrauchter Produktionsmittel, z.B. Maschinen. Der Teil der Investition, der zur Ausweitung der Produktionsmittel dient, heißt Nettoinvestition. Investiert werden kann auch in Lagerbestände (Vorratsinvestition) oder in die Qualifikation von Menschen (Bildungsinvestition).

Jugendarbeitsschutz ist geregelt durch das Jugendarbeitsschutzgesetz. Es dient als Gesetz des sozialen Arbeitsschutzes dem Schutz von arbeitenden Kindern und Jugendlichen. Zur Kontrolle des Gesetzes siehe → Arbeitsschutz.

Jugend- und Auszubildendenvertretung ist die Interessenvertretung der jugendlichen Arbeitnehmer im Betrieb. Rechte und Aufgaben sind im → Betriebsverfassungsgesetz geregelt.

Kalkulation Ermittlung der Kosten und Verkaufspreise von → Dienstleistungen und → Waren.

Kammer Vertretungen u.a. des Handwerks (Handwerkskammer), der Industrie, des Handels, von Banken und Versicherungen (Industrie- und Handelskammer). Sie nehmen Interessen der Wirtschaft und öffentliche Aufgaben wahr. So sind sie u.a. zuständig für die betriebliche Berufsausbildung und die Abschlussprüfung.

Kapital → Produktionsfaktor in Form von Geld (Geldkapital) oder Produktionsanlagen (Sachkapital).

Kartellamt Bundeskartellamt und Landeskartellämter wachen darüber, dass der → Wettbewerb im Sinne des „Gesetzes gegen Wettbewerbsbeschränkungen" (GWB) funktionsfähig ist.
Sie haben u.a. die Aufgabe, die Einhaltung des Verbots von → Preisabsprachen (Preiskartellen) zu überwachen. Sie prüfen, ob Zusammenschlüsse von Unternehmen (Fusionen) nicht zu einer marktbeherrschenden Stellung führen, und können Fusionen verbieten.

Kartelle Absprachen zwischen Unternehmen.
Das Ziel kann z.B. ein möglichst hoher Preis und → Gewinn zu Lasten der Käufer sein. Absprachen sind nach dem Gesetz gegen Wettbewerbsbeschränkungen (GWB) verboten. Die Einhaltung des Gesetzes wird vom → Kartellamt überwacht.

Kaufvertrag ist ein zweiseitiges Rechtsgeschäft.
Zwei Personen müssen eine übereinstimmende Willenserklärung abgeben – mündlich oder schriftlich. Eine Person macht einen Antrag, die andere erklärt die Annahme.

Kennzahlen im Unternehmen sind ermittelbare Zahlen, z.B. Umsatz, Materialkosten, Gewinn, Auftragsbestand, die Auskunft z.B. über die wirtschaftliche Lage geben.

Kohlenstoffdioxyd (→ CO_2) Gas, das in der Erdatmosphäre zunimmt und einen Treibhauseffekt hat, weil es einen großen Teil der Wärmestrahlung aufnimmt und die Erwärmung fördert.

Konkurrenz → Wettbewerb

Konsumgüter Waren und Dienstleistungen für den privaten Ge- oder Verbrauch.

Kosten In Geld bewerteter Verbrauch an → Produktionsfaktoren, welche zur Erstellung der betrieblichen Leistung notwendig sind.

Kredit Vorübergehende Inanspruchnahme von geliehenem Geld unter vertraglich festgelegten Bedingungen, z.B. Zinshöhe, Laufzeit.

Kreditwürdigkeit (Bonität) Einschätzung der Sicherheit, dass ein Kredit zurückgezahlt wird.

Lebensstandard Art und Weise der Befriedigung von → Bedürfnissen. Dieser hängt von der Höhe des → Einkommens und den Konsumwünschen ab.
Der Lebensstandard wird beeinflusst von technischen und wirtschaftlichen Neuerungen und Veränderungen der Bedürfnisse.

Marketing Maßnahmen eines Unternehmens, die daran ausgerichtet sind, dass die Kunden die produzierten bzw. erbrachten/gehandelten Güter kaufen. Gleichzeitig sollen die Unternehmensziele gut erfüllt werden, z.B ein möglichst hoher → Gewinn, langfristige Sicherung des → Unternehmens und Eroberung zusätzlicher Marktanteile.
Bei den Marketingmaßnahmen handelt es sich z.B. um die Festlegung der Qualität der Produkte, die Preisgestaltung, die Verkaufsförderung, die Werbung und die Gestaltung des Service. Marketingmaßnahmen zielen auch darauf, neue Bedürfnisse zu wecken und neue Güter auf den → Markt zu bringen.

Markt Zusammentreffen von Angebot und Nachfrage zum Kauf bzw. Verkauf von Waren und Dienstleistungen. Der Markt ist an keinen Ort gebunden. Ein Kauf kann z.B. über das Internet erfolgen oder über das Telefon.

Massentierhaltung Technisierte Form der Nutztierzucht und Viehhaltung. Sie wird genutzt zur massenhaften Erzeugung tierischer Produkte wie Fleisch, Milch oder Eiern durch Haltung einer großen Zahl von Tieren auf begrenztem Raum. Der Raum pro Tier und die Art der Haltung werden von Tierschützern teilweise als nicht artgerecht angesehen. Die Fütterung ist i.d.R. einseitig.
Es bestehen Gesundheitsrisiken durch die Ansteckungsgefahr der Tiere. Umweltprobleme können durch die Ausscheidungen der Tiere, z.B. große Mengen stickstoffhaltiger Gülle, entstehen.

Mechanisierung Ersatz von menschlicher Arbeitskraft durch technische Hilfsmittel. Führt oft zur Arbeitserleichterung, Verbesserung der Arbeitssicherheit, Steigerung der Arbeitsproduktivität und → Qualität.

Mehrwertsteuer → Umsatzsteuer

Methan Kohlenwasserstoff, Hauptbestandteil von Erdgas und Biogas, bedeutendes Treibhausgas (→ Kohlenstoffdioxyd).

Mindesthaltbarkeitsdatum Zeitpunkt, bis zu dem ein ungeöffnetes Lebensmittel bei richtiger Lagerung (evtl. Kühlung) z.B. seine Nährstoffe, den Geruch und den Geschmack behält und genutzt werden kann. Das Mindesthaltbarkeitsdatum (MHD) muss gut sichtbar sein.

Mineraldünger Düngemittel in Form von Salzen, die meist chemisch hergestellt werden, z.B. Phosphat.
Es besteht ein großer Energiebedarf bei der Herstellung.

Mitbestimmung ist im → Betriebsverfassungsgesetz und in anderen Mitbestimmungs-Gesetzen geregelt. Insbesondere der Betriebsrat und die Arbeitnehmervertreter in den Aufsichtsräten haben Mitbestimmungsrechte.
Eine nach Betriebsverfassungsgesetz mitbestimmungspflichtige Maßnahme der Betriebsleitung wird nur dann rechtsgültig, wenn der Betriebsrat zugestimmt hat bzw. bei Konflikten eine Einigungsstelle entscheidet.

Mitwirkung der Arbeitnehmer ist im → Betriebsverfassungsgesetz geregelt. M. bedeutet, dass der Betriebsrat bei bestimmten Fragen von der Betriebsleitung unterrichtet und angehört werden muss. Diese kann solche Maßnahmen auch durchführen, wenn der Betriebsrat widerspricht.

Mobilität, Verkehr meint Transportmöglichkeiten für Menschen und Güter auf Straßen, Schienen, zu Wasser und in der Luft. Dabei entstehen insbesondere Umweltprobleme durch verbrauchte Flächen, Ressourcennutzung mit Auswirkungen auf das Klima und Unfälle.

Nachhaltiges Handeln (N.H.) ist ein Verhalten, bei dem die Konsequenzen des menschlichen Handelns, ob durch die Produktion oder durch den Konsum, sozialverträglich sind und allen Ländern und Kulturen ökonomische und soziale Entwicklungschancen bieten. Damit verbunden ist die gerechte Verteilung von Lebenschancen aller Menschen, welche jedoch nicht zu Lasten der Umwelt und Tierwelt erfolgen darf. N.H. sichert so die Lebensgrundlagen zukünftiger Generationen.

Nachhaltigkeit → Nachhaltiges Handeln

Nachhaltigkeitsmanagement umfasst ein → Qualitätsmanagement, das bei der Erstellung der Güter Grundsätze → nachhaltigen Handelns gewährleistet.

Nettoeinkommen → Bruttoeinkommen abzüglich der staatlichen → Steuern und Beiträge zur gesetzlichen → Sozialversicherung.

NGO Abkürzung für Non Governmental Organisation, → Nichtregierungsorganisationen

Nichtregierungsorganisationen (NRO)
Nicht staatliche Organisationen, die keinen Gewinn erzielen wollen und unabhängig von politischen Parteien und der Regierung gesellschaftliche Interessen vertreten, z. B in den Bereichen Menschenrechte, Umweltschutz, Tierschutz. Beispiele für NRO: Amnesty International, Greenpeace, Aktion saubere Kleidung, Germanwatch. Häufig findet man auch die Abkürzung → NGO.

NRO → Nichtregierungsorganisation

OECD (Organisation for Economic Cooperation and Development) Auf Deutsch Organisation für wirtschaftliche Zusammenarbeit und Entwicklung.
Fast alle der 30 Mitgliedsstaaten sind Industrieländer. Ziele der OECD sind, eine gute Wirtschaftsentwicklung und einen steigenden Lebensstandard in den Mitgliedstaaten zu fördern sowie in diesen und den Entwicklungsländern das Wirtschaftswachstum und eine Ausweitung des Welthandels zu fördern. Dazu werden Vereinbarungen getroffen, die z.B. den Handel erleichtern sollen.

Öffentliche Güter Diese werden vom Staat (Gemeinden/Städten, Ländern, Bund) angeboten.
Er legt die Bedingungen für die Nutzung fest. Zum Teil ist die Nutung kostenlos, z.B. der Aufenthalt in Parks, auf Spielplätzen oder der Besuch von Schulen. Für andere → Güter müssen Gebühren bezahlt werden, z.B. für das Ausstellen eines Personalausweises, für die Anmeldung eines Autos oder den Besuch eines Schwimmbades. Die Höhe der Gebühren ist zum Teil für Kinder und Arbeitslose geringer als für andere Menschen.
Das Angebot der öffentlichen Güter soll allen Bürgern ein menschenwürdiges Leben ermöglichen und zu mehr Chancengerechtigkeit beitragen.

Ökologie Lehre von den wechselseitigen Beziehungen zwischen Menschen, Tieren und Pflanzen sowie den Beziehungen der Menschen untereinander.
Diese Beziehung soll durch → nachhaltiges Handeln gestaltet werden.

Offene Handelsgesellschaft (OHG) Rechtsform eines meist kleinen oder mittleren Betriebes, bei dem sich Kaufleute zusammenschließen, um gemeinsam ein Unternehmen zu führen, zu dem sie das → Kapital und ihr Können und Wissen beisteuern. Jeder Gesellschafter haftet unbeschränkt mit seinem Privat- und Betriebsvermögen.
Für die Gewinn- oder Verlustverteilung gibt es meist vertragliche Regelungen. Fehlen diese, bekommt jeder Gesellschafter jährlich mindestens vier Prozent des eingebrachten Kapitals. Der Rest des Gewinns wird nach Köpfen aufgeteilt. Die Firma ist im Handelsregister eingetragen.
Als Gewerbebetrieb ist eine OHG verpflichtet, →Gewerbesteuer zu zahlen. Gewinne müssen von jedem Gesellschafter als → Einkommen versteuert werden.

Online-Banking Die Kontoführung erfolgt über das Internet. Aufträge werden mit elektronischer Unterschrift erteilt. Das erfolgt durch eine Geheimzahl (PIN) und eine den Aufträgen zugeteilte Nummer (TAN).

Online-Konto Diese Konten werden bei sog. Direktbanken geführt, die keine Niederlassungen haben. Alle Bankgeschäfte werden online über das Internet oder telefonisch abgewickelt. Meist ist zusätzlich ein Verrechnungskonto, z.B. ein Girokonto, notwendig.
Die Zinsen für Geld auf einem Online-Konto sind meist höher als auf einem Sparkonto.

Pestizide Pflanzenschutzmittel, insbesondere Mittel zur Schädlingsbekämpfung.

Pflegeversicherung sichert das Risiko der Pflegebedürftigkeit ab, ist für alle Personen, die Mitglieder einer Krankenversicherung sind, gesetzlich vorgeschrieben.

Preisabsprachen → Kartelle

Primärenergieträger insbes. nicht erneuerbare fossile Brennstoffe (Erdgas, Erdöl, Kohle und Torf sowie Kernbrennstoffe), erneuerbare (regenerative) Energie wie Sonne, Wind, Wasser und Brennstoffe wie Holz und Rapsöl.

Private Güter → Güter, die von privaten Unternehmen produziert und am → Markt angeboten werden.
Hersteller und Händler (Anbieter) legen Preis und → Qualität selbstständig fest. Sie müssen bei ihren Entscheidungen über den Preis der Güter ihre → Kosten und die Preise ihrer Mitbewerber (→ Konkurrenz) berücksichtigen.
Außerdem ist die Kaufbereitschaft der Verbraucher (Nachfrager) wichtig. Private Unternehmen wollen einen → Gewinn erzielen.

Produktfamilie Produkte eines Herstellers, die einander ergänzen. Sie sollen den Verbraucher anregen, nicht nur ein einzelnes Produkt, sondern die gesamte Produktfamilie des Herstellers zu kaufen.
Beispiele: Körperpflege, Sportartikel.

Produktionsfaktoren sind menschliche Arbeit (Erwerbsarbeit), → Kapital sowie Boden (Grundstücke, Bodenschätze, Luft und Wasser).

Produktionsgüter → Alle Güter, die von Unternehmen für den Einsatz und zum Verbrauch im Betrieb gekauft werden.

Produktivität Verhältnis des Produktionsergebnisses zur Menge der dafür eingesetzten → Produktionsfaktoren. Meist wird darunter die → Arbeitsproduktivität verstanden.

Qualität Bezieht sich auf Beschaffenheit bzw. Eigenschaften von → Gütern. Es werden Merkmale bestimmt, an denen die Güte gemessen werden kann, z.B. Haltbarkeit von Fußballschuhen.
Durch → Qualitätsmanagement wird versucht, eine bestimmte Qualität zu sichern.

Qualitätsmanagement soll eine gleichmäßige, an den Wünschen der Kunden orientierte → Qualität (Beschaffenheit) der Waren und Dienstleistungen durch entsprechende Maßnahmen fördern und durch Selbst- und Fremdkontrolle der erstellten Güter sichern (Öko-Audit der Prozesse und Güter durch Umweltbetriebsprüfung). Dazu bedarf es einer entsprechenden → Betriebsorganisation und Handlungskompetenz der Mitarbeiter.

Qualitätssicherung → Qualitätsmanagement

Ratingagenturen sind private gewinnorientierte Unternehmen. Sie bewerten die → Kreditwürdigkeit (Bonität) von Unternehmen und selbst von Staaten. Sie vergeben Noten von AAA (= sehr gut) bis D (zahlungsunfähig). Lange Zeit galten diese Noten als allgemein anerkannte und zuverlässige Richtwerte. Sie haben inzwischen sehr an Glaubwürdigkeit verloren.

Rechnungswesen Erfassung und Überwachung der durch den betrieblichen Leistungs-prozess bei → Waren und → Dienstleistungen entstehenden Geld- und Leistungsströme.
Die Nutzung der Informationen erfolgt für die Gewinnung von → Kennzahlen für betriebliche Entscheidungen. Sie sind auch Grundlage z.B. für die Zahlung von → Steuern.

Rechtsfähigkeit Jeder Mensch hat in Deutschland von Geburt an Rechte und Pflichten. Die Rechtsfähigkeit gehört zu seiner Menschenwürde (Artikel 1 Grundgesetz). Das kann z.B. das Recht sein, ein Erbe zu erhalten, aber auch die Pflicht, Steuern zu zahlen.

Ruß Entsteht bei der Verbrennung. Er kann Krebs erregend wirken.

Sachgüter Waren in der Form von → Konsumgütern und → Produktionsgütern.

Schwellenland Land, dessen Wirtschaft sich auf dem Weg von einer traditionellen Landwirtschaft zu einer stärkeren Industrialisierung befindet.
Schwellenländer sind oft geprägt von einem starken Gegensatz von Arm und Reich und politischen Unruhen. Umweltstandards und → Sozialstandards sind meistens sehr niedrig.

Sekundärenergie Insbes. elektrische Energie, die aus → Primärenergieträgern umgewandelt wurde.

Selbstständige → Unternehmer

Sohle Bodenplatte beim Bau eines Hauses. Auf diese wird das Mauerwerk aufgebaut.

Soziale Marktwirtschaft Wirtschaftsordnung der Bundesrepublik Deutschland. Wichtige Elemente sind ein funktionsfähiger → Wettbewerb vieler privater Unternehmen, auf der Basis einer Steuerung des Staates.
Der Staat soll sicherstellen, dass der Wettbewerb gut funktioniert und soziale Gesichtspunkte berücksichtigt werden, z.B. beim Verbraucherschutz, der Steuerpolitik und der Absicherung der Existenzgrundlage bedürftiger Menschen.

Sozialstandards beschreiben die Verantwortung von Unternehmen und Organisationen gegenüber ihren Beschäftigten, Lieferanten, Geldgebern, Kunden und der Gesellschaft.
Die Verantwortung besteht darin, die Menschenwürde aller Beteiligten zu wahren. Kernpunkte sind z.B. das Verbot von Kinder- und Zwangsarbeit, das Verbot, Beschäftigte und Kunden nach Religion, Hautfarbe oder Geschlecht zu diskriminieren. Weiterhin gehört dazu, existenzsichernde Löhne zu zahlen, für Sicherheit am Arbeitsplatz zu sorgen und das Recht, Gewerkschaften zu gründen.

Sozialversicherung, gesetzliche Dazu gehören die Krankenversicherung, Unfallversicherung, Rentenversicherung, Arbeitslosenversicherung und Pflegeversicherung. Arbeitnehmer (Arbeiter und Angestellte bis zu einer festgelegten Einkommensgrenze) sind Pflichtmitglieder. Die gesetzliche Sozialversicherung will über die Gemeinschaft der Versicherten Lebensrisiken abdecken, die einen einzelnen Menschen überfordern würden.

Steuern Abgaben an den Staat zur Finanzierung staatlicher Aufgaben. Unterschieden werden Steuern, die direkt auf → Einkommen erhoben werden (z.B. Einkommensteuer) bzw. indirekt auf den Umsatz (→ Umsatzsteuer) und/oder Verbrauch (z.B. Tabaksteuer).

Streik ist die kollektive Verweigerung der Arbeit in einem → Arbeitskampf, um Forderungen der Arbeitnehmer Nachdruck zu verleihen. Die entstehenden Kosten sollen die Arbeitgeber zum Eingehen auf die Forderungen der Arbeitnehmerseite bewegen.

Strukturpolitik Staatliche Maßnahmen im Zusammenhang des → Strukturwandels, um Standortnachteile und regionale Entwicklungsunterschiede auszugleichen, das Wirtschaftswachstum und wettbewerbsfähige Arbeitsplätze zu fördern.

Strukturwandel bezeichnet Veränderungen in Wirtschaftszweigen und Regionen. Er kann ausgelöst sein durch neue Technologien, → Globalisierung, veränderte Verbrauchsgewohnheiten und → Strukturpolitik des Staates.

Tarifverträge sind Verträge in Schriftform, abgeschlossen zwischen den Tarifvertragsparteien, → Gewerkschaft und → Arbeitgeberverband.

Sie werden z.B. für einen Wirtschaftszweig → Branchentarifverträge oder für ein Unternehmen → Firmentarifverträge abgeschlossen.

Treibhausgase spielen bei der Erwärmung des Klimas eine Rolle, u. a. CO_2 (→ Kohlenstoffdioxyd), Methan, Lachgas, Fluorkohlenwasserstoffe, Schwefelhexafluorid.

Umsatz Produkt aus verkaufter Menge und Preis der → Güter; → Kennzahl im Unternehmen.

Umsatzsteuer auch Mehrwertsteuer genannt
Sie wird auf den Handelsstufen auf den Mehrwert von → Waren und → Dienstleistungen (Differenz vor Einkaufs- und Verkaufspreis) erhoben.

Umweltschutzinvestitionen fördern den Schutz vor schädlichen Einflüssen der Produktionstätigkeit auf die Umwelt. Unterschieden werden nachsorgende (additive), z.B. Staubfilter, und vorbeugende (integrierte) Maßnahmen, die betriebliche Umweltbelastungen verhindern sollen.

Unternehmer Inhaber eines Unternehmens beziehungsweise eines → Betriebes, den er als Selbstständiger eigenverantwortlich führt.

Verbraucherzentralen Interessenorganisationen der Verbraucher. Sie informieren die Verbraucher über gesetzliche Bestimmungen und vorteilhafte Kaufstrategien. In jedem Bundesland gibt es eine Verbraucherzentrale (VZ), der wiederum Verbraucherberatungsstellen in verschiedenen Städten angehören.
Die Verbraucherzentralen der Länder sind zusammengeschlossen in der VZ Bundesverband. Sie vertritt vor allem die Interessen der Verbraucher gegenüber Unternehmen und ihren Verbänden, den politischen Parteien und dem Staat.

Verkehrsinfrastruktur Verkehrswege, siehe → Mobilität, Verkehr

Verlust (Fehlbetrag) Die Aufwendungen eines Unternehmens übersteigen die Erträge. Gegenteil von → Gewinn (Überschuss).

Vermögen, privates Umfasst u.a. das Geldvermögen (Spar- und Barguthaben, Wertpapiere, Aktien, Lebensversicherungen) und den Wert von Immobilien (Grundstücke und Häuser).

Volkswirtschaft Abgegrenztes Gebiet, z.B. Deutschland, in dem Unternehmen, Verbraucher, Arbeitnehmer in wirtschaftlichen Beziehungen stehen, z.B. kaufen, verkaufen, arbeiten.
Voraussetzung sind eine Wirtschaftsordnung und Gesetze, die das wirtschaftliche Handeln regeln.

Waren → Sachgüter

Warenkorb umfasst ca. 700 Güter, die die Verbrauchsgewohnheiten der Menschen in Deutschland widerspiegeln. Der Verbraucherpreisindex misst die Preisentwicklung dieser Güter.

Werbung Maßnahmen von Herstellern und Händlern, → Güter bekannt zu machen und zum Kauf der Güter anzureizen. Werbung erfolgt durch Schrift, Bild und Ton – vor allem in den Massenmedien.
Werbung will Aufmerksamkeit erregen, bestimmte Gefühle erzeugen, bestimmte Gedanken auslösen sowie Meinungen und Einstellungen hervorrufen, die den Kauf der Güter fördern.

Wertpapiere, festverzinsliche Es handelt sich um → Anleihen. Sie werden auch Rentenpapiere genannt und an der Börse gehandelt.

Wettbewerb Jeder Wettstreit um die beste Leistung. In der Wirtschaft spricht man häufig auch von → Konkurrenz. Sie betrifft z.B. den Preis, die Lieferbedingungen, den Vertrieb, den Service und die → Qualität.
Das Ziel des Wettbewerbs ist es, eine möglichst gute Versorgung der Verbraucher mit → Waren und → Dienstleistungen sicherzustellen.
Ein funktionsfähiger Wettbewerb ist für die Wirtschaftsordnung der → Sozialen Marktwirtschaft sehr wichtig.

Wirkungsgrad (bei der Energienutzung) Anteil der → Primärenergieträger, der bei der Umwandlung in → Sekundärenergie genutzt werden kann, z. B. wird bei der Verbrennung von Benzin nur ein Teil der Energie für die Fortbewegung des Autos verwendet. Andere Teile gehen als Abwärme des Motors verloren.

Wirtschaftliches Prinzip → Kosten und Nutzen des Kaufs oder der Produktion eines Gutes werden abgewogen. Der Verbraucher handelt dann nach dem wirschaftlichen Prinzip, wenn er mit einer bestimmten Summe Geld einen möglichst hohen Nutzen (z.B. Kauf eines bestimmten Sportschuhs) erzielt.
Es kann auch so ausgedrückt werden: Der Verbraucher handelt dann nach dem wirtschaftlichen Prinzip, wenn er einen bestimmten Nutzen (z.B. ein bestimmtes Fahrrad) mit möglichst wenig Geld kauft.

Wirtschaftsförderung Maßnahme des Staates, z.B. finanzielle Förderung und Beratung durch → Strukturpolitik.

Stichwortverzeichnis

Bildquellen

A&F Stahl- und Maschinebau GmbH, Würzburg: S.94 (1)
Akg-images, Berlin S.84; S.94 (2); S.259 (3)
Alimdi.net/Günter Fische, S.338
Arche, Berlin S.108
Wolfgang Becker, Arnsberg S.37 (3); S.66 (2)
BELV, Bonn S.191; S.193 (1); S.194; S.196 Thomas Stephan; S.193 (2)Dominik Menzler
Christoph Berten, Berlin S.39; S.81 (3); S.82 (2)
Anima Berten, Hamburg S.35 (1); S.54; S.79; S.315; S.328
Volkhard Binder, Berlin S.334 (3), hintere innere Umschlagseite
Braun GmbH, cms@fischerappelt.de S.298 (1)
Christliche Initiative Romero, wwwci-romero.de S.306 (2); S.308; S.311 (3; S.339 (1)
Comhair, Wolfsburg S.86
Cornelsen Verlagsarchiv, S.17 (7); S.82 (1); S.259 (1)–(2); S.314 (3); S.322
Deutsche Bahn AG, Bahn im Bild S.270/Honerkamp
Die Zeit, Hamburg S.298 (29-(3)/Brevers
F1online, Frankfurt S.17 (5), (6)
FANtravelstock, Kreder S.17 (1), (2)
Liliann Fischer, Berlin S.178
Fotostudio Kaup, Warendorf S.211
GM/Opel, Rüsselsheim S.329
Joachim Gottwald, Berlin S.276 (1)
Hartmut Henschel, Klein Fredenwalde S.277 (1); S.278 (1); S.282 (2); S.283
Hollatz, Wismar S.225 (3)
Hotel Clute-Simon, (Privatarchiv), Allendorf S.287 (4)
ILO, Genf S.314 (2)
Lutz Kampert, Dortmund S.296
Franz Klöckener, Sundern S.76; S.78; S.118 (3); S.205 (2); S.226 (2); S.269 (4)–(5); S.272; S.275 (2); S.287 (3)
Krüper, Bielefeld S.181 (1)
Walter Kurowski, Oberhausen: 69 (2); S.261; S.291
Helga Lade, Fotoagentur/BAV S.334 (1)
Jenny Lenk, Dippoldiswalde S.278 (2)
Henning Lüders, Berlin S.9 (1), (2); S.13 (1), (2); S.14; S.15; S.19; S.22; S.41; S.74 (2); S.154; S.187
Dirk Mahler , Neuruppin S.294
Wolfgang Mattern, Bochum S.85
Naturbildportal, Hannover www.naturbildportal.de S.334 (2) / Manfred Ruckszio
Olaf Neidhardt, Berlin S.297 (4)
Neues Marketing-Werbeagentur, Sundern S.287 (1)–(2)
Jörg Neumann, Hamburg S.299 (2)
Picture alliance, S.23 (1)/dpa/Gambarini; S.23 (2)/dpa/Lehtikuva/Gustasson; S.23 (3)/dpa-Fotoreport/Kentiv; S.27 (1)/dpa/Görlich; S.60 /dpa/Führer; S.43/dpa/Wiedl; S.57/dpa/Berg; S.67(1)/ASA/Faugerer; S.98/ZB/Ending; S.104 (2) dpa/ZB/Hauschke; S.105 dpa/Rumpenhorst; S.118 (2) ZB/Schindler; S.180 (1) dpa/ZB/Grubitsch; S.182 dpa/Försterling; S.189 dpa/Försterlin; S.208 dpa/Mettelsiefen; S.229 ZB/Wolfgang Thieme; S.240 (1) dpa/Försterling; S.240 (2) dpa/Ending; S.241 dpa/Abdullah; S.241 (7) dpa/Knoth; S.245 (2) ZB/Hieke; S.253 (2) ZB/Bachmann; S.253 (3) ZB/Maelsa; S.257 dpa/Zb/Pleul; S.66 dpa; S.270 (3) dpa/Kugler, S.270 (4) dpa/May; S.281 (1)–(2)/dpa; S.282 (1)/dpa/Jan-Peter Kasper; S.297 (5) ZB; S.299 (1)/dpa/epa/Wu Hong; S.81 dpa/Kumm; S.309 Imagechina/Zhu Geming; S.333 ZB/Peter Förster; S.340 (1) dpa/epa/afp/Merle; S.340 (2) ZB/Euroluftbild; S.340 (3) dpa/epa/afp/Rubine; S.340 (4) dpa/epa; S.342 (2) dpa/epa/Hauck; S.342 (3) Okapia/Cubitt; S.343 (2) dpa/epaafp/Hoang; S.343 (4) dpas-fotoreport/epa/afp/Blackwood; S.344 dpa/polfoto/Sonne
Presse- und Informationsamt der Bundesregierung, Bundesbildstelle, Bonn S.244
ProjectPhotos S. 17 (3), (4); S.103; S.344
Runge Sebastian, Berlin S.302
Anette Schamuhn, Berlin S.9; S.11 (Fotos Wirtz); S.18 (Fotos www.fahrrad.de); S.19 (Foto Lüders); S.20 (Foto www.fahrrad.de); S.21 (Fotos www.fahrrad.de); S.29 (2)(Foto Wirtz); S.36 (Fotos Wirtz); S.40 (2); S.52; S.53; S.59; S.66 (1) (Foto Lüders); S.67 (3); S.69 (1); S.81 (1) (Foto Wirtz); S.81 (2); S.95 (2) (Foto Wirtz); S.99 (2); S.104 (1) (Foto Project Photos); S.115; S.116; S.117; S.137; S.138 (Foto Project Photos); S.140; S.179 (Foto Wirtz); S.181 (2); S.200 (1); S.214-215 (Fotos Wirtz); S.228; S.234 (Foto Fotostudio Kaup); S.241 (3), (6); S.246; S.252; S.269 (Foto Klöckener); S.275 (2) (Fotos Klöckener); S.290 (Fotos Wirtz), S.301 (Foto Weisse Wolke); S.307 (1); S.314 (Fotos Transfair, Wirtz, ILO); S.315 (Foto Berten); S.318; S.321 (Foto Wirtz); S.330; S.333 (Foto Picture Alliance); S.344 (Fotos Picture Alliance); S.345; S.347
Schüler, Berlin S.12; S.13 (3); S.16; S.27 (2), (3); S.34; S.38; S.40 (1); S.48; S.58; S.62; S.68; S.95 (1); S.96; S.106; S.160; S.161; S.170; S.224; S.237; S.241 (2), (5); S.253 (1); S: 258; S.263; S.275 (1); S.297 (1)–(3); S.301 (2); S.306 (1); S.307 (3); S.324; S.339 (3)
Severin Elektrogeräte GmbH, Sundern S.174 (1)
Sinopictures, Berlin S.300
Staatliches Amt für Arbeitsschutz, Dortmund S.225 (1), (2)
Stiftung Warentest, Berlin S.245 (1)
Transfait e.V., Köln S.S.314 (4) ; S.317 (2) ; S.319 ; S.320
Vario-images, S.270 (2)/Unkel
Viebrockhaus AG, Harsefeld S.198, S.199; 200 (2)–(3); S.201; S.202; S.203; S.205 (1); S.207
Weisse Wolke, Damshagen S.301 (1)
Wildlife, /M. Harvey S.337
Stefan Willeke, Dortmund S.298 (4)
Peter Wirtz, Dormagen S.11 (Fotos); S.28; S.29; S.30; S.32 (2); S.36; S.37 (1); S.44; S.45 (1)–(3); S.46; S.47; S.49; S.50; S.52 (3); S.65; S.70; S.74 (19, (3)–(4); S.75; S.77; S.80; S.88; S.90; S.95 (2)–(4); S.106; S.118 (1); S.120; S.123; S.128 (2); S.139; S.146; S.150; S.154; S.156; S.166; S.168; S.175; S.177; S.180 (2); S.195; S.197; S.210; S.213; S: 214; S.215; S.217; S.218; S.219; S.226 (1); S.227; S.236; S.240 (4)–(6); S.249
Jupp Wolter, Lohmar S.135
Zott GmbH, Mertingen S.35 (2)